KONRAD ADENAUER · ERINNERUNGEN 1955–1959

KONRAD ADENAUER

ERINNERUNGEN
1955 – 1959

DEUTSCHE VERLAGS-ANSTALT STUTTGART

4. Auflage 1989
© 1967 Deutsche Verlags-Anstalt GmbH., Stuttgart
Schutzumschlag und Einbandgestaltung: Edgar Dambacher
Gesetzt aus der Linotype-Baskerville-Antiqua
Druck und Bindearbeit: Mohndruck Graphische Betriebe GmbH, Gütersloh
Printed in Germany · ISBN 3 421 01432 9

MEINEM VATERLAND

INHALT

Vorwort des Verlags 11

I. NOTWENDIGKEIT ZUM ZUSAMMENSCHLUSS EUROPAS
1. Zwingende Notwendigkeit einer gemeinsamen europäischen Politik . 13
2. Vorstellungen über eine Neuordnung Europas 20
3. Praktische Schritte – Ein Plan Pinays – Der Beschluß von Messina vom 2. Juni 1955 23

II. DIE GENFER AUSSENMINISTERKONFERENZ
1. Chancen für die Wiedervereinigung Deutschlands? 31
2. Der Edensche „Inspektionsplan" und seine Gefahren 35
3. Beginn der Genfer Außenministerkonferenz 37
4. Annäherung in der Sicherheitsfrage 41
5. Sowjetische Vorschläge zur Deutschlandfrage 47
6. Die westliche Reaktion 49
7. Schlußphase der Konferenz 52
8. Echo auf Genf II 59

III. KLÄRUNG DER INNENPOLITISCHEN POSITION – NACHWEHEN DER GENFER AUSSENMINISTERKONFERENZ
1. SPD: „Durchführung der Pariser Verträge ist keine Antwort auf Genf" 63
2. Unklarheit bei der FDP 64
3. Zuspitzung des Konfliktes zwischen CDU/CSU und FDP 75
4. Krise um Dr. Dehler 85
5. Verschärfung der Ost-West-Beziehungen 89
6. Briefwechsel mit Dulles 92
7. Spaltung der FDP 103

IV. BEWEGUNG
1. Der 20. Parteikongreß der KPdSU 109
2. Gefährliche Anzeichen westlicher Uneinigkeit 113
3. Notwendige Gewährleistung der Kontinuität meiner Politik – Heinrich von Brentano 120
4. Bulganin und Chruschtschow in London – Guy Mollet in Moskau . . 128
5. Gefahren im Mittelmeerraum – Explosive Situation im Nahen Osten – Konflikt um Zypern – Griechenland von neuem Bürgerkrieg bedroht . 133
6. Folgerungen für die NATO 140
7. Das Memorandum von George F. Kennan 143
8. Grundlegender Wandel der sowjetischen Politik? 148

V. BESUCH IN DEN USA IM JUNI 1956
1. Verändertes Klima 156
2. Unterredung mit John Foster Dulles 161

3. Gespräche mit Eisenhower, Harriman und dem amerikanischen Gewerkschaftsführer Meany 171

VI. BEGEGNUNG MIT NEHRU 177

VII. DER RADFORD-PLAN
1. Alarmierende Meldung der „New York Times" vom 13. Juli 1956 über einen Plan des Admirals Radford 197
2. Konsequenzen des Radford-Planes – Protest der Bundesregierung . . 200
3. John Foster Dulles: „. . . ich schreibe als Freund einem Freund . . ." . . 207
4. Gespräch mit Allan Dulles 211

VIII. KRISE
1. Spannung im Nahen Osten 215
2. Gespräch mit dem britischen Oppositionsführer Hugh Gaitskell . . . 219
3. Sorge um Europa 222
4. Offener Konflikt im Nahen Osten 225
5. Veränderungen in Polen – Aufstand in Ungarn 228
6. Rückwirkungen 234
7. Beurteilung der weiteren Entwicklung 240
8. Konsolidierung des Westens oberstes Gebot 243

IX. DIE RÖMISCHEN VERTRÄGE
1. Richtlinien der deutschen Europapolitik 252
2. Negative Haltung Großbritanniens 255
3. Enge italienisch-deutsche Übereinstimmung – Spanien und Europa – Die französisch-deutschen Beziehungen 258
4. Großbritannien bleibt abseits 263
5. Unterzeichnung der Verträge über EWG und Euratom in Rom . . . 265
6. Fazit einer USA-Reise von Brentanos: „. . . wachsende Stärke Europas bindet die Amerikaner enger an uns." 274

X. IM SCHATTEN DER ATOMGEFAHR
1. An der Schwelle des Jahres 1957 277
2. Notwendigkeit einer allgemeinen kontrollierten Abrüstung 281
3. Gefährliche Ideen 284
4. Gefahren für die NATO – Die Problematik nationaler atomarer Bewaffnung 292
5. Bundeswehr und atomare Bewaffnung 296
6. Gespräche mit Dulles im Sommer 1957 302
7. Die Bundestagswahl 1957 311

XI. PROBLEME IM LAGER DER FREIEN WELT
1. Weiterhin keine Faktoren eines Fortschrittes zur Entspannung . . . 319
2. Gespräch mit James Reston von der „New York Times" 320
3. Vorstellungen und Anregungen der Regierung Gaillard 323
4. Gedanken zur Dezember-NATO-Ratstagung in Paris 333

5. Besprechungen in Paris und Ergebnis der NATO-Ratstagung vom
   Dezember 1957 337

XII. KONTAKTE ZUR SOWJETUNION – MÖGLICHKEITEN EINER ALTERNATIVE ZUR BISHERIGEN DEUTSCHLANDPOLITIK?
1. Das sowjetisch-deutsche Verhältnis 347
2. Auftakt zu sowjetisch-deutschen Verhandlungen über den Abschluß eines Handelsvertrages 353
3. Bulganins Briefaktionen vom Dezember 1957/Januar 1958 360
4. Unser deutsches Problem 365
5. Unterredung mit Botschafter Smirnow am 7. März 1958 369
6. Unterredung mit Smirnow am 19. März 1958 376
7. Unterredung mit Mikojan am 26. April 1958 380

XIII. STURZ DER IV. REPUBLIK – BERUFUNG DE GAULLES
1. Gefahren für die IV. Republik 396
2. Gespräche in Vence – Der Sturz der Regierung Gaillard 398
3. Gespräch mit dem amerikanischen Botschafter Bruce 401
4. Putsch in Algier 403
5. Berufung de Gaulles 405
6. Welchen Kurs geht die französische Außenpolitik? 408
7. Unterredung mit einem Vertrauten de Gaulles 417
8. Gespräch mit Pinay 421
9. Begegnung mit de Gaulle in Colombey-les-deux-Eglises 424

XIV. DER WESTEN IN DER BEWÄHRUNG – DAS BERLIN-ULTIMATUM CHRUSCHTSCHOWS
1. Klimasturz zwischen Ost und West 437
2. Verhärtung 439
3. Vorspiel 446
4. Chruschtschows Berlin-Ultimatum vom 27. November 1958 454
5. Eine Analyse unserer Situation – Aufzeichnung vom 30. Januar 1959 . 462
6. Eine überraschende Mitteilung der britischen Regierung – Ankündigung einer Reise Macmillans nach Moskau 468
7. Letzte Begegnung mit John Foster Dulles 471
8. Es galt, starke Nerven zu behalten 478

XV. BUNDESPRÄSIDENTENWAHL 1959
1. Reflexionen von Theodor Heuss über das Amt des Bundespräsidenten 483
2. Kandidatur Erhards für die Wahl zum Bundespräsidenten? 490
3. Der Beschluß des 7. April 1959 496
4. Gewissenskonflikt – Die Voraussetzungen für meine Kandidatur wurden nicht erfüllt 515
5. Zurückziehung der Kandidatur für das Amt des Bundespräsidenten . . 541

VORWORT DES VERLAGS

Bundeskanzler a. D. Dr. Konrad Adenauer hatte sich bei der weiteren Arbeit an seinen Memoiren entschlossen, über die Nachkriegszeit einen dritten und vierten Band zu schreiben. Den dritten Band hat er noch fertigstellen können. Er erscheint in der Fassung, die Dr. Adenauer ihm vor seinem Tode selbst gegeben hat. Es ist bekannt, daß er die Absicht hatte, in Cadenabbia das Manuskript noch einmal zu überprüfen, ehe er es für den Druck freigab. Diese letzte Durchsicht konnte nicht mehr erfolgen, und es ist nun selbstverständlich, daß wir das Werk so verlegen, wie es von ihm hinterlassen wurde. Für den vierten Band liegen Manuskripte von Dr. Adenauer vor. Sie werden demnächst veröffentlicht werden.

I. NOTWENDIGKEIT ZUM ZUSAMMENSCHLUSS EUROPAS

1. Zwingende Notwendigkeit einer gemeinsamen europäischen Politik

Für die weltpolitische Lage nach dem Zweiten Weltkrieg war von besonderer Bedeutung die außerordentliche Machtzunahme zweier Staaten: der Vereinigten Staaten von Amerika und der Sowjetunion. Die europäischen Staaten, die noch um die Jahrhundertwende entscheidend auf die Weltpolitik eingewirkt hatten, schienen zur Bedeutungslosigkeit herabzusinken. Die Vereinigten Staaten und Sowjetrußland waren Supermächte geworden und hatten in den Nachkriegsjahren ihre Stellung durch den Ausbau der nuklearen Waffen immer mehr gefestigt.

Das Chaos in Europa, das der Zweite Weltkrieg hinterließ, gab eine wichtige Lehre: Wollten wir Europäer in der völlig veränderten Welt nicht untergehen, so mußten wir aus der veränderten Situation die notwendige Schlußfolgerung ziehen: Der Zusammenschluß Europas war absolut zwingend. Ohne die politische Einigung würden die einzelnen Völker Europas Untergebene der Supermächte sein.

Einen entscheidenden Impuls für die Einigungsbestrebungen Europas gab Winston Churchill schon am 19. September 1946 durch eine große Rede, die er vor der Universität Zürich hielt. In dieser Rede forderte Churchill, daß „eine Art Vereinigter Staaten von Europa" geschaffen werde. Churchill sagte in Zürich:

„In ausgedehnten Gebieten Europas starrt eine Menge gequälter, hungriger, sorgenerfüllter und verwirrter Menschen die Ruinen ihrer Städte und Heime an und sucht den dunklen Horizont nach den Zeichen irgendeiner neuen kommenden Gefahr, einer Tyrannei oder eines neuerlichen Terrors ab. Unter den Siegern herrscht eine babylonische Verwirrung mißtönender Stimmen, unter den Besiegten aber das trotzige Schweigen der Verzweiflung. Wenn die große Republik jenseits des Atlantischen Ozeans nicht endlich erkannt hätte, daß der Zusammenbruch oder die Versklavung Europas auch ihr eigenes Geschick mit sich in den Abgrund reißen würde, und nicht eine helfende und führende Hand Europa entgegengestreckt hätte, so würden die dunklen Zeiten mit all ihrer Grausamkeit wiedergekehrt sein. Und sie können noch immer wiederkehren! Trotzdem gibt es ein Heilmittel, das, allgemein und spontan angewendet, die ganze Szene wie durch ein

Wunder verwandeln und innerhalb weniger Jahre ganz Europa, oder doch dessen größten Teil, so frei und glücklich machen könnte, wie es heute die Schweiz ist. Dieses Mittel besteht in der Erneuerung der europäischen Völkerfamilie oder doch einer so großen Zahl ihrer Mitglieder, als es im Rahmen des Möglichen liegt, und ihrem Neuaufbau unter einer Ordnung, unter der sie in Freiheit, Sicherheit und Frieden leben kann. Wir müssen eine Art Vereinigter Staaten von Europa errichten ...
Wir alle müssen dem Schrecken der Vergangenheit den Rücken kehren und uns der Zukunft zuwenden. Wir können es uns einfach nicht leisten, durch all die kommenden Jahre den Haß und die Rache mit uns fortzuschleppen, die den Ungerechtigkeiten der Vergangenheit entsprossen sind. Sollte das die einzige Lehre der Geschichte sein, die die Menschheit zu erlernen unfähig ist? Laßt Gerechtigkeit, Barmherzigkeit und Freiheit walten! ...
Ich muß aber hier eine Warnung aussprechen. Es ist möglich, daß unsere Zeit nur kurz bemessen ist. Gegenwärtig genießen wir eine Atempause. Der Kampf ist eingestellt, aber die Gefahren sind noch nicht vorüber. Wenn wir die Vereinigten Staaten von Europa bilden wollen, so müssen wir es jetzt tun ..."

Diese Proklamation Churchills zu jenem Zeitpunkt war bewundernswert. Churchill war es auch, der sich dafür einsetzte, daß es zu dem ersten großen Kongreß der europäischen Verbände im Mai 1948 in Den Haag kam. Der Haager Kongreß wurde unter maßgeblicher Beteiligung Churchills zu einem machtvollen Bekenntnis zur europäischen Einheit.
Die Notwendigkeit des politischen Zusammenschlusses der europäischen Länder wurde nach dem Ende des Zweiten Weltkrieges allgemein anerkannt. Der Gedanke, Europa zu vereinigen, hat Millionen von Menschen Hoffnung gegeben und befähigt, die schwere Not der Nachkriegszeit leichter zu ertragen. Kongresse, Zusammenschlüsse und Proklamationen mit dem Thema Europa lösten einander ab. Der Plan des politischen Zusammenschlusses Europas wurde zu einer starken Triebfeder des wiedererwachenden politischen Lebens.
Für die Bundesrepublik wurde seit ihrem Entstehen im Jahre 1949 der europäische Gedanke zu einem der wichtigsten Leitsätze ihres außenpolitischen Handelns. Schon als im Jahre 1948 im Parlamentarischen Rat das Grundgesetz entworfen wurde, sahen wir eine Bestimmung vor, nach der durch einfaches Gesetz Teile unserer Souveränität auf eine europäische Gemeinschaft übertragen werden konnten. Das war eine Anerkennung der Richtigkeit der Auffassung, daß die Nationalstaaten infolge der nach dem großen Kriege eingetretenen Entwicklung nicht mehr in der Lage waren, Europas Stellung in der Welt zu sichern.

Aus der Rede Winston Churchills verdienen noch folgende Ausführungen besonders hervorgehoben zu werden, weil sie aus dem Munde eines englischen Staatsmannes kamen: „... Ich will jetzt etwas sagen, was Sie vielleicht in Erstaunen setzen wird: Der erste Schritt bei der Neubildung der europäischen Familie muß ein Zusammengehen zwischen Frankreich und Deutschland sein... Es gibt kein Wiedererstehen Europas ohne ein geistig großes Frankreich und ein geistig großes Deutschland."
Die Bundesrepublik Deutschland war gewillt, jeden nur möglichen Beitrag zur Schaffung eines vereinten Europas zu leisten. Ein gutes Verhältnis zwischen Frankreich und Deutschland erschien uns dabei als das Kernstück jeder europäischen Vereinigung. Hierfür haben seit Gründung der Bundesrepublik Deutschland die Bundesregierungen, die ich gebildet habe, mit aller Kraft gearbeitet. Die Art und Weise, in der das schwierige Problem der Saar konstruktiv behandelt wurde, war ein ermutigendes Ergebnis unserer Bestrebungen. Ohne europäisches Denken hätten Frankreich und Deutschland dieses Problem niemals in der Weise meistern können, wie es geschehen ist.
Die Politik der europäischen Einigung brachte in die Beziehungen des besiegten und besetzten Deutschlands zu seinen Kriegsgegnern eine Wendung. Wir arbeiteten jetzt zusammen mit ihnen in den verschiedensten europäischen Organisationen, zum Nutzen von uns allen. Durch die europäische Politik wurde in erstaunlich kurzer Zeit sehr viel erreicht zur Überwindung alter Gegensätze. Am 16. April 1948 wurde in Paris von den Regierungen von Belgien, Dänemark, Frankreich, Griechenland, Großbritannien, Irland, Island, Italien, Luxemburg, den Niederlanden, Norwegen, Österreich, Portugal, Schweden, der Schweiz und der Türkei unter Einladung der Oberkommandierenden der amerikanischen, britischen und französischen Besatzungszone Deutschlands ein Abkommen über die „Organisation für europäische wirtschaftliche Zusammenarbeit" (OEEC) unterzeichnet, das ein gemeinsames Programm für den Wiederaufbau Europas fördern sollte. Diese Vereinigung kam auf Grund einer Initiative der Vereinigten Staaten von Amerika zustande. Sie war die Voraussetzung für die Marshallplanhilfe*. Am 5. Mai 1949 folgte ein weiterer wichtiger Schritt, die Unterzeichnung des Statuts des Europarats. Der Europarat hatte aber lediglich eine beratende Funktion. Ein entscheidender Schritt nach vorn war die Schaffung der Montanunion auf Grund der Initiative des französischen Außenministers Robert Schuman vom 9. Mai 1950**.
Das Ziel war, Schritt für Schritt die Einigung Europas zu erreichen, und

---
* Siehe „Erinnerungen 1945–1953", Kapitel VI, Seite 114 ff.
** Siehe „Erinnerungen 1945–1953", Kapitel XIV, Seite 327 ff.

zwar zunächst durch eine Integration auf wirtschaftlichem, dann auf politischem und schließlich auf militärischem Gebiet. Diese an sich logische und natürliche Reihenfolge wurde durch die Ereignisse in Korea umgeworfen*. Durch sie wurde mit einem Schlag der akute Zustand der Gefährdung klar, in dem sich die freie Welt befand. Als notwendige Folge rangierte die Zusammenarbeit auf dem militärischen Gebiet vor der politischen Zusammenarbeit. Wir konzentrierten uns nunmehr in erster Linie auf die Verwirklichung der Europäischen Verteidigungsgemeinschaft, die vorwiegend unter militärischen Gesichtspunkten konzipiert wurde. Dieser Versuch scheiterte aber durch ihre Ablehnung in der französischen Nationalversammlung. Jedoch nicht allein die französische Nationalversammlung trifft die Schuld an dieser Entwicklung. Vorgänge bei uns in Deutschland waren geeignet, das Mißtrauen in die Stetigkeit der politischen Kräfte bei uns zu stärken**. Die EVG ist zum Teil auch gescheitert durch einen übersteigerten Perfektionismus bei der Schaffung der Verträge, sie ist aber auch deshalb gescheitert, weil die Überzeugung von der Notwendigkeit eines militärpolitischen Zusammenschlusses der europäischen Völker zum Zwecke der Verteidigung noch nicht Allgemeingut geworden war.

Der Verwirklichung einer großangelegten Europapolitik stellten sich hartnäckig Schwierigkeiten in den Weg. Die europäische Vergangenheit war zu sehr mit Zwietracht belastet, als daß sich der Zusammenschluß der europäischen Völker in kurzer Zeit fast von selbst hätte vollziehen können. In den Völkern Europas war ihre geschichtliche Vergangenheit sehr lebendig, und daraus erwuchsen gewisse Hemmnisse. Es hatte sich erwiesen, daß es unmöglich sein würde, einen großen, umfassenden, einen perfekten Plan für die Zusammenarbeit und die Einigung Europas in einem Zuge zu verwirklichen. Wir mußten dort anpacken, wo sich ein konkretes Problem stellte, das tatsächlich bereits im gegebenen Zeitpunkt lösbar war.

Ich war mir bewußt, daß die schrecklichen Untaten des Nationalsozialismus eine schwere psychologische Hypothek für die Bemühungen um eine europäische Integration waren. Auf der anderen Seite aber konnte niemand daran vorübergehen, daß die Lebensfähigkeit unseres Kontinents in erster Linie von unserer Fähigkeit abhängen würde, die trüben Erfahrungen der Vergangenheit zu überwinden und daraus die richtigen Folgerungen für die Zukunft zu ziehen.

Immer wieder regte sich der Zweifel: Kann es denn wirklich ein vereinigtes Europa geben? Die Frage, ob ein reibungsloser Zusammenschluß der europäischen Staaten möglich würde, ohne daß die einzelnen Länder eine un-

---

* Siehe „Erinnerungen 1945–1953", Kapitel XV, Seite 346 ff.
** Siehe „Erinnerungen 1953–1955", Kapitel IV.

tragbare Minderung ihrer Entscheidungsfreiheit erfuhren, wurde zum hemmenden Hindernis. Aber waren solche Überlegungen in unserer gegenwärtigen Situation noch am Platze? Würden die europäischen Staaten nicht immer mehr an politischem Einfluß verlieren und schließlich auch an wirtschaftlicher Macht? Ein verantwortungsbewußter europäischer Staatsmann durfte der fortschreitenden Machtverschiebung zum Nachteil der europäischen Staaten nicht tatenlos zusehen, aus Hingabe an eine Tradition.

Vielleicht war uns Europäern erst durch die Erschütterungen, die das Zeitalter der Weltkriege in Europa und in der Welt auslöste, klargeworden, wie sehr das Schicksal der europäischen Völker aneinandergekettet ist. Geschichtliche Erfahrungen verbanden die meisten Völker Europas. Auch im Zeitalter der Nationalstaaten blieben diesem Europa politische und geistige Lebensgrundlagen gemeinsam. Bei fast allen Völkern Europas beruht ihr Wesen, ihre Kultur auf einer gemeinsamen Grundlage: dem Geiste der Griechen und Römer und dem Christentum. Vielfalt in der Eigenart und trotzdem Gemeinsamkeit in der Grundlage sind die entscheidenden Wesenszüge Europas. Die Sorge um die Gefährdung dieser Grundlage, die Sorge um die Gefährdung der Freiheit und der Gleichberechtigung müssen uns heute zusammenführen gegen diejenigen Kräfte, die das freie Selbstbestimmungsrecht des einzelnen und der Völker verkennen.

Der Weg, der zu einem vereinigten Europa führt, wird lang und beschwerlich sein. Er wird von uns Klugheit, Selbsterkenntnis, Ausdauer, Geduld und Zähigkeit verlangen. Eine der großen Gefahren, die die Verwirklichung eines vereinigten Europas bedrohen, sehe ich in dem Mangel an Vorausschau der Entwicklung, in der Kleinheit des Denkens, die zu einer Überschätzung des Gewordenen, Bestehenden und zur Blindheit und zur Unterschätzung des Auf-uns-zu-Kommenden führt. Darüber hinaus ist es die Gefahr der Gewöhnung, der wir oft in geistig-politischer Hinsicht begegnen. Die Lässigkeit auf wirtschaftlichem Gebiet, die Tendenz, zu früh die Hände in den Schoß zu legen, sind unsere ärgsten Feinde. Sie kommen letztlich nur dem Kreml zugute, der die Kraft des einzelnen skrupellos ausnutzt, um die große Auseinandersetzung zwischen Kommunismus und freier Welt auf wirtschaftlichem Gebiet zu gewinnen. Ich könnte für diese Lässigkeit noch Verständnis aufbringen, wenn sie sich auf ein starkes Vertrauen auf die eigenen Möglichkeiten gründete, aber Hand in Hand mit ihr geht ja die Neigung, auch auf dem Gebiet der Selbstverteidigung, der Selbstbehauptung nicht alle Möglichkeiten auszuschöpfen.

Fragte man sich nach dem Einfluß der in Europa liegenden Staaten in der Welt, so konnte man die Augen nicht vor der Tatsache verschließen, daß eine gewaltige Machtverschiebung infolge der letzten beiden Kriege und der Fortschritte der Waffentechnik stattgefunden hatte. Es gab jetzt die Supermächte Vereinigte Staaten von Amerika und Sowjetunion und im Hintergrund Rotchina. Es gab keine europäische Großmacht mehr. Es war nun einmal eine Tatsache, daß die freien europäischen Staaten eine Existenz im Schatten der Atommächte führten. Sie taten das, obgleich ihr wirtschaftliches Potential zusammengenommen nach wie vor größer war als dasjenige der Sowjetunion und obgleich die sozialen und wirtschaftlichen Verhältnisse in dem freien Europa in den letzten Jahren eine unerwartet günstige Entwicklung genommen hatten. Aber wir waren nicht geeint, und darin lag unsere Schwäche.

Es schien mir nahezu unbegreiflich, daß das freie Europa mit seinem Menschen- und Wirtschaftspotential nicht in der Lage sein sollte, politisch und wirtschaftlich den ihm zukommenden Platz in der kommenden Entwicklung in der Welt einzunehmen. Hier schien mir ein erstaunliches Phänomen vorzuliegen: Die Selbstverständlichkeit, mit der wir uns damit abzufinden schienen, daß wir aus eigenen Kräften nicht in der Lage seien, das für unsere Existenz notwendige internationale Kräfteverhältnis zu sichern.

Im Verlauf der letzten Jahrzehnte hatte sich die politische und wirtschaftliche Kraft der freien Völker immer mehr auf die Vereinigten Staaten von Amerika hin konzentriert. Ich erkenne mit Dank und Bewunderung an, daß die Vereinigten Staaten sich der Verantwortung, die der Besitz der wirtschaftlichen und politischen Vormachtstellung mit sich brachte, voll bewußt waren. Aber die europäischen Länder konnten nicht auf die Dauer ihre Kräfte voll entfalten, wenn sie fortführen, ihr Heil und ihre Sicherheit lediglich durch die Patronage der Vereinigten Staaten zu finden. Das konnte und durfte kein Dauerzustand werden, weil dadurch die europäischen Kräfte mit der Zeit der Erschlaffung verfallen und weil auch die Vereinigten Staaten nicht gesonnen sein würden, auf die Dauer die Sorge für Europa in einem Umfange zu übernehmen, der ihnen nicht zugemutet werden konnte. Es kommt hinzu, daß zwar die Grundinteressen Amerikas und Europas dieselben sind, daß aber nicht alle Lebensinteressen der europäischen Staaten auch Lebensinteressen der Vereinigten Staaten von Amerika zu sein brauchen und umgekehrt und daß sich daraus zwangsläufig Verschiedenheiten der politischen Auffassungen ergeben, die in bestimmten Lagen notwendigerweise zu selbständigem politischem Vorgehen führen müssen.

Die europäischen Völker mußten sich, je mehr der Zweite Weltkrieg seine unmittelbaren Rückwirkungen auf die jetzige Zeit verlor und zur Geschichte wurde, auf ihre eigene Stärke und Verantwortung besinnen, schon weil man

von den Vereinigten Staaten nicht verlangen konnte, bei ihrer Politik in erster Linie an europäische Interessen zu denken. Ein weiteres Element weltpolitischer Bewegung von großer Tragweite, das sich erst nach 1945 zeigte, ist das Erscheinen nichtweißer Völker auf der Bühne des politischen Weltgeschehens. Um die Bedeutung dieses neuen politischen und wirtschaftlichen Faktors klarzumachen, genügt es, wenn ich die beiden größten Vertreter nenne: Rotchina und Indien, und wenn ich darauf hinweise, daß sich durch die Rolle Ägyptens, das sich als arabische Vormacht betrachtet, eine für Europa äußerst peinliche Lage entwickeln konnte. Es zeigte sich im Nahen Osten besonders deutlich, daß die Interessen und demzufolge die Ansichten der Vereinigten Staaten und der europäischen Länder nicht immer übereinstimmen.
Wir Europäer mußten klar erkennen, daß in Wirklichkeit seit dem letzten Kriege Entwicklungen und Verschiebungen politischer Natur eingetreten sind – ich habe sie kurz zusammengefaßt –, die uns nötigen, die europäische Integration in erster Linie nicht mehr allein unter innereuropäischen politischen Gesichtspunkten, sondern auch in weltweiten politischen und wirtschaftlichen Zusammenhängen zu sehen. Wenn wir das tun, so wirkt manche aus nationalen Gründen uns bisher als groß erscheinende Hürde unbedeutend.
Es hilft alles nichts, wir müssen manche auf nationalen Vorstellungen und Traditionen beruhenden Hemmungen angesichts der neuen Entwicklungen auf der Erde über Bord werfen, und wir müssen handeln. Eine Entwicklung, die wir Europäer nicht beeinflussen können, geht sonst über uns hinweg.
Wir Europäer fühlen uns meines Erachtens viel zu sicher. Die politische und wirtschaftliche Vormachtstellung der europäischen Staaten, die zu Anfang dieses Jahrhunderts unbestritten war, ist dahin. Ich meine, man kann nicht mehr von irgendeinem europäischen Staat noch in dem Sinne als Großmacht sprechen, wie man das mit Fug und Recht zu Beginn dieses Jahrhunderts tun konnte. Wenn aber ein Großer und ein Kleiner oder ein Großer und mehrere Kleine zusammen Politik treiben wollen, dann kann sich leicht bei dem Großen ein übertriebener Führungsanspruch, bei den Kleinen ein zu starkes Abhängigkeitsgefühl ergeben. Das ist unter den verschiedensten Gesichtspunkten nicht gut; unbedingt führt das Abhängigkeitsgefühl der Kleinen aber im Laufe der Entwicklung zum Nachlassen ihrer Kräfte. Das Vorhandensein von nuklearen Waffen, die Monopolstellung, die die zwei Weltmächte dadurch erhalten, können auf die Dauer zu unerträglichen Verhältnissen für alle Kleinen führen.
Ob die europäische Kultur ihre führende Stellung behalten wird? Ich glaube nicht, wenn wir nicht Europa wieder zu einem politischen Begriff machen;

denn auch Kulturen sind, wie die Geschichte zeigt, durch politische Entwicklungen gefährdet.
Darüber hinaus ist es der technische Fortschritt, der uns zwingen mußte, neue Formen des friedlichen Zusammenlebens zu suchen. In unserer veränderten Welt können nur großräumige Zusammenschlüsse Frieden und Wohlfahrt sichern. Diese Zusammenschlüsse müssen aus dem Prinzip der Freiwilligkeit und der Gleichberechtigung erwachsen. Nur wenn die Freiheit das Grundelement dieser Gemeinschaften ist, werden sie Aussicht auf Bestand haben. Es ist ein Leben der Würde, der Freiheit des einzelnen Menschen, das der Westen der Zwangsherrschaft des Ostens entgegenstellen muß, wenn er sich behaupten will. Wir in Deutschland hatten in einer noch nicht weit zurückliegenden Zeit erkennen müssen, was es bedeutete, wenn einer Politik das ethische Fundament der Freiheit fehlt. Wir müssen uns gemeinsam mit den uns befreundeten Völkern bemühen, die Werte des christlichen Abendlandes am Leben zu erhalten.

2. Vorstellungen über eine Neuordnung Europas

Wir mußten aus den Erfahrungen der europäischen Einigungsbestrebungen seit 1945 folgendes lernen: Die Verwirklichung der europäischen Einigung durfte nicht unmöglich gemacht werden durch perfektionistische Forderungen. Aber Europa hatte noch weitere Gegner, wie Georges Bidault in einem Gespräch mir gegenüber es einmal sagte: solche, die nicht mitmachten, und solche, die Europa zu rasch schaffen wollten.
Die europäische Integration durfte nicht starr sein, sie mußte so dehnbar und so elastisch sein wie eben möglich. Sie durfte kein einschnürender Panzer sein für die europäischen Völker, sie mußte vielmehr ihnen und ihrer Entwicklung ein gemeinsamer Halt, eine gemeinsame Stütze für eine gesunde, den berechtigten Eigenheiten eines jeden einzelnen entsprechende Entwicklung sein. Ich hielt deshalb supranationale Einrichtungen nicht für unbedingt notwendig; sie schreckten vom Beitritt ab, sie trugen zur Verwirklichung der gemeinsamen Ziele nichts Entscheidendes bei, weil ja hinter solchen supranationalen Einrichtungen keine Macht stand, die ihren Beschlüssen gegenüber dem Widerstreben einzelner Staaten Geltung zu verschaffen in der Lage war. Auf der anderen Seite durfte das Wirken und das Wirksamwerden einer europäischen Föderation oder Konföderation nicht von dem Willen oder den vermeintlichen Interessen eines einzelnen Mitgliedes abhängen. Ich war überzeugt, daß sich ein Mittelweg zwischen den beiden Extremen finden ließ.

Zwei Fragen waren in diesem Zusammenhang sehr wichtig: Welche Völker sollten Mitglieder werden können, und wie sollte das Gebiet der europäischen Gemeinschaft in sachlicher Hinsicht abgesteckt werden? Nach meiner Meinung sollte der Kreis der Teilnehmerstaaten nicht begrenzt werden. Europas Geschick ist das Geschick eines jeden europäischen Landes. Man sollte allerdings die ersten Planungen, sowohl was die Zahl der Mitglieder als auch das Arbeitsgebiet anging, nicht von vornherein zu weit gehen lassen, weil die Arbeit sonst sofort derart schwierig würde, daß man nicht weiterkäme und steckenbliebe. Aber wenn der erste Start gemacht sein würde, dann sollte man in der Ausdehnung und Vergrößerung nicht ängstlich sein. Das Arbeitsgebiet sollte dann so umfassend wie möglich sein.

Das Werk erforderte auf politischem und auf wirtschaftlichem Gebiet Kühnheit und Weitblick. Die politischen Vorteile würden sich bald zeigen, die wirtschaftlichen vielleicht nicht sofort, aber nach Überwindung der ersten Schwierigkeiten würde die Wirtschaft aller Beteiligten große Vorteile haben und auf diese Weise ihre Konkurrenzfähigkeit gegenüber anderen, schon bestehenden oder in der Entwicklung begriffenen großen Wirtschaftsräumen behaupten können.

Wichtig würde das Verhältnis zur NATO sein. Ich glaube nicht, daß ein europäischer Zusammenschluß die Wirksamkeit der NATO schädigen oder beeinträchtigen würde. Der Rahmen der NATO war weiter gespannt als der eines europäischen Zusammenschlusses, geographisch und sachlich, und wo sich die Aufgabenkreise berührten oder überschnitten, würden eine Regelung und eine Abstimmung aufeinander leicht sein.

Ein gutes Verhältnis zwischen einem vereinigten Europa und den Vereinigten Staaten von Amerika würde eine der Voraussetzungen sein für eine erfolgreiche Selbstbehauptung Europas, aber auch der Vereinigten Staaten. Führende Staatsmänner der USA hatten immer wieder die Notwendigkeit der Einigung Europas betont und Fortschritte in dieser Richtung gefordert. Es gab keinen Zweifel: Die Vereinigten Staaten von Amerika, und zwar beide großen Parteien, würden den europäischen Zusammenschluß begrüßen. Namentlich unter der Regierung Eisenhower haben sich dieser und sein Außenminister Dulles und auch dessen Nachfolger Herter ausdrücklich hierfür ausgesprochen.

Von großer Bedeutung für die Zukunft Europas würde die Teilnahme Großbritanniens an einer europäischen Einigung, die Haltung Großbritanniens zu Europa sein. Als Churchill im September 1946 in Zürich die baldige Schaffung der „Vereinigten Staaten von Europa" forderte, dachte er aber nicht an die Einbeziehung Großbritanniens. Churchill erklärte damals: „... Großbritannien, das Britische Commonwealth, das mächtige Amerika und, wie ich hoffe, auch die Sowjetunion ... müssen dem neuen Europa als wohlwollende Freunde gegenüberstehen und ihm zu seinem Lebensrecht verhelfen." Großbritannien sollte also lediglich ein „wohlwollender Freund" des vereinigten Europas sein, nicht ein Mitglied. Der Traum vom mächtigen Commonwealth war noch nicht ausgeträumt, er blieb bestimmend auch für die folgenden Jahre. Als Robert Schuman im Frühjahr 1950 seinen Plan zur Schaffung einer Montanunion entwickelte, wandte er sich zunächst an Großbritannien mit der Aufforderung, daran teilzunehmen. Großbritannien lehnte ab. Die Verpflichtungen gegenüber dem Commonwealth und seine Sonderstellung zu den Vereinigten Staaten erschienen der damaligen britischen Regierung wichtiger. Dies war die britische Grundhaltung. Ich bedauerte sie aufs tiefste.

Als ich im Mai 1953 mit Winston Churchill über die Notwendigkeit zur Einigung Europas und das Verhältnis Großbritanniens zu Europa sprach, verdeutlichte mir Churchill seine Gedanken und Vorstellungen durch eine Skizze, in der er die Vereinigten Staaten, Großbritannien mit dem Commonwealth und das vereinigte Europa als drei Kreise sah, die einander berührten, die miteinander verbunden sein sollten, er sah Großbritannien und ein vereinigtes Europa jedoch nicht als Einheit*.

Im Oktober 1954 wurden durch den damaligen Außenminister Anthony Eden gute Ansätze gemacht, die auf eine Änderung der britischen Haltung Europa gegenüber hindeuteten**. Leider haben die kommenden Jahre die in Großbritannien gesetzten Hoffnungen enttäuscht.

Die verschiedenen Zusammenschlüsse der europäischen Staaten riefen geradezu nach einer Zusammenfassung. Ich habe den Europarat und die Montanunion sowie die Westeuropäische Union schon genannt. Außerdem gab es die verschiedensten Vereinbarungen auf dem Gebiete des Verkehrs und der Liberalisierung des Handels. Ich hielt die Vereinigung Europas nicht für eine Utopie. Der Weg, der vor uns lag, war nicht leicht, er erforderte Härte gegen uns selbst, gute Nerven, Weitblick, eine Politik, die sich, ungeachtet der Schwierigkeiten der anstehenden Probleme, elastisch anzupassen vermochte.

---

* Siehe „Erinnerungen 1945–1953", Kapitel XX, Seite 512.
** Siehe „Erinnerungen 1953–1955", Kapitel IX, Seite 338 ff.

3. Praktische Schritte
— Ein Plan Pinays —
— Der Beschluß von Messina vom 2. Juni 1955 —

Als Robert Schuman im Jahre 1950 die Bildung der Montanunion anregte, sahen wir alle, die wir seiner Initiative folgten, als Endphase einer europäischen Zusammenarbeit eine europäische politische Union. Schon bei der Verwirklichung der Montanunion im Jahre 1952 waren sich die Vertragschließenden darin einig, daß die Bemühungen zur Schaffung eines wirtschaftlich und politisch geeinten Europas fortgesetzt werden müßten durch den Ausbau gemeinsamer Institutionen. Doch die Gespräche und Verhandlungen hierüber brachten nicht die erhofften Fortschritte.

Von dem Rückschlag, den die europäische Einigungsbewegung durch das Scheitern der EVG im Sommer 1954 erlitten hatte, erholte sie sich nur langsam. Die Gespräche gingen weiter. Im Frühjahr 1955 entwickelte der damalige französische Außenminister Antoine Pinay einen Plan, um zu zeigen, wie man einen Schritt vorwärts kommen könne. Aber die Lage in Frankreich war unstabil. Der Plan Pinays mochte noch so gut sein, er konnte nicht verwirklicht werden, wenn es Pinay nicht gelang, in der Regierung zu bleiben. Für das Jahr 1956 waren Wahlen für die Nationalversammlung angesetzt, deren Ergebnis ungewiß war. Es standen sich gegenüber der sogenannte Mendès-Block und der Pinay-Block. Doch der Block von Pinay drohte über der Europafrage zersprengt zu werden. Pinay war in seinem Plan bemüht, die verschiedenen Richtungen einer Europapolitik innerhalb seines Blockes zu vereinen. Würde ihm dies gelingen?

Trotz aller Verschiedenheiten zwischen den französischen Parteien gab es ein von allen Parteien mit Ausnahme der Kommunisten erstrebtes Ziel: die Einigung Europas. Aber über den Weg, wie dieses Ziel zu erreichen war, war man sich nicht einig. Über die Europa-Politik in Frankreich seit dem Jahre 1945 hieß es in einer Aufzeichnung des deutschen Auswärtigen Amtes vom 28. Februar 1955:

„In Frankreich besteht, wenn man von den Kommunisten und einer ganz kleinen nationalistischen Gruppe absieht, offensichtlich allgemeine Einigkeit darüber, daß die Nationen des freien Europa eng zusammenarbeiten müssen. Während aber die einen eine supranationale Regierung im Rahmen eines Einheitsstaates oder eines Bundesstaates unmittelbar einsetzen wollen, wünschen die anderen die Herbeiführung dieser Zusammenarbeit unter Beachtung der nationalen Souveränitätsrechte.

Diese tiefe Spaltung des Landes hat praktisch zur Sterilität geführt:
- Völliges Scheitern der EVG-Auffassung.
- Tatsächliches Scheitern des Straßburger Europarats, der überhaupt keinen realen politischen Einfluß ausübt. Er besteht außerdem aus zu vielen verschiedenartigen Ländern und widmet sich mehr theoretisch der Förderung von Idealen und Grundsätzen."

Der Erfolg, den die Montanunion bisher aufwies, wenn sie auch nur ein sehr beschränktes Wirtschaftsgebiet umfaßte, blieb jedoch als ermutigendes Beispiel nicht ohne beachtenswerte Auswirkungen. Der Westeuropäischen Union hingegen gab man auch in Frankreich nur geringe Chancen als entscheidenden Fortschritt zur Einigung Europas und bewertete sie lediglich als einen sehr partiellen Erfolg, da ihre Entfaltung von England abhängig sein würde. Es wurde auch hingewiesen auf die Tatsache, daß es sich hier um eine im wesentlichen militärische Organisation handelte.

Pinay schwebte als mögliche Lösung ein Conseil Confédéral Européen, ein Europäischer Staatenbund-Rat, vor. In einer Aufzeichnung, die mir das Auswärtige Amt zu seinen Vorstellungen vorlegte, hieß es:

„Europa muß auf empirischem Wege geschaffen werden:
- Es wird eine Konferenz der Außenminister der Sechs in Paris einberufen.
- Bei Abschluß dieser Konferenz wird eine ‚feierliche Erklärung' veröffentlicht, welche die sich aus der geographischen Lage der Teilnehmerstaaten ergebende Interessengemeinschaft betont und demgemäß ankündigt, daß die Sechs in regelmäßigen Zeitabständen (zum Beispiel alle zwei Monate) zusammentreten und auf diese Weise den ‚Europäischen Staatenbund-Rat' bilden. Es wird ein ständiges Generalsekretariat des Rates geschaffen; dieses hat seinen Sitz in Paris, das auf diese Weise de facto und in der öffentlichen Meinung zur europäischen Bundeshauptstadt wird.

Zuständigkeit und Aufgaben des Rates
Die Zuständigkeit ist eine staatenbündische, das heißt, sie respektiert die nationale Souveränität der Staaten.

Zwei Ziele:

A) Harmonisierung der Tätigkeit der Exekutive und der Gesetzgebung der Staaten.
   a) Kompetenz der Regierungen
      Soweit es sich um eine Tätigkeit handelt, die zur Kompetenz der Regierungen gehört, wie die Abfassung diplomatischer Noten an einen aus-

ländischen Staat, die eine Stellungnahme erfordert, Paßangelegenheiten, Aufenthaltsrecht, Konzessionen für Industrieunternehmen, Handelsfirmen und so weiter, werden diese Angelegenheiten nach jeder Tagung des Staatenbund-Rats ohne Schwierigkeiten geregelt.

b) Kompetenz der Legislative
Gehören die behandelten Fragen zur Zuständigkeit der Legislative, so verpflichten sich die Minister lediglich, die Entwürfe ihrem jeweiligen Parlament vorzulegen und für diese Entwürfe einzutreten.

B) Schaffung internationaler Organisationen.
Der Rat prüft die Frage der Schaffung zunächst von Studienkommissionen, sodann von internationalen Organisationen, die auf den verschiedensten Gebieten zu einer immer engeren Union der europäischen Staaten zum gemeinsamen Besten beitragen können. In diesem Fall muß selbstverständlich jedes Parlament diese Vorschläge ratifizieren.

Natur des Europäischen Staatenbund-Rats
Der Europäische Staatenbund-Rat ist eine ständige diplomatische Konferenz. Aus diesem Grunde kann sie durch einen einfachen Beschluß der Regierungen ins Leben gerufen werden, ohne daß es der Unterzeichnung eines Vertrages oder gar der Ratifikation eines solchen Vertrages durch das Parlament bedarf.
Erst später, wenn die öffentliche Meinung die Übertragung gewisser Entscheidungsbefugnisse an diesen Rat zuläßt, wird Veranlassung bestehen, einen Vertrag auszuarbeiten, zu unterzeichnen und zu ratifizieren.
Die Schaffung des Europäischen Staatenbund-Rats würde der Form nach durch eine ‚feierliche Erklärung' erfolgen.

Zusammensetzung des Europäischen Staatenbund-Rats
Zu Beginn würde der Rat die sechs Staaten: Frankreich, Deutschland, Italien, Belgien, Niederlande und Luxemburg umfassen. Sodann könnte sich rasch die Frage der Einladung nachstehender Länder erheben:
– Portugals, da es Mitglied der NATO ist.
– Der Schweiz, die in Anbetracht des staatenbündischen Charakters des Rates an allen Konferenzen, die sich nicht mit militärischen Fragen befassen, teilnehmen könnte.
– Spaniens. Zweifellos würde die spanische Regierung sofort den größten Wert darauf legen, eine Einladung in den Rat zu erhalten. Dies wäre ein ausgezeichnetes Entgelt für die Regelung der Marokko-Frage.
– Englands. Obwohl England nicht zu Kontinentaleuropa gehört, könnte

es eingeladen werden. Der staatenbündische Charakter des Rates würde England erlauben, ohne Verletzung der Regeln des Commonwealth an dem Rat teilzunehmen.

Folgen der Schaffung des Rates auf dem Gebiet der Innenpolitik
Die Schaffung des Rates wäre eine in die Augen fallende politische Konkretisierung der europäischen Idee. Die öffentliche Meinung würde sich mit dem Fortschreiten der praktischen Tätigkeit des Rates nach und nach Rechenschaft über die Interessengemeinschaft der europäischen Staaten geben. Auf diese Weise wäre das Werkzeug für eine langsame und andauernde Arbeit an der Herbeiführung der europäischen Einigung geschaffen.

Diese Schöpfung müßte allerdings die Zustimmung sowohl der europäischen Föderalisten als auch der Anhänger der nationalen Souveränität erhalten.

Die Föderalisten müßten darin logischerweise den ersten Schritt auf dem Wege zur europäischen Einigung erblicken. Die Geschichte zeigt übrigens, daß kein Bundesstaat zustande gekommen ist, der nicht zuvor das Stadium des Staatenbundes durchlaufen hat: Deutscher Bund, Schweizerische Eidgenossenschaft, Vereinigte Staaten.

Die Anhänger der nationalen Souveränität müßten darin das praktische Mittel zur Herbeiführung der europäischen Zusammenarbeit unter Wahrung der nationalen Souveränitätsrechte erblicken.

Die Entwicklung der internationalen Lage und der öffentlichen Meinung wird zwischen den beiden Richtungen entscheiden und bewirken, daß der Staatenbund ein solcher bleibt und nach und nach zum Bundesstaat fortschreitet."

Das Auswärtige Amt fügte dem Bericht über den Plan Pinays auch eine kritische Stellungnahme bei, in der es hieß:

„Die hauptsächlichste Einwendung gegen die Schaffung des Europäischen Staatenbund-Rates wäre sein Mangel an Zwangsbefugnissen. Wir weisen jedoch erneut darauf hin, daß die Geschichte keinen Bundesstaat kennt, der nicht das Stadium des Staatenbundes durchlaufen hat. Andererseits liegt es auf der Hand, daß zum mindesten die öffentliche Meinung Frankreichs für einen europäischen Bundesstaat nicht reif ist. Sollte man in diesem Fall die Politik ‚alles oder gar nichts' verfolgen? Dies wäre sinnlos. Die Europäische Union auf bundesstaatlicher Ebene kann nicht in einigen Monaten, ja sicherlich auch nicht in einigen Jahren herbeigeführt werden. Die Zeit rächt sich für alles, was man unter Mißachtung ihres Gesetzes tut."

Der Plan Pinays kam jedoch nicht zur Durchführung. Kontaktaufnahmen zwischen den sechs Regierungen der Montanunion zeigten, daß die Zeit für eine Übereinkunft zur Schaffung einer Politischen Union noch nicht reif war. Fünf Jahre nach dem kühnen Vorstoß Robert Schumans beschlossen daher die sechs Montanunion-Länder, zumindest auf wirtschaftlichem Gebiet einen entscheidenden Schritt nach vorn zu tun. Dieser Entschluß wurde von der Erkenntnis getragen, daß alle politischen Bemühungen wirkungslos bleiben mußten ohne die Zusammenfassung des wirtschaftlichen Potentials. Keine der europäischen Nationalwirtschaften konnte sich dem wirtschaftlichen Wachstumstempo der USA und der Sowjetunion mit Aussicht auf Dauererfolg anpassen, wenn sie für sich allein handelte. Im europäischen Zusammenschluß dagegen lagen große Chancen.

Auf einer Tagung der Außenminister der sechs Montanunion-Länder in Messina wurde am 2. Juni 1955 eine Resolution verabschiedet, die eine neue Phase der Integration Europas einleiten sollte, und zwar durch die Schaffung eines gemeinsamen europäischen Marktes, durch die gemeinsame Entwicklung der Atomenergie für friedliche Zwecke und durch gemeinsame Maßnahmen zum Bau von großen Verbindungsstraßen. In der Resolution von Messina heißt es:

„Die Regierungen der Bundesrepublik Deutschland, Belgiens, Frankreichs, Italiens, Luxemburgs und der Niederlande halten dafür, daß der Augenblick gekommen ist, eine neue Phase auf dem Wege zum Bau Europas einzuleiten. Sie sind der Ansicht, daß dies vor allem auf wirtschaftlichem Gebiet zu erfolgen hat. Sie erachten es als notwendig, die Schaffung eines Vereinigten Europas durch den Ausbau der gemeinsamen Institutionen, durch die schrittweise Fusion der nationalen Wirtschaften, durch die Schaffung eines gemeinsamen Marktes und durch die schrittweise Koordination ihrer Sozialpolitik fortzusetzen. Eine derartige Politik scheint ihnen unerläßlich, um Europa den Platz zu erhalten, den es in der Welt einnimmt, um ihm seinen Einfluß zurückzugeben und den Lebensstandard seiner Bevölkerung stetig zu heben.

A) Die sechs Minister einigten sich auf folgende Ziele:
1. Die Belebung des Warenaustausches und des Verkehrs verlangen den gemeinsamen Bau von großen Verbindungsstraßen. Deshalb wird die Frage des Baues eines europäischen Netzes von Kanälen, Autobahnen, elektrifizierten Eisenbahnlinien, der Standardisierung der Ausrüstungen und der besseren Koordinierung des Luftverkehrs geprüft.
2. Reichlichere und billigere Energie ist ein fundamentales Element des wirtschaftlichen Fortschrittes. Deshalb muß alles getan werden, um den

Austausch von Gas und elektrischer Energie zu fördern und die Preise für die Versorgung zu senken. Es werden Methoden studiert, um Produktion und Konsum von Energie zu koordinieren und die Richtlinien einer gemeinsamen Politik festzulegen. Dabei wird die Resolution berücksichtigt, die der außerordentliche Ministerrat der Montan-Union am 12./13. Oktober 1953 faßte.

3. Die Entwicklung der Atomenergie zu friedlichen Zwecken eröffnet binnen kurzem die Aussichten auf eine neue industrielle Revolution, die unendlich viel größer sein wird als diejenige der letzten hundert Jahre. Die sechs Unterzeichnerstaaten erachten es als notwendig, die Schaffung einer gemeinsamen Organisation zu prüfen, die die Verantwortung und die Mittel für die Gewährleistung der friedlichen Entwicklung der Atomenergie unter Berücksichtigung besonderer Vereinbarungen unter einzelnen Regierungen und Drittstaaten zu übernehmen hätte. Diese Mittel wären:

a) Die Schaffung eines gemeinsamen Fonds mit Beiträgen jedes Mitgliedstaates zur Finanzierung des Baues von Atomanlagen und der Forschung.

b) Freier und hinreichender Zutritt zu den Rohstoffen, freier Austausch von Informationen und Technikern, Nebenprodukten und besonderen Ausrüstungen.

c) Verfügbarkeit der erzielten Ergebnisse ohne Unterschied und Gewährung einer finanziellen Hilfe für die Auswertung dieser Ergebnisse.

d) Zusammenarbeit mit Nichtmitgliedstaaten.

4. Die sechs Regierungen stellten fest, daß die Schaffung eines von allen Zollschranken und quantitativen Einschränkungen freien gemeinsamen europäischen Marktes das Ziel ihres Vorgehens auf dem Gebiete der Wirtschaftspolitik ist. Sie sind der Ansicht, daß dieser Markt in einzelnen Phasen zu schaffen ist. Dazu ist das Studium folgender Fragen notwendig:

a) Verfahren und Rhythmus der schrittweisen Beseitigung der Handelsschranken in den Beziehungen zwischen den beteiligten Staaten und geeigneter Maßnahmen zur schrittweisen Vereinheitlichung des Zollsystems gegenüber Drittstaaten.

b) Maßnahmen zur Koordinierung der allgemeinen Politik der Mitgliedstaaten auf finanziellem, wirtschaftlichem und sozialem Gebiet.

c) Maßnahmen zur Koordinierung der Währungspolitik der Mitgliedstaaten, um die Schaffung eines gemeinsamen Marktes zu ermöglichen.

d) Ein System von Schutzklauseln.
e) Die Schaffung und das Funktionieren eines Anpassungsfonds.
f) Die schrittweise Verwirklichung der Freizügigkeit der Arbeitskräfte.
g) Die Ausarbeitung von Regeln, welche das Spiel der Konkurrenz im Schoße des gemeinsamen Marktes sicherstellen, in einer Art, die insbesondere jede nationale Diskriminierung ausschließt.
h) Die institutionellen Modalitäten, die für die Verwirklichung des Funktionierens des gemeinsamen Marktes angemessen sind.

Geprüft wird die Frage der Schaffung eines europäischen Investitionsfonds. Dieser Fonds bezweckt die gemeinsame Entwicklung der wirtschaftlichen Möglichkeiten in Europa und insbesondere die Entwicklung der weniger begünstigten Gebiete der beteiligten Staaten.

Auf sozialem Gebiet erachten es die sechs Regierungen als unentbehrlich, die fortschreitende Harmonisierung der in den verschiedenen Ländern in Kraft stehenden Bestimmungen zu prüfen, insbesondere jene bezüglich der Arbeitszeit, bezüglich der Vergütungen für Überleistungen (Nachtarbeit, Sonntags- und Feiertagsarbeit) und bezüglich der Urlaubsdauer und der Bezahlung hierfür.

B) Die sechs Regierungen haben sich über das folgende Verfahren geeinigt:
1. Zur Ausarbeitung von Abkommen oder Vereinbarungen über die in Aussicht genommenen Materien werden Konferenzen einberufen;
2. die Vorbereitungsarbeiten werden durch ein Komitee von Regierungsdelegierten und Sachverständigen unter dem Vorsitz einer politischen Persönlichkeit, welche die verschiedenen Arbeiten zu koordinieren hat, geleistet;
3. das Komitee wird die Hohe Behörde der Montan-Union sowie die Generalsekretariate der OEEC, des Europarates und der europäischen Verkehrsministerkonferenz um die erforderliche Mitarbeit ersuchen;
4. der Gesamtbericht des Komitees wird den Außenministern spätestens am 1. Oktober 1955 unterbreitet;
5. die Außenminister werden vor diesem Zeitpunkt erneut zusammentreten, um von den vom Komitee vorbereiteten Zwischenberichten Kenntnis zu nehmen und ihm die erforderlichen Richtlinien zu erteilen;
6. die Regierung Großbritanniens, das Mitgliedstaat der Westeuropäischen Union und assoziiertes Mitglied der Montan-Union ist, wird eingeladen, sich an diesen Arbeiten zu beteiligen;
7. die Außenminister werden im geeigneten Zeitpunkt darüber entschei-

den, ob auch andere Staaten eingeladen werden sollen, sich an den in Punkt 1 vorgesehenen Konferenzen zu beteiligen."

Den Beschluß von Messina beurteilte ich mit geteilten Gefühlen, weil ich fürchtete, daß die wirtschaftlichen Aufgaben uns ablenken würden von der Hauptaufgabe, nämlich der Schaffung der politischen Union. Außerdem fürchtete ich, daß man sich zuviel auf einmal vorgenommen hatte. Aber ich habe die Aufnahme der Verhandlungen, die schließlich zur EWG führten, doch begrüßt, weil ich hoffte, daß dieses zwar weniger starke Band wenigstens etwas sein werde und daß wir später dann das stärkere, das politische Band herstellen würden. Durch die zu gründende Europäische Wirtschaftsgemeinschaft würde wenigstens eine weitere feste Verbindung zwischen den sechs Montanunion-Ländern, insbesondere zwischen Frankreich und uns, geschaffen werden.

Es ist wesentlich, daß man seine Politik in ihrer Durchführung mit einem gesunden Realismus den wechselnden Gegebenheiten anpaßt. Wenn ein erstrebtes Ziel im Augenblick noch nicht erreichbar ist, muß man versuchen, zumindest den zur Zeit möglichen Teil zu verwirklichen. Für die Zukunft muß man auf die Kraft der weiteren Entwicklung vertrauen.

Es ist meines Erachtens falsch, das Gute zu unterlassen, weil man das Bessere erstrebt, dieses aber noch nicht realisierbar ist. Genauso halte ich es für falsch, den Schritt, der heute möglich ist, zu unterlassen, weil der größere, weitere Schritt erst morgen gelingen könnte. Es gibt immer wieder neue, nicht vorausberechenbare Kräfte in der Politik, die die Gesamtsituation verändern können. Als Folge muß oftmals das, was heute für morgen noch möglich schien, als ein Wunschtraum unverwirklicht bleiben. Das Heute steht auf dem Gestern, und das Morgen steht auf dem Heute. Die Entwicklung steht nicht still, und nur selten gibt es in der Politik ein Alles oder Nichts.

II. DIE GENFER AUSSENMINISTERKONFERENZ

1. Chancen für die Wiedervereinigung Deutschlands?

Die Siegermächte des Zweiten Weltkrieges hatten sich im Potsdamer Abkommen verpflichtet, die staatliche Einheit Deutschlands zu gewährleisten. Diese Verpflichtung haben sie bis heute nicht erfüllt. Im Potsdamer Abkommen war davon die Rede, daß alle Deutschland als Ganzes betreffenden Fragen von den Vier Mächten gemeinsam behandelt und beschlossen werden müßten. Diese Vereinbarung blieb eine leere Klausel. Die von den Russen besetzte Zone Deutschlands und die von den Westmächten besetzten Teile Deutschlands trieben mit wachsendem Gegensatz zwischen den Siegermächten immer weiter auseinander. Konferenzen unter den vier Siegermächten zur Behandlung der Frage der Wiedervereinigung Deutschlands blieben ergebnislos. Die Außenministerkonferenz der Vier Mächte vom Januar/Februar 1954 hatte die klare Erkenntnis gebracht: Eine Wiedervereinigung Deutschlands auf Grund freier Wahlen unter Beachtung des Selbstbestimmungsrechts der Völker wurde von Sowjetrußland abgelehnt. Eine Wiedervereinigung Deutschlands wurde von ihm nur unter kommunistischen Vorzeichen bejaht.
Das erste Gipfeltreffen der Regierungschefs Frankreichs, Großbritanniens, Sowjetrußlands und der Vereinigten Staaten von Amerika nach der Konferenz von Potsdam, die Genfer Gipfelkonferenz vom Juli 1955, schien eine Wende zu bringen. Im März 1953 war Stalin gestorben. Sein Tod hatte viele Politiker des Westens in der Hoffnung bestärkt, daß nunmehr eine neue Ära der Ost-West-Beziehungen anbrechen werde. Man hörte aus Moskau viel von den Möglichkeiten einer friedlichen Koexistenz. In der Genfer Gipfelkonferenz vom Juli 1955 sahen dann manche Politiker den Beginn einer Verständigung. Die vier Regierungschefs hatten sich darauf geeinigt, daß die Außenminister ihrer Staaten im Oktober erneut in Genf zusammentreten sollten, um über die Einzelheiten der anstehenden Probleme zu beraten. Am 23. Juli 1955 wurden Direktiven an die Außenminister veröffentlicht, in denen die Regierungschefs den Auftrag an ihre Außenminister genau umrissen. Die Außenminister sollten auf der Oktoberkonferenz folgende Tagesordnung behandeln:
1. Sicherheit in Europa und Deutschland,
2. Abrüstung,
3. Kontaktaufnahme zwischen Ost und West.

Zur Frage „Abrüstung" hatten die vier Regierungschefs im Juli 1955 vereinbart, hierüber im Rahmen der Abrüstungskommission der Vereinten Nationen weiter zu verhandeln. Den Außenministern war für Genf mehr eine unterstützende Rolle zugewiesen. Die nach der Genfer Direktive geplante neue Sitzungsperiode des Abrüstungsunterausschusses der Vereinten Nationen hatte am 29. August begonnen, doch brachte sie bis zum Beginn der Genfer Außenministerkonferenz noch keinerlei Ergebnisse.

Für die Genfer Außenministerkonferenz vom Oktober/November 1955 lag eine mit den Russen fest vereinbarte Tagesordnung vor. Viele sahen in der Zustimmung der Russen zu dieser Tagesordnung einen großen Schritt nach vorne. Aber die Russen änderten schon unmittelbar nach der Genfer Gipfelkonferenz und im Laufe der Genfer Außenministerkonferenz ihren Standpunkt in wichtigsten Fragen völlig, und sie legten namentlich in der Deutschlandfrage ihre Haltung schonungslos offen dar. Es erscheint mir daher notwendig, die Verhandlungen der Genfer Außenministerkonferenz ausführlich zu schildern, zumal sich so viele Politiker von der scheinbaren anfänglichen Übereinstimmung in ihren politischen Hoffnungen und Vorstellungen täuschen ließen.

Für uns war natürlich Punkt 1 der Tagesordnung der wichtigste. Es bestand die große Gefahr, daß sich die übrige Welt an den Tatbestand der Teilung Deutschlands gewöhnte und daß man des deutschen Problems überhaupt überdrüssig würde. Bei den Forderungen, die wir in der Vergangenheit an die drei Westmächte gestellt hatten, hatten wir stets die Wiedervereinigung verlangt, ohne diese Forderung in direkte Abhängigkeit von anderen Problemen zu bringen. Noch auf der Berliner Außenministerkonferenz des Jahres 1954 bildete die Wiedervereinigung ohne jede Verbindung mit einem europäischen Sicherheitssystem einen Punkt der Verhandlungen. In der Folge war es uns gelungen, die drei Westmächte davon zu überzeugen, daß die Wiedervereinigung Deutschlands und ein europäisches Sicherheitssystem in einem inneren Zusammenhang ständen. Die Westmächte hatten erkannt, daß ohne die Wiedervereinigung Deutschlands die ernste Gefahr drohte, daß eines Tages die Bundesrepublik um der Wiedervereinigung willen ihren bisherigen Anschluß an den Westen aufgeben könnte. Sie hatten eingesehen, daß dann ein europäisches Sicherheitssystem, das allen europäischen Staaten Sicherheit gewährte und in dem ein vereinigtes Europa das notwendige Gegengewicht gegenüber dem gewaltigen Koloß Sowjetunion Voraussetzung sein mußte, nicht mehr möglich sein würde.

In der Präambel zu den Direktiven, die die Regierungschefs im Juli 1955 ihren Außenministern erteilten, war die Verbindung zwischen Wiederver-

Die Direktiven an die Außenminister 33

einigung und europäischem Sicherheitssystem von allen vier Regierungschefs anerkannt. Es hieß in der Präambel:

„Die Chefs der Regierungen Frankreichs, Großbritanniens, der Sowjetunion und der Vereinigten Staaten, geleitet vom Wunsche, zur Verminderung der internationalen Spannung und zur Förderung des Vertrauens zwischen den Staaten beizutragen, erteilen ihren Außenministern den Auftrag, die Beratungen über die nachstehenden Fragen fortzusetzen, und zwar unter Berücksichtigung des an der Genfer Konferenz gepflogenen Meinungsaustausches, und wirksame Mittel und Wege vorzuschlagen, die unter Berücksichtigung der engen Verbindung zwischen der Frage der Wiedervereinigung Deutschlands und der europäischen Sicherheit zu einer Lösung der Probleme führen können. Dabei ist der Tatsache Rechnung zu tragen, daß eine erfolgreiche Beilegung dieser Streitfragen einer Festigung des Friedens dient."

Dann folgten die drei Direktiven zu den Themen „Sicherheit in Europa und Deutschland", „Abrüstung" und „Kontaktaufnahme zwischen Ost und West". Die für unsere deutschen Belange so sehr wichtige erste Direktive hat folgenden Wortlaut:

„Um die Sicherheit in Europa zu gewährleisten, und zwar unter angemessener Berücksichtigung der berechtigten Interessen aller Nationen und in Anerkennung ihrer unveräußerlichen Rechte auf individuelle und kollektive Selbstverteidigung, sind die Außenminister angewiesen, in dieser Richtung verschiedene Vorschläge zu prüfen, einschließlich der folgenden Punkte: Sicherheitspakt für das gesamte Europa oder einen Teil Europas, wobei sich die Mitgliedstaaten zum Verzicht auf Anwendung von Gewalt und zur Verweigerung jeder Unterstützung für einen Angreifer verpflichten müßten; Begrenzung, Kontrolle und Inspektion des Umfanges der bewaffneten Streitkräfte und der Rüstungen; Errichtung einer Zone zwischen Ost und West, in der nur eine gegenseitig zu vereinbarende Anzahl Streitkräfte stehen darf. Es soll auch untersucht werden, ob die Möglichkeit zu anderen Lösungen für dieses Problem besteht.

Die Regierungschefs, im Bewußtsein ihrer gemeinsamen Verantwortung für die Lösung des deutschen Problems und die Wiedervereinigung Deutschlands, sind übereingekommen, daß die deutsche Frage und die Frage der Wiedervereinigung Deutschlands durch freie Wahlen im Einklang mit den nationalen Interessen des deutschen Volkes als auch im Interesse der europäischen Sicherheit gelöst werden sollen. Die Außenminister können nach freiem Ermessen entscheiden, ob die Beteiligung oder die Konsultation anderer interessierter Parteien wünschenswert wäre."

Bemerkenswert war, daß die Westmächte einer Formulierung zustimmten, die offensichtlich einen Unterschied machte zwischen „Lösung der deutschen Frage" und „Wiedervereinigung Deutschlands".

Die Russen erklärten immer wieder, daß sie ein europäisches Sicherheitssystem wünschten. Sie erklärten, sie fühlten sich bedroht. Nur durch die Aufrechterhaltung der Verbindung Wiedervereinigung – Europäisches Sicherheitssystem konnte man daher mit einiger Aussicht auf Erfolg versuchen, sie zur Erörterung der Wiedervereinigung Deutschlands zu bringen.

Ich gab mich über den Verlauf der Genfer Außenministerkonferenz, was die deutsche Frage betraf, keinen großen Hoffnungen hin. Ich fürchtete, daß selbst bei weitgehendem Entgegenkommen der Westmächte in der Frage der Sicherheit die Sowjetunion nach wie vor nicht bereit sein würde, in der Frage der Wiedervereinigung Deutschlands mit sich verhandeln zu lassen. Wenn ich mich in die Lage der sowjetischen Politiker hineindachte, so kam ich zu folgendem Ergebnis:

Sie betrachteten die Wiedervereinigung Deutschlands unter zwei verschiedenen Gesichtspunkten. Einmal fürchteten sie, daß die Aufnahme Deutschlands in die NATO die dauernde Anwesenheit der USA in Europa mit sich bringe, weil die anderen europäischen Mitgliedstaaten aus Furcht vor einem deutschen Übergewicht innerhalb dieses Bündnisses darauf bestehen würden. Wenn sie durch einen billigen Tauschhandel den Abzug der Amerikaner aus Europa erreichen könnten, würden sie vielleicht einer deutschen Wiedervereinigung zustimmen.

Hierzu war von unserem Standpunkt aus folgendes zu sagen: Diese Lösung wäre für uns Deutsche und für Europa, solange es noch nicht fest zusammengefügt war, um ein wirksames Gegengewicht gegenüber dem Drucke Sowjetrußlands sein zu können, höchst gefährlich. Wir hätten zwar die Wiedervereinigung, zunächst wahrscheinlich eine Neutralisierung Deutschlands. Dem Koloß Sowjetrußland stünde aber ein gespaltenes, uneiniges Europa gegenüber ohne die schützende Macht Amerikas. Wohin die Entwicklung führen würde, lag meines Erachtens auf der Hand. Dieser Aspekt mußte für die Russen verlockend sein.

Die zweite Überlegung der sowjetischen Politiker konnte folgende sein: Die Sowjetzone war die westlichste Bastion des Kommunismus. Bei einer Zustimmung zur Wiedervereinigung Deutschlands würden sie einen Teil der kommunistischen Basis aufgeben. Vor allem aber konnte die Zustimmung zu freien Wahlen in der Zone verhängnisvolle Folgen für das jetzige System im osteuropäischen Raum nach sich ziehen. Waren die Sowjets bereit, dieses Risiko einzugehen? Ich bezweifelte es.

Bulganin hatte zwar dem am 23. Juli in Genf veröffentlichten Wortlaut der

Präambel und der Direktive 1 zugestimmt, jedoch bereits in seiner Schlußrede am gleichen Tag die Verbindung der Fragen Wiedervereinigung
Deutschlands und europäisches Sicherheitssystem verneint. Am folgenden
Tag unterhöhlte Bulganin erneut die Genfer Direktiven, indem er auf dem
Flugplatz Schönefeld die Realität zweier deutscher Staaten betonte und
erklärte, ein System der europäischen Sicherheit müsse diesem Tatbestand
Rechnung tragen. Bulganin und auch Chruschtschow lehnten also in Wirklichkeit die Verknüpfung der Wiedervereinigung mit der Schaffung eines
europäischen Sicherheitssystems auf das entschiedenste ab. Ihre Äußerungen
ließen keine gute Prognose zu für die im Oktober in Aussicht genommene
Außenministerkonferenz.

Die Russen ließen sich bei ihrem Widerstreben gegen die Verknüpfung der
beiden Fragen nach meiner Meinung von folgenden Gründen leiten: Sie
wollten die Wiedervereinigung hinausschieben und sie als Lockmittel erhalten, um die Bundesrepublik allmählich aus der Verbindung mit dem
Westen herauszulösen. Sie wollten dadurch eine europäische Föderation
verhindern und eine Änderung der amerikanischen Politik hinsichtlich
Europas herbeiführen. Sie wollten in der öffentlichen Meinung der freien
Völker das Interesse an der Wiedervereinigung Deutschlands erkalten
lassen und die jetzige Einstellung der drei Mächte zu den großen Fragen
allmählich zu ihren Gunsten ändern.

2. Der Edensche „Inspektionsplan" und seine Gefahren

Der britische Premierminister Eden hatte auf der Genfer Gipfelkonferenz
im Juli 1955 unter anderem ein Inspektionssystem vorgeschlagen, das vorsehen sollte, in einem genau festzulegenden Gebiet zwischen Ost und West
in gegenseitigem Einverständnis gemeinsame Inspektionsteams zu benennen
und wirken zu lassen. Eden hatte gemeint, daß durch eine Zusammenarbeit
westlicher und sowjetischer Organe in der zu schaffenden Inspektionszone
„ein Geist des Vertrauens" geschaffen werden könne, der eine wichtige
Voraussetzung für eine allgemeine Lösung sei.

Zur Vorbereitung der Genfer Außenministerkonferenz wurde dieser Plan
weiterentwickelt und vor Beginn der Verhandlungen der Außenminister
dem Abrüstungsausschuß der Vereinten Nationen und der westlichen
„Arbeitsgruppe zur Vorbereitung der Genfer Konferenz" zugeleitet. Ich
war mit den Einzelheiten dieses Planes, über die ich erst zu einem sehr
späten Zeitpunkt unterrichtet wurde, keineswegs einverstanden. Um zu
einer richtigen Beurteilung des Inspektionsplanes zu kommen, mußte man

sich über folgende Tendenz der sowjetischen Politik klar sein: Die Sowjetregierung versuchte, Entspannung und Sicherheit ohne jegliche Gegenleistung auf der Grundlage des Status quo zu erreichen. Die Westmächte und die Bundesrepublik mußten um so fester auf einer baldigen Wiederherstellung der Einheit Deutschlands bestehen, und sie durften nichts unternehmen, was als ein Nachgeben gewertet werden könnte. Hierzu gehörte vor allem das unbedingte Festhalten an dem Junktim zwischen der Wiedervereinigung Deutschlands und einem europäischen Sicherheitssystem.

Es erschien mir notwendig, der britischen Regierung gegenüber unmißverständlich und freimütig zum Ausdruck zu bringen, daß der von ihr nunmehr vorbereitete Inspektionsplan dem Junktim zwischen Wiedervereinigung Deutschlands und Sicherheit in Europa nach meiner Auffassung nicht mehr gerecht wurde. Meine Bedenken waren die folgenden:

1. Der Inspektionsplan enthielt wesentliche Elemente eines europäischen Sicherheitspaktes; da er jedoch sofort, das heißt auf der Grundlage des Status quo, in Kraft treten sollte, würde das Junktim Wiedervereinigung/Sicherheitsfrage aufgegeben.
2. Durch eine solche Vorleistung auf dem Gebiet der Sicherheit würde das Interesse der Sowjetunion an der Wiederherstellung der Einheit Deutschlands noch weiter geschwächt.
3. Falls der britische Plan, was nahelag, eine Inspektion beiderseits der Deutschland teilenden Demarkationslinie vorsehen sollte, würde er folgende weitere nachteilige Wirkungen haben:
    a) Er würde der Demarkationslinie den Charakter einer Grenze verleihen und damit die Teilung Deutschlands verhärten.
    b) Der britische Plan konnte nur durch ein Abkommen realisiert werden, an dem sowohl die Bundesregierung als auch die „DDR" beteiligt waren. Das würde ein erster wichtiger Schritt zur Anerkennung der sogenannten DDR durch die Westmächte und die Bundesrepublik sein.

Falls die der Inspektion unterliegenden Gebiete ausschließlich oder überwiegend deutsche Gebiete sein würden, so konnte der Inspektionsplan praktisch zu einer Diskriminierung Deutschlands führen.

Darüber hinaus barg der britische Inspektionsplan, da er eine Inspektion alliierter Streitkräfte und militärischer Anlagen in für die Westverteidigung entscheidenden Gebieten vorsah, möglicherweise noch weitere Gefahren in sich. Eine Prüfung unter diesem Aspekt mußte von den militärischen Sachverständigen der NATO erfolgen.

Aus meiner Sorge nicht nur um die Zukunft Deutschlands, sondern um die des Westens überhaupt, teilte ich Eden am 24. Oktober 1955 diese meine

Bedenken in einem Brief mit. Eden antwortete mir umgehend, allerdings hatte die Konferenz bereits ihre Arbeit aufgenommen, und die westlichen Vorschläge waren unterbreitet.
Eden dankte mir für die Offenheit, in der ich meine Auffassung über dieses „schwierige Problem" dargelegt hätte. Er habe Verständnis für die von mir zum Ausdruck gebrachten Befürchtungen. Er wolle jedoch darauf hinweisen, daß der von ihm angeregte Plan in keiner Weise die Frage der deutschen Wiedervereinigung präjudizieren solle. Noch weniger kündige er einen Wandel oder eine Änderung in den Ansichten der britischen Regierung zu diesem Kernproblem an. Mit dem von ihm vorgelegten Plan sei im Gegenteil lediglich beabsichtigt, ein Schema vorzulegen, an dem man sich hinsichtlich der für jedes allgemeine Abrüstungsprogramm erforderlichen Inspektionsvorkehrungen ausrichten könne. Eden betonte nachdrücklich, er habe den einzelnen Punkten meines Schreibens die allergrößte Aufmerksamkeit gewidmet, und er wolle mir versichern, daß es ihm fernliege, in diesen Fragen in einer Weise vorzugehen, die unsere gemeinsamen Ziele gefährdete.

3. Beginn der Genfer Außenministerkonferenz

Die Beratungen der Genfer Außenministerkonferenz wurden am 27. Oktober 1955 aufgenommen. Die Sowjetregierung hatte zunächst, wie bereits auch bei der Berliner Außenministerkonferenz, versucht, eine Aufwertung des Zonenregimes durch eine Beteiligung seiner Vertreter zu erreichen, hatte hierbei jedoch keinen Erfolg.
Die Bundesregierung entsandte nach Genf eine Beobachterdelegation unter der Leitung von Ministerialdirektor Professor Dr. Wilhelm Grewe und Botschafter Herbert Blankenhorn. Ich selbst war zu diesem Zeitpunkt erkrankt. Im Ostblock wurden Meldungen verbreitet, ich hätte einen schweren Blutsturz erlitten. Man rechnete damit, daß ich nicht mehr lange die Bundesregierung vertreten würde. Ich hatte zwar keinen Blutsturz erlitten, war jedoch durch eine Bronchitis an das Haus gebunden und verfolgte von hier aus an Hand ausführlicher Depeschen den Verlauf der Genfer Verhandlungen.
Wichtig von unserem Standpunkt aus war, daß die Westmächte sich im Gegensatz zum Genfer Gipfeltreffen nunmehr vor Beginn der Konferenz hinsichtlich ihrer Verhandlungsführung eindeutig in unserem Sinne festgelegt hatten auf das Gebiet einer Abrüstungszone, bei der nicht die Grenze zwischen Sowjetzone und Bundesrepublik Deutschland, sondern zwischen

dem Gebiet des wiedervereinigten Deutschlands und der angrenzenden osteuropäischen Staaten liegen sollte. Dies war für uns eine annehmbare Verhandlungsposition. Außerdem hatten sie sich in der Frage des Junktims Wiedervereinigung Deutschlands und europäisches Sicherheitssystem erneut unzweideutig gebunden.

Am 28. Oktober überreichten die drei Westmächte der Sowjetregierung ein Memorandum, in dem ihre Vorschläge zur „Wiedervereinigung Deutschlands und Sicherheit" präzisiert waren.
Auf der Genfer Gipfelkonferenz, so hieß es in dem Memorandum, hätten die Regierungschefs in ihrer Direktive an die Außenminister die gemeinsame Verantwortung der Vier Mächte für die Wiedervereinigung Deutschlands mittels freier Wahlen im Einklang mit den natürlichen Interessen des deutschen Volkes und den Interessen der europäischen Sicherheit anerkannt. Hierzu wörtlich:
„Ohne die Einheit Deutschlands würde jedes europäische Sicherheitssystem illusorisch sein. Die Teilung Deutschlands kann Reibung und Unsicherheit sowie schweres Unrecht nur verewigen. Die Regierungen Frankreichs, des Vereinigten Königreichs und der Vereinigten Staaten von Amerika sind nicht bereit, einem europäischen Sicherheitssystem beizutreten, das, wie es bei den in Genf sowjetischerseits gemachten Vorschlägen der Fall ist, der Teilung Deutschlands nicht ein Ende bereitet."
Auf der Genfer Konferenz habe die Sowjetregierung Besorgnis hinsichtlich der Politik der Bündniswahl der Regierung eines wiedervereinigten Deutschlands geäußert. Diesen Befürchtungen wollten die Westmächte, wie sie ausdrücklich feststellten, Rechnung tragen. Für den Fall, daß das wiedervereinigte Deutschland von seiner Entscheidungsfreiheit in der Weise Gebrauch machen würde, daß es sich für die Zugehörigkeit zur NATO und WEU entscheide, boten die Westmächte der Sowjetunion sehr weitgehende vertragliche Sicherungen an, Sicherungen politischer und militärischer Art. Sie erklärten:
„Um jedoch alle möglichen Gründe für eine Weigerung sowjetischerseits, Deutschland rasch wiederzuvereinigen, zu beseitigen, sind die Regierungen Frankreichs, des Vereinigten Königreichs und der Vereinigten Staaten von Amerika bereit, weitere Schritte zu unternehmen, um den von der sowjetischen Regierung zum Ausdruck gebrachten Besorgnissen Rechnung zu tragen. Sie schlagen daher den Abschluß eines Vertrages nachstehenden Inhalts gleichzeitig mit dem Abschluß eines Abkommens über die Wiedervereinigung Deutschlands nach dem Eden-Plan vor. Dieser Vertrag würde Verpflichtungserklärungen, sich der Anwendung von Gewalt zu enthalten und

einem Angreifer Hilfe zu versagen, Bestimmungen über die Beschränkung und Kontrolle der Streitkräfte und Rüstungen sowie die Verpflichtung, gegen einen Angriff einzuschreiten, umfassen. Der Vertrag würde nur in Verbindung mit der Wiedervereinigung Deutschlands in Kraft treten. Er würde in Phasen ausgeführt werden. Seine Unterzeichnung würde gleichzeitig mit der Unterzeichnung der Vereinbarung über den Eden-Plan erfolgen. Die Schlußphase würde eintreten, wenn ein wiedervereinigtes Deutschland sich entscheidet, der NATO und der Westeuropäischen Union beizutreten.

Die Regierungen Frankreichs, des Vereinigten Königreichs und der Vereinigten Staaten von Amerika sind überzeugt, daß diese Vorschläge zu einer für alle befriedigenden Vereinbarung führen könnten. Wenn die Besorgnis der Sowjetunion bezüglich einer sofortigen deutschen Wiedervereinigung in erster Linie die Sicherheit betrifft, so dürften diese Vorschläge eine annehmbare Verhandlungsgrundlage bilden, da sie ein Kontrollsystem vorsehen, an dem die Sowjetunion unmittelbar teilnehmen würde, sowie gegenseitige Zusicherungen, die der Sowjetunion unmittelbar zugute kämen. Eine derartige Regelung würde dadurch, daß sie in einem für die Sicherheit der Welt lebenswichtigen Gebiet das Vertrauen herstellt, auch die Lösung noch größerer Probleme erleichtern."

Dem Memorandum war ein Entwurf über die Bestimmungen eines Zusicherungsvertrages („Treaty of Assurance") beigefügt. Er sollte folgende Punkte umfassen:

„1. Verzicht auf die Anwendung von Gewalt
 Jede Vertragspartei würde sich verpflichten, jede internationale Streitigkeit, in die sie verwickelt werden könnte, mit friedlichen Mitteln beizulegen und sich der Anwendung von Gewalt in irgendeiner Weise, die mit den Zielen der Vereinten Nationen unvereinbar ist, zu enthalten.
2. Versagung einer Unterstützung für Angreifer
 Jede Vertragspartei würde sich verpflichten, jedem Angreifer militärische oder wirtschaftliche Hilfe zu versagen, und jede Vertragspartei könnte den Aggressionsfall den Vereinten Nationen unterbreiten und um Maßnahmen nachsuchen, die zur Aufrechterhaltung oder Wiederherstellung des internationalen Friedens und der internationalen Sicherheit notwendig sind.
3. Beschränkung der Streitkräfte und der Rüstung
 In einer Zone, die beiderseits der Demarkationslinie zwischen einem wiedervereinigten Deutschland und den osteuropäischen Ländern Gebiete von vergleichbarer Größe, Tiefe und Bedeutung umfassen würde,

würden Stärken für Streitkräfte festgesetzt werden, um ein militärisches Gleichgewicht herzustellen, das zur europäischen Sicherheit und zur Verminderung der Rüstungslasten beitragen würde. Zur Aufrechterhaltung dieses Gleichgewichts würden geeignete Vorkehrungen getroffen. In den der Demarkationslinie nächstgelegenen Teilen der Zone könnten besondere Maßnahmen bezüglich der Verteilung militärischer Verbände und Anlagen getroffen werden.

4. Inspektion und Kontrolle

Die Vertragsparteien würden sich unter nach und nach zu vereinbarenden Bedingungen Informationen über ihre Streitkräfte in der Zone übermitteln. Es würden eine Vereinbarung über progressive Verfahren gegenseitiger Inspektion zwecks Prüfung dieser Angaben und Vorwarnung bezüglich irgendwelcher Vorbereitungen für einen überraschenden Angriff getroffen.

5. Besonderes Warnsystem

Um dem Überwachungssystem auf beiden Seiten eine erhöhte Wirksamkeit zu geben und so einen weiteren Schutz vor einem Überraschungsangriff zu gewähren, könnte vorgesehen werden:

a) im westlichen Teil der in Ziffer 3 genannten Zone ein von der Sowjetunion und den anderen östlichen Mitgliedern des Vertrages betriebenes Radar-Warnsystem einzurichten und

b) im östlichen Teil dieser Zone ein gleiches System, das von den NATO-Mitgliedern des Vertrages betrieben wird, einzurichten.

6. Konsultation

Es würden geeignete Vorkehrungen zur Konsultation unter den Vertragsparteien zur Durchführung des Vertrages getroffen werden.

7. Individuelle und kollektive Selbstverteidigung

Es würde bestimmt, daß keine Vorschrift des Vertrages das von der Satzung der Vereinten Nationen und den in Übereinstimmung mit derselben abgeschlossenen Verträgen anerkannte Recht zur individuellen und kollektiven Selbstverteidigung beeinträchtigen oder ihm zuwiderlaufen würde. Keine Vertragspartei würde weiterhin in dem Gebiet irgendeiner anderen Vertragspartei ohne deren Zustimmung Streitkräfte stationieren, und jede Vertragspartei würde auf Ersuchen der in Betracht kommenden Vertragspartei ihre Streitkräfte innerhalb einer festgesetzten Zeit zurückziehen, es sei denn, daß sich diese Streitkräfte auf Grund kollektiver Verteidigungsabmachungen in dem betreffenden Gebiet befinden.

8. Verpflichtung, gegen einen Angriff einzuschreiten

Jede Vertragspartei würde anerkennen, daß ein bewaffneter Angriff in

Europa von seiten einer Vertragspartei, die zugleich NATO-Mitglied ist, gegen eine Vertragspartei, welche nicht NATO-Mitglied ist, oder umgekehrt den Frieden und die Sicherheit, welche Zweck dieses Vertrags sind, gefährden würde, und daß alle Vertragsparteien angemessene Maßnahmen treffen würden, um dieser gemeinsamen Gefahr zu begegnen.
9. Phasenweises Inkrafttreten
Die Bestimmungen würden schrittweise in gemeinsam zu vereinbarenden Phasen wirksam werden."

Als Vertragspartner dachte man an die Vier Mächte, das wiedervereinigte Deutschland und eventuell weitere europäische Staaten.

Gleichzeitig mit diesem Vertrag sollte eine Vereinbarung über die Wiedervereinigung Deutschlands nach einem ebenfalls dem Memorandum beigefügten Plan abgeschlossen werden. Es war ein Plan, der auf dem Eden-Plan vom Februar 1954 basierte. Nach ihm sollte die Wiedervereinigung Deutschlands in folgenden Phasen vollzogen werden:

I. Freie Wahlen in ganz Deutschland
II. Einberufung einer aus diesen Wahlen hervorgehenden Nationalversammlung
III. Ausarbeitung einer Verfassung und Vorbereitung der Verhandlungen für den Friedensvertrag
IV. Annahme der Verfassung und Bildung einer für die Aushandlung und den Abschluß des Friedensvertrags verantwortlichen gesamtdeutschen Regierung
V. Unterzeichnung und Inkrafttreten des Friedensvertrages.

4. Annäherung in der Sicherheitsfrage

Eden hatte auf der Genfer Gipfelkonferenz am 21. Juli 1955 den Vorschlag gemacht, eine Abrüstungszone zwischen Ost und West zu schaffen. Seine Formulierungen vom Sommer 1955 hatten den Schluß zulassen können, daß man bei Schaffung dieser Zone als Demarkationslinie von der Grenze zwischen Sowjetzone und Bundesrepublik ausgehen solle. Die Bedenken, die ich gegen eine derartige Grenzlinie hatte, habe ich bereits angeführt. Ich stand mit meiner Sorge jedoch nicht allein. Auch die französische Regierung hatte stärkste Bedenken angemeldet und auf ihre Erfahrungen bei der Besetzung des Rheinlandes nach dem Ersten Weltkrieg hingewiesen. Eine Präzisierung der in Aussicht genommenen Abrüstungszone wurde durch die Westmächte unter Punkt 3 des Entwurfes zum „Treaty of Assurance" vorgenommen*. Die Sowjets hatten sehr wohl die für sie bestehenden Chancen einer Zone, die von der Grenze zwischen Sowjetzone und Bundesrepublik ausging, erkannt, wie sich bei dem weiteren Verlauf der Konferenz zeigte.

Die erste Reaktion Molotows auf die westlichen Vorschläge war sehr kühl. Molotow begrüßte zwar am 28. Oktober grundsätzlich die Tatsache, daß die Westmächte sich zur Frage der europäischen Sicherheit geäußert hätten. Jedoch müsse er feststellen, daß allein schon die Formulierung des westlichen Vorschlages nicht den Direktiven der Regierungschefs entspreche, in denen an erster Stelle die Frage der europäischen Sicherheit gestellt worden sei. „Es entsteht der Eindruck", so erklärte Molotow, „daß der neue Vorschlag der Drei Mächte seinem Wesen nach nicht der Forderung auf Schaffung einer wirksamen europäischen Sicherheit entspricht und daß sogar umgekehrt seine Verwirklichung zu einer noch größeren Verschärfung der Lage in Europa und zur Verstärkung der Spannungen in den zwischenstaatlichen Beziehungen führen würde. Eine solche Schlußfolgerung ergibt sich vor allem daraus, daß dieser Vorschlag im wesentlichen nicht nur zur Erhaltung, sondern auch zur Festigung der in Europa bestehenden militärischen Gruppierungen führen würde. In ihm ist nur eine solche Möglichkeit für die Wiedervereinigung Deutschlands vorgesehen, bei der ganz Deutschland den Weg der Militarisierung gehen müßte, wobei schon vorher beschlossen ist, daß ein solches Deutschland unbedingt Mitglied des Nordatlantikpaktes sein muß."

Der vorgelegte Plan richte sich auf die Remilitarisierung Deutschlands, und hiermit könne sich die Sowjetregierung nicht einverstanden erklären, weil die Remilitarisierung Deutschlands mit der Gewährleistung der gesamteuropäischen Sicherheit unvereinbar sei. Vor allem müsse er, Molotow, auch folgende Tatsache hervorheben: „In den Vorschlägen der Drei Mächte wird einerseits der sogenannte Eden-Plan für freie gesamtdeutsche Wahlen entwickelt. Aber andererseits wird faktisch schon vorher beschlossen, daß unabhängig davon, was das deutsche Volk bei diesen Wahlen sagt, schon jetzt beschlossen werden muß, daß das wiedervereinigte Deutschland den Weg der Remilitarisierung beschreiten und unbedingt Teilnehmer der westeuropäischen militärischen Gruppierung werden soll." Auf diesen Punkt kam Molotow im Laufe der Verhandlungen immer wieder zurück. Die Beteuerungen von westlicher Seite, daß das deutsche Volk selbstverständlich frei entscheiden müsse, ob es der NATO beitrete oder dem Warschauer Paktsystem, daß eine Vorentscheidung vom Westen nicht gefordert werde, ließ er nicht gelten.

Die Vorschläge der Westmächte in der Sicherheitsfrage waren jedoch so

---
* Siehe Seite 39.

solide, daß die Sowjetunion einen am ersten Verhandlungstag vorgelegten Sicherheitsplan fallen ließ und am 31. Oktober einen neuen Vorschlag einbrachte, der sich weitgehend mit dem der Westmächte deckte. Der Plan bestand aus einer erweiterten Fassung des sowjetischen Vorschlages „Grundprinzipien des Vertrages zu den in Europa bestehenden Staatengruppierungen" vom 21. Juli 1955. Sie waren ergänzt durch vier Vorschläge zur Rüstungsbeschränkung und Rüstungskontrolle in Europa. Außerdem legte er erneut den sowjetischen Entwurf eines „Gesamteuropäischen Vertrages" vor, der bereits am 20. Juli 1955 auf der Konferenz der Regierungschefs vorgetragen war. In der Forderung nach der Auflösung von NATO und der WEU war der neue sowjetische Plan nicht mehr so hart wie derjenige, der im Juli auf der Gipfelkonferenz vorgebracht worden war. Doch auch dieser Plan zielte hierauf ab. Der Gedanke Edens zur Schaffung einer Inspektionszone wurde aufgegriffen und weitgehend übernommen.

Über die sowjetische Reaktion auf die westlichen Vorschläge und die sowjetische Verhandlungstaktik zu der Frage „Sicherheitsverhandlungen" gab mir Professor Dr. Wilhelm Grewe am 1. November 1955 eine ausführliche Analyse:

„I.

1. In seiner ‚Erklärung über europäische Sicherheit' vom 31. Oktober geht der sowjetische Außenminister Molotow davon aus, daß zwar noch keine Übereinstimmung über die Frage der europäischen Sicherheit zwischen den Konferenzteilnehmern erzielt sei, daß aber die Möglichkeiten, auf dieser Konferenz positive Ergebnisse in dieser Frage zu erzielen, noch nicht erschöpft seien. Aus diesem Grunde stellt die sowjetische Delegation einen neuen Vertragsentwurf (‚Draft Treaty on Security in Europe') zur Diskussion, der für die Anfangsphase eine kleinere Zahl von Mitgliedstaaten vorsieht. Die Sowjetunion will den Mitgliederkreis zunächst auf die vier Konferenzmächte sowie alle anderen Mitgliedstaaten der WEU und des Warschauer Vertrages, einschließlich der Bundesrepublik und der ‚DDR', beschränken, erklärt jedoch sofort ihr Einverständnis damit, daß auch gewisse andere Staaten, wie zum Beispiel Jugoslawien oder Dänemark, dem Vertrag beitreten.

Die wichtigsten Verpflichtungen der Vertragsstaaten sollen nach diesem Vorschlag sein:

a) Gewaltverzicht und Verpflichtung zur friedlichen Streitschlichtung.

b) Gegenseitiger Beistand im Falle eines Angriffs.

c) Gegenseitige Konsultation, die sich auf die Erfüllung der unter a) und b) statuierten Verpflichtungen bezieht.

d) Errichtung besonderer Konsultationsorgane zu diesem Zwecke.

Der Vertrag soll (gemäß seinem Artikel 8) provisorischen Charakter tragen und so lange in Kraft bleiben, bis er durch einen anderen, umfassenderen Vertrag über die europäische Sicherheit ersetzt wird, der zugleich die anderen bestehenden Verträge ersetzen würde.

2. Der wichtigste Unterschied des neuen sowjetischen Entwurfes gegenüber dem am 28. Oktober von Molotow erneut vorgelegten Bulganinschen Sicherheitsplan besteht in der anfänglichen Beschränkung des Mitgliederkreises sowie in der Behandlung der bestehenden westlichen und östlichen Verteidigungsorganisationen. Die Sowjetunion hält daran fest, daß Nordatlantikpakt, Brüsseler Pakt und Warschauer Pakt zu einem späteren Zeitpunkt außer Kraft treten sollen und daß die darauf basierenden militärischen Gruppierungen liquidiert werden. Die einzige Konzession, zu der sie sich bereit findet, besteht darin, daß die Auflösung dieser Verträge nicht mehr ausdrücklich mit festen Fristen im Vertragstext vorgesehen wird, sondern daß man sich auf die vagere und dehnbarere Formel beschränkt, die im Artikel 8 des neuen sowjetischen Entwurfes untergebracht ist.

3. Im Anschluß an die Skizzierung des Vertragsinhaltes erklärt der sowjetische Außenminister, daß die Sowjetunion die Sicherheit solcher Staaten nicht außer Betracht lassen könne, die unter deutschen Angriffen zu leiden gehabt hätten, wie zum Beispiel Polen, die Tschechoslowakei, Jugoslawien, Griechenland und andere. Es sei ein Mangel der westlichen Vorschläge, daß sie diesem Gesichtspunkt nicht Rechnung trügen. Weitere Auskünfte zu diesem Punkte seien daher erwünscht.

Es ist nicht ganz deutlich, welchen konkreten Zweck diese Bemerkung verfolgt. Wahrscheinlich soll damit eine Richtlinie für die spätere Ausdehnung des Mitgliederkreises aufgestellt werden.

II.

1. Molotow geht in seiner Erklärung dann auf eine andere Frage ein, die im direkten Zusammenhang mit der Frage der europäischen Sicherheit steht. Er bezieht sich auf den Plan der Errichtung einer besonderen Zone der Rüstungsbeschränkung und Inspektion in Europa, der auf der ersten Genfer Konferenz von Premierminister Eden angeregt und von Bulganin günstig aufgenommen worden sei. Zugleich stützt er sich auf einen Satz in Ziffer 1 der Genfer Direktive vom 23. Juli 1955, der folgenden Wortlaut hat: ‚Errichtung einer Zone zwischen Ost und West, in der die Stationierung von Streitkräften der gegenseitigen Zustimmung unterliegt.' Wenn zur Bestimmung einer solchen Zone von der Trennungslinie zwischen Ost und West gesprochen werde, so könne damit nur die derzeitige Trennungslinie gemeint sein (das heißt die Zonengrenze). Im

Gegensatz dazu sei im westlichen Memorandum die Rede von einer Zone auf beiden Seiten der Demarkationslinie zwischen einem wiedervereinigten Deutschland und den osteuropäischen Staaten. Dies entspreche weder der Genfer Direktive noch der tatsächlichen Lage der Dinge."

Molotow hatte hierzu am 31. Oktober wörtlich erklärt:
„Es ist bekannt, daß auf der Genfer Konferenz der Regierungschefs der Vier Mächte vor allem durch den Premierminister Großbritanniens, Eden, Erwägungen über die Zweckmäßigkeit vorgebracht worden sind, in Europa eine besondere Zone der Einschränkung und Inspektion der Rüstungen zu schaffen. Es ist ferner bekannt, daß der Vorsitzende des Ministerrates der UdSSR, N. A. Bulganin, diese Erwägungen Edens wohlwollend zur Kenntnis genommen hat. Wir alle erinnern uns daran, daß in den Direktiven der Regierungschefs auch die Rede ist von der ‚Schaffung einer Zone zwischen Ost und West, in der die Stationierung von Streitkräften einem gegenseitigen Übereinkommen unterliegen wird'. Diese Formulierung von der ‚Schaffung einer Zone zwischen Ost und West' entspricht dem Vorschlag Edens. Wenn wir jedoch von der ‚Schaffung einer Zone zwischen Ost und West' sprechen, so müssen wir offensichtlich im Auge behalten, daß die Linie zwischen Ost und West dort verläuft, wo sie wirklich verläuft. Indessen wird in dem Entwurf der drei Minister über die Zone etwas ganz anderes gesagt. In diesem Entwurf ist von einer Zone ‚zu beiden Seiten der Demarkationslinie zwischen dem wiedervereinigten Deutschland und den Ländern Osteuropas' die Rede. Dieser Vorschlag entspricht nicht den Direktiven der Regierungschefs über die Zone ‚zwischen Ost und West', und er entspricht nicht der allen bekannten realen Sachlage. Es ist völlig klar, daß wir daran nicht vorbeigehen können. Die Sowjetregierung hat alle vorliegenden Vorschläge und Erwägungen hinsichtlich der Zone aufmerksam studiert. Sie ist zu dem Schluß gekommen, daß diese Frage ernste Aufmerksamkeit verdient und daß wir uns bemühen sollten, unsere Standpunkte in dieser Frage in Übereinstimmung zu bringen, und dies um so mehr, als sie in einer Reihe von Punkten viel Gemeinsames haben."

Die Sowjetregierung sei von dem Wunsch geleitet, dem Vorschlag Edens entgegenzukommen. Er, Molotow, schlage daher entsprechend den Direktiven der Regierungschefs der Vier Mächte vor, über folgendes übereinzukommen:

„1. Die Zone der Einschränkung und Inspektion der Rüstungen in Europa muß das Territorium der Deutschen Bundesrepublik, das Territorium der Deutschen Demokratischen Republik sowie das Territorium der Nachbarstaaten oder einiger von ihnen einschließen.

2. Das Übereinkommen über die Frage der Zone muß das Maximum der Stärke der Streitkräfte der USA, der UdSSR, Großbritanniens und Frankreichs vorsehen, die auf den Territorien anderer Staaten in dieser Zone stationiert sind. Die Frage dieser zahlenmäßigen Stärke unterliegt einer zusätzlichen Prüfung.

3. Die Verpflichtungen hinsichtlich der Einschränkung und der Kontrolle der Rüstungen, die von den Staaten auf Grund eines entsprechenden Übereinkommens übernommen werden, sollen mit diesen Staaten, die in dieser Frage in Übereinstimmung mit ihren souveränen Rechten frei Entscheidungen fällen können, vereinbart werden.

4. Zur Erfüllung der Verpflichtungen hinsichtlich der Einschränkung der Rüstungen auf jenen Territorien, die zu der Zone gehören, wird eine gemeinsame Inspektion der Streitkräfte und der Rüstungen der Teilnehmerstaaten des Abkommens errichtet."

Molotow schloß mit der Feststellung, daß die Durchführung dieser Punkte von großer Bedeutung sowohl für die Schaffung europäischer Sicherheit als auch für die Lösung des Abrüstungsproblems sein würde.

Grewe erklärte zu diesen Ausführungen Molotows in seiner Analyse:

„Der zweite Teil der Molotowschen Erklärung stellt eine höchst gefährliche Aufnahme der Gedanken des Edenschen Inspektionsplanes dar. Seine Kritik an der Verschiebung der Trennungslinie zwischen Ost und West von der Zonengrenze zur Oder-Neiße-Linie, wie sie von den westlichen Vorschlägen stillschweigend vorgenommen werde, stellt ein in seiner publizistischen Wirksamkeit nicht zu unterschätzendes Argument dar. Einige westliche Journalisten haben bereits unter Hinweis auf diese Verschiebung der Trennungslinie davon gesprochen, daß damit der Sowjetunion ein politisches und strategisches Opfer zugemutet werde, das sie ohne ausreichende Kompensation kaum zu tragen bereit sein werde. Demgegenüber wird darauf hinzuweisen sein, daß ein dauerhaftes Sicherheitssystem, das von der Voraussetzung der vollzogenen Wiedervereinigung ausgeht, nur die neue Trennungslinie zwischen Ost und West zur Achse der Kontroll- und Inspektionszonen machen kann."

Molotow hatte die schwache Stelle der westlichen Vorschläge erkannt und sehr wohl zu nutzen gewußt. Grewe hatte recht, wenn er auf die ungünstige Verhandlungsbasis der Westmächte in dieser Frage hinwies und vor negativen propagandistischen Folgen warnte.

Als Ergebnis der ersten Verhandlungstage ergab sich folgendes Bild: In der für die Sowjetunion so sehr wichtigen Frage der Sicherheit war zwischen dem Standpunkt der Sowjetunion und demjenigen der Westmächte in einer Anzahl von Punkten eine Annäherung erreicht. Beide Seiten stimmten darin überein, daß ein Verzicht auf jegliche Gewaltanwendungen in den zwischenstaatlichen Beziehungen erforderlich sei und daß einem Angreifer keinerlei Unterstützung gewährt werden dürfe. Grundsätzlich war man auch über die Errichtung einer Inspektionszone einig, nur teilten sich die Auffassungen darüber, welches Gebiet diese Zone umfassen sollte.
Von größter Wichtigkeit würde nun sein, wie sich die Sowjetregierung zu der Frage der Wiedervereinigung Deutschlands äußern würde. Würde sie bei weitgehendem Entgegenkommen der Westmächte in der Frage der Sicherheit in der Frage der Wiedervereinigung Deutschlands mit sich verhandeln lassen?

5. Sowjetische Vorschläge zur Deutschlandfrage

Am 29. Oktober hatte Molotow im Laufe der Verhandlungen betont, daß erst ein System der europäischen Sicherheit den Weg zu einem wiedervereinten demokratischen Deutschland öffne. Deutschland müsse erst die Möglichkeit gegeben werden, als friedliebender Staat zu existieren, statt daß es in einen einseitigen Militärpakt einbezogen werde. Er kündigte an, daß er zur Deutschlandfrage konkrete Vorschläge machen werde. Grundsätzlich erklärte er jedoch schon am 29. Oktober, daß das Deutschlandproblem nur ein Teilproblem sei, dem die Sicherheit Europas übergeordnet sei. Von einem Junktim war bei ihm nicht die Rede.
Am 2. November legte Molotow dann den sowjetischen Plan hinsichtlich Deutschlands auf den Konferenztisch. Seine Vorschläge basierten auf einer Erklärung des Ministerrates der „DDR" zur Wiedervereinigung Deutschlands, die Grotewohl am 31. Oktober 1956 den vier Außenministern zugeleitet hatte. Molotow regte an, die vier Außenminister sollten folgender Resolution ihre Zustimmung geben:

„Geleitet vom Bestreben, die Entwicklung allseitiger Zusammenarbeit der DDR und der Bundesrepublik Deutschland und die Schaffung der Voraussetzungen für die Lösung der deutschen Frage und für die Wiedervereinigung Deutschlands mittels freier Wahlen im Einklang mit den nationalen Interessen des deutschen Volkes und den Interessen der europäischen Sicherheit zu fördern, erklären die Außenminister der Sowjetunion, der Ver-

einigten Staaten von Amerika, Großbritanniens und Frankreichs das Folgende:
Unter den gegenwärtigen Bedingungen, wo dem deutschen Volk die Möglichkeit genommen ist, in einem einheitlichen Staat zu leben, wird immer dringender die Notwendigkeit, zwischen der DDR und der Bundesrepublik Deutschland Zusammenarbeit in Gang zu bringen, die die Lösung der Aufgabe der nationalen Wiedervereinigung Deutschlands erleichtert. Diesem Zweck würde entsprechen, durch Verständigung zwischen der DDR und der Deutschen Bundesrepublik ein gesamtdeutsches Organ zur Koordinierung ihrer Bemühungen im Bereiche des politischen, wirtschaftlichen und kulturellen Lebens des deutschen Volkes sowie hinsichtlich der Zusammenarbeit mit den anderen Staaten in der Festigung des Friedens zu bilden. Ein solches repräsentatives Organ des deutschen Volkes könnte ein gesamtdeutscher Rat sein, der auf der Grundlage der folgenden Prinzipien gebildet ist:

1. Der gesamtdeutsche Rat wird aus Vertretern der Parlamente der DDR und der Bundesrepublik Deutschland als konsultatives Organ zur Behandlung der Fragen gebildet, an deren Lösung die DDR und die Bundesrepublik Deutschland interessiert sind.
2. Bei dem gesamtdeutschen Rat werden gemischte Ausschüsse aus Vertretern der Regierungen der DDR und der Bundesrepublik Deutschland geschaffen für Fragen der wirtschaftlichen und kulturellen Beziehungen zwischen den beiden deutschen Staaten, Fragen der deutschen Währung und des innerdeutschen Zahlungsverkehrs, der Zollangelegenheiten, des Post- und Telegraphenwesens, der Kommunikationen und anderes.
3. Der gesamtdeutsche Rat nimmt die Vereinbarung der Fragen vor, die mit der zahlenmäßigen Stärke, der Bewaffnung, der Stationierung der Formierungen verbunden sind, die zur Gewährleistung des Schutzes der Grenzen und Territorien der DDR und der Bundesrepublik Deutschland erforderlich sind.
4. Der gesamtdeutsche Rat nimmt die Vereinbarung der Fragen vor, die die Teilnahme der DDR und der Bundesrepublik Deutschland an den Maßnahmen zur Festigung der europäischen Sicherheit betreffen, und nach Übereinkommen die Erörterung der Fragen, die mit der Schaffung der Voraussetzungen zur Vereinigung Deutschlands als friedliebender und demokratischer Staat zusammenhängen.

Die Außenminister der Sowjetunion, der Vereinigten Staaten von Amerika, Großbritanniens und Frankreichs sprechen die Hoffnung aus, daß die DDR und die Bundesrepublik Deutschland die erforderlichen Anstrengungen zur Erzielung einer Verständigung in der Frage der Bildung eines gesamtdeutschen Rates machen werden."

6. Die westliche Reaktion

Das also waren die russischen Vorstellungen zur Deutschlandpolitik. Bereits der am 31. Oktober von Molotow entwickelte Sicherheitsplan ging unzweideutig von der Teilung Deutschlands aus. Zwei selbständige deutsche Staaten sollten getrennt einem Sicherheitspakt beitreten. Das von den Russen vorgesehene Inspektions- und Kontrollsystem würde die Teilung Deutschlands noch vertiefen. Am 2. November erklärte Molotow dann in Ergänzung zu dem von ihm vorgetragenen Plan ganz unumwunden, eine „mechanische" Verbindung zwischen diesen beiden Staaten sei nicht möglich. Die „sozialen Errungenschaften" der „DDR" könnten doch nicht gefährdet werden.

Unmittelbar nach Bekanntwerden von Molotows Vorschlägen wies Außenminister von Brentano sie entrüstet zurück. Ihre Beurteilung durch die drei westlichen Außenminister war ähnlich. Der Vier-Punkte-Vorschlag Molotows, so erklärte Dulles am 3. November, sei hauptsächlich bemerkenswert wegen seines vollständigen Mangels an Übereinstimmung mit der Direktive, die im Sommer 1955 in Genf für diese Außenministerkonferenz erteilt worden sei. Während der Vorschlag der Westmächte eine wirkliche Wiedervereinigung Deutschlands vorsehe, und zwar bereits für das kommende Jahr, faßten die sowjetischen Vorschläge die Wiedervereinigung Deutschlands nicht einmal ins Auge. Dulles erklärte: „Die verschiedenen bisher von der Sowjetunion unterbreiteten Vorschläge zu diesem Punkt scheinen die Fortdauer der Teilung Deutschlands vorauszusetzen, statt auf die Wiedervereinigung Deutschlands abzuzielen. Der gestern vorgelegte Vier-Punkte-Vorschlag der Sowjetdelegation sieht nicht die Wiedervereinigung Deutschlands, sondern die Zusammenarbeit zweier deutscher Staaten vor. Dies ist anscheinend die sowjetische Ansicht über das, was im besten Fall auf unbegrenzte Zeit erwartet werden kann."

Die sowjetische Delegation habe auf die angeblichen sozialen Errungenschaften in einem Teil Deutschlands aufmerksam gemacht sowie darauf, ob diese sogenannten sozialen Errungenschaften erhalten bleiben würden, wenn dem ganzen Volk die Gelegenheit gegeben wäre, seinen Willen frei zum Ausdruck zu bringen. „Die sowjetische Delegation scheint sich auf den Standpunkt zu stellen, daß aus diesem Grunde der nationale Gesichtspunkt nicht Vorrang haben soll, sondern daß eine Form des Partikularismus und ein geteiltes Deutschland gegen den nationalen Gesichtspunkt beibehalten werden müssen, um diese partikularistischen sogenannten ‚Errungenschaften' zu bewahren."

Dulles sah hierin einen Rückschritt der russischen Verhandlungsführung, und zwar nicht nur gegenüber der Direktive, auf Grund welcher hier verhandelt würde, sondern sogar gegenüber dem Stand der Dinge zur Zeit der Berliner Konferenz im Frühjahr 1954, als die Vorschläge der sowjetischen Delegation noch von der Auffassung getragen zu sein schienen, daß das deutsche Volk in seiner Gesamtheit entscheiden dürfe, unter welchen sozialen Bedingungen es zu leben wünsche.

Am 4. November unterbreiteten die drei westlichen Außenminister ihrerseits nach eingehenden Konsultationen mit uns folgenden Entwurf eines Beschlusses, den die Konferenz fassen sollte:

„Im Einklang mit der gemeinsamen Verantwortung ihrer Regierungen für die Regelung der deutschen Frage und die Wiedervereinigung Deutschlands sowie gemäß der Direktive ihrer Regierungschefs, daß die Regelung der deutschen Frage und die Wiedervereinigung Deutschlands mittels freier Wahlen in Übereinstimmung mit den nationalen Interessen des deutschen Volkes und den Interessen der europäischen Sicherheit durchgeführt werden sollen, haben die Außenminister Frankreichs, des Vereinigten Königreichs, der Union der Sozialistischen Sowjetrepubliken und der Vereinigten Staaten folgendes vereinbart:

1. Während des September 1956 werden in ganz Deutschland freie und geheime Wahlen zwecks Wahl von Vertretern für eine gesamtdeutsche Nationalversammlung, die eine Verfassung auszuarbeiten und auf Grund dieser eine Regierung für ein wiedervereinigtes Deutschland zu bilden hat, abgehalten.
2. Jede der Vier Mächte bestimmt einen Vertreter bei der Kommission, die in Beratung mit deutschen Sachverständigen das Wahlgesetz für diese Wahlen unter Einschluß wirksamer Bestimmungen in bezug auf Garantien und Überwachung zwecks Gewährleistung der Freiheit dieser Wahlen auszuarbeiten hat.
3. Die Kommission nimmt ihre Arbeit alsbald auf und legt ihren Bericht bis Januar 1956 den Vier Mächten vor."

Molotow bezeichnete noch am gleichen Tag diesen Vorschlag als „bloße Deklaration". Die Westmächte wüßten selbst, daß er keine reale Basis zur Lösung der deutschen Frage bilde. Er meinte, statt solcher Deklarationen wäre es nützlicher, praktische Schritte zur Wiedervereinigung Deutschlands zu beraten. Eine derartige Maßnahme wäre die von der „DDR" und der Sowjetunion vorgeschlagene Schaffung eines Gesamtdeutschen Rates. Über das Prinzip, Deutschland mit Hilfe von Wahlen wiederzuvereinigen, wie auch über den Wahlmodus könne man sich nach seiner Meinung leicht verständigen, wenn vorher eine grundsätzliche Einigung über die Schaffung

eines Sicherheitssystems gegen die Gefahr einer deutschen Aggression zustande kommen würde. Erneut erklärte er: „Die Lösung der deutschen Frage, auch die deutschen Wahlen, sind der Sicherheit Europas untergeordnet. Davon ist aber im Vorschlag der Westmächte nicht die Rede. Diese betrachten die deutsche Frage ausschließlich unter dem Gesichtswinkel der Eingliederung ganz Deutschlands in den Atlantikpakt."
An diesem Tag wurde beschlossen, die Konferenz für drei Tage zu unterbrechen. Die nächste Sitzung wurde für den 8. November angesetzt. Molotow fuhr zur Berichterstattung nach Moskau.
Am Abend des 4. November erhielt ich ein vom gleichen Tag datiertes Schreiben von Außenminister Dulles. Er schrieb:

„Sehr geehrter Herr Bundeskanzler!
Gestatten Sie mir, Ihnen zunächst eine baldige und vollständige Wiederherstellung Ihrer Gesundheit zu wünschen. Ich verfolge die Verlautbarungen über Ihren Gesundheitszustand mit größter Aufmerksamkeit und freue mich über die guten Nachrichten über Ihre Fortschritte.
Hier stehen wir jetzt mitten in der Erörterung des kritischen ersten Tagesordnungspunktes der Konferenz – Wiedervereinigung Deutschlands und europäische Sicherheit.
Vom taktischen Standpunkt aus gesehen haben wir, glaube ich, gute Fortschritte gemacht. Unsere Vorschläge in der Sicherheitsfrage waren so hieb- und stichfest (solid), daß die Sowjetunion ihren ursprünglichen Sicherheitsvorschlag unter den Tisch fallen ließ und einen neuen Vorschlag einbrachte, der sich, zumindest dem Buchstaben nach, eng an unseren eigenen Vorschlag anlehnte. Als Ergebnis können wir feststellen, daß, soweit es das Problem der Sicherheit angeht, der Wiedervereinigung Deutschlands keine größeren Hindernisse im Wege stehen. Wir haben diese Auffassung auch zum Ausdruck gebracht; dadurch ist die Sowjetunion in die Lage gedrängt worden, die Beibehaltung der Teilung Deutschlands mit der Begründung zu vertreten, daß sie notwendig sei, um die in der sowjetischen Besatzungszone erzielten ‚sozialen Errungenschaften' aufrechtzuerhalten.
Eine solche Haltung wird in der nichtkommunistischen Welt wohl kaum Sympathie erwecken, und ich kann mir denken, daß sie auch in Deutschland nicht mit großer Sympathie zur Kenntnis genommen wird.
Ich erinnere an meine kurze Bleistiftnotiz, die ich Ihnen im Juli während der Konferenz der Regierungschefs schrieb; darin drückte ich die Meinung aus, daß das eigentliche Hindernis für die Wiedervereinigung Deutschlands nicht die Sicherheit, sondern die politische Bindung an die ‚DDR' sei. Dieser Sachverhalt tritt nunmehr mit immer größerer Klarheit zutage, und ich

halte es für einen wichtigen taktischen Erfolg, dies zutage gefördert zu haben.

Ich wage nicht zu hoffen, daß dies der jetzigen Konferenz zu einem weitreichenden positiven Ergebnis verhelfen wird. Andererseits glaube ich, daß die von uns bezogene Stellungnahme, wenn sie während der kommenden Wochen in der richtigen Weise nachhaltig vertreten wird, die Stellung der Sowjetunion unhaltbar machen kann.

Ich weiß, daß weder Sie noch ich erwartet haben, auf dieser jetzigen Konferenz die Wiedervereinigung Deutschlands zustande zu bringen. Es war unsere Hoffnung, Bedingungen zu schaffen, die uns später ermöglichen würden, in dieser Richtung weiterzuschreiten; in dieser Hinsicht können wir, glaube ich, recht gute Fortschritte verzeichnen.

Ihr ergebener
gez. John Foster Dulles"

7. Schlußphase der Konferenz

Als am 8. November die Beratungen wieder aufgenommen wurden, zeigte sich, daß die sowjetische Haltung sich aufs äußerste versteift und verschärft hatte. Molotow gab gleich zu Beginn eine sehr umfangreiche Erklärung ab, in der er die Vorschläge der Westmächte zur Wiedervereinigung Deutschlands durch freie Wahlen rundheraus ablehnte.

Seit dem Kriegsende sei viel Zeit verstrichen, und die Lage in Deutschland habe sich wesentlich geändert. „Auf dem Boden Deutschlands besteht kein einheitlicher Staat, doch sind zwei deutsche Staaten vorhanden: die DDR und die Bundesrepublik Deutschland... Die Gründung der DDR war ein Wendepunkt in der Geschichte Deutschlands wie auch in der Geschichte ganz Europas. Die Werktätigen Deutschlands haben zum ersten Mal in Gestalt der DDR ihr wahres Vaterland gefunden, einen deutschen Staat, in dem nicht große Monopolherren und Junker, sondern das schaffende Volk selbst Herr seines Landes ist. Zugleich wurde in Europa zum ersten Mal ein wirklich friedliebender deutscher Staat geschaffen, der für die anderen europäischen Völker keine Gefahr bildet." Dieser Staat hätte sich bereit erklärt, an der Schaffung eines Systems der kollektiven Sicherheit in Europa und an den Bemühungen um eine Annäherung und Zusammenarbeit mit der Bundesrepublik Deutschland zwecks Schaffung der Voraussetzungen für die Vereinigung Deutschlands auf friedlicher und demokratischer Grundlage mitzuarbeiten. Molotow fuhr fort: „Man kann dem nicht zustimmen, daß es bis zur Wiedervereinigung Deutschlands unmöglich sei, die europäische Sicherheit zu gewährleisten. Die Teilnahme sowohl der DDR als auch der Bundesrepublik Deutschland an einem System der europäischen Sicherheit wäre ein großer Beitrag zur Sicherung friedlicher Entwicklungsbedingungen für die Völker Europas." Aber die Westmächte, so führte er im Laufe seiner langen Rede aus, fänden sich ja nicht bereit zu einer Verständigung in so grundlegenden Fragen wie der Gewährleistung der europäischen Sicherheit auf Grund der Beseitigung der bestehenden militärischen Gruppierungen. „Was die Vorschläge betrifft" – so erklärte Molotow –, „die hier im Namen der drei Westmächte eingebracht wurden, so führen sie in Wirklichkeit zur Wiederherstellung eines imperialistischen Deutschland, das heißt dazu, daß die Pariser Abkommen auf ganz Deutschland ausgedehnt, daß in ganz Deutschland die Herrschaft der großen Monopole, Junker und Militaristen wiederhergestellt, daß die demokratischen und sozialen Umgestaltungen und Freiheiten, die die Werktätigen der DDR errungen haben, aufgehoben werden. Die Wiederherstellung eines solchen imperialistischen, militaristischen Deutschland ist jedoch unvereinbar mit den Interessen des Friedens und der Sicherheit in Europa, würde das doch zur Wiederherstellung der Positionen des aggressiven deutschen Militarismus, die im Ergebnis des Krieges und durch die anschließend erfolgte Gründung der DDR untergraben wurden, und folglich zur Verschärfung der Gefahr eines neuen Krieges in Europa führen. Damit können sich die europäischen Völker nicht abfinden, die an der Erhaltung und Festigung des Friedens interessiert sind. Die Wiederherstellung eines solchen militaristischen Deutschlands ist besonders gefährlich für seine Nachbarn, für solche Länder wie Frankreich und Polen, ja für alle friedliebenden Staaten Europas." Der Standpunkt der drei Westmächte in der Deutschlandfrage trage keinen konstruktiven Charakter, da er die praktischen Tatsachen, die reale Lage der Dinge nicht berücksichtige. Es sei auf dieser Konferenz nicht wenig von dem Wahlsystem in den westlichen Staaten gesprochen worden, von dem Wahlkampf zwischen den Parteien um die Parlamentssitze. „Die Frage der gesamtdeutschen Wahlen ist nicht einfach eine Frage des Regierungswechsels. Derartige Wahlen in Deutschland sind eine Schicksalsfrage des Landes, die Frage, ob das vereinigte Deutschland sich als friedliebender demokratischer Staat entwickeln oder zu einem militärischen Staat werden und wieder seine Nachbarn bedrohen wird. Man schlägt hier vor, den Plan für gesamtdeutsche Wahlen als Mittel zur Vereinigung Deutschlands anzunehmen. Wie dies oben aufgezeigt wurde, ignoriert dieser Plan einerseits die real existierenden Verhältnisse in Deutschland, da die Frage der Durchführung solcher Wahlen noch nicht reif ist. Andererseits könnten wir, selbst wenn wir einen derartigen ausgetüftelten Plan billigen, ihn nicht ohne

Zustimmung der Deutschen selbst durchführen, die in der DDR und in der Bundesrepublik Deutschland leben. Schließlich könnte eine derartige mechanische Verschmelzung der beiden Teile Deutschlands durch sogenannte ‚freie Wahlen', die noch dazu, wie dies der ‚Eden-Plan' vorsieht, im Beisein ausländischer Truppen erfolgen würden, zur Verletzung der ureigensten Interessen der Werktätigen der DDR führen, was nicht akzeptiert werden kann. Man kann sich natürlich nicht damit einverstanden erklären, daß den Werktätigen der DDR die Fabriken und Werke, der Boden und seine Schätze weggenommen werden. Daraus ersieht man, daß ein Versuch zur Verwirklichung des sogenannten ‚Eden-Planes' ernste innere Komplikationen in Deutschland nach sich ziehen würde, was selbstredend niemand von uns zulassen möchte."

Die Tatsache, daß auf dem Territorium Deutschlands zwei verschiedene deutsche Staaten bestünden, müsse berücksichtigt werden. „Man kann und muß Wege zur Wiederherstellung der Einheit Deutschlands auf friedlicher demokratischer Grundlage finden, obwohl unter den gegenwärtigen Verhältnissen diese Wege nicht als kurz und leicht angesehen werden können. Zeit, Geduld und Ausdauer werden nötig sein. Einen solchen Weg bildet unserer Ansicht nach die Schaffung eines Gesamtdeutschen Rates." Molotow entwickelte dann erneut die bekannten russischen Thesen, die sich seit 1950 in keiner Weise geändert hatten[*].

Der britische Außenminister Harold Macmillan antwortete am 9. November als erster auf die Ausführungen Molotows. Er hätte die Erklärungen, die Molotow am Vortage abgegeben habe, sorgfältig nachgelesen, und leider habe sich der Eindruck, den das erste Anhören bei ihm ausgelöst habe, noch vertieft. „Wie mir scheint", so sagte Macmillan, „hat Herr Molotow bei seiner Rückkehr aus Moskau nicht, wie wir gehofft hatten, einen positiven Beitrag zur Lösung unserer Probleme mitgebracht, sondern sogar eine noch negativere Einstellung. Bis jetzt haben wir mit großer Ausführlichkeit, aber ohne Schärfe, das Doppelproblem der europäischen Sicherheit und der Wiedervereinigung Deutschlands, das uns von den Regierungschefs anvertraut wurde, erörtert. Bislang haben wir und hat die Welt angenommen, daß die Direktive, auf die sich die Regierungschefs nach ihrer Tagung im vergangenen Juli geeinigt hatten, einen deutlichen Fortschritt gegenüber allen früheren Verhandlungen darstellte."

Neun Tage lang hätten sie, die Außenminister, nun bereits verhandelt. Es wären Auseinandersetzungen auf vereinbarter Grundlage gewesen, das heißt auf der Grundlage der Direktiven. „Jetzt scheint es aber", so fuhr Macmillan fort, „daß etwas eingetreten ist, was einer Verwerfung der

---
[*] Siehe „Erinnerungen 1953–1955", Kapitel I.

Direktive gleichkommt. Die Sowjetregierung akzeptiert nicht mehr freie Wahlen in ganz Deutschland. Das ist eine sehr schwerwiegende Erklärung und kennzeichnet eine sehr ernste Situation. Ich sehe nicht, wie wir die Aussprache über Punkt 1 nutzbringend fortführen können. Und da dieser Punkt von überragender Bedeutung ist, muß unser Fehlschlag hier ernstlich den Geist beeinträchtigen, in dem wir an die Punkte 2 und 3 herantreten. Nichtsdestoweniger wäre es richtig, die Lage und das Ergebnis unserer bisherigen Arbeit zusammenzufassen.

Auf der Haben-Seite hatten wir einen wertvollen Meinungsaustausch, in dessen Verlauf wir einige Fortschritte gemacht haben. Wir wissen jetzt: Wenn die Sowjetregierung jemals zu der Überzeugung gelangen sollte, daß es nicht erforderlich ist, die Verteidigungsregelungen des Westens zu sprengen, und daß es in unser aller Interesse liegt, ein zufriedenes, vereintes Deutschland zu haben, dürfte es in diesem Falle nicht allzu schwierig sein, eine rasche Einigung über ein wirksames Sicherheitssystem zu erzielen. Das ist ein Gewinn, den wir schätzen.

Auf der anderen Seite steht ein schwerwiegender Verlust. Es ist ein Verlust an Vertrauen für die Zukunft. Denn, sofern nicht Herr Molotow in dieser späten Stunde etwas Neues zu sagen hat, werden folgende Auffassungen der Sowjetregierung für die Nachwelt festliegen.

Was hat die Sowjetregierung denn tatsächlich gesagt? Es ist folgendes: Erstens, Deutschland kann nicht wiedervereinigt werden, ehe nicht die NATO und die Westeuropäische Union beseitigt sind. Die Sowjetregierung ist bereit, das Glück, die Einheit und die Unabhängigkeit des deutschen Volkes als Schachfiguren in ihrem auf Zerschlagung des westlichen Verteidigungssystems gerichteten Spiel zu benutzen.

Zweitens, selbst wenn die NATO und die Westeuropäische Union vernichtet werden sollten, würde die Sowjetregierung immer noch nicht dem deutschen Volke Freiheit oder Unabhängigkeit geben. Selbst dann wird für das deutsche Volk keine Wahl bezüglich seiner Zukunft bestehen. Es muß das abscheuliche System annehmen, das Ostdeutschland aufgedrängt wurde, oder widrigenfalls weiterhin geteilt bleiben. Weil nämlich, wenn es dem deutschen Volke jemals gestattet würde, seine Gefühle in freien Wahlen zum Ausdruck zu bringen, die Marionetten, die in Ostdeutschland durch sowjetische Waffen an der Macht gehalten werden, weggefegt werden würden. Die brutale Wirklichkeit ist, daß für die Sowjetregierung die einzige annehmbare Garantie für die Wiedervereinigung Deutschlands die Bolschewisierung des ganzen Landes ist. Das ist der einzige Beitrag, den die sowjetische Delegation zu dem von unseren Regierungschefs im Sommer vereinbarten beizusteuern vermochte."

Macmillan rief Molotow zu, die sowjetische Regierung begehe einen schweren Fehler. Molotow möge ihr mitteilen: „Die Westmächte sind nicht bereit, die NATO und die Westeuropäische Union aufzugeben. Das deutsche Volk ist nicht bereit, ein fremdes politisches und soziales System und den Verlust seiner Unabhängigkeit als den Preis seiner Einheit hinzunehmen. Es will ein freies und vereinigtes Volk, kein Satellit in einer kommunistischen Konstellation sein."

Auch Dulles äußerte sich am 9. November bitter enttäuscht über die sowjetischen Vorschläge. Die Möglichkeit zur Entwicklung vertrauensvoller Beziehungen zur Sowjetunion habe einen lähmenden Schlag erhalten. Entsprechend den Direktiven der Regierungschefs habe man versucht, das Problem, wie die europäische Sicherheit und die Wiedervereinigung Deutschlands sicherzustellen sei, durch einen Vorschlag zu lösen. Er erinnerte an die Worte, die Eisenhower bei der Eröffnung der Genfer Gipfelkonferenz im Juli zur Teilung Deutschlands gesagt hatte: „Solange diese Teilung andauert, schafft sie eine wesentliche Quelle der Unsicherheit in Europa. Unser Friedensgespräch hat wenig Sinn, wenn wir gleichzeitig Verhältnisse verewigen, die den Frieden gefährden."

Da die Direktiven der Regierungschefs die ausdrückliche Anweisung gegeben hätten, der engen Verbindung zwischen Wiedervereinigung Deutschlands und den Problemen der europäischen Sicherheit Rechnung zu tragen, hätten die Westmächte unter getreulicher Beachtung dieser Direktiven ein auf einem wiedervereinigten Deutschland beruhendes Sicherheitssystem vorgeschlagen.

„Die von uns gemachten Vorschläge enthalten größere Sicherheiten, als man je zuvor erdacht hat, um den Frieden zu erhalten", erklärte Dulles. „Nicht nur gäbe es feierliche Verpflichtungen, sich eines Angriffs zu enthalten, einem Angreifer die Hilfe zu versagen und überhaupt Garantien gegen jede Aggression zu leisten, sondern auch sachliche und materielle Sicherungen, bestehend in einer zu vereinbarenden Stärke der Streitkräfte und in wirklichen Inspektionen, um zu gewährleisten, daß diese Stärken eingehalten werden. Es gäbe reichlich bemessene und zuverlässige Sicherungen – an denen die Sowjetunion, Polen und die Tschechoslowakei beteiligt wären – gegen die erneute Schaffung einer bedrohlichen militärischen Macht. Es gäbe neuartige und wirksame Bestimmungen zur Sicherung gegen jede Möglichkeit eines überraschenden Angriffs. Diese auf einem wiedervereinigten Deutschland aufbauenden Bestimmungen würden Europa eine Sicherheit bieten, die es seit Jahrhunderten nicht gekannt hat. In der Tat, die Vorzüge der von uns gemachten Vorschläge waren so offensichtlich, daß die Sowjetunion nach ihrer Prüfung selbst eigene ergänzende Sicherheits-

vorschläge vorbrachte, die sich eng an die unseren anlehnten. Jedoch stellen die diesbezüglichen sowjetischen Vorschläge – wie überhaupt jeder Vorschlag, den die Sowjetunion gemacht hat – auf die Fortdauer der Teilung Deutschlands ab."
Ohne die Wiedervereinigung Deutschlands sei eine europäische Sicherheit nicht möglich. Dulles erinnerte daran, daß Molotow in einer Rede am 31. Oktober 1939 nach Ausbruch des Zweiten Weltkrieges auf die Beziehungen zwischen Deutschland und den anderen westeuropäischen Staaten während der voraufgegangenen zwei Jahrzehnte und auf die, wie Molotow sich damals ausgedrückt habe, „deutschen Bemühungen, die Fesseln des Versailler Vertrages zu zerbrechen", eingegangen sei. Molotow habe ausdrücklich erklärt, der Versailler Vertrag sei es, der schließlich zum Krieg in Europa geführt habe. Dulles rief dann mit Nachdruck aus:

„Der Versailler Vertrag legte Deutschland in der Tat gewisse Fesseln an. Aber nichts, was durch den Versailler Vertrag geschah, läßt sich mit der Grausamkeit und Ungerechtigkeit vergleichen, das deutsche Volk durch die Abtrennung der sowjetischen Zone mit ihren siebzehn Millionen Deutschen zu teilen. Das hierdurch verursachte Leid kommt darin zum Ausdruck, daß 2 704 680 Deutsche unter großen Opfern und Gefahren aus der Sowjetzone nach Westdeutschland geflohen sind. Während des vergangenen Oktobers waren es 32 874 Flüchtlinge. Die darin ihren dramatischen Ausdruck findende Lage kann nicht ohne schwere Gefahren auf unbegrenzte Zeit fortbestehen.
Um jedoch gerade diese Gefahr fortbestehen zu lassen, sieht sich die Sowjetunion genötigt, die von mir erwähnten weitreichenden und festgefügten Sicherheitsvorschläge zu verwerfen. Es läßt sich gewiß eine bessere Staatskunst als diese finden.
Wir legen der Sowjetregierung dringend nahe, das Unrecht eines geteilten Deutschlands mit der darin beschlossenen Gefahr für die europäische Sicherheit nicht zu verewigen. Können wir nicht aus Versailles die Lehre ziehen? Wir tragen dieses Anliegen vor und werden dies auch weiterhin tun – in der Hoffnung und sogar in der Erwartung, daß die Klugheit sich durchsetzen wird, ehe es zu spät ist."

Auch Pinay wandte sich in scharfer Weise gegen die sowjetischen Deutschlandpläne. Der weitere Verlauf der Verhandlungen, die bis zum 16. November 1955 dauerten, zeigte, daß keinerlei Annäherung der Standpunkte möglich war.
Die westlichen Vorschläge hatten darauf abgezielt, die Wiedervereinigung Deutschlands durch freie Wahlen zu erreichen. Der Regierung des wieder-

vereinigten Deutschlands sollte die Freiheit überlassen bleiben, ihre eigene Außenpolitik zu bestimmen. Immer wieder wurde von den drei westlichen Außenministern unterstrichen, daß die deutsche Regierung völlige Handlungsfreiheit haben solle, der NATO beizutreten oder aber dem Warschauer Pakt. Die westlichen Pläne forderten nicht als Voraussetzung die bereits vorher gegebene Zusicherung, das wiedervereinigte Deutschland müsse der NATO und der WEU angehören. Die Westmächte boten der Sowjetunion einen umfassenden Sicherheitspakt an, der ihr wahrhaft jegliche Furcht vor einem wiedervereinigten Deutschland hätte nehmen müssen. Es nutzte alles nichts, trotz der auf der Genfer Gipfelkonferenz vereinbarten Direktive wies die Sowjetunion den Vorschlag zurück, über die Wiedervereinigung Deutschlands durch freie Wahlen zu verhandeln. In seiner Schlußansprache faßte Dulles das Ergebnis der Genfer Außenministerkonferenz, was unsere Frage, die Frage der Wiedervereinigung Deutschlands, betraf, in folgender Weise zusammen:

„Die Sowjetdelegation weigerte sich, die Bestimmungen unseres Wiedervereinigungsvorschlags zu erörtern, und unterbreitete auch keinen eigenen Wiedervereinigungsvorschlag. Sie verwies auf vorgebliche Hindernisse für die deutsche Wiedervereinigung wie das Bestehen der NATO und der WEU. Sie sagte aber auch niemals, daß sie die Wiedervereinigung Deutschlands gestatten würde, selbst wenn diese vorgeblichen Hindernisse beseitigt würden. Sie nahm vielmehr die Position ein, daß sie es nicht erlauben würde, daß die sogenannte Deutsche Demokratische Republik, jenes Regime, welches die Sowjetregierung in Ostdeutschland eingerichtet hat, einem Test freier Wahlen unterworfen werde.

Die sowjetische Weigerung, freie Wahlen in Deutschland auch nur zu erwägen, hat eine Bedeutung, die weit über den Bereich Deutschlands hinausreicht. Sie beleuchtet blitzartig, wie es keine Worte können, die Situation in ganz Osteuropa. Wenn die sogenannte Deutsche Demokratische Republik den Test einer Volkswahl nicht bestehen kann, so können es auch jene Regime nicht, die den anderen Völkern Osteuropas auferlegt wurden. Dieses Thema war nicht auf unserer Tagesordnung, weil die Sowjetregierung abgelehnt hatte, es auf die Tagesordnung zu setzen. Wir waren uns aber alle der Tatsache bewußt, daß die sowjetische Befangenheit bezüglich der Probleme Osteuropas bei dieser Konferenz schwer auf den Sowjets lastete.

Im vergangenen Juli stimmte der Vorsitzende Bulganin zu, daß eine enge Verknüpfung zwischen der deutschen Wiedervereinigung und der europäischen Sicherheit bestehe, daß die Vier Mächte eine Verantwortung für die

Wiedervereinigung Deutschlands trügen und daß Deutschland durch freie Wahlen wiedervereinigt werden sollte. Regierung und Volk der Vereinigten Staaten werden es im Lichte dieses Sachverhalts schwer verstehen, weshalb der Vorsitzende Bulganin zu dieser Außenministerkonferenz eine Delegation entsandte, die offensichtlich den Auftrag hatte, die Angelegenheit der deutschen Wiedervereinigung nicht ernsthaft zu erörtern.
Die Verhältnisse in Osteuropa mögen solche sein, daß die Sowjetunion der Auffassung ist, freien Wahlen in jenem Gebiet, das sie kontrolliert, nicht zustimmen zu können, weil dies eine seuchenartige Auswirkung hätte. Wir betrachten es aber als bedauernswert, daß dies von der Sowjetregierung nicht vorhergesehen wurde, bevor sie auf höchster Ebene und unter so feierlichen Umständen zustimmte, daß Deutschland durch freie Wahlen wiedervereinigt werden sollte.
Die Haltung der Sowjetregierung hier wird nahezu mit Gewißheit die Entwicklung des Vertrauens beeinträchtigen, das die Konferenz auf höchster Ebene zu fördern suchte."

Auch in den Fragen „Abrüstung" und „Entwicklung von Kontakten zwischen Ost und West" war keinerlei Verständigung erzielt worden. Molotow lehnte den von Präsident Eisenhower auf der Gipfelkonferenz vorgeschlagenen Luftinspektionsplan ab. Dulles meinte jedoch zu der Frage der Abrüstung in seiner Schlußrede, die Beratungen der Außenminister zu diesem Fragenkomplex seien nützlich gewesen. Er hoffe, die Beratungen in der UNO würden schließlich vielleicht doch Erfolg haben.
Zu dem dritten Punkt der Tagesordnung, zu der Frage der Entwicklung von Ost-West-Kontakten, stellte Dulles nüchtern fest: „Auch hier ist kein Einvernehmen zu verzeichnen." Die Furcht der Sowjetregierung vor einem freien Austausch von Informationen zwischen der Bevölkerung der Sowjetunion und den Völkern der freien Welt war offensichtlich.

8. Echo auf Genf II

Das Ergebnis der zweiten Genfer Konferenz war tief enttäuschend. In dürren Worten gesagt: Wir waren durch sie der Wiedervereinigung keinen Schritt nähergekommen. Die Hoffnungen, die die Worte von Dulles „die Wiedervereinigung liegt in der Luft"[*] geweckt hatten, verflüchtigten sich. Die Sowjets hatten in brüsker Weise freie Wahlen in ganz Deutschland verweigert. Unmißverständlich hatten sie gesagt, daß sie und ihre Gefolgs-

---
[*] Siehe „Erinnerungen 1953–1955", Seite 474.

leute in Ostdeutschland durch nichts veranlaßt werden könnten, die wirtschaftlichen und sozialen „Errungenschaften" des kommunistischen Systems in der Sowjetzone preiszugeben. Molotow hatte auf der zweiten Genfer Konferenz die dynamische Kraft des Kommunismus und die revolutionäre Mission Rußlands gefeiert. Eindeutig hatte er zu erkennen gegeben, daß auch nicht der Austritt der Bundesrepublik aus der NATO die Sowjets veranlassen könnte, der Wiedervereinigung zuzustimmen. Da, wo die Sowjets einmal waren, gedachten sie zu bleiben. Sie gaben zu verstehen, Deutschland könne seine Einheit nur dann wiedergewinnen, wenn es kommunistisch würde. Das waren die harten Tatsachen.

Das Echo der westlichen Öffentlichkeit auf den Ausgang der Verhandlungen war weitgehend übereinstimmend. Man war tief enttäuscht über die unnachgiebige, harte sowjetische Haltung. Am 18. November 1955 berichtete mir Botschafter Krekeler aus Washington über einige Pressestimmen aus den USA:

„David Lawrence in New York Herald Tribune: ‚Jedermann weiß jetzt, welche Seite in einem Atomzeitalter dem Frieden im Wege steht... Es mag sein, daß der Kreml zu guter Letzt erkennen wird, daß er mit wesentlichen Konzessionen aufwarten muß, damit er auch nur einen Teil von all dem behalten kann, was er erworben hat.'

Roscoe Drummond im gleichen Blatt: ‚Ich möchte diese Konferenz als produktiv bezeichnen – nicht daß sie irgendeine Übereinkunft über irgendwelche Aspekte eines Problems des kalten Friedens zeitigte, sie bringt aber einen neuen, ernüchternden und das Wesentliche erfassenden Realismus und die Erkenntnis hervor, daß die Sowjetunion den Schein einer diplomatischen Verhandlung als Mittel dazu benutzt, jede Streitfrage des Kalten Krieges offenzuhalten, daß der Kreml das Ziel verfolgt, dem Westen den Status quo aufzuzwingen, dessen größtes Übel ein geteiltes Deutschland im Herzen Europas ist, und daß er hofft, die Völker des Westens ließen sich durch einschläfernde Worte in Schlaf wiegen. Bisher hat diese sowjetische Taktik einen bedrohlichen Erfolg gehabt. Auf der letzten Genfer Konferenz trat sie unverhüllter zutage und kann jetzt in ihrem eigentlichen Wesen klarer erkannt werden.'"

Es war in den letzten Wochen viel vom Sicherheitsbedürfnis der Sowjetunion die Rede gewesen. Das Verlangen jeder Nation nach Sicherheit ist berechtigt. Die öffentliche Meinung der westlichen Völker, auf nichts mehr bedacht, als in Ruhe gelassen zu werden, schloß nur allzugern von sich auf andere. Genf hatte jedoch deutlich gemacht, daß so, wie die Dinge lagen, zwischen Ost und West zur Zeit kein praktikables Sicherheitssystem ausgehandelt werden konnte. Während der Westen bereit war, das Sicherheitsbedürfnis der Sowjets anzuerkennen und ihm entgegenzukommen, war den Politikern des Kremls das Verlangen der westlichen Völker nach Sicherheit völlig gleichgültig.

Seit Stalins Tod im Frühjahr 1953, in noch verstärktem Maße seit dem Frühjahr und Sommer 1955, hatten die Sowjets versucht, jedermann zu versichern, sie erstrebten nur Frieden, Verständigung und Sicherheit. Eine allzu vergeßliche öffentliche Meinung im Westen schien eine Zeitlang auch bereit gewesen zu sein, das bestehende atlantische und europäische Sicherheitssystem, in dem bisher ausschließlich die Sicherheit der Bundesrepublik beschlossen lag, zur Diskussion zu stellen oder abzuschwächen zugunsten eines Systems, das auch die Sowjetunion und ihre Satelliten mit umfassen sollte. Molotow hatte in Genf deutlich gemacht, von welcher Art diese Sicherheit sein würde. Genf hatte klargemacht, daß es den Sowjets nicht nur darum ging, die Bundesrepublik aus dem System herauszubrechen, das ihr Sicherheit verschaffte, sondern die NATO, das Sicherheitssystem des Westens, schlechthin zu zerstören und dadurch die Vereinigten Staaten zu einer Änderung ihrer Europapolitik zu veranlassen.

In der Außenpolitik müssen die entscheidenden Vorgänge im Zusammenhang gesehen werden. Mit den Westverträgen waren wir gleichberechtigte, handlungsfähige, selbstverantwortliche Verbündete der freien Welt geworden. Zu diesen Verträgen standen wir, genau wie die westlichen Verbündeten gemäß diesen Verträgen handelten, als sie unsere Sache, die Wiedervereinigung Deutschlands, auf den großen Konferenzen des Sommers und Herbstes des Jahres 1955 vertraten. Allen Verwirrungen, Verzerrungen und Verlockungen durch das östliche Lager zum Trotz sahen wir in diesen Verträgen den Ausdruck unserer Zugehörigkeit zur freien Welt der Demokratie, der Rechtsstaatlichkeit, der sozialen Gerechtigkeit und des sozialen Fortschritts. Wir sahen in ihnen trotz des enttäuschenden Ausgangs in Genf aber auch eine in die Zukunft weisende Möglichkeit einer internationalen Entspannung, die für die Welt den Frieden, für Deutschland die staatliche Einheit in Freiheit bringen konnte. Wenn es bisher noch nicht gelungen war, vielleicht auch fürs erste nicht gelingen konnte, die Sowjetunion von der Chance, die in den westlichen Verträgen auch für sie lag, zu überzeugen, so blieb dies eine Aufgabe der Zukunft. Wir mußten der Sowjetunion immer wieder dartun und beweisen, daß unser Programm der Vertragstreue zum Westen, der europäischen Integration, des Willens zur Verteidigung unserer Freiheit, der Teilnahme an einem Sicherheitssystem auf der Grundlage allgemeiner Abrüstung keine Bedrohung des russischen Volkes, sondern einen wirklichen Beitrag zur Entspannung bedeutete.

Die Mitarbeit Deutschlands innerhalb der NATO, die Partnerschaft der Bundesrepublik mit dem freien Westen, die Schaffung eines vereinigten Europas auf dem Wege der Integration waren fundamentale Elemente der deutschen Außenpolitik. Genf hatte gezeigt, daß es einen anderen Weg nicht gab. Die Bundesregierung war jedoch wie stets bereit, über Einzelfragen ihrer Politik zu sprechen. Sie war jedoch nicht bereit, ihre Gesamtkonzeption, deren Richtigkeit Genf erneut bestätigt hatte, aufs Spiel zu setzen.

III. KLÄRUNG DER INNENPOLITISCHEN POSITION
NACHWEHEN DER GENFER AUSSENMINISTERKONFERENZ

1. SPD: „Durchführung der Pariser Verträge
ist keine Antwort auf Genf"

Die SPD sah in dem Ausgang der Genfer Außenministerkonferenz den Beweis dafür, daß sich die Gesamtkonzeption der bisherigen Außenpolitik der Bundesregierung als irrig erwiesen habe. Der sozialdemokratische Oppositionsführer Erich Ollenhauer erklärte am 2. Dezember 1955 im Deutschen Bundestag, die These, „die in der Einbeziehung der Bundesrepublik in NATO das wirksamste Mittel sah, die Sowjetunion zur Preisgabe der von ihr besetzten Zone Deutschlands zu zwingen, ... hat sich nicht erfüllt. Im Gegenteil, diese Aufrüstungspolitik hat mindestens der Sowjetunion einen willkommenen Vorwand gegeben, ihre Zustimmung zur Wiedervereinigung zu verweigern. Damit ist genau die Lage eingetreten, die wir Sozialdemokraten befürchtet haben und vor der wir hier in diesem Haus unablässig gewarnt haben." Ollenhauer machte auf die Gefahren einer Entwicklung aufmerksam, durch die im Volk der Eindruck entstehen könnte, daß die demokratischen Kräfte in der Bundesrepublik und im Westen in der deutschen Frage resignierten. Dann würde die sich daraus ergebende Enttäuschung sehr leicht eine Entwicklung fördern, in welcher die deutsche Frage, die Frage der Wiedervereinigung, unter sehr gefährlichen nationalistischen Vorzeichen wieder auf die Tagesordnung gebracht werden könnte.

Ollenhauer erklärte: „Der negative Ausgang der Genfer Verhandlungen über Punkt eins der Tagesordnung ist selbstverständlich auch maßgebend dadurch bestimmt worden, daß Herr Molotow dieses Mal mit noch größerem Nachdruck als früher die Wiedervereinigung an die Bedingung geknüpft hat, den jetzigen Zustand in der sowjetisch besetzten Zone zu erhalten, und daß er seine Zustimmung zu freien Wahlen davon abhängig gemacht hat, daß Garantien für die Erhaltung dieses Zustandes gegeben werden. Für die Bundesregierung ist nach der gestrigen Erklärung des Herrn Außenministers nunmehr diese Forderung der Sowjetunion zum Kardinalpunkt der Rechtfertigung ihrer Politik geworden. Zweifellos war die Rede Molotows vom 8. November auch von einer Schroffheit und Eindeutigkeit, wie er sie seit langem nicht zu erkennen gegeben hat."

Zu den Vorschlägen Molotows, wie die Wiedervereinigung zu erreichen sei, erklärte Ollenhauer: „Ich möchte noch hinzufügen, daß wir selbstverständlich in dem von Herrn Molotow vorgeschlagenen Gesamtdeutschen Rat kein geeignetes Instrument sehen, diese Fragen zu behandeln. Außerdem will man ja auch diesem Gesamtdeutschen Rat in erster Linie politische Aufgaben zuweisen, die darauf hinauslaufen, eine Wiedervereinigungspolitik der SED zu fördern, die ihr System in der Zone auf alle Fälle schützt und sichert. Das ist ja nur ein neuer Vorschlag in der Kette der vielen Versuche der Kommunisten, mit der Parole ‚Deutsche an einen Tisch!', die Frage der Wiedervereinigung auf die innerdeutsche Ebene zu verlagern in der Hoffnung, hier eine gute Ausgangsposition für die Durchsetzung ihrer Vorstellungen von einem wiedervereinigten Deutschland zu schaffen und sozusagen die politischen Konsequenzen von freien Wahlen in ganz Deutschland von vornherein zu ihren Gunsten zu verfälschen und abzuwerten."

Ollenhauer meinte, niemand verlange, daß so unmittelbar nach einem derart wichtigen Ereignis, wie es die Genfer Konferenz darstelle, die Regierung in allen Einzelheiten die Konsequenzen aus einer solchen Lage darstelle und die notwendigen praktischen Aufgaben entwickle, aber im Namen seiner Fraktion wolle er davor warnen, daß man aus dem Verlauf der Genfer Konferenz in erster Linie den Schluß ziehe, sich nun lediglich darauf zu konzentrieren, die vertraglichen Verpflichtungen über die Aufrüstung der Bundesrepublik beschleunigt durchzuführen, um damit einen erneuten Beweis für die absolute Vertragstreue der Bundesregierung zu erbringen. „Ich verstehe das Bedürfnis der Bundesregierung, hier gewisses Mißtrauen und Unsicherheiten auf der westlichen Seite zu beseitigen, die nach den Abmachungen des Bundeskanzlers in Moskau entstanden sind, aber eine solche Politik der Durchführung der Pariser Verträge ist keine Antwort auf die durch Genf gegebene Situation. Die im Vertrag vorgesehene Aufrüstung der Bundesrepublik ist außerdem in ihrem militärischen Wert für die Sicherheit Deutschlands heute noch fragwürdiger, als sie es schon früher war."

2. Unklarheit bei der FDP

Die SPD hatte mehrfach gefordert, es müßte in der Deutschlandfrage eine gemeinsame Außenpolitik geben. Auch ich hätte es für sehr nützlich gehalten, hätten sich Regierung und Opposition auf eine Linie einigen können. Dieser Wunsch durfte die Bundesregierung jedoch nicht auf eine Bahn bringen, an deren Ende die Isolierung der Bundesrepublik von ihren Part-

Bundesaußenminister Heinrich von Brentano

Präsident Eisenhower im Gespräch mit Bundeskanzler Adenauer und Außenminister von Brentano während der NATO-Konferenz der Regierungschefs, Paris im Dezember 1957

nern und Freunden und die Auslieferung Deutschlands an den Kommunismus stehen würde. Die Bundesregierung mußte klar die bisher eingeschlagene Außenpolitik weiterverfolgen. Diese Eindeutigkeit wurde aus den Reihen der FDP, die an der Regierung beteiligt war, empfindlich in Frage gestellt.

Durch die Bundestagswahl vom Herbst 1953 hatte die CDU/CSU-Fraktion die absolute Mehrheit der Stimmen im Deutschen Bundestag gewonnen. Ich hatte es jedoch im Hinblick auf unsere gefährliche außenpolitische Situation für richtig gehalten, nicht eine Einparteienregierung zu bilden, sondern die FDP, den BHE und die DP an der Regierungsverantwortung zu beteiligen. Auf diese Weise glaubte ich auch, etwaigen extremen Tendenzen innerhalb der CDU/CSU Einhalt gebieten zu können.

Seit dem Frühjahr 1954, seit ihrem Wiesbadener Parteitag, war Dr. Thomas Dehler Vorsitzender der FDP. Seine Wahl war das Ergebnis eines Kompromisses zwischen nationalgesinnten und extrem liberal eingestellten Kräften innerhalb der FDP. Dr. Dehler galt als „nationalliberal", eine Verschmelzung dieser beiden Richtungen. Grundsätzlich bejahe ich die Existenz einer liberalen Partei bei uns in Deutschland. Unter seinem Vorsitz wurde jedoch die FDP, die eine Vereinigung von Individualisten ist, nicht gerade zu einem stabilisierenden Faktor in der deutschen Politik.

Bevor Dr. Thomas Dehler das Amt des Parteivorsitzenden angetragen wurde, hatte man ihn in einem Interview, übertragen durch den NWDR, gefragt, wie er zu der vor ihm liegenden Aufgabe stünde. Dehler antwortete: „Ich habe mich noch nie zu einer Aufgabe gedrängt. Merkwürdigerweise drängen sich die Aufgaben an mich. Ob ich ein heiliger Christopherus bin, der auch diese Last auf sich nehmen kann, nun, das muß die Zukunft zeigen." Ich meine, die Entwicklung war nicht günstig für Dr. Dehler und umgekehrt.

Ich kannte Dr. Dehler seit den Beratungen im Parlamentarischen Rat im Jahre 1948. Man sagt über das Verhältnis von Dr. Dehler zu mir, es sei das einer „Haßliebe". Dr. Dehler, der äußerlich zumeist gemäßigt wirkt, konnte von einer bestrickenden Liebenswürdigkeit mir gegenüber sein, die ihn jedoch nicht daran hinderte, wenn Streitlust und Temperament ihn übermannten, sich frei und ungeniert gegen die Regierungspolitik und besonders gegen meine Person zu äußern. Dr. Dehler sagte einmal selbst über sich: „Mein fränkisches Temperament schlägt manchmal durch, meinen Gegnern und meinen Freunden zur Pein. Ich halte in der Politik wenig von der schlauen Taktik und um so mehr von dem klaren Bekenntnis."

Die Bekenntnisse Dr. Dehlers beschworen viele Konflikte zwischen der

CDU/CSU und der FDP herauf. „Dehlers Sonntagsreden", so schrieb einmal ein Bonner Journalist, „sind nicht immer aparte Meisterstücke politischer Klugheit, aber Dehler glaubt, sie um der Gerechtigkeit willen halten zu müssen."

Am 25. Januar 1950 schrieb der „Mannheimer Morgen": „Dehler hat es gesagt, aber nicht so gemeint. Die Schuld wird auf die Presse abgewälzt."

Dies schien zu einer Regel zu werden. Auf viele seiner fast unübersehbaren Zahl von Reden mußte· Dr. Thomas Dehler „Richtigstellungen" folgen lassen. Die unkontrollierte Art seiner Äußerungen brachte ihm zahlreiche Prozesse ein.

Nun, dieser Mann sollte die widerstrebenden Kräfte innerhalb der FDP von der ständig in ihr schwelenden Krise der Zerreißung befreien.

In einem ausgezeichneten Artikel in der „Welt am Sonntag" vom 4. Dezember 1955 hieß es zu der Art und Weise, wie Dr. Thomas Dehler diesen in ihn gesetzten Erwartungen gerecht wurde: „Der Kompromiß Dehler indessen erledigte die Gegensätze nicht, sondern sammelte sie in der Zentrale der FDP, in der Brust dieses einen Mannes, von dem sie in die Partei zurückstrahlten. Dort der europäische Enthusiast Dehler, hier der stramm nationale Protestant in Sachen Saar – es könnte eine lange Kette der paarweisen Widersprüche folgen. Sie ist überflüssig. Ohnehin verflüchtigte sich das Entweder-Oder der Sonntags- und Alltagsreden bei genauer Nachforschung in ein vages Sowohl-Als-auch. Die Umrisse eines politischen Konzeptes verschwanden im Nebel der gewollten und ungewollten Unklarheit. Doch die Rolle der ‚Opposition in der Koalition' bedingte die Scheu vor jeder Festlegung, sie konnte nur im Zwielicht gespielt werden – sie war Thomas Dehler auf den Leib geschrieben. Aber die Rolle war nicht glaubhaft. Sie mußte sich als unrealistisch erweisen. Man mag das Verhängnis der Freien Demokraten bedauern. Wer bliebe frei von Barmherzigkeit, der die Einkreisungsstrategie des kühlen Rechners Adenauer zu beobachten hatte. Wer könnte ohne Anteilnahme Zeuge der verzweifelten Ausbruchsversuche Thomas Dehlers sein, der in längst vergangenen Zeiten den virtuosen Meister als einen ‚großen Liberalen' feierte, in ihm seinen ‚väterlichen Freund' zu erkennen glaubte, der dann anfing, den gestrengen Koalitionswächter als einen Rabenvater zu hassen, und sich immer tiefer in einer hoffnungslosen Rebellion verlor?"

Im Dezember 1949, ich mag es heute kaum für möglich halten, hat Dr. Thomas Dehler tatsächlich auf einer FDP-Versammlung in München erklärt: „Adenauer ist ein Mann, der in seiner Art ein Glück für Deutschland ist."

Nach einer Meldung von AP vom 18. November 1950 hatte er auf einer Wahlkundgebung in München sogar gesagt, ich sei ein Mann, „für den

Deutschland dem lieben Gott danken sollte". Äußerungen dieser Art mußten Dr. Dehler in den folgenden Jahren geradezu als peinlich erscheinen. „Das unglückselige Opfer seiner ungelösten Persönlichkeitsspaltung", als das die „Rhein-Neckar-Zeitung" vom 28. Juli 1950 Dr. Dehler sah, bereitete mir im Jahre 1955 durch seine widerspruchsvollen Äußerungen größte Schwierigkeiten.

Bei einer Durchsicht der Reden, die Dr. Dehler im Laufe des Jahres 1955 gehalten hatte, und nach Verlautbarungen der unter seiner Verantwortung stehenden „Freien Demokratischen Korrespondenz" ergab sich, daß in zahlreichen Äußerungen die FDP eine der Regierungspolitik entgegengesetzte Auffassung vertrat. Seit Beginn des Jahres 1955 wurde von namhaften Freien Demokraten in verstärktem Maße Kritik an der außenpolitischen Konzeption der Bundesregierung geübt. Bei jeder sich bietenden Gelegenheit wurden in der Öffentlichkeit Giftpfeile gegen die CDU/CSU geschleudert. Die FDP-Abgeordneten Rademacher, Middelhauve und Hedergott, um nur diese zu nennen, äußerten sich wiederholt scharf abweichend von der Regierungspolitik. Der Vorsitzende ihrer Partei, Dr. Thomas Dehler, ließ sich am 27. Februar 1955 im Bundestag zu Angriffen gegen meine Politik hinreißen, die den Bruch mit der FDP zu bringen schienen. Nur nach mühsamen Verhandlungen und nur im Hinblick auf die großen politischen Ziele, nämlich Verwirklichung der Pariser Verträge, habe ich einen Strich unter diese Angelegenheit gemacht. Als Dr. Dehler jedoch auf dem Parteitag der FDP in Oldenburg am 25. März 1955 erneut in sehr verletzender Weise Beschuldigungen gegen mich erhob, glaubte ich kaum noch an die Möglichkeit, mit der FDP die Regierungskoalition fortsetzen zu können.

Über den Oldenburger Parteitag der FDP und die Stellung Dr. Dehlers wurde mir mitgeteilt, die Stärke Dr. Dehlers beruhe offensichtlich in der Billigung seines frondierenden Kurses in der Koalition. So habe er zum Beispiel den stärksten Beifall erhalten, als er auf dem Parteitag von der „Hybris und dem Übermut der CDU" gesprochen und mir vorgeworfen habe, ich trage die eigentliche Verantwortung dafür, daß es zu keiner gemeinsamen Außenpolitik mit der Opposition gekommen sei. Seine Oldenburger Rede habe auch wiederum Versuche enthalten, die Verantwortung für die EVG-Politik von der FDP abzuwälzen. So behauptete er, der damalige Vorsitzende der FDP, Blücher, hätte seit 1952 gewußt, daß diese Politik falsch sei. Er unterließ es jedoch zu sagen, weshalb die FDP damals nicht dagegen aufgetreten war.

Nach einigem Hin und Her wurde auch dieser Streitfall beigelegt. Die Koalition litt jedoch spätestens sichtbar seit dieser Zeit an zahlreichen Mängeln. Die FDP-Fraktion schien nur mit halbem Herzen in der Koalition mitzuwirken. Die vorher und nachher von seiten der FDP gegen die CDU/ CSU erhobenen sehr massiven Vorwürfe beeinträchtigten naturgemäß das gegenseitige Vertrauen und damit die Zusammenarbeit außerordentlich. Dr. Dehler hatte, insbesondere seit Beginn des Jahres 1955, die Außenpolitik der Bundesregierung und der Regierungskoalition in zahlreichen öffentlichen Reden sehr abfällig kritisiert. Die Ausführungen Dehlers zum Thema Wiedervereinigung und Pariser Verträge* ließen starke Zweifel zu an einer Bejahung der Regierungspolitik. In einem Interview, veröffentlicht in der „Welt" vom 7. März 1955, beantwortete Dehler die Frage, ob die Pariser Verträge mit der Wiedervereinigung vereinbar seien, folgendermaßen: „Auf jeden Fall muß das Bewußtsein im deutschen Volk erhalten bleiben, sich mit dem Westen verbunden zu fühlen. Eine Revision der Verträge, durch die eine Wiedervereinigung in Frieden und Freiheit nicht in Frage gestellt wird, wäre wohl notwendig. Wie sollten die Russen sonst die Zone freigeben?" Laut „Frankfurter Allgemeine" vom 3. Mai 1955 erklärte Dehler im Internationalen Presseclub in München, die FDP werde nunmehr um konkrete Vorschläge zur Wiedervereinigung auf dem Hintergrund der Pariser Verträge bemüht sein. Es sei jedoch nicht „seriös", wenn einer behaupte, man sei mit den Verträgen der Wiedervereinigung nähergekommen.

Wir Deutsche brauchten Freunde in der Welt. Schon Bismarcks schwerste Sorge war es stets gewesen: Wie könne sich Deutschland, das doch damals noch auf der Höhe seiner Macht stand, Freunde erwerben? Wir hatten durch die Pariser Verträge Freunde gewonnen, und diese Freunde mußten wir uns erhalten, diese Freunde, die sich vertraglich verpflichtet hatten, zusammen mit uns die Wiedervereinigung Deutschlands in Frieden und Freiheit als Ziel ihrer Politik zu verfolgen. Die Äußerungen der FDP waren sehr dazu angetan, diese neu gewonnenen und uns verpflichteten Freunde vor den Kopf zu stoßen, uns in ihren Augen als unzuverlässig erscheinen zu lassen. Als Dr. Dehler in einer Rede in Bernkastel am 24. April 1955, zu einem Zeitpunkt, da die Verträge noch nicht von allen beteiligten Staaten ratifiziert waren, die Ausarbeitung eines außenpolitischen Programms seiner Partei als „dritte Lösung", bei der die Bündnislosigkeit ein wichtiger Bestandteil sein werde, ankündigte, sah ich mich gezwungen, um größeren Schaden von der Bundesrepublik zu wenden, mich in schärfster Weise von Dr. Dehler und Äußerungen, die in gleicher Richtung von anderen bundesdeutschen Politikern kamen, zu distanzieren. Nachdrücklichst erklärte ich öffentlich, daß die Bundesrepublik an den Verträgen mit den Westmächten festhalten und vertragstreu bleiben würde. Es war

---
* Pariser Verträge siehe „Erinnerungen 1953–1955", Kapitel X.

Eine „dritte Lösung"?

unmöglich, daß wir bei den Westmächten als unzuverlässig erschienen. Wir, in unserer Lage, da sich ein großer Teil unseres Vaterlandes in russischen Händen befand, brauchten Freunde. Wenn unsere Außenpolitik Erfolg haben sollte, dann durften wir auch nicht den geringsten Anschein von Vertragsuntreue erwecken.

Die Idee einer „dritten Lösung", die eine Wiedervereinigung ermöglichen sollte auf Grund von Bündnislosigkeit, erschien beim ersten Blick verlokkend. Aber selbst wenn man diese Gedanken für realisierbar hielt, wie konnte man so naiv sein, sie einem Verhandlungspartner wie den Russen noch vor Beginn von Verhandlungen als Konzession anzubieten? Grundsätzlich aber war zur Bündnislosigkeit eines wiedervereinigten Deutschlands zu sagen, daß sie schwerste Gefahren für unser Land und für Europa in sich barg. Derjenige, der die Bundesrepublik und erst recht das wiedervereinigte Deutschland aus dem westlichen Bündnisgefüge ausschaltete oder – richtiger gesagt – in die sowjetrussische Einflußsphäre brachte durch eine Neutralisierung, der würde dadurch das Gewicht der Kräfte in der Welt von dem freien Westen zu dem russischen Kommunismus hin verschieben. Denn was war das Ziel der russischen Politik? Das mußte man sich doch in einer so bewegten und turbulenten Zeit wie der unseren immer wieder klarmachen! Das Ziel der sowjetrussischen Außenpolitik richtete sich doch nach wie vor auf die Weltherrschaft! Alles Gerede von einer „friedlichen Koexistenz" konnte hierüber nicht hinwegtäuschen. Und ein neutralisiertes Deutschland hatte nicht die geringsten Aussichten, den Status der Neutralität auf lange Sicht zu wahren.

Wenn wir unsere außenpolitische Linie glaubhaft machen und unsere Ziele bei unseren westlichen Partnern durchsetzen wollten, durften die der Regierung angehörenden Parteien kein Bild der inneren Zerrissenheit in den für uns so außerordentlich wichtigen außenpolitischen Fragen bieten. Am 24. September 1955 hielt Dr. Dehler eine Rede in Uelzen, in der er sich nach Zeitungsberichten ganz offen auf den Standpunkt stellte, die Wiedervereinigung sei bei Fortbestehen der Pariser Verträge nicht möglich, da man dies den Russen nicht zumuten könne. Diese Äußerung stand in krassestem Widerspruch zu unserer Regierungspolitik.

Vom 8. September bis zum 14. September hatte ich in Moskau direkte Verhandlungen mit der Sowjetregierung geführt. Die Aufnahme diplomatischer Beziehungen zwischen der Sowjetunion und der Bundesrepublik war ein Ergebnis meines Besuches. Wenn nunmehr der Fraktionsvorsitzende einer an der Regierung beteiligten Partei derartige Äußerungen von sich gab, mußten sie Spekulationen über eine Änderung unserer Politik fördern.

Ich sah mich gezwungen, unverzüglich eine Klärung unseres Verhältnisses zur FDP herbeizuführen. Unklarheit und Zwielichtigkeit darüber, ob die Bundesregierung ihre bisherige außenpolitische Linie als unrichtig empfinde und demzufolge möglicherweise von ihr abweichen wolle, waren so unmittelbar vor Beginn der Genfer Außenministerkonferenz höchst gefährlich und schädlich für uns. Ende Oktober würden die Außenminister der Westmächte mit dem sowjetischen Außenminister zusammentreffen, Ende September sollte in New York auf einer Außenministerkonferenz der Westmächte die gemeinsame Verhandlungslinie hierfür festgelegt werden. Unsere Position mußte eindeutig sein. Ich sah mich gezwungen, eine unmißverständliche Stellungnahme der FDP-Fraktion darüber herbeizuführen, ob sie die bisherige Außenpolitik billige und bei ihr bleiben wolle oder nicht. „Ich darf bitten", so schrieb ich am 26. September 1955 an den FDP-Fraktionsvorsitzenden Dr. Dehler, „diese Stellungnahme so klar zu halten, daß auch für der deutschen Sache weniger freundliche Kreise im Ausland keine für uns ungünstigen Auslegungen möglich sind. Falls Ihre Fraktion, wie ich zu meinem Bedauern aus Ihren Ausführungen entnehmen muß, die bisherige Außenpolitik der Bundesregierung nicht mehr billigt und demzufolge Änderungen verlangt, so bitte ich, das mir klar zu sagen."

Am 27. September 1955 führte Dr. Dehler eine Diskussion in seiner Fraktion über diese Frage herbei. Dr. Dehler teilte mir noch am 27. September hierüber brieflich mit: „Ich habe mich namens meiner Fraktion zur Treue gegenüber den Pariser Verträgen und zur Ablehnung der Verhandlungen mit der sogenannten Deutschen Demokratischen Republik bekannt. Auf dem niedersächsischen Landesparteitag der Freien Demokratischen Partei in Uelzen am 24. und 25. September habe ich keine Ausführungen gemacht, die von meiner Bundestagserklärung vom 23. September abrücken. Der von einer Zeitungsagentur verbreitete Bericht über meine Rede ist irreführend."

Die von Dr. Dehler gegebene Zusicherung genügte mir nicht. Ich verlangte ein unmißverständliches Bekenntnis der FDP-Fraktion zur bisherigen Regierungspolitik. Ich teilte dies Dr. Dehler am 28. September 1955 unmittelbar nach Erhalt seines Briefes mit. Ich schrieb ihm: „Was ich unbedingt, und zwar umgehend brauche, ist eine Erklärung Ihrer Fraktion, daß sie wie bisher hinter der Außenpolitik der Bundesregierung steht." Noch am gleichen Tag wurde meine Forderung befriedigt und dadurch die Fortsetzung der Koalition ermöglicht.

Es gab außerdem noch weitere wesentliche Punkte, in denen es zwischen der CDU/CSU und der FDP im Laufe des Jahres 1955 zu Reibungen gekommen war. Eine der schwerwiegendsten Differenzen war durch die Saarfrage entstanden. Die FDP hatte in der Bundestagsdebatte vom 26./27. Februar 1955 die in Paris im Oktober 1954 ausgehandelten Saarvereinbarungen abgelehnt und hiermit die Koalition einer Zerreißprobe ausgesetzt. Als es um den Aufbau des Bundesverteidigungsministeriums ging, verlangte die FDP, daß der Posten des Staatssekretärs mit einem FDP-Abgeordneten besetzt würde. Namentlich in dieser Frage zeigte sich die FDP sehr hartnäckig. Am 31. August 1955 erhielt ich ein Schreiben von Dr. Dehler, in dem er erneut eindringlich die Besetzung dieses Postens mit einem von der FDP vorgeschlagenen Kandidaten forderte. „Über die Person des Kandidaten wird", so schrieb mir Dr. Dehler, „die Bundestagsfraktion in der zweiten Septemberwoche endgültig entscheiden." Ich war über diesen Satz, gelinde gesagt, erstaunt. Wie aus Kreisen der FDP verlautete, dachte man daran, für den Staatssekretärposten Dr. Erich Mende zu benennen. Ich beantwortete dieses Schreiben Dr. Dehlers wie folgt:

„6. September 1955
Sehr geehrter Herr Dehler!
Auf Ihren Brief vom 31. August 1955 beehre ich mich, ergebenst folgendes zu erwidern:
Aus prinzipiellen Gründen kann ich nicht zugeben, daß irgendeine Partei ein Recht hat, in einem Ministerium die Besetzung des Staatssekretär-Postens durch einen von ihr vorgeschlagenen Herrn zu verlangen. Schon bei der Zusammensetzung seines Kabinetts muß der Bundeskanzler freie Hand in der Auswahl der Persönlichkeiten haben. Das gilt erst recht von der Besetzung der Posten der Staatssekretäre. Die Staatssekretäre sind in erster Linie verantwortlich für den Gang der Geschäfte innerhalb des betreffenden Ministeriums. Ihre fachliche Eignung ist daher eine notwendige Voraussetzung.
Als ich Herrn Blank zunächst vor Errichtung des Ministeriums seine Aufgabe übertragen habe, war für mich nicht maßgebend seine Eigenschaft als CDU-Abgeordneter; maßgebend war vielmehr für mich, außer seinen persönlichen Eigenschaften, die Tatsache, daß er Stellvertretender Vorsitzender einer der wichtigsten Industrie-Gewerkschaften war. Ich wollte damit den Widerstand der Gewerkschaften paralysieren. Ich glaube, daß das auch gelungen ist. Ich habe damals meine Gründe sehr entschieden ausgesprochen und Wünsche aus Kreisen der CDU-Bundestagsfraktion, einen anderen Herrn mit der Aufgabe zu betrauen, abgelehnt.
Ich nehme an, daß der Satz: ‚Über die Person des Kandidaten wird die Bundestagsfraktion in der zweiten Septemberwoche endgültig entscheiden' wohl versehentlich so gefaßt worden ist. Wenn Sie glauben, mir fachlich geeignete Herren vorschlagen zu können, so stelle ich Ihnen das anheim.

Ich betone aber nochmals, daß für mich entscheidend ist bei der Auswahl die verwaltungsmäßige Eignung des betreffenden Kandidaten.
Mit vorzüglicher Hochachtung
Ihr ergebener
gez. Adenauer"

Eine Einigung über diese Frage konnten wir nicht erzielen. Ich blieb bei meinem Standpunkt.

Eine weitere Streitfrage, die das Verhältnis zur FDP im zweiten Halbjahr 1955 belastete, war die Betrauung des CSU-Abgeordneten Franz Josef Strauß mit dem Atomministerium. Auch hier protestierte Dr. Dehler. Es sei die einmütige Ansicht des FDP-Bundesvorstandes, so teilte er mir mit, daß die Ernennung des bisherigen Bundesministers für besondere Aufgaben, Strauß, zum Bundesminister für Atomfragen eine erhebliche Verlagerung der Gewichte im Kabinett bedeute, zumal im Zusammenhang mit dem Ausscheiden der Bundesminister Waldemar Kraft und Theodor Oberländer aus ihrer Partei und ihrer Fraktion – im Juli 1955 waren Kraft und Oberländer aus dem BHE ausgetreten, ich hatte diese Herren aber trotzdem im Kabinett belassen – nach Auffassung der FDP ein schwieriges Problem entstanden sei.

Noch am 11. Oktober 1955 teilte mir Dr. Dehler im Namen seiner Partei mit, daß „nach den parlamentarischen Grundsätzen der Austritt der Herren Bundesminister Kraft und Oberländer aus ihrer Fraktion und Partei zum Ausscheiden aus dem Kabinett führen muß und daß wir deswegen die Annahme ihrer Rücktrittsgesuche empfehlen. Sie haben die Entscheidung bis zum Ende der Parlamentsferien vertagt. In der Haltung meiner Fraktion in dieser Frage hat sich nichts geändert." Auch in meiner Haltung hierzu änderte sich nichts.

Zur Frage Strauß teilte ich Dr. Dehler am 20. Oktober 1955 mit:

„... Ich darf zunächst bemerken, daß ich Herrn Bundesminister Strauß schon seit längerer Zeit den Auftrag gegeben habe, die Atomangelegenheiten zu bearbeiten, wie ich in gleicher Weise den Herren Bundesministern Schäfer und Kraft besondere Aufträge erteilt habe. Es hat sich dann herausgestellt, daß auf dem Gebiete der Atomverwertung für friedliche Zwecke eine so den deutschen Interessen schädliche Zersplitterung eingetreten ist, daß es notwendig erschien, dem betreffenden Bundesminister dadurch, daß man ihn ausdrücklich als Bundesminister für Atomfragen bezeichnete, eine größere Autorität zu geben. Sie wissen, daß Bayern einen Atomreaktor baut, daß Nordrhein-Westfalen etwas Ähnliches beabsichtigt, daß auf der

Genfer Konferenz die ganzen deutschen Atomwissenschaftler überhaupt nicht geschlossen aufgetreten sind. Durch die Änderung der Ernennungsurkunde des Herrn Bundesministers Strauß ändert sich an der Sache selbst nichts. Die Angelegenheit ist aber so eilig, daß ich nicht länger warten kann, nachdem das Kabinett meinem Vorschlag zugestimmt hat."

Die FDP verlangte zu diesen Fragen aus „grundsätzlichen verfassungsrechtlichen und politischen Erwägungen" eine Koalitionsbesprechung. Auf diese Forderung der FDP antwortete ich, ich könne nicht einsehen, welche grundsätzlichen verfassungsrechtlichen und politischen Erwägungen hier in Frage kämen. Verfassungsrechtlich sei es eine Angelegenheit des Kabinetts beziehungsweise des Bundeskanzlers und des Bundespräsidenten. „Ich darf in dem Zusammenhang darauf hinweisen, daß, als ich Herrn Bundesminister Blücher zu meinem Stellvertreter im Verteidigungsrat ernannt habe, niemand eine Koalitionsbesprechung vorher verlangt hat, obgleich diese Aufgabe in den nächsten Jahren mindestens so wichtig ist wie die Bearbeitung der Atomfragen für friedliche Zwecke."

Dr. Dehler beantwortete meinen Brief mit langen Ausführungen, in denen er mir eine falsche Auslegung des Grundgesetzes über die Stellung des Bundeskanzlers unterstellte.

In Verbindung mit der Aufstellung der Bundeswehr war die Frage des Oberbefehls umstritten. Die Ansichten von FDP und CDU/CSU näherten sich jedoch nach anfänglichen Kontroversen bald dahingehend, daß der repräsentative Oberbefehl bei dem Bundespräsidenten liegen solle und das Gegenzeichnungsrecht für den Fall des Einsatzbefehls bei dem Bundeskanzler.

Keine Einigung mit der FDP hatte seit den Beratungen im Parlamentarischen Rat in der Wahlrechtsfrage zwischen CDU/CSU und FDP erzielt werden können. Die folgende Aufzeichnung, die mir von dem Bundeskanzleramt vorgelegt wurde, gibt kurz den Stand der Kontroverse wieder:

„Nach Artikel 38 des Grundgesetzes werden die Abgeordneten des Bundestages in allgemeiner, unmittelbarer, freier, gleicher und geheimer Wahl gewählt. Im übrigen wird das Wahlsystem durch ein Bundesgesetz geregelt. Für die Wahl des ersten Bundestages galt jedoch gemäß Artikel 137 Absatz 2 des Grundgesetzes das vom Parlamentarischen Rat beschlossene Wahlgesetz. Dieses Gesetz, das unter dem 15. 6. 1949 verkündet wurde, regelt in den §§ 8, 9 und 10 das Wahlsystem. Die Sitze zwischen Wahlkreisen und Landesergänzungsvorschlägen wurden im ungefähren Verhältnis von 60 : 40 verteilt. Für den Wahlkreis galt die relative Mehrheit. Da aber die Direktmandate bei der Berechnung der Sitze aus dem Landesergänzungsvorschlag angerechnet wurden, handelte es sich der Sache nach um ein reines Verhältniswahlsystem.

Diesem Wahlsystem hatte sich die CDU/CSU im Hauptausschuß und im Plenum des Parlamentarischen Rates ständig widersetzt. Auch ihre Kompromißvorschläge waren von den übrigen Parteien abgelehnt worden. Die Haltung der CDU war durch die Überzeugung bestimmt, daß eine arbeitsfähige Demokratie in Deutschland nur durch das Mehrheitswahlsystem erreicht werden könne. Die Nachteile des Verhältniswahlsystems hatten sich in der Weimarer Zeit deutlich gezeigt und zum Zusammenbruch der Demokratie überhaupt geführt. Die FDP hatte demgegenüber die Auffassung vertreten, das Mehrheitswahlrecht sei praktisch in vielen Fällen ein Minderheitswahlrecht. Die SPD hatte sich für das Verhältniswahlsystem eingesetzt, weil es alle Kreise des Volkes in gerechter Weise am Neuaufbau Deutschlands beteilige. Demgegenüber hatte die CDU erklärt, daß eine der Hauptursachen für das Versagen der Weimarer Demokratie das Vorhandensein der vielen kleinen Parteien gewesen sei, daß sich das von ihr geforderte Mehrheitswahlrecht nicht gegen die kleinen Parteien schlechthin richte, sondern nur gegen die sporadisch auftauchenden Minderheiten, und daß gegenüber dem Einwand, durch das Mehrheitswahlsystem würden Millionen von Deutschen politisch heimatlos gemacht, der realpolitischen Notwendigkeit, eine arbeitsfähige Demokratie zu schaffen, der Vorzug gegeben werden müsse.

Bei den Arbeiten an dem Wahlgesetz 1953 hatte die CDU sowohl im Bundestag wie auf dem 4. Parteitag in Hamburg die Forderung nach einem Personen- und Mehrheitswahlrecht wiederholt. In dem Hamburger Programm heißt es: ‚Wir erstreben das Personen- und Mehrheitswahlrecht. Es fördert echte politische Willensbildung, wirkt der Zersplitterung entgegen und schafft klare Mehrheitsverhältnisse im Parlament, die stetige Regierungsarbeit sichern. Es verbindet die Wähler mit ihren Abgeordneten, mit der Volksvertretung und den Parteien.' Der 4. Parteitag der CDU hatte die Bundestagsfraktion der CDU/CSU gebeten, sich geschlossen für eine Reform des bisherigen Wahlrechts auf der Grundlage des von dem Abgeordneten Scharnberg im Wahlrechtsausschuß des Bundestages am 17. April 1953 gemachten Vorschlages einzusetzen. Dieser Beschluß wurde damit begründet, daß der Vorschlag Scharnbergs eine echte Synthese zwischen den demokratischen Rechten des Wählers und seiner Verantwortung für den Staat erstrebt und die Gefahr bannt, daß durch die Bildung von Splitterparteien der demokratische Gedanke verfälscht wird und schließlich das Personen- und Mehrheitswahlrecht im heute erreichbaren Ausmaß durchsetzt.

Im Bundestag gelang es der CDU nicht, ihre Forderungen zu verwirklichen, da die FDP, wie sich aus der namentlichen Abstimmung über die Drucksachen 982 und 986 in der zweiten Lesung ergibt, mit ²/₃ ihrer Stimmen gegen die CDU stimmte. Die Abgeordneten Dr. Schröder und Strauß erklärten vor der Schlußabstimmung in der dritten Lesung, daß die CDU/CSU stets für ein Mehrheitswahlrecht eingetreten sei und daß sie dem Entwurf, wie er sich nach Annahme einer Reihe von Änderungsanträgen darstelle, ihre Zustimmung nur gebe, weil eine andere Meinungsbildung im Bundestag nicht zu erwarten sei."

Die Spannungen mit der FDP hatten aber vor allem in der Außenpolitik ihre Ursachen. Die unterschiedliche Beurteilung der Pariser Verträge habe ich erwähnt. Was die Europapolitik der Bundesregierung betraf, so wichen auch hier die Ansichten auseinander. Der Weg der Integration fand nicht die volle Billigung der FDP. Den Vertrag über die Montanunion bezeichnete Dr. Dehler als gefährlich, und die Unrealisierbarkeit der „Reißbrettkonstruktion" der EVG behauptete Dr. Dehler bereits 1952 erkannt zu haben. Am 5. Oktober 1955 ging Dr. Dehler sogar so weit, in einer Rede vor etwa tausend Zuhörern in Bremen zu erklären, der Versuch der „katholischen Staatsmänner", Europa zu integrieren, sei restlos gescheitert und dürfe nicht wiederholt werden. Als ich ihn daraufhin brieflich fragte, ob er diese Äußerung tatsächlich von sich gegeben habe, ließ er mich durch Staatssekretär Globke wissen, er erachte es nicht für nötig, meinen Brief zu beantworten.

Die Koalition war morsch. Es war lediglich eine Frage des Zeitpunktes, wann sie zerfallen würde.

3. Zuspitzung des Konfliktes zwischen CDU/CSU und FDP

Der Konflikt mit der FDP loderte jäh wieder auf nach Beendigung der Genfer Außenministerkonferenz. Daß die Koalition mit der FDP auf die Dauer nicht haltbar war, zeigte sich nunmehr besonders eklatant.
Am 15. November 1956 veröffentlichte das Presseorgan der FDP, die „Freie Demokratische Korrespondenz", unter dem Titel „Folgerungen aus der Genfer Konferenz" einen Aufsatz, in dem es unter anderem hieß:

„Molotow, dem bloßgestellten Neinsager der Genfer Konferenz, tönt aus der Bundeshauptstadt die Devise entgegen: ‚Jetzt mehr europäische Integration'. Die vom Außenminister mit Recht geäußerte Enttäuschung über das fruchtlose Deutschlandgespräch in Genf sucht ihr Ventil. Sie findet es in der Wiederaufnahme von Bemühungen um einen westeuropäischen Wirtschaftsgroßraum. Als sieghafte Zukunftshoffnung erklingt der Name Messina, wo die sechs Außenminister der Montanunion Anfang Juni dieses Jahres recht brauchbare wirtschaftstechnische Dinge wie den Atompool und ähnliches erwogen, ohne allerdings bisher zu greifbaren Beschlüssen zu kommen. Ist es unserem politischen Hauptziel dienlich, wenn wir jetzt der Öffentlichkeit ein Alternativziel vor Augen stellen, das zwar erstrebenswert ist, aber mit dem Akzent, den es gegenwärtig erhält, vom Hauptziel ablenken muß?"

Im Augenblick wäre nicht einzusehen, wie der tote Punkt von Genf durch eine europäische Alternative zur Deutschlandpolitik überwunden werden solle. „Nach dem Genfer Fehlschlag geht es nicht an", so hieß es wörtlich in dem Artikel, „den politischen Arbeitsplatz unverrichteter Dinge zu wechseln und sich aus der Enttäuschung über die dort verweigerte Wiedervereinigung in eine europäische Geschäftigkeit zu stürzen, von der niemand weiß, wie sie uns unserem Ziel näher bringen soll." Zudem verbiete uns das Gesetz der Kontinuität, zwei Monate nach meinem Besuch in Moskau die Tür zum Osten wieder mit lautem Knall zuzuschlagen.

Der Artikel wies auf die Möglichkeiten hin, die durch die Aufnahme diplomatischer Beziehungen zu Moskau gegeben seien. Hierzu wörtlich: „Die Grenzen der deutschen Bewegungsfreiheit in Richtung auf die Wiedervereinigung sind eng gezogen. Wir haben auf jede Gewaltanwendung verzichtet. Wir wollen die vier Mächte nicht aus ihrer Verpflichtung entlassen, die sie hinsichtlich der Wiedervereinigung anerkannt haben. Das bedeutet, daß wir kein Abkommen ohne Zustimmung der Westmächte schließen und doch im deutsch-russischen Botschafteraustausch die Chancen wahrnehmen, von denen Adenauer nach seiner Rückkehr aus Moskau im Bundestag sprach."

Die FDP empfahl also eine direkte Kontaktaufnahme Bonn–Moskau. Wenn die deutsche Bundesregierung nach dem Zusammenbruch der zweiten Genfer Konferenz von Sowjetrußland sofortige Verhandlungen über die Frage der Wiedervereinigung verlangt hätte, dann wäre das gleichbedeutend gewesen mit einer Abkehr vom Westen und mit einer Hinneigung zu Sowjetrußland, wobei wir nota bene von Sowjetrußland niemals etwas bekommen hätten.

Nach Meldungen der Presseagentur Associated Press und United Press kritisierte der FDP-Vorsitzende Dr. Dehler in Mülheim/Ruhr am 19. November in scharfer Weise „die wenig aktive Haltung der deutschen Beobachterdelegation bei der Genfer Außenministerkonferenz". Es sei ein Fehler gewesen, so hatte Dehler gesagt, dort keine Fühlung mit der sowjetischen Delegation aufzunehmen. Da die deutsche Wiedervereinigung in erster Linie Sache der Deutschen selbst sei, könnten diese auch direkt mit Rußland über ihre wichtigste Schicksalsfrage sprechen, ohne daß der Westen daran Anstoß nehmen dürfe. Wenn Gespräche mit den Sowjets Erfolg haben sollten, müsse man allerdings zu „gewissen Variationen" hinsichtlich der Pariser Verträge bereit sein. Zur deutschen Frage erklärte er: „Wenn wir nichts unternehmen, ist es unmöglich, die uns von der Geschichte gestellte Aufgabe zu erfüllen, und die Wiedervereinigung ist nun mal die wichtigste Aufgabe unserer Politik." Erneut bezeichnete Dehler es als völlig falsch, nach dem Scheitern der Genfer Konferenz wieder „in Integration zu machen". Ein solcher Weg führe nicht zu Europa. Es könne durch bürokratische Institutionen nicht geschaffen werden. Er bezeichnete es als falsch, daß man nach dem Scheitern der Genfer Konferenz im Westen erneut die Integrationspolitik forciere.

Was die Kontaktaufnahme zu Moskau betraf, so machte Dehler sehr erstaunliche Bemerkungen anläßlich einer Rede in München. Die „Frankfurter Allgemeine" vom 22. November 1955 berichtete:

„Dr. Dehler hat am Montag auf einer Pressekonferenz in München auf die Gefahr hingewiesen, daß die Sowjetunion über ihre künftige Botschaft in Bonn versuchen könnte, den Bundestag ‚aufzukaufen'. Der Fall des ehemaligen Abgeordneten Schmidt-Wittmack zeige, daß man beizeiten an Maßnahmen zum Schutz vor wankelmütigen Abgeordneten denken müsse, wenn der Rubel rolle."

Ob sich Dr. Dehler wohl die Konsequenzen einer solchen Mißtrauensäußerung hinsichtlich der Abgeordneten des Deutschen Bundestages klargemacht hatte?

Von seiten der FDP nahm nicht nur Dr. Dehler öffentlich zur Genfer Außenministerkonferenz das Wort. Die Nachrichtenagentur United Press vom 21. November 1955 berichtete über eine Erklärung des Stellvertretenden Vorsitzenden der Freien Demokratischen Partei, Friedrich Middelhauve, vom Samstag, dem 19. November 1955, in Würzburg. In der Meldung der United Press hieß es: „... der Mißerfolg der Genfer Konferenz mache eine Revision der Pariser Verträge nötig, um einen Fortschritt in der Frage der deutschen Wiedervereinigung zu ermöglichen. Middelhauve schloß sich damit der Haltung der sozialdemokratischen Opposition an, die sich ebenfalls gegen die Pariser Verträge wendet mit der Begründung, die Genfer Konferenz habe das Versagen von Adenauers Politik der starken Hand bewiesen. Middelhauve wiederholte sodann die von den Kommunisten gestellte Forderung nach direkten Verhandlungen zwischen den Regierungen der beiden deutschen Staaten und trat schließlich für die Errichtung von westdeutschen Botschaften in Moskau und Peking zur Förderung der westdeutschen Warenausfuhr ein." In der gleichen Rede warf Middelhauve mir vor, ich hätte in Moskau unter dem Druck der Sowjetmacht das „Erstgeburtsrecht gegen das Linsengericht der Gefangenenbefreiung" verkauft. Middelhauve begrüßte die Freilassung der Gefangenen, meinte jedoch dazu, daß diese ohnehin erfolgt wäre.

Was das „Erstgeburtsrecht" anging, das ich verkauft hätte, so hatte Middelhauve seine Haltung zum Zonenregime auf einer Pressekonferenz anläßlich des Landesparteitages der FDP Nordrhein-Westfalen am 6. Dezember 1954 umrissen, indem er erklärte, man könne nicht so tun, als ob die „Deutsche Demokratische Republik" nicht bestehe. Einmal müsse sich die Bundesrepublik zu dieser Konsequenz durchringen.

Es mußte unbedingt eine Klärung herbeigeführt werden. Unsere Zuverlässigkeit durfte von den Westmächten in keiner Weise in Frage gestellt werden. Außerdem hielt ich es für äußerst wichtig, den Sowjets jeden Zweifel an der Entschlossenheit der Regierung und der hinter ihr stehenden Kräfte zu nehmen, die von mir verfolgte Politik würde etwa nicht fortgesetzt. Auf keinen Fall durfte Uneinigkeit in der Regierungskoalition das Vertrauen im Ausland zu uns erschüttern. Wie sorgfältig und genau man die politischen Bewegungen bei uns verfolgte, zeigte ein Bericht, den mir Botschafter Krekeler am 18. November 1955 über Pressestimmen aus Washington gab.

Ausgerechnet nach dem Scheitern der zweiten Genfer Konferenz – und diese zweite Genfer Konferenz war ja ein hundertprozentiges Scheitern – verlangte die FDP in aller Öffentlichkeit, daß wir unverzüglich in direkte Verhandlungen mit Moskau treten sollten. Ihr schwebte vor – der Ausdruck ist mir gegenüber von einem führenden Mann der FDP gebraucht worden – eine Art von Titoismus auf außenpolitischem Gebiet, nicht etwa im Innern des Landes, also keine kommunistische Wirtschaftspolitik, aber diese Schaukelpolitik, die Jugoslawien einnahm und durch die sich die Westmächte auch eine Zeitlang hatten täuschen lassen. Wenn Tito glaubte, für sein Land damit etwas zu erreichen, so konnten wir nichts darüber sagen; es mochte sein. Aber das eine war totensicher: Deutschland erreichte auf diesem Wege niemals das, was wir wollten, nämlich seine Einheit in Frieden und Freiheit, niemals! Dafür ist Deutschland ein viel zu großes Land, ein Land mit einer zu starken Industrie, mit viel zu reichen Bodenschätzen, als daß man es – solange der große Gegensatz in der Welt zwischen Ost und West anhält – wie Jugoslawien bestehen läßt. Es wäre niemals in der Lage, seine Neutralität zu schützen. Ein solcher Zustand würde geradezu die Gefahr eines heißen Krieges dadurch heraufbeschwören, daß eine der beiden Mächtegruppen zugreifen würde auf Deutschland. Es bestand auch die große Gefahr, daß der Westen uns schließlich in einem solchen Falle den Russen überließ, um selbst aus der ganzen Sache herauszukommen. Ich bin davon überzeugt, daß die Amerikaner, wenn es zu dieser von der FDP geforderten Politik Deutschlands gekommen wäre, ihre Europapolitik radikal geändert hätten. Und was es für uns bedeutet hätte, wenn Amerika seine Europapolitik geändert und mit den Russen Kippe gemacht und ihnen gesagt hätte: „Dann nehmt sie euch, wir wollen uns von diesen Gebieten zurückziehen!", das brauche ich nicht weiter auszuführen.

Ich hielt diese Politik der FDP für wenig klug. Ich hatte nur folgende Erklärung für sie – das war aber meine subjektive Meinung: Das Ganze sollte eine Vorbereitung sein für die Wahl 1957. Dann wollte man sagen: Die CDU hat nicht die Möglichkeit zu Direktverhandlungen ergriffen, um zu einer Wiedervereinigung Deutschlands zu kommen. Wenn dann die Russen durch irgendeine Andeutung erklären sollten, auf diesem Wege ließe sich vielleicht die Wiederherstellung der Einheit Deutschlands erreichen, dann bekamen damit – man mußte diesen Dingen ins Auge sehen – die FDP und die SPD eine Wahlparole, die gefährlich wäre. Wir mußten uns rechtzeitig hierauf vorbereiten und dagegen wappnen.

Sehr alarmierend waren Gerüchte, nach denen in einer Sitzung des Außenpolitischen Ausschusses der FDP am 16. November 1955 über einen Plan zur Wiedervereinigung beraten worden sein sollte, der unsere außenpolitische Stellung vollends unmöglich gemacht hätte. Urheber dieses Planes war angeblich der FDP-Abgeordnete Euler. Über die Grundzüge des Planes wurde folgendes bekannt: Wenn die Wiedervereinigung hierdurch erreicht werden könne, solle Deutschland aus der NATO ausscheiden. Um seine eigene Sicherheit zu erhöhen, solle es in höchstmöglichem Maße bewaffnet werden. Einem etwa zustande kommenden allgemeinen Sicherheitspakt könne Deutschland beitreten. Als ergänzenden Eventualvorschlag dachte man an die Schaffung eines neutralisierten und abgerüsteten Sicherheitsgürtels, bestehend aus dem Teil Deutschlands, der jetzt die Sowjetzone darstelle, ferner der Tschechoslowakei, Jugoslawien und Griechenland. Die Erwägung, die Sowjetzone in diesen Sicherheitsgürtel einzubeziehen, sei damit begründet worden, daß auf diese Weise am leichtesten das Problem der Volkspolizei gelöst werden könne, da in einer Sicherheitszone das Weiterbestehen einer militärischen Formation wie der Volkspolizei ausgeschlossen sein werde. Eine endgültige Klärung über den Plan sei noch nicht erreicht. Aber in einem Bericht über eine Sitzung des Außenpolitischen

Ausschusses der FDP, erschienen in einem Parteiorgan der FDP, hieß es, der Ausschuß erwarte, „daß mit größter Beschleunigung das Gespräch mit Moskau aufgenommen wird".

Würde von diesen Gedanken, wenn die mir zugegangenen Mitteilungen zutrafen, etwas an die Öffentlichkeit dringen, mußte dies unsere außenpolitische Position aufs empfindlichste treffen.

Unsere außenpolitische Situation war nach dem Scheitern der Genfer Konferenz so schwierig und gefahrvoll, daß die Bundesrepublik nur bei konsequenter Fortführung ihrer bisherigen Politik hoffen konnte, die Verbindung mit dem Westen aufrechtzuerhalten und die Wiedervereinigung Deutschlands in Freiheit herbeizuführen. Da in den Kreisen der FDP leider Stimmen maßgebender Mitglieder laut geworden waren, die eine Änderung der bisherigen Außenpolitik im Auge hatten, sah ich mich veranlaßt, die Bundestagsfraktion der FDP zu einer klaren Stellungnahme zu zwingen. Für den 1. und 2. Dezember 1955 war im Bundestag eine außenpolitische Debatte angesetzt. Nach meiner Auffassung mußte die die Außenpolitik der Regierung tragende Koalition bei dieser Debatte geschlossen auftreten, wenn nicht Unsicherheit bei den westlichen Mächten und neue Hoffnungen auf eine schwankende Haltung der Bundesrepublik in Sowjetrußland geweckt werden sollten.

Am 22. November 1955 richtete ich folgenden Brief an Dr. Thomas Dehler als den Vorsitzenden der Bundestagsfraktion der FDP:

„Bundesrepublik Deutschland
Der Bundeskanzler

Rhöndorf/Rh., d. 22. November 1955

An die
Bundestagsfraktion der FDP,
z. Hd. d. Vorsitzenden,
Herrn Bundesminister a. D. Dr. Dehler
B o n n
Bundeshaus

Sehr geehrter Herr Dehler!
Schon seit einiger Zeit wurden aus Kreisen Ihrer Partei und Ihrer Fraktion Stimmen laut, die auf eine Änderung der bisherigen, von der Bundesregierung und der Koalition getragenen Außenpolitik hinzielen. Ich hatte mich infolgedessen schon am 26. September gezwungen gesehen, infolge der ungünstigen Folgen, die derartige Äußerungen namentlich in den Vereinig-

ten Staaten hatten, um eine klare Stellungnahme Ihrer Fraktion zur Außenpolitik zu bitten, und angesichts Ihrer ausweichenden Antwort im Brief vom 27. September am nächsten Tage eine ausdrückliche Erklärung Ihrer Fraktion zu verlangen, daß sie wie bisher hinter der Außenpolitik der Bundesregierung steht.

Auf der zweiten Genfer Konferenz haben die drei Westmächte auf unser Ersuchen und in voller Übereinstimmung mit uns alles getan, was in ihrer Macht stand, um auf dem Wege über freie Wahlen zu einer Wiedervereinigung Deutschlands und zu einem Sicherheits-System in Europa zu kommen. Der russische Vertreter, Außenminister Molotow, hat alle dahingehenden Vorschläge in der brüskesten Weise abgelehnt. Er hat darüber hinaus erklärt, daß das kommunistische Regime in der ‚DDR' unter allen Umständen bestehen bleiben müsse, und weiter ausgeführt, daß die politischen und sozialen Errungenschaften der ‚DDR' auch in einem wiedervereinigten Deutschland beibehalten und auf die Bundesrepublik ausgedehnt werden müßten, mit anderen Worten, daß das kommunistische Regime auf das wiedervereinigte Deutschland erstreckt werden müsse. Es kann keinem Zweifel unterliegen, daß die Konferenz infolge des Verhaltens Sowjet-Rußlands zu keinem Ergebnis gekommen ist.

Nunmehr wird von neuem von maßgebenden Mitgliedern der FDP die Grundlage der bisherigen Außenpolitik in Frage gestellt, indem Forderungen auf eine Änderung der Pariser Verträge laut werden. Ich verweise auf die Reden, die Sie am 19.11.55 in Mülheim/Ruhr und anschließend in München gehalten haben, und die Rede, die der stellvertretende Vorsitzende Ihrer Partei, Herr Middelhauve, am 19.11.55 in Würzburg gehalten hat. Ich führe weiter den Vorschlag an, den Herr Abgeordneter Euler vor dem Außenpolitischen Ausschuß der FDP entwickelt hat und der dahin ging, aus der NATO auszutreten, uns bis zum Äußersten zu bewaffnen und dann mit Sowjet-Rußland zu verhandeln. Dieser Vorschlag ist von dem Auswärtigen Ausschuß Ihrer Partei nicht abgelehnt, sondern im Gegenteil, es ist Herr Euler beauftragt worden, ihn auszuarbeiten, damit er dem Auswärtigen Ausschuß Ihrer Partei zur Beschlußfassung vorgelegt werden könne.

Diese Vorgänge erfüllen mich mit größter Sorge. Die Weltlage ist nach dem ergebnislosen Verlauf der zweiten Genfer Konferenz außerordentlich kritisch und gespannt. Jeder Zweifel an der Zuverlässigkeit der deutschen Politik stärkt Sowjet-Rußland und schwächt die Bemühungen der freien Völker.

Mir scheint es richtiger, die Debatte im Bundestag am 2. Dezember mit klaren Fronten zu führen. Jede Verwaschenheit, jede Unsicherheit bei *einer* Koalitions-Fraktion erregt Hoffnung bei den Sowjetrussen, daß die ganze

Regierungs-Koalition unsicher geworden sei, und weckt gleiche Befürchtungen bei den freien Völkern. Ich bitte daher, vor der Bundestagsdebatte am 1. und 2. Dezember über folgenden Punkt eine Beschlußfassung Ihrer Fraktion herbeizuführen: Steht die Bundestagsfraktion der FDP wie bisher auf dem Boden der Pariser Verträge, und zwar ohne Änderung? ...
Ich bitte die Herren der FDP-Fraktion, davon überzeugt zu sein, daß ich meine Bitte, Klarheit vor dem 1. Dezember 1955 zu schaffen, nur aus ernstester Besorgnis heraus stelle. Es ist besser für Deutschland, in die Bundestags-Diskussion mit einer verkleinerten, aber in sich geschlossenen Mehrheit hineinzugehen, als mit einer Koalition, die in Wirklichkeit keine Koalition mehr ist.
Mit vorzüglicher Hochachtung

Ihr ergebener
gez. Adenauer"

Eine direkte Antwort von Dr. Dehler an mich ließ auf sich warten. Statt dessen wurde in der „Freien Demokratischen Korrespondenz" am 24. November 1955 ein Aufsatz mit dem Titel „Gespenstischer Novembernebel" veröffentlicht, in dem die Unterstellung zurückgewiesen wurde, die FDP sei nicht zuverlässig in bezug auf das Bekenntnis zum Westen. Die Freien Demokraten kennten selbstverständlich genau die Grenzen, die der Bundesrepublik durch die Pariser Verträge gesetzt seien. Es hieß in dem Artikel, „ein Separatabkommen mit Moskau über die Wiedervereinigung oder Separatverhandlungen mit dem Ziel eines solchen Separatabkommens lehnen sie aus Gründen der Vertragstreue und aus anderen Gründen ab". Zur Wiedervereinigungspolitik wurde daran erinnert, ich hätte doch selbst in Moskau mit den Russen über die Wiedervereinigung gesprochen. Die Wiedervereinigung sei nicht nur eine Angelegenheit der Vier Mächte, sondern auch die der Bundesrepublik. „... will die Union darauf bestehen, daß die Wiedervereinigung ‚zunächst' Angelegenheit der Vier Mächte und nicht auch unsere eigene Angelegenheit sei? Dann allerdings müssen wir sagen: Diese Auffassung ist so absurd, daß auf dieser Grundlage niemals eine Koalition in Bonn zustande kommen konnte und niemals zustande kommen wird." Zu der konkreten Frage, wie die FDP sich eine Kontaktaufnahme zu Moskau genau vorstellte, darüber äußerte sich der Artikel nicht.
Inzwischen zeigten sich die Folgen der Äußerungen der FDP. Am 24. November 1955 teilte mir Außenminister von Brentano mit, daß unser Londoner Botschafter von Herwarth aus größter Sorge um die Reaktion in Großbritannien, ausgelöst durch die Äußerungen der FDP, seinen Bot-

schaftsrat Ritter zum Auswärtigen Amt nach Bonn entsandt hatte, um Bericht zu erstatten und auf die verhängnisvollen Wirkungen, die sie in London hervorgerufen hatten, aufmerksam zu machen. Ich forderte Außenminister von Brentano auf, auch seinerseits unverzüglich Dr. Dehler auf die Folgen seiner Haltung für unsere außenpolitische Stellung hinzuweisen. Von Brentano richtete noch am gleichen Tage folgendes Schreiben an den Fraktionsvorstand der FDP:

„Bonn, den 24. November 1955

An den Vorstand der Fraktion
der Freien Demokratischen Partei
Bonn, Bundeshaus

Sehr geehrte Herren!
Der Herr Bundeskanzler hat mich von seinem Schreiben unterrichtet, das er am 22. November an die Bundestagsfraktion der FDP gerichtet hat.

Ich bin damit beschäftigt, die Regierungserklärung fertigzustellen, die ich am 1. Dezember vor dem Bundestag abgeben werde. Es liegt mir daran zu wissen, für wen ich sprechen kann.

Mit steigender Sorge verfolge ich die Reaktionen in der Weltpresse auf die politische Entwicklung der letzten Wochen. Ich kann nicht verschweigen, daß nach meinen Feststellungen, die sich nicht nur auf Veröffentlichungen in der in- und ausländischen Presse, sondern auf zahlreiche Gespräche mit maßgeblichen ausländischen Politikern stützen, die außenpolitischen Erklärungen des Vorsitzenden Ihrer Fraktion, des Herrn Dr. Dehler, des Herrn Ministers Middelhauve und anderer Sprecher der Freien Demokratischen Partei die außenpolitische Lage der Bundesrepublik zunehmend gefährden. Zu diesen Äußerungen rechne ich auch verschiedene Aufsätze in der Freien Demokratischen Korrespondenz. Ich verweise in diesem Zusammenhang auf die Tatsache, daß die Nachrichtenagentur TASS die Erklärungen Ihres Vorsitzenden, Herrn Dr. Dehler, vom 19. Mai der gesamten Presse der Sowjetunion, der Sowjetzone und der Satellitenstaaten zugestellt hat.

Die deutsche Außenpolitik wird im In- und Ausland unglaubwürdig, wenn verantwortliche Sprecher der zweitstärksten Koalitionspartei sich in einen klaren Gegensatz stellen zu den Erklärungen des Bundeskanzlers und der Bundesregierung. Die Politik der Sowjetunion stützt sich auf solche Erklärungen, und es ist verständlich, daß die Haltung der Sowjetunion um so unversöhnlicher und unzugänglicher wird, je mehr sie glaubt, auf eine Uneinigkeit innerhalb der Bundesrepublik und innerhalb der deutschen

Bundesregierung spekulieren zu können. Die Reaktionen im Ausland darf ich als bekannt unterstellen. Das Ausland verliert in zunehmendem Maße das Vertrauen in die Beständigkeit der deutschen Außenpolitik. In dem gleichen Maße sinkt das Interesse an einer wirksamen Unterstützung der außenpolitischen Forderungen und Wünsche des deutschen Volkes. Diese Entwicklung muß zu einer außenpolitischen Isolierung der Bundesrepublik führen, die unabsehbare Folgen haben muß. Noch in Genf haben die drei Außenminister der Vereinigten Staaten, Großbritanniens und Frankreichs das deutsche Anliegen mit einem Ernst und mit einem Nachdruck vertreten und eine Solidarität untereinander und mit dem deutschen Volke gezeigt, die von dem deutschen Volk dankbar begrüßt werden sollte. Eine, wie ich glaube sagen zu müssen, unberechtigte Kritik an dieser Haltung und der Hinweis auf mögliche unmittelbare Verhandlungen mit der Sowjetunion können nur dahin führen, daß die westliche Welt sich von der deutschen Politik distanziert und, wie ich fürchte, auf einen Weg gedrängt wird, der vielleicht sogar den eigenen Interessen dieser Länder mehr entspricht als die bisherige Politik: eine Verständigung mit der Sowjetunion auf der Grundlage des Status quo und eine Entspannung auf Kosten des deutschen Volkes und seiner Sicherheit.

Sie werden verstehen, daß ich aus allen diesen Gründen heraus den Wunsch habe zu wissen, ob die Fraktion der Freien Demokratischen Partei die bisherige Außenpolitik fortzusetzen entschlossen ist oder nicht. Es ist für den Inhalt meiner Regierungserklärung von entscheidender Bedeutung, ob ihr Inhalt, wenn er vom Kabinett gebilligt wird, auch die Billigung Ihrer Fraktion finden wird. Wenn die Koalition in dieser entscheidenden Lebensfrage des deutschen Volkes nicht mehr zusammenarbeiten kann, dann muß diese Erkenntnis, wie ich glaube, auch in der Regierungserklärung ihren klaren und unmißverständlichen Ausdruck finden.

Ich darf Sie bitten, mich Ihre Entscheidung rechtzeitig wissen zu lassen. Es ist selbstverständlich, daß ich auch zu einer Aussprache zur Verfügung stehe.

        Mit dem Ausdruck vorzüglicher Hochachtung
            gez. von Brentano"

Bei meinem Besuch in Moskau im September 1955 hatte ich das Einverständnis erklärt zur Aufnahme diplomatischer Beziehungen zur UdSSR. Ich war mir darüber im klaren, daß diese direkte Verbindung zu Moskau sogleich Mißtrauen in unsere Zuverlässigkeit aufkommen lassen und die Befürchtung stärken würde, wir könnten nunmehr in direkten Verhandlungen ohne die Westalliierten ein Arrangement mit Moskau suchen. Es

gab zahlreiche Kreise, die größtes Interesse daran hatten, dieses Mißtrauen gegen uns zu schüren. Sehr alarmierend fand ich folgenden Bericht von Brentanos, den er mir gleichfalls am 24. November zukommen ließ:
„Soeben hatte ich eine Unterredung mit einem sehr zuverlässigen ausländischen Journalisten. Aus dieser Unterredung möchte ich Ihnen eines berichten: Der Journalist sagte mir, von gewissen politischen Stellen in Bonn, die er mir begreiflicherweise nicht nennen wollte, würden auch über Ihre Haltung höchst zwielichtige Äußerungen verbreitet. Die ausländischen Journalisten, insbesondere von der angelsächsischen Presse, würden dahin unterrichtet, es sei auch Ihre Absicht, zunächst einmal aufzurüsten, um dann eine selbständige Politik zwischen Ost und West treiben zu können. Auch Sie seien entschlossen, zum gegebenen Zeitpunkt die unmittelbaren Gespräche mit der Sowjetunion über die Wiedervereinigung aufzunehmen. Auch hätten Sie selbst geäußert, daß selbstverständlich in absehbarer Zeit unmittelbare politische Verhandlungen zwischen Bonn und Pankow geführt werden müßten; die Bundesrepublik müsse nur vorher so kräftig sein, daß sie solche Verhandlungen auch ohne Rücksicht auf den Westen führen könne. Ich teile Ihnen diese absolut zuverlässige Information mit, weil ich glaube, daß Sie so bald wie möglich zu diesen zweckbedingten, höchst subversiven Mitteilungen der ausländischen Presse gegenüber Stellung nehmen sollten. Ich werde versuchen, noch zu erfahren, von wem diese Informationen stammen, aber ich weiß nicht, ob es mir gelingen wird. Über den Journalisten, der mich informiert hat, kann ich Ihnen selbstverständlich Näheres sagen."

4. Krise um Dr. Dehler

Der von mir bereits erwähnte Artikel in der „Welt am Sonntag" vom 4. Dezember 1955 über Dr. Thomas Dehler mit dem treffenden Titel „Romantiker der Politik" beginnt: „Nur zögernd unternimmt man es, in diesem Augenblick das Bild des merkwürdigen und hervorragenden Mannes Dr. Thomas Dehler zu beschreiben, denn es genügt jetzt nicht mehr, die funkelnden Mosaiksteinchen der aphoristischen Charakterisierung und der schönen Bosheiten zusammenzusetzen. Keines will sich zum anderen fügen. Thomas Dehler, das ist eine Geschichte unerfüllter Hoffnungen, eine Geschichte des zuweilen fast heroischen, zuweilen rührenden Bemühens – das scheint schließlich die Geschichte eines Scheiterns zu sein. Einer der auszog, Politik zu machen... und einer, der nur das Fürchten lernte? In Wahrheit muß Thomas Dehler als ein Spätromantiker verstanden werden. Für eine

Sammlung seiner Reden entlehnte man am besten bei Thomas Mann den Titel ‚Betrachtungen eines Unpolitischen'. Das soll heißen: sein Versuch, das Phänomen der Politik zu vermenschlichen, strandete an den Klippen des Allzumenschlichen. Lange Jahre mochte er erwartet haben, der Kanzler stecke ihm zur Belohnung für treue Ritter- und Knappendienste eines Tages die blaue Blume, die er Zeit seines Lebens gesucht, ins Knopfloch des höchst zivilen Bürgerrocks. Doch es kam, wie es kommen mußte: zuletzt reichte ihm der harte Altmeister eine schnöde Distel."

Die Position Dr. Thomas Dehlers in seiner eigenen Partei war durch seine rednerischen Eskapaden hart umstritten. Ihm wurde mehrfach vorgeworfen, er gehe zu eigenmächtig vor, die einzelnen Landesverbände der FDP standen nicht geschlossen hinter ihm. Bereits am 3. Oktober 1955 hatte dpa berichtet, der Vorstand und die Landtagsfraktion der hessischen FDP hätten scharfe Kritik an Dr. Dehler geübt und die „jüngsten außenpolitischen Äußerungen des FDP-Vorsitzenden Dr. Dehler als im Widerspruch zur politischen Linie der FDP stehend" bezeichnet. Ihm wurde wiederholt vorgeworfen, er hätte öffentlich außenpolitische Erklärungen abgegeben, die mit den zuständigen Gremien der Partei nicht vorher abgestimmt waren. Nach einer Mitteilung der „Welt" hatte Ende Oktober 1955 der Pressedienst des Bundesvorstandes der FDP geschrieben, „die Parteiführung der Freien Demokraten und ihre Sprecher werden darauf zu achten haben, daß insbesondere Parteiäußerungen zur Außenpolitik das Ergebnis sorgfältiger Erhebungen und Absprachen der verantwortlichen Persönlichkeiten in der obersten Führungsgemeinschaft sind". Die Äußerungen Dr. Dehlers im Anschluß an die Genfer Außenministerkonferenz, insbesondere seine Münchener „Rubelerklärung" und sein in Mülheim gemachter Vorwurf, die deutsche Beobachterdelegation in Genf habe sich nicht genügend in die Konferenzbesprechungen eingeschaltet, waren jedoch eine Fortsetzung von Dr. Dehlers bisherigem Verfahren. Dr. Dehlers Reden waren nicht nur eine Belastung der Koalition, sondern sie führten vor allem auch innerhalb der Freien Demokraten selbst zu starker Unruhe. Am 24. November 1955 schrieb die „Frankfurter Allgemeine": „Auch im übrigen Westdeutschland hat sich weiter Kreise der Freien Demokratie Unruhe bemächtigt... Wird er (Dr. Dehler) die Unruhe, die er hervorgerufen hat, wieder beseitigen? ... Es scheint, daß er seine Freie Demokratische Partei in eine verworrene Lage hineinmanövriert hat, für die sie ihm kaum dankbar sein wird."

Man schien nicht mehr gewillt, dem „enfant terrible" seine Eskapaden durchgehen zu lassen. Die „schnöde Distel" in Form meines Briefes verstärkte die Unruhe, die Diskussionen und Auseinandersetzungen um Dr. Thomas Dehler. Seine Position war schwach. Mir wurde berichtet, daß am Sonntag, dem 27. November, eine in Köln zusammengetretene Gruppe von FDP-Bundestagsabgeordneten und Teilen des Landesvorstandes der FDP aus Nordrhein-Westfalen Dr. Dehler nahegelegt habe, den Fraktionsvorsitz niederzulegen. Am Montag, dem 28. November, versuchte man weiter, Dr. Dehler zu überzeugen, daß es für ihn klug wäre, auf den Fraktionsvorsitz zu verzichten, da sonst ein Mißtrauensvotum gestellt würde. Zu denen, die Dr. Dehler hierzu veranlassen wollten, gehörten angeblich unter anderen Dr. Mende, Dr. Scheel und Dr. Döring. Dr. Dehler schien selbst nicht mehr an seinen Stern als Fraktionsvorsitzender der FDP zu glauben. Er erkundigte sich sogar bereits, ob auf der Koblenzer Straße Büroräume zu finden seien, in denen er eventuell eine Anwaltspraxis eröffnen könne. Die Situation von Dr. Dehler war tatsächlich äußerst prekär. Er verdankte lediglich der Tatsache, daß die FDP aus vielen einander sich widerstrebenden Gruppen bestand, daß der Kelch des Mißtrauensvotums an ihm vorüberging. Überlegungen darüber, wer seine Nachfolge im Fraktionsvorsitz antreten sollte, zeigten, daß man sich wohl in der Kritik an Dr. Dehler, nicht jedoch in der Wahl eines Nachfolgers einig war, eine Situation, die sich ja im politischen Leben des öfteren einstellt. Man kam überein, zunächst nichts zu unternehmen und ihn gegebenenfalls bei der im Januar 1956 sowieso fälligen Neuwahl des Fraktionsvorstandes abzuwählen. Blücher soll hiergegen Einwände erhoben haben. Es sei doch besser, so habe er argumentiert, den durch eine Entfernung Dr. Dehlers in der Öffentlichkeit zu erwartenden Eklat sofort auf sich zu nehmen, als zu warten, bis die FDP nur noch etwa drei Prozent der Wählerstimmen auf sich vereinige. Blücher drang nicht durch.

Man beschloß, daß mir auf meine klare Forderung eine derartige Antwort zuteil würde, die es der FDP erlaube, nach außen hin ihr Gesicht zu wahren, und es gleichzeitig mir unmöglich mache, die FDP aus der Koalition auszuschließen. Vor allem wollte man vermeiden, daß in der Öffentlichkeit der Eindruck entstünde, die FDP sei durch mich wieder auf Vordermann gebracht worden.

Durch ein geschicktes Vorgehen, das muß ich anerkennen, verhinderte die FDP, daß der Bruch der Koalition vor der für den 1. und 2. Dezember 1955 vorgesehenen außenpolitischen Debatte im Deutschen Bundestag vollzogen wurde. Dehler teilte mir am 29. November 1955 schriftlich mit: „Seit der Verabschiedung der Pariser Verträge hat sich an der Haltung der Fraktion der Freien Demokraten zu diesen Verträgen nichts geändert." Im Namen der FDP wurde Außenminister von Brentano gegenüber erklärt, daß jeder Zweifel an ihrer Koalitionstreue und an ihrer Zuverlässigkeit in den Fragen der Außenpolitik unberechtigt sei. Erneut wurde wieder einmal die Schuld an den Mißverständnissen der Presse zugeschoben, und die Äußerungen in der „Freien Demokratischen Korrespondenz", so versuchte man sie abzuschwächen, stammten nicht aus der Feder eines maßgebenden Sprechers der FDP. Die Regierungserklärung, die Außenminister von Brentano am 1. Dezember abgeben wolle und die der FDP zur Kenntnis gebracht worden sei, fände ihre volle Zustimmung.

Ich hatte aus dem Verhalten der FDP im Jahre 1955 den deutlichen Eindruck gewonnen – ich schrieb es bereits –, daß die FDP im Hinblick auf den Bundestagswahlkampf im Jahre 1957 bei einer ihr günstig erscheinenden Gelegenheit aus der Koalition mit der CDU/CSU ausscheiden werde, um diesen Wahlkampf gegen die CDU/CSU führen zu können. Trotz aller Gegensätze, die das Jahr 1955 zeigte, erstrebte ich aber die Fortsetzung der Koalition mit der FDP für die nächsten Jahre, soweit dies eben möglich war.

Es galt, im Deutschen Bundestag für die Wehrgesetze eine möglichst große Mehrheit zu finden. Hierauf mußte ich Rücksicht nehmen. Vor allem aber bewog mich in meiner Haltung folgende Tatsache: Es gab in der FDP eine Reihe von Persönlichkeiten, deren politische Einstellung gut war – ich möchte hier nur die Namen Dr. Franz Blücher, Dr. Viktor Emanuel Preusker, Dr. Hermann Schäfer und Dr. Hans Wellhausen nennen. Ich hatte die Hoffnung, daß diese Gruppe von Politikern die Führung innerhalb der FDP bekäme. Außerdem möchte ich die Tatsache erwähnen, daß Bundespräsident Heuss, mit dem mich ein sehr enges Vertrauensverhältnis verband, vor Übernahme dieses Amtes Vorsitzender der FDP war.

Doch Dr. Dehler war für diese Koalition eine schwere Belastung. Dr. Dehler hatte die Außenpolitik der Bundesregierung und der Regierungskoalition in seinen zahlreichen öffentlichen Reden sehr abfällig kritisiert. Seine Ausführungen zur Außenpolitik riefen Verwirrung in der Bundesrepublik und Zweifel an der Aufrichtigkeit und Festigkeit unserer Außenpolitik im Ausland hervor. Der Vorsitzende einer Fraktion gilt allgemein als Interpret der Ansichten – jedenfalls der Mehrheit – seiner Fraktion; das galt auch für Dr. Dehler.

Unter den Verhältnissen, die sich zum Ende des Jahres 1955 entwickelt hatten, erschien mir eine Fortsetzung der Koalition mit der Fraktion der FDP kaum noch möglich. Die gemeinsame Politik mit ihr mußte bis auf weiteres ruhen. Die FDP selbst war – dafür gab es zahlreiche Hinweise – in einem inneren Zerfallsprozeß begriffen. Ich hielt es für das klügste, hierbei nicht einzugreifen und abzuwarten, wie sich dieser Prozeß entwickeln würde.

5. Verschärfung der Ost-West-Beziehungen

Bei der Wiederherstellung der staatlichen Einheit Deutschlands waren wir mehr denn je auf die Unterstützung durch die drei Westmächte angewiesen. Die verschärfte Tendenz der Regierung der UdSSR, die Teilung Deutschlands als eine Realität hinzustellen und die Position der sogenannten DDR in jeder Weise zu stärken, war offensichtlich. Am 20. September 1955 war in Moskau ein Vertrag zwischen der Sowjetunion und der „DDR" unterzeichnet worden, der ihr dem Worte nach „volle Souveränität" zubilligte. Außerkraftsetzung der Beschlüsse des Kontrollrates und Auflösung des Hochkommissariats wurden bekanntgegeben. Sowjetische Truppen sollten jedoch nach wie vor auf dem Gebiet der „DDR" verbleiben.

Es erfolgte ein Briefwechsel zwischen Moskau und Pankow über Bewachung und Kontrolle der Grenzen. In dem Brief des sowjetzonalen Außenministers Dr. Lothar Bolz vom 20. September 1955 an den sowjetischen Außenminister hieß es:

„Die Regierung der DDR hat mich beauftragt zu bestätigen, daß im Ergebnis der in Moskau vom 17. bis 20. September 1955 geführten Verhandlungen zwischen der Regierung der DDR und der Regierung der Sowjetunion über Folgendes Übereinstimmung erzielt worden ist:
1. Die DDR übt die Bewachung und Kontrolle an den Grenzen der DDR, an der Demarkationslinie zwischen der DDR und der Deutschen Bundesrepublik, am Außenring von Groß-Berlin, in Berlin sowie auf den im Gebiet der DDR liegenden Verbindungswegen zwischen der Deutschen Bundesrepublik und Westberlin aus.
In Ausübung der Bewachung und Kontrolle auf den im Gebiet der DDR liegenden Verbindungswegen zwischen der Deutschen Bundesrepublik und Westberlin wird die DDR mit den entsprechenden Behörden der Deutschen Bundesrepublik die Regelung aller Fragen gewährleisten, die mit dem Eisenbahn-, Kraftfahrzeug- und Schiffstransitverkehr der Deutschen Bundesrepublik oder Westberlins, ihrer Bürger oder Bewohner sowie der ausländischen Staaten und ihrer Bürger außer dem Personal und den Gütern der Truppen der USA, Englands und Frankreichs in Westberlin, worüber nachfolgend in Punkt 2 des vorliegenden Briefes die Rede ist, zusammenhängen. In Übereinstimmung mit dem oben Gesagten werden die Funktionen der Ausgabe und Ausfertigung von Schiffspapieren für die Schiffahrt auf den Binnenwasserstraßen der DDR und dergleichen vollständig von den Behörden der DDR ausgeübt.
2. Die Kontrolle des Verkehrs von Truppenpersonal und Gütern der in

Westberlin stationierten Garnisonen Frankreichs, Englands und der USA zwischen der Deutschen Bundesrepublik und Westberlin wird zeitweilig bis zur Vereinbarung eines entsprechenden Abkommens vom Kommando der Gruppe der sowjetischen Truppen in Deutschland ausgeübt.

Dabei wird der Verkehr des Truppenpersonals und der Güter der Garnisonen der drei Westmächte in Westberlin auf der Grundlage der bestehenden Viermächtebeschlüsse zugelassen:

a) auf der Autobahn Berlin–Marienborn,
b) auf der Eisenbahnlinie Berlin–Helmstedt, bei Zurückführung des leeren Transportraumes auf der Eisenbahnlinie Berlin–Oebisfelde,
c) auf den Luftkorridoren Berlin–Hamburg, Berlin–Bückeburg und Berlin–Frankfurt am Main.

gez. Dr. Lothar Bolz"

Das in Moskau am 20. September 1955 unterzeichnete Abkommen stellte einen offenen Bruch der alliierten Vereinbarungen hinsichtlich Deutschlands dar. Am 28. September 1955 betonten die drei Westmächte in einer gemeinsamen Erklärung ihrer Außenminister, daß dieses Abkommen in keiner Weise die Verpflichtungen und Verantwortungen berühren könnte, welche die Sowjetunion in den früher zwischen Frankreich, den Vereinigten Staaten, Großbritannien und der Sowjetunion abgeschlossenen Abkommen und Vereinbarungen betreffend Deutschland, einschließlich Berlins, übernommen hätte. Mit Entrüstung wurde der Versuch zurückgewiesen, auf diese Weise eine Anerkennung des Zonenregimes zu erreichen. In gleichlautenden Noten der drei Westmächte, die am 4. Oktober 1955 an die Sowjetregierung zu diesen jüngsten Schritten übermittelt wurden, hieß es:

„Die drei Regierungen sind der Ansicht, daß die Sowjetunion an die Verpflichtungen gebunden bleibt, die sie gegenüber den drei Mächten in bezug auf Deutschland übernommen hat. Insbesondere sind sie der Ansicht, daß die am 20. September 1955 zwischen Vizeaußenminister Sorin und Außenminister Bolz ausgetauschten Schreiben nicht die Wirkung haben können, daß die Sowjetunion von den Verpflichtungen entlastet wird, die sie in bezug auf das Transport- und Verkehrswesen zwischen den verschiedenen Teilen Deutschlands, einschließlich Berlins, übernommen hat."

Der Verlauf der Genfer Außenministerkonferenz hatte gezeigt, wie unnachgiebig die Sowjetunion in der Deutschlandfrage war. Im Hinblick auf diese unnachgiebige Haltung der Sowjetunion glaubte ich, daß im Augenblick der Sowjetunion keine weiteren, über die Genfer Angebote hinausgehenden Zugeständnisse gemacht werden sollten und daß somit weitere

Verhandlungen, sei es in Gestalt einer erneuten Vier-Mächte-Außenministerkonferenz oder aber in direkten Kontakten zwischen Bonn und Moskau, keinen Zweck haben würden. Auch Besprechungen in sogenannten „Sachverständigenausschüssen" hatten nach meiner Ansicht im Augenblick keine Aussicht auf Erfolg. Sie würden in der Welt nur falsche Vorstellungen und in der deutschen Öffentlichkeit falsche Hoffnungen erwecken. Den hier und dort ertönenden Ruf nach „neuen Initiativen" hielt ich für illusionär.

Es war immer meine Ansicht, daß man die Lösung der Deutschlandfrage nicht als ein für sich allein bestehendes und zu lösendes Problem betrachten dürfe. Ich hielt es nicht für richtig, ständig nach neuen Initiativen zu rufen, ohne zu sagen, worin denn diese Initiativen bestehen sollten. Ich hielt die mehr oder weniger gut gemeinten Reden über besondere Initiativen, die man bei den Russen machen sollte, nicht für sehr glücklich. Man erweckte dadurch unerfüllbare Hoffnungen, und man verbrauchte seine politischen Kräfte an einer falschen Stelle. Initiativen, die nur gemacht werden, damit etwas gemacht wird, richten Schaden an. Initiativen dürfen nur ergriffen werden, wenn sich Situationen ergeben, die Hoffnung auf Erfolg bieten.

Eine Änderung der sowjetischen Haltung würde erst dann zu erwarten sein, wenn die Sowjetunion einsah, daß sie ihre Ziele einer Neutralisierung Deutschlands und Beherrschung ganz Westeuropas aufgeben mußte. Ereignisse nach der Genfer Konferenz zeigten jedoch, daß die Sowjetregierung von dieser Erkenntnis noch weit entfernt war.

Im Anschluß an die Genfer Konferenz trat eine zeitweilige Verschärfung der Ost-West-Beziehungen ein. Es ging um ein Kernproblem der folgenden Jahre: Am 29. November kam es zu einem Zwischenfall in Berlin. Ein amerikanisches Militärfahrzeug der Berliner Stadtkommandantur und seine Insassen, zu denen zwei Mitglieder des Kongresses der Vereinigten Staaten gehörten, wurde von sowjetzonalen Funktionären festgehalten. Die Amerikaner protestierten unverzüglich bei dem sowjetischen Stadtkommandanten auf das energischste, doch dieser weigerte sich, den amerikanischen Protest entgegenzunehmen, und erklärte, daß die Kontrolle des Fahrzeuges entsprechend den Gesetzen der „Deutschen Demokratischen Republik" durchgeführt worden sei. Der amerikanische Botschafter Conant richtete an den sowjetischen Botschafter in Ostberlin, Puschkin, ein Protestschreiben, in dem es hieß:

„Die Stellung meiner Regierung betreffend den Status von Berlin und die Einstellung meiner Regierung gegenüber der sogenannten Deutschen Demokratischen Republik sind Ihnen aus dem häufigen Notenaustausch über diese Themen zwischen meiner Regierung und Ihrer Regierung, der sich bereits über eine längere Periode erstreckt, gut bekannt.

Sie werden daher verstehen, daß die Regierung der Vereinigten Staaten auch weiterhin die sowjetischen Behörden verantwortlich halten muß für die Sicherheit aller amerikanischen Staatsbürger und für eine ihnen zustehende Behandlung, solange sich diese Staatsbürger in Gebieten aufhalten, einschließlich dem Sowjetsektor von Berlin, die sich unter sowjetischer Autorität und Kontrolle befinden."

Die Amerikaner nahmen diesen Zwischenfall außerordentlich ernst. Zum ersten Mal seit der Besetzung Berlins durch die Vier Mächte war ein amerikanisches Militärfahrzeug durch Beamte der sowjetzonalen Volkspolizei festgehalten worden. Aus der amerikanischen Reaktion ging hervor, daß man in Washington mit einer erheblichen Verschärfung des Konfliktes um Berlin rechnete, möglicherweise sogar mit einer neuen Luftbrücke.

Man fragte sich, was diese plötzliche Verschärfung und die abrupte Tötung des „Geistes von Genf" veranlaßt haben konnte. Über ein Gespräch zwischen einem maßgeblichen Beamten des Auswärtigen Amtes, Freiherr von Welck, und einem hohen amerikanischen Beamten berichtete mir ersterer, daß die Amerikaner es für durchaus möglich hielten, daß der „Geist von Genf" der Sowjetregierung viel zu schaffen mache. Überall in den Satellitenstaaten, in der sowjetisch besetzten Zone und auch in der Sowjetunion wittere man Morgenluft und rechne man mit einer Lockerung des bisherigen Regimes. Diese Auswirkungen des „Geistes von Genf" wären für die Sowjetregierung so gefährlich, daß sie es unter Umständen vorziehen würde, wieder mit dem Kalten Krieg zu beginnen. Man ginge aber trotz allem von amerikanischer Seite überwiegend von der Überzeugung aus, daß die Sowjetregierung einen heißen Krieg nicht wünsche.

6. Briefwechsel mit Dulles

Die amerikanische Außenpolitik unter Präsident Eisenhower und seinem Außenminister Dulles ging von der Notwendigkeit eines geeinigten und starken Europas aus. Um dies zu verwirklichen, war unter anderem erforderlich die Durchführung der Pariser Verträge. Das Vertrauen mußte vorhanden sein, daß wir unsere Verpflichtungen aus diesen Verträgen voll erfüllen würden, daß wir die für die Aufstellung der Bundeswehr notwendigen Gesetzesänderungen herbeiführten und die Aufrüstung im Rahmen der NATO in die Tat umsetzen würden. Zweideutigkeiten bei uns über die durch die Pariser Verträge festgelegte Politik, Zweifel bei unseren westlichen Partnern an unserer Vertragstreue waren für uns lebensgefähr-

lich. Durch die Schikanen der Zonenmachthaber waren wir mehr denn je auf die Unterstützung unserer westlichen Freunde angewiesen. Jegliches Mißtrauen zu uns hätte fatale Auswirkungen gehabt.
Die öffentliche Meinung in den Vereinigten Staaten uns gegenüber war jedoch keineswegs einheitlich. Politische und journalistische Kreise in den USA hatten meine Moskaureise zum Anlaß genommen, die Beständigkeit der deutschen Politik in Zweifel zu ziehen. Die USA standen vor einem Jahr, in dem der Präsident der Vereinigten Staaten gewählt wurde. Viele Amerikaner mochten es leid sein, weiterhin die Interessen Europas und insbesondere unsere deutschen Interessen wahrzunehmen. Gefährliche isolationistische Tendenzen konnten dazu gebraucht werden, innenpolitische Entscheidungen zu beeinflussen, um Wählerstimmen zu fangen. Wir mußten sehr auf der Hut sein. Äußerungen wie die von mir geschilderten der FDP konnten von oppositionellen Kräften in den USA gegen die Regierung Eisenhower–Dulles ausgenützt werden.
Aus den Pressekommentaren zu der Genfer Außenministerkonferenz waren gefährliche Zwischentöne herauszuhören. So bemerkte zum Beispiel Marquis Childs in der „Washington Post" zu Verlautbarungen aus der Umgebung von Dulles, wonach sich nichts geändert habe: „Dies alles braucht nicht unmittelbar die Notwendigkeit einer Umgestaltung der amerikanischen Politik und – als Antwort auf eine solche Herausforderung – die Entfaltung einer größeren Dynamik in einer Situation nahezulegen, die noch als Koexistenz unter Wettbewerbsbedingungen angesehen werden kann. Die Erfordernisse einer auf das Wahljahr ausgerichteten Politik können jedem solchen Wechsel entgegenwirken. Eine Änderung muß jedoch früher oder später erfolgen."
Ermutigend war folgende Bemerkung in der „New York Times" vom 18. November 1955: „Es kann kein Zweifel darüber bestehen, daß die Sowjets... Druck auf die Deutschen ausüben werden. Um diesem Druck zu widerstehen, werden Mut und Loyalität nötig sein. Bei diesem Widerstand verdient das deutsche Volk die Unterstützung aller freien Nationen. ... Es wird aber gut sein, wenn hinter den Worten Taten stehen, zu welchen sich die Westmächte und Deutschland zusammenfinden. Diese Taten müssen in einer immer engeren Integration Deutschlands in die Gemeinschaft der westlichen Nationen und einer Beschleunigung der Wiederaufrüstung Deutschlands bestehen."
Dulles hatte mir im August 1955 nach der Gipfelkonferenz brieflich ausführlich seine Gedanken zur Politik gegenüber Sowjetrußland dargelegt. Ich hatte mit seiner optimistischen Beurteilung nicht übereingestimmt. Die Verhandlungen auf der Genfer Außenministerkonferenz hatten leider meinen Pessimismus als berechtigt erwiesen. Ich hielt es gerade jetzt für

gut, meinen Gedankenaustausch mit ihm nach dieser jüngsten Erfahrung fortzusetzen und vor allem zu versuchen, jegliches Mißtrauen gegen uns auszuräumen. Die sieben Wochen meiner Krankheit – erst am 24. November konnte ich meine Arbeit im Palais Schaumburg wieder aufnehmen – hatten mir Muße gegeben, unsere politische Lage fern vom Tagesgeschehen in Ruhe zu überdenken. Am 12. Dezember 1955 richtete ich folgenden Brief an Dulles:

„Bonn, am 12. Dezember 1955

Persönlich!

Seiner Exzellenz
dem Minister des Auswärtigen
der Vereinigten Staaten von Amerika
Herrn John Foster Dulles
Department of State
W a s h i n g t o n D. C.

Lieber Herr Dulles!
Nachdem ich meine Amtsgeschäfte nun schon einige Zeit wieder aufgenommen habe, möchte ich eine sich bietende Gelegenheit benutzen, um unseren Gedankenaustausch fortzusetzen. Die Wochen der erzwungenen Muße haben mir Zeit gegeben, in Ruhe die Lage zu überlegen. Ich habe mich in besonderem Maße beschäftigt in Gedanken mit der Genfer Konferenz 1, mit der Genfer Konferenz 2 und mit den Schritten, die Bulganin und Chruschtschow danach in Asien unternommen haben*, weiter mit ihren Schimpfereien gegenüber den freien Staaten, insbesondere gegenüber England und den Vereinigten Staaten. Die Genfer Konferenz 1 hat gezeigt meines Erachtens, daß die Russen eine vernünftige und normale Sprache nicht verstehen und daß sie sachlichen Erwägungen unzugänglich sind. Sie sind und bleiben davon überzeugt, daß der Kommunismus die Welt beherrschen werde und daß sie die Führer des Kommunismus sind und bleiben. Insofern hat diese Genfer Konferenz 1 dann eine gute Wirkung, wenn die freie Welt die nötigen Folgerungen daraus zieht, wie Sie sie auch bereits in einem Presse-Interview umrissen haben.
Nötig scheint mir noch eins zu sein: Die freie Welt oder besser ausgedrückt, die große Masse in den freien Ländern, die die öffentliche Meinung stark beeinflußt, ist sich über den Kommunismus und das, was er in Rußland usw.

---
* Siehe Kapitel VI, „Nehru".

anrichtet, gar nicht klar. Sie weiß nichts davon und lebt in einem völlig unbegründeten Sicherheitsgefühl gegenüber dem Kommunismus. Es muß nach meiner Auffassung eine wesentliche Aufgabe sein, unsere Völker darüber aufzuklären, was der Kommunismus lehrt, was er tut, wie es den Völkern ergangen ist, die er sich unterworfen hat und unterwerfen würde. Das kann natürlich nicht allein ausgehen von den Regierungen, sondern es müssen besondere Wege gefunden werden – bei den Hochschulen, durch Gründung von entsprechenden Gesellschaften, bei den Parteien und bei den Gewerkschaften –.

Wir kommen, glaube ich, ohne einen großen, ideologisch abgestimmten aufklärenden Feldzugsplan aus dieser großen Gefahr für die freie Welt nicht heraus.

Es ist Ihnen gewiß bekannt, daß ich zur Zeit hier einige Auseinandersetzungen in der Regierungskoalition gehabt habe und noch habe. Ich habe diese Klärung von mir aus herbeigeführt, weil ich glaube, daß es zuerst einmal darauf ankommt, den Sowjets jeden Zweifel an der Entschlossenheit der Regierung und der hinter ihr stehenden Kräfte zu nehmen, die von mir verfolgte Politik fortzusetzen. Auch selbst, wenn bei diesem Vorgang einige, die meine Politik vielleicht nur mit halbem Herzen unterstützt haben, ausscheiden sollten, so halte ich die dadurch erfolgende Konzentrierung immer noch für viel besser, als die durch die vor der Öffentlichkeit zur Schau getragene Haltung einiger Leute, nicht nur im Lager unserer Gegner, sondern auch bei unseren Freunden hervorgerufenen Zweifel und Unsicherheiten. Im übrigen wird man sehen, daß die Grundlage für die von mir vertretene Politik dann um so fester ist und für eine entschlossene Bewältigung der uns zufallenden Aufgaben auch breit genug. Ich betrachte deshalb diese Entwicklung als einen Beitrag zur Stärkung unserer Seite.

Die besonderen Aufgaben der Bundesrepublik sind klar. Wir wollen die Streitkräfte, welche wir in das NATO-Bündnis einbringen, so rasch wie möglich aufstellen. Die jetzt beschlossene Übernahme des Bundesgrenzschutzes wird uns in die Lage versetzen, schon bei der Aufstellung der ersten Divisionen auf etwa 18 000 ausgebildete Männer zurückgreifen zu können. Selbstverständlich werden wir den Bundesgrenzschutz dann wieder auffüllen. Ich möchte Ihnen bei dieser Gelegenheit mit großem Nachdruck sagen, daß bei der Aufstellung der Streitkräfte, abgesehen von der Berücksichtigung politischer Gesichtspunkte, durch die sichergestellt werden soll, daß unsere Soldaten auch innerlich zur Verteidigung der Demokratie und der Freiheit bereit sind, nur militär-technische Gesichtspunkte maßgebend sein werden. Finanzielle Rücksichten werden die Durchführung dieses Programms auf keinen Fall in irgendeiner Weise hemmen oder verzögern.

Hand in Hand mit dieser inneren Konsolidierung muß die Verstärkung der Zusammenarbeit in Europa gehen. Ich darf Ihnen auch hier sagen, daß meine Regierung zur vollsten Mitarbeit bei allen Vorhaben der europäischen Integrierung bereit ist, und daß wir uns jeder Maßnahme, sei es zur Schaffung eines gemeinsamen Marktes oder der des Atom-Pools anschließen werden.

Ich glaube, daß die in der Verwirklichung dieses Programms zum Ausdruck kommende Entschlossenheit ihren Eindruck auf die Sowjets nicht verfehlen wird, wenn eine weitere eingangs von mir erwähnte Voraussetzung gegeben ist: Der Entschlossenheit des Handelns muß die Entschiedenheit der Sprache und die Festigkeit der Haltung gegenüber den Sowjets entsprechen. Ganz offenbar haben die Sowjets die auf der 1. Genfer Konferenz geführte Sprache als ein Zeichen der Schwäche des Westens aufgefaßt, und zwar insbesondere als eine Schwäche des Willens. Ich halte es für wahrscheinlich, daß sie sich durch diese in der ersten Genfer Konferenz gewonnene Meinung zu ihrem Verhalten auf der zweiten Genfer Konferenz und zu ihrem Auftreten in Indien* usw. ermutigt gefühlt haben. Von unseren aus Rußland zurückgekehrten Kriegsgefangenen habe ich wiederholt gehört, auch in ihren Lagern habe sich das Wort bewährt: Wer zu den Russen als Diener kommt, wird als Diener behandelt; den, der als Herr kommt, behandeln sie als Herrn. –

Es ist wenig wahrscheinlich, daß wir vor dem Jahre 1957 einen erheblichen Schritt weiterkommen. Die Russen werden die Wahlen in den Vereinigten Staaten und die voraussichtlich im Spätsommer 1957 stattfindende Bundestagswahl abwarten wollen. Trotzdem müssen wir alle ständig unsere Festigkeit und Geschlossenheit zeigen. Wir dürfen auch die Frage der Wiedervereinigung Deutschlands nicht zur Ruhe kommen lassen, damit nicht die Deutschen in der Sowjetzone und alle Satellitenvölker die Hoffnung verlieren. Ich weiß, daß die Russen auch meinen Ausfall in den nächsten 2 Jahren wegen meines Alters erhoffen. Ich beabsichtige nicht, den Russen darin gefällig zu sein. Ich bin aber an der Arbeit, meine Partei so zu formieren, daß sie den Wahlkampf 1957 gewinnt. Meine Partei würde dann auch ohne mich unsere bisherige Außenpolitik bestimmt fortsetzen.

Ich wünsche Ihrer Gattin und Ihnen ein gesegnetes und frohes Weihnachtsfest. Ich bitte Sie auch, wenn Sie die Gelegenheit haben, dem Präsidenten meine ergebenen und respektvollen Grüße und Wünsche zu übermitteln.

Mit herzlichen Grüßen wie immer

Ihr
gez. Adenauer"

---

* Siehe Kapitel VI, „Nehru".

Bundeskanzler Adenauer begrüßt Außenminister Dulles
auf dem Flugplatz Köln-Wahn

Bundeskanzler Adenauer im Gespräch mit Couve de Murville

Am 22. Dezember 1955 bat Dulles unseren Botschafter in Washington, Dr. Heinz Krekeler, zu sich, um mit ihm über meinen Brief zu sprechen. Krekeler berichtete mir über diese Begegnung:

„Dr. Heinz L. Krekeler
Botschafter
                                                                                                        22. Dezember 1955

Hochverehrter Herr Bundeskanzler!
Herr Dulles bat mich heute zu sich, um mit mir über Ihren Brief zu sprechen. Er hatte ihn offenbar tief beeindruckt. Wie Herr Dulles sagte, hat er ihn auch dem Präsidenten gezeigt. Dieser habe bemerkt: The Chancellor is a stout spirit. Der Kanzler ist eine tapfere – oder vielleicht noch besser übersetzt: standhafte Seele.

Ganz besonders hatten Herrn Dulles offenbar die Bemerkungen angeregt, welche Sie über die Notwendigkeit gemacht hatten, die Völker über den Kommunismus aufzuklären. In längeren Ausführungen sagte er dazu etwa folgendes:

Zunächst müsse man die Völker über den wahren Sinn der NATO-Allianz aufklären. In dieser finde ein besonders fortgeschrittenes Stadium der menschlichen Gesellschaftsordnung seinen Ausdruck. Auf der primitivsten Stufe sorge jeder selbst für seinen Schutz. Dann sei diese Aufgabe von immer größeren Gemeinschaften – der Gemeinde oder der Stadt – dann von der Nation übernommen worden. Heute seien auch die Nationen nicht mehr in der Lage, den Schutz ihrer Bürger zu gewährleisten. In folgerichtiger Weiterentwicklung sei diese Aufgabe nun der übernationalen Gemeinschaft zugefallen. Gegenüber dieser Auffassung sei das sowjetische Denken, das noch immer in Machtkategorien zu Hause sei, restlos antiquiert.

Neben dieser Aufklärung müsse man viel mehr unternehmen, um das wahre Wesen der Sowjetmacht bloßzustellen. Es sei schon immer so gewesen, daß Tyrannen sich große äußere Denkmäler gesetzt hätten. Wie könne man aber dabei vergessen, um welchen Preis diese errichtet worden seien?

Es war wirklich bewegend, zu erleben, wie Herr Dulles mit fast dichterischer Kraft den Bau der ägyptischen Pyramiden heraufbeschwor und schilderte, wie diese durch Tausende von Sklaven gebaut worden seien, über deren bloße Rücken die Geißel der Antreiber geschwungen worden sei.

Menschen wie Nehru seien blind, wenn sie sowjetische Errungenschaften priesen und dabei den Preis an menschlichem Elend übersähen, der dafür gezahlt worden sei. Man dürfe deshalb nicht müde werden, auf die 15 Millionen Zwangsarbeiter und andere Begleiterscheinungen sowjetischer ‚Leistungen' hinzuweisen.

Er denke dabei nicht an eine bis ins Detail einheitliche oder gar gemeinsame Propaganda. Dies sei zu schwierig zu erreichen, wie Beratungen über gemeinsame Kommuniqués immer wieder gezeigt hätten. Notwendig sei aber, die Grundlagen der Information gemeinsam auszuarbeiten, um sicherzustellen, daß man eine gemeinsame Sprache spreche. Der NATO-Rat müsse sich mit dieser Frage befassen und überlegen, wie man darin weiterkomme.

Herr Dulles wies dann auf seine eigenen vielfältigen Bemühungen hin, das amerikanische Volk nicht nur über die Tagesereignisse zu unterrichten, sondern auch mit den Grundlagen der Probleme der Außenpolitik bekannt zu machen. Er beklagte, daß die übrigen Außenminister ihm hierin so wenig folgten.

Auf meine Bemerkung, daß uns in der Bundesrepublik leider kein geeignetes Presseorgan für diese Aufklärungsarbeit zur Verfügung stände, sagte Herr Dulles folgendes: Man dürfe von der Presse nicht zuviel erwarten. Für die Zeitungen sei der Neuigkeitswert einer Nachricht das Entscheidende und nicht ihr Gehalt. Diesem inneren Gesetz folgten sie überall auf der Welt, nicht nur in Deutschland. Die amerikanische Regierung verlasse sich deshalb vor allem auf die Pressekonferenzen, von denen nachgewiesenermaßen eine große Wirkung ausgehe, wenn sie unmittelbar durch Fernsehen übertragen würden. Er könne die deutschen Verhältnisse nicht übersehen, aber er frage sich doch, ob nicht der Herr Bundeskanzler dieses Mittel – der Fernsehpressekonferenz – regelmäßig und mit sicher durchschlagendem Erfolg benutzen könne.

Für einen der wichtigsten Faktoren in der Auseinandersetzung mit dem Kommunismus halte er die Kirchen. In den Vereinigten Staaten gehörten sechzig Prozent der Bevölkerung einer Religionsgemeinschaft als aktive Mitglieder an. In England seien es nur zehn Prozent. Auch in vielen katholischen Ländern sei die Zugehörigkeit der Menschen zur Kirche oft nur nominell. Auf seine Frage, wie es damit in Deutschland bestellt sei, sagte ich, daß leider in der protestantischen Kirche neben Persönlichkeiten von sehr klarer Haltung wie die Bischöfe Dibelius und Lilje sowie Laien wie Herrn von Thadden-Triglaff auch eine ganze Reihe von Geistlichen durchaus keine realistische Einstellung zum Problem des Kommunismus hätten. Ich nannte dabei Pastor Niemöller. So könnten wir uns in unserer Auseinandersetzung leider nicht in dem gleichen Umfang auf die Kirche stützen, wie es erwünscht sei.

Ich habe diesen Hinweis – abgesehen davon, daß das Gespräch eine ehr-

liche Beantwortung der gestellten Frage erforderte – bewußt gemacht, um darzutun, wie erwünscht auch in dieser Hinsicht ein Wirksamwerden des amerikanischen Einflusses wäre.
Mit besonderer Befriedigung vermerkte Herr Dulles noch Ihren Hinweis auf die Entschlossenheit, die Streitkräfte so rasch wie möglich aufzustellen und dies durch finanzielle Rücksichten nicht hemmen zu lassen. Er sagte: Niemand könne erwarten, daß er auf dem Zug der gemeinsamen Verteidigung mit einer Freifahrtkarte reisen könne. Er bemerkte dazu ferner, daß von der Aufstellung deutscher Streitkräfte, ganz abgesehen von dem militärischen Kräftezuwachs, doch eine Reihe höchst erwünschter Nebenwirkungen unter anderem auf die europäische Zusammenarbeit ausgehen würde.
Ich habe das Gespräch so ausführlich geschildert, um daran zu zeigen, wie stark sich Herr Dulles durch Ihre Gedanken angeregt gefühlt hat. Ich hatte den Eindruck, daß davon eine außerordentliche Wirkung ausgegangen ist, die in der Frage der Abstimmung der Informationspolitik bei weiterer Vertiefung zu praktischen Ergebnissen führen wird ...

In aufrichtiger Verehrung
Ihr Ihnen sehr ergebener
gez. Heinz Krekeler"

Bereits am 27. Dezember antwortete mir Dulles. Er schrieb:

„Sehr geehrter Herr Bundeskanzler!
Ihr Schreiben vom 12. Dezember 1955 habe ich erhalten und sorgfältig erwogen. Den Schlußfolgerungen, die Sie gezogen haben, schließe ich mich an, ebenso wie Präsident Eisenhower, mit dem ich Ihr Schreiben besprochen habe.
Ich bin überzeugt, daß die erste Genfer Konferenz nicht nur unvermeidlich, sondern auch nützlich war, und zwar in dem Sinne, daß es notwendig war, vor der ganzen Welt die Aufrichtigkeit unserer friedlichen Absichten unter Beweis zu stellen. Wir haben dies in einer Weise getan, die niemand mißverstehen konnte. Die ganze Welt billigte die Initiativen des Präsidenten Eisenhower auf dieser ersten Konferenz, da sie von einem Manne und von einem Volk ausgingen, die keinerlei aggressive Absichten hegten. Der Wert der Konferenz mußte jedoch, wie Präsident Eisenhower damals sagte, weitgehend von den darauffolgenden Ereignissen abhängen.
Ich bezweifle jedoch, daß die Ereignisse, die auf die Konferenz gefolgt sind, irgendwelchen falschen Eindrücken zuzuschreiben sind, welche die sowjetischen Machthaber auf der ersten Genfer Konferenz erhalten haben könnten. Zwar hat diese Konferenz unseren Wunsch nach einem gerechten Frieden

ganz klargemacht; wir legten jedoch auch viel Nachdruck auf den Gedanken der Gerechtigkeit und zeigten eine feste Haltung. Wir wissen jetzt, daß an den Plänen für die Eröffnung der neuen Front im Nahen Osten bereits gearbeitet wurde, ehe noch die erste Genfer Konferenz zusammentrat*.

Die zweite Genfer Konferenz und die von den sowjetischen Machthabern kürzlich in Asien an den Tag gelegte Haltung haben der Welt gezeigt, daß der auf der ersten Genfer Konferenz bewiesenen Aufrichtigkeit der westlichen Absichten keine entsprechende Aufrichtigkeit seitens der sowjetischen Machthaber entsprach. Auf der zweiten Genfer Konferenz haben sie ihre Zustimmung zur Wiedervereinigung Deutschlands durch freie Wahlen in flagranter Weise gebrochen, und sodann haben sie in Asien Reden gehalten, die darauf angelegt waren, zwischen Völkern und Staaten Haß zu erregen. Es ist ein Gesamtplan zum Vorschein gekommen, dessen Umrisse sich so klar abzeichnen, daß die ganze Welt ihn erkennen kann. In Indien haben sie versucht, die Volksleidenschaft Goas wegen gegen Portugal und Kaschmirs wegen gegen Pakistan aufzustacheln. In Birma haben sie versucht, das Volk gegen Großbritannien aufzuhetzen. In Afghanistan haben sie versucht, Puschtunistans wegen den Volkszorn gegen Pakistan zu erregen. Sie versuchen, die Araber gegen Israel aufzubringen. In Zypern suchen sie, die Zyprioten gegen Großbritannien aufzuwiegeln, und als Neuestes suchen sie, durch den Hinweis darauf, daß die Einwohner Maltas Italiener seien, zwischen Italien und Großbritannien Zwietracht zu säen.

Der Beweis ist also geliefert, daß die sowjetischen Machthaber nicht nur ihre während der ersten Genfer Konferenz gegebenen formalen Zusicherungen gebrochen haben, sondern daß sie auch den Geist dieser Konferenz, ja sogar die einfachsten Regeln des Anstands verletzen, indem sie versuchen, überall dort, wo sie dazu imstande sind, Spannungen zu schaffen und die Beziehungen der freien Völker und Länder untereinander zu vergiften – in der Hoffnung, daß ihnen dies Gewinne eintragen wird.

Das sind in der Tat sehr böse Absichten. Sie sind jedoch so böse, daß es möglich sein sollte zu erreichen, daß sich dies gegen sie selbst kehrt.

Dies ist alles, was sich im Augenblick über die Genfer Konferenzen sagen läßt.

Sie haben sich dahingehend geäußert, daß diejenigen in den freien Ländern, welche die öffentliche Meinung und insbesondere die Meinung der Massen beeinflussen, keinen klaren Begriff davon haben, was der Kommunismus ist und was er in Rußland und anderen Orts tut.

Ich fürchte, daß dies auf viele Länder zutrifft, aber glücklicherweise trifft es nicht auf die Vereinigten Staaten zu. Nicht nur unsere politischen Führer in beiden Parteien, sondern auch die religiösen und Arbeiterführer in

---
* Siehe Kapitel IV.

unserem Land sind über die von Ihnen erwähnten Punkte gut unterrichtet. Die Aufgabe besteht darin, anderen Ländern eine ähnliche Einsicht zu vermitteln.

In Europa hat man dies nicht tun wollen, vielleicht im Sinne unseres Sprichworts ‚Soweit Unkenntnis glücklich macht, ist Wissen Unfug‘, oder auch im Sinne des Vogels Strauß, der sich angeblich ein Gefühl der Sicherheit verschafft, indem er den Kopf in den Sand steckt, um nichts sehen zu müssen.

Ich stimme mit Ihnen darin überein, daß wir Mittel und Wege finden müssen, um hier Abhilfe zu schaffen. Wir sind durchaus geneigt, Ihre Anregung eines ‚großen, ideologisch abgestimmten Aufklärungsfeldzugs‘ praktisch in Erwägung zu ziehen. Was Europa anbetrifft, wäre vielleicht der Nordatlantikrat die beste gemeinsame Stelle dafür. Die auf der letzten Sitzung des Atlantikrats ergriffenen Maßnahmen könnten und müßten als Grundlage dafür dienen. Ich bezweifle jedoch, daß es zweckdienlich wäre, eine einzige Stelle damit zu beauftragen, diesen Feldzug im Namen der westlichen Länder durchzuführen. Eine gemeinsame Absprache über die zu verfolgende allgemeine Richtung kann es wohl geben, aber ich bezweifle, daß es nützlich wäre, eine Einigung über Einzelheiten oder über die Methode anzustreben; dies wird wahrscheinlich den einzelnen Ländern überlassen bleiben müssen.

Ich glaube, daß unsere eigenen Arbeiterführer helfen können. Ich werde auch am 2. Januar zu einigen führenden Persönlichkeiten unseres religiösen und staatsbürgerlichen Lebens sprechen.

Es gibt noch einen anderen Punkt, der meiner Ansicht nach behandelt werden müßte. Er besteht darin, unseren eigenen Völkern und den Völkern der Welt die wirklichen Grundsätze zu erläutern, die unseren gegenseitigen Sicherheitsabmachungen zugrunde liegen. Die sowjetischen Machthaber greifen diese ständig als ‚Militärblocks‘ für Angriffszwecke an. Wir neigen dazu, uns in die Defensive drängen zu lassen, obgleich wir in Wirklichkeit moderne Sicherheitsgrundsätze, die heute in jeder zivilisierten Nation Anwendung finden, auf das internationale Gebiet übertragen. Mit Ausnahme der primitivsten Gesellschaften wird die Sicherheit nicht mehr dem einzelnen überlassen. Es besteht kollektive Sicherheit, die zum großen Teil vermittels der Schaffung einer kollektiven Gewalt zur Bestrafung von Aggressionen wirksam wird. Dies wirkt als Abschreckungsmittel. Dies streben jetzt die freien Nationen auf internationalem Gebiet an. Es handelt sich hierbei im Gegensatz zu den gewaltigen aggressiven Despotismen, die durch den Sowjetblock verkörpert werden, um den modernen und aufgeklärten Weg zur Erlangung von Sicherheit.

Natürlich sähen es die sowjetischen Machthaber gerne, wenn die anderen

Nationen durch Isolierung schwach wären. Sie sehen es nicht gern, daß sie durch gemeinsame Maßnahmen an Stärke gewinnen.

Wir sollten selbst verstehen, was wir tun, und es erläutern. Dies habe ich in meinem Lande in vielen von mir gehaltenen Reden getan. Jedoch scheinen andere Außenminister es nicht für nützlich zu halten, die gesunden und vorausschauenden Grundsätze, die unseren kollektiven Sicherheitssystemen zugrunde liegen, zu popularisieren. Auch arbeiten sie nicht den Gegensatz zwischen unseren Verteidigungsgruppierungen und dem sowjetischen System einer entweder formellen oder tatsächlichen Annektierung anderer Länder und anderer Völker heraus; was zur Folge gehabt hat, daß jetzt unter zentralisierter kommunistischer Leitung eine zusammengeschlossene Masse vorhanden ist, die aus annähernd 900 Millionen Menschen besteht und nahezu zwanzig bis vor kurzem noch unabhängige Länder umfaßt.

Das sowjetische System zerstört die Unabhängigkeit; das unserige erhält sie. Der Präsident und ich haben mit großem Interesse von Ihren Ausführungen über Ihre eigene politische Situation und besonders von Ihrer Auffassung bezüglich Ihrer Koalition Kenntnis genommen. Hier handelt es sich natürlich um eine Angelegenheit, bezüglich derer wir uns nicht zur Bildung eines Urteils für berufen halten. Ich möchte jedoch sicherlich Ihrer allgemeinen These zustimmen, daß eine kleinere festgefügte Gruppe besser ist als eine größere Gruppe mit unbestimmter Zielsetzung – natürlich mit der Einschränkung, daß bei unseren parlamentarischen Systemen die Notwendigkeit besteht, über eine Mehrheit zu verfügen, um politische Macht zu haben.

Wir freuen uns über Ihre Entschlossenheit, zur militärischen Stärke der Atlantischen Allianz beizutragen. Dies ist wichtig – nicht nur vom rein militärischen Standpunkt. Es ist wichtig als eine Bekundung des nationalen Willens und führt zu wichtigen Nebenwirkungen in Gestalt vermehrter Einheit und gegenseitiger Verbundenheit.

Wir halten es auch für wichtig, so rasch wie möglich mit Programmen für die europäische Integration Fortschritte zu machen. Ich bin hocherfreut über Ihre Zusicherung, daß Sie sich an einer jeden derartigen Maßnahme beteiligen werden, möge es sich um die künftige Schaffung eines gemeinsamen Marktes oder um die Atomgemeinschaft handeln. Diese Entwicklung in Richtung auf die Integration ist natürlich eine Tendenz, der Präsident Eisenhower und ich größte Bedeutung beimessen. Ich besprach dies kurz mit Dr. von Brentano in Paris. Zweifellos wird der Präsident dies im nächsten Monat mit Anthony Eden besprechen. Sie werden, glaube ich, zu der Auffassung gelangen, daß die Vereinigten Staaten bereit sind, sich gegenüber

jedem brauchbaren Vorschlag zur engeren Integrierung Westeuropas wohlwollend zu verhalten.
Gleichzeitig dürfen wir, wie Sie sagen, nicht zulassen, daß es um das Problem der Einheit Deutschlands still wird. Ich frage mich, ob es nicht gewisse Arten von ‚Kontakten' gibt, auf die Sie in der Art drängen könnten, wie wir es auf unserer zweiten Genfer Konferenz getan haben. Zweifellos würden diese von der ‚DDR' abgelehnt werden, aber die Vorschläge und deren Ablehnung wären nicht ohne politische Folgen.
Schließlich ist doch die Bundesrepublik eine große und mächtige Kraft und ein ungeheurer Anziehungsmagnet, wie durch den stetigen Zustrom Deutscher aus dem Osten nach dem Westen dargetan wird. Es ist, glaube ich, möglich, mehr zu tun, als jetzt geschieht, um in Ostdeutschland Verhältnisse zu schaffen, so daß die sowjetischen Machthaber zu der Auffassung gelangen werden, daß der Versuch, dieses Gebiet zu halten, mehr Passiva als Aktiva mit sich bringt.
Abschließend möchte ich sagen, daß die erfreulichste Note in Ihrem Schreiben Ihre Erklärung ist, daß Sie nicht beabsichtigen, den Sowjets den Gefallen zu tun, in den nächsten zwei Jahren von der Bühne abzutreten. Die noch zu meisternde Aufgabe erfordert Ihre Gegenwart und machtvolle Persönlichkeit, um die Wahlen von 1957 zu gewinnen und den Sieg zu organisieren. Dann kann, wie Sie sagen, Ihre Außenpolitik sichere Erfolge zeitigen.

Ihr ergebener
gez. John Foster Dulles"

7. Spaltung der FDP

Es war eine unglückliche Entwicklung, daß im Verlauf mehrerer Koalitionsverhandlungen mit der FDP die Wahlrechtsfrage, seit langem eine Ursache von Spannungen zwischen der CDU/CSU und der FDP, wieder aufgeworfen und ihr in der Öffentlichkeit ein großes Gewicht gegeben wurde. Es entstand das Märchen, der eigentliche Kern des Gegensatzes zwischen CDU/CSU und FDP sei die Wahlrechtsfrage. Dies traf nicht zu. Der Kern der Auseinandersetzungen war die Außenpolitik der Bundesrepublik Deutschland.
Ende November 1955 hatte man mich wissen lassen, wenn die CDU/CSU bei den im Bundestag anstehenden Wahlrechtsberatungen auf ihrem bisherigen Standpunkt zugunsten des Mehrheitswahlrechts beharren werde, der absolute Koalitionsfall gegeben sei. Gebe die CDU/CSU in dieser

Frage nach, so sei es möglich, daß die FDP in den außenpolitischen Fragen zumindest „stillhalten" werde. Ich hielt dieses Vorgehen nicht für einen guten politischen Stil. Bei einer Besprechung mit Vertretern der FDP am 30. Januar 1956 wurde ein ähnliches Verfahren angewandt. Es galt, im Bundestag die notwendigen Wehrgesetzänderungen durchzubringen. Wiederum wurde erklärt, wenn das Wahlgesetz nicht entsprechend den Wünschen der FDP gestaltet werde, würde die FDP gegen die Wehrgesetzänderungen stimmen.

In einem von mir gefertigten Vermerk über diese Besprechung, an der von seiten der FDP die Herren Dr. Becker, Haußmann, Dr. Mende und Middelhauve teilnahmen, schrieb ich über diesen Teil des Gespräches:

„Herr Mende erklärte sehr ruhig und sehr gelassen, zwischen der Wahlrechtsfrage und den gesamten Wehrgesetzen bestehe ein inneres Junktim bei ihnen. Ich habe darauf erklärt, ich sei hierüber sehr erschüttert. Bei mir gehe das Vaterland über die Partei, und so etwas von ihnen zu hören, sei für mich sehr schmerzlich aus allgemein staatspolitischen Erwägungen. Herr Mende erklärte daraufhin – und er wurde von den anderen Herren unterstützt –, das sei ja alles richtig, aber wie die Verhältnisse nun einmal gekommen seien und psychologisch lägen, würde in seiner Partei und in seiner Fraktion bei einem sehr großen Teil der Anhänger ein inneres Junktim hergestellt zwischen dem Verhalten der FDP bei den ganzen Wehrgesetzen und diesem Wahlgesetz.

Ich habe den Herren gesagt, ich wolle ihnen dann in aller Offenheit sagen, was bei mir und wahrscheinlich auch bei anderen Herren meiner Fraktion eine entscheidende Rolle bei den ganzen Überlegungen – abgesehen von den mehr theoretischen Erwägungen – spiele. Aus ihrer Fraktion, aus der Fraktion der FDP, seien an mich Mitteilungen gelangt, aus denen man schließen könne, daß die Taktik der FDP die folgende sei: Sie wolle auf alle Fälle die Mehrheit der CDU/CSU beseitigen. Ich könne ihnen das nicht übelnehmen, das würde ich an ihrer Stelle auch wünschen. Es käme nun darauf an, wenn ihnen das gelingen sollte, wie sie dazu kämen und welche Politik sie dann beabsichtigten. Es gebe Mitteilungen von ernsthaften Mitgliedern ihrer Fraktion, aus denen zu entnehmen sei, daß ihre Taktik die folgende sei: Ich hätte gehört, daß sie die Wahlkampagne auf nationalistischer Basis führen wollten zusammen mit der SPD. Man wolle die Behauptung aufstellen, wir wollten im Ernst gar nicht die Wiedervereinigung im Gegensatz zu ihnen. Auf diese Weise hofften sie, die nationalistischen Instinkte der Bevölkerung hochzutreiben, und wenn ihnen das gelingt, eine Mehrheit SPD/FDP zu bilden. Ich erinnerte an den in der

FDP-Korrespondenz veröffentlichten Beschluß des Auswärtigen Ausschusses der FDP. Wir schlössen daraus, daß sie, wenn sie zusammen mit der SPD eine Regierung bilden könnten, das tun würden und eine neutralistische Politik beginnen würden. Das sei nach unserer Auffassung der Anfang vom Ende für Deutschland und daher hätten wir geradezu innerliche Gewissenshemmungen, ihnen durch die Gestaltung des Wahlrechtes dabei zu helfen.
Herr Middelhauve verwahrte sich auf das entschiedenste dagegen, daß er etwa den Wahlkampf führen werde mit der Behauptung, ich sei gegen die Wiedervereinigung. Ich fragte Middelhauve, ob er das für seine Person sage oder für seine Landespartei. Herr Middelhauve antwortete – nachdem Herr Mende ihm ins Wort gefallen war und sagte: ‚Das erklären Sie für Ihre Person' –: ‚Ja, für meine Person.' Ich habe Herrn Middelhauve darauf erwidert, ich hätte nie von ihm geglaubt, daß er anders verfahren würde. Mir wäre aber viel interessanter, von ihm zu hören, ob er nicht auch für seine Landespartei eine derartige Erklärung abzugeben gewillt sei. Herr Middelhauve erklärte darauf: Ja, er sei auch bereit, für seine Landespartei eine solche Erklärung abzugeben. Nunmehr mischte sich Herr Mende wieder in das Gespräch und sagte sehr überlegt, er könne sich die Entstehung eines solchen Argwohnes nur erklären aus Artikeln, die in ausländischen Zeitungen erschienen seien. Er nannte keine mit Namen. In diesen Zeitungen sei ausgeführt worden, wenn die FDP in dieser Wahlrechtsfrage nicht durchkomme, wenn also ein Wahlrecht beschlossen würde, das für sie augenscheinlich sehr ungünstige Wirkungen habe, bleibe der FDP nichts anderes übrig, als in die Opposition zu gehen. Wenn sie das aber tue, bleibe ihr als Oppositionsfeld nur übrig die Frage der Wiedervereinigung und die ganze außenpolitische Konzeption, und da sie ja zusammen mit der SPD dann in der Opposition sei, werde sich wohl von selbst etwas Derartiges ergeben. Das habe, wie gesagt, in ausländischen Zeitungen gestanden, und er könne sich diese unsere Mutmaßungen nur so erklären. Die anderen Herren schwiegen dazu und sagten weder ja noch nein.
Ich hatte aber aus dem ganzen Verlauf dieses Teiles des Gespräches den Eindruck, daß die Wahlpolitik und die Wahlpropaganda eventuell in diesem Sinne geführt werden würden. Ich habe den Herren sehr nachdrücklich gesagt auch in diesem Zusammenhang, daß das Vaterland über der Partei stehe. Ich habe ein positives Echo auf diese meine Bemerkung nicht bekommen."

Die Herren verlangten von mir, ich solle ihnen eine klare Zusicherung geben bezüglich des Wahlrechts. Ich lehnte es ab. Erstens, so begründete ich meine Ablehnung, wäre ich gar nicht in der Lage, Versprechungen abzugeben über das Verhalten meiner Fraktion, und ich hätte auch kein Recht dazu. Vor allem würde ich es für sehr undemokratisch halten. Nach meiner Auffassung würden von seiten der FDP die Schwierigkeiten in der ganzen Frage innerhalb unserer Fraktion unterschätzt. Diesen Schwierigkeiten müßten sie doch bei ihren Überlegungen auch Rechnung tragen. Grundsätzlich sei von seiten der CDU/CSU der Wille vorhanden, zu einer Verständigung zu kommen. Man müsse aber in der FDP Verständnis haben für die Entwicklung dieser Frage seit den Beratungen im Parlamentarischen Rat und für das berechtigte Selbstgefühl einer großen Fraktion. Im Parlamentarischen Rat sei die CDU überstimmt worden bei dem ersten Wahlgesetz. Bei dem zweiten Wahlgesetz sei sie im Jahre 1953 wiederum in entscheidenden Punkten überstimmt worden, wenn sie auch aus staatspolitischen Gründen bei der dritten Lesung dem Gesetz zugestimmt hätte. Die Vertreter der FDP müßten bedenken, daß in einer so großen Fraktion, wie es die CDU/CSU sei, verschiedene mehr oder weniger starke Strömungen zum Mehrheitswahlrecht vorhanden seien und daß der Vorsitzende der CDU/CSU-Fraktion natürlich Schwierigkeiten habe, alle auf einen Nenner zu bringen.

Ich erklärte den Herren weiter, wir hätten ursprünglich nicht die Absicht gehabt, die Wahlrechtsfrage mit der Koalitionsfrage zu verknüpfen, aber da sie, die Vertreter der FDP, hiervon angefangen hätten, wäre es mir recht gewesen, offen über diese ganzen Fragen zu sprechen.

Die Entwicklung nahm schließlich den Gang, den ich mehr oder weniger erwartet hatte. Die FDP brach auseinander. Am 23. Februar 1956 erklärten sechzehn Bundestagsabgeordnete der FDP-Fraktion, darunter die vier Bundesminister Dr. Franz Blücher, Fritz Neumayer, Dr. Viktor Emanuel Preusker und Dr. Hermann Schäfer und der Vizepräsident des Deutschen Bundestages, Dr. Ludwig Schneider, sie seien übereingekommen, aus der Bundestagsfraktion der FDP auszutreten. Sie begründeten diesen Schritt mit dem Hinweis, daß die FDP-Fraktion unter dem Vorsitz von Dr. Thomas Dehler eine in steigendem Maße widerspruchsvolle Politik verfolgt habe, die geeignet sei, in der Öffentlichkeit eine wachsende Unklarheit über die eigentliche Zielsetzung der Freien Demokratischen Partei hervorzurufen.

Diesem Ereignis unmittelbar vorangegangen war der Bruch der Koalition zwischen CDU und FDP im Lande Nordrhein-Westfalen, der Sturz der nordrhein-westfälischen Regierung Arnold. In Nordrhein-Westfalen hatte die FDP zusammen mit der SPD eine neue Regierung gebildet.

Der Sturz der Regierung Arnold wurde im Ausland allgemein als Schlag gegen mich betrachtet. So schrieb zum Beispiel die „Times": „Der Sturz von Arnolds Koalitionsregierung in Nordrhein-Westfalen bedeutet einen Rückschlag – wenn auch keinen verhängnisvollen – für Adenauer und die christlichen Demokraten in ganz Deutschland." Der „Daily Telegraph" sprach sogar von dem „schwersten politischen Rückschlag" in meiner sechsjährigen Amtszeit.

Die FDP hatte sich im Jahre 1955 offensichtlich gewisse nationalistische Strömungen in der Bundesrepublik zunutze gemacht. Gerade 1955 gab es bei uns einige nationalistische Zuckungen. Die Hinwendung der FDP hin zu den Nationalisten blieb im Ausland nicht unbemerkt. So schrieb die britische Zeitung „Daily Telegraph": „Ein Aspekt des Coups der Freien Demokraten in Nordrhein-Westfalen, der in Deutschland und im Ausland weitverbreitete Besorgnisse hervorgerufen hat, ist die Tatsache, daß diese Partei mit den Anstrengungen des ehemaligen Staatssekretärs in Goebbels' Propaganda-Ministerium, Werner Naumann, verbunden war, nach und nach ehemalige Nazis in einflußreiche Stellungen zu bringen."

Die „New York Times" schrieb: „Nach acht Jahren der nationalen Selbstdisziplin, die Westdeutschland aus dem Chaos zur Souveränität und Prosperität erhob, beginnt sich die deutsche Demokratie wieder jener Politikmacherei-um-jeden-Preis zuzuwenden, die zur Zerstörung der Weimarer Republik beitrug. Dies zeigt sich in der schleichenden Revolte gegen die aufrechte prowestliche Politik von Bundeskanzler Adenauer, der Deutschland auf seinen gegenwärtigen Stand brachte, eine Revolte, die nur Besorgnis bei Deutschlands neuen Verbündeten auslösen kann."

Wichtig war die Frage, wie wir die Verabschiedung der Wehrgesetzänderungen durchbringen konnten. Die Verabschiedung dieser Beschlüsse war äußerst bedeutsam, auch damit die Abnahme des Vertrauens uns gegenüber eingedämmt würde. Hier muß ich festhalten, es war sehr bemerkenswert, daß die Sozialdemokraten diesen Änderungen zustimmten, wobei allerdings ihren Wünschen in gewissem Umfange stattgegeben worden war. Es war zwar nicht so, daß die Sozialdemokraten ihren bisherigen außenpolitischen Kurs verlassen hätten, aber es würde ihnen immerhin doch schwerfallen, in ihrer Agitation, namentlich vor der nächsten Bundestagswahl, weiterhin gegen die Wiederbewaffnung Deutschlands Front zu machen. Dem CSU-Abgeordneten Dr. Richard Jäger, dem Vorsitzenden des Verteidigungsausschusses, war es zu verdanken, daß die Zustimmung der Sozialdemokraten erlangt werden konnte. Ich hatte zwar praktisch bis zur Abstimmungsstunde nicht daran geglaubt, daß ihm dies gelingen würde.

Er hielt aber an diesem Ziel fest, auch wenn durch seine Bemühungen, Übereinstimmung zu erreichen, viel Zeit verstrich und es in der Öffentlichkeit so erschien, namentlich im Ausland, als ob wir nicht weiterkämen; aber Jäger hatte Erfolg. Außerdem möchte ich die Tätigkeit des Vorsitzenden des Rechtsausschusses, Matthias Hoogen, dankbar anerkennen, der in kluger Weise dafür gesorgt hatte, daß die Verhandlungen im Rechtsausschuß einen guten Verlauf nahmen.

IV. BEWEGUNG

1. Der 20. Parteikongreß der KPdSU

Ende Februar 1956 blickte die Weltöffentlichkeit wieder einmal voller Spannung auf Moskau. Dort tagte im Kreml vom 14. bis zum 25. Februar der 20. Parteikongreß der KPdSU. Fast 1500 Delegierte aus allen Teilen des riesigen Sowjetreiches nahmen teil. Vertreter kommunistischer Parteien aus fünfundfünfzig Ländern waren als Beobachter entsandt.
Dieser Parteikongreß brachte eine große Überraschung: die Verdammung Stalins. Anastas Mikojan hielt zu Beginn des Kongresses eine Rede, in der er unter anderem sagte: „Bei der Analyse der wirtschaftlichen Lage des modernen Kapitalismus kann uns kaum der bekannte Ausspruch Stalins ... über die Vereinigten Staaten von Amerika, Großbritannien und Frankreich helfen, daß – sobald der Weltmarkt zerfällt – ‚der Umfang der Produktion in diesen Ländern zurückgehen muß'... Diese Behauptung erklärt nicht die komplizierten und widerspruchsvollen Erscheinungen des modernen Kapitalismus und die Tatsache, daß in vielen Ländern nach dem Kriege die kapitalistische Produktion wächst." Auch das von Stalin 1952 aufgestellte Dogma von der Unvermeidbarkeit der Kriege zwischen kapitalistischen Staaten wurde von ihm als unrichtig bezeichnet.
Mikojan zog durch seine Ausführungen den bisher in gleicher Rangstufe mit Marx, Engels und Lenin als Theoretiker stehenden Stalin als solchen in Zweifel und führte einen entscheidenden Schlag gegen seine Autorität. Mikojans Kritik betraf vor allem auch Stalins „Kurzgefaßte Geschichte der Kommunistischen Partei der Sowjetunion". Viele Beobachter der Vorgänge in Moskau glaubten, daß hierdurch das gesamte ideologische Gerüst des Kommunismus erschüttert würde, da dieses Werk Stalins bisher einen großen Einfluß ausgeübt hatte.
Insbesondere wandte sich Mikojan gegen die Stalinschen Säuberungsaktionen, denen zahlreiche Unschuldige in den dreißiger Jahren zum Opfer gefallen seien. Hierzu berichtete die „Neue Zürcher Zeitung" vom 26. Februar 1956:

„Die mit der Verdammung dieser bisher unantastbaren Schrift verbundene Verurteilung der Politik Stalins wurde in schärfster Weise qualifiziert durch das Eingeständnis, daß in dem Zeitraum, in den die blutigen ‚Säuberungen' fielen, gegenüber einer ganzen Anzahl von Kommunisten Unrecht geschehen sei. Die Wirkung dieses Eingeständnisses, die als Fernbeben überall zu verspüren war, ist noch nicht abzuschätzen. Das Sowjetregime wird sich wohl einer Revision all der Prozesse, die seinen eigenen politischen Werdegang bestimmten, aus Selbsterhaltungstrieb widersetzen."

Außerdem forderte Mikojan die Rückkehr zu dem Leninschen Grundsatz der kollektiven Führung. Er wandte sich gegen jeglichen Persönlichkeitskult und trat offiziell für ein Führungskollektiv ein.
Die Vorgänge auf dem 20. Parteikongreß gaben der ganzen kommunistischen Welt mit ihren Satellitenstaaten zweifellos einen schweren Schock. Nach den Eindrücken, die ich bei meinem Besuch in Moskau im September 1955 erhalten hatte, hielt ich es nicht für ausgeschlossen, daß der Anfang dessen, was sich in Moskau abspielte, als ein Schlag gegen Chruschtschow gedacht war. Chruschtschow war auf dem besten Wege, ein zweiter Stalin zu werden. Nach meiner Auffassung war die Rede Mikojans in erster Linie gegen Chruschtschow gerichtet, dessen ausgeprägter Geltungsdrang und Führungsanspruch auch mir bei meinem Besuch in Moskau aufgefallen war. Ich bin überzeugt, daß Mikojan diese Rede nicht ohne Billigung und Rückendeckung Bulganins hielt. Aber Chruschtschow, der ein kluger Kopf ist, erkannte die Situation sofort. Er stellte sich an die Spitze der Anti-Stalin-Bewegung und ging in seinen Anklagen gegen Stalin sehr viel weiter als Mikojan, wie aus später bekanntgewordenen Protokollen hervorging.
Die Entthronung Stalins wirkte im Westen als Sensation. Man setzte größte Hoffnungen in diesen Vorgang. Es entstand ein Gerede, ich weiß keinen besseren Ausdruck hierfür, daß nunmehr eine völlig neue Epoche angebrochen sei. Ich hielt einen derartigen Optimismus für unbegründet. Ich hielt die Vorgänge in Moskau in erster Linie für interne Machtkämpfe, für einen Kampf der Diadochen untereinander. Wir erlebten jetzt in etwas anderer Form dasselbe, was sich in Sowjetrußland nach dem Tode Lenins zutrug. Damals gab es sehr ähnliche Vorgänge. Nach alledem, was seit Jahrzehnten im sowjetischen Bereich geschehen war, durften wir erst dann von einer wirklichen Änderung der Verhältnisse in Rußland sprechen, wenn sie sich auch auf außenpolitischem Gebiet manifestiert hatte, und zwar nicht nur durch Worte, sondern durch Taten.
Die Reden, die auf dem 20. Parteikongreß der KPdSU gehalten wurden, bewiesen sehr klar, daß es der sowjetischen Führung nach wie vor um die Weltbeherrschung ging. Hierbei handelte es sich nach meinem Urteil bei den Russen um eine Art „heilige Aufgabe". Bei der gegenwärtigen politischen Tendenz Sowjetrußlands fanden sich nach wie vor folgende Faktoren zusammen: ein ausgeprägter Nationalismus, der Panslawismus und ein starker Missionsdrang. Die in Moskau gehaltenen Reden führten eine

deutliche Sprache. Chruschtschow betonte allerdings, daß das Leninsche Prinzip des friedlichen Nebeneinanderbestehens von Staaten mit verschiedenen sozialen Systemen die Generallinie der sowjetischen Außenpolitik bleiben sollte. Chruschtschow sprach ganz offen seine Überzeugung aus, daß es kriegerischer Mittel wohl kaum bedürfe, um den Kommunismus in der ganzen Welt zur Herrschaft gelangen zu lassen. Im Zusammenhang mit grundlegenden Wandlungen in der Weltarena hätten sich neue Perspektiven für den Übergang von Ländern und Nationen zum Sozialismus eröffnet. Chruschtschow erklärte:

„Es ist durchaus wahrscheinlich, daß der Übergang zum Sozialismus immer mannigfaltigere Formen annehmen wird, die gar nicht unbedingt und unter allen Umständen mit einem Bürgerkrieg verbunden sein werden. Die Feinde stellen uns Leninisten gern als Menschen dar, die immer und in allen Fällen Anhänger der Gewalt sind. Richtig ist, daß wir die Notwendigkeit der revolutionären Umgestaltung der kapitalistischen Gesellschaft in die sozialistische Gesellschaft feststellen. Das unterscheidet die revolutionären Marxisten von den Reformisten, den Opportunisten. Es steht außer Zweifel, daß für verschiedene kapitalistische Länder der gewaltsame Sturz der bürgerlichen Diktatur und die damit verbundene jähe Zuspitzung des Klassenkampfes unausbleiblich sind. Doch die Formen der sozialen Revolution sind verschieden. Und es entspricht nicht den Tatsachen, daß wir angeblich Gewaltanwendung und Bürgerkrieg als einziges Mittel zur Umgestaltung der Gesellschaft anerkennen..."

Der Leninismus lehre, erläuterte Chruschtschow, daß die herrschenden Klassen ihre Macht nicht freiwillig abträten. „Aber der mehr oder minder scharfe Charakter des Kampfes, die Anwendung oder Nichtanwendung von Gewalt beim Übergang zum Sozialismus hängt weniger vom Proletariat ab als vielmehr davon, wie stark der Widerstand der Ausbeuter ist, inwieweit die Ausbeuterklasse selbst Gewalt anwendet."

In diesem Zusammenhang ergebe sich die Frage, fuhr Chruschtschow fort, ob es möglich sei, bei dem Übergang zum Sozialismus auch den parlamentarischen Weg zu gehen. „Für die russischen Bolschewiki, die erstmalig den Übergang zum Sozialismus vollzogen haben, kam dieser Weg nicht in Frage", stellte er fest. „Lenin wies uns einen anderen, den unter den damaligen geschichtlichen Verhältnissen einzig richtigen Weg: den Aufbau der Republik der Sowjets, und auf diesem Weg haben wir einen weltgeschichtlichen Sieg errungen. Seitdem sind jedoch in der historischen Situation grundlegende Wandlungen eingetreten, die eine neuartige Behandlung dieser Frage ermöglichen."

In der ganzen Welt seien die Kräfte des Sozialismus und der Demokratie unermeßlich gewachsen, während der Kapitalismus viel schwächer geworden sei. Der Sozialismus übe eine gewaltige Anziehungskraft auf die Arbeiter, Bauern und Geistesschaffenden aller Länder aus. „Die Ideen des Sozialismus gewinnen fürwahr die Herrschaft über die Gedanken der ganzen arbeitenden Menschheit."
Die Arbeiterklasse in einer Reihe kapitalistischer Länder habe unter den gegenwärtigen Verhältnissen die reale Möglichkeit, die überwältigende Mehrheit des Volkes unter ihrer Führung zu vereinigen und den Übergang der wichtigsten Produktionsmittel in die Hand des Volkes zu sichern. Die bürgerlichen Rechtsparteien und die Regierungen, die von ihnen gebildet würden, erlitten immer öfter Fiasko. „Unter diesen Umständen ist es der Arbeiterklasse möglich, wenn sie die werktätige Bauernschaft, die Intelligenz und alle patriotisch gesinnten Kräfte um sich schart, wenn sie ferner den opportunistischen Elementen, die nicht imstande sind, die Politik des Paktierens mit den Kapitalisten und Gutsbesitzern aufzugeben, eine entschiedene Abfuhr erteilt, den reaktionären, volksfeindlichen Kräften eine Niederlage zu bereiten, eine stabile Mehrheit im Parlament zu erobern und es aus einem Organ der bürgerlichen Demokratie in ein Instrument des wirklichen Volkswillens umzuwandeln. In diesem Fall kann diese für viele hochentwickelte kapitalistische Länder traditionelle Einrichtung zu einem Organ wahrer Demokratie, der Demokratie für die Werktätigen, werden. Die Eroberung einer stabilen parlamentarischen Mehrheit, die sich auf die revolutionäre Massenbewegung des Proletariats, der Werktätigen, stützt, würde für die Arbeiterklasse einer Reihe kapitalistischer und ehemaliger kolonialer Länder die Voraussetzungen für einschneidende soziale Umgestaltungen schaffen. In den Ländern aber, wo der Kapitalismus noch stark ist, wo ihm ein riesiger Militär- und Polizeiapparat zur Verfügung steht, ist allerdings ein harter Widerstand der reaktionären Kräfte unausbleiblich. Dort wird sich der Übergang zum Sozialismus im Zeichen eines scharfen Klassenkampfes, eines revolutionären Kampfes vollziehen. Bei allen Formen des Übergangs zum Sozialismus ist es die unerläßliche und entscheidende Voraussetzung, daß die Arbeiterklasse mit ihrer Vorhut an der Spitze die politische Führung übernimmt. Anders ist der Übergang zum Sozialismus unmöglich."
Ich verstand einfach nicht die sehr starke Phantasie zahlreicher Politiker im Westen, die eine neue Zeit im Osten heraufdämmern sahen. Das für uns wesentliche Ergebnis des 20. Parteikongresses der KPdSU war nach meiner Ansicht lediglich, daß Chruschtschows Einfluß gestiegen war. Eine Wandlung in der Grundhaltung war nicht zu erkennen.

Chruschtschow war eine Persönlichkeit von starker Vitalität, ja Brutalität, wie ich selbst in Moskau erfuhr. Er war viel emotionaler als Bulganin. Bulganin hatte eine kalte Härte, soweit man das beurteilen konnte, Chruschtschow eine glühende, eine vitale, eine eruptive Härte. Ein diktatorisch regiertes Staatswesen, das sich großen inneren Schwierigkeiten gegenübersah – und daß dies für die Sowjetunion zutraf, darüber war kein Zweifel möglich –, mit einem Manne wie Chruschtschow an der Spitze, barg natürlich für die Entwicklung im Inneren wie auch nach außen eine größere Gefahr in sich, als wenn es von einem kälteren Manne, der die Dinge ruhig überlegte, geführt würde.

Zusammenfassend war zunächst über den 20. Parteikongreß der KPdSU zu sagen: Die sowjetische Führung hatte gewisse Herrschaftsmethoden Stalins verurteilt, obgleich die nunmehr Führenden die gehorsamsten Mittäter Stalins gewesen waren. Sie hatten eine Anzahl theoretischer Lehren von Stalin aufgegeben, und sie hatten Stalins Fähigkeiten in Zweifel gezogen. Sie hatten aber die imperialistische Außenpolitik Stalins bis heute nicht verurteilt, sie zeigten bis jetzt keine Bereitschaft, die Ergebnisse ihrer imperialistischen Außenpolitik zu revidieren und den von ihr versklavten Völkern die Freiheit wiederzugeben. Sie verfolgten noch dieselben weltpolitischen Endziele wie Stalin, wenn auch mit teilweise neuen und elastischeren Methoden.

2. Gefährliche Anzeichen westlicher Uneinigkeit

Die Reaktion in der Weltöffentlichkeit auf den 20. Parteikongreß der KPdSU erfüllte mich mit großer Sorge. Sie zeigte, daß man in vielen Ländern die Mentalität eines diktatorischen Regimes nicht verstand. Wir in Deutschland hatten mit einem solchen System leider zwölf Jahre lang Erfahrungen machen müssen. Wir Deutschen wissen aus eigener Erfahrung, welche Dummheiten ein Diktaturregime machen kann; Dummheiten auch von seinem eigenen Standpunkt aus betrachtet. Wenn also Sowjetrußland weiter diktatorisch regiert würde, wenn es weiter aufrüstete, wenn es durch seine Propaganda immer neue Unruhe hervorbrachte, wenn es die Unterminierung der freien Länder fortsetzte und wenn es beseelt blieb von der Überzeugung, daß der russische Kommunismus eines Tages die Welt beherrschen werde, dann mußte man auf alles gefaßt sein, auch auf einen Überfall, sofern man schwach erschien. Unsere Mahnung, gegen jeden Überfall gewappnet zu sein, war nichts anderes als Ausdruck der Besorgnis, durch unsere Schwäche auf der Gegenseite eines Tages vielleicht einen

Mangel an kühler Überlegung auszulösen, der nicht nur die Bundesrepublik gefährden würde.

Die Vorgänge in Sowjetrußland wurden im Westen geradezu fasziniert verfolgt. Es schien mir, daß sie bei weitem überschätzt wurden. Aber es war nun einmal eine Tatsache: Die neue sowjetische Taktik übte starke Wirkungen aus. Die unmittelbare militärische Bedrohung von seiten Sowjetrußlands in Europa, so glaubte man, war entfallen. Als Folge hiervon wies die westliche Verteidigungsallianz gewisse Ermüdungserscheinungen auf, die sehr wohl zu einer Lockerung unseres Verteidigungsbündnisses führen konnten. In der Öffentlichkeit mancher unserer Verbündeten waren Zweifel an der Richtigkeit der bisherigen Politik des Westens gegenüber Sowjetrußland und Rufe nach ihrer Überprüfung laut geworden. Zwischen einigen der Mitglieder des westlichen Bündnisses traten ernste Meinungsverschiedenheiten stärker in den Vordergrund und erschwerten eine vertrauensvolle Zusammenarbeit. Die Völker des Westens waren der ständigen Ausgaben und Anstrengungen für die Rüstung müde. Sie neigten wieder dazu, ihre nationalen Interessen überzubewerten in Verkennung der tatsächlichen Gefahren für alle.

Die mangelnde Einigkeit in der Politik der Westmächte zeigte sich im Frühjahr 1956 besonders in der Frage der Abrüstungsverhandlungen. Am 19. März 1956 sollte der Abrüstungsunterausschuß der Vereinten Nationen, der zum letzten Mal im September 1955 in New York getagt hatte, seine Arbeit wieder aufnehmen. Die Arbeit dieses Abrüstungsunterausschusses, dem lediglich fünf Mächte angehörten, nämlich Frankreich, Großbritannien, Kanada, die USA und die UdSSR, war bisher völlig ergebnislos verlaufen.

Nach dem Urteil unseres Auswärtigen Amtes würde bei diesem Stand der Dinge, an dem auch die nach der New Yorker Tagung des UN-Ausschusses abgehaltene zweite Genfer Konferenz und die 10. Vollversammlung der Vereinten Nationen nichts geändert hatten, an einen Erfolg für die jetzt in Aussicht genommene neue Konferenz nur zu denken sein, wenn bei ihr von neuen Konzeptionen ausgegangen würde. Unser Auswärtiges Amt hielt dies nicht für ausgeschlossen, denn es war bekannt, daß die Amerikaner eine aus mehreren Fachausschüssen bestehende Sonderkommission zur Überprüfung der amerikanischen Haltung in der Abrüstungsfrage eingesetzt hatten. Gleichfalls war bekannt, daß die Briten und Franzosen nach einem Ausweg suchten, von dem sie hofften, er wäre für die Sowjets annehmbar. Die Franzosen und die Engländer schienen sehr viel mehr als die Amerikaner geneigt zu sein, den Russen entgegenzukommen.

In Frankreich hatten am 2. Januar 1956 Parlamentswahlen stattgefunden.

Guy Mollet, den ich seit Jahren gut kannte, war mit der Regierungsbildung betraut worden. Die Lage in Frankreich war außerordentlich labil, die Kommunisten waren wieder einmal als stärkste Partei aus den Wahlen hervorgegangen. Unter großen Schwierigkeiten gelang es Mollet, eine Regierung zu bilden, die aber keineswegs als stabil anzusehen war. Der Vietnamkonflikt hatte immer noch große Rückwirkungen auf Frankreich, und Algerien bedeutete eine weitere Belastung. Die Labilität der innenpolitischen Lage in Frankreich schaffte für ganz Europa, insbesondere auch für Deutschland, eine gefährliche Situation, da Guy Mollet auf viele Strömungen Rücksicht nehmen mußte.

Über die Haltung Mollets zur Frage der Priorität von Wiedervereinigung und Abrüstung war mir folgendes bekannt: Die Reihenfolge der Gesprächsthemen auf der Genfer Außenministerkonferenz vom Herbst 1955 – nämlich: 1. Sicherheit in Europa und Wiedervereinigung Deutschlands, 2. Abrüstung – hatte nicht seine Billigung gefunden. Mollet hätte es für klüger gehalten, wenn man mit der Diskussion über die Abrüstung begonnen und dann erst die anderen Fragen behandelt hätte. Wenn man mit dem Problem der Abrüstung begänne, so argumentierte er, würde man in den anderen Fragen sehr viel leichter Fortschritte erzielen können. Diese Auffassung vertrat er nun auch als Regierungschef Frankreichs. In seiner Investiturrede am 31. Januar erklärte er: „Das Wichtigste müssen heute die Verhandlungen mit dem Ziel einer allgemeinen, gleichzeitigen und scharf kontrollierten Abrüstung sein ... Die Frage der Wiedervereinigung Deutschlands wird allen viel klarer erscheinen, wenn einmal die Abrüstung erfolgt ist. Eine allgemeine, gleichzeitige und kontrollierte Abrüstung würde einen ungeheuren Widerhall finden. Das internationale Klima würde gewandelt."

Wie Mollet die Folgen des 20. Parteikongresses der KPdSU beurteilte, ging aus einem Interview hervor, das am 4. März von dem „Columbia Broadcasting System" ausgestrahlt wurde. Mollet erklärte hierin zuversichtlich: „Die Entwicklung, die wir mit Genugtuung in der sowjetischen Politik feststellen, berechtigt zu der Annahme, daß die Sowjetunion ihre in der Vergangenheit begangenen gefährlichen Fehler eingesehen hat und daß sich diese Fehler nicht wiederholen werden."

Zum Außenminister ernannte Mollet Christian Pineau. Das Studium seiner Äußerungen zeigte ebenfalls deutlich, daß die französische Regierung ein Junktim von Abrüstung und Wiedervereinigung Deutschlands ablehnte. Am 16. Februar erklärte Pineau vor dem Außenpolitischen Ausschuß der Nationalversammlung: „Um aus der Sackgasse herauszukommen, in der man sich seit Beendigung der letzten Genfer Konferenz befindet, bezeichnet es die französische Regierung als wünschenswert, daß schnell Verhandlungen über die allgemeine Abrüstung eingeleitet werden."

Am 23. Februar führte er zum gleichen Thema auf einer Pressekonferenz im Quai d'Orsay aus: „Kommen wir zu einer Vereinbarung, wenn nicht genereller, so wenigstens genügend bedeutsamer Natur, auf dem Gebiet der Abrüstung, so würde das so geschaffene internationale Klima es erlauben, die bis jetzt praktisch unterbrochene Diskussion über die Wiedervereinigung Deutschlands wieder aufzunehmen... Wir sind Anhänger der Koexistenz. Gleich nach meiner Ankunft im Quai d'Orsay habe ich der Meinung Ausdruck gegeben, daß Frankreich beste Beziehungen mit den Ländern des Ostens haben muß. In dem Maße, wie die Sowjets ihre Haltung im Sinne einer größeren Nachgiebigkeit (Souplesse) modifizieren, nähern wir uns ihnen unbestreitbar."

Vor der anglo-amerikanischen Presse in Paris unterstrich Pineau am 2. März 1956 laut „Le Monde" und „Le Populaire" nachdrücklich die Bedeutung der Haltung von Guy Mollet, der forderte, „daß Fortschritte in der Abrüstung realisiert werden, bevor man das Problem der Wiedervereinigung Deutschlands behandele". Weiter sagte Pineau: „Die Neutralisierung zum Beispiel hat nicht den gleichen Sinn im Rahmen einer Abrüstung wie im Rahmen einer Politik der allgemeinen Aufrüstung." Dies waren gefährliche Töne.

Wie tief die Risse und Meinungsverschiedenheiten über wesentliche Fragen unter den westlichen Verbündeten waren, zeigten noch deutlicher Passagen der Rede Pineaus vom gleichen Tage vor dem gleichen Forum, aus der „Le Monde" unter anderem zitierte: „Eine der ersten Feststellungen, die ich bei der Übernahme meiner Funktion machen mußte, war, daß es in der Welt keine wahrhaft gemeinsame französisch-britisch-amerikanische Politik gibt. Wir haben dies in dem für uns bedeutsamen Gebiet Nordafrikas festgestellt. Wir haben dort eine Prüfung zu bestehen, an der die angelsächsische Welt sich nicht desinteressieren kann. Gewiß suche ich nicht unsere eigenen Fehler zu verbergen. Aber das aktuelle Problem ist nicht mehr das des Kolonialismus. In Algerien haben wir keine genau bestimmten Gesprächspartner, und wir haben den Eindruck, daß sich hinter gewissen Formen des Aufruhrs und der Propaganda der Wunsch gewisser Mächte zeigt, die Erbschaft Frankreichs anzutreten. Wir haben den Eindruck, daß in Nordafrika ein Spiel getrieben wird. Erlauben Sie mir, daß ich in dieser Hinsicht präzise Tatsachen zitiere, zum Beispiel die Tatsache, daß Marokko bereits gewisse Angebote für den Fall erhalten hat, daß es nicht in der französischen Franc-Zone bleiben will. In gleichem Sinn hat Ben Bella erklärt, daß er sich Waffen auch von woanders her besorgen könne. Schließlich wäre es ein unheilvoller Irrtum zu glauben, daß im Rahmen der NATO Nordafrika einen externen Kriegsschauplatz darstellt. Unsere amerikanischen Freunde können uns wohl nicht erzählen, daß sie nicht imstande wären, diese Situation zu verstehen. Welche Lösung soll gefunden werden? Welche es auch immer ist, so könnte eine engere Union zwischen Frankreich, Großbritannien und den Vereinigten Staaten die Ausarbeitung einer solchen Lösung erleichtern, wogegen das gegenwärtige Schauspiel unseren Gegnern eher den Eindruck vermittelt, daß sie einen von uns gegen den anderen ausspielen können."

Auch zu Vietnam kritisierte Pineau seine westlichen Partner. Er sagte: „Wenn die Vereinigten Staaten in Vietnam eine Politik der Zusammenarbeit mit Frankreich geführt hätten, so wäre die Situation eine andere. Jetzt verlangt die südvietnamesische Regierung die Abberufung der Reste des französischen Expeditionskorps. Ihr Amerikaner stellt Euch jetzt die Frage, was aus den enormen Mengen amerikanischen Kriegsmaterials werden wird, das dort abgeladen wurde. Vielleicht wäre es besser gewesen, sich mit dieser Frage früher zu beschäftigen."

Gefährliche Anzeichen westlicher Uneinigkeit und für die Sowjets ermutigende Beweise dafür, daß ihre Hoffnung auf westliche Zerfallserscheinungen berechtigt sei, sprachen in erschreckender Weise aus dieser Rede des neu ernannten französischen Außenministers.

Allgemein zur Politik des Westens erklärte Pineau, er habe die durch die Westmächte im Laufe der letzten Jahre verfolgte Politik zutiefst mißbilligt. Er sagte: „Wir haben einen enormen Fehler begangen, indem wir annahmen, daß die Probleme der Sicherheit die einzigen internationalen Probleme wären, mit denen wir uns zu befassen haben. Eine öffentliche Meinung, die zwei Arten von Propaganda gegenübergestellt ist, wovon die eine sich ausschließlich auf militärischem Gebiet auswirkt und die Sicherheit um jeden Preis zum Ziele hat, während die andere Tag für Tag Friedensangebote macht, wird die Propagandaart, die Lösungen des Friedens anbietet, vorziehen, selbst wenn sie nicht ernsthaft sind, und nicht jene Propagandaart, die stets von militärischen Lösungen spricht. Ich gehöre zu denen, die der Ansicht sind, daß die fünf Millionen kommunistischer Wähler Frankreichs durch das Versprechen des Friedens angezogen werden, auch wenn die Mittel, dahin zu gelangen, recht vage bleiben. Haben wir auf diesem Gebiet nichts vorzuschlagen?"

Die westliche Welt müsse nach Auffassung Pineaus über eine rein statische Konzeption der Koexistenz hinausgehen. Die französische Politik jedenfalls werde systematisch auf einen kulturellen Austausch zwischen Ost und West gerichtet sein. Solange der gegenwärtige Zustand anhalte, werde eine westliche Propaganda in den kommunistischen Ländern ausgeschlossen, während unsere eigenen Länder einer kommunistischen Propaganda ausgesetzt seien. Würde man erreichen, den Eisernen Vorhang zu heben, so wäre sicher, daß die kommunistischen Länder gegen die Propaganda der Freiheit nicht unempfindlich blieben. Die Politik des Krieges sei aufgegeben worden. Nun handele es sich darum, eine Friedenspolitik zu zimmern, um das gemeinsame Ideal von Gerechtigkeit, Gleichheit und Freiheit triumphieren zu lassen.

Am 12. März 1956 traf der französische Ministerpräsident Guy Mollet mit dem britischen Premierminister Anthony Eden zusammen. In Frankreich wie auch in Großbritannien drängte man darauf, alles zu versuchen, um zu einer Einigung mit der Sowjetunion zu kommen. Die feste und unmißverständliche Position, die die Westmächte auf der Genfer Außenministerkonferenz zur Frage der Verbindung von Wiedervereinigung Deutschlands, Sicherheit in Europa und Abrüstung noch gemeinsam eingenommen hatten, schien nunmehr zumindest von diesen beiden Mächten verlassen zu sein. Im Anschluß an die Besprechungen zwischen Mollet und Eden hieß es, man sei übereinstimmend der Auffassung, daß die Abrüstung an die erste Stelle aller Erwägungen zu stellen sei. Es wurde angekündigt, daß man zu der am 19. März 1956 beginnenden Tagung des Subkomitees der UN-Abrüstungskommission einen Vorschlag einbringen werde, der einen Kompromiß zwischen den bisherigen westlichen und sowjetischen Vorstellungen darstelle. Man hoffe, die Vereinigten Staaten würden ihre Zustimmung zu diesem Plan gleichfalls geben können.

Die Engländer vertraten den Standpunkt, wie es namentlich der britische Unterstaatssekretär Anthony Nutting gegenüber Außenminister von Brentano klarlegte, daß das deutsche Problem einen Fortschritt in der Abrüstungsfrage nicht blockieren dürfe, obgleich man es natürlich nicht außer acht lassen dürfe.

Nur die Amerikaner schienen noch von der auf der Genfer Außenministerkonferenz vertretenen Ausgangsposition auszugehen, nämlich daß Schritten zur Abrüstung nur bei vorheriger Lösung der deutschen Frage die Zustimmung gegeben werden dürfe. Ob die Amerikaner unter dem Druck der Franzosen und Engländer nachgeben, ob weichere Tendenzen in der amerikanischen Politik die Oberhand gewinnen würden, ob neue Konzeptionen zum Durchbruch kamen – in den Vereinigten Staaten war das Jahr 1956 ein Jahr der Präsidentenwahlen – das alles waren für uns sehr wichtige Fragen.

Die drei Westmächte nahmen keine einheitliche Position ein. Das Problem der Wiedervereinigung Deutschlands schien in den Hintergrund zu treten.

Ich hielt es für notwendig, den Westmächten über unsere diplomatischen Vertretungen in London, Paris und Washington eine Botschaft zu übermitteln, in der ich unsere Auffassung zu den von ihnen zu beratenden Themen darlegte, zumal die Londoner Verhandlungen wesentliche Fragen des Schicksals Deutschlands behandeln würden. In meiner Botschaft an die drei Westmächte stellte ich fest, daß Maßnahmen, die den politischen und militärischen Status und das Gebiet der Bundesrepublik betreffen, nicht ohne unsere Zustimmung vereinbart werden durften. Ich wies auf die Verbindung der Abrüstungsfrage mit der allgemeinen Weltpolitik, mit der Sicherheit der Bundesrepublik und vor allem mit der Frage der Wiedervereinigung hin und bat, daß es der Bundesregierung ermöglicht werde, den Verlauf der Verhandlungen in London zu verfolgen und Gelegenheit zu erhalten, rechtzeitig ihren Standpunkt bei den Beratungen zur Geltung zu bringen. Die Westmächte zeigten volles Verständnis für dieses Anliegen und gaben mir eine positive Antwort.

Man mußte sich immer wieder den Ausgangspunkt der ernsten Situation in der Welt vor Augen halten, und dieser lag in der Expansionspolitik der Sowjetunion. Die ursprüngliche und erste Ursache der Spannung, die sich nunmehr über die ganze Welt erstreckte, war nicht die Rüstung des Westens. Die erste Ursache war die Unterjochung der Satellitenstaaten durch Sowjetrußland, die Spaltung Deutschlands und die Aggression in Korea. Der Osten hatte, um diese Unterjochungen durchzuführen, in starkem Maße aufgerüstet. Seit dem kommunistischen Übergriff auf Südkorea rüstete auch der Westen auf. Wenn man jetzt an eine Beseitigung der Spannungen dachte, mußte man versuchen, den umgekehrten Weg zu gehen. Man mußte versuchen, eine allgemeine Rüstungsbegrenzung herbeizuführen. Eine solche allgemeine Rüstungsbegrenzung würde eine gute Atmosphäre schaffen, um die ernsten Ursachen der Spannung auf der Welt zu beseitigen, und hierzu gehörte vor allem die Beendigung der Spaltung Deutschlands. Es bestand zwischen der Spaltung Deutschlands und der allgemeinen Entspannung, die zweckmäßig durch eine Rüstungsbegrenzung einzuleiten war, ein innerer Zusammenhang. Wir würden daher die auf eine allgemeine Rüstungsbegrenzung gerichtete Politik voll unterstützen.

In Frankreich, in Großbritannien drängte man auf Abrüstung, und wir in der Bundesrepublik standen vor der Aufrüstung, wir in der Bundesrepublik mußten, wollten wir die Pariser Verträge erfüllen, Wehrgesetze im Bundestag verabschieden und in unserem Haushalt entsprechende finanzielle Ausgaben festlegen. Hierin sahen viele eine groteske Situation. Die Bundesregierung konnte aber darauf hinweisen, daß die Rüstung der Bundesrepublik bereits begrenzt und kontrolliert sein würde, entsprechend den im

Vertrag über die Westeuropäische Union niedergelegten Bedingungen. Wenn wir also eine allgemeine Begrenzung der Rüstung empfahlen, so gaben wir damit unsere bisherige Politik keineswegs auf, im Gegenteil, wir suchten zu erreichen, daß auch die übrigen Staaten eine gleiche Politik einschlugen auf dem Gebiete der Rüstung, nämlich: Begrenzung und Kontrolle. Die Unterstützung der Bestrebungen, eine allgemeine Rüstungsbegrenzung zu erreichen, bedeutete nicht, daß die Bundesrepublik Deutschland ihren vertraglich begründeten Verpflichtungen im Rahmen der NATO und der WEU nicht nachkommen wolle. Die allgemeine Rüstungsbegrenzung bedeutete nicht eine totale Entwaffnung. Die Bundesrepublik aber war total entwaffnet und konnte erst durch die unumgänglich notwendig gewordenen Maßnahmen zur Gewährleistung unserer Sicherheit den ungefähren Stand der Truppenstärke und Bewaffnung erreichen, der auch bei einer allgemeinen Rüstungsbegrenzung wohl in Frage kommen würde. Dies war der Stand der Dinge.

3. Notwendige Gewährleistung der Kontinuität meiner Politik
– Heinrich von Brentano –

Von großer Wichtigkeit war es bei der Schwierigkeit der Situation, daß ich gute Mitarbeiter hatte, auch damit die Politik, die ich verfolgte, konstant fortgeführt würde. Ich wußte sehr wohl, welche Grenzen mir durch mein Alter gesetzt waren.

Am 5. Januar 1956 hatte ich mein 80. Lebensjahr vollendet. Die Vollendung des achtzigsten Lebensjahres mußte mich nachdenklich stimmen. Mein ärztlicher Berater, Professor Martini, der mir im Jahre 1949 versichert hatte, ein Jahr, vielleicht auch zwei Jahre könne ich das Amt des Bundeskanzlers ausüben, schrieb mir: „Ich sehe zwar Ihrem 80. Geburtstag nicht mit der Sorge entgegen wie viele Ihrer nichtmedizinischen Freunde, weil ich die Kraftreserven kenne, die Sie haben, aber immerhin, halten Sie Maß!" Dieser Brief machte mir Mut, er mahnte mich aber auch zur Vorsicht.

Ein anderer, der mir Mut machte, war Eugen Gerstenmaier. In einer Festrede anläßlich meines Geburtstages versuchte er klarzumachen, worin die Bedeutung des Alters in der gegenwärtigen Zeit bestehe. Er kam zu dem Schluß: In der Summe der Erfahrungen in einer unendlich wechselvollen Zeit. Damit hatte Gerstenmaier etwas sehr Richtiges gesagt. Erfahrungen, wenn man mit offenen Augen durch das Leben geht, sind durch nichts zu ersetzen, nicht durch Wissenschaft, nicht durch Lernen, nicht durch angeborene Klugheit. Wenn man durch eine bewegte Zeit hindurchgeschritten ist, bald an höherer, bald an weniger hoher Stelle, und alle Ereignisse in sich aufgenommen hat, dann bekommt man doch ein Gefühl dafür, was das Echte, das Wahre und das Bleibende ist. Man bekommt ein viel stärkeres Gefühl dafür, was zu tun ist, als wenn man nur mit dem Verstand arbeitet oder allein aus irgendeinem bestimmten Motiv heraus. Man hat die wechselvollen Situationen dann selbst erlebt und an sich erfahren. Das ist ein wertvoller Besitz, mit dem man vieles leisten kann.

Als einen der wichtigsten Bürgen für die Fortsetzung meiner Politik betrachtete ich meinen Außenminister Dr. Heinrich von Brentano. Von Brentano gehörte zu den Mitbegründern der hessischen CDU, er hatte mit an der hessischen Landesverfassung gearbeitet, er wurde Vorsitzender der hessischen CDU-Landtagsfraktion und im Jahre 1948 Mitglied des Parlamentarischen Rates. Seit September 1949 hat er die CDU/CSU-Bundestagsfraktion geführt und sich bei dieser Aufgabe sehr bewährt. Wir alle schätzten an ihm seinen scharfen, juristisch geschulten Geist. Von Brentano war ein persönlich zurückhaltender, ich fühle mich versucht zu sagen, scheuer Mensch, dem es nicht gegeben war, leicht persönliche Kontakte herzustellen. Seine Gehemmtheit verlor er jedoch ganz im politischen Gespräch. Er konnte dann eine sehr scharfe Schlagfertigkeit entwickeln.

Am 7. Juni 1955 war Dr. Heinrich von Brentano das Amt des Außenministers der Bundesrepublik Deutschland übertragen worden. Ich hatte mich nicht leichten Herzens von diesem Amt getrennt, aber die Arbeitsfülle, die ich als Bundeskanzler und als Vorsitzender der CDU zu bewältigen hatte, ließ es als notwendig erscheinen, daß ich das Amt des Außenministers abgab. Ich überließ es keinem lieber als Heinrich von Brentano, der in der Vergangenheit größtes Verständnis für die außenpolitischen Zusammenhänge bewiesen hatte. Als ich Bundespräsident Heuss vorschlug, Heinrich von Brentano zum Außenminister zu ernennen, hatte ich diesem jedoch vorher ausdrücklich mitgeteilt, daß ich mir bestimmte Gebiete der Außenpolitik vorbehielte.

Anfangs ergaben sich hier und da Spannungen, die wir jedoch beseitigen konnten. Wie ich schon erwähnte, war von Brentano bis zur Übernahme des Außenministeriums Vorsitzender der Bundestagsfraktion der CDU/CSU gewesen und besaß als solcher eine sehr viel freiere Stellung als nunmehr als Bundesminister. Ich war mehrfach genötigt, ihn darauf hinzuweisen, daß das Verhältnis des Vorsitzenden der Bundestagsfraktion der CDU/CSU zum Bundeskanzler und zur Bundesregierung ein anderes sei als das eines Bundesministers. Im Laufe der Zeit entwickelte sich aber das Verhältnis zwischen ihm und mir zu einer sehr freundschaftlichen und fruchtbaren Zusammenarbeit.

Ich hielt von Brentano für einen überdurchschnittlich begabten Politiker und beobachtete sein Verhalten auch unter dem Gesichtspunkt, ob er die Fähigkeiten, die das Amt des Bundeskanzlers erforderte, besaß. Seit meiner ersten Begegnung mit Heinrich von Brentano im Jahre 1946 hatten sich unsere Wege immer mehr einander genähert und sich parallel gestaltet. Gerade auf von Brentano, der noch verhältnismäßig jung war, setzte ich große Hoffnungen für die Zukunft. Diese meine Einstellung ihm gegenüber veranlaßte mich, stets mit ihm sehr offen und freimütig zu sprechen.

Über das Verhältnis des Bundeskanzlers zu den Bundesministern, über die beiderseitigen Kompetenzen seien mir in diesem Zusammenhang einige Ausführungen gestattet: Allgemein mußten sich die Bundesminister darüber im klaren sein, daß sie im politischen Leben nicht Einzelgänger sein konnten, sondern Mitglieder eines Kabinetts waren, und daß der Bundeskanzler im Gegensatz zur Weimarer Verfassung – in der übrigens auch der Satz steht, daß der Reichskanzler die Richtlinien der Politik bestimmt – gegenüber dem Parlament für jeden der Bundesminister verantwortlich ist. Unsere Verfassung, das Grundgesetz, hatte bewußt und gewollt auf Grund der Erfahrungen, die mit der Weimarer Verfassung gemacht worden waren, die Stellung des Bundeskanzlers außerordentlich gestärkt. Am prägnantesten tritt das dadurch hervor, daß der Deutsche Bundestag nicht wie in der Weimarer Zeit der Reichstag einem einzelnen Minister sein Mißtrauen aussprechen und diesen dadurch zum Rücktritt zwingen kann, sondern nur dem Bundeskanzler mit den entsprechenden Folgen für das ganze Kabinett.

Von Brentano schien dies anfangs nicht ganz richtig zu sehen. So sah ich mich zum Beispiel Anfang des Jahres 1956 veranlaßt, an von Brentano folgendes zu schreiben: „Ich bin in Sorge, daß Sie die Stellung eines Bundesministers sowohl gegenüber seinen Kollegen wie auch gegenüber dem Bundeskanzler nicht richtig verstehen und sich daher Schwierigkeiten zuziehen, die sich leicht vermeiden ließen. Der Bundeskanzler gibt nicht nur die Richtlinien der Politik an. Gegenüber der früheren (Weimarer) Verfassung, die die gleiche Bestimmung enthielt, ist seine Verantwortung für die Tätigkeit aller Bundesminister viel größer als früher die Verantwortung des Reichskanzlers für die Tätigkeit der Reichsminister, denn er muß gegenüber dem Parlament, und zwar er allein, die Verantwortung auch für die Tätigkeit der Bundesminister tragen. Das setzt voraus, daß er von den Bundesministern über wichtige Angelegenheiten rechtzeitig orientiert wird, rechtzeitig, damit er – falls nötig – andere Weisungen geben kann."

Von Brentano hatte eine ausgesprochen politische Begabung. Er verfügte über ein großes Wissen, war außerordentlich fleißig – eine wichtige Voraussetzung für einen fähigen Außenminister – und verstand, aus der Fülle

Ein Brief von Brentanos

der politischen Ereignisse eine klare Analyse zu ziehen und sein außenpolitisches Handeln entsprechend zu gestalten.

Am 28. März 1956 sandte er mir einen Brief, in dem er eine Darstellung unserer Situation gab. Die Fülle der Arbeit, die er auf sich nahm, hatte seine Gesundheit beeinträchtigt, und er verfaßte diesen Brief während eines Kuraufenthaltes in Bad Wörishofen.

Am 19. März 1956 waren die Abrüstungsverhandlungen des UN-Subkomitees in London aufgenommen worden, ich erwähnte es schon. Die erste Verhandlungswoche hatte einen britisch-französischen und einen amerikanischen Vorschlag gebracht. Die Amerikaner hatten den von Mollet und Eden am 12. März 1956 bereits öffentlich angekündigten britisch-französischen Vorschlag nicht gebilligt. Sie brachten durch ihren Delegierten Harold E. Stassen eigene Pläne ein. Am 27. März 1956 stellte auch der sowjetische Delegationsführer Gromyko einen ausführlichen Plan zur Diskussion.

Der Verlauf der ersten Unterredungen berechtigte nicht zu einem Optimismus hinsichtlich des Ergebnisses der Verhandlungen. Für den 18. April 1956 erwartete man in London den Besuch von Bulganin und Chruschtschow. Auf westlicher Seite erhoffte man von diesem Besuch entscheidende Fortschritte in den Abrüstungsgesprächen. Doch diese Hoffnungen – ich komme hierauf im nächsten Abschnitt dieses Kapitels zurück – verflüchtigten sich. Schon hier aber möchte ich sagen, daß die Londoner Abrüstungsgespräche dieses Frühjahrs 1956 keinerlei Ergebnisse brachten. Ich möchte deshalb in diesem Zusammenhang auf die Einzelheiten der dort zur Diskussion gestellten Pläne und Probleme nicht näher eingehen. Die Zusammenhänge zwischen der Wiedervereinigung Deutschlands, Sicherheit in Europa und Abrüstung und die ganze schwierige Problematik, die daraus erwuchs, möchte ich zusammenfassend mit den Vorgängen der Jahre 1959 und 1960 und den zu dieser Zeit anstehenden Konferenzen behandeln. Um die Zusammenhänge und Problematik klarzulegen, halte ich es für erforderlich, sie in den Gesamtzusammenhang der politischen Vorgänge dieser Jahre zu stellen.

Nun zurück zu dem Brief von Brentanos. Er schrieb:

„... In der erzwungenen Ruhe des Urlaubs findet man mehr Zeit als sonst, sich mit den Nachrichten zu beschäftigen, wie sie die Telegramme vermitteln, und auch mit der Berichterstattung in den Zeitungen. Und ich gestehe Ihnen offen, daß meine Sorge um die außenpolitische Entwicklung ständig wächst. An sich ist es nicht überraschend, daß die Erstarrung der Außenpolitik, wie sie als Ergebnis der beiden Genfer Konferenzen festzustellen war, sich aufzulockern beginnt. Damit mußte man rechnen, und diese Entwicklung lag sicherlich auch im wohlverstandenen deutschen Interesse. Aber die Art, wie diese Auflockerung zustande kam, halte ich für außerordentlich bedenklich...

Ich bestreite mit keinem Wort die Notwendigkeit, ernsthafte Abrüstungsverhandlungen zu führen und im Rahmen des Unterausschusses der UNO alles zu tun, um tatsächlich zu konkreten Ergebnissen auf diesem Gebiet zu kommen. Aber ich fürchte, daß die grundsätzlich verschiedene Mentalität und Zielsetzung der Gesprächspartner ein aufgeschlossenes Gespräch über dieses Thema nicht mehr zuläßt.

Auf der anderen Seite aber – und darin sehe ich die unmittelbare Gefahr nicht nur für Deutschland, sondern für die Politik der in der NATO zusammengeschlossenen Staaten schlechthin – bedeutet die Bereitschaft, nun das Abrüstungsgespräch vorzuziehen und die anderen Themen des internationalen Gesprächs in die zweite Rangstufe zu verweisen, ein klares, wenn auch vielleicht nicht beabsichtigtes Entgegenkommen an die Politik der Sowjetunion. Es muß unser besonderes Bemühen bleiben, die westliche Welt davon zu überzeugen, daß die internationale Spannung nicht durch Beschlüsse behoben werden kann, die eine sogenannte Abrüstung zum Gegenstand haben. Denn wenn es einmal dahin kommt, wird die Sowjetunion begreiflicherweise nicht mehr das geringste Interesse daran haben, die Frage der europäischen Sicherheit und die Frage der Freigabe der sowjetisch besetzten Zone auch nur zu diskutieren, geschweige denn in diesen beiden Fragen Konzessionen zu machen. Bis zur Genfer Konferenz waren sich die westlichen Außenminister über diese Zusammenhänge auch völlig im klaren. Und ich glaube, wir alle haben es mit Recht als den einzig sichtbaren Erfolg der beiden Genfer Konferenzen betrachtet, daß in dieser grundsätzlichen Vorfrage keine Meinungsverschiedenheit zwischen den Wortführern der amerikanischen, der englischen und der französischen Politik zu erkennen war; ich lasse bei dieser Betrachtung die Aktion des englischen Premierministers Eden auf der ersten Genfer Konferenz beiseite, weil es gelungen war, diese Aktion abzufangen.

Und die Entwicklung der letzten Wochen scheint mir zu zeigen, daß diese Übereinstimmung nicht mehr besteht. Darum schien mir auch Ihre unmittelbare Aktion bei den drei Regierungschefs so wichtig und bedeutungsvoll, aber ich kann nicht erkennen, ob sie in den drei Hauptstädten wirklich so aufgenommen worden ist, wie wir das erwarten durften.

Die Abrüstungsverhandlungen sind vielmehr weitergegangen. England und Frankreich haben einen gemeinsamen Vorschlag ausgearbeitet, dem sich die Vereinigten Staaten nicht angeschlossen haben. Die Sprecher beider Regierungen mußten zugeben, daß die Deutschlandfrage in diese Vorschläge

nicht mit aufgenommen wurde; die extensive Interpretation, die dieser Tage Staatssekretär Nutting gegeben hat, die Deutschlandfrage sei zwar nicht Gegenstand dieses Vorschlages, aber zum mindesten in der zweiten Phase seiner Verwirklichung müsse sie logischerweise aufgegriffen werden, kann mich in keiner Weise befriedigen. Der amerikanische Vorschlag war offenbar von dem Gedanken bestimmt, diese Lücke auszufüllen. Aber die Tatsache, daß die drei westlichen Mächte im Ausgangspunkt nicht übereinstimmen, wird es der Sowjetunion leicht machen, die Verhandlungen ausschließlich auf ein Abrüstungsprogramm abzudrängen. Der jetzt bekanntgewordene Vorschlag der Sowjetunion läßt diese Absicht erkennen ...
Die Gefahr dieser Entwicklung wäre vielleicht nicht so groß, wenn man damit rechnen könnte, daß die öffentliche Meinung in der Welt in der Beurteilung der wahren Absichten und Ziele der Sowjetunion übereinstimmte. Das scheint mir aber nicht mehr der Fall zu sein. Und hier komme ich zu dem zweiten Fragenkomplex, der mich sehr beunruhigt: der öffentlichen Diskussion über die Frage, ob sich die außen- und innenpolitische Konzeption der Sowjetunion nicht vielleicht grundlegend geändert habe.
Es scheint mir unbestreitbar, daß es der Sowjetunion gelungen ist, hier einen tiefgehenden Einbruch in die öffentliche Meinung zu erzielen. Die ständigen Besuche und Gegenbesuche, die zwischen der Sowjetunion und zahllosen anderen Ländern ausgetauscht werden, haben offenbar der Sowjetunion einen psychologischen und propagandistischen Erfolg eingebracht, den man nicht unterschätzen darf ... Die Tatsache, daß Herr Chruschtschow auf dem letzten Parteikongreß in Moskau den toten Stalin verurteilt hat, hat zu einer für mich unbegreiflichen Verwirrung in der öffentlichen Diskussion geführt. Viele Menschen und insbesondere viele Journalisten scheinen bereit zu sein, diese Erklärungen als ein Zeichen eines inneren Gesinnungswandels anzuerkennen. Nur ganz wenige stellen die nüchterne Frage, was eigentlich geschehen ist: Diejenigen, die Jahrzehnte hindurch die engsten Mitarbeiter und Spießgesellen eines Herrn Stalin waren, distanzieren sich nun mit einer geradezu widerwärtigen Verlogenheit und Scheinheiligkeit von dem, was sie unter ihm und mit ihm gemeinsam getan haben. An den tatsächlichen Zuständen hat sich nicht das Geringste geändert und wird sich auch meiner Überzeugung nach nicht das Geringste ändern – soweit die Politik der Sowjetunion in Frage kommt. In den anderen Ländern aber macht der Aufweichungsprozeß erschreckende Fortschritte. Die kommunistischen Parteien folgen der Moskauer Parole, die doch offenbar nur dem einen Zweck dienen soll und dienen kann, die Gefahr des Weltkommunismus zu bagatellisieren.
Für die außerordentliche Lage Deutschlands ist diese Entwicklung meiner

Überzeugung nach verhängnisvoll. Es wird in zunehmendem Maße der Eindruck geschaffen, als sei das sowjetrussische System von heute ein anderes als das von gestern. Immer mehr Stimmen werden laut, die uns und anderen sagen, man müsse diese ‚Chance' nun nutzen ...
Ich bin nun durchaus mit Ihnen der Meinung – und ich erinnere an Ihre grundlegende Erklärung vor dem Bundestag im vergangenen Jahr –, daß auch Deutschland an einer weltweiten Abrüstung unmittelbar interessiert sein muß. Es würde uns auch schlecht anstehen und eine gefährliche Reaktion im In- und Ausland auslösen, wenn wir uns dieser Erkenntnis versagen würden. Auf der anderen Seite aber glaube ich, daß wir erkennen müssen, welche Gefahren sowohl ein erfolgreiches wie ein erfolgloses Abrüstungsgespräch gerade für Deutschland mit sich bringen werden.
Sollte es tatsächlich im Laufe der Londoner Verhandlungen zu einer Abrüstungsvereinbarung kommen – was ich für nahezu ausgeschlossen halte –, dann würde ein solches Ergebnis die Lage Deutschlands grundlegend verschieben. Die NATO als militärisch-strategisches Instrument der Verteidigung würde damit ihre eigentliche Aufgabe verlieren. Die Berichte zeigen schon jetzt, wie groß die Bereitschaft ist, diese Entwicklung nicht nur hinzunehmen, sondern zu fördern. Ich erinnere hier – wobei ich natürlich immer nur Beispiele nennen kann – an Berichte aus den skandinavischen Mitgliedstaaten der NATO, aber auch an jüngste Stimmen aus Frankreich. Praktisch würde es dahin führen, daß die NATO in Liquidation treten würde. Ich gehe nicht so weit, schon jetzt damit zu rechnen, daß sie in kurzer Zeit verschwinden würde. Aber sie würde sich sicherlich nicht mehr entwickeln, und ihre politische Bedeutung würde nicht wachsen, sondern ständig zurückgehen. Zwangsläufig würde damit natürlich auch das Interesse an den Bemühungen der Bundesrepublik, die effektive Kraft der NATO zu verstärken, ständig geringer werden. Man würde zwangsläufig die Ergebnisse einer Abrüstungsvereinbarung auch auf die Bundesrepublik übertragen, und am Ende einer solchen Erwägung steht dann natürlich und logischerweise die Neutralisierung oder, wie man sich dann vielleicht ausdrücken würde, die bewaffnete Neutralität. Das verminderte Interesse an dem deutschen Beitrag würde sich aber auch in der Beurteilung der gesamtdeutschen Probleme niederschlagen. Wenn die Weltmächte tatsächlich zu einer Vereinbarung über die Abrüstung kämen, dann wäre die unausweichliche Konsequenz die, daß sie sich auf der Basis des Status quo verwirklichen würde. Die Sowjetunion hätte nicht mehr das geringste Interesse, die sowjetisch besetzte Zone freizugeben, denn es würde ja eine solche Konzession von ihr nicht verlangt. Und diejenigen, die bisher die unlösbare Verbundenheit zwischen Sicherheitssystem, Abrüstung und Wiedervereini-

gung betont haben, würden darüber schweigen oder zum mindesten in höflicher, aber unmißverständlicher Weise erklären, daß die Frage nach der Wiedervereinigung Deutschlands an Gewicht verloren habe und ihre Lösung einem späteren Zeitpunkt unter veränderten weltpolitischen Verhältnissen überlassen bleiben müsse. Ich möchte in diesem Zusammenhang gerade auch die Äußerung des französischen Ministerpräsiaenten Mollet erwähnen, der dem Sinne nach erklärt hatte, daß das Interesse Frankreichs an der Wiederbewaffnung Deutschlands unter Einbeziehung in die NATO in erster Linie von der Furcht diktiert sei, daß Deutschland sich dem Ostblock anschließen könne. Ein Abrüstungsabkommen würde diese Sorge von Frankreich nehmen.

Um nicht mißverstanden zu werden, möchte ich noch eine grundsätzliche Bemerkung hinzufügen: Ich würde persönlich in einer Abrüstungsvereinbarung auf der Basis der englischen und französischen Vorschläge oder gar der Vorschläge, die die Sowjetunion nunmehr eingebracht hat, nicht den Beginn einer Epoche des gesicherten Friedens, sondern die endgültige Kapitulation vor dem Bolschewismus erblicken. Vereinbarungen dieser Art mit der Sowjetunion zu treffen, bedeutet nach meiner Überzeugung politischen Selbstmord. Die Sowjetunion würde – daran besteht für mich nicht der geringste Zweifel – eine solche Vereinbarung nicht als Abschluß, sondern als Ausgangspunkt ihrer Politik der Expansion und der Bolschewisierung betrachten. Eine derartige Abrüstungsvereinbarung wäre das Todesurteil für Europa.

Aber auch die Fortführung der begonnenen Gespräche auf der bisherigen Basis ohne eine abschließende Abrüstungsvereinbarung halte ich für ungeheuer gefährlich. Es liegt in der Hand der Sowjetunion – und sie wird meiner Überzeugung nach von dieser Möglichkeit Gebrauch machen –, die Verhandlungen lange hinzuziehen. Sie wird immer neue Vorschläge machen, und jeder Vorschlag wird dazu dienen, die Meinungsverschiedenheiten zwischen den drei westlichen Alliierten zu vergrößern. Daneben wird die Propagandatätigkeit der Sowjetunion weitergehen... Die amtliche russische Propaganda wird nicht müde werden, die Abkehr vom Stalinismus zu unterstreichen, und die kommunistischen Parteien in Europa haben ja offenbar den Auftrag, diese Propagandathesen aufzunehmen und sich als demokratische und koalitionsfähige Gruppen hinzustellen. Es wird zwangsläufig mit jedem Tage schwieriger werden, auf die Ausgangsposition zurückzukehren, die zu Beginn und am Ende der Genfer Konferenzen noch der gemeinsamen Vorstellung entsprach. Das Deutschlandproblem wird in der öffentlichen Meinung der Welt an Bedeutung verlieren.

Wir werden aber nicht verhindern können, daß es damit in Deutschland selbst verstärkt wieder aufgegriffen wird. Es ist nicht ohne bittere Ironie, daß man jetzt feststellen muß, wie sinnlos die Haltung der deutschen oppositionellen Kräfte war und wie richtig die Politik der Bundesregierung war, die darauf hinzielte, die Deutschlandfrage an die Spitze des Fragenkatalogs zu stellen.

Dieselben Deutschen, die uns den Vorwurf machten, die Frage der Wiedervereinigung nicht entschieden genug vertreten zu haben, werden, wenn die Entwicklung so weitergeht, erkennen, daß das Interesse an einer Lösung dieses Problems außerhalb Deutschlands nicht mehr besteht. Ich sehe es kommen, daß die Deutschen dann ungeduldig werden und drängend und fordernd das Gespräch mit der Sowjetunion verlangen. Die öffentliche Meinung wird sich diesem Drängen nicht mehr versagen, wenn die Entwicklung dahin geführt hat, daß man die Gefahr des Bolschewismus nicht mehr ernst nimmt. Und damit wird die deutsche Politik zwangsläufig zu einer Entwicklung gedrängt, die unsere Existenz bedrohen wird: zu einer Politik nämlich des Verhandelns nach mehreren Seiten in der falschen Vorstellung, daß man das Eigengewicht Deutschlands auf diese Art und Weise doch noch erfolgreich benutzen könne..."

4. Bulganin und Chruschtschow in London
Guy Mollet in Moskau

Es gab zahlreiche Politiker, die meinten, die starre, in sich gekehrte Ein-Mann-Diktatur Stalins sei nunmehr von einem beweglichen, weltoffenen „Direktorium" abgelöst worden, dem es in verhältnismäßig kurzer Zeit gelungen sei, der sowjetischen Politik Dynamik und eine Aufgeschlossenheit für die Notwendigkeiten anderer Völker zu verleihen. Eine große Aktivität in Gestalt von Einladungen und Reisen setzte ein, die der übrigen Welt das Streben des Sowjetvolkes nach Frieden vor Augen führen sollte. Man reiste von Ost nach West, von West nach Ost. Ende April wurden Bulganin und Chruschtschow in London erwartet, und für Mitte Mai hatte der französische Ministerpräsident Guy Mollet eine Einladung nach Moskau angenommen. Wenn man diese Reiseaktivität betrachtete, mußte man glauben, das Eis sei am Schmelzen. Vor allem erwartete man auf westlicher Seite, daß durch den sowjetischen Besuch in London den Abrüstungsverhandlungen ein entscheidender Impuls in Richtung auf eine Übereinkunft gegeben würde. Doch man erlitt eine schwere Enttäuschung. Wie unversöhnlich und unverändert in ihrer Starrheit die sowjetische Politik nach wie vor war, zeigte mir ein Bericht, den ich über den Besuch von Bulganin und Chruschtschow erhielt, die auf Einladung Edens vom 18. bis zum 27. April 1956 zu einem Staatsbesuch in Großbritannien weilten. Der Bericht wirkte höchst ernüchternd. Hallstein, der sich kurz nach Beendigung des sowjetischen Besuches zu Konsultationen in London aufhielt, telegrafierte:

„... In Deutschlandfrage haben Sowjetrussen auf Verhandlungen zwischen Bundesregierung und ‚DDR' verwiesen. Auf Hinweis, daß Gesamtdeutschland seine Orientierung frei wählen müsse, wurde geantwortet, Situation habe sich seit Genf geändert. Jetzt sei ‚DDR' allein zuständig. Auf Frage Selwyn Lloyds, ob Deutschland auf Dauer geteilt und entwaffnet gehalten werden solle, haben Russen bejahend geantwortet. Eine andere Politik enthalte schwere Gefahr, Deutschland werde ganz Europa kontrollieren, zum Schaden auch von England ...
In der Abrüstungsfrage sei überhaupt kein Fortschritt erzielt worden. Die Russen hätten jede Inspektion für unannehmbar erklärt. Sie zögen es jetzt vor, einseitig zu handeln. Sie hielten Aufrechterhaltung gegenwärtigen Rüstungsgrades, insbesondere Neubewaffnung vorhandener Truppen alle drei Jahre, für unvernünftig. Sie brauchten Arbeitskräfte für Landwirtschaft und Industrie und wollten wahrscheinlich außerdem aus dem Verkauf überflüssig werdender Waffen noch ein Geschäft machen. Bezüglich des Handels hätten Russen nicht auf Handelsvertrag gedrängt, sondern die Briten zu überzeugen versucht, daß die Handelsbeschränkungen gegen sie (die Briten) ausschlügen, weil sie (die Sowjetunion) zu eigener Produktion zwingen ...
Im ganzen seien die Russen ganz anders als früher ‚interessant' gewesen. Es sei leicht zu ihnen zu sprechen gewesen. Sie hätten mit Gründen und sehr direkt und ohne Umschweife diskutiert, wobei sie sich bemüht hätten, stets die Höflichkeit zu wahren. Sie hätten einen selbstsicheren und freimütigen Eindruck gemacht. Lloyd sah den Sinn ihres Auftretens darin, die Briten zu überzeugen, wie stark sie seien, die Briten einzuschüchtern und gleichzeitig ihren Leuten zu Hause zu zeigen, wie erfolgreich sie seien. Auffällig sei gewesen, daß sie keinerlei antiamerikanische Äußerungen gemacht hätten. Es sei auch anzunehmen, daß sie eine Verminderung der Spannung wollten, weil sie sich davon eine Desintegration der westlichen Allianz versprechen. Sie hätten offen gesagt, daß sie alles tun werden, um NATO zu zerstören ..."
Das wesentlichste Merkmal der Besprechungen während des Englandbesuches von Bulganin und Chruschtschow war von unserem Standpunkt aus gesehen die Tatsache, daß sich Großbritannien und Sowjetrußland

nicht über Möglichkeiten zur Erhaltung von Frieden und Sicherheit in Europa verständigen konnten. In dem gemeinsamen Schlußkommuniqué hieß es hierzu ganz nüchtern: „Die Vertreter der beiden Staaten haben der Aufrechterhaltung der Sicherheit in Europa eine besondere Bedeutung beigemessen, weil sie davon überzeugt sind, daß der Friede und die Sicherheit in Europa von entscheidender Bedeutung bei der Erhaltung des Weltfriedens sind. Eine Verständigung über die Mittel zur Erreichung dieses Zieles wurde jedoch nicht erzielt."

In der Frage der Wiedervereinigung war man keinen Schritt weitergekommen. Nach Abschluß des Besuches wurde vom Foreign Office, um alle Mißdeutungen über eine mögliche Änderung der britischen Einstellung hierzu von vornherein zu vermeiden, in einer offiziellen Erklärung festgestellt: „Die Herbeiführung der deutschen Wiedervereinigung in Frieden und Freiheit ist ein fundamentaler Grundsatz in der Außenpolitik der Regierung Ihrer Majestät. Nach unserer Ansicht ist sie das wichtigste Mittel der europäischen Sicherheit. Wie die vereinbarte Erklärung sagt, ist keine Verständigung über die Mittel zur Erreichung dieses Zieles in den Diskussionen erreicht worden. Jede Seite hielt ihre wohlbekannte Position aufrecht. Nach Ansicht der britischen Regierung hat die Herbeiführung der deutschen Wiedervereinigung einen hervorragenden Platz unter den Problemen, nach deren Lösung wir streben müssen."

Interessant war eine Mitteilung, nach der Chruschtschow in London führenden Labour-Politikern erklärt haben soll, die Sowjetunion werde möglicherweise versuchen, ein Übereinkommen direkt mit der Bundesrepublik auszuhandeln, falls die Westmächte an der bisherigen Deutschlandpolitik festhielten. Die Labour-Politiker waren der Ansicht, daß Chruschtschow nicht auf die nahe Zukunft anspielte, sondern offensichtlich an die Zeit nach meinem Abtreten von der politischen Bühne gedacht habe.

Auch der französische Ministerpräsident Guy Mollet, der sich Ende Mai etwa eine Woche lang in der Sowjetunion aufhielt, konnte keine wesentliche Änderung in der politischen Grundeinstellung der sowjetischen Führung feststellen, weder in der Abrüstungsfrage, noch in der Frage der europäischen Sicherheit und insbesondere nicht in der deutschen Frage. Mollet hatte es vor seinem Besuch nicht an freundlichen Gesten gegenüber Moskau fehlen lassen. Namentlich ein Interview, das am 6. April 1956 in der amerikanischen Zeitschrift „US News and World Report" wiedergegeben wurde, kam den Russen weit entgegen und schien eine sehr abweichende Haltung zum bisherigen Standpunkt der französischen Regierung widerzuspiegeln.

Mollet kritisierte in diesem Interview zunächst erneut die Rangordnung der Probleme auf der Genfer Außenministerkonferenz. Die Abrüstung müsse auch im Interesse der deutschen Wiedervereinigung an die erste Stelle gerückt werden. Er glaube, so mußte man aus dem Wortlaut des Interviews entnehmen, daß die Sowjetunion einer Wiedervereinigung Deutschlands nicht zustimmen könne, wenn Gesamtdeutschland bewaffnet und in den Atlantikpakt integriert sei, so bedeutend auch die Sicherheitsgarantien des Westens für diesen Fall seien. Die Frage der Zugehörigkeit Deutschlands zur NATO stelle sich aber im Augenblick und bei einer ersten Etappe der Abrüstung nicht. Nach seinen Vorstellungen müßte die für Deutschland vorgesehene Truppenstärke entscheidend geändert werden. Ein nächster Schritt wären Verhandlungen mit der Sowjetunion über die Gewährung freier Wahlen in ganz Deutschland. Im Verlaufe weiterer Verhandlungen könnten dann die Beziehungen Deutschlands zu dem bestehenden Bündnissystem geändert und der künftige Status Gesamtdeutschlands bestimmt werden.

Dieses Interview veranlaßte mich zur Anordnung einer Demarche unseres Botschafters in Paris. Mollet versicherte unserem Botschafter, er sei nach wie vor der Auffassung, daß niemals ein dauerhafter Friede erreicht werden könne, solange Deutschland nicht wiedervereinigt sei, er betonte jedoch, daß er eine Neutralisierung Deutschlands niemals akzeptieren werde. Er sei der Auffassung, daß Deutschlands Platz beim Westen sei, und dies schließe sowohl eine Neutralisierung als auch eine Diskriminierung aus.

Über das Gespräch, das Guy Mollet mit Chruschtschow führte, berichtete er mir am 4. Juni 1956 anläßlich eines Treffens in Luxemburg. Chruschtschow habe ihm unumwunden erklärt, achtzehn Millionen Deutsche in der Hand seien ihm lieber als ein wiedervereinigtes Deutschland, selbst wenn es neutralisiert sei. Diese Äußerung Mollets mir gegenüber ist durch ein Dolmetscherprotokoll festgehalten. Hiernach hatte Mollet über seine Unterredung mit Chruschtschow und anderen sowjetischen Politikern mir wörtlich erklärt:

„Zur Frage der Wiedervereinigung Deutschlands erklärten uns die sowjetischen Staatsmänner, sie zögen es vor, achtzehn Millionen Deutsche auf ihrer Seite zu haben als siebzig Millionen gegen sich oder bestenfalls neutralisiert. Sie fügten hinzu, sie könnten nicht verstehen, warum Frankreich sich positiv zu dieser Wiedervereinigung einstelle. Als ich (Mollet) ihm erklärte, daß die Partei, der anzugehören ich die Ehre habe, sich schon vor Kriegsende gegen eine Spaltung Deutschlands ausgesprochen habe, erklärten sie, diese Haltung nicht verstehen zu können; viel eher verstünden sie die Haltung derjenigen Franzosen, die stets eine Spaltung Deutschlands gefordert hätten. Das war ein Thema, das in den Gesprächen und besonders auch in den Trinksprüchen immer wieder auftauchte. Diese Trinksprüche waren immer aggressiv gegen Deutschland gerichtet und betonten, Deutschland sei seit jeher eine ständige Bedrohung für Frankreich. Gleichzeitig, aber ich (Mollet) sehe darin eigentlich keinen Widerspruch, versuchte man uns mit der Drohung zu erpressen, die Sowjetunion könne eine Entente mit Deutschland eingehen, ein wesentlicher Teil der deutschen öffentlichen Meinung sei dafür bereits gewonnen. Es wurde uns zu verstehen gegeben, daß die Sowjetunion und Deutschland, wenn sie Hand in Hand gingen, vielleicht nicht die Herren der Welt würden, aber doch vom Rest der Welt nichts zu befürchten hätten."

Nach Bekanntwerden der Äußerung Chruschtschows über die Wiedervereinigung wurde sie zwar von russischer Seite dementiert, und es entstand eine Kontroverse. Aber es gab keinen Zweifel, daß Chruschtschow diese Äußerung getan hatte.
Aus der Äußerung Chruschtschows ergab sich, daß nicht einmal um den Preis der Neutralisierung – das hieße um den Preis unserer Sicherheit – die Sowjetunion bereit war, den Menschen der von ihr besetzten Zone Deutschlands die Freiheit wiederzugeben.
Wenn den Engländern, wenn den Franzosen von den Sowjetrussen ausdrücklich erklärt wurde, daß keine Verständigung über die Wiedervereinigung Deutschlands erreicht werden könne, so ergab sich für uns Deutsche die Frage, ob etwa direkte Verhandlungen zwischen den Russen und uns ein Ergebnis bringen könnten. Diese Frage wurde hier und dort bei uns in der Bundesrepublik gestellt. Die Haltung der Russen in London, die Äußerung Chruschtschows gegenüber Guy Mollet waren aber Beweise dafür, daß die Sowjetregierung bis auf weiteres nicht daran dachte, die Sowjetzone freizugeben. Insbesondere die Erklärung gegenüber Guy Mollet, der bemüht gewesen war, den Russen in ihren Forderungen entgegenzukommen, zeigte, daß durch gutes Zureden gegenüber den Russen nichts auszurichten war. Wenn Guy Mollet eine derartige Antwort erhielt, welche Antwort würden wir bekommen? Wir mußten die Lage unter dem Gesichtspunkt dieser so krassen und unverfrorenen Erklärung überlegen. Gab es Chancen, daß in direkten sowjetisch-deutschen Gesprächen die Wiedervereinigung zu erreichen war? Es war absurd zu glauben, daß die Sowjets, die nicht bereit waren, die Wiedervereinigung im Verein mit den anderen Mächten zuzugestehen, dies der Bundesregierung allein zubilligen würden.

5. Gefahren im Mittelmeerraum
- Explosive Situation im Nahen Osten -
- Konflikt um Zypern -
- Griechenland von neuem Bürgerkrieg bedroht -

Ein Beispiel dafür, daß ein grundlegender Wandel der sowjetischen Weltherrschaftspläne nicht eingetreten war, sah ich in ihrem Verhalten im Nahen Osten und im Mittelmeerraum. Die Aktivität Sowjetrußlands in diesem Gebiet war besorgniserregend, insbesondere seit dem Jahre 1955.
Im Jahre 1948 war der Staat Israel gegen den heftigsten Widerstand der Araber ins Leben gerufen worden. Jahrelang hielt der bewaffnete Konflikt zwischen Israel und den angrenzenden arabischen Staaten an. Aus dem Gebiet des früheren Palästina waren etwa 600 000 bis 700 000 Araber geflohen, die nunmehr in unvorstellbarer Armut in den angrenzenden arabischen Staaten lebten. Der Haß der Araber auf die Israelis wurde durch dieses Flüchtlingselend ständig genährt. Häufige Grenzzwischenfälle drohten kriegerische Auseinandersetzungen größeren Ausmaßes zu entfachen. Wenn die Unruhe im nahöstlichen Raum sich zu einem großen bewaffneten Konflikt entwickelte, würde die Ölversorgung eines großen Teils der freien Welt gefährdet sein und damit auch eine empfindliche militärische Schwächung des Westens eintreten. Auf diesen für uns neuralgischen Aspekt schienen sich nunmehr die Russen zu konzentrieren.
Vor der Genfer Außenministerkonferenz im Oktober 1955 hatte Nasser in einer Rede angekündigt, daß zwischen Ägypten und der Tschechoslowakei ein Abkommen über Waffenlieferungen abgeschlossen worden sei. Israel fühlte sich hierdurch verstärkt bedroht, und der Konflikt schien sich in verhängnisvoller Weise zu verschärfen. Die Israelis selbst verfügten über ein gewisses Waffenpotential, und man mußte fürchten, sie würden es nicht zulassen, daß die arabischen Staaten in absehbarer Zeit stärker wurden als sie.
Noch während der Genfer Außenministerkonferenz spitzte sich die Lage im Nahen Osten durch Grenzzwischenfälle an den israelisch-arabischen Grenzen, namentlich am See Tiberias, zu. Die drei westlichen Außenminister versuchten am Rande der Genfer Beratungen mit den Russen hierüber in ein Gespräch zu kommen, doch ließen die Russen nicht erkennen, daß sie sich aktiv für eine Beruhigung einsetzen würden.
Am 9. November 1955 hielt Eden in London anläßlich eines Banketts eine Rede, die kennzeichnend für die Situation war. Eden betonte, daß Großbritannien während der vergangenen sieben Jahre mit einigem Erfolg bemüht gewesen sei, in diesem Teil der Welt eine Regelung herbeizuführen und vor allem einen Rüstungswettlauf zu verhindern. Der Stand der

Rüstungen, insbesondere an modernen Waffen, sei in diesen Ländern relativ niedrig gehalten worden. Es habe sich eine Art Gleichgewicht ergeben, obwohl naturgemäß jede der beiden Seiten Beschwerde führe, daß sie benachteiligt sei. Angesichts dieser heiklen Situation habe die Sowjetunion ein neues Gefahrenelement geschaffen, indem sie Tanks, Flugzeuge und sogar U-Boote einer der beiden Seiten liefere, nämlich an Ägypten. Es sei phantastisch, wenn man behaupte, daß dieser politische Akt lediglich ein unschuldiges Handelsgeschäft sei. Der eigentliche Zweck sei vielmehr das Eindringen der Sowjetunion in die arabische Welt. Es sei unmöglich, diese Handlungsweise der Sowjets mit ihrem kundgegebenen Willen zu vereinbaren, den Kalten Krieg im neuen Geist von Genf zu beenden. Die Urheber dieser Maßnahmen müßten sich bewußt sein, welche Auswirkungen das plötzliche Eintreffen so großer Mengen Waffen bedeuten werde.

Nasser hatte zwar aus dem Ostblock eine erhebliche Anzahl von MIG-Jägern und weitere komplizierte Waffen erhalten, beruhigend war jedoch, daß er nicht über ein entsprechend geschultes Personal verfügte. Man nahm allgemein an, es würde einige Zeit in Anspruch nehmen, ehe die arabischen Staaten für Israel eine ernst zu nehmende Bedrohung sein würden. Die Israelis waren des Glaubens, es würde mindestens ein Jahr dauern, bis die Ägypter in der Bedienung der MIG-Jäger ausgebildet wären. Plötzlich kam aber über England im Frühjahr 1956 die Nachricht, daß gegenwärtig in Gdingen bei Danzig Araber von den Sowjetrussen in der Bedienung und Handhabung dieser Flugzeuge geschult würden. Damit war die Kriegsgefahr außerordentlich vergrößert.

Die Engländer hatten nach dem Besuch von Chruschtschow und Bulganin in London in bezug auf den Nahen und Mittleren Osten geglaubt, die Russen mit ihrer Schilderung der gefährlichen Lage beeindruckt zu haben. Die Engländer hatten, so wurde mir berichtet, dieses Gebiet als einen Raum primär britischen und natürlich europäischen Interesses ausdrücklich in Anspruch genommen und auf die Bedeutung der Ölversorgung hingewiesen. In das Abschlußkommuniqué über die britisch-sowjetischen Beratungen wurde folgender Passus aufgenommen: „... Sie (die Vertreter der Sowjetunion und des Vereinigten Königreiches) werden ihr möglichstes tun, um dem Rüstungswettlauf in allen Gebieten der Welt ein Ende zu setzen und auf diese Weise die Völker der Welt von der Drohung eines neuen Krieges zu befreien."

Nach britischer Auffassung standen die Sowjets also Gedanken einer beiderseitigen Beschränkung von Waffenlieferungen „in allen Gebieten der Welt", das hieß nach britischer Interpretation auch in den Nahen Osten, nicht ablehnend gegenüber. Die Briten betrachteten diese Übereinkunft mit

den Russen als „Wegmarkierungen" in Richtung auf eine gemäßigtere Haltung Sowjetrußlands. Die sowjetische Agitation im Mittelmeergebiet sprach nicht für diese optimistische Beurteilung.
Es war nicht nur der Konflikt zwischen Israel und den arabischen Staaten, der eine sehr gefährliche Situation im Nahen Osten brachte. In Ägypten war im Jahre 1952 das Königreich gestürzt und durch eine Gruppe stark nationalistisch eingestellter Offiziere eine mehr oder weniger diktatorisch geprägte Staatsform geschaffen worden. Die neuen Machthaber Ägyptens hatten ehrgeizige Pläne zur Hebung des Lebensstandards der ägyptischen Bevölkerung. Um dieses Ziel zu erreichen, wollten sie sich den Suezkanal, der nach der „Konvention von Konstantinopel" aus dem Jahre 1888 internationalisiert war, zunutze machen. Im Jahre 1936 hatte Großbritannien mit Ägypten einen Vertrag abgeschlossen, der es Großbritannien erlaubte, mit einem riesigen Kostenaufwand Versorgungslager und Verteidigungsanlagen in der unmittelbaren Kanalzone als Stützpunkt zu errichten und dort britische Soldaten zu stationieren. Hieran nahm die neue Regierung in Kairo schärfsten Anstoß. Nach dem Sturz des ägyptischen Königreiches forderte sie, daß die „verhaßten Imperialisten" ägyptischen Boden verließen. Seit dieser Zeit gärte es um den Suezkanal.
In zähen Verhandlungen mit der ägyptischen Regierung waren die Briten bemüht, eine Vereinbarung zu treffen, die ihnen auch weiterhin im Falle einer Gefährdung der Kanalzone ein Einschreiten ermöglichte. In Friedenszeiten sollte der bisherige britische Stützpunkt unter ägyptische Aufsicht gestellt werden.
Der Gedanke eines Rückzuges der britischen Truppen aus dem Gebiet von Suez war in Großbritannien äußerst umstritten. Anfang 1954 wurde schließlich mit Ägypten eine Regelung erreicht. Hiernach würde es Großbritannien gestattet sein, im Falle eines Angriffes auf einen der Mitgliedstaaten der Arabischen Liga oder auf die Türkei die Suezkanalzone wieder zu besetzen. Die Beziehungen zwischen Ägypten und Großbritannien blieben aber nach wie vor gespannt.
Der ägyptisch-britische Konflikt bot der Sowjetunion gute Möglichkeiten, in Ägypten Fuß zu fassen. Die Sowjetunion entfaltete im Nahen Osten und überhaupt im gesamten Mittelmeerraum eine sehr geschickte Aktivität. Offenbar versuchte Rußland, über den Mittelmeerraum nach Europa vorzudringen. Vor allem Ägypten mit seinem noch jungen und ehrgeizigen Führer war ein Faktor der Unsicherheit.
Bei einem Gespräch mit dem italienischen Ministerpräsidenten Segni im Sommer 1956 betonte dieser nachdrücklich, daß die Lage in Ägypten insbesondere für Italien sehr besorgniserregend sei. Es bestände die Gefahr,

so sagte er, daß die Russen in Ägypten Stützpunkte errichteten. Die ägyptische Regierung hätte einen Wettbewerb ausgeschrieben für den Bau einer Schiffswerft in Alexandrien. Der Gewinner des Wettbewerbs werde die Werft nicht nur bauen, sondern auch betreiben. Der italienische Außenminister habe bereits bei der NATO auf die Gefahr aufmerksam gemacht, daß die Russen sich auf diese Art in Ägypten ständige Stützpunkte einrichteten, weil sie für die Schiffswerft Bedingungen offerieren würden, zu denen kein westliches Land in der Lage sei, sie zu bauen. In den anderen nordafrikanischen Ländern sei die kommunistische Gefahr nicht so akut, es sei jedoch zu befürchten, daß kommunistische Agenten in Ägypten ihre Tätigkeit aufnähmen. Das ägyptische Volk sei arm und von einer ihrer Aufgabe noch nicht gewachsenen Klasse beherrscht. Überraschungen seien jederzeit möglich. Das ägyptische Problem sei nicht nur für Europa, sondern für die gesamte atlantische Allianz von allergrößter Bedeutung. Noch sei es Zeit, gegen den sowjetischen Einfluß etwas zu unternehmen, doch hierzu sei nicht ein einzelnes Land in der Lage, sondern man könne nur gemeinsam vorgehen. Segni dachte offensichtlich an eine Aussprache hierüber in der NATO. Italien habe eine alte Tradition in der Ausführung von großen öffentlichen Arbeiten, aber allein sei es der russischen Konkurrenz nicht gewachsen.

Nasser hatte im Frühjahr 1956 zu verstehen gegeben, daß er gern einmal nach Bonn käme. Das Auswärtige Amt setzte sich mit England in Verbindung. Die britische Regierung riet dringend davon ab, Nasser einzuladen. Es wurde nichts unternommen. Mir wurde zu spät hiervon Mitteilung gemacht. Dulles, dem ich von der Angelegenheit berichtete, bedauerte gleichfalls diesen Verlauf. Die Bundesrepublik war nicht durch die Vergangenheit in ihren Beziehungen zu den arabischen Staaten belastet, und ich erblickte gute Chancen für uns, mit Nasser auf den verschiedensten Gebieten zu einer Zusammenarbeit zu kommen.

Zu dem, was ich über einen möglichen Besuch Nassers in Bonn sagte, meinte auch Segni, daß es gut gewesen wäre, Nasser besser kennenzulernen und mit ihm Fühlung aufzunehmen, denn Nasser habe noch keine endgültige Wahl getroffen.

Was Rußland angehe, so sollte die Haltung der westlichen Welt auch nach Auffassung Segnis vorsichtiger und mißtrauischer denn je sein. Rußland sei heute gefährlicher als zu Zeiten Stalins, und man dürfe nicht an eine russische Abrüstung glauben. Die russische Politik im Mittelmeer bereite ihm ernste Sorgen. Vor einigen Jahren noch sei Rußland im Mittelmeerbecken nicht in Erscheinung getreten, und heute bilde es dort für Italien und auch für die anderen westlichen Länder eine erhebliche Gefahr. Es sei ein

Trost zu wissen, daß die maßgebenden italienischen Politiker Rußland mit größter Skepsis begegneten. Die Gefahr, daß sich die öffentliche Meinung Illusionen hingebe, sei glücklicherweise nicht eingetreten. Die öffentliche Meinung Italiens sei heute mehr auf ihrer Hut als noch vor einem Jahr. Als Beweis führte Segni die letzten Wahlen an, bei denen die Kommunisten Stimmen verloren hätten, wenn auch nicht viel. Doch über den Nahen Osten rücke Rußland bedenklich nahe.

Zur gleichen Zeit versuchte Moskau, die Bande mit Tito neu zu knüpfen. Segni berichtete mir, Italien habe im vergangenen Jahr versucht, die Beziehungen zu Jugoslawien zu verbessern, vor allem auch um zu erreichen, daß Jugoslawien weiterhin beim Westen bleibe. Italien sei bemüht, seine Beziehungen zu Jugoslawien so gut wie möglich zu gestalten, um Jugoslawien jeden Vorwand, sich aus den Kontakten mit dem Westen zu lösen, zu nehmen. Aber Segni war der Auffassung, daß Jugoslawien nicht mehr als neutrales Land zu betrachten sei, sondern als potentieller Gegner. In seinem eigenen Interesse, wie auch in dem seiner Alliierten, habe Italien jede Anstrengung unternommen, um Jugoslawien im Rahmen des Möglichen keinen Grund für eine Änderung seiner Haltung zu geben. Tito sei sehr geschickt vorgegangen und habe immer im richtigen Augenblick seine beste Karte ausgespielt.

Die Tatsache, daß sich Rußland über Ägypten und Jugoslawien dem freien Europa näherte, war ein Beweis dafür, daß namentlich die Amerikaner und Engländer nicht immer in der notwendigen Weise aufgepaßt hatten. Insbesondere Großbritannien hatte in der letzten Zeit nach meiner Meinung einige Fehlentscheidungen getroffen, sie betrafen gleichfalls das Mittelmeergebiet, und zwar Zypern.

Um Zypern schwelten seit Jahren Streitigkeiten zwischen Griechenland, der Türkei und Großbritannien. Geographisch gesehen gehört Zypern, die drittgrößte Insel des Mittelmeeres, zu Kleinasien, zur Türkei. Im Jahre 1878 hatte die Türkei die Verwaltung Zyperns Großbritannien überlassen, das aus strategischen Erwägungen ein besonderes Interesse an der Insel besaß. 1914 erklärte Großbritannien das türkische Hoheitsrecht über Zypern für aufgehoben, im Jahre 1925 wurde es britische Kolonie. Die Bevölkerung bestand zu achtzig Prozent aus Griechen, diese wollten eine Vereinigung mit Griechenland, knapp achtzehn Prozent der Bevölkerung waren Türken, die diesen Bestrebungen einen erbitterten Widerstand entgegensetzten und hierin von der Türkei unterstützt wurden. Zu diesem Konflikt aus nationalen Gründen zwischen den Türken und Griechen kam das strategische Interesse Großbritanniens, das nicht gewillt war, seine Oberhoheit über Zypern aufzugeben. Bei den scharfen Gegensätzen zwischen den Türken und Griechen blieb England der lachende Dritte. Großbritannien, das aus Gründen der eigenen Politik die Insel nicht verlassen wollte, brachte die Türken gegen die Griechen auf und umgekehrt. Der griechische Ministerpräsident Papagos hat mir erzählt, daß es Großbritannien gewesen sei, das die Türkei darauf hingewiesen habe, daß es nicht in ihrem Interesse liege, wenn Zypern, das so nahe vor der türkischen Küste liege, in griechischer Hand sei. Im Jahre 1953 anläßlich einer Reise nach Griechenland führte er mir gegenüber bittere Klage über England. Papagos versicherte mir, geringfügige Konzessionen Englands würden genügen, um das Zypernproblem zu lösen.

Nunmehr im Sommer 1956 kündigten die Engländer an, sie bereiteten einen Vorschlag vor, der die Griechen und die Türken zufriedenstellen würde. Wie ich hörte, sollte ein Dreierabkommen zwischen Griechenland, Großbritannien und der Türkei ins Auge gefaßt werden, das eine Trennungslinie durch die Insel vorsähe. Dieser Vorschlag mußte bald, so bald wie möglich erfolgen, denn die Lage konnte sich sehr schnell weiter verschlechtern.

Ich befürchtete aber, daß die Griechen sich mit diesem Dreierabkommen nicht einverstanden erklären würden, da der türkische Bevölkerungsanteil in keinem Verhältnis zu dem der Griechen stand; darin lag eine wesentliche Ursache der Komplikationen. Wenn aber eine geographische Teilung der Insel nicht gelingen würde, konnte man sich kaum eine Lösung vorstellen, mit der sich die Türken zufriedengaben. Ich fürchte, daß die Engländer ihren Vorschlag nur „ut aliquid fecisse videatur" machen würden.

Nach meiner Auffassung war das Zypernproblem eine Angelegenheit, mit der sich auf alle Fälle die NATO hätte befassen müssen. Alle drei beteiligten Staaten gehörten der NATO an. Wäre im Rahmen der NATO eine größere politische Aktivität entfaltet worden, so hätte hier frühzeitig eine allen Parteien gerechte Lösung gefunden werden können, davon bin ich überzeugt.

Außerdem hätte man auch folgende Wirkung bedenken müssen: Wenn sich NATO-Mitglieder stritten, mußte dies in Rußland sofort die Hoffnung stärken, den Westen spalten zu können. Gerade das Beispiel Zyperns wies auf die Notwendigkeit hin, die NATO politisch zu aktivieren.

Im Mai 1956 besuchte Bundespräsident Heuss Griechenland. Außenminister von Brentano begleitete ihn auf dieser Reise. Wie sehr das Zypernproblem die gesamte griechische Innen- und Außenpolitik überlagerte, konnte von Brentano bei seinem Aufenthalt in Griechenland deutlich feststellen. Welchen Gefahren Griechenland selbst ausgesetzt war, zeigt ein Brief an mich vom 17. Mai 1956, in dem von Brentano über seine Eindrücke schrieb:

Unglückliche englische Politik

„... Sicherlich gibt es eine Gruppe echter Idealisten und aufrichtiger Patrioten, die glauben, daß der Zeitpunkt gekommen sei, die griechische Bevölkerung Zyperns wieder in den griechischen Staatsverband einzugliedern. Die Tatsache, daß England weite Teile seines Commonwealth freigegeben hat, spielt dabei natürlich eine erhebliche Rolle. Man kann oder will nicht verstehen, daß das, was in Indien, Ägypten und im Sudan möglich war, in Zypern nicht möglich sein sollte. Diese Gruppe anständiger Menschen wird unterstützt von einer starken Gruppe anderer, die wesentlich andere Ziele verfolgen... Man verweist auf die Politik Titos und Nassers und verlangt von der Regierung, daß sie sich aus dem westlichen Lager löst, um zwischen den beiden Machtblöcken die eigenen nationalen Ziele leichter verwirklichen zu können... Auch die großen amerikanischen Unterstützungsleistungen sind hier nicht wirksam geworden. Die erheblichen Summen wurden im Kampf gegen die kommunistischen Partisanen verbraucht, und am Ende des Bürgerkrieges befand sich Griechenland in einer geradezu trostlosen wirtschaftlichen Lage...

Die kritische wirtschaftliche Lage macht sich die Opposition zunutze, die ihren Kampf gegen die Regierung und zu diesem Zweck auch die Zypernfrage aufgegriffen hat.

Die sehr starken kommunistischen und nationalbolschewistischen Gruppen haben hier wie überall den nationalen Slogan aufgegriffen. Die Regierung sieht sich also einer geschlossenen Front der öffentlichen Meinung gegenüber, und ihre Stellung ist außerordentlich gefährdet...

Die englische Politik scheint mir nicht sehr glücklich zu sein. Nach allem, was ich hier höre, wäre es noch vor wenigen Monaten leicht möglich gewesen, die Zypernfrage in einer völlig befriedigenden Weise für alle Teile zu lösen. Die hiesige Regierung hat weitgehende und, wie ich glaube, sehr vernünftige und konziliante Vorschläge gemacht; die englische Regierung hat diese Vorschläge nicht einmal beantwortet.

Ich sehe in dieser Entwicklung eine ungeheure Gefahr. Wenn es über kurz oder lang zum Sturz der gegenwärtigen Regierung kommen sollte, dann kann in Griechenland ein neuer Bürgerkrieg ausbrechen. Die russische Politik verfolgt offenbar diese Entwicklung mit sehr aktivem Interesse. Ein Sturz der Regierung würde zunächst zum Austritt Griechenlands aus der NATO und aus dem Balkanpakt führen. Eine kommunistische oder eine mit dem Kommunismus sympathisierende Regierung in Athen würde der Sowjetunion Einflußmöglichkeiten im Mittelmeerraum eröffnen, die die ganze Situation ändern könnten. Hier sehe ich den entscheidenden Fehler der englischen Politik: Der Versuch, die Position in Zypern mit allen Mitteln zu halten, scheint mir wenig sinnvoll angesichts der Gefahr, bei dieser

Auseinandersetzung Griechenland zu verlieren. Ein bolschewistisches Griechenland würde den Wert der strategischen Position in Zypern auf ein Minimum reduzieren...

Auch mit dem britischen Botschafter unterhielt ich mich, als das Diplomatische Korps beim Herrn Bundespräsidenten vorgestellt wurde. Wie sehr die Dinge sich zugespitzt haben, zeigt die Tatsache, daß die griechische Regierung den britischen Botschafter bitten ließ, nicht an dem offiziellen Empfang des Königs teilzunehmen."

6. Folgerungen für die NATO

Im ganzen gesehen verschlechterte sich die außenpolitische Lage in der Welt – und damit auch für Deutschland. Sie verschlechterte sich nicht etwa, weil Sowjetrußland stärker geworden war, sondern weil der Widerstand gegen Rußland nicht gut geführt wurde. Wenn man beispielsweise bei einer Waage von der einen Schale nur etwas herunternimmt, dann erhält die andere mehr Gewicht, ohne daß bei ihr etwas hinzukommt.

Die Zusammenarbeit der europäischen Völker hatte nachgelassen, darin lag unsere Schwäche. Die Drohung des heißen Krieges war seit einiger Zeit von den Russen gedämpft worden; nicht uns, den freien Völkern zuliebe, sondern sich selbst zuliebe. Nach meiner Überzeugung, die sich auf eine Gesamtübersicht der weltpolitischen Entwicklung stützte, blieb aber die Gefahr für uns bestehen. Es war unerläßlich, daß der Westen eine einheitliche Politik verfolgte, weil sonst die Sowjetunion aus dem Verhalten des Westens Schwäche und mangelnde Einigkeit herauslesen und in ihrer Hoffnung gestärkt würde, daß der Kommunismus doch den Endsieg erringen werde.

Die notwendige Folgerung aus dieser Situation hätte für uns eine Aktivierung der NATO sein müssen. Die NATO wurde im Jahre 1949 geschaffen in erster Linie, allerdings nicht ausschließlich, den damaligen Verhältnissen entsprechend als militärisches Instrument. Nunmehr war die Drohung des heißen Krieges von den Russen zurückgestellt worden, jedoch der Kalte Krieg und die Gefahr blieben.

Solange Sowjetrußland diktatorisch regiert wurde, solange es fortfuhr aufzurüsten, solange es seine Propaganda so weiter trieb wie bisher und in vielen Teilen der Welt neue Unruhe hervorrief, wenn es die Unterminierung der freien Länder fortsetzte, wenn es an der Überzeugung festhielt, daß der russische Kommunismus die Welt beherrschen werde, dann mußte man stets darauf gefaßt sein, daß es versuchen würde, seine Gegner zu unterdrücken.

Das wichtigste Verteidigungsinstrument des Westens war die NATO. Nach dem Geringerwerden der akuten Gefahr war die NATO sehr vernachlässigt worden. Dies galt vor allem für die politische Tätigkeit innerhalb der NATO. Es mußte dringend etwas geschehen, um die NATO politisch wertvoller zu machen. Es ist unmöglich, eine gemeinsame militärische Politik im Rahmen eines Bündnissystems zu führen, ohne daß auch eine gemeinsame Außenpolitik geführt wird. Es war dringend erforderlich, eine politische Zusammenarbeit der NATO zu erreichen.

Wie ich schon erwähnte, hatte man bei der Gründung der NATO den Hauptwert auf das Militärische gelegt. Artikel 2 des NATO-Statuts sah jedoch von Anfang an auch eine Tätigkeit der NATO auf anderen Gebieten vor, nur wurde diese leider vernachlässigt. Durch die geänderte russische Taktik wurde aber die Ausschöpfung des Artikels 2 um so notwendiger. Die Russen führten sehr geschickt einen politischen, den Kalten Krieg. Hierauf mußte sich die NATO einstellen, ohne dabei allerdings die militärische Seite zu ignorieren.

Auf der Frühjahrstagung des NATO-Rates am 4. und 5. Mai 1956 in Paris wurde dieses Thema eingehend diskutiert, und man faßte den Beschluß, ein Gremium einzusetzen, bestehend aus drei Experten, nämlich dem italienischen Außenminister Dr. Gaetano Martino, dem norwegischen Außenminister Halvard Lange und dem kanadischen Außenminister Lester B. Pearson – in der Folge die „drei Weisen" genannt –, das die Aufgabe erhielt, Vorschläge auszuarbeiten, wie eine bessere Zusammenarbeit auf nichtmilitärischem Gebiet und eine Intensivierung der NATO zu erreichen sei. Zum Abschluß der 21. Sitzung des Nordatlantikrates in Paris wurde am 5. Mai 1956 folgendes Kommuniqué veröffentlicht:

„1. Die Atlantikpaktmächte haben angesichts der kommunistischen Bedrohung der gemeinsamen Ideale und ihrer Kultur vor sieben Jahren den Nordatlantikpakt abgeschlossen. Denn sie sahen alle Menschenrechte, die ihre Völker als wesentlich für ihr Leben und ihre Freiheit betrachten, insbesondere die demokratische Ordnung, die persönliche Freiheit, die rechtsstaatlichen Grundsätze und die Pressefreiheit bedroht. Das Verschwinden des letzten freiheitlichen Regierungssystems in Osteuropa, des Regimes der Tschechoslowakei, die Berliner Blockade vom Jahre 1948 und zwei Jahre darauf die Invasion Koreas steigerten die Beunruhigung der freien Welt aufs äußerste. Die Notwendigkeit kollektiver militärischer Schutzmaßnahmen zeigte sich um so deutlicher, als die freie Welt am Ende des Zweiten Weltkriegs abgerüstet hatte. Dies waren die Umstände, die zur Schaffung der NATO und ihrer militärischen Stärke führten, und aus diesem Grunde sind die zur Verteidigung der atlantischen Gemeinschaft erforderlichen Opfer seitdem gemeinsam getragen worden.

2. Die Anstrengungen der Atlantikmächte für die kollektive Verteidigung waren nicht vergeblich. Sie haben eine sowjetische Aggression in Europa erfolgreich abgeschreckt und dazu beigetragen, die Sowjetregierung auf den Weg einer Politik der sogenannten Koexistenz zu führen. In dem Maße, in dem diese Politik eine gewisse Entspannung bringt und zu dem Eingeständnis der Regierung der Sowjetunion führt, daß ein Krieg nicht mehr unvermeidlich sei, wird sie von den Atlantikmächten, die diese beiden Gedanken stets vertreten haben, begrüßt. Man darf jetzt hoffen, daß diese Grundsätze der Satzung der Vereinten Nationen, die die Beziehungen zwischen den Völkern der atlantischen Gemeinschaft bestimmt haben, künftig auch die Beziehungen zwischen der Sowjetunion und den Westmächten bestimmen werden.

3. Die Gründe, die zum Entstehen des atlantischen Bündnisses geführt haben, sind jedoch nicht hinfällig geworden. Auf dem Wege zur Lösung bestimmter lebenswichtiger europäischer Probleme, einschließlich der Wiedervereinigung Deutschlands in Freiheit, ist kein Fortschritt gemacht worden. Diese Probleme müssen auf einer Grundlage gelöst werden, die den berechtigten Sicherheitsbedürfnissen aller gerecht wird. Die Westmächte dürfen daher in ihrer Wachsamkeit nicht nachlassen, solange diese Probleme nicht gelöst sind und ein Abrüstungsplan, der allen die notwendigen Garantien bietet, sowie ein wirksames Kontrollsystem nicht angewendet werden. Die sowjetische Militärmacht vergrößert sich weiter, daher bleibt die Sicherheit ein grundlegendes Problem, und die Atlantikmächte müssen fortfahren, der Aufrechterhaltung ihrer Einheit und ihrer Stärke den Vorrang zu geben.

Die derzeitigen Aussichten scheinen indes Raum für neue friedliche Initiativen der Atlantikmächte zu lassen. Sie sind entschlossen, diese Initiativen mit der gleichen Energie zu verfolgen, die sie der Schaffung eines Verteidigungssystems gewidmet haben und mit der sie dieses Verteidigungssystem aufrechterhalten werden. Sie bekräftigen feierlich, daß die Politik gemeinsam im Geiste der Einheit, der Solidarität und der Zusammenarbeit zwischen Völkern geführt wird, die gemeinsame Ideale vertreten und sich gemeinsam für die Sache der Freiheit einsetzen.

4. Der Atlantikrat hält es für zeitgemäß und zweckdienlich, daß die Mitglieder der atlantischen Gemeinschaft aktiv weitere Maßnahmen prüfen, die gegenwärtig getroffen werden könnten, um ihre gemeinsamen Inter-

essen wirksamer zu fördern. Die Atlantikmächte besitzen in dem Nordatlantikrat bereits das Werkzeug der Einheit und das Forum, in dem ihre neuen Richtlinien ausgearbeitet werden können. Um den Rat in die Lage zu versetzen, diese Aufgaben besser zu erfüllen, vereinbarten die Minister, einen Drei-Minister-Ausschuß einzusetzen, der den Rat über die Mittel und Wege zur Verbesserung und Erweiterung der Zusammenarbeit im Rahmen der NATO auf nichtmilitärischem Gebiet und zur Entwicklung einer größeren Einheit innerhalb der atlantischen Gemeinschaft zu beraten hätte. Der Dreier-Ausschuß wurde gebeten, seinen Bericht so bald wie möglich vorzulegen.

5. In der Zwischenzeit vereinbarte der Rat:
   a) regelmäßige Überprüfungen der politischen Aspekte wirtschaftlicher Probleme vorzunehmen;
   b) die wirtschaftliche Zusammenarbeit zwischen den Mitgliedstaaten zu verstärken und zu versuchen, Konflikte in ihrer internationalen Wirtschaftspolitik zu beseitigen und Stabilität und Wohlstand zu fördern;
   c) die ständigen Vertreter des Rats anzuweisen, die Wirtschaftsfragen im Lichte der obengenannten Gedanken und des von Außenminister Pineau dargelegten Plans zu prüfen und sich dabei eines Sachverständigenausschusses zu bedienen, der ihnen unterstellt ist.
6. Die Mitglieder der NATO haben sich durch ihren Vertrag verpflichtet, die Freiheit, das gemeinsame Erbe und die Zivilisation ihrer Völker, die auf den Grundsätzen der Demokratie, der Freiheit der Person und der Herrschaft des Rechts beruhen, zu gewährleisten. Diese ersten sieben Jahre der Zusammenarbeit haben zu merklichen Erfolgen geführt und die Bande unter ihnen gestärkt. Die Mitglieder der NATO sind entschlossen, vereint und diesen Idealen treu zu bleiben. Sie sehen der Zukunft vertrauensvoll entgegen."

7. Das Memorandum von George F. Kennan

Die Vereinigten Staaten von Amerika waren innerhalb des westlichen Bündnissystems die stärkste Macht, und ihnen kam die entscheidende Führung zu. Die Vereinigten Staaten besaßen die Schlüsselstellung. Aber ich machte mir Sorge, ob sie die Gefahr, die uns alle bedrohte, auch wirklich genügend erkannten. Die große Entfernung zwischen Amerika und Rußland konnte es mit sich bringen, daß Amerika die ja auch ihm besonders durch Sowjetrußland drohende Gefahr nicht richtig einschätzte. Ich wußte nicht, ob man sich in den Vereinigten Staaten so ganz klar darüber war, daß sich die ganze Aktivität der Russen letzten Endes vor allem gegen Amerika als den Träger des Kapitalismus in der Welt richtete. In den Vereinigten Staaten erblickten die Sowjets ihren gefährlichsten Feind.

Es gab Erklärungen namhafter politischer Persönlichkeiten in den Vereinigten Staaten, die auf eine gewisse Ermüdung schließen ließen. Diese konnte insbesondere für die Verwirklichung der Wiedervereinigung Deutschlands sehr schlechte Folgen haben.

Die amerikanische Außenpolitik unter Eisenhower und Dulles ging von der Notwendigkeit aus, daß Europa sich einige. In der Einigung Europas waren in den letzten Jahren nur geringe Fortschritte gemacht worden. Wie in einigen westeuropäischen Staaten, so fragte man sich auch in Amerika, ob nicht die bisherige Politik der freien Völker einer Überprüfung unterzogen werden müsse. Enttäuschung über die bisherige Entwicklung, Zweifel an den bisher verfolgten Methoden und Wegen zeigten sich.

Am 9. Mai 1956 wurde mir ein Pressebericht von John F. Reynolds aus London vorgelegt, der mir große Sorgen bereitete. In London war bekannt geworden, daß der ehemalige amerikanische Botschafter in Moskau, George F. Kennan, den ich persönlich kennengelernt hatte und den ich für einen klugen Mann hielt, eine Denkschrift zur außenpolitischen Lage der Vereinigten Staaten verfaßt hatte. In dieser Denkschrift waren für uns höchst gefährliche Thesen aufgestellt. Kennan gehörte zu dem engsten Beraterkreis von Adlai Stevenson, einem der Präsidentschaftskandidaten der Demokraten. Kennan hatte nach dem Zweiten Weltkrieg im amerikanischen Außenministerium eine bedeutende Rolle gespielt. Ihm wird zugeschrieben, an der Politik der „Eindämmung" maßgebend mitgewirkt zu haben.

Das Memorandum Kennans, so hieß es in dem Zeitungsbericht, habe bereits zu ernsthaften Erörterungen auf höchster Ebene geführt. Es wurde durch Indiskretion vorzeitig bekannt. Man hielt es für durchaus möglich, daß dieses Memorandum einen ähnlichen Einfluß auf die amerikanische Außenpolitik haben werde wie Kennans frühere Analysen.

Ich beschaffte mir umgehend den vollen Wortlaut des Memorandums. Der Inhalt beunruhigte mich sehr. Kennan ging davon aus, daß tatsächlich „ein bedeutungsvoller Umschwung" in der Haltung und der Politik der sowjetischen Regierung erfolgt sei. Dies sei eine Seite der veränderten Situation. Aber ihre Beziehung zu der eigenen, der amerikanischen Politik sei doch etwas anderes, als allgemein angenommen werde, folgerte Kennan. Er schrieb:

„... Aber das Bild eines stalinistischen Rußlands, dessen ganzes Sinnen und Trachten nur darauf gerichtet war, den Westen anzugreifen, und das nur dadurch davon abgehalten wurde, daß wir im Besitz von Atomwaffen waren, war weitgehend eine Schöpfung unserer eigenen Phantasie. Gegen sie haben manche von uns, die Rußland und russische Verhältnisse kannten, jahrelang vergeblich ihre Stimmen erhoben. So liegt der Wandel, der sich hier vollzogen hat, viel eher in der amerikanischen Haltung als in irgendeiner äußeren Realität. Ferner hat der in der Sowjetunion erfolgte Umschwung tatsächlich die Notwendigkeit von gewissen Änderungen in der amerikanischen Außenpolitik klar erwiesen. Diese Änderungen sind solcher Art, daß wir ihre Notwendigkeit schon vor Jahren hätten erkennen müssen, und es ist nunmehr zweifellos höchste Zeit, sie vorzunehmen ..."

Keineswegs wolle er das, was sich in der Sowjetunion ereignet habe, verkleinern. Er schrieb:

„... Niemand könnte sich über den in Rußland erfolgten Kurswechsel mehr freuen und ermutigt fühlen als ich. Zweifellos hat er dazu beigetragen, die Spannung in der Welt herabzusetzen. Er bedeutet den Beginn jenes Schmelzprozesses, der früher oder später bei allen militanten Bewegungen eintritt, eine Entwicklung, die für viele von uns, die wir auch in den dunkleren Zeiten das sowjetische Problem nicht als völlig ausweglos ansehen wollten, eine Quelle der Hoffnung war. Dieser Kurswechsel zeigt den Weg zu einem Sichheben – und zwar um ein ganz beträchtliches Stück – des Eisernen Vorhangs und zu der Wiederherstellung einer normaleren und hoffnungsvolleren Beziehung Rußlands zu der übrigen Welt und besonders zu uns. Hier eröffnen sich Entwicklungsmöglichkeiten von großer Bedeutung ..."

Was Kennan zu dem Problem der osteuropäischen Satellitenstaaten Sowjetrußlands zu sagen hatte, war nicht weniger beachtlich:

„... Und nun zu den Satelliten. Es erübrigt sich, hier von den entsetzlichen Ungerechtigkeiten zu sprechen, die vor einigen Jahren durch die gewaltsame Einsetzung kommunistischer Regierungen in diesen Ländern und durch die zynische Art und Weise, in der sie Stalin für seine Zwecke benutzte, begangen wurden. Wenn es jedoch das ausschließliche Ziel der amerikanischen Außenpolitik sein sollte, die Ungerechtigkeiten der Vergangenheit wiedergutzumachen, statt die gegenwärtigen Möglichkeiten zu nutzen, dann läge noch ein weiter Weg vor uns. Die Weltgeschichte ist zum großen Teil nicht viel mehr als ein Bericht über die Ungerechtigkeiten und Grausamkeiten einer Minderheit machthungriger Männer gegenüber der geduldigeren Mehrheit der Menschheit, und die meisten dieser Untaten werden niemals wiedergutgemacht werden. Was wir bei den Satellitenstaaten klar erkennen müssen, ist, daß das Böse, genauso wie das Gute, seine Zinsen trägt. Wo solche Regierungen länger als zehn Jahre an der Macht waren, da kann keine Rede davon sein, das alte Porzellan wieder zu kitten und den Status quo ante wiederherzustellen. Niemand hierzulande kann eine tiefere Sympathie als ich für die gemäßigten und demokratisch gesinnten Menschen empfinden – viele von ihnen sind gute Freunde von mir –, die durch die unerträgliche Intoleranz dieser kommunistischen Regierungen ins Exil getrieben wurden. Aber was in Osteuropa geschehen ist, trägt wohl oder übel den Stempel des Endgültigen. Und man erweist diesen Menschen keinen Dienst, wenn man sie in dem Glauben bestärkt, sie könnten zurückkehren und wieder dort beginnen, wo sie vor zehn oder zwanzig Jahren aufgehört haben. Ob es uns nun gefällt oder nicht, so ist die allmähliche Evolution dieser kommunistischen Regierungen zu einem Status größerer Unabhängigkeit und größerer Rücksichtnahme auf die öffentliche Meinung im eigenen Land das Beste, was wir als nächste Entwicklungsphase in diesen Gebieten wünschen können. Durch diesen Prozeß werden die betreffenden Völker am ehesten zu einer Art normaler und unabhängiger Teilnahme an der Weltpolitik gelangen können. Dieser Übergang wird aber am leichtesten und am schnellsten vor sich gehen, wenn er unter Ausschaltung von militärischen und ideologischen Aspekten erfolgt – wenn, mit anderen Worten, von den Satellitenstaaten nicht verlangt wird, daß sie in irgendeiner Form Rußlands militärische Interessen bedrohen oder daß sie sich plötzlich, einem Druck von außen nachgebend, Ideologien zuwenden, die mit der jetzt in diesem Gebiet herrschenden in Widerspruch stehen. Die sowjetischen Machthaber haben in der jüngsten Zeit eine liberalere Haltung gegenüber diesen Regierungen bekundet; deshalb ist es um so wichtiger, den Anschein zu vermeiden, daß etwa wir ein Hindernis für jene Tendenzen wären, deren Bestehen tatsächlich im Interesse von allen liegt..."

Eine veränderte Politik zu den osteuropäischen Staaten hätte wichtige Folgen gegenüber den Ländern, die an den kommunistischen Machtbereich unmittelbar angrenzten, und hierzu machte Kennan Ausführungen, die uns unmittelbar betrafen. Er meinte:

„... Es war schon immer meine Ansicht, daß die Entlassung Osteuropas aus der unnatürlichen Fesselung, in der es in diesen letzten Jahren festgehalten wurde, erleichtert würde, wenn die den amerikanischen und den russischen Militärblock in Mitteleuropa trennende Linie nicht zu stark betont würde, und wenn die dazwischenliegende neutrale Zone eher erweitert als verkleinert werden könnte. Mit anderen Worten, ich halte es eher für günstig als für ungünstig, daß Schweden dem Atlantikpakt nie beigetreten ist, daß die Schweiz ihre traditionelle Neutralität in jeder Hinsicht gewahrt hat, daß Österreich faktisch neutralisiert wurde und daß sich Jugoslawien weder ausschließlich an den Westen noch an den Osten gebunden hat. Ich würde wünschen, daß diese neutrale Zone eher erweitert als verkleinert würde. Wenn auch der Neutralitätsgedanke für kommunistische Propagandazwecke ausgenützt werden kann, wie es ja bereits geschehen ist, so sollte uns dies meiner Meinung nach doch nicht davon abhalten, die realen Vorteile, die mit einer Neutralität verbunden sind, zu erkennen. Ich bin unter allen Umständen ein Anhänger des Neutralismus an sich. Was wir von vielen anderen Ländern wünschen sollten, ist meiner Meinung nach nicht, daß sie Versprechungen abgeben, uns im Kriegsfall zu verteidigen, sondern daß sie sich einen klaren Blick für ihre eigenen Interessen bewahren und jedem unbilligen Druck, von welcher Seite er auch erfolgt, in Krieg oder Frieden energischen Widerstand entgegensetzen.

Deshalb habe ich immer daran gezweifelt, ob die Entscheidung, Westdeutschland allein wiederzubewaffnen und in den Atlantikpakt aufzunehmen, auch wirklich klug war. Meiner Ansicht nach sollte die amerikanische Politik die Wiedervereinigung Deutschlands und eine möglichst baldige Wiederherstellung dieses Landes anstreben. Damit würde es eine Funktion als neutraler Faktor übernehmen, der die scharfe Schneide der beiden militärischen Pole in Europa abstumpfen und schließlich helfen kann, die Heftigkeit des Konfliktes zwischen Ost und West zu verringern.

Ich kenne die Erinnerungen und die Hemmungen, die Franzosen und viele andere Europäer bei dem Gedanken an eine solche Aussicht mit tiefstem Entsetzen erfüllt. Sie fürchten, daß ein auf diese Weise wiederhergestelltes Deutschland am Ende von neuem auf nationalsozialistische Einstellung und Zielsetzung verfallen könnte. Diese Befürchtungen ignorieren den tatsächlichen Wandel, der sich in der Mentalität des deutschen Volkes in den letzten fünfzehn Jahren vollzogen hat. Wenn unsere europäischen Alliierten darauf bestehen, daß wir versuchen müssen, das europäische Problem von heute auf der Basis einer vor zwanzig Jahren richtigen Einstellung zu lösen, dann allerdings muß ich sagen, daß ich überhaupt keine Lösung dieses Problems sehe. Dann sehe ich aber auch keinen guten Grund, warum die Vereinigten Staaten ihre Hilfsmittel weiterhin auf die vergebliche Hoffnung solcher Lösung verschwenden sollen. Wie ernst eine solche Schlußfolgerung ist, brauche ich nicht zu betonen.

Meine Freunde hier und in Europa sagen mir oft, daß die Russen die deutsche Wiedervereinigung nicht wollen und daß es daher zwecklos ist, sie als Ziel der amerikanischen Politik mit größerem Nachdruck zu betreiben. Ob diese Behauptung begründet ist, bezweifle ich etwas. Ich halte sie für eine übertriebene Vereinfachung der Dinge. Es gibt aber jedenfalls keinen ersichtlichen Grund, warum sich die westliche Politik durch die derzeitige Haltung Rußlands bestimmen lassen sollte. Ich verkenne nicht, daß es wahrscheinlich zu spät ist, um die durch unsere Deutschlandpolitik angebahnte Entwicklung wenigstens teilweise rückgängig zu machen, und befürworte keineswegs einen abrupten oder dramatischen Wechsel unseres politischen Kurses. Doch können wir eine weitere Konsolidierung der Lage in Europa wohl erst dann erwarten, wenn die drei Westmächte ein echteres Interesse an der Wiedervereinigung Deutschlands zeigen, als dies bis heute der Fall war, und wenn sie zur Erreichung dieses Zieles in einem höheren Maße als bisher zur Übernahme eines gewissen Risikos und zu realistischen Zugeständnissen bereit sind."

8. Grundlegender Wandel der sowjetischen Politik?

Am 14. Mai 1956 überraschte die Sowjetregierung durch eine Erklärung zur Abrüstungsfrage mit der Ankündigung, sie werde ihre Streitkräfte um 1,2 Millionen Mann reduzieren. Ihr Vertreter auf der Londoner Abrüstungskonferenz, Gromyko, kündigte an:

„Aus dem Wunsch heraus, einen weiteren Beitrag zur Abrüstung und zur Sicherung des Friedens zu leisten, und im Bestreben, noch günstigere Voraussetzungen für den friedlichen Wirtschafts- und Kulturaufbau in der Sowjetunion zu schaffen, hat die Regierung der UdSSR den folgenden Beschluß gefaßt:
1. Im Laufe eines Jahres, bis zum 1. Mai 1957, eine weitere, noch bedeutendere Einschränkung der zahlenmäßigen Stärke der Streitkräfte der Sowjetunion, und zwar um 1,2 Millionen Mann, durchzuführen, zusätzlich zu der im Jahre 1955 durchgeführten Einschränkung der Streitkräfte der UdSSR um 640 000 Mann.
2. Demgemäß 63 Divisionen und einzelne Brigaden aufzulösen, darunter drei in der Deutschen Demokratischen Republik stationierte Luftwaffendivisionen und andere Kampfeinheiten mit über 30 000 Mann.
  Einen Teil der Militärschulen der Sowjetarmee ebenfalls aufzulösen.
  375 Einheiten der Kriegsmarine außer Dienst zu stellen.
3. Gemäß dem oben Gesagten die Rüstungen und die technischen Kampf-

mittel der Streitkräfte der UdSSR wie auch die Ausgaben der Sowjetunion für militärische Zwecke im Rahmen des Staatshaushaltsplans der UdSSR einzuschränken.
4. Den aus den Streitkräften entlassenen Militärpersonen die Möglichkeit zu gewähren, zur Arbeit in der Industrie und der Landwirtschaft überzugehen.

Durch diese neue, sehr große Einschränkung der zahlenmäßigen Stärke der sowjetischen Streitkräfte und Rüstungen will die Sowjetregierung zur praktischen Verwirklichung des der UNO zur Erörterung unterbreiteten Abrüstungsprogramms beitragen. Die neue Einschränkung der zahlenmäßigen Stärke der sowjetischen Truppen und Rüstungen zeigt beredter, als jegliche Worte es zeigen könnten, daß die Sowjetunion ein aufrichtiger und treuer Verfechter des Friedens, ein aufrichtiger und treuer Vorkämpfer für die internationale Entspannung ist.

Bei dieser Beschlußfassung trägt die Sowjetregierung der Tatsache Rechnung, daß, soweit es Europa betrifft, das französische Volk, das englische Volk, ebenso wie die Völker der Sowjetunion und alle anderen friedliebenden Staaten Europas keinen Krieg wollen, da sie die drückenden Folgen des Krieges auch heute noch verspüren, daß sie eine Verbesserung der Beziehungen zwischen den Staaten und die allseitige Entwicklung der internationalen Zusammenarbeit anstreben ...

Bei der oben dargelegten Beschlußfassung läßt sich die Sowjetregierung davon leiten, daß die Demobilisierung von 1,2 Millionen Sowjetbürgern und ihre Rückkehr zur friedlichen gesellschaftlich nützlichen Arbeit ein gewaltiger Beitrag zur weiteren Hebung sämtlicher Zweige der Volkswirtschaft der UdSSR sein und die Schaffung materieller und kultureller Güter zum Wohl unserer sozialistischen Gesellschaft vergrößern wird.

Zugleich ermöglicht die weitere Einschränkung der militärischen Ausgaben im Rahmen des Staatshaushaltsplans der UdSSR, die freigewordenen Mittel für den friedlichen Aufbau zu verwenden, um die grandiosen Pläne der sozialistischen Entwicklung unseres Landes noch erfolgreicher zu verwirklichen, den Wohlstand des Sowjetvolkes zu erhöhen ..."

Am gleichen Tage wurde ein Interview Bulganins mit „Le Monde" veröffentlicht, in dem Bulganin feststellte:

„Das Abrüstungsproblem und das deutsche Problem sind verschiedene Fragen. Das Abrüstungsproblem ist ein Problem, dem in der Weltpolitik der Gegenwart die allergrößte Bedeutung zukommt und das keinen Aufschub duldet. Die rascheste Regelung dieses Problems liegt im Interesse aller Völker. Es ist unrichtig, die Lösung der ohnehin komplizierten Abrüstungsfrage von der Regelung anderer ungelöster internationaler Probleme, darunter auch des deutschen Problems, abhängig zu machen. So zu handeln, würde bedeuten, zusätzliche Schwierigkeiten sowohl für die Lösung der Abrüstungsfrage als auch für die Lösung der anderen internationalen Probleme zu schaffen."

Am 1. Juni 1956 horchte die Weltöffentlichkeit erneut auf über eine Nachricht aus Moskau: Molotow wurde abgesetzt und durch Schepilow als Außenminister ersetzt.

Am 6. Juni 1956 erhielt ich einen Brief Bulganins, in dem er mir offiziell die am 14. Mai in London bekanntgegebenen Maßnahmen mitteilte. Ähnliche Botschaften richtete er an Frankreich, Großbritannien, Italien, Kanada, die Türkei und die Vereinigten Staaten von Amerika.

Es war nötig, daß der Westen die Lage nüchtern analysierte. Hatte sich in der Sowjetunion tatsächlich ein grundlegender Wandel vollzogen, der von uns eine völlig neue Haltung forderte? War unsere bisherige Politik wirklich so erfolglos gewesen, oder hatte sie nicht vielmehr die Sowjets erst dazu veranlaßt, von ihrem bisherigen Prinzip der offenen Aggression abzugehen und neue, subtilere Methoden der Aggression zu wählen? Was waren die Folgerungen, die der Westen für seine Politik aus den Vorgängen in Rußland ziehen sollte, und welche Möglichkeiten boten sich ihm, mit einer erneuten großen Anstrengung dem sowjetischen Vordringen Einhalt zu gebieten?

Um darauf zu antworten, mußte man versuchen, ein Bild von den jüngsten Vorgängen in der Sowjetunion und im Ostblock zu gewinnen. Dabei stellten sich unter anderem folgende Fragen:

1. Was bedeutete die öffentliche Verdammung Stalins, die das sensationellste Ereignis des 20. Parteikongresses in Moskau war? Welche Gründe haben sie herbeigeführt?
2. War die Reduzierung der russischen Heeresstärke um 1,2 Millionen Mann tatsächlich ein erster Schritt zur allgemeinen Abrüstung?
3. Bedeutete die Absetzung Molotows eine Änderung der russischen Außenpolitik?

Wenn es uns gelang, die Ursachen für diese aufsehenerregenden Ereignisse zu finden, so konnten wir wichtige Schlußfolgerungen ziehen, aus denen sich die Absichten der sowjetischen Führung klarer erkennen ließen.

Bereits im Frühjahr und Sommer 1955 waren in Moskau zwei Entscheidungen von größter Tragweite gefallen:

1. der Entschluß, die sowjetische Rüstung und Verteidigung von den bisher herkömmlichen Waffen auf atomare Basis umzustellen;
2. der Entschluß, das technische Niveau der gesamten Wirtschaft, insbeson-

dere der Schwerindustrie, unter Anwendung modernster Methoden zu heben.
Diese Entschlüsse wurden durch den 20. Parteikongreß bestätigt und erweitert.
Zu dem ersten Punkt hatte Marschall Schukow in einer Rede bereits festgestellt, daß der organisatorische Umbau der Sowjetarmee abgeschlossen sei.
Die wirtschaftliche Zielsetzung war durch die Annahme eines neuen Fünf-Jahresplanes bestätigt worden. Es handelte sich dabei um den ersten Abschnitt einer bis 1970 reichenden „Perspektivplanung". Sie sollte die Sowjetunion instand setzen, die führenden westlichen Industriestaaten in der Produktion pro Kopf der Bevölkerung einzuholen, sogar sie zu überholen. Damit sollte die Überlegenheit des kommunistischen Systems auch auf wirtschaftlichem Gebiet bewiesen und dem Kommunismus eine unwiderstehliche Anziehungskraft auf die wirtschaftlich schwach entwickelten Länder verliehen werden.
Diese Zielsetzung erforderte die Durchführung eines Programmes zum Aufbau neuer, zur Ausdehnung vorhandener Industrien und zu einer starken Rationalisierung und Modernisierung auf allen Gebieten. Sie erforderte vor allem eine rasche Entwicklung der Energiewirtschaft und der Schwerindustrie. Zugleich sollten die industriellen Schwerpunkte weiter nach Osten verschoben und eine dritte industrielle Basis in Mittel- und Ostsibirien geschaffen werden.
Zu diesen eigenen ungeheuren Aufgaben traten die großen Verpflichtungen hinzu, die die Sowjetunion gegenüber der Volksrepublik China und im Rahmen ihrer Wirtschaftsoffensive im asiatisch-afrikanischen Raume auch gegenüber anderen Ländern übernommen hatte.
Die sowjetischen Führer standen damit vor einem nicht zu lösenden Dilemma: Die Gefahr für sie lag darin, daß ein Versuch, alle Aufgaben zugleich planmäßig durchzuführen, wohl aussichtslos erschien, daß er aber auf alle Fälle eine Versorgungskrise heraufbeschwören mußte. Diese Gefahr war für die sowjetische Führung deshalb besonders groß, weil sie nicht mehr über die Autorität Stalins verfügte. Sie war daher auch nicht mehr in der Lage, den Polizeiapparat mit der gleichen Rücksichtslosigkeit wie früher einzusetzen, um die Erfüllung der Planziele zu erzwingen oder eventuelle Unruhen zu bekämpfen. Wenn ihre Pläne wirklich durchgeführt werden sollten, brauchte die Sowjetregierung dringend eine Entlastung, eine Atempause auf anderen Gebieten. Sie versuchte nunmehr, mit einer Reihe von geschickt aufeinander abgestimmten Maßnahmen auf den verschiedensten Gebieten diese Entlastung zu gewinnen. Gleichzeitig wurde

die Arbeitskraft des russischen Volkes in rücksichtsloser Weise weiterhin bis zum äußersten eingesetzt.

Auch die angekündigte Herabsetzung der russischen Heeresstärke ging zweifellos mit auf dieses Dilemma zurück. Sie machte dringend benötigte Arbeitskräfte für die Landwirtschaft und Industrie frei. Gleichzeitig erfolgte sie zu einem genau überlegten Zeitpunkt, zu dem ihr politischer und psychologischer Effekt ohne Frage erheblich war. Die militärische Bedeutung dieser Maßnahme war jedoch meines Erachtens gering, um nicht zu sagen: gleich Null. Genau wie dies in den Vereinigten Staaten der Fall war, hatte sich auch in der Sowjetunion eine Wandlung des strategischen Denkens vollzogen, die in zunehmendem Maße zu einer Ersetzung der herkömmlichen Waffen durch modernste Kampfmittel führte. Man sollte daher richtiger nicht von Abrüstung in der Sowjetunion sprechen, sondern vielmehr von einer Umgestaltung der Rüstung. Die Sowjets verwirklichten lediglich den „New Look" auf militärischem Gebiet, von dem im Westen seit langem so viel die Rede gewesen war. Die Aufrechterhaltung einer Landarmee in dem bisherigen Ausmaße war durch den Besitz der Atomwaffen für die Sowjetunion sinnlos geworden. Auch wenn sie etwa 1,2 Millionen Mann entließ, blieben ihr immer noch weit über hundert Divisionen, die sie ständig unter Waffen hielt, gegenüber etwa vierzig aktiven Divisionen, über die die NATO-Mächte zusammengenommen in Europa verfügten. General Gruenther, der Befehlshaber der amerikanischen Streitkräfte in Europa, hatte am 31. Mai vor dem amerikanischen Senat erklärt, daß die Sowjetunion auch mit nur hundert Divisionen, unter Berücksichtigung ihrer Atomfeuerkraft, noch ein, wie er sich ausdrückte, „durchaus gefährlicher Angreifer" wäre.

Hinzu kam, daß die Satellitenstaaten, die im Warschauer Pakt unter straffer zentraler Führung zusammengefaßt waren, darüber hinaus über weitere achtzig Divisionen verfügten, deren Ausrüstung in den vergangenen zwei bis drei Jahren ständig verbessert worden war.

Es hatte gewisse Anzeichen dafür gegeben, daß Malenkow unmittelbar nach dem Tode Stalins sich mit dem Gedanken getragen hatte, einen wirklichen Ausgleich mit dem Westen zu suchen. Dieser Weg hätte die Bereitschaft auf russischer Seite vorausgesetzt, das freie Wirtschafts- und Gesellschaftssystem als eine gleichberechtigte Lebensordnung anzuerkennen und zu einer klaren und dauernden Interessenabgrenzung mit der sogenannten kapitalistischen Welt unter Beseitigung der bestehenden Spannungsursachen zu gelangen. Malenkows Versuch war jedoch von sowjetischer Seite im Keim erstickt worden. Chruschtschow verwarf ausdrücklich diese Gedanken auf dem 20. Parteikongreß. Für ihn blieb der Endsieg des Weltkommunismus das erklärte Ziel, und deshalb handelte es sich bei der von ihm propagierten „friedlichen Koexistenz" – jedenfalls soweit es sich im Sommer 1956 beurteilen ließ – lediglich um einen vorübergehenden Zwischenzustand. Ich glaubte, daß diese Überlegungen von großer Tragweite waren. Sie zeigten zweierlei. Zum ersten: Es gab bisher keine Anzeichen dafür, daß eine Änderung, ja auch nur eine gewisse Lockerung der inneren Verhältnisse in der Sowjetunion eingetreten war, die es ihrer Regierung notwendig erscheinen ließ, echte Zugeständnisse in der Außenpolitik zu machen. Zum anderen: Wir mußten die weitere Entwicklung in der Sowjetunion mit großer Skepsis und Wachsamkeit verfolgen. Wir hatten allen Anlaß anzunehmen, daß es lediglich zwingende Gründe der Zweckmäßigkeit waren, die dem Stalinkult ein Ende gesetzt hatten. Wir hatten keinen Beweis dafür, daß in den langjährigen Helfern des toten Diktators ein Wandel der Gesinnung vor sich gegangen war. Die Reden auf dem Parteitag bewiesen das Gegenteil. Chruschtschow schilderte Stalin zwar als größenwahnsinnigen und blutrünstigen Tyrannen, aber er verurteilte lediglich Stalin selbst und nicht etwa den Mord oder den Terror als solchen. Er war durchaus der Meinung, daß „Volksfeinde" ohne weiteres beseitigt werden durften. Stalin wurde nur verübelt, daß sein Blutrausch die Partei geschädigt hatte und der internationalen Position der Sowjetunion abträglich gewesen war. Diese Grundeinstellung Chruschtschows zeigte, daß ungezügelter Terror in der Sowjetunion in dem Augenblick wieder zur Herrschaft gelangen konnte, in dem dies den Herrschern im Kreml zweckmäßig erschien.

Veränderungen, die tatsächlich in Moskau eingetreten zu sein schienen, möchte ich an unmittelbar selbst erlebten Vorgängen dokumentieren. Als die deutsche Delegation im September 1955 in Moskau war, führte bei den Verhandlungen auf russischer Seite Bulganin den Vorsitz. Chruschtschow sprach viel, wurde aber von Bulganin am Zügel gehalten, zuweilen auch korrigiert. Die Stellung Bulganins und Chruschtschows war zumindest gleich stark. Nunmehr gewann man den Eindruck, daß der Stern Bulganins am Sinken war. Guy Mollet berichtete, daß bei seinen Verhandlungen in Moskau Chruschtschow den Vorsitz geführt habe.

Etwas anderes war interessant. Bei dem Besuch der deutschen Delegation in Moskau im Herbst 1955 trat die Rote Armee kaum in Erscheinung. Bei dem großen Empfang im Kreml zu Ehren der deutschen Delegation waren dem Vernehmen nach drei sowjetische Marschälle anwesend. Sie wurden mir aber weder vorgestellt noch gezeigt. Sie müssen in irgendeiner Ecke des großen Saales gestanden haben. Als die französische Delegation in Moskau weilte, sind die roten Marschälle nach dem Bericht Guy Mollets sehr hervorgetreten. Aus dieser Tatsache konnte man den wohl berechtigten Schluß ziehen, daß die Verbindung zwischen Chruschtschow und der Roten Armee stärker war als die Verbindung zwischen Bulganin und der Roten Armee. Vielleicht war dies auch daraus zu erklären, daß Bulganin seinerzeit Stalin dabei geholfen haben soll, Marschall Schukow in die Verbannung zu schicken. Wie sich diese Änderung praktisch auswirken würde, mußte abgewartet werden.

Die Sowjetunion hatte sich bis jetzt nicht bereit gefunden, irgendwelche Zugeständnisse zur Beseitigung der wesentlichsten Spannungsursachen zu machen. Die sowjetische Haltung zur deutschen Frage hatte sich seit dem deprimierenden Verlauf der Genfer Außenministerkonferenz vom Oktober/November 1955, auf der von russischer Seite die sehr weitgehenden Sicherheitsangebote des Westens mit einer verächtlichen Geste vom Tisch gefegt wurden, nicht nur nicht gelockert, sondern sogar in ihrer negativen Tendenz bestätigt.

Ich stellte keineswegs in Abrede, daß sich in der Sowjetunion interessante Dinge abspielten. Wir mußten sie, das war selbstverständlich, auf das genaueste daraufhin beobachten, ob sie vielleicht eines Tages als Anzeichen dafür gewertet werden konnten, daß sich doch in der Sowjetführung eine gewisse Sinnesänderung anbahnte.

In der Ära Stalins waren Furcht und Mißtrauen zu den hauptsächlichen Antriebskräften in der sowjetischen Gesellschaft geworden. Das Ergebnis war eine Lähmung jeder Initiative und Verantwortungsfreude. Nunmehr machte das Regime den Versuch, diesen toten Punkt zu überwinden. Es konnte sein, daß hierin eine Chance lag. Es war nicht ausgeschlossen, daß das Regime in der Zukunft zu größeren Zugeständnissen genötigt sein würde, als es ursprünglich beabsichtigte, um dem Drängen der russischen Bevölkerung nach Hebung ihres Lebensstandards nachzukommen. Ähnliche Anzeichen einer gewissen Unruhe lagen auch in anderen Staaten des Ostblocks vor. Aber das alles waren bis jetzt lediglich Hoffnungen und noch keine Tatsachen. Solange sich im Osten nur Methoden, nicht jedoch die eigentlichen Ziele änderten, würden auch wir im Westen an unserer gemeinsamen Entschlossenheit festhalten müssen, die Sicherheit und Verteidigung der freien Welt zu gewährleisten.

Wir durften nicht müde werden, den Machthabern der Sowjetunion vor Augen zu führen: daß der Westen nicht an die Echtheit der Abkehr vom Stalinismus glauben konnte, ehe die imperialistische Außenpolitik Stalins aufgegeben war; daß die Folgen der Spannung sich nicht beseitigen ließen, solange ihre Ursachen nicht behoben waren; daß zwischen allgemeiner Abrüstung, Sicherheit und der Gewinnung der Freiheit für die Deutschen in der sowjetischen Besatzungszone ein innerer Zusammenhang bestand und jeder Fortschritt auf einem dieser Gebiete von einem Fortschritt auf den beiden anderen begleitet sein mußte; daß die freie Welt sich von ihrer Sicherheit und Freiheit ebensowenig etwas abhandeln ließ wie von den moralischen Prinzipien, auf denen ihre Politik beruhte.

Wie alles menschliche Handeln war auch die Politik des Westens sicher nicht frei von Irrtümern gewesen, aber in ihren Grundzügen hatte sie sich als richtig erwiesen. Auch ich war der Meinung, daß der Westen bereit sein sollte, seine Politik ständig selbst gewissenhaft zu überprüfen und nach neuen Wegen und Möglichkeiten zu suchen.

Wir mußten uns auch klar sein, daß die Entscheidung darüber, ob die Welt frei oder unfrei sein wird, nicht nur auf militärischem, sondern auch auf anderen Gebieten fallen würde. Bei einem defensiven Verhalten auf militärischem Gebiet, was die volle Aufrechterhaltung der westlichen Verteidigungsbereitschaft voraussetzte, sollte die Gegenaktion des Westens auf politischem und wirtschaftlichem Gebiet geführt werden.

Es würde auch wesentlich darauf ankommen, ob es dem Westen gelänge, das zum Teil verzerrte Bild, das sich manche Völker Asiens und Afrikas von ihm machten, zu korrigieren und die Sympathien dieser Länder zu gewinnen. Wir mußten der Verpflichtung, die wir als hochentwickelte Industrieländer den weniger begünstigten Gebieten der Welt gegenüber hatten, helfend nachkommen, wie dies von seiten der Vereinigten Staaten schon jahrelang in großzügigster Weise geschah.

Wir mußten vor allem bereit sein, in dem Zusammenschluß der Mitglieder des atlantischen Bündnisses weiter zu gehen als bisher und dieses auch auf politischem, wirtschaftlichem und kulturellem Gebiet zu einem wirksamen Instrument der Koordination unserer gemeinsamen Politik auszubauen.

Es mußte davor gewarnt werden, der sowjetischen „Friedenskampagne" zum Opfer zu fallen. Sie barg eine tödliche Gefahr in sich. Bei aller Bereitwilligkeit, mit einem „neuen Rußland" zusammenzuarbeiten, sollten wir uns durch keine noch so verlockenden Versicherungen dazu verleiten lassen, in unseren gemeinsamen Anstrengungen nachzulassen, ehe tatsächlich konkrete Maßnahmen vorlagen, die die uns allen drohenden Gefahren wirklich beseitigten. Die ungeheure Gefahr, die der Kommunismus für die gesamte Welt darstellte, würde durch die Friedensbeteuerungen der sowjetischen Führer allein nicht behoben werden. Ihr Ziel war immer noch die Beherrschung der Welt. Wir standen einer dynamischen, in skrupelloser Propaganda erfahrenen, diktatorisch regierten Macht gegenüber, die dank ihrer geographischen Lage auf zwei Kontinenten daran gewöhnt war, global zu denken und zu planen. Die Bedrohung Europas blieb nach wie vor – trotz der augenblicklichen Konzentrierung der Sowjets auf andere Teile der Welt – eine überaus wirkliche Gefahr, auch für die Vereinigten Staaten.

V. BESUCH IN DEN USA IM JUNI 1956

1. Verändertes Klima

Meine Politik ging aus von einer engen Anlehnung an die Vereinigten Staaten von Amerika, von einer festen Verknüpfung der Bundesrepublik mit der NATO und der Schaffung eines vereinigten Europas. Nur im Rahmen einer solchen Politik schien es mir möglich, uns die Freiheit zu wahren und den Menschen in der Sowjetzone eines Tages die Freiheit zurückzugeben. Wie sah es aber im Sommer 1956 um die Grundlagen dieser Politik aus?

Der lähmende Schlag, den die europäischen Einigungsbestrebungen durch das Scheitern der EVG erhalten hatten, war noch nicht überwunden. Die Einigung Europas schien nur mühsam Fortschritte zu machen. Die divergierenden Interessen der einzelnen NATO-Mitgliedstaaten waren offensichtlich. In Amerika gab es Anzeichen für eine Änderung des außenpolitischen Kurses. Amerika befand sich in einem Jahr der Präsidentschaftswahlen. Ungewißheit über die künftige amerikanische Politik erhöhte die Unsicherheit, der an sich eine jede Außenpolitik ausgesetzt ist.

Seit dem 20. Parteikongreß der KPdSU hatten sich die Methoden der Sowjetführung entscheidend gewandelt. Der Kalte Krieg hatte sich vom Militärischen auf das Gebiet des Ökonomischen und Ideologischen verlagert. Die großen Machtblöcke führten eine „rivalisierende" Koexistenz, ein Ringen um die politisch bisher noch nicht gebundenen Staaten Asiens und Afrikas hatte eingesetzt. Um der sowjetischen Offensive im asiatisch-afrikanischen Raum zu begegnen, war man in den Vereinigten Staaten bemüht, eine neue Politik zu formulieren. Im Rahmen dieser Bemühungen war ein Besuch des indonesischen Staatspräsidenten Sukarno in den Vereinigten Staaten zu werten. Sukarno war der Führer von etwa hundert Millionen Asiaten. Man warb um die Gunst Nehrus und versuchte auch, die arabischen Staaten zu hofieren. Im November 1955 hatten Chruschtschow und Bulganin in Indien einen Besuch gemacht, und ihre Ausfälle gegen die „kapitalistischen Ausbeuter" waren in Asien nicht ohne Wirkung geblieben. Die seit dem Frühjahr 1956 geführte „Friedenskampagne" der Sowjets fand offene Ohren in weiten Teilen der Welt. Die blockfreien Staaten sahen sich einem heißen Werben Moskaus ausgesetzt.

In Washington war man bemüht, dem entgegenzuwirken. Im Zusammenhang mit dem Besuch Sukarnos in den USA gab Präsident Eisenhower am 6. Juni 1956 eine Erklärung ab, in der er darauf hinwies, daß auch die

Vereinigten Staaten einmal ein junger Staat gewesen und nahezu hundertfünfzig Jahre lang neutral geblieben seien. Eisenhower führte aus: Heute sagten gewisse Nationen, die ihre Unabhängigkeit erlangt hätten, daß sie neutral seien. Die Neutralität dieser Staaten sei nicht als eine Placierung zwischen Recht und Unrecht oder zwischen Gut und Böse aufzufassen, sondern lediglich als Ablehnung, sich militärischen Allianzen anzuschließen. Eine solche Haltung müsse keineswegs immer nachteilig für die USA sein. Am 7. Juni bekräftigte Eisenhower seine Äußerung vom Vortag über den Wert der Neutralität. Er erklärte erneut, daß Neutralität nicht Gleichgültigkeit gegenüber Recht und Unrecht und Gut und Böse bedeute.

Man schien also in der Neutralität der „blockfreien Staaten" positive Seiten zu sehen. Die Äußerungen Eisenhowers waren nicht nur als Verbeugung vor diesen Staaten zu verstehen, sie konnten verhängnisvolle Folgen für die amerikanische Deutschlandpolitik nach sich ziehen. Das veränderte Klima in den Vereinigten Staaten bereitete mir Sorge. Die Denkschrift Kennans, die Äußerung Eisenhowers über die Bewertung der Neutralität waren schlechte Zeichen.

In letzter Zeit hatten mancherlei Anlässe zu Mißverständnissen zwischen den Vereinigten Staaten und uns geführt. So war man in den USA mit dem Tempo unserer Wiederbewaffnung unzufrieden, es sei zu langsam. Man warf uns vor, die Wehrgesetze würden im Deutschen Bundestag schleppend behandelt, und wir seien zögernd im Aufbringen finanzieller Opfer für die Verteidigung. Wir unsererseits warteten immer noch auf eine befriedigende Regelung der Rückerstattung der im Zweiten Weltkrieg in den Vereinigten Staaten beschlagnahmten deutschen Vermögen. Bei uns hatten manche Kreise das Gefühl, die Westmächte und damit auch die USA muteten uns unbillige Lasten zu. Die Verhandlungen mit den drei Westmächten über die Stationierungskosten waren sehr schwierig, wir waren nicht in der Lage, die von uns geforderten Beträge aufzubringen. Erst am 6. Juni 1956 konnte hierüber eine Einigung mit der amerikanischen Regierung erreicht werden, die Verhandlungen mit den Engländern und Franzosen liefen zäh weiter. Die Bundesregierung war in ihrer Entschlossenheit, die Wehrgesetze durchzuführen, nie wankend gewesen, aber man mußte doch berücksichtigen, welche einschneidende Umstellung die Wiederbewaffnung für das deutsche Volk bedeutete und daß zwei schreckliche Kriege, die von alliierter Seite nach dem Zusammenbruch durchgeführte „Umerziehung" und die Nichtverwirklichung der Europäischen Verteidigungsgemeinschaft nicht ohne schwerwiegende psychologische Folgen geblieben waren. Wir hatten sogar unsere Verfassung ändern müssen, um uns für die Verteidigung rüsten zu können. Ich glaubte aber, daß die ganze, zum Teil sehr freimütige Auseinandersetzung bei uns über diese und andere Fragen ein durchaus gesundes Zeichen unserer demokratischen Entwicklung darstellte und daß es besser war, jetzt offen über das Für und Wider zu diskutieren, als später unvorhergesehenen Schwierigkeiten gegenüberzustehen.

In den Vereinigten Staaten selbst gab es kritische Stimmen, die den amerikanischen Verteidigungsaufwand für zu hoch hielten und auf Kürzung drängten. Die Fortschritte der modernen Waffentechnik verschlangen Milliardenbeträge. Man rief nach einer Umgestaltung des amerikanischen Verteidigungshaushaltes, und im Zusammenhang hiermit konnte es durchaus möglich sein, daß von jeher latent vorhandene Strömungen, die für einen Rückzug der Amerikaner aus Europa plädierten, die Oberhand gewännen.

Wieder einmal wurde ich mir des großen Wertes eines Doktorhutes bewußt. Die Yale-Universität hatte mir mitgeteilt, sie wolle mir die hohe Ehre erweisen, mir die Ehrendoktorwürde der juristischen Fakultät zu verleihen. Diese Auszeichnung brachte mir Anfang Juni den willkommenen Anlaß einer Reise in die Vereinigten Staaten und hierdurch die Möglichkeit, in direkten Gesprächen mit zahlreichen Persönlichkeiten des öffentlichen Lebens in den USA meine Sorgen darzulegen.

Ich bezweifelte, daß man sich in den Vereinigten Staaten völlig klar darüber war, daß sich die ganze Aktivität der Russen letzten Endes gegen Amerika richtete, daß sie in den Vereinigten Staaten ihren einzigen ernstlichen Gegner erblickten. Vor allem bezweifelte ich, daß man in den Vereinigten Staaten in vollem Umfange erkannte, daß die Wiedervereinigung Deutschlands nicht bloß eine deutsche Angelegenheit war. Die deutsche Wiedervereinigung war ein Problem von weittragendster, unmittelbarer politischer Bedeutung für die ganze freie Welt: Solange die siebzehn Millionen Menschen in der von den Sowjets besetzten Zone Deutschlands unter der kommunistischen Tyrannei lebten, solange dadurch das europäische Gleichgewicht gestört war, würde Europa eine Ursache gefährlicher politischer Spannungen bleiben.

Für uns Deutsche war diese Frage natürlich ein nationales Anliegen von größtem Gewicht, doch war die Frage mehr als nur das. Wenn die Sowjetunion weiterhin im Herzen Europas bliebe, wenn sie die Sowjetzone behielte, konnte es unter Umständen nicht allzu lange dauern, bis sie ganz Westeuropa beherrschte. Dann würden sich die Vereinigten Staaten einer sehr ernsten Gefahr gegenübersehen. Die Beherrschung der westeuropäischen Bevölkerung und Industrie würde das sowjetische Potential wesentlich erhöhen und es den Amerikanern mindestens gleichstellen. Im Augenblick war die Sowjetunion Amerika noch unterlegen, doch niemand wußte, was geschah, wenn sie Westeuropa beherrschte.

Das politische Handeln des Westens mußte durch den Grundsatz bestimmt werden, daß nichts unternommen werden durfte, was die Schwierigkeiten der Russen erleichterte. Durch die Entwicklung in ihrem eigenen Lande mußten die Sowjets zu der Überzeugung gelangen, daß es für sie unmöglich sei, die Weltherrschaft zu erringen. Wenn diese Erkenntnis bei ihnen erst einmal durchgedrungen war, dann würden sie wahrscheinlich eher bereit sein, vernünftige Gespräche zu führen.

Bei ruhiger Betrachtung der Entwicklung in der Sowjetunion konnte man mit Fug und Recht die Hoffnung haben: Es ließ sich auf die Dauer ein Volk von zweihundert Millionen Menschen durch brutale Gewalt einiger weniger Machthaber Jahrzehnt um Jahrzehnt nicht in einen Zustand herunterdrücken, der für den Menschen unerträglich ist. Das konnte auf die Dauer nicht gehen. Damit sich diese Lage änderte, konnte das Ausland helfen, und zwar durch eine auf lange Sicht berechnete kluge und stetige Politik. Solange die Herrscher Sowjetrußlands in der Uneinigkeit des Westens jedoch die Möglichkeit sahen, daß der Westen auseinanderfallen und damit Sowjetrußland in der Tat so stark sein würde, daß die Vereinigten Staaten schließlich auf Kosten Europas und insbesondere Deutschlands ein Übereinkommen mit Sowjetrußland abschlossen, solange war die russische Gefahr groß und die Wiedervereinigung Deutschlands in Freiheit weit entfernt.

Es würde die Aufgabe meines Besuches in den USA sein zu versichern, daß das deutsche Volk seine Verpflichtungen auf das genaueste erfüllen und ein zuverlässiger und starker Partner der westlichen Gemeinschaft sein werde. Unsere Zugehörigkeit zum Westen war kein Handelsobjekt, der europäische Gedanke kein bloßes Mittel zum Zweck, sondern ein neues Ideal, an das wir glaubten. Diese Überzeugungen hatten im deutschen Volk, in der deutschen Jugend feste Wurzeln geschlagen und waren keine vorübergehenden Parteiparolen.

Ich mußte die amerikanische Regierung von der Kontinuität der deutschen Außenpolitik überzeugen, aber auch die Frage nach der Stetigkeit der amerikanischen Außenpolitik stellen. Waren die Vereinigten Staaten nach wie vor bereit, ihre Führungsrolle im Rahmen der NATO wahrzunehmen? Waren sie bereit, an der Beseitigung der offensichtlichen Mängel innerhalb der NATO mitzuwirken? Waren sie bereit, sich an einer politischen Konsultation innerhalb der NATO zu beteiligen? Es war in der Vergangenheit leider des öfteren vorgekommen, daß der amerikanische NATO-Vertreter bei der Behandlung wichtiger Fragen nicht mit Weisungen versehen war und sich daher nicht an den Diskussionen beteiligen konnte. Die Amerikaner hatten ohne vorherige Unterrichtung ihrer Verbündeten eine Einladung der Russen an den amerikanischen Luftwaffen-Stabschef, General Nathan F. Twining, angenommen. Nach meiner Meinung war hierüber eine Aussprache innerhalb der NATO dringend notwendig. Die Möglichkeiten der Russen, die Westmächte untereinander zu spalten, waren gefährlich. Bulganin hatte, wie ich schon erwähnte, an verschiedene Staaten der NATO Schreiben gerichtet, nicht an alle. Nach meiner Überzeugung war eine gemeinsame Beantwortung, zumindest eine Beratung über die Beantwortung der Bulganin-Brief-Offensive, unbedingt erforderlich. Waren die Vereinigten Staaten bereit, alle diese Fragen, um nur diese zu nennen, innerhalb der NATO zu erörtern?

Am 8. Juni flog ich nach Amerika, zunächst nach New York, um meinen Freund Dannie Heinemann zu besuchen. Dort erhielt ich am 9. Juni zu meiner großen Freude und Beruhigung Ausschnitte einer Rede von Dulles zur Kenntnis, die er an diesem Tage vor der Staatsuniversität von Iowa gehalten hatte. Dulles stellte sich hiermit in Gegensatz zu den Reden, die Präsident Eisenhower am 6. und 7. Juni anläßlich des USA-Besuches von Sukarno gehalten hatte. Dulles bezeichnete in seiner Rede den Grundsatz der Neutralität als eine überholte Auffassung. Nur ein auf Militärbündnissen aufgebautes System der kollektiven Sicherheit könne die freie Welt vor einer kommunistischen Beherrschung bewahren. Er erinnerte daran, daß die USA in den letzten zehn Jahren Verteidigungsbündnisse mit 42 Ländern in Amerika, Europa und Asien abgeschlossen hätten, und bemerkte, daß diese Pakte den Grundsatz der gegenseitigen Neutralität aufheben, nach dem angeblich eine Nation ihre eigene Sicherheit am besten erhalten könne, wenn sie von dem Schicksal der anderen unabhängig sei. Dieser Gedanke habe sich immer mehr als überholte Auffassung herausgestellt und sei – abgesehen von sehr außergewöhnlichen Umständen – unmoralisch und kurzsichtig. Eine verantwortungsbewußte amerikanische Staatsführung werde ihr Vertrauen niemals in Friedensbeteuerungen und Erklärungen über guten Willen setzen, für die keine verläßliche Grundlage vorhanden sei. Um einen Angriff abzuschrecken und eine Fehlspekulation zu verhindern, „dürfen wir nicht nur warnen, sondern müssen diese Warnung durch eine tatsächlich vorhandene Stärke untermauern".

2. Unterredung mit John Foster Dulles

Begegnet war ich John Foster Dulles das erste Mal auf dem Weltkirchenkongreß in Amsterdam im Jahre 1947. Schon damals gewann ich den Eindruck, daß er einmal in der amerikanischen Außenpolitik eine bedeutende Rolle spielen werde.

Das erste politische Gespräch hatte ich mit ihm im Januar 1953 in Bonn. In diesem Gespräch in Bonn – Dulles war soeben von dem neugewählten amerikanischen Präsidenten Eisenhower zum Außenminister ernannt worden und wollte sich bei einer Reise durch die westeuropäischen Hauptstädte persönlich einen Überblick über die politischen Verhältnisse auf unserem Kontinent verschaffen – lernte ich ihn als einen sehr ernsten, kühl überlegenden, konsequent denkenden Menschen kennen, voll offenen Verständnisses für die Argumente seines Gesprächspartners. Seine Überlegungen waren klar, das von ihm als notwendig Erkannte vertrat er sachlich und leidenschaftslos. Mein Freund Jean Monnet, mit dem auch Dulles eng befreundet war, und zwar seit den Jahren vor dem Zweiten Weltkrieg, hatte viel dazu beigetragen, daß das Verhältnis zwischen Dulles und mir von Anfang an von Vertrauen zueinander getragen war.

Das Denken von Dulles war durch eine puritanische Erziehung geprägt. Dulles selbst hatte mehrere Jahre als Missionar gearbeitet, bevor er in New York als Rechtsanwalt tätig wurde und schließlich in den Dienst der amerikanischen Regierung trat. Dulles hatte schon unter Roosevelt an zahlreichen Konferenzen mit den Sowjets persönlich teilgenommen und dadurch einen unschätzbaren Reichtum an Erfahrungen im Umgang mit ihnen erworben.

Die Einstellung von Dulles zu den Machthabern in Moskau war von seiner Vorstellung getragen, daß eine erfolgreiche Politik nur auf der Grundlage fester ethischer Grundsätze geführt werden konnte. Genau wie ich sah auch er im Kommunismus eine ernste Bedrohung der christlich-abendländischen Kultur.

In den Gesprächen, die ich seit Januar 1953 mit ihm führte, hatte ich ihn als einen durch und durch anständigen Menschen schätzen gelernt. Durch seinen verschlossenen Gesichtsausdruck, durch seine Art sich zu geben, auch in der Unterhaltung, wirkte er zunächst nicht für sich einnehmend. Hatte man einmal sein Vertrauen, seine Freundschaft gewonnen, so konnte man sicher sein, sie nicht wieder zu verlieren.

Auf Grund meiner bisherigen Tätigkeit, die mich mit sehr vielen Menschen zusammengebracht hatte, habe ich gelernt, Menschen, soweit das überhaupt möglich ist, bald richtig zu beurteilen. Ich schätzte Dulles sehr. Wir wurden enge Freunde. Diese Freundschaft basierte nicht zuletzt darauf, daß wir stets sehr offen zueinander sprachen.

Am 12. Juni 1956 traf ich in Washington mit Dulles zusammen. Kurz vor meiner Abreise in die Vereinigten Staaten war das Abkommen mit den USA über die Stationierungskosten unterzeichnet, war mit der französischen Regierung der entscheidende Schritt zur Lösung der Saarfrage gefunden, war bereits am 6. März 1956 die „Zweite Wehrergänzung des Grundgesetzes" durch den Bundestag verabschiedet und das Wehrpflichtgesetz in der ersten Lesung vom Bundestag beraten worden. Diese Tatsachen bewirkten ein günstiges Ausgangsklima für unser Gespräch.

Dulles war in diesen Wochen einem heftigen Kreuzfeuer der Kritik in der amerikanischen Öffentlichkeit ausgesetzt; das hing mit der Präsidentschaftswahl zusammen. Auch ich war gekommen, um meinen Freund auf gewisse Mängel der amerikanischen Außenpolitik aufmerksam zu machen.

Dulles forderte mich gleich zu Beginn des Gespräches auf, meine Gedanken zur politischen Situation zu entwickeln. Die amerikanische Regierung lege meinen Überlegungen, wie ich wisse, Bedeutung bei, so begann er, und berücksichtige sie in ihrer Politik. Er hoffe, daß ich meinerseits auch die amerikanischen Ansichten bei meiner Planung mit einbeziehe. Deshalb komme unserer jetzigen Zusammenkunft größere Bedeutung als gewöhnlich zu. „Ich meine, wir legen keine Tagesordnung für unser Gespräch fest. Ich bin gern bereit, auf jedes Thema, das Sie zu erörtern wünschen, einzugehen."

Dulles gab mir die Gelegenheit, alle meine Sorgen eingehend darzulegen. An die Spitze meiner Ausführungen stellte ich die Versicherung, die Vereinigten Staaten könnten sich absolut darauf verlassen, daß Deutschland seine gegenüber der NATO eingegangenen Verpflichtungen erfüllen werde. Im Parlament bestehe eine gute Mehrheit für die Wehrgesetze, und der Weg, den wir einschlügen, sei genau überlegt. Die Unruhe und Sorge, die in den Vereinigten Staaten über die Aufstellung der Bundeswehr auf Grund verschiedener deutscher Zeitungsberichte laut geworden sei, sei nicht berechtigt. „Lassen Sie mich in diesem Zusammenhang ein Wort über die Presse hinzufügen", sagte ich. „Sie ist in allen Ländern nicht unbedingt zuverlässig. Dies gilt speziell dafür, wie sie die Dinge bringt und was sie nicht bringt. Ich bitte Sie, mehr denn je den Berichten unseres Botschafters größere Bedeutung beizulegen als den Zeitungsnachrichten."

Wie er, Dulles, wohl wisse, fänden im Herbst des nächsten Jahres Bundestagswahlen statt. Ich sähe ihnen mit Ruhe entgegen. Bei den letzten Bundestagswahlen hätte es sich hauptsächlich um die EVG gehandelt. Dieses Ziel sei leider nicht erreicht worden. Ich glaubte jedoch, daß man dem deutschen Volk auch andere Ziele zeigen könne. Wenn man fleißig arbeite und die Wahlen gut vorbereite, werde man sie auch gewinnen. Selbstverständlich sei besonders in einem Land wie Deutschland die außenpolitische Situation vor und nach den Wahlen von großer Bedeutung. Es sei wichtig, daß das deutsche Volk überzeugt bleibe, daß die Bundesregierung eine richtige, stetige und gute Außenpolitik treibe. Eine große Rolle spiele dabei die Frage der Wiedervereinigung oder, wie ich es vorziehen würde zu sagen, die Befreiung der siebzehn Millionen Deutschen von sowjetischer Sklaverei.

Damit kam ich auf den 20. Parteikongreß der KPdSU zu sprechen. Ich erklärte Dulles, daß ich nicht an eine Änderung der sowjetrussischen Haltung glaube. Es wäre zwar auch nicht richtig, wolle man sagen, die Vorgänge in Moskau hätten nichts zu bedeuten. Aber die Sowjets seien in der Wahl ihrer Mittel skrupellos, das müsse man bedenken.

Nun habe Bulganin eine Briefoffensive gestartet. Die Schreiben seien zwar nicht an alle NATO-Mitglieder gerichtet worden, sondern nur an einen Teil. Die in den Schreiben aufgeworfenen Fragen berührten aber die Interessen aller NATO-Mitglieder. Ich schlüge deshalb vor, der NATO die Vorbereitung der Antwort auf die Bulganin-Schreiben zu übertragen. Wenn dies geschehe, würde damit auch ein anderer Zweck erfüllt: Dem NATO-Rat würde, ohne daß man das Gutachten der „drei Weisen" abwarte, eine politische Aufgabe übertragen. Die Sowjets liebten die NATO nicht und versuchten alles, um sie zu sprengen. Ich hielte es nicht für möglich, daß ein Militärbündnis gegen einen gemeinsamen Feind in Zukunft weiterbestehen könne, ohne daß auch die Außenpolitik der Mitgliedstaaten gegenüber dem Gegner koordiniert werde. Ich wolle betonen, daß es nicht meine Auffassung sei, daß die militärischen Aufgaben aufgegeben und durch politische ersetzt werden sollten, vielmehr müßte die politische Tätigkeit parallel zu den militärischen Aufgaben laufen. Die vor kurzem von ihm, Dulles, gemachten Ausführungen über eine Reaktivierung der NATO seien mir aus dem Herzen gesprochen. Ich hielte es zum Beispiel für unmöglich, daß die Zypernfrage noch nie in der NATO erörtert worden sei. Das gleiche gelte für eine Reihe anderer Fragen, die ebenfalls im Rahmen der NATO diskutiert werden müßten. Ich hielte die Koordinierung der Politik der NATO-Mitgliedstaaten für eine sehr wichtige Aufgabe.

Eine der vielen guten Eigenschaften von Dulles, die für einen Politiker meines Erachtens sehr wichtig ist, war seine Geduld und Ausdauer im Anhören seiner Gesprächspartner. Dulles machte keine Anstalten, mich zu unterbrechen.

„Als die NATO gegründet worden ist", so fuhr ich fort, „hat die Gefahr eines heißen Krieges bestanden. Ich glaube nicht, daß ein heißer Krieg kommen wird, wenn die NATO stark bleibt." Inzwischen habe die Sowjetunion die Mittel des Kalten Krieges, des Propagandakrieges und des wirtschaftlichen Krieges angewandt. Hierauf seien wir nicht genügend vorbereitet, um wirksam dagegen Stellung zu nehmen.

Angesichts der Schwierigkeiten, denen sich die Russen in ihrem eigenen Lande gegenübersähen, dürften die europäischen Völker keine unterschiedliche Politik verfolgen. Wenn gewisse Vorgänge auf eine Spaltung oder Meinungsverschiedenheiten zwischen den NATO-Mitgliedstaaten schließen ließen, sähen sich die Russen in ihrer Hoffnung auf einen Zerfall der NATO bestärkt.

Ich erinnerte daran, wie unterschiedlich die einzelnen NATO-Mitglieder während der letzten Monate in ihrem Verhalten gewesen seien. Gott sei Dank sei aber alles besser gegangen, als man befürchtet habe. Wenn eine NATO-Macht die sowjetischen Machthaber zu sich einlade, die Vertreter einer anderen Moskau einen offiziellen Besuch abstatteten ohne vorherige gegenseitige Absprache, so sei das meiner Ansicht nach nicht gut, weil es in den Reihen der freien Völker Verwirrung anrichte. Außerdem stärke es die Zuversicht der Russen, daß es ihnen auf lange Sicht doch gelingen werde, die Einheit des Westens zu zerstören. Sicher sähen die Russen auch in Asien einen Kriegsschauplatz des Kalten Krieges gegen die Vereinigten Staaten. „Aber ich glaube", erklärte ich Dulles, „entscheidend für die Vereinigten Staaten ist Europa!"

Die NATO habe gewisse Mängel. Eine Erklärung dafür sähe ich darin, daß bei der Gründung der NATO militärische Erwägungen im Vordergrund gestanden hätten und daß man sich wegen des menschlichen Beharrungsvermögens, das sich immer wieder bemerkbar mache, nicht anpaßte, als sich die Situation änderte. Blankenhorn, der deutsche Botschafter bei der NATO, einer der besten Leute des deutschen Auswärtigen Amtes, hätte aus einer Reihe von Gesprächen über die Tätigkeit des NATO-Rats den Eindruck gewonnen, daß verschiedene Regierungen ihre NATO-Vertreter nicht genügend über die politische Situation in der Welt informierten und ihnen keine Weisungen erteilten. Man scheine manchmal den Posten des NATO-Botschafters als Ruheposten zu betrachten. Ich hielte es für dringend notwendig, daß die NATO-Botschaften mit neuem Leben erfüllt würden. Der Generalsekretär der NATO müsse mehr Vollmachten erhalten. Gleichzeitig damit könnte eine Reihe von Reformmaßnahmen durchgeführt werden. Die permanenten Staatssekretäre müßten regelmäßig zusammenkommen, um mit den NATO-Botschaftern die weltpolitische Lage zu erörtern. Jedes NATO-Mitglied könne intern sofort Verwaltungsanordnungen erlassen, und wenn die führenden Staaten dabei vorausgingen, würden die anderen schon folgen. Ein geeignetes Mittel hierzu wäre, wenn die Beantwortung des Bulganin-Briefes, wie ich bereits zu Beginn des Gespräches angeregt hätte, der NATO überwiesen würde. Es müsse alles unternommen werden, damit die Sowjetregierung in Zukunft Spaltungsversuche, und um solche Versuche handele es sich bei ihnen, unterlasse. Wenn sie sehe, daß die Antwort auf die Bulganin-Briefe in der NATO erörtert und dort eine Entscheidung vorbereitet werde, würde sie keine derartigen Versuche mehr unternehmen. Es komme darauf an, der Sowjetunion gegenüber die Einheit und Geschlossenheit des Westens zu demonstrieren. Während meines Aufenthaltes in Moskau habe Bulganin mir gesagt, er habe seit der Genfer Konferenz schon drei Briefe von Präsident Eisenhower erhalten. Ich hätte darauf nicht geantwortet. Der Sowjetregierung gehe es nur darum, Bazillen auszustreuen, die sich nachher weiterentwickeln und Unheil anrichten sollten.

„Ihre Ausführungen sind sehr interessant", unterbrach mich Dulles zum ersten Mal. Sein Gesicht hatte während meiner Ausführungen weder Zustimmung noch Ablehnung verraten. „Bevor ich im einzelnen auf das, was Sie sagten, eingehen werde, möchte ich Ihnen versichern, daß ich keine Zweifel daran gehabt habe, daß die Bundesrepublik ihre Verpflichtungen als NATO-Mitglied erfüllen wird." Dulles betonte ausdrücklich, von welch großer Bedeutung die Aufstellung der Bundeswehr für die gesamte westliche Verteidigung sei. Meine letzte Bemerkung, zu der ich dachte, er hätte mich ihretwegen unterbrochen, überging er.

Es habe ihn nicht überrascht, fuhr er fort, von den Schwierigkeiten zu hören, auf die ich gestoßen sei, da er mit ähnlichen Problemen vertraut sei, die sich im Zusammenhang mit Japan bei der Wiederherstellung der japanischen Souveränität ergeben hätten. In vertraulichen Gesprächen mit dem japanischen Ministerpräsidenten Yoshida habe er vor zwei oder drei Jahren wiederholt darauf hingewiesen, daß unter den heutigen Bedingungen eine Nation nur dann als in vollem Maß souverän angesehen werden könne, wenn sie einen fairen Anteil zu den Kräften beitrage, die erforderlich seien, um Frieden und Ordnung zu erhalten. „Eine Nation, die nicht über genügend eigene Streitkräfte verfügt, kann nicht als voll souverän gelten, sondern höchstens als Protektorat, das nicht mit voller Stimme in außenpolitischen Angelegenheiten mitsprechen kann. Das Ausmaß des Beitrages zu den für die Erhaltung des Friedens und der Ordnung erforderlichen Kräften kennzeichnet die Reife und Souveränität eines Volkes." Alle hofften, die Zeit werde kommen, in der eine Rüstungsbeschränkung oder eine Abrüstung möglich sein werde, aber bedauerlicherweise währe es noch einige Zeit, bis dieser Zeitpunkt erreicht sei – „this date is still some time off".

Er habe keinen Zweifel daran, daß die Bundesregierung ihre bisherige Politik fortsetzen werde, nicht nur wegen der gegenüber der NATO eingegangenen Verpflichtungen, sondern auch deshalb, weil ohne diesen Beitrag Deutschland in weltpolitischen Angelegenheiten nicht die Rolle voll spielen könne, auf die es Anspruch habe.

Was die Bundestagswahlen angehe, so erinnere er sich an eine persönliche Erfahrung im Zusammenhang mit der letzten Bundestagswahl, die ihn veranlasse, neutral zu bleiben und nichts über Wahlen in anderen Ländern zu sagen. „Ich versichere Ihnen aber", so bemerkte er, „daß ich hinsichtlich der kommenden Bundestagswahl noch genauso neutral bin wie bei der letzten."

Dann ging Dulles auf das Hauptthema, NATO, ein. Er erklärte, daß er mit meinen Ausführungen im großen und ganzen übereinstimme. Ein Bündnis dieser Art könne nicht stark und stabil sein, wenn keine grundsätzliche Übereinstimmung über die Außenpolitik bestehe. Man habe sich in den Vereinigten Staaten sehr viele Gedanken darüber gemacht, wie sich Wege finden ließen, um die Außenpolitik der NATO-Länder zu harmonisieren. Das Problem sei vom amerikanischen Standpunkt aus etwas schwierig, weil die Vereinigten Staaten in größerem Umfang als irgendeine andere Nation weltweite Interessen hätten. Wenn auch der Wunsch vorhanden sei, eine solche Harmonisierung herbeizuführen, so könnten doch andererseits die Vereinigten Staaten ihre weltweite Politik nicht der Überprüfung durch andere Länder unterwerfen.

Um keine Mißverständnisse aufkommen zu lassen, stellte ich klar, daß ich nicht daran dächte, daß der NATO ein Vetorecht oder supranationale Befugnisse gegeben werden sollten. Mir schwebe nur eine echte Aussprache vor, die für alle nützlich sein dürfte. Es würden schon jetzt Angelegenheiten erörtert, die nicht den militärischen Charakter der NATO beträfen, beispielsweise die Embargo-Frage. Und wenn ich mir zum Beispiel vorstelle, daß statt der Herren Mollet und Pineau Herr Mendès-France nach Moskau gefahren wäre, so wäre dies doch sicher eine Angelegenheit gewesen, die vorher zu erörtern sich gelohnt hätte. Im Falle des Bulganin-Briefes brauche man in der NATO ja auch nicht den Wortlaut der Antwort festzulegen, sondern sich nur darüber zu unterhalten.

Dulles fuhr fort: In einem Gespräch, das er am Vortage mit dem kanadischen Außenminister Pearson, einem der „drei Weisen", geführt habe, hätte er vorgeschlagen, eine Grenzlinie zu ziehen zwischen solchen außenpolitischen Fragen, die unmittelbar die NATO berührten, und anderen, die zwar für die NATO von Interesse seien, sie jedoch nicht direkt beträfen.

Für die Unterredung mit Pearson sei ein Arbeitsdokument vorbereitet worden, das gewisse zur ersten Kategorie gehörende Probleme aufzähle, bezüglich derer bedauerlicherweise keine gemeinsame Politik der NATO-Mitgliedstaaten bestehe. Auf diesen Gebieten müsse seiner Ansicht nach die Politik der einzelnen Länder mehr in Einklang gebracht werden.
Auf seiner Liste stehe als erster Punkt die Wiedervereinigung Deutschlands. Wir alle legten ein Lippenbekenntnis zur deutschen Wiedervereinigung ab, jedoch sei er nicht sicher, daß alle in der erforderlichen Weise handelten, um die Wiedervereinigung herbeizuführen. „Und ohne die Wiedervereinigung kann ein dauerhafter Friede nicht zustande kommen!" Erforderlich sei ein gemeinsames Vorgehen, „a concert of purpose". Bei allen Verhandlungen mit der Sowjetunion sollten die Westmächte immer wieder sagen: „Ja – aber das erste Erfordernis ist die Wiedervereinigung Deutschlands!" Wenn man so vorgehe, werde man auch Ergebnisse erzielen können.
Der zweite Punkt auf seiner Liste sei die Wiederherstellung der Unabhängigkeit der europäischen Satellitenstaaten. Seiner Ansicht nach sei die gegenwärtige Lage zur Durchführung geeigneter Schritte für die Befreiung der siebzehn Millionen Deutschen günstig und weitgehend auch für die Wiederherstellung der Unabhängigkeit und Freiheit der europäischen Satellitenstaaten. In den kommunistischen Parteien herrsche große Verwirrung. Die kommunistischen Führer seien sehr unsicher geworden und ungewiß über das, was die Zukunft für sie bereithalte. Außerdem werde ihr Ehrgeiz durch den Erfolg Titos angestachelt. Die Forderung der Völker nach besseren Lebensbedingungen und mehr Verbrauchsgütern werde immer stärker. Er glaube, auf diesem Gebiet böten sich gegenwärtig Möglichkeiten, wie sie bisher noch nie bestanden hätten und die bestimmt nicht ewig andauerten.
Der nächste Punkt seiner Liste betreffe die Beziehungen zu den peripher zum NATO-Raum liegenden Gebieten, die sich erst in jüngster Zeit entwickelt hätten, insbesondere zu Nordafrika. Nordafrika sei von großer militärischer Bedeutung, und Algerien müsse als ein zu integrierender Bestandteil der NATO behandelt werden. Jedoch seien gerade diese Gebiete zu umfassend, als daß sie alle im Rahmen der NATO diskutiert werden könnten.
Ähnliches gelte für den Nahen Osten. Auch hier könne man tatsächlich die Bedrohung, die für die Öllieferungen aus dem Mittleren Osten bestehe, nicht leugnen. Dies sei eine Tatsache, die ihm durchaus bekannt sei. Die westeuropäische Industrie könne, falls diese Öllieferungen unterbrochen würden, weitgehend gelähmt und die operative Schlagfähigkeit der NATO beeinträchtigt werden. Die Gefahr bestehe darin, daß sich die Sowjetunion

mit den Ländern zusammentue, die die Öllieferungen abschneiden könnten. Aber um alle diese Probleme im Rahmen der NATO zu erörtern, dazu seien sie zu weit verzweigt.

Etwas anderes seien allerdings Meinungsverschiedenheiten zwischen den NATO-Staaten. Die Zypernfrage sei nie im NATO-Rat erörtert worden, und dies sei gewiß ein Fehler. Er wolle nicht vorschlagen, daß alle Probleme der NATO unterbreitet werden sollten, doch gebe es wichtige Fragen, die in der NATO diskutiert werden müßten, das gebe er zu.

Grundsätzlich sei auch er der Auffassung, daß eine Weiterentwicklung der NATO in der von mir vorgeschlagenen Richtung erfolgen sollte. Was meinen Vorschlag betreffe, die Antwort auf den Bulganin-Brief von der NATO vorbereiten zu lassen, so glaube er, daß die amerikanische Regierung durchaus bereit wäre, diese Frage im NATO-Rat durch die ständigen Vertreter aufgreifen zu lassen, um zu sehen, was dabei herauskomme. Gewisse Aspekte der Antwort seien aber unterschiedlich. Beispielsweise wollten die Vereinigten Staaten in ihrer Antwort darauf hinweisen, daß sie bereits früher ohne große Fanfarenstöße ihre Streitkräfte herabgesetzt hätten und damit auf diesem Gebiet vorausgegangen seien. Eine gemeinsame Antwort erscheine ihm jedoch bezüglich der Bemerkung über die Streitkräfte in Deutschland angebracht, da die drei Mächte eine besondere Verantwortung in Deutschland hätten. Er habe aber immer gewisse Bedenken, in solchen Fragen die anderen NATO-Staaten zu konsultieren, da es dann erforderlich sei, sich auf die Formulierung des Furchtsamsten zu einigen, um Einstimmigkeit zu erzielen.

Innerhalb gewisser Grenzen könne man wohl meinen Vorschlag annehmen und dabei sehen, wie die Sache funktioniere. In aller Offenheit müsse er jedoch sagen, er glaube nicht, daß bei der gegenwärtigen Zusammensetzung des Rates – er nehme die Vertreter der Bundesrepublik und der Vereinigten Staaten aus – ein rasches Ergebnis erwartet werden könne.

Ich möchte hier einflechten, daß die Beantwortung der Bulganin-Briefe im NATO-Rat zur Sprache kam und von den Mitgliedern miteinander abgestimmt wurde.

Dulles ging dann auf die Bedeutung des internationalen Kommunismus ein. Im Jahre 1953 sei in der Organisation der amerikanischen Staaten in Caracas eine Entschließung angenommen worden, wonach die Machtergreifung durch den Kommunismus in einem amerikanischen Staat als Bedrohung aller amerikanischen Staaten und als Signal für ein Vorgehen aller angesehen werden würde. Er glaube, es würde auf Schwierigkeiten stoßen, diesen Grundsatz auch im Rahmen der NATO durchzusetzen, obgleich er ihn für einen sehr richtigen Grundsatz halte.

Das amerikanische Volk als Ganzes, nicht nur die führenden Persönlichkeiten, wisse – das gelte in gleicher Weise für Republikaner und für Demokraten –, daß die Sowjetunion den Vereinigten Staaten feindlich gegenüberstehe und mit allen verfügbaren und erfolgversprechenden Mitteln versuche, den Kommunismus über die ganze Welt zu verbreiten. Aus der amerikanischen Presse ergebe sich manchmal der Eindruck, daß in Amerika Meinungsverschiedenheiten hinsichtlich der Verteidigungskosten bestünden. Das Gegenteil sei zutreffend, das amerikanische Volk zeige große Einigkeit und Entschlossenheit. Er sei zuversichtlich, daß im laufenden Jahr mindestens die gleichen Beträge für das gegenseitige Sicherheitsprogramm bewilligt würden wie im vergangenen Jahr. Er zweifle allerdings daran, daß sie erhöht werden könnten. Dies liege zunächst einmal an technischen Gründen der Verrechnung, aber vor allem auch daran, daß man Zweifel an der Entschlossenheit einiger Verbündeter habe und sich deshalb frage, ob sich die Sache überhaupt lohne. Niemand zweifle jedoch an meiner Entschlossenheit. Bei anderen glaube man aber, eine gewisse Weichheit feststellen zu können, und deshalb frage man sich, ob die Mittel nicht für andere, bessere Zwecke verwendet werden sollten.

Dulles betonte nochmals: In den Vereinigten Staaten sei weder eine Aufweichungstendenz festzustellen, noch herrschten Zweifel darüber, daß die Sowjetunion in den Vereinigten Staaten ihren ersten Feind erblicke. Die Vereinigten Staaten würden eine wirksame militärische Schlagkraft als Abschreckungsmittel gegen einen allgemeinen Krieg aufrechterhalten. Sie würden bereit und entschlossen bleiben, allen Alliierten zu helfen, die ihrerseits willens seien, fest zu bleiben.

Ein weiterer Punkt der Unterredung mit Dulles betraf die künftige Integration auf dem europäischen Kontinent. Es gab in den Vereinigten Staaten Befürchtungen, daß der wirtschaftliche Zusammenschluß Europas gewisse negative Auswirkungen haben könne. Die Projekte Euratom und Gemeinsamer Markt seien nach Auffassung der amerikanischen Regierung, so erklärte Dulles, für die Rettung Westeuropas lebensnotwendig, doch dürften sie nicht dazu führen, daß eine politische Spaltung zwischen den daran beteiligten und den nicht daran beteiligten NATO-Mitgliedern eintrete. Die Sowjetunion entwickele sich rasch zu einem modernen Industriestaat, was auf den skrupellosen Einsatz von Zwangsarbeitern zurückzuführen sei. Auch auf dem Gebiet der Verwendung von Atomenergie für friedliche Zwecke seien in der Sowjetunion große Fortschritte gemacht. Die Sowjetunion verfüge über einen gemeinsamen Markt von achthundert Millionen Menschen. Die Vorstellung, daß Westeuropa überleben könne mit veralteten wirtschaftlichen Einrichtungen oder mit einer Anzahl klei-

nerer Märkte und mit einer Produktion, die hohe Kosten verursache, stelle eine wirtschaftliche Gefahr dar, die ebenso ernst sei wie die militärische.
Ich fragte, ob die optimistischen Ansichten über die wirtschaftliche Entwicklung der Sowjetunion wirklich gerechtfertigt seien. Chruschtschow habe zwar auch mir bei meinem Besuch in Moskau großartige Pläne vorgetragen und lange Geschichten darüber erzählt, doch habe Malenkow sie hinterher als Phantasie bezeichnet. So schnell ließen sich diese Dinge nicht verwirklichen. Weil die Russen einen Mangel an elektrischer Energie hätten, gingen sie erst einmal daran, die sibirischen Flüsse für die Gewinnung von Elektrizität auszunützen. Dies allein sei schon ein riesiges Unternehmen. Und was den gemeinsamen Markt von achthundert Millionen Menschen angehe, fuhr ich fort, so dürfe man nicht vergessen, daß sechshundert Millionen davon Chinesen seien. Zu einem Markt gehörten nicht nur Menschen, die produzierten, sondern auch solche, die kauften. Chruschtschow habe gerade wegen der Chinesen große Sorge geäußert, weil sie sehr hohe Anforderungen an die Sowjets stellten, aber nichts bezahlen wollten. Deshalb könne man der Entwicklung ruhig entgegensehen. Die Russen hätten in ihrem eigenen Land noch sehr viel zu tun. Ich selbst hätte bei meinem Aufenthalt in der Sowjetunion gesehen, daß sich das Land in keinem guten Zustand befinde. Die französische Delegation habe auch keinen günstigen Eindruck bekommen. Deutsche Gefangene, die aus der Sowjetunion zurückgekehrt seien, hätten ebenfalls von den großen Schwierigkeiten in der Sowjetunion berichtet. Ich wiederholte, man müsse der Entwicklung ruhig, aber mit Skepsis entgegensehen.
„Ich habe nicht beabsichtigt, den Eindruck zu erwecken, als ob wirtschaftlich in der Sowjetunion alles zum besten steht!" berichtigte Dulles. Er wisse sehr wohl, daß sich die Russen zuviel vorgenommen hätten und daß ihre landwirtschaftliche Situation sehr schlecht sei. Andererseits dürfe nicht übersehen werden, daß in der Sowjetunion die Wachstumsrate der industriellen Produktion erheblich größer sei als in Europa. Es wäre ein schwerer Fehler, wenn man sich keine Sorgen machte über die Konkurrenz, die von dort kommen könne, um so mehr, da es sich dabei nicht um eine normale Konkurrenz, sondern um Methoden einer wirtschaftlichen Kriegführung handele. In der Sowjetunion bestehe eine echte und gewaltige Nachfrage für alle Erzeugnisse, doch werde diese unterdrückt, um die expansiven Ziele der sowjetischen Außenpolitik besser verfolgen zu können.
Ich gab zu, daß daran vieles wahr sei, doch müßten die Russen im Innern Schwierigkeiten haben, sonst hätte Chruschtschow nicht so freimütig darüber gesprochen und uns Deutsche um Unterstützung gebeten. Es dürfe auch nicht übersehen werden, daß in der Sowjetunion eine neue Generation

herangewachsen sei und daß die Kinder der Parteifunktionäre Ansprüche stellten und nicht wieder auf eine niedrige Stufe zurücksinken wollten. Man solle die Entwicklung in der Sowjetunion sorgsam beobachten und darauf achten, ob wirklich ein Wandel eingetreten sei, doch dürfe man nichts tun, was die russischen Schwierigkeiten erleichtere oder das Ansehen der Sowjets hebe, ohne daß die Sowjetunion dafür politische Gegenleistungen erbringe.

3. Gespräche mit Eisenhower, Harriman und dem amerikanischen Gewerkschaftsführer Meany

Amerika befand sich im Vorstadium der Präsidentenwahlen, und es war natürlich, daß im Wahljahr das Interesse der Öffentlichkeit vor allem innenpolitischen Fragen galt. Die Republikanische Partei hatte wiederum General Eisenhower zu ihrem Kandidaten nominiert.

Lange Zeit war es ungewiß gewesen, ob Eisenhower ein zweites Mal die Kandidatur annehmen würde. Eisenhower hatte Ende September 1955 eine schwere Herzattacke erlitten, von der er nur langsam genas. Während ich bei meinem Freund Dannie Heinemann auf dessen Landsitz in der Nähe von New York weilte, erreichte mich am 9. Juni 1956 eine Nachricht, die nicht erfreulich war. Präsident Eisenhower sei am 8. Juni 1956 schwer erkrankt und hätte sich am 9. Juni 1956 im Walter-Reed-Hospital in Washington einer Operation unterziehen müssen. Es war die Rede von einer Darmerkrankung, die jedoch im Zusammenhang mit seinem schwachen Herzen sehr ernst zu nehmen sei. Von den Ärzten würde angenommen, so hieß es, daß der Präsident etwa zwei Wochen im Hospital bleiben müsse. Gleichzeitig ließ das Weiße Haus verlauten, es bestehe kein Grund, weshalb sich der Präsident nicht für eine zweite Amtszeit zur Verfügung stellen sollte.

Während meines Aufenthaltes in Washington ließ mich Präsident Eisenhower wissen, er würde sich über einen Besuch von mir im Krankenhaus freuen. Das Gespräch konnte nur kurz sein. Ich war erstaunt, in welch guter gesundheitlicher Verfassung Eisenhower so unmittelbar nach der Operation war. Ich war besorgt gewesen und deshalb auf das angenehmste überrascht, als ich feststellte, daß Präsident Eisenhower von einer außerordentlichen Frische war, ja, daß er schon aufstehen durfte. Ich bin eine knappe Viertelstunde bei ihm gewesen. Die Unterhaltung war sehr lebhaft, sehr herzlich und teilweise sehr fröhlich. Nach meinem Besuch hatte ich keinen Zweifel, daß Eisenhower den Wahlkampf würde führen können. Allgemein galt es als sicher, daß er die zweite Präsidentschaft erringen würde.

Die Demokratische Partei hatte ihre Wahl noch nicht getroffen. Als Kandidaten galten Adlai Stevenson und Gouverneur William Averell Harriman.
Am 1. März 1956 hatte mir Krekeler über ein halbstündiges Gespräch mit Adlai Stevenson berichtet. Stevensons Interesse an den Verhältnissen in Deutschland war nach dem Eindruck Krekelers sehr stark und offensichtlich aufrichtig. Über die Eindrücke, die Krekeler über die Stellungnahme Stevensons zum Deutschlandproblem gewann, schrieb er mir:

„Die Frage, wie stark das deutsche Volk an einer Wiedervereinigung um jeden Preis interessiert sei, schien ihn sehr zu beschäftigen. Er erwartet ein russisches Anerbieten, die Wiedervereinigung gegen die Verpflichtung zur Neutralität zuzugestehen. Durch ein solches Angebot würden die Sowjets dann im Verhältnis zu den Westmächten die Initiative an sich reißen. Obwohl er dies nicht aussprach, beschäftigte ihn anscheinend der Gedanke, wie man einem solchen Angebot durch eine westliche Initiative zuvorkommen könne. Durch meine Erwiderung glaube ich, ihm die Problematik der Wiedervereinigung, die er offensichtlich zu einfach sieht, nähergebracht zu haben. Er sagte mir gegen Schluß des Gesprächs zum Beispiel, daß ihm die mit der Oder-Neiße-Linie zusammenhängenden Fragen bisher gar nicht bewußt geworden seien. Ich habe mit besonderem Nachdruck darauf hingewiesen, daß auch die SPD sich stets gehütet habe, die Neutralität in ihr Programm aufzunehmen.
Zusammenfassend möchte ich sagen, daß ich keineswegs den Eindruck gewonnen habe, daß Stevenson etwa von sich aus auf die deutsche Neutralität zusteuert. Allerdings ging auch aus diesem Gespräch wieder hervor, wie wichtig es ist, unsere Probleme führenden Persönlichkeiten immer wieder klarzulegen. Denn nur, wenn uns dies gelingt, können wir damit rechnen, daß sie ihre Schlüsse in unserem Sinne ziehen werden."

Anläßlich meines Besuches in den Vereinigten Staaten hatte ich am 14. Juni 1956 Gelegenheit, mit dem anderen Präsidentschaftskandidaten der Demokratischen Partei, Gouverneur Harriman, zu einem politischen Gespräch zusammenzutreffen. Harriman hatte eine wichtige Funktion ausgeübt bei der Durchführung des Marshall-Plans, und durch diese Tätigkeit war er ein guter Kenner und Freund Europas geworden.
Gleich zu Beginn unseres Gespräches ging er auf die Tatsache ein, daß er für die Präsidentschaft der Vereinigten Staaten kandidieren wolle. Dies geschehe aus einem einzigen Grund, versicherte er mir: Er sei fest überzeugt, daß er auf der Grundlage einer zwölfjährigen Erfahrung besser in

der Lage sei, den Russen gegenüber die richtige Politik zu verfolgen, als manche andere. Die Russen hätten ihre Politik nicht geändert. Die Gefahr sei heute größer als vor vier oder fünf Jahren. Ihm sei meine Auffassung bekannt, und er halte sie für richtig. Man dürfe von dieser Linie nicht abweichen. In seiner Haltung den Russen gegenüber sei Eisenhower etwas unrealistisch, was schon während des Krieges in seiner Einstellung zu Marschall Schukow zum Ausdruck gekommen sei. Außerdem glaube er, Harriman, die Republikaner seien in sich gespalten. Er bedaure, daß Eisenhower wirklich gute Leute wie zum Beispiel McCloy nicht zu seinen Beratern gemacht habe.

Harriman versicherte mir, daß die kommenden Wahlen nur aus innenpolitischen Gründen gewonnen oder verloren würden. Er selbst rechne mit einer Niederlage der Republikaner und führte als Beispiel hierfür seinen eigenen Wahlsieg im Staate New York vor zwei Jahren an. „Ich will, daß Sie in der festen Überzeugung nach Hause gehen, in Amerika ist alles in Ordnung!" Ich würde in allem, woran ich glaubte, Unterstützung finden, ohne Rücksicht darauf, ob Eisenhower oder ein Demokrat Präsident werde. Wenn die Demokraten gewännen, glaube er, daß die Vereinigten Staaten eine neue und stärkere Politik führen würden. Wenn Eisenhower Präsident bleibe, würden die Demokraten die guten Züge seiner Politik ebenfalls unterstützen.

Harriman kritisierte Eisenhower wegen der Genfer Konferenz. Der „Geist von Genf" habe sich als unrealistisch und verhängnisvoll erwiesen. Dadurch sei auch ich in eine schwierige Situation gebracht worden, weil ich in einer Zeit, die von diesem trügerischen Geist beherrscht gewesen sei, habe nach Moskau fahren müssen.

Auch die Äußerung von Präsident Eisenhower über die Neutralität sei nicht sehr glücklich gewesen. Es sei zwar klar, daß man sich mit dieser Frage auseinandersetzen müsse, aber die Art und Weise, wie Eisenhower sie behandelt habe, hätte nur Schwierigkeiten verursacht für Länder wie beispielsweise Norwegen und Deutschland. Man dürfe den Neutralismus nicht loben.

Harriman erinnerte daran, daß die heutige Situation, verglichen mit der im Jahre 1950, „tragisch" sei. Damals hätten sich die freien Völker zu gemeinsamen Maßnahmen im Zusammenhang mit Korea zusammengefunden. Er glaube jedoch, daß sich unter einer guten Führung der Geist von 1950 wieder beleben lasse, wenn alle freien Völker bereit seien zusammenzuarbeiten.

Harriman stimmte mit meiner Beurteilung der Vorgänge im Kreml überein. Er selbst habe fünf Jahre lang mit Stalin zu tun gehabt und könne sich einfach nicht vorstellen, daß das sowjetische Regime ohne eine höchste Stimme, ein Orakel oder einen Diktator, auskommen könne. Er glaube, Chruschtschow sei auf dem Wege, diese höchste Stimme zu werden. Bei der Beurteilung der Vorgänge im Kreml dürfe nicht übersehen werden, daß Stalin nur verdammt worden sei, weil seine Taten der Partei Schaden zugefügt hätten. Der Terror als solcher sei nicht verdammt worden, seine jetzigen Ankläger wollten sich nur selbst schützen, auch sie seien unter Stalin Schlächter gewesen – ein Urteil, das sich mit dem meinigen deckte.

Harriman betonte wiederholt, in den Vereinigten Staaten sei alles in Ordnung. Das gelte natürlich nicht für jeden konkreten Fall, sondern er denke dabei an die fundamentalen politischen Grundsätze. Er bedaure die Fehler, die von der jetzigen Regierung begangen worden seien, weil sie für mich die Situation erschwert hätten. Ich dürfe aber wegen dieser Mängel nicht entmutigt werden, denn unter der Oberfläche sei grundsätzlich guter Wille vorhanden. Dieser gute Wille könne mobilisiert werden, wenn die gleiche energische Politik wie unter Truman oder sogar eine noch stärkere Politik verfolgt würde.

Ich dankte Harriman für seine Ausführungen und sprach vor allem meine Zufriedenheit darüber aus, daß Amerika ohne Rücksicht auf den Ausgang der Wahlen in seinem außenpolitischen Kurs die bisherige Richtung beibehalten werde.

Harriman äußerte sich nicht sehr positiv über Dulles. Dulles sei wenig aufgeschlossen für die Gefühle und Empfindungen anderer Leute. Er befürchte auch, daß Dulles den Chauvinisten und Isolationisten in der Republikanischen Partei gewisse Zugeständnisse gemacht habe. Seine Politik sei nicht immer sehr geradlinig gewesen.

„Es ist eine Tragik", so erklärte Harriman, „daß man das Ereignis, auf das man seit Jahren gewartet hat, nämlich Stalins Tod, nicht besser zu nutzen verstanden hat, zumal Malenkow damals Unsicherheit und Furcht zeigte und der Westen stark und geeint gewesen ist. Statt dessen hat man drei Jahre gewartet, bis sich in der Sowjetunion wieder alles konsolidierte, und nun muß man mit Chruschtschow und Bulganin verhandeln. Damals ist eine große Gelegenheit verpaßt worden."

Am Schluß unserer Unterredung ging ich auf einen Punkt ein, der mir große Sorge bereitete. In deutschen und anderen europäischen Zeitungen, so legte ich Harriman dar, würde oft das Gerücht verbreitet, daß das amerikanische Interesse an Europa und an der Wiedervereinigung Deutschlands, der gute Wille und die Aufgeschlossenheit nicht mehr so groß seien wie früher. Solche Gerüchte hätten eine sehr schlechte Wirkung. Deshalb wäre es gut, wenn die Vereinigten Staaten die Bemühungen um die Einheit

Europas weiter förderten und ihr Interesse daran bekundeten. Man dürfe in dieser Anstrengung nicht nachlassen. Ich selbst predige seit Monaten, daß eine politische Zusammenarbeit und Koordinierung ebenso wichtig sei wie die Zusammenarbeit auf militärischem Gebiet und daß eine einheitliche Militärpolitik ohne einheitliche Außenpolitik auf die Dauer nichts nütze.

Am 13. Juni 1956 war ich in Washington mit den Vertretern der größten amerikanischen Gewerkschaft zusammengetroffen, mit den Herren Meany und Lovestone. Das, was mir Meany über die Haltung des amerikanischen Volkes sagte, war sehr beruhigend. Auch ihm gegenüber brachte ich meine Befürchtungen über Aufweichungserscheinungen in der westlichen Welt zur Sprache und legte ihm meine Sorgen dar.

Meany betonte, man müsse die Situation des amerikanischen Volkes im ganzen verstehen. Er könne sehr nachdrücklich sagen, daß die Amerikaner keine Kriegshetzer seien und auch keine Anschläge auf andere Völker vorhätten. Man habe eine sehr klare Vorstellung von der kommunistischen Gefahr, doch schwanke von Zeit zu Zeit die öffentliche Meinung etwas, was seinen Niederschlag besonders in den Leitartikeln finde. Dazu komme, daß man sich jetzt in einem Wahljahr, einem „Jahr des großen Windes", wie er es nenne, befinde. Es sei eine ganz natürliche Tendenz, daß die an der Macht befindliche Regierung versuche, ein günstiges Bild ihrer Tätigkeit zu zeichnen. Die beiden hervorstechendsten Faktoren dabei seien der Friede und die Prosperität. Er sei sicher, daß Eisenhower selbst fühle, daß der gegenwärtige Friede kein solider Friede sei.

Im Anschluß an die Genfer Konferenz hätten sich gewisse gefährliche Tendenzen entwickelt, doch sei in den letzten sechs Wochen wieder die entgegengesetzte Tendenz stärker geworden, was seiner Ansicht nach auf die Enthüllungen des 20. Parteitags und die Art und Weise, wie Stalin verdammt worden sei, zurückzuführen sei. In den letzten sechs oder sieben Wochen seien die Leitartikel wieder besser geworden.

Meany versicherte, daß die Arbeiterbewegung in den Vereinigten Staaten ihre bisherige Politik fortsetzen werde und nicht den „Geist von Genf" akzeptiert habe. Es gebe zwar auch einige Führer – die man an den Fingern einer Hand abzählen könne –, die von Genf Großes erwartet hätten, weil sie nur sahen, was sie sehen wollten. Gewiß, die Gefahr einer Aufweichung sei manchmal auf politischem Gebiet aufgetaucht. Einige Äußerungen von Stassen und Nixon seien nicht sehr nützlich gewesen. Auch in Kreisen der Industrie scheine sich dann und wann die Versuchung bemerkbar zu machen, daß sich mit den Russen gute Geschäfte tätigen ließen. Meany nannte einen prominenten Mann aus der Stahlindustrie, der gesagt habe, er könne in der

Geschichte der letzten zehn Jahre nichts entdecken, was ihm die Befürchtungen gegenüber den Russen zu rechtfertigen scheine. Diese Leute zusammengenommen ergäben jedoch nur eine sehr kleine Gruppe, wozu natürlich noch die kommunistische Presse komme, die versuche, der Öffentlichkeit die üblichen Gedanken einzuhämmern. Die amerikanische Öffentlichkeit sei sich aber seiner Ansicht nach heute der Gefahr bewußter als seit Monaten. Sicher, es gebe auch jetzt noch einen kleinen Kern von Isolationisten, die glaubten, auf einem anderen Planeten zu leben und sich um andere Länder nicht kümmern zu brauchen. In seinen Reden unterlasse er es nie, auf die Gefahr hinzuweisen, die den freien Institutionen durch die kommunistische Aktivität drohe. Er betone auch stets, daß Deutschland der Schlüssel zur europäischen Situation und Europa der Schlüssel zur Weltsituation sei, und aus der Reaktion auf diesen Versammlungen könne er den Schluß ziehen, daß man seinen Ansichten gegenüber positiv eingestellt sei.

Man müsse sich darüber im klaren sein, betonte ich, daß es nach wie vor das Ziel der Sowjetunion sei, die Weltherrschaft zu erlangen, das hieße auch über die Vereinigten Staaten. Alle anderen Länder spielten dabei nur eine Nebenrolle. Ich verstände durchaus die Schwankungen in der öffentlichen Meinung Amerikas, doch dürfe man nicht vergessen, daß dadurch die Hoffnung der Sowjets genährt werde, daß der Westen eines Tages doch kapituliere.

Meany entgegnete, die Arbeiterbewegung sei sich immer darüber im klaren gewesen, daß das eigentliche Ziel der Sowjetunion die Vereinigten Staaten seien. Wenn jemand die Weltherrschaft erstrebe, dann müsse er die stärkste Macht der Welt besiegen. Dies seien die Vereinigten Staaten. Die amerikanischen Gewerkschaften ließen dies ihre Mitglieder nie vergessen. Er wisse, von Zeit zu Zeit verträten Männer des amerikanischen öffentlichen Lebens Auffassungen, die bei den Russen den Eindruck erwecken könnten, daß Amerika nachgeben würde. Seine Gewerkschaft spreche sich immer dagegen aus. Die Ereignisse des 20. Parteitages und die Enthüllungen Chruschtschows hätten der sowjetischen Sache in der amerikanischen Öffentlichkeit den größten Schaden zugefügt, da man erkannt habe, daß die Ankläger selbst Partner waren.

Die Ausführungen Meanys waren sehr ermutigend und trugen entscheidend dazu bei, daß ich im wesentlichen beruhigt in die Bundesrepublik zurückfahren konnte.

VI. BEGEGNUNG MIT NEHRU

Die subtileren Methoden des Kalten Krieges gaben leichter Möglichkeiten zur Verlagerung der Schwerpunkte. Die veränderte Situation nötigte die Vereinigten Staaten, den blockfreien Staaten Asiens und Afrikas erhöhte Aufmerksamkeit zu widmen und ein erhöhtes Gewicht zuzumessen. Dulles sagte mir einmal, die amerikanische Politik müsse berücksichtigen, daß die Vereinigten Staaten nicht nur eine atlantische Küste hätten, sondern auch eine pazifische. Die Vorgänge in Asien wurden in Washington mit Sorge verfolgt. Im Jahre 1955 war es gelungen, in dem „Südostasienpakt" (SEATO) für den südostasiatischen Raum und in dem Bagdad-Pakt für den Nahen und Mittleren Osten Systeme zur gegenseitigen Verteidigungshilfe im Falle einer kommunistischen Aggression zu schaffen. Diese beiden Pakte spielten in der amerikanischen Außenpolitik eine bedeutende Rolle.
Parallel zu der wachsenden Bedeutung insbesondere der asiatischen Staaten ging eine wachsende Bedeutung der Vereinten Nationen, die sich auch unmittelbar auf die deutsche Frage auswirken konnte. Während meines Besuches in den Vereinigten Staaten hatte mir George Meany, der mächtige Mann der amerikanischen Gewerkschaften, von einem Vorschlag berichtet, den er schon vor Monaten in der Öffentlichkeit vorgetragen habe; darin habe er angeregt, das deutsche Volk in einer Volksbefragung unter der Aufsicht der Vereinten Nationen darüber abstimmen zu lassen, ob es den Eden-Vorschlag billige oder den Molotow-Plan vorziehe*. Die italienische Regierung hatte ähnliche Vorstellungen entwickelt. Ich war im Prinzip hiermit einverstanden. Nur hielt ich es für wesentlich, vorher gewisse völkerrechtliche Fragen zu prüfen und festzustellen, wieweit die in den Vereinten Nationen vertretenen Staaten mit dem Problem der Wiedervereinigung vertraut waren und wie sie zu ihm standen. Im Zusammenhang damit war die Frage wichtig, wie die Mehrzahl dieser Staaten die kommunistische Gefahr beurteilte. Es war nicht zu leugnen, daß die neuen Töne aus dem Kreml in vielen Teilen der Welt – insbesondere den neutralistischen, den sogenannten „blockfreien" Staaten – einen gewissen Erfolg hatten.
Bei meinem Aufenthalt in den Vereinigten Staaten hatte Arthur Hays Sulzberger, der Besitzer der „New York Times", das Gespräch auf Indien und Nehrus Politik gebracht und die Möglichkeit angedeutet, daß Nehru

---
* Zu Eden-Vorschlag und Molotow-Plan siehe Kapitel II.

sich innerhalb der Vereinten Nationen für eine deutsche Neutralität einsetzen könnte. Er hielte es für klug, so legte er mir nahe, wenn ich mich einmal gründlich mit Nehru unterhalten würde.

Nehru war die profilierteste Führerpersönlichkeit der jungen asiatischen Staaten. Seine Stimme hatte namentlich in der sogenannten „Bandung-Gruppe" ein entscheidendes Gewicht.

Mir sagte einmal ein einflußreicher Politiker: „Wer Indien erobert – ob Rußland oder China –, beherrscht Asien!" Die Russen schienen diese Meinung auch zu haben, sie bemühten sich jedenfalls eifrig um die Gunst Indiens und besonders Nehrus. Im Juni 1955 hielt sich Nehru mit einer indischen Delegation sechzehn Tage in der Sowjetunion auf. Im November des gleichen Jahres besuchten Bulganin und Chruschtschow Indien. Sie wurden von der Bevölkerung und der Regierung Indiens großartig empfangen. Man sprach von „tiefer Freundschaft" und „gegenseitigem Verstehen". Nehru zeigte eine gewisse Anfälligkeit für die sowjetischen Friedensbeteuerungen und schien von den sowjetischen „Errungenschaften" stark beeindruckt.

Über Nehru hörte ich die verschiedensten Urteile. Sehr bemerkenswert fand ich die Äußerung eines nichtdeutschen Diplomaten, der längere Zeit in Indien gelebt hatte. Dieser Diplomat sagte mir, Nehru verfolge zur Zeit in Indien die einzig realistische Politik. Er könne unmöglich eine Anlehnung Indiens an den Westen betreiben. Das würden die Inder nicht mitmachen. Aber er sei wachsam gegen ein Vordringen des Kommunismus in seinem eigenen Lande und halte auf Grund von Gesetzen, die im Kriege ergangen seien, Tausende von Kommunisten in indischen Gefängnissen.

Ob das stimmte oder nicht, konnte ich nicht beurteilen. Dieses ungeheuer große Land Indien mit seinen zahlreichen Völkerschaften war ein geheimnisvolles Land, und zwar nicht nur in politischer Hinsicht. Für viele Menschen in Deutschland war die geistige Entdeckung Indiens gegen Ende des 18. Jahrhunderts eine Offenbarung. Viele unserer größten Dichter und Denker wurden von indischer Philosophie, indischer Religion und indischer Dichtung weitgehend beeinflußt.

Als im Jahr 1947 Indien unabhängig wurde, verfolgten wir in Deutschland die Entwicklung Indiens mit größtem Interesse. Nehru hatte bei dem Freiheitskampf eine bedeutende Rolle gespielt. Er wurde allgemein als der Schöpfer des neuen indischen Staates angesehen.

Indien hatte eine Bevölkerung von nahezu vierhundert Millionen Menschen. Ihre Hauptaufgabe sah die indische Regierung vor allem darin, den Lebensstandard dieser Menschen zu heben. Man war bestrebt, eine eigene Industrie aufzubauen. Hier mußte man praktisch von vorn anfangen. Zunächst wollte man eine Verbesserung der handwerklichen Arbeitsmethoden auf dem Lande erreichen und sah einen Weg hierzu in einer Förderung der Heimindustrie. Indien verfügte über reiche Bodenschätze, und die Menschen zeigten sich technisch begabt. Die indische Regierung bemühte sich, schrittweise der allgemeinen Not Herr zu werden, und versuchte, mit Hilfe eines Fünf-Jahresplanes Fortschritte zu erzielen. Das, was ich über die Leistungen Nehrus hörte, beeindruckte mich sehr.

Nehru war der unumstrittene Führer seines Landes. Er war entscheidend für die politische Haltung Indiens. Nehrus Politik wurde darüber hinaus Modell für zahlreiche asiatische Staaten, er wurde der geistige Führer der blockfreien Welt. Nehru vermied es, sich einem der beiden großen Machtgruppierungen anzuschließen. Er war stets bemüht, sich aus den Gegensätzen der Supermächte herauszuhalten.

Nehru wurde mir als ein brillanter Mann geschildert, hochgebildet und geistreich. Seiner Grundhaltung nach sei er prowestlich eingestellt, was auf seine Erziehung in England zurückzuführen sei.

Was seine Politik des Noncommitment betraf, so erklärte mir einmal der australische Botschafter in Bonn, Shaw, der ein guter Kenner der indischen Verhältnisse war, er sei überzeugt, daß Indien einen gemäßigten Kurs verfolgen werde, solange Nehru die Regierungsgeschäfte führe. Niemand könne jedoch voraussagen, was passieren werde, wenn Nehru gehe.

Für Mitte Juli 1956 war ein Besuch Nehrus in der Bundesrepublik vorgesehen. Ich war gespannt darauf, Nehru persönlich kennenzulernen. Ich versuchte, ein möglichst vollständiges Bild über seine Ansichten zu Asien und Europa zu erhalten. Am 9. Juni 1956 veröffentlichte die Botschaft Indiens in Bonn Ausführungen Nehrus, die mir recht beachtlich erschienen und aus denen ich einiges zitieren möchte. Nehru hatte hiernach erklärt:

„Europa trägt schwer an seinem Erbe von Konflikten. In dem heutigen Asien gibt es kein solches Erbe. Die Länder Asiens mögen Streitigkeiten mit ihren Nachbarn haben, aber sie haben keine ererbten Konflikte wie die Länder Europas. Das ist Asiens großer Vorteil, und es wäre kompletter Wahnsinn, ließen sich die Völker Asiens in den Tumult der Konflikte Europas verwickeln.

Heute herrscht Europa, und Asien kämpft verzweifelt um seine Freiheit. Aber man muß tiefer blicken. Eine neue Energie erwacht in Asien, ein schöpferischer Geist, ein junges Leben. Asien richtet sich auf, und Europa, zumindest West-Europa, zeigt Symptome des Verfalls. Niemals könnte

barbarische Gewalt die Zivilisation Europas zerstören. Aber wenn zivilisierte Völker barbarisch handeln, zerstört die Zivilisation sich selbst...
Indiens Vitalität hat sich immer wieder im Lauf der Geschichte bewiesen. Oft genug hat es seine Kultur anderen Völkern mitgeteilt, ohne Gewalt, allein durch die Kraft seiner Vitalität, seiner Kultur, seiner Zivilisation. Warum sollten wir unsere Weise zu handeln gegen irgendeine der europäischen Ideologien eintauschen? Gewiß sollen wir lernen und aufnehmen, aber umwerfen lassen dürfen wir uns nicht...
Seit hundert Jahren lebt Europa in der Angst der Mächtigen, die fürchten, ihre Macht zu verlieren. Das Karma seiner Vergangenheit kettet diesen Erdball an ernste Probleme und Konflikte. Die ganze Welt wünscht den Frieden, und wenn es wirklich einige wenige Individualisten geben sollte, die den Krieg wünschen, so muß ihr Geist gestört sein. Aber was geschieht, wenn eine gewisse Besessenheit der Angst sich eines Volkes bemächtigt und es dem Krieg gegen seinen Willen entgegentreibt? Die ganze Welt ist erfüllt von diesem Angstkomplex, auch Indien, aber Indien weit weniger als Europa.
Die Gefahr eines Krieges liegt heute weder in wirtschaftlichen noch in politischen Konflikten, sondern in der überwältigenden Angst, die andere Partei könnte ihre Macht so vergrößern, daß sie unangreifbar und unbesiegbar würde, und darum fahren die Völker fort, sich mit tödlichsten Waffen zu rüsten..."

Am Nachmittag des 13. Juli traf ich zu einem ersten Gespräch mit dem indischen Ministerpräsidenten im Palais Schaumburg zusammen. Nehru erklärte mir, er sei nach Deutschland gekommen, um soviel wie möglich zu sehen und zu erfahren. Er glaube, Indien könne viel von uns, die wir das Wirtschaftswunder vollbracht hätten, lernen. Was die wirtschaftlichen Fragen betreffe, wolle er feststellen, welche Möglichkeiten für eine wirtschaftliche Zusammenarbeit bestünden. Seine Regierung sei um den Aufbau der indischen Wirtschaft bemüht, und die Mitarbeit und Unterstützung anderer Länder sei erwünscht.
Nehru berichtete mir im einzelnen über den zweiten Fünf-Jahresplan seiner Regierung. Es werde immer noch großes Gewicht auf die Förderung der Landwirtschaft gelegt, doch gelte das gleiche auch für die Industrie. Das Hauptziel der indischen Regierung sei, den Lebensstandard der indischen Bevölkerung zu heben. Die Erfahrungen der letzten Jahre seien gut gewesen und hätten das Selbstvertrauen des indischen Volkes gestärkt. Ein Volk dürfe sich nicht zu sehr auf ein gutes Schicksal oder Unterstützung von außen verlassen. Die erzielten Fortschritte in Indien kämen nicht nur Indien

selbst zugute, sondern machten sich auch später in der ganzen Welt bemerkbar.

Ich brachte meine Bewunderung für die Leistungen Indiens in den letzten Jahren zum Ausdruck und setzte hinzu: „Auf die Frage, wodurch diese Kräfte geweckt worden sind, gibt es nach meiner Auffassung zwei Antworten: zum Teil durch Ihre Person, Herr Ministerpräsident, und zum Teil, weil Indien jetzt die Freiheit hat. Ich glaube, die wahre Quelle der Kraft eines Volkes ist die Freiheit, wenn es für sich selbst schaffen kann unter einer guten und weisen Führung."

Nehru zeigte sich erfreut über diese Bemerkung. „Es ist richtig, daß die Freiheit Energien und Kräfte freisetzt, besonders wenn um diese Freiheit lange und schwer gekämpft worden ist." Es bestünde aber die Gefahr, so meinte er, daß sich diese Kräfte, insbesondere nachdem die Freiheit so lange unterdrückt gewesen sei, in eine falsche Richtung bewegen und bei einem Volk wie bei einem einzelnen neurotische Zustände hervorrufen könnten. Es sei jedoch in Indien gelungen, die Kräfte konstruktiven Aufgaben beim Aufbau der Nation zuzuführen. Indien sei ein großes Land mit stark differenzierter Bevölkerung, Sprache und Religion. Man müsse alle Kräfte den großen, gemeinsamen Aufgaben zulenken.

Trotz der starken Differenzierung der Bevölkerung, die zum Teil noch auf einer sehr niedrigen Bildungsstufe stehe, habe man allen Menschen über 21 Jahren, Männern und Frauen, das Wahlrecht gegeben, ohne es an gewisse Bedingungen, zum Beispiel Erziehung oder Besitz, zu knüpfen. Dieser Akt sei ein Glaubensbekenntnis zur Demokratie gewesen. „Es war auch ein Akt des Glaubens an die nationale Klugheit", warf ich ein.

Nehru fuhr fort: Die politische Freiheit bringe immer Forderungen nach wirtschaftlicher Verbesserung mit sich. Man erwarte, daß die Arbeitslosigkeit beseitigt werde und das Land rasche Fortschritte mache. All das könne nur durch schwere Arbeit erreicht werden. Bei den wirtschaftlichen Fragen handele es sich darum, ein Gleichgewicht zu finden zwischen dem, was man tun könne, und dem, was man tun wolle.

Das, was Nehru für Indien erstrebte, war zunächst ein Aufbau der Grundindustrien und eine intensive Förderung von Bodenschätzen. Ich hielt diese Grundzüge der in Indien verfolgten Wirtschaftspolitik für klug.

Am Vormittag des nächsten Tages, des 14. Juli 1956, setzte ich das Gespräch mit Nehru fort. Außer mir nahmen an dem Gespräch von deutscher Seite unter anderen Bundesaußenminister von Brentano und Bundeswirtschaftsminister Erhard teil. Es wurden zunächst Wirtschaftsfragen berührt, und zwar eine Zusammenarbeit zwischen der Bundesrepublik und Indien auf wirtschaftlichem Gebiet. Erhard erläuterte seine volkswirtschaftlichen Vorstellungen. Es sei unerläßlich, so erklärte er, die großen Säulen einer Volkswirtschaft, die Schwerindustrie, durch den Aufbau mittlerer und kleinerer Industrien miteinander zu verbinden und zu verstreben. Die Wirtschaft spiele sich nicht im luftleeren Raum ab, sondern werde von Menschen getragen. Wenn noch mehr Inder zur Ausbildung nach Deutschland und deutsche Studienkommissionen zum Studium der indischen Verhältnisse nach Indien kämen, würden nicht nur die wirtschaftlichen und technischen, sondern auch die menschlichen Beziehungen gefördert. Um der Bereitschaft der Bundesregierung, hierzu beizutragen, sichtbaren Ausdruck zu geben, überreichte Erhard dem indischen Ministerpräsidenten ein Dokument, mit dem das Bundeswirtschaftsministerium hundert Stipendien für indische Studenten zur Verfügung stellte.

Nehru dankte für dieses Angebot der Bundesregierung. Es sei wichtig, die Menschen auszubilden, denn nur die Menschen zählten, sagte er. Wenn die Menschen gut ausgebildet seien, ergebe sich alles andere von selbst. Alles, womit Deutschland nach Kriegsende die Welt in Erstaunen versetzt habe, sei zurückzuführen auf die Qualitäten der Deutschen und auf die hohe Stufe ihrer Ausbildung. Er nehme mit großer Freude jede Gelegenheit wahr, indische Studenten zur Ausbildung ins Ausland zu schicken. Bei alldem dürfe man aber nicht vergessen, daß die eigentliche, groß angelegte Ausbildung in Indien selbst erfolgen müsse.

Ich lenkte das Gespräch auf die politischen Fragen. Ich gab zu, daß meine Kenntnisse über die asiatischen Probleme nicht allzu tief seien, aber sie seien mir doch, wie ich glaubte, in ihren Grundzügen erkennbar. Man müsse davon ausgehen, daß das Schicksal des Friedens für die nächste Zeit in den Händen der Vereinigten Staaten und der Sowjetunion liege. Man müsse sich jedoch dabei der sehr starken politischen, wirtschaftlichen und kulturellen Unterschiede dieser beiden Staaten bewußt sein. Die Vereinigten Staaten hätten keine sehr lange Geschichte. Sie hätten sich sehr schnell entwickelt, insbesondere während und nach dem Zweiten Weltkrieg. Um die Jahrhundertwende seien die Vereinigten Staaten noch ein Schuldnerland gewesen, das Wirtschaftszentrum der Welt habe in London gelegen, und die Vereinigten Staaten hätten nicht über große militärische Kräfte verfügt. Der Zweite Weltkrieg habe dann alles umgestaltet. Die Vereinigten Staaten seien die stärkste wirtschaftliche und militärische Macht geworden, während der wirtschaftliche und politische Einfluß der europäischen Staaten gesunken sei.

Die europäischen Großmächte seien keine Großmächte mehr, was in gleicher Weise für Frankreich, Italien und Deutschland gelte. Die europäischen

Staaten könnten sich kulturell, wirtschaftlich und politisch in der heutigen Welt nur behaupten, wenn sie der bisherigen Entwicklung Einhalt geböten und sich zu einer europäischen Einheit zusammenfänden. Da die europäischen Völker alle eine lange Geschichte hätten, die oft durch Kriege und Rivalitäten gekennzeichnet gewesen sei, könne man nicht erwarten, daß die Integration von einem Tag auf den anderen erfolge, vielmehr brauche man Geduld dazu und Ausdauer, besonders auch dann, wenn Rückschläge einträten. Ich müsse hervorheben, daß die europäische Integration ein absolutes Element des Friedens sei, daß ihr jede aggressive Tendenz fehle und daß man sich überall in der Welt einsetzen werde, wenn man dem Frieden dienen könne.

Im Gegensatz zu den Vereinigten Staaten blicke Rußland auf eine sehr lange Geschichte zurück. Diese Geschichte müsse man kennen, wenn man die russische Politik verstehen wolle. Länger als in irgendeinem anderen europäischen Staat habe in Rußland unter den Zaren ein absolutistisches System bestanden. Heute habe Rußland eine Diktatur. Ich fügte hinzu, jedes Volk habe selbstverständlich das Recht, sich die Regierung zu bilden, die es wünsche.

Seit Hunderten von Jahren seien in der russischen Geschichte gewisse Tendenzen erkennbar, wie beispielsweise eine starke politische Expansion und ein Drang nach Asien und nach Westen in der Absicht, andere Völker unter die russische Macht zu bringen. Dies sei keine spezifische Eigenschaft des heutigen Regimes, sondern diese Tendenz habe auch unter den Zaren bestanden. Ich sprach über die großen geschichtlichen Zusammenhänge und wies nach, daß sich die Zaren als Nachfolger der oströmischen Kaiser betrachteten, die ihrerseits den Herrschaftsanspruch auf die ganze damals bekannte Welt erhoben hätten. Über das Oströmische Reich und durch verschiedene Heiraten sei dieser Anspruch, die Herrschaft über die ganze Welt auszudehnen, auf die Zaren übergegangen. Die panslawistische Idee sei nach meinen Eindrücken ein stärkeres Moment als die kommunistische Idee. Der Kommunismus diene nur dem Panslawismus. Ich erinnerte in diesem Zusammenhang an eigene Beobachtungen in Moskau, wo die Erinnerung an die Zaren und die russische Geschichte mehr gepflegt werde als die an Lenin und zur Zeit meines Besuches noch an Stalin.

Die Vereinigten Staaten seien als junge Nation in der Außenpolitik und der Behandlung anderer Völker wenig erfahren. Sie seien dynamisch, weil sie jung seien, und sie seien beseelt von der Idee der Freiheit. Sie seien gegen den Kolonialismus eingestellt, weil sie selbst ursprünglich Kolonien gewesen seien. Ich sei davon überzeugt, daß sie die Freiheit wollten, und zwar die Freiheit für alle.

Wie anders sei die Mentalität in der Sowjetunion. Eine Diktatur verändere immer den Geist der Menschen. Sie verändere den Charakter nicht nur des gesamten Volkes, sondern auch der Diktatoren selbst. Ein Diktator habe nur Verachtung für die Person und ihre Freiheit. Er sehe in ihr nichts anderes als ein Werkzeug. Wir Deutschen hätten leider zwölf Jahre lang Erfahrungen mit einer Diktatur machen können. Wir Deutschen hätten Hitler erlebt, deswegen könnten wir beurteilen, was eine Diktatur sei.

Ich könne daher einfach nicht glauben, daß die russischen Machthaber – und dabei dächte ich nicht nur an Bulganin und Chruschtschow, sondern an alle leitenden Funktionäre, die nun seit Jahrzehnten schon in Begriffen einer Diktatur dächten – diese nun plötzlich als etwas Schlechtes und die Freiheit als das einzig Mögliche ansähen. Ich glaubte vielmehr, daß die Vorgänge auf dem 20. Parteikongreß interne Geschehnisse wären, vergleichbar mit dem Machtkampf, der nach Lenins Tod eingesetzt habe. Wesentliches habe sich nicht geändert.

Ich frage mich oft, so berichtete ich Nehru, welche Kraft ein solches Reich zusammenhalte. Ich sei mir darüber im klaren, daß es sich dabei nur um eine effektive und nicht um eine geistige Kraft handeln könne. Nachdem die Polizei Berijas beseitigt worden sei, könne diese effektive Kraft nur die Rote Armee sein.

Ich hielte es jedoch für möglich, daß diejenigen Kreise, die in Regierung und Wirtschaft der Sowjetunion führend seien, allmählich zu einer neuen Anschauung gelangten über die Art und Weise zu leben und zu regieren. Es könne sich eine allmähliche Evolution vollziehen, die zu einer besseren Regierung führe. Deshalb müsse man sorgfältig beobachten, was sich in der Sowjetunion anbahne. Ich glaubte jedoch nicht an einen plötzlichen Wandel.

Was Deutschland angehe, so habe man ein besonderes Anliegen gegenüber der Sowjetunion. Ich entwickelte Nehru die Problematik der Wiedervereinigungsfrage. Dies war um so nötiger, da bekannt war, daß Bulganin und Chruschtschow bei ihrem Besuch in Indien prononciert die These von der „Realität zweier deutscher Staaten" vertreten und – wie so oft – die Behauptung aufgestellt hatten, die Wiedervereinigung Deutschlands sei eine Sache der Deutschen selbst. Ich erklärte Nehru, die Sowjetunion sei eine der Siegermächte, und sie habe zusammen mit den drei anderen Siegermächten bestimmte Verpflichtungen hinsichtlich Deutschlands.

Als die Siegerstaaten Deutschland besetzt und die oberste Regierungsgewalt übernommen hätten, seien sie hinsichtlich der Wiedervereinigung und des gemeinsamen Abschlusses eines Friedensvertrages eine völkerrechtliche Verpflichtung eingegangen. Die Vertreter der Sowjetunion hätten dies auch auf der ersten Genfer Konferenz im Juli 1955 zugegeben und von freien Wahlen gesprochen, und im vergangenen September, anläßlich meines Besuches in Moskau, hätten Bulganin und auch Chruschtschow diese Verpflichtung ausdrücklich anerkannt. Neunzig Prozent der Bevölkerung der Sowjetzone würden sich, falls sie frei wählen könnten, für die Vereinigung mit der Bundesrepublik in Freiheit aussprechen. Das hätte ich in aller Deutlichkeit Bulganin gesagt. Der Wille der Bevölkerung in der Sowjetzone sei nicht frei. Er sei von den dortigen Machthabern unterdrückt, die besorgt seien, im Falle freier Wahlen ihre Stellungen zu verlieren.

Die vier Siegermächte seien 1945 auch übereingekommen, daß die Frage der künftigen Grenzen Deutschlands im Friedensvertrag geregelt werden müsse. Alle diese Dinge seien in der Schwebe. Deutschland habe einen Anspruch darauf und die Sowjetunion und die anderen drei Siegerstaaten eine Verpflichtung, die deutsche Frage durch freie Abstimmung und Abschluß eines Friedensvertrages mit einer freien gesamtdeutschen Regierung zu regeln.

Die inneren Beweggründe für die von der Sowjetunion eingenommene Haltung seien klar. Es handele sich teilweise um Furcht vor den Vereinigten Staaten, teilweise um die Idee, daß Rußland die größte Macht der Welt werden müsse. Die Russen wüßten, daß sie dieses Ziel nicht erreichen könnten, ohne Westeuropa unter ihrer Kontrolle zu haben. Deswegen sei ihr Ziel, zunächst die Bundesrepublik in ihren Machtbereich zu bringen, und wenn dies geschehen sei, sei eine weitere Ausbreitung nach Frankreich und Italien unaufhaltsam. So erkläre sich der hartnäckige Widerstand gegen das deutsche Verlangen, wiedervereinigt zu werden. Die Sowjetzone sei ein wertvoller Besitz in Händen der Sowjets, um eines Tages auch die Bundesrepublik in den östlichen Machtbereich herüberziehen zu können.

Der Schlüssel zu einer Regelung liege nicht in den Beziehungen zwischen der Sowjetunion und der Bundesrepublik. Vielmehr könne eine Lösung nur dann erreicht werden, wenn es gelinge, eine allgemeine Entspannung durch eine kontrollierte Abrüstung zu verwirklichen. Hierdurch würde eine Minderung der Spannungen ermöglicht werden, die es dann erlaube, auch die anderen Fragen schneller und leichter zu lösen.

Die siebzehn Millionen Menschen in der Sowjetzone interessierten die Russen im Grunde genommen nicht. Sie wüßten auch, daß Westeuropa nicht die Kraft habe, eine ernste Gefahr für die Sowjetunion darzustellen. Wenn es ihr aber gelinge, ihrem eigenen Potential das Industrie- und Wirtschaftspotential und die Arbeitskräfte Westeuropas hinzuzufügen, werde die Sowjetunion ebenso stark sein wie die Vereinigten Staaten.

Dann werde für die gesamte Welt eine ungeheuer gefährliche Phase beginnen, ein Kampf um die Welt. Deshalb hielte ich es für notwendig, daß alle friedliebenden Völker der Erde dazu beitrügen, daß es zu einer Verminderung der Spannung zwischen den Vereinigten Staaten und der Sowjetunion komme. Dann könnten die Russen bei sich jedes Regime haben, das sie wollten, das gehe die anderen Staaten nichts an. Das sei ihre eigene Sache, in die sich andere Länder nicht einzumischen hätten.
Ich schloß diese Ausführungen mit der Bemerkung, ich sei so ausführlich gewesen, weil ich wisse, wie sehr sich gerade Nehru für die Sache des Friedens einsetze.
Nehru bedankte sich. In vielem stimme er mit mir überein, so beispielsweise in der Analyse der Vergangenheit. Er hoffe, daß er am nächsten Tag dieses Gespräch mit mir fortführen und mir auf meine Ausführungen seine Gedanken darlegen könne.

Am nächsten Tag, dem 15. Juli 1956, setzten wir während einer Bootsfahrt auf dem Rhein das Gespräch fort. Nehru hatte bei unserer ersten Begegnung einen guten Eindruck auf mich gemacht. Er hatte aufmerksam zugehört und das, was er sagte, sehr ruhig, mit leiser und höflicher Stimme vorgebracht. Seine Bewegungen waren gemessen, seine Art unaufdringlich und zurückhaltend.
Nehru begann: Ich hätte von der russischen Geschichte und den expansiven Tendenzen Rußlands in früheren Zeiten gesprochen und davon, daß sich diese Tendenzen fortgesetzt hätten. Abgesehen vom Kommunismus sei es nach meiner Auffassung der Panslawismus, dem man sich gegenübersehe. Er, Nehru, glaube, diese Ansichten seien zutreffend, das heißt, man müsse sich in stärkerem Maße mit dem russischen Nationalismus als mit dem Kommunismus auseinandersetzen, obgleich natürlich auch der Kommunismus eine große Rolle spiele.
Ich hätte am Vortage darauf hingewiesen, daß ich mit der Entwicklung in Asien nicht so sehr vertraut sei wie mit den europäischen Verhältnissen, obschon mir selbstverständlich die wichtigeren Tatsachen bekannt seien. Für ihn, Nehru, gelte das Umgekehrte. Er sei mehr mit der asiatischen Situation vertraut, obschon man auch in Asien überall Interesse an europäischen Dingen nehme. Was sich in Asien seit dem letzten Krieg ereignet habe und sich wahrscheinlich in Zukunft fortsetzen werde, sei nicht nur in asiatischem Zusammenhang, sondern in einem größeren Weltzusammenhang von Bedeutung.
Ich hätte davon gesprochen, wie sich der Gedanke der Weltbeherrschung vom Römischen Reich über das Oströmische Reich auf die russischen Zaren

übertragen habe, und hätte daraus die Schlußfolgerung gezogen, daß in der russischen Vorstellungswelt der Gedanke an eine Expansion und an ein Weltreich lebendig sei. Er selbst könne nicht sagen, was sich in der Vorstellung der Russen abspiele, doch halte er es persönlich für unwahrscheinlich, daß man dort heute den Gedanken an ein Weltreich habe, weil das bedeuten würde, daß alle Tatsachen und vor allem die soeben erwähnte Entwicklung in Asien ignoriert würden. Nehru zitierte Bulganin, der während seines Besuches in Indien folgendes gesagt habe: „Eine Besonderheit unserer Zeit ist die große Veränderung der politischen Lage in den Ländern Asiens und des ganzen Ostens. Es vollzieht sich ein großer historischer Prozeß des Erwachens und des Eintritts der Völker des Ostens in das aktive politische Leben. Dieser Prozeß ist in vollem Gange, und es gibt keine Kraft, die ihn aufhalten könnte. Einige versuchen zwar, diesen großen historischen Umschwung, der sich gegenwärtig im Osten vollzieht, nicht zu bemerken oder zu ignorieren. Jedoch besteht dieser Umschwung und mehr noch, er beeinflußt das ganze internationale Leben bedeutend und wird das zweifellos auch künftig tun."

Was sich in Asien zugetragen habe, habe das frühere Gleichgewicht bereits verändert und werde es auch in Zukunft tun, erklärte Nehru. Dieses Gleichgewicht sei in Asien vor allem durch die Entwicklung in China und Indien und durch eine Reihe anderer in Asien sich entwickelnder Länder erschüttert worden. Wenn man daher die heutige Situation betrachte, müsse man diese Entwicklung in Asien unbedingt berücksichtigen. Sie sei noch nicht abgeschlossen, sondern werde sich fortsetzen. Die Russen seien sich hierüber gewiß im klaren.

Für ein Land, das in Begriffen der Weltherrschaft denke, stelle die Veränderung in Asien ein Hindernis für derartige Ambitionen dar. Selbstverständlich sei das erste Hindernis auf diesem Wege für die Sowjetunion Amerika, aber die Entwicklung in Asien sei kein geringeres Hindernis. „Welche Träume gewisse Menschen in der Sowjetunion auch träumen mögen, der praktische Aspekt ist der: Ich kann mir nicht vorstellen, daß man selbst in der Sowjetunion an eine Expansion großen Umfanges denkt eben wegen der Vereinigten Staaten, wegen Westeuropa und wegen der Entwicklung in Asien."

Er gehe noch einen Schritt weiter. China werde zwar von Kommunisten regiert, doch sei das Land keineswegs ein Satellit der Sowjetunion. Die beiden Länder seien Freunde und Verbündete, aber völlig gleichberechtigt. Was die Situation in Asien angehe, so sei er sicher, daß China eine sowjetische Expansion in Asien unter keinen Umständen gern sehe. Was China selbst wolle, sei eine andere Frage. Er glaube sogar, daß in der Situation

ein Element enthalten sei, das einen potentiellen Konflikt zwischen der Sowjetunion und China nicht ausschließe.
Ich wies darauf hin, daß Chruschtschow mir gegenüber sehr klar seine Sorge wegen China geäußert habe. Er sei insbesondere wegen der hohen Geburtenrate in China von jährlich zwölf Millionen beunruhigt gewesen. Seinen Äußerungen hätte er noch eine typische Bemerkung hinzugefügt, indem er gesagt habe: „Was kann man doch alles tun mit Menschen, die nur von einer Handvoll Reis leben!"
Nehru fuhr fort: Er stimme voll und ganz mit mir überein, was das Vorhandensein eines panslawistischen Elements in Rußland angehe. Der Kommunismus werde dazu benutzt, den Panslawismus zu unterstützen, obgleich letztlich die Möglichkeit bestehe, daß ein leichter Konflikt zwischen dem internationalen Kommunismus und dem Panslawismus entstehen könne, besonders außerhalb des eigentlichen kommunistischen Gebiets.
Was China betreffe, so sei das starke Anwachsen der Bevölkerung ein unübersehbarer Faktor. Es sei nicht ausgeschlossen, daß sich in fünfundzwanzig Jahren die Bevölkerung dieses Landes auf eine Milliarde Menschen erhöht haben könnte. Was dann geschehe, wisse niemand. Er glaube jedoch, daß für die nächsten fünfzehn Jahre China in der Bewältigung seiner internen Aufgaben aufgehen werde. Der große Bevölkerungszuwachs stelle China vor ungeheure Probleme. Die Chinesen seien ein arbeitsames, begabtes und diszipliniertes Volk, das eine große potentielle Stärke darstelle. Aber für die nächsten fünfzehn bis zwanzig Jahre hätten sie im eigenen Lande genug zu tun. Was dann geschehen werde und welchen wissenschaftlichen Fortschritt die Welt bis zu jener Zeit gemacht haben werde, darüber lasse sich nur mutmaßen. Als Tschou En-lai vor zwei Jahren in Indien gewesen sei, hätte er ihm, Nehru, oft gesagt, daß Indien, verglichen mit China, weiter entwickelt sei, über eine bessere Industrie verfüge. Er hätte jedoch hinzugefügt, daß die Chinesen alle Anstrengungen machen würden, um das nachzuholen.
Auf Rußland zurückkommend bemerkte Nehru, er glaube, daß der Kommunismus seine anfängliche revolutionäre Phase bereits durchlaufen habe und nunmehr größeres Gewicht auf den wirtschaftlichen Aspekt als auf den politischen lege.
Hinsichtlich der Vereinigten Staaten stimmte Nehru mit mir darin überein, daß sie ein demokratisches und friedliches Land seien, keinen Kolonialismus wünschten und auch nicht expansiv in dem Sinne seien, daß sie sich fremdes Territorium aneignen wollten. Aber jede große Macht, besonders dann, wenn sie sich einem Rivalen gegenübersehe, wünsche, ihren Einflußbereich über andere Länder auszuweiten, um einerseits den Rivalen daran

zu hindern, ihr zuvorzukommen, und andererseits wegen der jeder Großmacht innewohnenden Tendenz, ihren Einfluß auszudehnen. Während des Zweiten Weltkrieges und in der Nachkriegszeit hätten sich die Vereinigten Staaten zu einer mächtigen Nation entwickelt. Dabei habe sich jedoch die Tendenz gezeigt, daß die Vereinigten Staaten ihrer Politik eine stärker militärische Färbung gegeben hätten, als dies früher der Fall gewesen sei. Der Einfluß des Pentagon sei größer geworden. Aber er stimme mit mir überein, daß die Vereinigten Staaten nicht kolonialistisch und daß sie friedliebend seien. Jedem klaren Kopf, auch in Rußland, müsse es aber einleuchten, daß jeder Versuch einer russischen Expansion zu einem Konflikt mit den Vereinigten Staaten führen werde, sei es in Asien, in Europa oder sonstwo. Die Entwicklung der Kernwaffen stelle unter diesen Bedingungen ein machtvolles Hindernis dar und biete selbst dem Versuch einer geringfügigen Expansion Einhalt, weil sich diese beiden großen Staaten überall gegenüberstünden, und wenn einer von ihnen versuche, den Fuß auch nur ein wenig vorzusetzen, stoße er sofort auf den Fuß des anderen. Aus völlig praktischen und opportunistischen Gründen sei es für den Panslawismus und den Kommunismus außerordentlich schwer, das Risiko einer Expansion oder eines größeren Konfliktes einzugehen. Wenn nicht etwas völlig Unvorhergesehenes eintrete, bestehe seiner Auffassung nach kein Grund zur Furcht vor einer panslawistischen Expansion.
Er glaube vielmehr, den Russen gehe es darum zu beweisen, daß durch ihre Wirtschaftspolitik höhere Dividende erzielt und größere Fortschritte gemacht werden könnten. Er erinnere sich eines Gespräches, das er vor sechs Jahren mit Dulles in Paris geführt habe. Dulles habe ihm damals gesagt, er wolle von einem Krieg nichts wissen, doch sei ein Krieg immer möglich. Dulles habe jedoch den Krieg abgelehnt als Mittel, die Probleme zu lösen. Damals habe Dulles ebenfalls gesagt, es komme darauf an zu beweisen, welches System die höhere Dividende einbringe, und er sei davon überzeugt gewesen, daß es sein System sei, das sich durchsetzen werde. Genau darum gehe es seiner Auffassung nach heute den Russen. Sie konzentrierten sich darauf zu zeigen, daß ihr System das bessere sei.
Auf militärischem Gebiet sei seiner Ansicht nach das erreicht worden, was man im Schach eine Patt-Stellung nenne. Niemand könne eine Aggression unternehmen, ohne daß dadurch sehr ernste Folgen einträten, vor denen jeder Angst habe. Freilich wisse auch niemand, wie die Welt in zwanzig Jahren aussehen werde. Die Gefahr sei gewaltig. Zur Zeit werde die Wasserstoffbombe von Amerika, Rußland und Großbritannien hergestellt. Es sei wahrscheinlich, daß in einigen Jahren ihre Herstellung leichter und einfacher sein werde. Ein australischer Wissenschaftler habe ihm einmal

gesagt, in wenigen Jahren werde es möglich sein, eine solche Bombe in jedem Gemüsegarten herzustellen, womit er natürlich jede kleinere chemische Fabrik gemeint hätte. Das wäre schrecklich und würde in die Weltsituation ein Element großer Unsicherheit bringen. Deshalb müsse man jetzt zu einer Kontrolle gelangen.

In seinen weiteren Ausführungen ging Nehru auf meine Äußerungen über die Integration Westeuropas und den Schuman-Plan ein. Er stimme mir zu, daß die wirtschaftliche Integration Westeuropas eine gute Sache sei. Er erlaube sich jedoch, darauf hinzuweisen, so sagte er, daß die Verbindung wirtschaftlicher und kultureller Fragen mit militärischen Fragen – er sage nicht, daß dies im Schuman-Plan der Fall sei – immer dazu führe, daß die wirtschaftlichen Belange den militärischen untergeordnet würden. Er halte es jedenfalls für gut, daß man die wirtschaftliche Integration durchführe, und glaube, daß dies dem Frieden diene.

Nehru kam dann auf meine grundsätzliche Bemerkung über die sowjetische Diktatur zurück. Er habe keinen Zweifel daran, daß es sich bei dem Regime in der Sowjetunion um eine hundertprozentige Diktatur handele mit allen Folgen, die sich daraus für die Mentalität eines Volkes ergäben. Aber die Russen hätten ihm bei seinem Besuch in der Sowjetunion nicht den Eindruck eines unglücklichen Volkes gemacht – den Eindruck habe er beispielsweise in der Tschechoslowakei bekommen –, vielmehr seien die Menschen gut genährt und gekleidet gewesen, und er habe viele fröhliche junge Menschen gesehen.

Er sei sicher, daß sich in Rußland ein Druck von unten her bemerkbar mache, und zwar aus zwei Gründen: Das Volk wolle größere politische Freiheit und weniger Unterdrückung und Reglementierung. Zweitens wolle das Volk mehr von den Dingen, die das Leben angenehmer machten, es wolle mehr Verbrauchsgüter, die ihm zur Zeit fehlten. Hinter diesem Druck stünden Menschen, die eine gute Ausbildung erhalten hätten und viel läsen. In dieser Hinsicht habe sich das russische Volk geändert, und es gehe ihm besser als früher.

Der von dem russischen Volk ausgehende Druck sei auch darauf zurückzuführen, daß die revolutionäre und diktatorische Phase der Entwicklung nach 1917 zu lange gedauert habe. Der Druck sei allerdings nicht so stark, daß die Menschen revoltierten. Aber sie wollten ein normales und kein anomales Leben führen. Selbst zu Lebzeiten Stalins sei diese Bewegung festzustellen gewesen, doch habe er sie mit eiserner Hand erstickt. Sie sei jetzt wieder in Erscheinung getreten und werde sich auch weiter bemerkbar machen. Die diktatorische Politik habe für die Sowjetunion manchen Vorteil erwirkt, beispielsweise die Aufrüstung, doch sei das Gute und Vorteilhafte

Die Bedeutung von Kontakten 191

dieser Politik ausgeschöpft und habe dazu geführt, daß sich die Sowjetunion die Feindschaft der Welt zugezogen habe. Aus inneren und äußeren Gründen bestehe eine Tendenz zur Liberalisierung. Wie weit diese Liberalisierung gehen werde, bleibe abzuwarten. Wichtig sei jedoch, daß die Regierung nicht mehr umkehren könne. Er sage nicht, daß Chruschtschow ein liberal gesinnter und demokratisch eingestellter Mensch sei, doch gebe es Kräfte, die ihn daran hinderten, von dem, was er bereits zugestanden habe, wieder zurückzugehen.

Die Zukunft hänge ab von der internationalen Entwicklung. Genauso wie Westeuropa und die Vereinigten Staaten vor einer russischen Aggression Angst hätten, fürchteten auch die Russen die große Macht der Vereinigten Staaten, Westeuropa und die deutsche Aufrüstung. Diese Furcht habe es den russischen Führern unter anderem ermöglicht, das diktatorische System aufrechtzuerhalten. Wenn es gelänge, die internationale Situation zu entspannen, würde damit gleichzeitig den internen Liberalisierungsbewegungen innerhalb Rußlands größerer Auftrieb gegeben.

Das gleiche gelte für China. Er glaube, daß sich dort die Revolution ausgelaufen habe. Obschon das chinesische Volk sehr kultiviert, geduldig und nicht aggressiv sei, habe der Korea-Krieg der Regierung sehr viel geholfen in ihrem Bestreben, an nationale Gefühle zu appellieren.

Die Zukunft der internationalen Entwicklung hänge weitgehend von Kontakten ab. Kontakte zwischen der Sowjetunion, Westeuropa und den Vereinigten Staaten und zwischen China und dem Westen trügen nicht nur zu einer Entspannung der internationalen Lage bei, sondern förderten auch die Liberalisierungsbewegungen in kommunistischen Ländern. Die Aufrechterhaltung der Spannung stärke die diktatorischen Systeme. Deswegen sei auch eine Einigung über die Abrüstung, von der ich gesprochen hätte, notwendig.

Was die Sowjetzone angehe, so sei ich mit den dortigen Verhältnissen besser vertraut als er. Er habe keinen Zweifel daran, daß die siebzehn Millionen Menschen dort die Wiedervereinigung wünschten. Sehr wahrscheinlich werde die sowjetzonale Regierung auch nicht von der Öffentlichkeit gestützt, und wenn die Menschen wählen könnten, würden sie sicher für die Wiedervereinigung stimmen. Es sei ganz natürlich und auf die Dauer unvermeidlich, daß Deutschland wiedervereinigt werde. Es stelle sich nur die Frage, wie dies zuwege gebracht werden könne.

Ich hätte gesagt, daß eine Lösung dieser Frage durch eine Einigung über die Abrüstung erleichtert würde. Er pflichte mir darin bei, weil auf diese Weise eine Verminderung der Spannung und der Furcht erfolgen würde. Eine zweite Möglichkeit, zur Entspannung beizutragen, sehe er in der Ausweitung des Handels zwischen Ost und West und in der Abschaffung der Embargos, besonders gegenüber China. Die Embargo-Politik habe sich bisher nicht für China schädlich ausgewirkt, sondern für die Länder, die ein Embargo verhängt hätten. Er glaube, daß Handel und Kontakte wesentlich zu einer Verminderung der Spannung beitragen und damit eine vernünftige Lösung der einzelnen Fragen erleichtern würden.

Was gegenwärtig vonnöten sei, sei eine staatsmännische Betrachtungsweise der Probleme und nicht eine militärische. Ein militärisches Risiko sollte niemand eingehen, und alle militärischen Dinge sollten im Hintergrund gehalten werden. Die asiatischen Länder begrüßten alles, was ihnen als eine befreiende Kraft gegenübertrete. Mit Militärischem könne man ihnen keinen Eindruck machen. Chruschtschow und Bulganin erschienen im Gewand des Befreiers und des Friedens, und deswegen gelinge es ihnen auch oft, sich den guten Willen und die Sympathien der nationalen Bewegungen in den einzelnen Ländern zu erwerben. Das sei jedoch nicht gut.

Ich weiß nicht, wie Nehru die Bedeutung militärischer Betrachtungsweise nach dem Konflikt zwischen Indien und China im Jahre 1962 bewertete. Ich nehme an, er wurde aus seinen idealistischen Vorstellungen grausam herausgerissen. Aber diese Ereignisse konnte man damals nicht voraussehen. Ich versuchte auf meine Weise, Nehru von der Wichtigkeit militärischer Aspekte zu überzeugen.

Jede große Macht bilde eine potentielle Gefahr, begann ich. Eine größere potentielle Gefahr bedeute jedoch jede Diktatur für ihre Nachbarn, weil der einzelne Diktator oder ein Kollegium von Diktatoren, falls interne Schwierigkeiten entstünden, eine Diversion nach außen vorzunehmen geneigt sei, um das System zu retten. Diese Erfahrung hätten wir Deutschen auch mit Hitler gemacht. Natürlich stehe es jedem Volk frei, selbst zu bestimmen, ob es eine Diktatur haben wolle oder nicht. Wenn sich ein Volk für eine Diktatur entscheide, hätten die Nachbarn immer Grund zur Sorge; die Geschichte habe dies bewiesen. Als Hitler an der Macht gewesen sei, hätte ich oft gewünscht, die europäischen Nachbarn Deutschlands mehr in Sorge über Hitler zu sehen. Die heutige Weltsituation erinnere mich an das, was sich in den dreißiger Jahren in Europa abgespielt habe. Damals seien die europäischen Staaten Hitler gegenüber freundlich gewesen, um ihn zu beruhigen. Dies habe wenig Wert gehabt, weil ein Diktator Freundlichkeit und Höflichkeit nicht verstehe. Ein Diktator, der selbst die Macht ausübe, verstehe nichts anderes als nur die Macht. Ich bat den indischen Ministerpräsidenten um Verständnis für diese Einstellung, die zurückzuführen sei auf die Erfahrungen, die man in Deutschland mit einem Diktator gemacht habe.

Der indische Ministerpräsident Jawaharlal Pandit Nehru

Der Bundeskanzler mit dem italienischen Ministerpräsidenten Antonio Segni bei dessen Besuch in Bonn, Februar 1956

Ich müsse noch ein Weiteres betonen: Es täte mir leid sagen zu müssen, daß ich mich seinen Ansichten nicht anschließen könne, wonach die Sowjetunion sich jetzt auf das Wirtschaftliche konzentriere und keine Expansionspolitik mehr verfolge. Die jetzige Expansionspolitik sei allerdings anders als die unmittelbar nach Kriegsende verfolgte, durch die die Sowjetunion ihren Einfluß auf ihre heutigen Satellitenstaaten ausgedehnt habe. Die Sowjetunion sei nach wie vor sehr expansiv. Das eklatanteste Beispiel hierfür seien die jüngsten Ereignisse im Nahen Osten. Durch die Waffenlieferungen an Ägypten[*] habe sich die Situation dort außerordentlich verschärft, und die Gefahr sei sehr viel größer geworden. Durch diese Maßnahme habe sich die Sowjetunion in einem Gebiet eingemischt, in dem Großbritannien wegen der Ölvorkommen sehr starke Interessen habe und in dem vorher Aussicht auf eine friedliche Regelung der offenen Fragen bestanden hätte.

Was die deutsche Wiederbewaffnung angehe, so glaube ich nicht, daß die Sowjetunion tatsächlich Angst davor habe. Die Sowjetunion selbst verfüge über so viele herkömmliche Waffen, daß zwölf deutsche Divisionen, die außerdem erst in drei bis vier Jahren einsatzbereit sein würden, bei den Sowjets keine besondere Rolle spielen dürften. Dazu komme noch – ich legte darauf besonderen Nachdruck, ihm dies zu sagen –, daß sich die Bundesrepublik verpflichtet habe, keine atomaren, bakteriologischen und chemischen Waffen herzustellen. Ich glaubte, die Tatsache, daß auf der Londoner Neun-Mächte-Konferenz im Oktober 1954[**] diese Erklärung im Namen der Bundesrepublik abgegeben wurde und wir uns freiwillig einer Kontrolle unterworfen hätten, die bereits seit Anfang dieses Jahres in Kraft getreten sei und funktioniere, sei der beste Beweis dafür, daß die Bundesrepublik keine offensiven Tendenzen habe. Außerdem habe man verzichtet auf die Herstellung von Raketen, Langstreckenbombern, größeren Kriegsschiffen und schwereren Typen herkömmlicher Waffen.

Ich könne also nicht glauben, daß Furcht der Grund sei, warum sich die Sowjetunion der Wiedervereinigung Deutschlands widersetze, obgleich sie die Verpflichtung dazu anerkannt habe. Sie hoffe vielmehr, dadurch, daß sie die Wiedervereinigung nicht gestatte, ganz Deutschland in ihre Einflußsphäre zu bekommen. Ob sie daran denke, dann alles gleich kommunistisch zu gestalten, könne dahingestellt bleiben. Wenn ihr dies gelinge, entstehe die Gefahr, daß auch Frankreich und Italien in den sowjetischen Einflußbereich einbezogen würden. Frankreich empfinde nicht allzuviel Freundschaft für Deutschland, das gleiche gelte für England, aber dennoch träten diese Länder und die Vereinigten Staaten für die Wiedervereinigung ein,

---

[*] Siehe Kapitel IV, Seite 133 ff.
[**] Siehe „Erinnerungen 1953–1955", Kapitel IX, Seite 347.

weil sie sich gerade dieser Gefahr bewußt seien. Wenn es der Sowjetunion gelinge, die Bundesrepublik, Frankreich und Italien ihrem Einflußbereich einzuverleiben, habe sie ein wichtiges Ziel erreicht.
Wenn man den Frieden in der Welt wolle, müsse man die Ursachen der Spannungen beseitigen, und eine der wesentlichen Ursachen von größter Bedeutung für Europa, aber auch für Asien sei die Spaltung Deutschlands. Erst wenn die Sowjetunion zu erkennen gebe, daß sie nicht mehr darauf ausgehe, das westeuropäische Kriegs- und Wirtschaftspotential ihrem eigenen hinzuzufügen, werde die Atmosphäre geschaffen, in der eine Einigung über eine allgemeine kontrollierte Abrüstung zustande kommen könne. Diese beiden Dinge müßten und könnten Hand in Hand miteinander gehen. Die Sowjetunion habe nicht die geringste Furcht vor der Bundesrepublik, es gehe ihr vielmehr um die Verwirklichung eines weitreichenden Zieles. Wenn zwei Mächte gleich stark seien, könnten Kontakte und Handelsbeziehungen dazu beitragen, die Schwierigkeiten zu überbrücken. Der Sowjetunion gehe es aber um die Verwirklichung eines Projektes, dessen Gelingen die Gefahr für die ganze Welt außerordentlich verschärfen würde.
Nehru erwiderte, ich ginge davon aus, daß die Russen immer noch expansiv seien. Vielleicht dächten noch einige Russen in diesen Begriffen, was er nicht bezweifeln wolle. Er habe aber nicht darüber gesprochen, ob die Russen expansiv sein wollten oder nicht, sondern nur darüber, wieweit eine solche Expansionspolitik heute möglich sei. Er glaube nicht, daß es realisierbar sein werde, in Zukunft eine Expansionspolitik zu betreiben.
Es bestehe kein Zweifel daran, gab Nehru zu, daß die Sowjetunion über die Tschechoslowakei im Nahen Osten interveniert habe[*], doch dürfe nicht übersehen werden, daß die Ägypter versucht hätten, Waffen in Amerika, England und Frankreich zu kaufen. Erst als ihnen das nicht gelungen sei, hätten sie es in der Sowjetunion versucht. Jede Großmacht nehme jede sich bietende Gelegenheit wahr, wenn sie in einer solchen Situation ihre Hand im Spiel haben könne. Jeder großen Macht wie beispielsweise der Sowjetunion wohne eine Expansionstendenz inne, und jede Möglichkeit, die sich biete, dieser Expansionstendenz freien Lauf zu lassen, werde ohne Zweifel wahrgenommen. Er, Nehru, glaube jedoch nicht, daß eine solche Möglichkeit bestehe.
Was die deutsche Wiederbewaffnung angehe, so sei selbstverständlich niemand in Furcht vor zwölf deutschen Divisionen. Was man aber befürchte, sei die sehr starke deutsche Tradition und die Möglichkeit, daß es nicht bei den zwölf Divisionen bleibe. Er habe mit Menschen in Polen und in der Tschechoslowakei gesprochen, die die Russen keineswegs liebten, die vor allem aber Angst vor einer deutschen Invasion hätten.

---
[*] Siehe Kapitel IV, Seite 133 ff.

Wenn man sich meine These über die Expansionstendenzen der Russen zu eigen mache, sei die nächste Frage, was dagegen getan werden könne. Wenn die Möglichkeit eines größeren Krieges ausgeschlossen sei, bleibe doch nichts anderes übrig, als Bedingungen zu schaffen, die eine Entspannung ermöglichten und dadurch die Lösung der Probleme erleichterten.
Ich stimmte Nehru voll und ganz zu: „Nur ist es doch absolut wichtig", hob ich hervor, „daß *alle* einen Beitrag leisten, um solche Bedingungen zu schaffen."

Nehru erschien mir nicht wie ein Realist, Nehru schien mir nur allzugern bereit, an das zu glauben, was in sein Weltbild paßte. Korrekturen an diesem seinem Weltbild zuzulassen, dazu zeigte er wenig Neigung. Nehru bestimmte die politische Haltung von etwa vierhundert Millionen Menschen. Welch ungeheuer große Verantwortung!
Nehru war in der Tat ein sehr gebildeter, wortgewandter Mann, der aber die Tiefen in der Politik, ihre Schwierigkeiten nicht richtig einschätzte. Sein Denken war ein merkwürdiges Gemisch von indischen und englischen Ansichten, die ihn dazu verführten, die Realitäten der Politik zu verkennen.
Als Nehru im Mai 1964 starb, veröffentlichte die „Stuttgarter Zeitung" in ihrer Ausgabe vom 29. Mai 1964 eine sehr gute Charakteristik über ihn von Heinrich Bechtoldt. Er schrieb:

„... Nehru geht in die Geschichte als Initiator und Architekt der Politik des Noncommitment, der Nichteinreihung ein. Daß andere daraus eine primitive Schaukelpolitik machten, quittierte er mit Verachtung. Freilich blieb ihm selbst die große Enttäuschung nicht erspart.
Die Welt hat Nehru jahrelang den Vorwurf gemacht, er verliere sich in politischen Abstraktionen, vergesse darüber die realen Machtverhältnisse bei sich und noch mehr bei anderen, und er leiste dadurch denen Vorschub, die sich gern hinter seinen Belehrungen verstecken, aber in Wirklichkeit nur auf die Ausdehnung ihrer konkreten Macht bedacht sind. Nehru hat immer aus einem großen Fundus historischen und philosophischen Wissens geschöpft; aber er war kein Heiliger und auch kein Schulmeister. Er war den Realitäten der Politik immer viel näher. Er hatte freilich in England gelernt, seine Gedanken in Generalisierungen und Abstraktionen zu präsentieren. Hinter den hohen Forderungen der Humanität und der Moral hat er ganz materiell nur den Interessen Indiens dienen wollen. Der hohe Gedankenflug seines Geistes entzündete sich stets an den harten Fakten der Politik und ließ sich ebenso leicht in diese zurückübersetzen.
Ohne den Kalten Krieg hätte Nehru mit Indien wahrscheinlich genau so eine Politik des Isolationismus betrieben wie die Vereinigten Staaten in

einer langen Periode nach ihrer Gründung. Der Korea- und der Indochina-Krieg haben Indien allzu früh in die große Politik hineingezogen. Man unterstellte Nehru damals die Absicht, eine Art Schiedsrichterrolle über die Großmächte spielen zu wollen. Seine Vermittlungsbemühungen waren jedoch nur ein Produkt der Angst, diese Kriege könnten sich ausweiten, eines Tages auch Indien einbeziehen und dann dessen junge Freiheit wieder ruinieren. Und da er nun einmal der Nachbar Chinas war, glaubte er, aus der Not eine Tugend machen zu können: durch eine vertragliche Festlegung auf die Fünf Prinzipien nachbarschaftlicher Freundschaft den Chinesen den Expansionsdrang abzukaufen, Indien dadurch eine Aufrüstung zu ersparen und der Welt das erste Beispiel zu bieten, auch ohne die klassischen Attribute der Machtpolitik auf dem Weg zur Großmacht voranzukommen.

Die Fünf Prinzipien der friedlichen Koexistenz waren kein Nichtangriffspakt, und das Vertragspapier hinderte die Chinesen nicht daran, immer dichter auf Indiens Nordgrenze aufzurücken und schließlich 1962 den militärischen Angriff zu unternehmen. Damit war Nehrus Grundkonzeption zerstört. Nur der doppelte amerikanische und russische Gegensatz zu China erlaubte es Nehru, die Politik der Nichteinreihung fortzusetzen, also eine Position zwischen Washington und Moskau beizubehalten, weil beide am indischen Widerstand gegen Peking interessiert sind. Nehru hat sehr wohl gewußt, daß die Sympathien des Kremls für Indien eine Funktion der Beziehungen zwischen Moskau und Peking sind, daß diese Beziehungen also auch wieder einmal anders sein können, zumal da sie während der Kuba-Krise für kurze Zeit schon wieder einmal ganz anders, nämlich äußerst gefährlich für Indien, waren. Im Augenblick lebt Indien von dieser Konstellation Amerikas und Rußlands gegenüber China.

Seit dem Himalaja-Krieg hatte Nehru den politischen Initiativgeist verloren. Seine letzten Lebens- und Regierungsjahre waren von der Notwendigkeit belastet, nicht mehr auf eine militärische Ausstattung Indiens verzichten zu können, also wesentliche Teile der industriellen und finanziellen Mittel des Staates von der rein wirtschaftlichen und sozialen Entwicklung abzweigen zu müssen. Nichts konnte für Nehru deprimierender sein als dies. Er hatte doch die klassischen Spielregeln der Weltpolitik umgehen wollen: Die große Zahl der jungen Staaten sollte in der Addition einfach durch ihre Existenz den Großmachtpotentialen die Waage halten, und Indien hätte an ihrer Spitze stehen müssen, schon nach dem Umfang seines Territoriums und seiner Bevölkerung. Die Ohnmacht, die der Himalaja-Krieg offenbarte, hat aber Nehru in die Einsamkeit, in die unfreiwillige Isolation getrieben..."

VII. DER RADFORD-PLAN

1. Alarmierende Meldung der „New York Times"
vom 13. Juli 1956 über einen Plan des Admirals Radford

Die Vorgänge des ersten Halbjahres 1956 mußten allen Deutschen die Augen darüber öffnen, daß wir trotz aller wirtschaftlichen Erfolge der vergangenen Jahre, die wir sicher nicht verkleinern sollten, uns nicht in einem falschen Gefühl der Sicherheit wiegen durften. Der Boden, auf dem wir standen, war sehr dünn. Wir hatten keineswegs eine gesicherte Stellung. Frieden und Freiheit waren besonders in unserer gärenden Zeit Güter, die mit Opfern erkauft und mit Sorgfalt und Gewissenhaftigkeit behütet werden mußten.
Bei meinem Besuch in Washington hatte Dulles mir gesagt, daß die amerikanische Regierung gegenwärtig damit beschäftigt sei, den Verteidigungshaushalt den veränderten militärtechnischen Gegebenheiten anzupassen. Dulles hatte dies nicht näher erläutert, doch einen Monat nach meinem Gespräch mit ihm erhielten seine Äußerungen durch eine Meldung der „New York Times" vom 13. Juli 1956 eine erschreckende Bedeutung. Nach dieser Meldung trat der Vorsitzende der Joint Chiefs of Staffs, Admiral Arthur Radford, dafür ein, daß die konventionellen Streitkräfte der Vereinigten Staaten entscheidend verringert würden, und zwar um 800 000 Mann, zugunsten einer Konzentrierung auf die atomare Bewaffnung. Es wurde eine Äußerung Radfords bekannt, die er am 21. Juni vor dem Senatsunterausschuß für die Luftwaffe gemacht hatte. Sie lautete: „Eine sehr kleine Streitkraft kann eine sehr wirkungsvolle Abschreckungskraft besitzen, und ich glaube, wir müssen dieses unseren Verbündeten erklären."
Als Folge der Entwicklung der atomaren Rüstung sprach man schon seit Jahren von einer Anpassung an die neuen Verhältnisse auf militärischem Gebiet. Man schien nunmehr bereit, solche Maßnahmen durchzuführen. Schon Anfang Juli kursierten alarmierende Meldungen über die Herabsetzung der westalliierten, namentlich der britischen Streitkräfte. Anfang Juni 1956 hatte der britische Premierminister Eden vor dem englischen Unterhaus angekündigt, man arbeite an dem Bau einer Wasserstoffbombe und werde im Zusammenhang hiermit eine Reihe von Kernversuchsexplosionen im Pazifischen Ozean unternehmen. Diese Vorhaben kosteten Geld, und offensichtlich war die britische Regierung bemüht, Gelder auf anderen Gebieten einzusparen.

Sondierungen unserer Botschafter ergaben, daß die Meldungen über die Truppenreduzierungen nicht unbegründet waren. Ich berief unsere Botschafter aus London, Paris und Washington nach Bonn und gab ihnen Instruktionen, um bei den beteiligten Regierungen die Bedenken der Bundesregierung anzumelden. Am 20. Juli 1956 suchte mich der britische Botschafter Sir Frederick Hoyer-Millar auf. Er versuchte, beruhigend auf mich einzuwirken, und versicherte im Auftrage seiner Regierung, daß man britischerseits noch keine konkreten Vorschläge mache und auf alle Fälle mit den Verbündeten zusammenarbeiten wolle. Erst wenn die Ansichten aller Beteiligten zu der Frage einer Truppenverringerung gehört worden seien, könne im Herbst in Sachverständigenausschüssen geprüft werden, ob neue Maßnahmen erforderlich würden. Diese Mitteilung der britischen Regierung schwächte meine Sorge etwas ab, denn die britische Presse war in ihren Darstellungen sehr viel weiter gegangen.

Meine Hauptsorge galt jedoch den Vorgängen in den USA. Zwar mußte man in Rechnung stellen, daß manches im Hinblick auf die Präsidentschaftswahlen gesagt wurde, was man nachher nicht so heiß essen würde. Auch die amerikanische Regierung war bemüht, die Höhe ihres Verteidigungshaushaltes in gewissen Grenzen zu halten. Vor allem mußte die Ankündigung, 800 000 Amerikaner brauchten nicht mehr Soldat zu sein, ein positives Echo in zahlreichen amerikanischen Familien auslösen. Die Republikanische Partei versprach sich hiervon sicherlich erhöhte Wahlchancen.

Die „Neue Zürcher Zeitung" vom 19. Juli 1956 schrieb über das von Radford befürwortete Programm: „Der Kern dieses Programmes ist die stärkere Betonung moderner Kernwaffen, atomischer und thermonuklearer, und zwar großer – strategischer – wie kleiner – taktischer – Kernwaffen. Damit verbunden ist die Rückbildung der konventionellen Streitkräfte, vor allem also der Landarmee."

Das Blatt führte hierzu weiter aus: Es gebe zwei Hauptargumente, die für diese Umschichtung in der Rüstung angeführt würden. Das erste sei ein fiskalisches. Danach sei es angesichts der enormen und noch immer steigenden Kosten unmöglich, gleichzeitig auf dem Gebiet der Kernwaffen aller Art und auf dem Gebiet konventioneller Waffen einen hohen Rüstungsstand aufrechtzuerhalten, das Budget auszugleichen und außerdem vielleicht noch die Steuern zu senken. Vom Standpunkt der amerikanischen Wirtschaft aus gesehen wären diese beiden letzteren Ziele aber von größter Bedeutung. Das zweite Argument sei ein militärisches. Danach erfordere die moderne Kriegführung im Zeichen der Kernwaffen kleine bewegliche Verbände. Die modernen Waffen erlaubten es, die Feuerkraft trotz der Mannschaftsreduktion gleichzuhalten oder sogar noch um ein Vielfaches zu steigern. Dazu komme, daß der Westen ja sowieso nie in der Lage wäre, es in der Mannschaftsstärke mit den Russen oder Chinesen aufzunehmen. Das Blatt fuhr dann fort:

„Der sogenannte ‚Plan' Admiral Radfords, der bisher erst den Charakter einer Vorstudie hat und noch nicht vom Verteidigungsministerium gebilligt ist, geschweige denn vom National Security Council, sieht für die nächsten Jahre ein Verteidigungsbudget von 50 Milliarden Dollar vor – gegenwärtig beläuft es sich auf 36 Milliarden – und einen Abbau der Mannschaftsbestände um 800 000 Mann von 2,8 auf 2 Millionen Mann. Diese Zahlen sollen 1960 erreicht sein.

Armee, Flotte und Luftwaffe widersetzen sich einem so massiven Abbau. Es ist Verteidigungsminister Wilsons Aufgabe, den Streit der Militärs zu schlichten. Gelingt ihm das nicht, so müßte es der Präsident besorgen, der ja ohnehin nach Konsultation des National Security Council die letzte Entscheidung zu treffen hätte, bevor der Kongreß, der die Kredite zu bewilligen hat, sich äußern kann ...

Welches sind die psychologisch-politischen Folgen auf die Alliierten, wenn diese Präsenz reduziert wird? Rein militärisch wäre diese Reduktion wahrscheinlich durchaus zu ertragen, wenn zum Beispiel in Deutschland einmal einige deutsche Divisionen stehen. Aber die Bedeutung der amerikanischen Präsenz ist eben nicht nur eine militärische. Sie ist vielmehr die eines Pfandes dafür, daß die Vereinigten Staaten ihre Bündnispflicht einlösen werden. Nach der amerikanischen Verfassung, die im Atlantikpakt ausdrücklich vorbehalten ist, steht es allein dem Kongreß zu, Krieg zu erklären. Wenn amerikanische Truppen von einem Angreifer vom ersten Tage an in einen Krieg verwickelt werden, so wird diese Kriegserklärung nicht auf sich warten lassen. Der Fall Korea hat allerdings gezeigt, daß die Vereinigten Staaten auch ohne das Pfand ihrer Präsenz auf Grund der Satzung der Vereinten Nationen militärische Aktionen unternehmen können, selbst wenn der Kongreß nicht den Krieg erklärt. Aber das hängt natürlich etwas vom Charakter der jeweiligen Administration ab und von der Persönlichkeit des Präsidenten.

Im Falle der amerikanischen Divisionen in Deutschland stellt sich auch die Frage, ob ihr Abzug nicht als ein Signal zum allgemeinen Aufbruch wirken müßte, der das Verteidigungssystem des Nordatlantikpakts schwer beeinträchtigen könnte. Schon die Umstellung auf Kernwaffen, von denen ein amerikanischer General jüngst sagte, sie würden, je nachdem wie der Wind wehe, unter Umständen Millionen von Menschen hinter der Front vernichten, wird ja die Allianzen einigen Belastungen aussetzen!"

2. Konsequenzen des Radford-Planes
– Protest der Bundesregierung –

Bei einem Abbau der konventionellen Waffen lag es nahe, beim Ausbruch eines Konfliktes als erstes zu nuklearen Waffen zu greifen. Das würde wahrscheinlich zu einer unausdenkbaren Katastrophe führen. Ich hielt eine Vermehrung der Atomwaffen, verbunden mit der Reduzierung der herkömmlichen Waffen, für gefährlich.

Der in der „New York Times" angekündigte militärische Plan barg insbesondere für uns in Deutschland außerordentlich große Gefahren in sich. Die Sowjetzone verfügte einschließlich ihrer Polizei über 250 000 Mann unter Waffen. Jederzeit konnte an irgendeiner Stelle des Eisernen Vorhanges von ihrer Seite aus eine Art Bürgerkrieg angefangen werden. Die Bundesrepublik, die bisher keine nennenswerten Abwehrkräfte besaß, denn unser Grenzschutz fiel kaum ins Gewicht, würde aufgerollt werden. Die Amerikaner würden bei einer Verwirklichung des Radford-Planes das mit ansehen, ohne einschreiten zu können, denn ein Einschreiten würde einen atomaren Krieg bedeuten. Die USA betonten zwar, es dürfe keinen Zweifel geben an der Entschlossenheit, atomare Waffen einzusetzen im Falle einer sowjetischen Aggression. Sie unterstrichen jedoch gleichzeitig, sie würden keinen atomaren Krieg beginnen. Wie also würde man reagieren bei einer Aggression mit konventionellen Waffen, noch dazu, wenn sie nicht von sowjetischer, sondern sowjetzonaler Seite erfolgte? Die Amerikaner würden beteuern, sie würden uns mit ihrer ganzen Macht verteidigen, und diese Macht würde als Abschreckung verhindern, daß wir in eine ernste Situation gerieten. Man würde uns erklären, die Sowjetunion werde keine örtliche Aggression anfangen, weil sie Vergeltungsschläge fürchten müßte. Hieraus ergab sich aber sofort die Frage, warum wir in der Bundesrepublik dann überhaupt deutsche Streitkräfte aufstellen sollten?

Am 6. und 7. Juli 1956 hatte im Deutschen Bundestag die dritte Lesung des Wehrpflichtgesetzes zu einer außerordentlich scharfen Debatte über die Wiederbewaffnung Deutschlands und die Aufstellung der Bundeswehr geführt; sie zeigte, wie umstritten bei uns die Wiederbewaffnung war. Es war für mich schwer gewesen, im Deutschen Bundestag Unterstützung zu finden, um unseren Verpflichtungen im Rahmen der Pariser Verträge nachkommen zu können, und nun, kaum eine Woche nach dieser heißen Schlacht im Bundestag, verlautete aus Amerika, die neuesten militärstrategischen Überlegungen liefen auf eine Reduzierung der Mannschaften hinaus. Es hieß sogar, daß Außenminister Dulles erklärt habe, die deutsche Bundeswehr brauche gar nicht 500 000 Mann aufzustellen. Dies sei nicht erforderlich. Meine Argumente, wir würden bei einer Nichterfüllung der Erwartungen, die die Amerikaner in uns setzten, bewirken, daß die Amerikaner sich von Europa zurückziehen würden, schienen unzutreffend geworden zu sein.

Am 6. Juli 1956 hatte als Sprecher der SPD Fritz Erler im Deutschen Bundestag erklärt:

„Haben wir doch nicht so entsetzliche Angst, daß wir durch ein mutiges Anpacken dieser Probleme etwa die Freundschaft und Solidarität unserer westlichen Partner verlieren könnten! Es ist ein erheblicher Umschwung der öffentlichen Meinung auch in den Vereinigten Staaten eingetreten...

Meine Damen und Herren, wir stehen – ob Sie das wahrhaben wollen oder nicht – in der Gefahr, uns durch unsere Untätigkeit in der Förderung des internationalen Gesprächs über die Wiedervereinigung und unsere sehr aktive Tätigkeit auf dem Gebiete der Bewaffnung der Bundesrepublik zu isolieren, als Störenfried angesehen zu werden, über dessen Kopf hinweg man einmal eine Lösung suchen wird, die uns allen nur unangenehm sein kann. Wir werden einmal ein unbequem gewordener Bundesgenosse sein; das späte Echo einer eigenen Politik, die man längst zu verlassen im Begriff ist. Wir sollten zur Warnung daran denken, daß es im letzten Jahrzehnt schon mehr derartige Entwicklungen in der Welt gegeben hat von Tschiang Kai-schek über Bao Dai bis Syngman Rhee. Den Schaden, der aus einer solchen Entwicklung für uns entstehen würde, trägt nicht der Herr Bundeskanzler allein, sondern das ganze deutsche Volk.

Besonders deutlich wird die Überalterung unserer Vorstellungen an der Frage, die wir heute diskutieren. Die Pläne, eine Halbmillionen-Armee mit der Einführung der allgemeinen Wehrpflicht aufzustellen, datieren aus dem Jahre 1950. Damals sind ja auch die Pläne konzipiert worden, die davon ausgehen, daß die moderne Strategie – 1950 war sie noch gar nicht ganz geboren – zwar dafür sorgen würde, daß die anderen Armeen mit den nun einmal leider entscheidenden Waffen ausgestattet werden, daß die Bundesrepublik Deutschland aber demgegenüber etwas zurückstehen müsse. Wir würden also nicht einmal der letzte Soldat, sondern nur der letzte standhafte Zinnsoldat des Kalten Krieges werden. Die Argumente des Kalten Krieges gelten heute nicht mehr; der Kreuzzug findet nicht statt.

Wir versuchen hier künstlich, alte Parolen wiederzubeleben. Die Aggression, die man im Zuge der Korea-Ereignisse Grund hatte zu befürchten, ist angesichts der letzten weltpolitischen Entwicklung für absehbare Zeit in den Bereich des nahezu Ausgeschlossenen abgedrängt worden."

Ich verstand nicht, wieso Erler sagen konnte: „Die Argumente des Kalten Krieges gelten nicht mehr." Beobachtete denn die SPD nicht die Vorgänge im Nahen Osten? Erkannte die SPD nicht, daß wir in einer der erregendsten Phasen des Kalten Krieges waren? Ich hielt die Gefahr von lokal ausbrechenden Konflikten für keineswegs gebannt.
Gewiß, wir sollten weitblickend handeln, doch bei allen leider noch nötigen Planungen im Zusammenhang mit Kriegsmöglichkeiten wäre es unrealistisch, immer gleich das größte Ausmaß eines Krieges vorauszusetzen. Ich war der Ansicht, daß es ganz besonders darauf ankam, etwaige kleinere Konflikte lokalisieren zu können. Und dafür waren Divisionen mit konventionellen Waffen erforderlich. Ihre Zahl mußte ausreichend sein, um verhindern zu können, daß ein kleinerer Brandherd sofort einen Raketenkrieg von Kontinent zu Kontinent auslöste.
In den letzten Jahren hatten wir eindrucksvolle Beispiele dafür erlebt, wie wichtig es war, aufflammende Konfliktherde schnell lokalisieren zu können. Daran hatte sich nichts geändert, also auch nichts an der Daseinsberechtigung der konventionellen Waffen. So entschieden ich alles unterstützte, was der kontrollierten Abrüstung dienen konnte, so eindeutig erklärte ich mich gegen eine einseitige Umrüstung zugunsten der Atomwaffen. Zu der von den Amerikanern ausgelösten Debatte über das Verhältnis zwischen den konventionellen und den nuklearen Waffen möchte ich nachdrücklich betonen, daß ich eine Verlagerung des Schwergewichts zugunsten der Atomwaffen vorerst für verfehlt hielt. Da nach meiner Auffassung die Atomwaffen die größte Gefahr für die gesamte Menschheit darstellten, hielt ich es für richtig, gerade hier auf kontrollierte Abrüstung zu drängen. Man sollte alle Energie darauf verwenden, den nuklearen Krieg unmöglich zu machen. Und vor allem: Die Landheere des Kolosses Rußland würden doch gerade auch für Europa an Bedeutung gewinnen, wenn der Westen seine konventionellen Verteidigungskräfte reduzierte. In der gegenwärtigen Situation wäre es unklug, wenn der Westen bei irgendeiner Abrüstungsmaßnahme schneller sein wollte als die Sowjetunion. Meine Grundeinstellung gegenüber einer allgemeinen Abrüstung war aber unverändert: Abrüstung blieb mir ganz entschieden sympathischer als Aufrüstung.
In diesen Wochen waren in der öffentlichen Meinung die Vorstellungen in bezug auf den Abrüstungskomplex durch zwei Vorgänge verwirrt worden: Einmal durch die Ankündigung der Sowjetrussen, die Zahl ihrer Soldaten

vermindern zu wollen, und zum anderen durch die in Amerika aufgeworfene Frage, ob nicht weit mehr als bisher den nuklearen Waffen der Vorzug gegeben werden sollte. Die Konsequenz wäre ein Abbau der bisher üblichen Waffen und auch eine Verminderung der Zahl der Soldaten. Es war verständlich, wenn nun gefragt wurde, ob in absehbarer Zeit selbst die sehr modern ausgerüsteten Landheere noch eine Rolle spielen würden, ob sich der Aufbau der Bundeswehr überhaupt noch lohnte.

Ich hielt nichts für gefährlicher, als Ankündigungen und Erwägungen sofort als Tatsachen in unsere Rechnungen einzusetzen. Hinsichtlich der Ankündigung Moskaus hieß das für mich: Solange die Sowjetunion nicht durch international verbindliche Taten bewiesen hatte, daß in ihr eine echte Wandlung der Einstellung zur Umwelt vollzogen war, mußte die gesamte freie Welt auf der Hut bleiben. An den inneren Wandel konnte man schlecht glauben, solange den Satellitenstaaten die Freiheit verwehrt und für die Abrüstung keine Kontrolle zugestanden wurde.

Bereits im Mai 1956 waren Nachrichten aus den USA zu uns gedrungen, wonach die amerikanische Regierung für den Fall, daß keine Fortschritte in den Abrüstungsverhandlungen mit den Russen erreicht werden könnten, einseitige Abrüstungsmaßnahmen treffen würde. Ich wußte, es gab im amerikanischen Senat einige Persönlichkeiten, die empfahlen, daß die Vereinigten Staaten eine Politik der einseitigen Abrüstung verfolgen sollten, falls ein internationales Abrüstungsabkommen in nächster Zukunft nicht erzielt würde. Ich wußte auch, daß zahlreiche Senatoren die Auffassung vertraten, daß die Aufrüstung der Bundesrepublik die Spannung verschärfen und ein internationales Abrüstungsübereinkommen erschweren werde.

So hatte zum Beispiel der republikanische Senator Ralph E. Flanders Ende Juni 1956 direkte Gespräche zwischen Bonn und Moskau vorgeschlagen und für eine unbewaffnete Neutralität des wiedervereinigten Deutschlands plädiert. Äußerungen des der Demokratischen Partei angehörenden Senators Mike Mansfield unterstützten diese Linie. Mansfield trat dafür ein, daß Amerika den Widerstand gegen die Wiederbewaffnung in Deutschland berücksichtigen müsse und eine Überprüfung der Pläne bezüglich der Eingliederung der Bundesrepublik in die NATO vornehmen solle. Leitartikel des prominenten amerikanischen Journalisten Walter Lippmann gingen in die gleiche Richtung.

Die Vereinigten Staaten befanden sich inmitten einer Revolution der militärischen Struktur, herbeigeführt durch die Entwicklung der atomaren Waffen. Durch die Erhöhung der Stärke, Geschwindigkeit und des Flugbereiches der modernen Flugzeuge und Raketen sowie durch die Anwendung modernster elektronischer Geräte für ihren Einsatz war die Feuer- und Schlagkraft im Verhältnis zu der Zahl der Soldaten wesentlich erhöht worden. Mit der Weiterentwicklung der modernen Waffen dachte man nunmehr an eine entsprechende Verminderung der Mannschaftsstärken. Bei dem sogenannten Radford-Plan handelte es sich außerdem um eine Prüfung der Frage, wie die Mannschaftsstärke den ständig anwachsenden Kosten angepaßt werden könnte, die durch die Ausrüstung mit den neuen Waffen entstanden. Man konnte im Hinblick auf die steigenden Kosten und die Erhöhung der Schlagkraft nicht die gleiche Zahl von Soldaten unter Waffen halten. Es handelte sich im wesentlichen gewiß darum, ein Gleichgewicht zwischen diesen beiden Faktoren herzustellen. Ob jedoch bei der Konzipierung des Radford-Planes alle Folgen einer so drastischen Mannschaftskürzung, wie angekündigt, konsequent zu Ende gedacht waren? Ich konnte es mir kaum denken. Nach meiner Auffassung würden die Maßnahmen über eine Verringerung der amerikanischen Streitkräfte um 800 000 Mann, von denen der in der „New York Times" erschienene Artikel berichtete, bedeuten, daß alle Stützpunkte außerhalb der Vereinigten Staaten aufgegeben würden. Dachte man tatsächlich an einen Rückzug auf die „Festung Amerika"? Hatten wieder einmal isolationistische Strömungen die Oberhand gewonnen? Für den atlantischen Bereich würde auf alle Fälle die Durchführung der angekündigten Maßnahmen eine Schwächung der NATO bedeuten, man konnte sogar sagen, sie würde überflüssig.

Ich weiß nicht, ob man in Washington sich darüber im klaren war, welche Gefahrenerhöhung mit diesen Plänen für die Vereinigten Staaten selbst verbunden war. Was die Entwicklung unbemannter Flugzeuge, nuklearer und ferngelenkter Geschosse anging, so würde die Sowjetunion eines Tages auch so weit sein, daß die Vereinigten Staaten unmittelbar bedroht sein würden.

Vor allem jedoch mußte die amerikanische Regierung folgendes bedenken: Das Ziel, das allen anständigen Menschen vorschwebte, nämlich zu einer Abrüstung der Kernwaffen zu kommen, würde nicht mehr erreichbar sein, wenn es keine konventionellen Waffen mehr gäbe, weil dann nur noch Kernwaffen als Angriffs- und Verteidigungsmittel zur Verfügung ständen. Hatte die amerikanische Regierung sich das klargemacht? Die Bundesregierung trat nach wie vor dafür ein, daß die Anstrengungen aller Beteiligten darauf gerichtet sein mußten, eine Abrüstung der atomaren Waffen herbeizuführen. Die Gefahren eines Atomkrieges waren schrecklich, sie mußten auf alle Fälle gebannt werden.

Die Sowjetunion lebte von der Hoffnung auf die Uneinigkeit des Westens, von der Hoffnung auf seinen inneren Verfall. Es mußte alles vermieden werden, was dieser Hoffnung Nahrung geben konnte. Die Sowjets würden sich aber auf Grund der jüngsten Meldungen sagen, Amerika fühle sich nicht stark genug, um in Zukunft seine Rüstung in dem bisherigen Maß aufrechtzuerhalten. Deshalb nehme es nunmehr den Abbau der konventionellen Waffen vor. In den Vereinigten Staaten habe man nicht mehr die Kraft, sowohl nukleare als auch konventionelle Waffen herzustellen. Man mußte doch bedenken, daß die Russen nach wie vor davon überzeugt waren, daß der Kommunismus siegen und der Kapitalismus in sich zusammenbrechen werde.

Während des letzten Jahres war das Selbstvertrauen der Sowjets ungeheuer gestiegen. Auf der ersten Genfer Konferenz waren sie nicht wie Sünder, sondern wie der verlorene Sohn empfangen worden. Ich habe die Meinung, daß die Russen die gute Behandlung, die sie auf der ersten Genfer Konferenz erfahren haben, als ein Zeichen der Schwäche der anderen auffaßten, die sie daran hinderte, von ihrer Macht Gebrauch zu machen. Die Russen haben daraufhin die zweite Genfer Konferenz vor die Hunde gehen lassen – das ist der richtige Ausdruck für ihr Verhalten.

Die amerikanischen Politiker konnten sich anscheinend nicht vorstellen, was ein Diktator, ein diktatorisches Regime bedeutete. In Amerika schien man zu glauben, wenn man einer Person anständig gegenübertrete, müsse auch diese Person ihrerseits sich anständig verhalten. Wir in Deutschland hatten mit einer Diktatur Erfahrungen gemacht und wußten, daß Entgegenkommen von einem Diktator stets als Schwäche ausgelegt wird. In Amerika konnte man sich offenbar nicht vorstellen, daß ein Diktator anders dachte und keine moralische Zurückhaltung kannte.

Im Frühjahr 1956 hatte im Westen der Wettlauf mit Einladungen und Besuchen in Richtung Osten eingesetzt. Es war den Sowjets gelungen, ihr außenpolitisches Prestige stark zu erhöhen und ihren Glauben an einen Endsieg außerordentlich zu stärken. Wenn nun bald von dieser, bald von jener Macht etwas unternommen wurde, was bei den Sowjets den Eindruck erweckte, daß der Westen auseinanderfiel, so mußten die Sowjets doch in der Hoffnung bestärkt werden, daß der Westen eines Tages von selbst in sich zusammenbrechen würde. Waren sie jedoch davon überzeugt, daß der Westen nicht auseinanderbrechen und auch weiterhin stark bleiben werde, dann würden sie doch früher oder später sich überlegen müssen, wie sie zu einer Einigung über die Abrüstung gelangen konnten, um wenigstens in der Lage sein zu können, ihre sozialen Aufgaben zu lösen. Man konnte nur hoffen, daß der Westen seine Festigkeit behielt und das auch zeigte. Man durfte den Sowjets nicht immer neue Hoffnung geben und ihnen dabei helfen, ihr Prestige in den Augen ihrer eigenen Landsleute zu heben.

Aus meiner großen Sorge um die Folgen des Radford-Plans, dem, wie verlautete, auch Außenminister Dulles seine Billigung gegeben haben sollte, veranlaßte ich Botschafter Krekeler, im State Department meine Bedenken vorzutragen. Außerdem beauftragte ich den Generalinspekteur der Bundeswehr, General Adolf Heusinger, in die Vereinigten Staaten zu fliegen und dort mit den führenden militärischen Persönlichkeiten in direkten Gesprächen gleichfalls die deutschen Bedenken anzumelden. Wie ich aus zuverlässiger Quelle gehört hatte, lehnten zahlreiche amerikanische Militärs diesen Plan ab. Außerdem war mir bekannt, daß der Oberbefehlshaber der amerikanischen Streitkräfte in Europa, General Gruenther, wiederholt auf die Gefahr eines lokalen Krieges in Europa aufmerksam gemacht hatte und gleichfalls für die Beibehaltung der konventionellen Bewaffnung eintrat.

Am 31. Juli 1956 verlas ein Sprecher des US-Außenministeriums folgende Erklärung:

„Dem amerikanischen Außenministerium ist weder etwas über einen Regierungsbeschluß bekannt, die in Europa stationierten Nachschub- und Versorgungstruppen abzubauen, noch darüber, daß dieses gegenwärtig beabsichtigt wird. Außerdem hat das US-Verteidigungsministerium am 26. Juli der Presse durch Generalleutnant Leon Johnson – Vertreter der USA bei der NATO – eine Verlautbarung zugehen lassen. Diese Verlautbarung Admiral Radfords, die Generalleutnant Johnson verlas, bekräftigt im wesentlichen die Verpflichtungen der USA der NATO gegenüber und erklärt in diesem Zusammenhang, daß die Regierung der USA weder einseitig ihre Verpflichtungen dem Nordatlantikpakt gegenüber abändert noch diese abzuändern gedenkt."

Das Dementi überzeugte nicht. Gleichfalls am 31. Juli 1956 kursierte eine Meldung der französischen Presseagentur AFP, nach der die amerikanische Regierung beabsichtige, auf der NATO-Ratssitzung im Dezember 1956 Mitteilung davon zu machen, sechs Divisionen aus Europa abzuziehen. In Kenntnis der Erklärung des US-Außenministeriums berichtete der Korrespondent der AFP:

„Nach Ansicht zuständiger Kreise trägt die Neuorientierung, die sich im Außen- und Verteidigungsministerium immer mehr bemerkbar macht, letztlich folgenden Prinzipien Rechnung:

1. Jede Strukturänderung der NATO, die auf der wachsenden Bedeutung der neuzeitlichen Waffen beruhe, würde nicht zu einer Auflösung der NATO führen;
2. im Falle einer Verschärfung der internationalen Spannung würden sich

die USA gezwungen sehen, ihre militärischen Stellungen im Ausland zu verstärken;
3. Westeuropa werde nicht allein von der Neuorientierung betroffen werden. Das Pentagon hat vor kurzem die Konzentration der US-Streitkräfte im Osten angekündigt, und die Garnisonen in USA selbst werden auf Grund einer der zahlreichen Radford-Pläne verringert werden, die zur Zeit von der Regierung geprüft werden."

3. John Foster Dulles: „... ich schreibe als Freund einem Freund..."

Am 11. August 1956 erhielt ich eine direkte Antwort von Dulles. Er versicherte mir, der Präsident und er teilten meine Meinung, daß die Gefahren eines Atomkrieges furchtbar seien. Dulles schrieb:

„... Keiner von uns ist froh bei dem Gedanken, daß unsere Nation mit der Herstellung von Waffen beschäftigt ist, deren Anwendung eine Katastrophe für die gesamte Menschheit bedeuten kann. Die Frage ist, was sollen wir tun? Wir haben alles nur Erdenkliche getan, um zu einer Übereinkunft zu kommen, durch die diese Gefahr zuverlässig beseitigt würde. Dieses Schreiben soll Ihnen ein ungefähres Bild davon geben, in welchem Dilemma sich die freie Welt durch sowjetische Unversöhnlichkeit und Anmaßung befindet..."

Nun, ich war der Meinung, man dürfe die Hoffnung der Sowjets auf einen Zerfall der westlichen Einheit nicht stärken!
Dulles fuhr dann fort:

„Sie werden sich erinnern, daß wir uns unmittelbar nach Schluß des Zweiten Weltkrieges bereit erklärten, auf das Atomwaffenmonopol, das die Vereinigten Staaten damals besaßen, zu verzichten und die gesamte Kontrolle über Erzeugung und Verwendung der Atomenergie einer internationalen Behörde der Vereinten Nationen zu übertragen, um dadurch sicherzustellen, daß sie nicht in den Dienst der Zerstörung gestellt würde. Diesen Vorschlag lehnte die Sowjetunion ab, denn sie war entschlossen, selbst Atomwaffen zu entwickeln.
Diese 1946 von uns eingenommene Haltung hat auch weiterhin unsere Politik bestimmt. Sie werden sich erinnern, daß Präsident Eisenhower im Dezember 1953 seinen Vorschlag ‚Atome für den Frieden' machte; darin forderte er die Sowjets auf, mit uns übereinzukommen, spaltbares Material

für friedliche Zwecke auf einer Weltbank zu deponieren. Obwohl dieser Vorschlag bereits drei Jahre alt ist, ist er bis heute über das Diskussionsstadium noch nicht hinausgekommen, und das in erster Linie wegen sowjetischer Weigerungen und Ausflüchte.

Im letzten März schlug Präsident Eisenhower vor, überall in der Welt das erzeugte spaltbare Material von einem zu vereinbarenden Zeitpunkt an nicht mehr zur Vermehrung der Lagerbestände an Explosivwaffen zu verwenden. Obwohl dieser Vorschlag dem Vorsitzenden des Ministerrats, Bulganin, von Präsident Eisenhower persönlich gemacht wurde, haben ihn die Sowjets niemals auch nur zur Kenntnis genommen.

Wie Präsident Eisenhower in seinem Schreiben vom 4. August an den Vorsitzenden des Ministerrats, Bulganin, betonte, sind wir dabei, ernstlich zu prüfen, welche weiteren Vorschläge gemacht werden können. Wir hören nicht auf und werden niemals aufhören, nach Wegen zu suchen, um der Gefahr, von der Sie sprechen, zu begegnen.

Wenn nur die Sowjets eine strenge und gründliche internationale Kontrolle von der Art, wie wir sie mehrfach vorgeschlagen haben, annähmen, würde sich manches andere von selbst ergeben. Aber auch in diesem Punkt ist die Sowjetunion halsstarrig geblieben.

Würden wir einseitig auf die Herstellung dieser neuen Waffen verzichten, so wäre damit weder für die Sicherheit der freien Welt noch für den Frieden etwas gewonnen.

Wir wollen doch sicherlich nicht wünschen, daß die Sowjetunion auf diesem Gebiete eines Tages die Überlegenheit besitzt und sie dazu benutzt, um die Welt zu beherrschen und ihren Willen durchzusetzen. Ich kann mir nichts Schlimmeres vorstellen, als daß die Welt sich damit abfinden könnte, daß so ungeheure Macht in den Händen von Menschen liegt, die eingestandenermaßen Atheisten und Materialisten sind und die, wenn es um die Vergrößerung ihrer Macht geht, in ihrem Tun vor keinem moralischen Gebot haltmachen.

Die Vereinigten Staaten sind deshalb entschlossen, die in diesen neuen Waffen liegende militärische Macht, solange kein verläßliches Kontrollsystem geschaffen ist, in einem Maße aufrechtzuerhalten, das uns ausreichend erscheint, um die Sowjetunion vom Einsatz dieser Waffen abzuhalten. Da die sowjetischen Führer moralische Rücksichten nicht anerkennen, sind Abschreckungsmittel wie diese unerläßlich.

Wir sind genau wie Sie der Überzeugung, daß die sowjetischen Machthaber auf Grund ihrer Mentalität auch dann einen Krieg riskieren würden, wenn die Vereinigten Staaten dies nie täten. Aber wir treffen Schritt um Schritt unsere Vorkehrungen für diesen Fall, damit die erste Stunde *nicht*

Ungarn-Aufstand 1956.
Sowjetische Panzer in den Straßen von Budapest

EN FOI DE QUOI, les plénipotentiaires soussignés ont apposé leurs signatures au bas du présent Traité.

ZU URKUND DESSEN haben die unterzeichneten Bevollmächtigten ihre Unterschriften unter diesen Vertrag gesetzt.

IN FEDE DI CHE, i plenipotenziari sottoscritti hanno apposto le loro firme in calce al presente Trattato.

TEN BLIJKE WAARVAN de ondergetekende gevolmachtigden hun handtekening onder dit Verdrag hebben gesteld.

Fait à Rome, le vingt-cinq mars mil neuf cent cinquante-sept.

Geschehen zu Rom am fünfundzwanzigsten März neunzehnhundertsiebenundfünfzig.

Fatto a Roma, il venticinque marzo millenovecentocinquantasette.

Gedaan te Rome, de vijfentwintigste maart negentienhonderd zevenenvijftig.

Unterzeichnung der Römischen Verträge am 25. März 1957. Rechts neben dem Bundeskanzler Staatssekretär Hallstein

für die Sowjets entscheidet. Zur Zeit – und wir vertrauen darauf und sind entschlossen, daß es dabei bleibt – ist die Lage so, daß kein Anfangsschlag unsere Vergeltungsmacht zerstören könnte. Und solange dies der Fall ist, glauben wir, werden die Sowjets nicht zuschlagen.
Wie Sie erklären, wird sich die Bundesrepublik Deutschland mit aller Kraft für eine kontrollierte Abrüstung auf dem Gebiet der Kernwaffen einsetzen. Ich kann Ihnen versichern, daß wir diese Einstellung begrüßen und daß wir in dieser Angelegenheit Seite an Seite stehen können. Aber ich möchte Sie doch bitten, nicht etwa anzunehmen, diese Aufgabe sei leicht. Hinter uns liegen zehn Jahre enttäuschter Erwartung. Aber wir sind noch immer entschlossen und begrüßen Ihr Land als Kampfgefährten.
Ihrer Ansicht nach führt die Entwicklung neuer Waffen und der Umstand, daß sich die Vereinigten Staaten darauf konzentriert haben, ihre Stellung als Abschreckungsmacht aufrechtzuerhalten, dazu, daß wir die herkömmlichen Waffen über Gebühr vernachlässigen.
Natürlich ist es richtig, daß Stärke und Gliederung unserer Streitkräfte in den vergangenen zehn Jahren immer wieder den veränderten Umständen einschließlich der neuen Waffen und der veränderten Technik angepaßt und angeglichen worden sind. Dazu wußte Präsident Eisenhower auf seiner Pressekonferenz vom 8. August folgendes zu sagen:
‚Eine Modernisierung steht bevor. Ich glaube nicht, daß man von einer Reduzierung sprechen sollte. Wenn nämlich von Verteidigungskräften die Rede ist, dann meint man doch ihre Stärke, ihre Schlagkraft, ihre Kampftauglichkeit. Die bloße Tatsache aber, daß ein Mann am Maschinengewehr heutzutage siebenhundert Schuß in der Minute abgeben kann, während man für die gleiche Schußzahl, als man noch auf Steinschloßflinten angewiesen war, etwa 1400 Mann brauchte, berechtigt noch nicht dazu, von einer Reduzierung zu sprechen, bloß weil heute ein Mann ebensoviel Schuß abgibt wie früher 1400, nicht wahr?
Ähnliche Überlegungen sollten wir auch in Zukunft immer wieder anstellen und sie vernünftig in die Praxis umsetzen. Sonst sind wir, glaube ich, töricht.‘
Wir sind uns gleichzeitig immer bewußt geblieben, wie wichtig es ist, auf einen Angriff jederzeit in elastischem Einsatz reagieren zu können. Diese Elastizität der Abwehrbereitschaft haben wir bisher aufrechterhalten und werden dies auch in Zukunft tun.
Ich kann deshalb nicht einsehen, wieso unser Programm Europa Anlaß bieten sollte, sein Vertrauen in die Zuverlässigkeit der Vereinigten Staaten zu verlieren.
Keine Nation hat jemals zuvor in der Geschichte so unerschütterlich in auf-

geklärter Selbstlosigkeit ihren Weg verfolgt wie die Vereinigten Staaten während der letzten Jahre. Entgegen unseren Traditionen und unseren innersten Wünschen haben wir, insbesondere seit sich dies infolge des Krieges in Korea als notwendig erwies, eine mächtige Armee unter Waffen gehalten. Insgesamt 50 bis 60 Milliarden Dollar an Zuwendungen und Darlehen betrug während der letzten zehn Jahre unsere ‚Außenhilfe'. In diesem Jahr bewilligte der Kongreß für die ‚Außenhilfe' etwa eine Milliarde Dollar mehr als letztes Jahr, und dies, obgleich derartige Bewilligungen in einem Wahljahr äußerst unpopulär sind. Augenblicklich wenden wir mehr als zehn Prozent unseres Bruttosozialprodukts für unsere Sicherheitsvorkehrungen auf, und dieser Prozentsatz dürfte sich eher erhöhen als vermindern. Wir haben gegenwärtig im Rahmen einer zweijährigen Wehrpflicht etwa drei Millionen Mann unter den Waffen. Durch Verträge haben wir uns 42 anderen Nationen der Welt gegenüber zu gemeinsamer Verteidigung verpflichtet, und es besteht nicht der geringste Anhalt dafür, daß wir nicht bereit wären, unseren Verpflichtungen nachzukommen.

Wenn die Summe aller dieser Bemühungen ‚Unzuverlässigkeit' ist, so möchte ich wohl das Maß für ‚Zuverlässigkeit' kennen und wissen, wo es sie dann noch geben soll. Natürlich machen wir nicht den Versuch, gleichzeitig in Europa und in Asien und im Nahen Osten so starke Landstreitkräfte zu unterhalten, wie sie von der sowjetisch-chinesischen Landmasse her gegen diese Gebiete geworfen werden könnten. Ein solcher Versuch wäre Wahnsinn und würde uns nicht stärker, sondern schwächer machen. Unserer Ansicht nach haben wir die Aufgabe, in diesen Gebieten so stark zu sein, daß die Sowjets vor einer offenen Aggression abgeschreckt werden. Diese abschreckende Wirkung würde aber nicht erzielt, wenn wir unsere Kraft über die ganze Welt zersplitterten; denn niemals könnten wir an jedem Punkt der 40 000 km langen Grenze des sowjetisch-chinesischen Blocks stark genug sein, um es mit der kommunistischen Schlagkraft aufnehmen zu können. Ein solcher Versuch wäre Wahnsinn.

Ich glaube keinen Augenblick, daß Landstreitkräfte überflüssig geworden sind. Die kürzlichen Ereignisse in Suez sind ein erneuter Gegenbeweis. Unsere Aufgabe ist es, die Verantwortlichkeit zu teilen. Die Vereinigten Staaten tragen, weil sie dazu in der Lage sind, die Hauptlast, um im Wettlauf mit der Sowjetunion um den Vorrang bei den nichtkonventionellen Waffen an der Spitze zu bleiben. Das ist wahrhaftig eine schwere und kostspielige Aufgabe. Daneben unterhalten wir erhebliche Landstreitkräfte und werden das auch weiterhin tun. Da wir jedoch den Teil der Aufgabe übernommen haben, für den wir wohl am besten geeignet sind, erhebt sich die Frage, ob die freien Länder Europas und Asiens nicht denjenigen Teil der

Aufgabe übernehmen sollten, für den sie infolge ihrer großen Menschenreserven am besten geeignet sind. Eine besonders große Verantwortung fällt meines Erachtens hierbei den ‚geteilten' Ländern zu, weil diese, wie der Versuch in Korea beweist, in einen sogenannten ‚Bürgerkrieg' verwickelt werden können. Sowohl die Republik Korea als auch die Republik Vietnam verhalten sich entsprechend dieser Verantwortung, und auch Sie sind, glaube ich, im vollsten Recht, wenn Sie darauf drängen, daß auch Ihr Land dieser Verantwortung entsprechend handelt. Täte es dies nicht, so würde es Ihre große Nation, glaube ich, an dem unerläßlichen Beitrag zur gemeinsamen Sache fehlen lassen.

Dieses Schreiben ist sehr persönlich gehalten und will ausdrücken, was mich im Augenblick bewegt. Es stellt keine offizielle Erklärung meiner Regierung dar, sondern ist Ausdruck meiner tiefsten persönlichen Überzeugungen; ich schreibe als Freund an einen Freund, den ich zutiefst achte und bewundere. Sie dürfen versichert sein, daß Präsident Eisenhower und ich ohne Unterlaß darum beten, daß uns Stärke und Weisheit verliehen werde, um mit diesem wahrhaft furchtbaren Problem, dem sich die Menschheit gegenübersieht, fertig zu werden."

4. Gespräch mit Allan Dulles

Am 25. August suchte mich der Chef des amerikanischen Geheimdienstes, Allan Dulles, ein Bruder des amerikanischen Außenministers, auf, um beruhigend auf mich einzuwirken. Zu Beginn des Gespräches nahm ich sogleich auf den Brief seines Bruders Bezug und sagte, daß er von einem Irrtum ausgehe, wenn er glaube, die Berichte gewisser amerikanischer Zeitungen als nicht so bedeutend abtun zu können. Die Veröffentlichungen, namentlich der „New York Times", hätten in Europa, besonders in Deutschland, Schaden angerichtet. In Europa stehe man unter dem Eindruck, daß in diesen Berichten gewiß manches nicht richtig sei, daß sie jedoch einen wahren Kern enthielten. Im Zusammenhang mit der Jahreserhebung der NATO sei von der amerikanischen Regierung erklärt worden, für das Jahr 1957 werde nichts geschehen und sich nichts ändern. Man glaube jedoch in Europa, daß sehr ernste Überlegungen für die Zukunft im Gange seien, sich ausschließlich auf nukleare Waffen zu stützen und die konventionellen Waffen auf ein solches Maß zu reduzieren, daß diese außerhalb der Vereinigten Staaten tatsächlich keine Rolle mehr spielten. General Heusinger, der, wie er wohl wisse, in meinem Auftrag in den Vereinigten Staaten gewesen sei, hätte aus seinen dort geführten Gesprächen die Überzeugung gewonnen, daß an den Berichten etwas Wahres sei. Die Besorgnisse beschränkten sich nicht nur auf Deutschland. Auch der französische Ministerpräsident habe, wie ich zuverlässig erfahren habe, derartige Pläne mit sehr scharfen Worten abgelehnt, und namhafte französische Militärs hätten den Radford-Plan als völlig falsch bezeichnet.

Die Erklärung für die europäische Haltung sei sehr einfach. Die Vorgänge in Ägypten, in einem uns nah benachbarten Gebiet, lieferten doch den besten Beweis für die Unrichtigkeit der amerikanischen Vorstellungen. Wenn kleinere Kriege nicht mehr mit konventionellen Waffen geführt werden könnten, gebe es doch nur folgende zwei Möglichkeiten: Entweder man lasse Unrecht geschehen oder aber setze unverzüglich nukleare Waffen ein, und das würde zu einer Katastrophe führen.

Allan Dulles versuchte, mich zu beschwichtigen: Eine Entscheidung sei noch nicht getroffen worden, es habe sich nur um eine Prüfung im Zusammenhang mit der Aufstellung des Haushalts gehandelt. Es bestehe kein Anzeichen dafür, daß eine Herabsetzung der Militärausgaben vorgenommen würde. Vielmehr handele es sich um die Frage, wie diese Mittel auf die neuen und die konventionellen Waffen aufgeteilt werden sollten.

Dulles stellte fest, daß die Vereinigten Staaten in der Herstellung neuer Waffen einen Vorsprung vor den Russen hätten. In der Konstruktion von Flugzeugen seien sie den Russen gegenwärtig noch voraus. Bei den ferngelenkten Geschossen hätten die Russen gute Fortschritte in der Entwicklung solcher Geschosse für kürzere Entfernungen gemacht. Das gelte jedoch nicht für weitreichende Geschosse dieser Art. Auf dem Gebiet der Kernwaffen seien seiner Ansicht nach die Vereinigten Staaten den Russen überlegen. Das gleiche gelte für den Bau unbemannter Flugzeuge.

Selbst wenn man in den vergangenen Jahren zwei- oder dreimal soviel konventionelle Waffen gehabt hätte, wie man sie heute habe, wäre die Wirksamkeit der verfolgten Politik nicht größer gewesen. Dulles versicherte mir, auch in Zukunft würden genügend konventionelle Waffen vorhanden sein, um Ernstfällen begegnen zu können, die durch ein indirektes Eingreifen der Sowjetunion geschaffen würden. Greife die Sowjetunion jedoch unmittelbar ein, so sei ein Krieg mit Kernwaffen unvermeidlich. Eine direkte Intervention der Sowjetunion werde zwangsläufig zu einem globalen Krieg führen. Es sei nicht daran gedacht, die konventionellen Waffen völlig abzuschaffen, und in keinem Plan sei dies angeregt worden. Es drehe sich nur darum, wie man die Mittel des Militärhaushalts auf die alten und neuen Waffen aufteile. Man verkenne die Gefahr, von der ich gesprochen habe, in keiner Weise. Man sei sich der Wichtigkeit bewußt, konventionelle Waffen beizubehalten. Man wolle mit Deutschland eng zusammenarbeiten

und Deutschland helfen. In diesem Zusammenhang sei die Aufrüstung Deutschlands von allergrößter Bedeutung. Ich wies darauf hin, daß fast die ganzen französischen Streitkräfte der NATO in Nordafrika seien, daß die Engländer Kontingente abzögen, was ich ihnen nicht übelnähme; und wir stünden erst am Beginn der Aufrüstung. Wenn auch noch die Vereinigten Staaten ihre sichtbare Macht an konventionellen Truppen in der NATO verminderten, sei die NATO erledigt. Die NATO werde schlecht behandelt, und die Botschafter würden nach wie vor unzulänglich unterrichtet und erhielten keine Instruktionen. Das gelte auch für den amerikanischen NATO-Botschafter. Die NATO werde zu einem Klub höherer Offiziere, die Truppen gingen weg, und von politischer Zusammenarbeit sei nichts festzustellen. Im Jahre 1950 habe eine enge Verbindung bestanden, und damals sei die Sowjetunion weniger gefährlich gewesen als heute. „Die NATO wird senil, und die Aussichten für die Zukunft sind schrecklich. Ich bin sehr besorgt, wenn man der NATO kein neues Blut zuführt und ihr keine neue politische Kraft gegeben wird."
Die Veröffentlichungen in amerikanischen Zeitungen seien für mich und meine politische Stellung ein schwerer Schlag gewesen. Nun sei mir Nasser ungewollt zu Hilfe gekommen und habe erneut bewiesen, wie wichtig und nötig konventionelle Waffen seien*.
Ich hätte manchmal den Eindruck, daß in den Vereinigten Staaten gewisse Leute neben der Regierung einen gefährlichen Einfluß ausübten. Dulles bestritt dies. Zwischen dem Präsidenten und dem amerikanischen Außenminister bestünden in diesen Fragen keine Meinungsverschiedenheiten.
Ich fragte, wie es denn mit dem Gesundheitszustand von Präsident Eisenhower stehe. Im Grunde genommen sei doch der Präsident ein kranker Mann, der vor Aufregungen geschützt werden müsse.
Dulles widersprach dem sehr nachdrücklich und wies darauf hin, daß der Präsident an den letzten Sitzungen des Kabinetts und des Verteidigungsrats von Anfang bis Ende teilgenommen habe und daß er wieder voll arbeitsfähig sei. Niemand stehe zwischen ihm und den Tatsachen. Dulles versicherte mir, daß die Vereinigten Staaten alles tun würden, um die NATO zu festigen.
Ich sprach dann von der psychologischen Situation der europäischen Völker und insbesondere des deutschen Volkes. Nach allem, was sich seit 1914 ereignet habe, komme es darauf an, nichts zu tun, was den Glauben des deutschen Volkes erschüttern könne. Eine vor kurzem durchgeführte Meinungsumfrage habe ergeben, daß die Zahl derjenigen, die mit meiner Politik

---
* Siehe Kapitel VIII, Seite 215 ff.

einverstanden seien, zurückgegangen sei, während sich andererseits die Zahl der Gegner meiner Politik nicht erhöht habe, sondern die derjenigen angestiegen sei, die keine Meinung hätten. Ich würde dies werten als ein Barometer für die Reaktion der Bevölkerung auf die als schwankend erscheinende amerikanische Außenpolitik. Meine Politik gehe von dem festen Vertrauen in die USA aus, würde dieses enttäuscht, hätte das schwere innenpolitische Rückwirkungen für meine Regierung.

VIII. KRISE

1. Spannung im Nahen Osten

Eine erhöhte Bedeutung der Vereinten Nationen, ein erhöhtes Gewicht Asiens in den weltpolitischen Vorstellungen Washingtons, eine Betonung der atomaren Bewaffnung – das waren Schwerpunkte, die die Tendenzen der amerikanischen Außenpolitik im Sommer 1956 bestimmten. Ihre Fragwürdigkeit und die Notwendigkeit ihrer Überprüfung wurden durch die weitere Entwicklung des Jahres 1956 schlagartig deutlich.
Die NATO wurde nach wie vor von den USA vernachlässigt. Sie war viel kränker, als ich geglaubt hatte. Das Verhältnis zwischen den europäischen Völkern und den Vereinigten Staaten mußte geändert werden. Die Differenz zwischen den Ansichten der amerikanischen und denen der europäischen Regierungen war außerordentlich groß. Mir schien, daß die Amerikaner über die Situation in Europa und im Nahen Osten nicht genügend unterrichtet waren.
Seit langem bestanden im Nahen Osten latente Spannungen, die weder die beteiligten Mächte noch die Vereinten Nationen auszuräumen vermochten. Es bestanden Spannungen zwischen Israel und den arabischen Staaten, zwischen Großbritannien und Ägypten. Der Unterstaatssekretär im amerikanischen Außenministerium, Herbert Hoover jun., erklärte mir anläßlich eines Besuches in Bonn im Februar 1956, die Anwesenheit der VI. US-Flotte im Mittelmeergebiet werde schon dafür sorgen, daß es nicht zu Zwischenfällen komme. Man werde eben in verstärktem Maße Übungen vornehmen, um die Präsenz der VI. Flotte ins Gedächtnis zurückzurufen. Mir schien diese Bemerkung Hoovers ein treffendes Beispiel für das psychologisch völlig falsche Verhalten der Amerikaner zu sein. Anwesenheit von Truppen allein macht keine Außenpolitik.
Mit wachsender Aufmerksamkeit beobachtete die Bundesregierung die Bemühungen der Vereinten Nationen, schlichtend und vermittelnd einzuwirken, denn gerade wir hatten ein großes Interesse an einem Erfolg der Vereinten Nationen, da auch wir hofften, daß die Vereinten Nationen eines Tages uns helfen würden, unser deutsches Problem zu lösen.
Die Bundesregierung verfolgte mit großer Sorge die Entwicklung im Nahen Osten. Auch diesen Konflikt durfte man nicht isoliert betrachten. Auch er war ein Teil der großen Auseinandersetzung zwischen Ost und West.
Bei einer Beurteilung der Ereignisse im Nahen Osten muß man die Kette

der Ereignisse berücksichtigen, die zu der Situation im Sommer 1956 führten. Die Vereinigten Staaten hatten meines Erachtens die Lage im Nahen Osten nicht richtig erkannt. Sie hatten nicht erkannt, daß die Sowjetunion, wie so oft, ihre Angriffsstrategie geändert hatte und nach den erfolglosen Versuchen eines Vordringens in Europa sich jetzt bemühte, über den Nahen Osten in den Mittelmeerraum vorzustoßen. Eine russische Beherrschung des Mittelmeeres würde eine russische Beherrschung Europas nach sich ziehen.

Präsident Nasser hatte als Ziel seiner Regierung erklärt, den Lebensstandard der ägyptischen Bevölkerung zu heben. Um dieses Ziel zu erreichen, verfolgte Nasser ein Projekt, das durch den Bau eines großen Staudammes bei Assuan weite Gebiete fruchtbar machen und vielen Ägyptern Arbeit und Nahrung geben sollte. Der Bau dieses Staudammes warf verschiedene Probleme auf. Einmal kam es wegen der Teilung des Nilwassers zwischen Ägypten und dem Sudan zu Auseinandersetzungen. Das schwerste Problem jedoch war für Nasser die Finanzierung dieses gewaltigen Projektes. Er hoffte, sie mit Hilfe ausländischen Kapitals aufbringen zu können. England, Frankreich und auch die Bundesregierung waren gewillt, Firmen, die sich für den Bau interessierten, zu unterstützen. Die entscheidende Hilfe versprach sich die ägyptische Regierung von Verhandlungen mit der amerikanischen Regierung und der Weltbank. Die Weltbank schien bereit, eine Anleihe von etwa zweihundert Millionen Dollar zu bewilligen. Als die Verhandlungen im Sommer 1956 schon kurz vor der Unterzeichnung standen, machte die Sowjetunion den Ägyptern verlockende Angebote. Die Ägypter, da sie sich hierdurch in ihrer Verhandlungsführung gestärkt fühlten, erklärten, die Bedingungen der Weltbank seien für sie nicht tragbar. Sie bedeuteten eine Kontrolle der ägyptischen Wirtschaft. Wie ich erfuhr, waren die von der Weltbank geforderten Garantien jedoch keineswegs unzumutbar. Sie bestanden in der Forderung an die ägyptische Regierung, dem Dammbau Vorrang vor anderen Projekten zu geben, die Aufträge auf der Grundlage des freien Wettbewerbs zu vergeben, und in der Zusicherung, daß von kommunistischer Seite keine Beihilfen akzeptiert würden. Die Forderungen der Weltbank schienen gerechtfertigt, da im Laufe des Jahres 1955 die ägyptische Regierung, ich habe hierüber bereits in einem anderen Zusammenhang berichtet[*], in großem Umfange Waffen aus dem Ostblock kaufte und hierdurch ihre eigene Zahlungsfähigkeit für den Bau des Assuan-Dammes erheblich einschränkte.

Trotz allem hätte ich es für klug gehalten, die Verhandlungen mit Nasser zu einem positiven Ergebnis zu führen. Die Verhandlungen zwischen Ägypten und der Weltbank und der amerikanischen Regierung waren

---
[*] Siehe Kapitel IV, Seite 133.

Mitte Juli 1956 schon fast bis zu einem Abschluß gediehen. Nasser konnte nach ihrem Verlauf damit rechnen, daß ihm die erforderlichen Kredite gewährt würden. Dann kam es zu einer sehr abrupten und schroffen Erklärung von Dulles, daß die amerikanische Regierung ihr Angebot für den Bau des Assuan-Dammes zurückziehe. Die Weltbank gab dem ägyptischen Bevollmächtigten ebenfalls eine Absage.

Man mußte sich fragen, wie Dulles zu dieser Handlungsweise kam. Einer seiner Gründe mag darin zu suchen sein: Ägypten war ein Gegner des von den Amerikanern hoch bewerteten Bagdad-Paktes. Es konnte sehr wohl sein, daß einige der Bagdad-Pakt-Staaten die Frage an die amerikanische Regierung gestellt hatten: Ihr helft Nasser, der sich gegen eure Politik stellt, und was gebt ihr uns, die wir eure Politik unterstützen?

Genau eine Woche nach diesen Vorgängen in Washington, am 26. Juli 1956, erließ Nasser ein Gesetz, durch das der Suezkanal verstaatlicht wurde. Nach meiner Ansicht hätte man voraussehen können, daß Nasser, ein junger, hitziger und ehrgeiziger Mann, auf die Behandlung durch Washington scharf reagieren würde, daß der Führer eines autoritären Regimes, der eine Niederlage erleidet – und die Ablehnung der Finanzierung des Assuan-Staudammes war eine große Niederlage für ihn –, sich vor seinem Volk rehabilitieren müsse.

Die westliche Welt war über Nassers Maßnahmen empört, namentlich die britische Regierung. Die freie Durchfahrt durch den Suezkanal schien gefährdet, die Ölversorgung Westeuropas in Frage gestellt. In aller Eile wurde eine Konferenz nach London einberufen, um eine Lösung des Suezkanalkonfliktes zu erreichen. England war bestrebt, durch wirtschaftlichen und politischen Druck auf Ägypten die Entscheidung Nassers rückgängig zu machen. Dulles nahm an der Konferenz in London teil.

Dulles soll, wie mir berichtet wurde, in London den Standpunkt vertreten haben, daß man nicht dulden dürfe, daß der Kanal ohne jegliche internationale Kontrolle unter der Herrschaft eines einzigen Landes stehe. Eden geht in seinen Memoiren ausführlich auf diese Konferenz ein. Da Eden einer der Hauptbeteiligten und demnach einer der besten Kenner der damaligen Situation ist, möchte ich gern das, was er hierüber schreibt, wörtlich zitieren*:

„... Im weiteren Verlauf der Sitzung vom 1. August sagte Dulles: ‚Es müssen Mittel und Wege gefunden werden, die Nasser dazu bringen, wieder auszuspucken, was er zu schlucken versucht... Wir müssen uns aufrichtig

---
* Siehe Sir Anthony Eden, „Memoiren 1945–1957", Kiepenheuer und Witsch, 1960, Seite 496.

bemühen, die Weltmeinung für die internationale Verwaltung des Kanals zu gewinnen... Es sollte möglich sein, in der Welt eine derartige Stimmung gegen Nasser zu schaffen, daß er isoliert dasteht. Wenn dann eine militärische Operation unternommen werden müßte, würde sie begreiflicherweise erfolgreicher sein und weniger schwere Rückwirkungen nach sich ziehen, als wenn man sie überstürzt hätte.'

Außerhalb der Drei-Mächte-Besprechungen unterhielt sich Dulles mehrfach mit unserem Außenminister und einmal auch mit dem Außenminister und mir in der Downing Street. Seine Erklärungen ermutigten uns. Er pflichtete uns emphatisch bei, daß man die Beschlagnahme eines großen internationalen Wasserweges nicht dulden könne. Und das um so weniger, wenn die Nation, die sich zur Kontrolle des Kanals anschicke, Ägypten sei. Nasser müsse, wie Dulles es auch mir gegenüber formulierte, ‚wieder ausspucken'. Das war eindeutig. Noch monatelang klangen mir seine Worte im Ohr."

Ich hielt die plötzliche Ablehnung des Kredites für den Bau des Assuan-Dammes politisch für einen der schwersten Fehler, der im Vorderen Orient gemacht werden konnte. Die amerikanische Regierung hätte sich doch sagen müssen, daß Nasser eine derart eklatante Niederlage, die er in einer äußerst wichtigen Angelegenheit erfuhr, nicht ruhig einstecken würde. Nasser hielt sich gerade zu einem Besuch in Jugoslawien auf, als die amerikanische Regierung ihre Zusage zurückzog.

Ich hätte es für viel vernünftiger und richtiger gehalten, wenn man den Ägyptern die Möglichkeit zu einer friedlichen Arbeit durch Gewährung des dazu benötigten Kapitals gegeben hätte. Man kann annehmen, daß Nasser, wenn er die Möglichkeit erhalten hätte, den Assuan-Damm mit westlichem Geld zu bauen – der Damm war ja für Ägypten von geradezu ungeheurer Bedeutung –, die Verstaatlichung des Suezkanals unterlassen hätte. Hätte er anders gehandelt, hätte er sich ja den Geldschrank der Geldgeber verschlossen und seinem Lande den größten Schaden zugefügt. Wenn man sich vorstellt, daß die Bauzeit für diesen Damm und alles, was damit zusammenhängt, wie Bewässerungsanlagen, Elektrizitätswerke und so weiter, mindestens zehn Jahre dauern würde, dann konnte man mit gutem Grund erwarten, daß im Nahen Osten eine ruhigere Entwicklung eintreten werde.

Assuan-Staudamm – Suezkanal, diese Vorgänge zeigen, daß in solch spannungsgeladenen Zeiten Zusammenhänge oder auch nur die Möglichkeit von Fernwirkungen sehr beachtet werden müssen. Mir scheint, daß der Apparat für Entscheidungen von Auslandsfragen in Washington nicht Schritt gehalten hat mit der Schnelligkeit der Ausdehnung des außenpolitischen Einflusses der Vereinigten Staaten. Ich möchte betonen, daß absolute Voraussetzung einer guten Außenpolitik intensive Arbeit ist, ein genaues Studium der Zusammenhänge und eine Kenntnis der historischen Entwicklungen und Ereignisse.

2. Gespräch mit dem britischen Oppositionsführer Hugh Gaitskell

Auf Grund der Erfahrungen des Jahres 1956 schien es mir notwendig zu sein, die Bemühungen, ein vereinigtes Europa zu schaffen, zu intensivieren. Die Notwendigkeit einer gemeinsamen Politik aller freien europäischen Staaten wurde durch die Vorgänge, die den Suezkanal betrafen, besonders deutlich. In verstärktem Maße begann sich auf unserer Erde eine völlig neue politische Gruppierung abzuzeichnen, die uns Europäer zwingen mußte, ihre Folgen für Europa zu beachten. Der politische und der wirtschaftliche Einfluß Europas war in erschreckendem Maße geschwunden. In Asien entwickelten sich neue Machtzentren; ich nenne Indien und Rotchina. Die Sowjetunion und die USA waren bereits Supermächte, mit denen kein einzelner europäischer Staat zu vergleichen war. Die europäische Einigung mußte vorangetrieben werden. Wir mußten handeln. Ich wage zu sagen: Hätten wir schon eine europäische politische Union gehabt, so wären wir kraft unserer wirtschaftlichen Potenz und unseres politischen Einflusses in der Lage gewesen, mit Nasser ein alle befriedigendes Abkommen über den Suezkanal zu finden.

Großbritannien hatte bisher bei allen Versuchen, ein vereinigtes Europa zu schaffen, beiseite gestanden. Es war zwar Mitglied der WEU, doch wirkte seine Mitgliedschaft eher hemmend auf die Einigungsbestrebungen. Ich hatte die Hoffnung, daß die Vorgänge um den Suezkanal, insbesondere die amerikanische Haltung hierzu, England näher an Europa heranbringen könnten. Über die britische Einstellung zu Europa und zu den Lehren, die bis zu diesem Zeitpunkt aus den Vorgängen im Nahen Osten für die britische Außenpolitik erwuchsen, ist ein Gespräch aufschlußreich, das ich mit dem britischen Oppositionsführer Hugh Gaitskell am 19. September 1956 in Bonn führte. Gaitskell war seit Dezember 1955 Führer der Labour Party; ich hatte ihn bei meinen verschiedenen Besuchen in Großbritannien kennengelernt. Sein Auftreten, seine ruhige Art hatten mich sehr für ihn gewonnen, ich schätzte sein überlegtes Urteil. Gaitskell war noch verhältnismäßig jung, er war gerade fünfzig Jahre alt geworden.

Wir sprachen zu Beginn über die Suezkrise. Gaitskell berichtete von einer

Unterredung, die er mit Dulles in dieser Angelegenheit geführt hatte. Man habe unter anderem auch über die Gründe für die plötzliche Ablehnung der amerikanischen Hilfe beim Bau des Assuan-Dammes gesprochen. Als Hauptgrund hätte Dulles die negative Haltung des Kongresses angegeben.

Ich äußerte mein Bedauern darüber, daß durch die anfängliche Zusage Hoffnungen in Ägypten geweckt worden seien, deren Zerstörung eine Gefahr bilden mußte, die offensichtlich auf amerikanischer Seite nicht in ihrer ganzen Tragweite und mit allen möglichen Auswirkungen durchdacht worden sei. Gaitskell war der gleichen Ansicht. Im übrigen wäre es nach seiner Ansicht besser gewesen, diese Frage sofort vor die Vereinten Nationen zu bringen. Er stand mit dieser Forderung im Gegensatz zu dem britischen Premierminister Eden.

Ich gab der Befürchtung Ausdruck, daß die augenblickliche Lage auf Frankreich und die Regierung Mollet sehr ungünstige Auswirkungen haben könnte. Es war bekannt, daß die Aufständischen in Algerien von Ägypten aus mit Waffen versorgt wurden. Durch die Radikalisierung der Nasserschen Politik wurde der Widerstand in Algerien gestärkt.

Mit Sorge sprachen wir über die amerikanische Politik. Auch Gaitskell bedauerte, daß man in der NATO noch immer eine gemeinsame Außenpolitik der Partnerstaaten vermisse. Ich erwähnte in diesem Zusammenhang, daß gewisse isolationistische Tendenzen der Vereinigten Staaten zu beobachten seien, von denen ich nicht wisse, wie stark sie seien und wie sie sich entwickeln würden. Ich sei jedoch hierdurch in meiner Überzeugung bestärkt, daß ein engerer Zusammenschluß der europäischen Staaten unerläßlich sei, wobei aus den Fehlern der Vergangenheit gelernt werden müsse. „Zur Zeit der EVG-Verhandlungen", stellte ich fest, „haben wir zu starre Bindungen schaffen wollen. Ich bin dafür, daß man nunmehr elastische Formen finden muß."

Ich entwickelte dann meine persönlichen Vorstellungen über eine mögliche neue europäische Ordnung. Ich dachte an einen Staatenbund, bei dem keinem einzelnen Mitglied ein Vetorecht eingeräumt werden dürfte, in dem jedoch eine gewisse, näher zu bestimmende Minderheit die Möglichkeit des Einspruches haben solle. Ein derart geeintes Europa könne auf die Mitwirkung Großbritanniens nicht verzichten, betonte ich. Die Staaten auf dem europäischen Festland seien vielleicht zu perfektionistisch und bedürften der Korrektur durch das mehr auf das Empirische eingestellte Großbritannien. „Ich richte die dringende Bitte an Großbritannien", beschwor ich Gaitskell, „daß es seine Mitwirkung nicht versagt, wenn Fortschritte auf dem europäischen Wege gemacht werden, zu denen Frankreich, Italien und die Benelux-Staaten bereit sind."

Gaitskell nahm zu meinem direkten Appell keine Stellung. Er meinte, eine Schwierigkeit, die bei der NATO und bei den Bemühungen um ein vereinigtes Europa die gleiche sei, liege darin, daß die Minister aller Länder schwer dazu zu bringen seien, in erster Linie daran zu denken, daß sie außenpolitisch im gleichen Schritt gehen müßten. In den Jahren 1948 bis 1953, unter dem Eindruck einer deutlicheren und greifbareren sowjetischen Gefahr, sei das Bestreben zusammenzuhalten viel stärker gewesen. Bei seinem Aufenthalt in den Vereinigten Staaten im Mai dieses Jahres habe er Dulles gegenüber von der Sorge gesprochen, die ihm die zentrifugale Entwicklung bereite. Die geographische Verschiebung der Gefahr sowie ihr veränderter Charakter führten heute zu dem Irrtum, sie sei weniger groß. In den Jahren 1948 bis 1953, als die Gefahr in Europa akut war, sei es möglich gewesen, daß Organisationen wie die OEEC erfolgreich arbeiteten. Heute, da die Gefahr entfernter scheine, sei der Wille zu engerer Zusammenarbeit nicht mehr so stark. Auf alle Fälle müsse die Zusammenarbeit im Rahmen der NATO intensiviert werden.

Ich erwiderte, ich stimme mit ihm überein, daß die NATO auf so breiter Grundlage wie möglich entwickelt werden müsse, es sei aber eine Tatsache, daß zur Zeit das Interesse an der NATO auf amerikanischer Seite schwächer sei, was schon durch die mangelhafte Unterrichtung des US-Vertreters bei der NATO illustriert würde. Die Gefahr sei im ersten Nachkriegsjahrzehnt näher erschienen. Ich sei jedoch der Ansicht, daß die sowjetische Gefahr heute für Europa ernster sei als zu Stalins Zeiten. Die europäischen Länder müßten sich der Tatsache bewußt sein, daß sie Nachbarn seien. Sie müßten sich zusammenschließen, damit ihre mangelnde Einigkeit nicht von der Gegenseite ausgenutzt werde. Sie sollten engere, wenn auch elastische Verbindungen eingehen, um für kritische Situationen gewappnet zu sein. Hierbei dächte ich selbstverständlich auch an die skandinavischen Staaten.

Als weiteres Beispiel für die Notwendigkeit des Zusammenschlusses Europas führte ich den Radford-Plan an. Ich sei entsetzt über die Einstellung gewisser amerikanischer militärischer und politischer Persönlichkeiten. Es würden Pläne erörtert, die größte Gefahren für Europa brächten, aber auch für die Vereinigten Staaten, wenn sie auch für diese von geringerer Bedeutung seien. Wir Europäer müßten uns zusammenschließen, um unsere Interessen wahren zu können. Aus diesem Grunde müsse es ein gemeinsames Anliegen sein, die europäische Einigung zu stärken. Es sei absolut wesentlich, engere Bindungen zwischen den Ländern herzustellen, die auf der Überzeugung beruhen müssen, daß wir alle gemeinsame Interessen hätten. Es sei sehr befriedigend zu sehen, daß in der Suezfrage tatsächlich eine gemeinsame Erkenntnis der Dringlichkeit bestünde.

Gaitskell kam auf die von mir geäußerten isolationistischen Tendenzen in

den Vereinigten Staaten zurück und erklärte, er sei in dieser Hinsicht weniger pessimistisch als ich. Aus Gesprächen, die er in den Vereinigten Staaten geführt habe, sei deutlich hervorgegangen: Im Augenblick bestehe keine Gefahr, daß die Vereinigten Staaten Europa im Stich lassen würden.
Dann griff Gaitskell den von mir vorgetragenen Gedanken eines Staatenbundes auf. Er sei immer noch nicht überzeugt, daß ein Staatenbund eine wirkliche Lösung darstelle, da es seiner Ansicht nach nicht sicher sei, daß dadurch alle Minister zu einer gemeinsamen Außenpolitik kämen. Im Gegenteil, er hege die Befürchtung, daß einzelne Länder auf ihrem Standpunkt energischer und lauter bestehen könnten, weil in demokratischen Ländern die Minister häufig aus Gründen einer innenpolitischen Wirkung gewisse außenpolitische Erklärungen abzugeben geneigt seien. Politiker aber sollten parteipolitische Interessen zurückstellen und das Gesamtinteresse berücksichtigen. In Großbritannien habe sich seit dem Kriege nur im Fall Suez eine nach außen wahrnehmbare grundsätzliche Meinungsverschiedenheit ergeben.
Ich entgegnete, Großbritannien sei auf diesem Gebiet wohl weiter fortgeschritten. Im übrigen sei ich mir klar darüber, daß die Vereinigten Staaten uns nicht von heute auf morgen unserem Schicksal überließen, aber wir müßten damit rechnen, daß dies eines Tages kommen könne, und wir müßten darauf vorbereitet sein.

3. Sorge um Europa

Nach meiner Überzeugung wäre auch nach der Verstaatlichung des Suezkanals durch Nasser eine befriedigende Regelung noch möglich gewesen. Auf der ersten Londoner Konferenz schienen mir gute Wege gefunden zu sein, doch die amerikanische Regierung zog ihre bereits gegebene Zustimmung zu diesen Beschlüssen wieder zurück. In England und in Frankreich entwickelte sich hierdurch Mißtrauen gegen die USA. Die schwankende Haltung der amerikanischen Regierung mag vielleicht damit zu erklären sein, daß Dulles in diesen Wochen sehr krank war. Es hatte sich bei ihm ein Krebsleiden gezeigt, und derartige Leiden beeinflussen oft in starker Weise die Entschlußfähigkeit des Kranken. Ein weiterer Grund war mit Sicherheit der amerikanische Wahlkampf.
Über die Haltung der Amerikaner zur Suezkanalkrise zeigte sich auch die britische Regierung sehr enttäuscht. Eden schreibt in seinen Memoiren[*] sehr bitter:

---
[*] Sir Anthony Eden, „Memoiren 1945–1957", Seite 519.

„Der Ablauf der Suezkrise wurde bestimmt von der Haltung, die die Amerikaner zu ihr einnahmen. Wäre die amerikanische Regierung im Geiste eines Verbündeten an dieses Problem herangegangen, hätte sie, bis auf Gewaltanwendung, alles in ihrer Macht Stehende getan, um die Nationen zu unterstützen, deren wirtschaftliche Sicherheit von der freien Durchfahrt durch den Suezkanal abhing: Sie hätte ihre Politik eng mit der ihrer Verbündeten abgestimmt und an den gefaßten Beschlüssen strikt festgehalten. Sie hätte auf der Wiederherstellung der internationalen Aufsicht bestanden, um den Kanal von der Politik eines einzelnen Landes zu isolieren. Heute steht fest, daß die amerikanische Regierung eine solche Haltung niemals eingenommen hat. Vielmehr versuchte sie, Zeit zu gewinnen, über Schwierigkeiten, sobald sie auftauchten, hinwegzugleiten und aus dem Stegreif Maßnahmen zu treffen, von denen jede die Folge des Fehlschlags der vorhergehenden war. Keine dieser Maßnahmen hatte zum Ziel, auf die Dauer einer gemeinsamen Sache zu dienen."

Weitere internationale Konferenzen über den Suezkanalkonflikt verliefen völlig ergebnislos. Während der Suezkanalkrise wurde die Ohnmacht Europas erschreckend deutlich. Der NATO-Rat blieb nach wie vor schwach. Amerika war durch den Präsidentschaftswahlkampf für außenpolitische Aktionen gelähmt. Es zeigte sich mehr als zwingend, daß die Voraussetzungen für eine starke gemeinsame europäische Außenpolitik, und zwar unter Einschluß Großbritanniens, geschaffen werden mußten. Als ein mögliches Mittel, dies zu verwirklichen, dachte ich an die Belebung des WEU-Vertrages, der bisher lediglich ein Stück Papier gewesen war. Die WEU war zwar ein Kind Großbritanniens, von dem es jedoch, als es einmal in die Welt gesetzt war, nichts mehr wissen wollte. Man mußte behutsam versuchen, Großbritanniens Gefühle für die WEU zu erwärmen.
Am 25. September 1956 hatte ich Gelegenheit, bei den „Grandes Conférences Catholiques" in Brüssel meine Gedanken zu einer europäischen Einigung vor einem großen Forum darzulegen, in der Hoffnung, sie würden die europäischen Einigungsbemühungen beleben. Der Verlauf der politischen Ereignisse hatte mir deutlich gemacht, daß Europa, wenn es seinen Einfluß geltend machen wollte, auf alle Fälle eine selbständige Kraft werden mußte. Wir durften nicht völlig im Schlepptau der Vereinigten Staaten treiben und mußten die Möglichkeiten für eine selbständige europäische Politik schaffen.
In meiner Rede zeigte ich die verschiedenen Gründe auf, die eine grundlegende weltpolitische Machtverschiebung gebracht hatten, und zog daraus die Schlußfolgerung, daß Europa als eine eigenständige Kraft zwischen den

beiden Machtblöcken Sowjetunion und USA zur Erhaltung des Friedens notwendig sei.

Als ich am 29. September 1956 mit dem französischen Ministerpräsidenten Guy Mollet, den ich als einen klugen, ruhigen und weitschauenden Politiker schätzte, zusammentraf, konnte ich zu meiner großen Befriedigung feststellen, daß unsere Ansichten hinsichtlich der Notwendigkeit des Zusammenschlusses Europas und der Wege, dies zu erreichen, nicht weit voneinander entfernt waren. Die Europapolitik war eines unserer großen Gesprächsthemen. Guy Mollet stimmte mit mir darin überein, daß Europa jeden Einfluß in der Welt verlieren werde, wenn es sich nicht zusammenschließe. Auch Mollet verfolgte die Entwicklung in den USA mit Sorge. Er wolle nicht von einem bereits vorhandenen und wirksam werdenden Isolationismus in Amerika sprechen, sagte er, doch sei dort die Frage der peripheren Verteidigung erneut akut geworden, und diese neue Haltung weise auf einen Isolationismus hin. Eine Schwächung der NATO sei die Folge. Auch Guy Mollet war von der Notwendigkeit der Anwesenheit amerikanischer Truppen auf dem europäischen Kontinent überzeugt. Er sagte: „Man kann die Problemstellung so formulieren: Die Anwesenheit von zehntausend unbewaffneten Amerikanern in Europa ist wichtiger als eine große Anzahl amerikanischer Atomwaffen."

Guy Mollet und ich waren uns einig, daß alles versucht werden müsse, um Großbritannien an dem Zusammenschluß Europas teilnehmen zu lassen. Auch Guy Mollet hielt die WEU für einen guten Rahmen zur Aktivierung einer europäischen Außenpolitik. „Man muß", so sagte er, „zu einer echten Leistungsgemeinschaft zwischen den sieben WEU-Partnern gelangen." Wir kamen überein, den fünf anderen WEU-Staaten eine Anregung zur Neubelebung und Verbesserung der WEU zu übermitteln.

Am 9. Oktober 1956, zu einer Zeit, da die Krise um den Suezkanal sich ihrer verhängnisvollen Zuspitzung näherte, machte mir der neuernannte französische Botschafter in der Bundesrepublik, Couve de Murville, einen Antrittsbesuch. Couve de Murville wurde als einer der fähigsten Leute des Quai d'Orsay beurteilt. Unser Gespräch wandte sich sogleich den Beziehungen zwischen den Vereinigten Staaten und Europa zu. Kurz zuvor hatte General Alphonse Juin, der bis zum Juli 1956 Oberbefehlshaber der NATO-Streitkräfte für Mitteleuropa war, in der Öffentlichkeit erklärt, die europäischen Staaten müßten nach den amerikanischen Wahlen ganz energisch in Washington vorsprechen. Ich erklärte Couve de Murville, daß ich dieser Äußerung voll zustimme. Schon seit 1945 habe die große Gefahr bestanden, daß die Vereinigten Staaten und die Sowjetunion entweder miteinander Krieg führten oder sich auf dem Rücken der übrigen Welt einigten.

Couve de Murville meinte, der Verlauf der Suezkanalkrise sei doch ein Zeichen einer solchen Entwicklung, einer Entwicklung, die zu einer Teilung der Welt führe, wobei die Trennungslinie mitten durch Europa und insbesondere durch Deutschland verlaufen werde. Auch er sei überzeugt von der Notwendigkeit, ernstlich in Washington die europäischen Interessen anzumelden. Doch Couve de Murville war der Ansicht, daß Staatssekretär Dulles, gegen den während des Wahlkampfes harte Angriffe geführt wurden, Europa nie werde fallenlassen. Ich stimmte dieser Überzeugung von ganzem Herzen zu.

Auch Couve de Murville sah hinter den letzten Entwicklungen in den USA isolationistische Bestrebungen. Er meinte, die europäischen Staaten dürften die Vereinigten Staaten niemals allein lassen, wenn es auch schwer sei, immer Kontakt zu halten. „Europa muß sich einigen, das wird die Situation erleichtern", bemerkte ich. Wir sprachen über die möglichen Wege zur Wiederbelebung des Europagedankens, und zwar sowohl den Weg über die Messina-Staaten mit Assoziierung Großbritanniens wie auch den Weg über die WEU, wobei der erste Weg vor allem zur wirtschaftlichen Integration, der zweite zur Regelung politischer Fragen führen solle. Die Suezkrise habe Großbritannien gezeigt, daß man sich auf die Vereinigten Staaten nicht unbedingt verlassen könne. Deshalb, so hoffte ich, habe sich dort die Überzeugung von der Notwendigkeit einer Annäherung an Europa verstärkt, und die Vereinigten Staaten würden diese Entwicklung auch begünstigen. Couve de Murville bestätigte dies und erinnerte daran, daß anläßlich des Besuches von Eden in Washington die Amerikaner ihre Enttäuschung darüber ausgedrückt hätten, daß Großbritannien sich gegen den Gemeinsamen Markt gewendet habe.

4. Offener Konflikt im Nahen Osten

Die Entwicklung im Nahen Osten ging weiter und führte schließlich zu den kriegerischen Auseinandersetzungen um den Suezkanal, bei denen Großbritannien und Frankreich ohne vorherige Unterrichtung ihrer Verbündeten mit Militärgewalt vorgingen. Ausgelöst wurde die kriegerische Auseinandersetzung durch einen offenen Konflikt zwischen Israel und den arabischen Staaten. Hierüber wurden in der Folge die verschiedensten Mutmaßungen angestellt. So berichtete mir zum Beispiel von Brentano in einem Schreiben vom 31. Oktober 1956 über Gespräche, die er über den Suezkanalkonflikt mit verschiedenen ausländischen Persönlichkeiten geführt hatte: „... Die meisten Herren, die mich ansprachen, spielten ganz offen darauf an, daß England und Frankreich offenbar Israel zum Einmarsch veranlaßt haben, um damit den Grund für die Intervention zu schaffen. Eine etwas unklare und wohl auch unbedachte Äußerung des französischen Ministerpräsidenten Mollet, die er vor etwa einer Woche tat, wurde immer wieder zitiert. Er muß in der Kammer oder bei einer öffentlichen Rede sich dem Sinne nach dahin geäußert haben, Frankreich und England hätten noch einen Trumpf in der Hand, über den er sich nicht äußern wolle, der aber eine Wende in der Suezkrise herbeiführen würde..."

Unter Einschaltung der Vereinten Nationen gelang es, eine Einstellung der kriegerischen Handlungen und den Rückzug der französischen und britischen Truppen aus Ägypten zu erreichen. Nicht ohne Bedeutung blieb hierbei ein Brief, den Bulganin an Frankreich und Großbritannien richtete und in dem er mit dem Einsatz der ganzen Schlagkraft der Sowjetunion drohte, würden die beiden Staaten nicht der Forderung der Vereinten Nationen folgen. Die Drohungen, die in dem Schreiben Bulganins ausgesprochen wurden, waren das Ungeheuerlichste, was in der diplomatischen Geschichte seit langem geschehen ist.

Es bleibt ein historischer Markstein der Nachkriegspolitik, daß in der Suezkanalkrise die Vereinigten Staaten von Amerika und die Sowjetunion in den Vereinten Nationen das erste Mal gemeinsam stimmten gegen zwei Staaten der NATO. Von Brentano stellte in einem an mich gerichteten schriftlichen Bericht zur außenpolitischen Lage am 31. Oktober 1956 fest:

„... Die politische Lage, wie sie nun durch die gemeinsame Aktion Frankreichs und Englands entstanden ist, macht mir Sorgen. Ich denke weniger an die unmittelbaren Folgen dieser Aktion als an die ernsten Spannungen, die sie offensichtlich im westlichen Lager ausgelöst haben. Man ist in Washington offenbar sehr verstimmt darüber, daß die amerikanische Regierung nicht vorher informiert wurde. Die ersten Auswirkungen haben sich schon in der Sitzung des Sicherheitsrates gezeigt. Bei der ersten Abstimmung haben England und Frankreich Veto eingelegt. Sie haben dies wiederholt, als der sowjetrussische Delegierte eine Entschließung einbrachte, die von dem amerikanischen Delegierten unterstützt wurde.

Darüber hinaus bin ich überzeugt, daß neue Spannungen eintreten werden. Denn sowohl Italien wie auch die skandinavischen Staaten werden, wie ich fürchte, sich übergangen fühlen. Und ich persönlich bin der Meinung, daß eine Information derjenigen Staaten, die sich an der von England und Frankreich einberufenen Suezkonferenz beteiligt haben, durchaus am Platze gewesen wäre. Es spricht nicht für die vielberufene Solidarität, wenn man von Maßnahmen dieser Art nur durch den Rundfunk oder die Zeitung hört..."

Die Kluft zwischen England/Frankreich einerseits und den USA andererseits schien groß zu sein.

Die Gründe, warum sich Frankreich zu dem Vorgehen gegen Ägypten entschloß, liegen in der Tatsache, daß der algerische Aufstand, der für Frankreich tödlich werden konnte, von Ägypten aus unterhalten wurde; die Aufständischen in Algerien wurden von Nasser mit Waffen versorgt. Die französische Regierung hoffte, daß spätestens acht Tage nach Nassers Sturz der Aufstand in Algerien vorüber sein werde. Man mußte bei einer Beurteilung der französischen Politik in Algerien bedenken, daß der Kampf Frankreichs in Nordafrika nicht um die Erhaltung von Kolonien ging. Algerien war keine französische Kolonie, sondern seit etwa Mitte des vorigen Jahrhunderts ein Teil Frankreichs.

Was Englands Handlungsweise im Suezkanalkonflikt bestimmte, war der für England unerträgliche Gedanke, daß ein Mann wie Nasser nach Belieben die englische Wirtschaft und auch die britische Mittelmeerflotte stillegen konnte. Die englische Wirtschaft, die englische Handelsflotte und die englische Kriegsflotte waren abhängig von dem Öl aus dem Vorderen Orient. Den vielfach in der Öffentlichkeit erhobenen Vorwurf, es wären koloniale Instinkte gewesen, die Großbritannien veranlaßten, gegen Nasser vorzugehen, halte ich für nicht begründet. Die Engländer hatten mit Nasser einen Vertrag abgeschlossen, nach dem sie das Recht hatten, bis zum Jahre 1968 die Suezkanalzone mit ihren Truppen besetzt zu halten. Sie räumten sie jedoch bereits im Jahre 1954 freiwillig. Im gleichen Jahre zogen sie sich ebenfalls aus dem Sudan zurück. Es war wahrhaftig nicht die Absicht der Engländer, sich im Vorderen Orient eine Art koloniales Einflußgebiet zu verschaffen.

Über das militärische Vorgehen selbst erhielt ich hinterher folgende Mitteilungen: Die Briten und Franzosen hätten einen Zeitplan für die Niederkämpfung der ägyptischen Luftwaffe und der Flugplätze aufgestellt. Er sah dafür sechs Tage vor. Man war aber schon nach zwei Tagen damit fertig und mußte nun vier Tage mit der Landung der Truppen in Ägypten warten, da die Truppen noch nicht herangebracht waren. So geschah vier Tage lang so gut wie nichts, und dies wurde in der Welt natürlich nicht als eine Manifestation großer militärischer oder staatsmännischer Kraft angesehen. In unserer heutigen Welt – es ist traurig, das feststellen zu müssen – wird Kraft einstweilen noch mehr respektiert als das Recht. Die große Blamage, die Frankreich und Großbritannien zweifellos erlitten, färbte auf alle europäischen Mächte ab und hat uns allen nicht gerade genützt.

Das Problem Suezkanal war jedoch vor allem auch unter einem weiteren Gesichtspunkt sehr bedeutsam. In einer fast alle Mächte überraschenden

Weise wurde entdeckt, daß im Laufe des Jahres 1956 die Sowjetunion den Vorderen Orient mit Waffen versehen hatte, deren Fülle und Art weit über den Bedarf der dortigen Armeen hinausging. Die Vermutung lag nahe, daß diese Waffenlieferungen durchgeführt worden waren, um sie im geeigneten Augenblick in die Hände von russischen Soldaten kommen zu lassen. Die Sowjetunion hat sich im Nahen Osten einen Stützpunkt schaffen wollen, von dem aus sie weiter hätte vordringen können. Es wurde völlig offensichtlich, daß die Russen ihren Druck von Europa auf den Vorderen Orient verlagert hatten. Die Gründe lagen auf der Hand: Einmal wegen der dortigen Ölbasen, die für ganz Europa von der größten Bedeutung waren, und zweitens wegen des Mittelmeerbeckens. Die Beherrschung des Mittelmeerbeckens durch Sowjetrußland wäre für Europa das Ende gewesen. Auf der einen Seite des Mittelmeerbeckens liegen die mohammedanischen Staaten, die sehr wahrscheinlich auf die Seite der Russen treten würden. Auf der anderen Seite liegen Frankreich und Italien, beides Länder, in denen es starke kommunistische Parteien gab. Wenn nun die kommunistische Kraft in das Mittelmeerbecken eingedrungen wäre, dann hätte das tatsächlich für Europa eine schreckliche Periode eröffnet.

Aber auch ein Gutes schien sich aus den Ereignissen im Vorderen Orient ergeben zu haben. Es schien, daß die Amerikaner aus ihrem Traum, der in Gestalt des Radford-Planes immer noch in Washington herumspukte, erwacht seien.

Das akute Problem war zunächst, daß im Vorderen Orient wieder die Waffenruhe hergestellt wurde. Es mußte eine Regelung des israelisch-arabischen Konfliktes gefunden werden und eine allgemein befriedigende Lösung des Suezkanalproblems. Alle Welt hoffte, daß dies mit Hilfe der Vereinten Nationen gelingen möge.

5. Veränderungen in Polen – Aufstand in Ungarn

Es war eine groteske Situation, daß die gleiche Macht, die in der Suezkanalkrise für das Selbstbestimmungsrecht eines Volkes plädierte, zur gleichen Zeit in brutalster Weise den Freiheitswillen eines anderen Volkes unterdrückte. Es gehört zu den tragischen Kapiteln der Geschichte, daß zur gleichen Zeit, da in Osteuropa der Freiheitswille eines Volkes in mutiger und erschütternder Weise sich durchzusetzen versuchte, die Ereignisse im Nahen Osten der Sowjetunion die Möglichkeit gaben, erbarmungslos mit Panzern und Maschinengewehren die Stimme der Freiheit zum Schweigen zu bringen.

Die oppositionellen Kräfte in Polen

Die im Februar 1956 eingeleitete Verdammung Stalins hatte überall im Osten Europas die Hoffnung auf größere Freiheit und Unabhängigkeit von Moskau geweckt und gestärkt. Überall machte sich der Wille zur Lockerung der kommunistischen Zwangsherrschaft bemerkbar, zum Teil ging er Hand in Hand mit antisowjetischen Gefühlen. In Polen war es gelungen, die oppositionellen Kräfte gegen Moskau zu einem Erfolg zu bringen. Der unter Stalin in Ungnade gefallene Wladislaw Gomulka wurde Regierungschef. In einem mir vorgelegten Bericht des Auswärtigen Amtes zu den Vorgängen in Polen heißt es:

„Am 19. Oktober 1956 wurde Gomulka zum Ersten Sekretär der Vereinigten Polnischen Arbeiterpartei gewählt. Im Zuge dieser Entwicklung fanden bedeutsame personelle Umbesetzungen im polnischen Politbüro statt. Die Anhänger der moskautreuen Richtung wurden ausnahmslos durch Vertrauensleute Gomulkas ersetzt. Auch der sowjetische Marschall Rokossowski, der neben seinen Funktionen als polnischer Verteidigungsminister und Oberbefehlshaber der polnischen Streitkräfte Mitglied des Politbüros gewesen war, wurde nicht wiedergewählt. Militärisch wurde ihm als Stellvertreter der polnische General Spychalski beigegeben, der zum Gomulka-Kreis gehört. Bald darauf trat Rokossowski einen längeren Urlaub an. Es wird angenommen, daß er auf seinen Posten nicht mehr zurückkehren wird.

Die Investiturrede Gomulkas war eine scharfe Abrechnung mit der Vergangenheit, eine ruhige und maßvolle Analyse der Gegenwart und ein realpolitisches Programm für die Zukunft. Sein politisches Ziel ist ein unabhängiges, nationalkommunistisches Polen mit freundschaftlicher Anlehnung an die Sowjetunion. Innenpolitisch fordert er das Primat der Volksvertretung und den polnischen Weg zum Sozialismus. Wirtschaftspolitisches Programm ist die Überwindung der polnischen Wirtschaftskrise durch Drosselung der Investitionen auf ein vertretbares Maß und Erhöhung der Arbeitsleistung. In der Agrarpolitik wird mit der Forderung, daß die Bauern nur freiwillig dem Kolchos beitreten sollen, die Fortführung der Kollektivierung praktisch unterbunden.

Die Rückkehr des 1949 politisch ausgeschalteten und 1951 verhafteten Gomulka an die Macht ist ausschließlich das Ergebnis der inneren Entwicklung Polens im Zuge der Entstalinisierung. Das bisherige Gesamtbild des politischen Umschwungs in Polen erlaubt seine Bewertung als einen hervorragend vorbereiteten und mit realpolitischer Meisterschaft ausgeführten Staatsstreich. Der aus der kommunistischen Partei selbst heraus entwickelte Umsturz hat ein Zweckbündnis der nationalkommunistischen mit den nichtkommunistischen Kreisen Polens zustande gebracht, das stark genug war, der Führung die offene Opposition gegen sowjetische Einflußnahme und den entschlossenen Widerstand gegen militärische Drohungen der Sowjetunion zu erlauben.

Andererseits ist der von Gomulka proklamierte Kurs der Freundschaft zur Sowjetunion mehr als ein den augenblicklichen Möglichkeiten Rechnung tragendes Lippenbekenntnis. Innenpolitisch steht für Gomulka möglicherweise eine Auseinandersetzung mit den nichtkommunistischen Kreisen Polens noch bevor. Ein besonderes Problem wird die Regelung der Beziehungen zwischen seinem Regime und der Kirche sein; die Wiedereinsetzung von Kardinal Wyszinski in sein Amt läßt darauf schließen, daß Gomulka daran gelegen ist, einen modus vivendi mit der Kirche zu finden. Außenpolitisch liegt die Anlehnung an die Sowjetunion vor allem auch im Hinblick auf die Oder-Neiße-Grenze im polnischen Interesse. Gomulka begegnete der Forderung der polnischen Öffentlichkeit nach Abzug der sowjetischen Truppen mit dem Hinweis auf die deutsche Gefahr für die polnische Westgrenze, ein Argument, das auch innenpolitisch von Gomulka zur Begründung seiner Anlehnung an die Sowjetunion gewertet werden kann."

In Polen war die Opposition aus der kommunistischen Partei selbst erstanden, die nationalkommunistische und die antisowjetische Bewegung konnten eine einheitliche Linie finden. In Polen war die Möglichkeit zu einer evolutionären Entwicklung gegeben.

In einem anderen Land des Ostblocks, in Ungarn, fand eine solche Entwicklung nicht statt. In Ungarn kam es zur Entladung von antisowjetischen und antikommunistischen Strömungen gleichzeitig. Träger der Opposition waren nichtkommunistische, in der Hauptsache intellektuelle Kreise. Schon Mitte Oktober 1956 hatte es unter den Studenten Unruhen gegeben. Es wurde die Gewährung größerer Freiheit und verbesserter Lebensbedingungen gefordert. Die Änderungen in Polen gaben vielen Ungarn die Hoffnung, auch in ihrem Lande nach dem Beispiel Polens eine unabhängigere Regierung zu schaffen. Am Abend des 23. Oktober lösten in Budapest große Studentendemonstrationen den Bürgerkrieg aus. Unsere deutschen Zeitungen vom 24. Oktober waren voll von den sich überstürzenden Nachrichten aus Ungarn. Berichte mit Schlagzeilen wie „Aufstand in Ungarn", „Sowjets greifen ein", „Standgerichte wüten im ganzen Land", „Nie wieder Knecht sein, sangen Zehntausende" gaben Kenntnis von dem verzweifelten Bemühen der Ungarn, ihre Freiheit zurückzuerlangen.

Am Mittwoch, dem 24. Oktober, verhängte die ungarische Regierung über das ungarische Staatsgebiet den Ausnahmezustand. Es wurde verkündet, daß jeder Versuch, die Regierung der „Ungarischen Volksdemokratie" zu stürzen, mit dem Tode bestraft würde. Gleichzeitig ersuchte die ungarische Regierung am Mittwochmorgen die in Ungarn stationierten sowjetrussischen Truppen, „die Ordnung im Lande wiederherzustellen". In einem Bericht aus Budapest vom 24. Oktober hieß es: „Die Ereignisse überschlagen sich. Zur Zeit rollen die Panzer der sowjetischen Besatzungsmacht gegen die Aufständischen. Über das Ausmaß der blutigen Tragödie liegen keine verläßlichen Zahlen vor. Sämtliche Telefonleitungen nach dem Westen sind unterbrochen."

Die Ursache für die Ereignisse in Ungarn lag darin, daß es nicht gelungen war, die Ziele zu erreichen, die am Ende des Zweiten Weltkrieges verkündet worden waren. Diese Ziele bestanden darin, verletztes Recht und unterdrückte Freiheit wiederherzustellen. In der Charta der Vereinten Nationen waren als sichtbarer Beweis dieser Bemühungen die ethischen Grundsätze, die das Zusammenleben der Völker bestimmen sollten, in eindrucksvoller Weise festgelegt. Wie die Entwicklung nach 1945 dann jedoch zeigte, bestand in weiten Teilen der Welt nicht die Bereitschaft, diese Ziele zu verwirklichen, und hierin lag der tiefste Grund für die latenten Spannungen, die die Weltpolitik belasteten und die bisher noch nicht beseitigt werden konnten.

In Osteuropa wurden nach 1945 zahlreiche Völker erneut ihrer Freiheitsrechte beraubt, Völker, die im Vertrauen auf das Selbstbestimmungsrecht den Versuch unternommen hatten, eine freiheitliche und rechtsstaatliche Ordnung wiederherzustellen, wurden erneut unterjocht und in totalitäre Systeme gezwungen, in denen die Begriffe Demokratie, Freiheit und Recht keine Geltung hatten.

Wenn es auch in einzelnen Teilen der Welt gelang, Spannungen und Konflikte zu beseitigen, so waren die Ereignisse in Osteuropa das traurige Zeugnis für die Folgen einer widernatürlichen Ordnung, die hier mit fremder Waffengewalt aufrechterhalten worden war.

Die Kämpfe in Ungarn gingen weiter. Die ungarische Armee schien auf seiten der Aufständischen zu stehen. In einem Bericht aus Budapest, erschienen in der „Welt am Sonntag" vom 28. Oktober, hieß es: „Der todesmutige Kampf der ungarischen Aufständischen dauerte auch am Wochenende – vier Tage nach dem Ausbruch der Revolution – mit unverminderter Härte an. Am Sonnabend gelang es ihnen, das Land zwischen Plattensee und Raab und der österreichischen Grenze in ihren Besitz zu bringen. Über die Grenze hinweg schickten sie dringende Hilferufe. Sie brauchen Blutplasma, Medikamente und Lebensmittel. Die Versorgungskrise der Aufständischen droht in einem Augenblick, in dem nach den letzten Meldungen von der Tschechoslowakei her starke sowjetische Panzerverbände anrollen. Sie sollen das Widerstandszentrum um Raab niederwalzen, wo die Gegenregierung der Aufständischen ihren Sitz hat."

Auf Antrag der Westmächte wurde für Sonntag, den 28. Oktober 1956, der Weltsicherheitsrat einberufen. Der amerikanische Außenminister Dulles warf der Sowjetregierung vor, daß sie den Friedensvertrag mit Ungarn verletzt habe, da sie sich in innerungarische Angelegenheiten eingemischt hätte.

Am 29. Oktober schienen weite Teile Ungarns fest in den Händen der Aufständischen zu sein. Die Aufständischen schienen sich durchzusetzen. Die Bevölkerung in der Bundesrepublik verfolgte die Ereignisse in Ungarn mit brennendem Interesse.

In einer Übersicht des Auswärtigen Amtes vom 31. Oktober 1956 über die Vorgänge in Ungarn heißt es:

„Am 23. Oktober 1956 ist in Budapest nach abendlichen Studentendemonstrationen der Bürgerkrieg ausgebrochen, in den in Budapest sowjetische Truppen eingriffen. Die Ursache des Bürgerkriegs in Ungarn war vor allem das zu späte und unzureichende Eingehen der kommunistischen ungarischen Führung auf die in Verbindung mit der Entstalinisierung erhobenen Forderungen der Öffentlichkeit. Das Eingreifen sowjetischer Truppen war ein wesentlicher Grund für das Aufflammen des ungarischen Nationalgefühls und die rapide Ausweitung des Budapester Aufstandes zum offenen Bürgerkrieg. Eine konspirativ vorbereitete und einheitliche Leitung des Bürgerkrieges war nicht zu erkennen. Der Bürgerkrieg dehnte sich in kurzer Zeit auf das flache Land aus und führte nach sechs Tagen blutiger Kämpfe zu einem bedeutsamen Erfolg der Aufständischen. Dieser Erfolg wurde möglich, weil es sich um einen das ganze Land erfassenden Volksaufstand gehandelt hat, dem sich große Teile der ungarischen Armee anschlossen. Die innenpolitische Lage ist noch chaotisch. Der unter dem Druck des Aufstandes erneut zur Regierung berufene Ministerpräsident Nagy, ein Nationalkommunist, fand sich in Anpassung an die Fortschritte der Revolte zu erheblichen Konzessionen an die Aufständischen bereit: Forderung des Abzuges aller sowjetischen Truppen, freie Wahlen, Zulassung aller 1945 gebildeten Parteien, die Auflösung der Kolchosen, die Einbeziehung der Partei der kleinen Landwirte in die Regierung und anderes mehr. Seine Kündigung des Warschauer Pakts und die Forderung der Neutralisierung Ungarns würden praktisch das Ausscheiden Ungarns aus dem Sowjetblock bedeuten. Es bleibt abzuwarten, ob ein so radikaler Kurswechsel gegenüber der Sowjetunion im gegenwärtigen Zeitpunkt durchgesetzt werden kann.

„Warum helft ihr uns nicht?"

Die Intervention sowjetischer Truppen in Budapest erfolgte auf der Grundlage des Warschauer Pakts. Seitens der Westmächte wurde der Sowjetunion vor dem Sicherheitsrat das Recht zur Intervention auf dieser Grundlage bestritten. Marschall Schukow hat am 29. Oktober erklärt, die sowjetischen Streitkräfte in Ungarn würden sich auf ihre vertraglich vereinbarten Stützpunkte zurückziehen; aus dem Stadtgebiet von Budapest wurden die Sowjettruppen abgezogen. Nach Auffassung der Sowjetregierung bedarf der Abzug ihrer Truppen aus Ungarn jedoch der Zustimmung aller Signatare des Warschauer Paktes. Am 30. Oktober erklärte sich die Sowjetregierung bereit, in Verhandlungen mit der Regierung der ‚Volksrepublik Ungarn' und den anderen Teilnehmern des Warschauer Paktes über die Frage des Aufenthaltes sowjetischer Truppen auf dem Territorium Ungarns einzutreten."

Es war die Regierung unter Eisenhower und Dulles, die seit Beginn ihrer Tätigkeit es als eines ihrer Ziele proklamiert hatte, der Freiheit und dem Selbstbestimmungsrecht der Völker überall zur Geltung zu verhelfen. Die amerikanische Regierung fühlte sich durch die Abmachungen von Jalta und Teheran verpflichtet, den osteuropäischen Staaten die Freiheit zurückzugeben. An solchen Beteuerungen hatte es von seiten Eisenhowers und Dulles' nicht gefehlt. Zweifellos haben die Aufständischen auf Hilfe durch die Amerikaner gehofft. Nach Augenzeugenberichten versammelten sich vor dem amerikanischen Gesandtschaftsgebäude in Budapest aufgebrachte Menschenmengen und schrien: „Warum helft ihr uns nicht?"
Inzwischen hatten die Franzosen und Engländer ihre militärische Aktion gegen Ägypten gestartet, und Dulles stand vor der wohl schwersten Situation seiner Amtszeit. Am 27. Mai 1959 schrieb die „Frankfurter Allgemeine" unter Anspielung auf diese Situation in einem Nachruf auf Dulles: „So schlug ihm 1956 die schwerste Stunde: In Ungarn wurden die Fesseln, die das Gleichgewicht des Schreckens bedeuteten, in der Ohnmacht des Westens offenbar und gleichzeitig zwangen ihn seine Prinzipien, mit dem Gegner den Angriff der Freunde gegen Ägypten zu verdammen. Diese Dualität gebar seine tödliche Krankheit."
Die Aufstandsbewegung in Ungarn schien auch andere Länder Osteuropas zu ergreifen. Angeblich kam es in Rumänien gleichfalls zu Unruhen, und auch in der Sowjetzone konnte von einer Stunde zur anderen ein offener Aufstand ausbrechen und zu einem blutigen Bürgerkrieg führen. Eine Erklärung der Sowjetregierung vom 30. Oktober, sie sei bereit, mit Ungarn, Polen und Rumänien über den Abzug sowjetischer Truppen zu verhandeln, stand im Widerspruch zu Meldungen, nach denen starke sowjetische Truppen-

verstärkungen aus der Karpaten-Ukraine nach Ungarn geführt wurden. Worte und Taten standen in offenem Widerspruch. Für Ägypten wurde die Respektierung des Volkswillens gefordert, in Ungarn wurde er blutig unterdrückt. Als am 1. November eine Erklärung der chinesischen Regierung bekannt wurde, in der diese das polnische und ungarische Vorgehen billigte, mußte die Sowjetregierung dies als einen schweren Schlag gegen ihre Führungsrolle im kommunistischen Herrschaftsbereich ansehen. Es war sehr unwahrscheinlich, daß der Kreml den Rückgang seines Einflusses kampflos hinnehmen würde. Sein weiteres Verhalten zeigte es. Die Kämpfe in Ungarn dauerten noch bis Ende November 1956. Sie wurden in blutigem Terror erstickt. Die Vereinten Nationen mußten diesen Vorgängen tatenlos zusehen.

6. Rückwirkungen

Die Chance, daß sich die osteuropäischen Völker von dem Zwang Moskaus lösten, ging verloren und damit vorerst auch die Hoffnung, daß wir hierdurch der Wiedervereinigung Deutschlands näherkämen.

Eine Chance der Wiedervereinigung ging verloren. Aber gleichzeitig verflüchtigte sich eine weitere Chance, die uns auf dem Wege zur Wiedervereinigung hätte helfen können, und zwar eine erfolgversprechende Unterstützung durch die Vereinten Nationen.

Zur Frage der Wiedervereinigung Deutschlands war meine Einstellung folgende: Wenn das gegenwärtige Regime in der Sowjetzone auf lange Zeit beibehalten würde, wenn die Teilung Deutschlands zu einer Art Dauerzustand werden sollte, wenn nicht die geringste Hoffnung auf die Wiedervereinigung gegeben war, dann konnte unter Umständen eines Tages eine Lage entstehen, bei der auf Grund einer Verschiebung der politischen Kräfte oder auch infolge einer Änderung der Einstellung der Westmächte zu dieser Frage es in einem entmutigten, ungeduldig gewordenen Deutschland dazu kommen würde, daß die Sowjetunion in diesem Lande einen bedeutenden Einfluß erringen könnte. Was das für Frankreich, für Italien, für ganz Europa bedeuten würde, lag auf der Hand.

Im Sommer 1956 schien mir der Zeitpunkt richtig, in der Wiedervereinigungsfrage erneut eine Initiative zu ergreifen. Es galt vor allem auch, der Gefahr entgegenzutreten, daß in zahlreichen Staaten der freien Welt die Auffassung um sich griff, daß die Wiedervereinigung nicht Voraussetzung für eine allgemeine Entspannung sei. Die Sowjetregierung ging, wie sie stets betonte, von der „Realität zweier deutscher Staaten" aus und wurde nicht müde zu erklären, die Wiedervereinigung sei nur möglich durch eine Vereinbarung zwischen diesen beiden Staaten. Der Westen ging aus von dem Grundsatz des Selbstbestimmungsrechts der Völker. Das Sowjetzonenregime übte seine Macht nicht auf Grund dieses Selbstbestimmungsrechts aus. Der Grundsatz des Selbstbestimmungsrechts der Völker war jedoch von allen Staaten – einschließlich der Sowjetunion –, die in den Vereinten Nationen vertreten waren, anerkannt. Die Überlegung, die Vereinten Nationen mit der deutschen Frage zu befassen und auf Grund des Artikels 107 der UNO-Charta eine Volksabstimmung in ganz Deutschland zu verlangen, schien mir einer Prüfung wert zu sein.

Im September 1956 übermittelte ich den Vereinigten Staaten von Amerika, Frankreich, Großbritannien und der Sowjetunion ein umfangreiches Memorandum, in dem die Bundesregierung erneut ihren Standpunkt zur Wiedervereinigung Deutschlands darlegte. Gleichzeitig liefen Bemühungen bei den Mitgliedstaaten der Vereinten Nationen, die Haltung zur deutschen Wiedervereinigungsfrage zu sondieren. Die Bundesregierung dachte daran, einen Antrag zu stellen, die 11. Generalversammlung der Vereinten Nationen möge sich mit der deutschen Frage befassen. Über die mögliche Verfahrensweise innerhalb der Vereinten Nationen berichtete mir unser deutscher Beobachter bei den Vereinten Nationen am 22. Oktober 1956 unter anderem:

„1. Für Aufnahme in Tagesordnung genügt einfache Mehrheit. Diese ist voraussichtlich zu erhalten. Doch ist Lage dadurch etwas erschwert, daß Angelegenheit nicht mehr auf ergänzende Tagesordnung (Ziffer 14 der Verfahrensregeln) gebracht werden kann, die 13. Oktober geschlossen wurde. Sie stellt vielmehr ‚additional item‘ gemäß Ziffer 15 Verfahrensregeln dar, so daß für Zulassung dringliche und wichtige Gründe dargelegt werden müssen. Sowjetunion kann die hierüber zu erwartende Debatte allerdings erschweren durch Behauptung, Dringlichkeit im Sinne dieser Vorschrift liege nicht vor.

2. Für Annahme sachlichen Entschließungsentwurfs ist Zweidrittelmehrheit erforderlich. Bis zu dem Beginn der Debatte über diese Angelegenheit, die kaum vor Ende Januar 1957 in Betracht käme, wird Mitgliederzahl Vereinter Nationen voraussichtlich durch Aufnahme von Marokko, Sudan und Tunis auf 79 und im Falle der sehr wahrscheinlichen Aufnahme Japans auf 80 gestiegen sein. Daher werden als Minimum 53, eventuell 54 Stimmen benötigt. Damit Verfahren ein wirklicher Erfolg wird, sollte eine darüber hinausgehende überzeugende Mehrheit von wenigstens etwa 60 Stimmen erzielt werden.

3. Bei Schätzung Stimmverhältnisses für sachliche Entschließung wird man als einigermaßen sicher einsetzen können rund 40 Ja-Stimmen aus NATO-, SEATO-, Bagdadpakt- und lateinamerikanischen Staaten, aber nur unter der Voraussetzung, daß gut vorbereitete und gründliche Einwirkung auf in Betracht kommende Außenministerien stattfindet. Da die neun kommunistischen Staaten und Jugoslawien bestimmt ablehnen werden, müssen die dann noch auf jeden Fall benötigten 13, eventuell 14 Ja-Stimmen aus den 29, eventuell 30 verbleibenden Staaten kommen, die vorwiegend der afrikanisch-asiatischen Gruppe angehören. Ob dies möglich sein wird, hängt entscheidend von der Stellungnahme Indiens ab, für deren Beurteilung zur Zeit jeder auch nur einigermaßen hinreichende Anhaltspunkt fehlt. Sie könnte wohl nur durch unmittelbares Herantreten an Regierung in New Delhi geklärt werden. Erst dann wäre eine Grundlage für eine Abschätzung des Stimmverhältnisses in afrikanisch-asiatischer Gruppe gegeben.
4. Wenn und sobald grundsätzliche Zustimmung der Westmächte vorliegt, wäre zunächst an Außenministerien von Kanada, Norwegen und Brasilien heranzutreten, weil diese Staaten dem geplanten Ausschuß für gute Dienste angehören und zusammen mit anderen den Antrag auf Aufnahme in Tagesordnung stellen sowie später den Entschließungsentwurf einbringen sollen. Gleichzeitig oder unmittelbar danach müßte Fühlung genommen werden mit Indien, das nach bisheriger Absicht ja auch in geplantem Ausschuß mitwirken soll und außerdem von entscheidender Bedeutung für die Gewinnung von etwa 13 Ja-Stimmen ist. Dabei müßte das Risiko in Kauf genommen werden, daß nach Unterrichtung Indiens die Angelegenheit früher als gewünscht zur Kenntnis der Sowjetunion gelangt. Bei vorbereitenden Besprechungen mit indischer Regierung wäre besonders wichtig eine Klarstellung, daß sie nicht nur grundsätzlich einer Behandlung der Wiedervereinigungsfrage in den Vereinten Nationen zustimmt, sondern auch davon absehen wird, den von Menon verschiedentlich geäußerten Gedanken unmittelbarer Verhandlungen zwischen Bundesrepublik und SBZ in die Debatte hineinzutragen oder ihn zu unterstützen, falls Sowjetunion ihn in einem Abänderungsantrag zu Entschließungsentwurf vorbringt. Sobald die Haltung Kanadas, Norwegens, Brasiliens und Indiens im positiven Sinne geklärt ist, sollte an die Außenministerien der Staaten herangetreten werden, die außer diesen vier für Einbringung des Antrags auf Aufnahme in Tagesordnung und des Entschließungsentwurfs vorgesehen werden. Gedacht ist an Staaten, die führende Stellung in ihren regionalen Gruppen einnehmen."

Doch die Vorgänge in Osteuropa veränderten die Lage von einem Tag zum anderen. Am 25. Oktober 1956 ging mir ein Fernschreiben unseres New Yorker Vertreters zu, in dem ausführlich über die Beurteilung einer Behandlung der deutschen Frage in den Vereinten Nationen durch den Generalsekretär der Vereinten Nationen, Dag Hammarskjöld, berichtet wurde.

„In einer Unterredung von dreiviertelstündiger Dauer habe ich heute Generalsekretär Hammarskjöld mit der Bitte um streng vertrauliche Behandlung die Erwägungen mitgeteilt, die seitens der Bundesregierung zur Zeit angestellt werden, um möglicherweise noch die 11. Vollversammlung mit der Wiedervereinigungsfrage zwecks Einsetzung eines ‚committee of good offices‘ zu befassen.

1. Die Unterhaltung bewegte sich zunächst in Richtung der neuesten Ereignisse in Ost- und Südosteuropa. Hammarskjöld meinte, daß die Situation zur Zeit noch als ganz in der Schwebe befindlich angesehen werden müsse. Er könne in der bisherigen Entwicklung nur eine Auseinandersetzung auf innerpolitischem, dagegen noch nicht auf außenpolitischem Gebiet sehen. Am Ende dieser Entwicklung könne die Erlangung größerer Freiheiten stehen und eine zunehmende Selbständigkeit für einzelne Satellitenländer, dem Beispiel Jugoslawiens folgend. Ebenso wie in letzterem werde eine Abwendung vom Kommunismus jedoch in keinem Falle zu erwarten sein. Nach außen würden daher alle diese Länder die große gemeinsame Linie weiterverfolgen. Dagegen erscheine es sehr zweifelhaft, ob die Sowjetunion angesichts der wachsenden Unsicherheit in ihren innerpolitischen Beziehungen zu einzelnen Satellitenländern sich bereit finden werde, in der deutschen Frage den bisherigen ja ganz ablehnenden Standpunkt zu ändern.

Man müsse infolgedessen mit zwei einander entgegengesetzten Risiken rechnen. Das eine bestehe darin, daß die Bundesrepublik und die in gleicher Weise eingestellten Kreise der sowjetisch besetzten Zone ein längeres Andauern des Status quo als zunehmende Gefahr seiner Verewigung betrachten. Andererseits sei wenigstens ebenso groß das Risiko einer mißlungenen Aktion im Rahmen der UN.

2. Einem Verfahren innerhalb der Generalversammlung ständen jedenfalls gewisse Risiken gegenüber. Trotzdem sei zu hoffen, daß sie sich bei sehr sorgfältiger Vorbereitung verringern und vielleicht sogar überwinden ließen. Er teile die Auffassung, daß Indien in jedem Falle zum Kreis derjenigen Mächte gehören müsse, von denen die Initiative nach außen ergriffen und Vermittlungsvorschläge gemacht werden müßten.

Die UN könnten hierbei nur den technischen Rahmen bieten. Das günstigstenfalls erzielbare Ergebnis sei der Beschluß, ein ‚committee of good offices' zu bilden. Sodann stelle sich aber sofort die nächste Frage: Worin sollen die guten Dienste bestehen? Die Forderung nach freien Wahlen in Gesamtdeutschland werde sofort auf den erbitterten Widerstand der Sowjetunion stoßen. Dies sei der Augenblick, in dem auch ernsthafte Politiker der vermittelnden Mächte oder auch anderer Nationen, deren Stimmen für den Beschluß benötigt würden, mit Kompromißlösungen auftreten würden. Dann sei das Feld frei für die sogenannten ‚busybodies' (Gschaftlhuber), und die weitere Entwicklung sei dann dem Zufall preisgegeben. Es könne sehr wohl zu einer Wendung oder gar Beschlüssen kommen, die keineswegs im gesamtdeutschen Interesse gelegen seien.

3. Betrachte man die Weltsituation, so lasse sich folgendes feststellen:

Die Annahme, daß die Sowjetunion seit der Entstalinisierung völlig neue Wege gegangen sei und auch ihre politischen Ziele verändert habe, werde von ihm – privat gesprochen – nicht geteilt. Es bleibe daher im wesentlichen doch wohl bei der gleichen Zielsetzung, wie sie auch in früheren Jahrzehnten bestanden habe. Dagegen sei in der persönlichen Partnerschaft ein grundlegender Wechsel eingetreten. Shepilow sei nicht Molotow. Als Beispiel lasse sich hierfür am anschaulichsten der Fall Japans heranziehen, zu dessen Aufnahme in die UN Hammarskjöld Herrn Shepilow die Zustimmung eindringlich anempfohlen habe. Molotow würde das Gespräch abgebrochen und dem Generalsekretär die Tür gewiesen haben. Shepilow, sehr viel jünger, aufgeschlossener und im Formalismus in keiner Weise erstarrt, sei auf diesen Gedanken eingegangen und habe sich ihm zugänglich gezeigt.

Vielleicht könne im Rahmen der UN auch in der Deutschlandfrage die Möglichkeit geboten werden, daß die maßgebenden Männer der sowjetischen Seite mit den deutschen Vertretern oder ihren Fürsprechern in persönlichen Kontakt gelangen.

Jedenfalls komme es in erster Linie auf das ‚timing' an. Hierüber wolle er, Hammarskjöld, eingehende Betrachtungen anstellen, werde jedoch, wie von uns gewünscht, die Angelegenheit geheim behandeln und auch seine nächsten Mitarbeiter vorerst nicht ins Vertrauen ziehen.

Die Unterredung, die in einer sehr freundlichen Atmosphäre verlief und eine verständnisvolle Einstellung des Generalsekretärs gegenüber dem deutschen Problem erkennen ließ, wurde mit der Verabredung beendet, daß sie nach Herbeiführung weiterer Klärungen demnächst fortgesetzt wird.

Habe hiernach den Eindruck, daß Generalsekretär nach Abwägung des Für und Wider seinen Standpunkt auf der mittleren Linie einnimmt."
So wie die Lage sich entwickelt hatte, schienen zum gegenwärtigen Zeitpunkt Vorschläge an die Sowjetunion zur Wiedervereinigung Deutschlands unzweckmäßig, solange der Satellitenraum in Bewegung war. Die für die Wiedervereinigung wirkenden Faktoren waren in schnellem Wandel begriffen. Deutsche Vorschläge zu diesem Zeitpunkt würden die Wiedervereinigung kaum fördern.
Was eine Forcierung der Wiedervereinigungsbemühungen zu diesem Zeitpunkt betraf, so führte ich Ende Dezember 1956 mit Nehru hierüber ein Gespräch, zumal wir ja auf den Einfluß Nehrus zu unseren Gunsten innerhalb der Vereinten Nationen nicht verzichten konnten. Nehru erklärte mir unumwunden: Man dürfe nach den Erfahrungen in Ungarn den russischen Furchtkomplex nicht unberücksichtigt lassen. Die Russen befürchteten, daß ihre Grenzen immer weiter zusammenschrumpften. Solange es nicht gelinge, den Russen die Furcht zu nehmen, bestände Grund zu der Annahme, daß sich die Russen dem deutschen Wunsch nach Wiedervereinigung widersetzten. Auf meinen Hinweis, es müsse möglich sein, in Verhandlungen Mittel und Wege zu finden, um diese Befürchtungen auszuräumen, reagierte Nehru sehr pessimistisch und ließ keinen Zweifel daran, daß Indien im gegenwärtigen Zeitpunkt nicht geneigt war, sich eindeutig für unser Anliegen einzusetzen.
Die Vorgänge in Ungarn bewiesen, daß es einfach eine Überforderung der Vereinten Nationen bedeutete, wenn man von ihnen erwartete, daß sie Konflikte von den Ausmaßen, wie sie der Herbst 1956 brachte, tatsächlich zu lösen vermochten. Trotz ihrer Charta, deren rechtliche und ethische Normen von der Bundesregierung ohne Einschränkung bejaht wurden, waren sie hierzu nicht in der Lage. Die Vereinten Nationen waren nicht ein übergeordneter und unparteiischer Gerichtshof, sondern eine Versammlung von Staaten, die ihre eigenen Interessen, wenn auch im Rahmen der durch die Charta festgelegten Grundsätze, zu vertreten suchten. Das Abstimmungsverfahren im Sicherheitsrat, das den Großmächten ein Vetorecht einräumte, ließ eine echte richterliche Funktion des Rates nicht zu, soweit die Großmächte selbst betroffen waren. Im übrigen verfügte der Rat auch nicht über wirksame Vollzugsorgane. Gerade deshalb war es ja zu regionalen Verteidigungsbündnissen im Rahmen der Charta der Vereinten Nationen gekommen, und diese Verteidigungsbündnisse hatten sich in den vergangenen Jahren als unentbehrlich erwiesen.
Ich habe berichtet, daß eine wesentliche Tendenz der amerikanischen Politik im Jahre 1956 in einer Aufwertung der Vereinten Nationen sichtbar war.

Die Vorgänge in Ungarn zeigten jedoch in erschütternder Weise, wie machtlos die Vereinten Nationen waren. Sie vermochten es nicht einmal, bei den ungarischen Führern für den Generalsekretär der Vereinten Nationen, Hammarskjöld, oder einen seiner Beauftragten die Einreisegenehmigung nach Ungarn zu erwirken. Ungarn war ein trauriges Beispiel für die nackte Machtpolitik der Sowjetunion.

7. Beurteilung der weiteren Entwicklung

Über die weitere Entwicklung hatte ich folgende Vorstellung: Ich hatte seit Jahr und Tag die Hoffnung, daß der Ostblock schließlich so viele innere Risse bekommen würde, daß sich daraus sein Ende ergäbe. Es war immer meine Überzeugung, daß man den Menschen ein so unwürdiges Leben, wie es die Menschen in Sowjetrußland und in den Satellitenstaaten führen mußten, auf die Dauer nicht zumuten konnte, und es würde einmal der Augenblick kommen, in dem man sich gegen diese Unterdrückung auflehnen würde. Die Risse in diesem Block hatten sich zuerst gezeigt im Jahre 1948 in Jugoslawien; sie hatten sich zuletzt gezeigt in Polen und in Ungarn.

Der Schlüssel zu einer Lösung der Probleme war, daß die Sowjetunion ihre Welteroberungspläne aufgab. Erst dann würde es möglich sein, auf allen Gebieten Ordnung zu schaffen und in ein Zeitalter des Friedens für die Menschheit einzutreten. Die Vorgänge in Ungarn hatten dem internationalen Kommunismus eine empfindliche Schwächung zugefügt. Die Vorgänge in Polen und Ungarn hatten bewiesen, daß es auf die Dauer unmöglich sein würde, ein Volk mit Gewalt zu unterdrücken. Der Versuch, es doch zu tun, hatte sich gegen die Sowjetunion ausgewirkt. Welche Entwicklung in den anderen osteuropäischen Ländern vor sich gehen würde, mußte abgewartet werden. Durch die Vorgänge in Ungarn waren vor allem auch die kommunistischen Parteien in den westeuropäischen Ländern und auch in Asien erschüttert worden. Die Kommunisten sprachen immer von den inneren Widersprüchen der kapitalistischen Staaten; in den letzten Monaten des Jahres 1956 wurden jedoch – aller Welt sichtbar – die inneren Widersprüche des Kommunismus demonstriert. Die Kräfte, die am Werk waren, konnten sich auf lange Sicht zur Schwächung des Kommunismus als internationaler Faktor auswirken.

Wir wußten nicht, was im Kreml vor sich ging. Es war allerdings zu vermuten, daß dort Machtkämpfe ausgefochten wurden, ob zum Guten oder zum Schlechten, wir mußten es abwarten. Wenn ich sage, zum Schlechten, meine ich folgendes: Wenn in einem diktatorisch regierten Staat Machtkämpfe stattfinden, dann ist es leicht möglich, daß die Machthaber zu einer Diversion nach außen übergehen, um ihre Bevölkerung von den inneren Auseinandersetzungen abzulenken.

Das war die große Gefahr, die vor uns stand und die noch eine geraume Zeit vor uns stehen würde. Es handelte sich jetzt – im Gegensatz zu den Diadochenkämpfen in Sowjetrußland nach dem Tode Lenins – nicht darum, welche Personen die Macht in die Hand bekamen, sondern es handelte sich offenbar um zwei Richtungen. Aber aus der Tatsache, daß diese Kämpfe zwischen zwei Richtungen stattfanden und daß man sich in den Satellitenstaaten gegen die Sklaverei auflehnte, konnten und durften wir auch mit Recht Hoffnung schöpfen. Es war die einzige Hoffnung, die wir haben konnten. Keiner von uns will einen Krieg. Ein Krieg mit Wasserstoffbomben wäre für die gesamte Menschheit der Untergang.

Aber während die innere Zersetzung im Ostblock weiterging, war es wichtig, daß der Westen einig und stark blieb; denn der Staat, der schwach ist, der lädt seinen Nachbarn geradezu ein, ihn in Besitz zu nehmen. Wenn die freien Völker sich zusammenschlossen, so taten sie es, um gegenüber einem etwaigen Angriff Sowjetrußlands verteidigungsbereit zu sein, und sie hatten allen Anlaß dazu, weil die Aggressionsabsichten Sowjetrußlands, die seit 1945 an den verschiedensten Punkten gezeigt hatten, noch nicht aufgegeben waren. Die blutige Niederschlagung des Volksaufstandes in Ungarn zeigte, wie die Sowjetunion den Freiheitswillen kleiner Völker respektierte.

Trotzdem, es gab Anzeichen dafür, daß eine Wende in absehbarer Zeit eintreten könnte oder schon eingetreten war, aber Ungeduld und Unvorsichtigkeit durften diese Entwicklung nicht stören. Ich erblickte diese Anzeichen in folgendem:

Der Freiheitswille der Bewohner der Satellitenstaaten war auf die Dauer nicht zu ersticken, das hatten in stärkster Weise die Ereignisse in Ungarn gezeigt. Ein heldenmütiges Volk hatte sich in beispielloser Tapferkeit gegen die Unterdrückung zur Wehr gesetzt. Die Fackel der Freiheit, die Ungarn in den Satellitenstaaten angezündet hatte, würde nicht so leicht wieder erlöschen. Sie hatte die ganze Welt auf das Schreckliche und Entsetzliche hingewiesen, das dort vor sich gegangen war. Die Geschichte wird einst die Tapferkeit und den Freiheitswillen Ungarns mit goldenen Lettern auf ihren Blättern verzeichnen. Ich hoffte, diese Empörung gegen Druck und Sklaverei würde der Beginn einer neuen Epoche in der Nachkriegszeit sein.

Die Vorgänge in Ungarn hatten gezeigt, daß die Satellitenstaaten für die

Sowjetunion keine Hilfe, sondern eine Belastung und ein Gefahrenherd waren. Auch in Polen hatte sich der Freiheitswille des polnischen Volkes klar und eindeutig gezeigt. Das polnische Volk würde nicht wieder zurückgeworfen werden können in den Zustand der Unfreiheit, in dem es sich in den vergangenen Jahren befand. Dort würde die Entwicklung, wie ich hoffte, in unblutiger Weise, aber unaufhaltsam weitergehen, der Freiheit und Unabhängigkeit entgegen. Dieser Geist der Freiheit würde sich weiter verbreiten in den anderen Satellitenstaaten. Er würde auch im russischen Volk selbst immer stärker werden. Schließlich würde in dem ganzen Ostblock eine Veränderung vor sich gehen, die der ganzen Welt zugute kommen würde, vor allem auch den Menschen in der sowjetisch besetzten Zone Deutschlands.

Ein zweites Anzeichen für eine beginnende Entwicklung zum Besseren hoffte ich in der stärkeren Entwicklung der Kräfte in der gesamten Welt zu sehen, die keine Sklaverei und keine Unfreiheit ertragen wollten und konnten. Der Zusammenschluß Europas machte Fortschritte. Auch hier hatten die Suezkrise und das Bestreben Sowjetrußlands, den Vorderen Orient seiner diktatorischen Herrschaft zu unterwerfen, für viele Europäer klärend gewirkt. Der Zusammenschluß Europas, gleichgültig in welcher Form er erfolgen würde, würde nicht nur allen Europäern größere politische und wirtschaftliche Macht bringen, er würde auch Sowjetrußland davon überzeugen, daß sein Bestreben, Westeuropa in seine Hände zu bekommen, undurchführbar war.

Es bestand für mich kein Zweifel, daß der sowjetrussische Kommunismus von Anfang an Welteroberungspläne gehabt hatte und sie auch noch hegte. Aber es bestand auch für mich kein Zweifel, daß diejenigen, die die Macht in Sowjetrußland hatten, immer mehr zu der Erkenntnis gelangten, und zwar gerade durch die Vorgänge des letzten Jahres, daß derartige Pläne bei weitem über die Kräfte Sowjetrußlands hinausgingen. Sowjetrußland konnte nicht den niedrigen sozialen Stand seiner Bevölkerung heben, gleichzeitig in stärkster Weise aufrüsten und die von ihm unterjochten Staaten, in denen sich der Freiheitswille regte, niedergedrückt halten. Das ging über seine Kraft.

So glaubte ich, daß eine Wende in der Nachkriegsgeschichte im Kommen war. Alle großen historischen Ereignisse – und es handelte sich hier um eine große historische Entwicklung – treten fast nie in stürmischer Entwicklung von heute auf morgen ein. In der Geschichte wirken die plötzlich eintretenden Ereignisse, wie Revolutionen und Kriege, mörderisch und zerstörend. Die auf Grund innerer Entwicklung mit Naturnotwendigkeit eintretenden Veränderungen sind zwar langsamer, aber erfolgreicher.

Wir mußten diese Entwicklung fördern, mit Klugheit, mit Geduld und mit Beharrlichkeit. Ich konnte keine genauen zeitlichen Voraussagen machen, wann im Rahmen dieser Entwicklung das Schicksal der Deutschen in der Sowjetzone erleichtert würde. Das war unmöglich. Der Zusammenbruch Deutschlands und damit seine Zerreißung war ein Teil der Zerstörung der politischen und wirtschaftlichen Ordnung in weiten Teilen der Welt. Die Wiederherstellung der politischen und wirtschaftlichen Ordnung Deutschlands würde nicht die Endphase der Neuordnung der Welt sein, aber sie würde im Laufe dieser Neuordnung vor sich gehen. Unbedingte Voraussetzung für eine gute Entwicklung würde der feste Zusammenhalt des Westens sein, würde die Entschlossenheit sein, die Freiheit zu wahren.

8. Konsolidierung des Westens oberstes Gebot

Die NATO war stark erschüttert und wies ernsthafte Risse auf. Es mußte versucht werden – zunächst in einem möglichst kleinen Kreis –, diese Risse zu reparieren. Die Solidarität des Westens mußte wiederhergestellt werden. Sowjetrußland mußte wissen, daß es einem einheitlichen Willen gegenüberstand, einem einigen Europa, das mit den Vereinigten Staaten eng zusammenarbeitete. Die NATO mußte wieder ein wirkungsvolles Instrument der Verteidigung werden. Wenn dies nicht erreicht wurde, bestand die Gefahr, daß in verschiedenen Ländern sich ein Gefühl der Unsicherheit ausbreitete. Man würde sich fragen, ob es sich lohne, das Risiko einer antirussischen Politik einzugehen, wenn unsere Verteidigung nicht stark genug war.
Es war bekannt, daß neuntausend russischen Panzern nur zweieinhalb amerikanische und anderthalb britische Divisionen gegenüberstanden; die Bundeswehr war erst im Aufbau. Großbritannien hatte die Zahl seiner Truppen auf dem Kontinent verringert. Die wertvollen französischen Streitkräfte waren nach Nordafrika abgezogen worden, die belgischen und holländischen Truppeneinheiten waren nicht sehr umfangreich. Praktisch war Zentraleuropa gegen Rußland ungeschützt.
General Gruenther, der Oberbefehlshaber der amerikanischen Streitkräfte in Europa, suchte mich am 31. Oktober 1956 auf. Er wollte Anfang November in die Vereinigten Staaten fliegen. Ich teilte ihm meine große Besorgnis mit und fand bei ihm volles Verständnis. Er versprach mir, nach seiner Rückkehr in die USA sofort Präsident Eisenhower Bericht über die Lage in Europa zu erstatten. Bei der gärenden Situation im Osten Europas hielt auch General Gruenther eine Reduzierung der amerikanischen Streitkräfte in Europa für völlig unangebracht.

Ich war über die gesamte Entwicklung, vor allem auch über die Entwicklung der amerikanischen Politik, sehr in Sorge. Die NATO brauchte dringend eine straffe Führung.

Am 6. November 1956 waren die Präsidentschaftswahlen und bestätigten Präsident Eisenhower für weitere vier Jahre in seinem Amt. Ich hoffte, daß nunmehr wieder eine stärkere Führung von Washington ausgehen würde. Es war wichtig, daß man von seiten der freien Völker wieder eine gemeinsame Politik verfolgte, daß man gegenüber der Sowjetunion und den Satellitenstaaten größte Vorsicht walten ließ. Es war noch nicht sehr lange her, seit die Herren Chruschtschow und Bulganin zu Besuch in London waren, wodurch ihr Ansehen und das Ansehen ihres Landes außerordentlich gestärkt worden war. Die inzwischen eingetretenen Ereignisse hatten aber gezeigt, welch großer Irrtum darin lag, auf diese Weise der Sowjetunion Hilfe zu leisten. In der amerikanischen Presse wurde davon gesprochen, man sollte der Sowjetunion „goldene Brücken" bauen. Mir schien es richtiger, die Sowjets so lange in ihrem Saft schmoren zu lassen, bis sie zur Vernunft gekommen waren.

Die NATO war im Jahre 1956 zu einer sehr wenig beweglichen Masse geworden. Aber es schien sich nunmehr nach der Präsidentenwahl eine Änderung anzubahnen. Es gab Anzeichen, daß die USA der NATO wieder größere Aufmerksamkeit schenkten. Amerika schien sich anzuschicken, wieder seine führende Stellung einzunehmen. Ob der isolationistische Gedanke in den USA damit für längere Zeit erstickt und beseitigt war, das konnte niemand voraussehen. Das würde zum großen Teil auch davon abhängen, wie sich die anderen NATO-Mächte für den NATO-Gedanken einsetzten und betätigten. Ermutigend war die offizielle Ankündigung der US-Regierung von Anfang November 1956, sie werde keine weiteren Truppen aus Europa abziehen.

Anfang Dezember 1956 fand wie jedes Jahr um diese Zeit in Paris eine Tagung der Parlamentarier der NATO-Länder statt. Anläßlich dieser Tagung weilten mehrere namhafte amerikanische Politiker in Europa und besuchten auch Bonn. So traf ich zusammen unter anderen mit Senator Green, von dem es hieß, er werde demnächst Vorsitzender des Auswärtigen Ausschusses des Senats, und Senator Fulbright, der durch seine pointierten Äußerungen wiederholt Schlagzeilen machte. Green gehörte der Demokratischen, Fulbright der Republikanischen Partei an.

Beide Senatoren versuchte ich von der Notwendigkeit einer Belebung der NATO zu überzeugen, und beide wies ich auf die Gefahren hin, die mit einer Realisierung der Idee verbunden seien, das Schwergewicht auf eine atomare Bewaffnung zu legen. Es sei eine absolut unrealistische Idee, erklärte ich, zu glauben, daß durch eine starke nukleare Rüstung der Friede garantiert werden könne. Die Auffassung, daß, wenn die Vereinigten Staaten die führende Macht auf dem Gebiet der nuklearen Rüstung blieben und die Russen erst an zweiter Stelle kämen, nichts passieren würde, sei ein großer Irrtum.

Ich betonte immer wieder, was vor allem not tue, das sei eine Aktivierung der NATO, und diese könne nur erreicht werden, wenn die Vereinigten Staaten die Führung stärker übernähmen.

Fulbright fragte mich, wie ich mir denn praktisch vorstelle, was die Vereinigten Staaten tun sollten, um die Führung zu übernehmen. „Nutzen Sie die politischen Möglichkeiten, die der NATO-Vertrag bietet!" erwiderte ich ihm. Diese Möglichkeiten seien bisher nicht ausgewertet worden. Ein militärisches Bündnis könne auf die Dauer ohne politisches Einvernehmen, ohne zumindest eine politische Konsultation zwischen den Partnern nicht bestehen. Der NATO komme zur Zeit fast ausschließlich militärische Bedeutung zu. Ihre politischen und beratenden Aufgaben seien vernachlässigt worden. Es sei unerläßlich, daß hier Abhilfe geschaffen werde. Man müsse vor allem auch den Generalsekretär der NATO mit größeren Vollmachten ausstatten. Wenn es beim Bestreben, Verbesserungen durchzuführen, nur bei einem Lippenbekenntnis der Mitgliedstaaten bliebe, so sei alles zwecklos.

Die amerikanischen Politiker, mit denen ich sprach, bat ich eindringlich, meine Gedanken, soweit es ihnen möglich sei, dem amerikanischen Präsidenten vorzutragen. Bereits am 30. November erhielt ich eine erste Reaktion Eisenhowers, und zwar auf die Gedanken, die ich über General Gruenther an ihn herantragen ließ. Er stimme mit mir vollkommen überein, so teilte er mir mit, daß es von größter Wichtigkeit und Dringlichkeit sei, im westlichen Lager wieder völlige Einheit herzustellen. Er stimme auch mit mir überein, daß man sich hinsichtlich der politischen Konsultation zwischen den NATO-Regierungen besser verständigen müsse. Eisenhower schrieb: „... Konsultationsmethoden sind jedoch nicht genug. Sie müssen angewandt werden. Wir müssen zwar für eine Angleichung der Politik der einzelnen NATO-Länder untereinander arbeiten, aber ich bin sicher, daß Sie es genau wie ich für wirklichkeitsfremd halten zu erwarten, daß wir immer in der Lage sein werden, eine Identität der Auffassungen bezüglich Angelegenheiten außerhalb des NATO-Gebiets zu erreichen..."

Ich hatte Eisenhower von den Schwierigkeiten berichtet, die wir bei der Aufstellung der Bundeswehr überwinden mußten und die uns bisher daran gehindert hatten, termingerecht unseren Verpflichtungen nachzukommen. Wir Deutschen in der Bundesrepublik hatten bisher auf dem Gebiete der Aufrüstung versagt. Im Bundestag und in den Ausschüssen des Bundestages wurden der Wiederbewaffnung die denkbar größten Schwierigkeiten gemacht. Für den armen Theodor Blank, den ich mit dem Aufbau der Bundeswehr betraut hatte, bedeutete es geradezu einen Leidensweg, wenn er in die Bundestagsausschüsse hineingehen mußte. Nach den Vorschriften des Bundestages – die nach meiner Meinung nicht so unbedingt verfassungsmäßig waren – konnte nicht einmal eine Teekanne gekauft werden für die Leute, die wir eingezogen hatten, ohne daß der Kauf ausgeschrieben und ein unendlich kompliziertes Verfahren angewendet wurde. Dies ist nur ein Beispiel. Unser Verteidigungsbeitrag war im Verhältnis zu demjenigen anderer Staaten, wie beispielsweise Griechenlands, kaum angemessen. Es war für ein Volk wie das unsrige, das doch – ich übertreibe nicht – auf den guten Willen seiner Freunde vollkommen angewiesen war, geradezu ein Irrsinn, sich so zu verhalten. Wie sollten wir damit durchkommen? Ich war dessen nicht sicher. Theodor Blank verzehrte sich bei dem Bemühen um die Bewältigung der ihm gestellten Aufgaben. Im Oktober 1956 sah ich mich gezwungen, ihn mit anderen Aufgaben zu betrauen und an seine Stelle den robusteren Franz Josef Strauß zu berufen. Ich hoffte, daß es Strauß gelingen würde, durch die Mauer des Widerstandes, die wir im Parlament und auch in der Öffentlichkeit zu überwinden hatten, durchzustoßen.

Wenn wir einem Engländer, einem Franzosen, einem Italiener, einem Amerikaner sagten: Wir haben keine Kasernen und infolgedessen können wir keine Leute einziehen, dann sagte uns jeder von ihnen: Fabriken der modernsten Art könnt ihr bauen, ihr könnt unendlich vieles andere tun auf dem Gebiet des Wohnungsbaues und der sonstigen öffentlichen Bauten, nur Kasernen wollt ihr nicht bauen können? Das glauben wir euch nicht. Kein Ausländer, der durch Deutschland reiste und sah, was alles bei uns geschaffen wurde, nahm uns die Entschuldigung ab, wir hätten keine Kasernen bauen können und seien infolgedessen nicht in der Lage gewesen, Leute einzuziehen.

Eisenhower zeigte Verständnis für unsere Schwierigkeiten. Er schrieb: „... Ich hoffe, die Bundesregierung wird bald in der Lage sein, der NATO eine feste Erklärung über ihre Pläne abzugeben. Nach unserer Auffassung ist der Bedarf an den Streitkräften, die als Beitrag zur NATO aufzustellen Deutschland sich verpflichtet hat, auch weiterhin so groß wie je. Ich bin sicher, Sie werden mit mir übereinstimmen, daß die Dringlichkeit eines solchen Beitrages durch die jüngsten Ereignisse in Osteuropa noch offensichtlicher geworden ist. Es werden zwar zusätzliche Streitkräfte benötigt, um in Europa eine wirksame NATO-Verteidigung aufzubauen, doch wäre es schwierig, den amerikanischen Anteil zu erhöhen. Wie Sie wissen, ist ein beträchtlicher Teil unserer einsatzfähigen Landstreitkräfte bereits in

Deutschland stationiert. Außerdem würde eine Vermehrung unserer Streitkräfte in diesem Augenblick hier wie im Ausland zu Mißverständnissen führen..."

Ich empfand es besonders dankbar, daß Eisenhower trotz seiner übermäßig großen Inanspruchnahme so unmittelbar nach seiner Wiederwahl sich die Zeit genommen hatte, auf meine ihm von mir vorgetragenen Sorgen ausführlich einzugehen. Ich dankte ihm in einem Schreiben vom 4. Dezember und benutzte auch dieses Schreiben, ihn davon zu überzeugen, daß ein Hauptziel der russischen Politik die Gewinnung Westeuropas war. Ich schrieb Eisenhower: „... Wenn die Sowjetunion Europa besitzt, gehört ihr auch Asien, wenn ihre Stellung durch Zurückdrängung ihrer Macht in Europa auf ein natürliches Maß begrenzt wird, kann sie keine Hoffnung mehr haben, auch Asien zu gewinnen. Darum erstrebt sie nach wie vor trotz aller Ablenkungsmanöver, trotz aller Zusicherungen, die sie nicht halten wird, wenn ihr der Augenblick günstig zu sein scheint, die Herrschaft über Europa. Die Herrschaft über Europa gibt ihr den Schlüssel der erstrebten Herrschaft über die Welt..."

Ich hielt es für notwendig, auch Dulles direkt meine Gedanken vorzutragen, zumal Dulles die NATO-Ratskonferenz, die am 11. Dezember in Paris beginnen sollte, leiten würde. Am 8. Dezember richtete ich folgenden Brief an ihn:

„Bonn, den 8. Dezember 1956

Sehr verehrter Herr Dulles!
Es drängt mich, Ihnen einige Gedanken aus Anlaß Ihrer Teilnahme an der NATO-Konferenz zu übermitteln.
Ich beobachte, wie Sie sich denken können, die Lage und die Entwicklungen im Ostblock mit größter Sorgfalt, da diese Entwicklung ja für das Schicksal Europas unter Umständen entscheidend ist. Ich komme bei den Beobachtungen und Überlegungen zu folgenden Ergebnissen:
1. Nach wie vor ist die führende politische Schicht Sowjetrußlands der festen Überzeugung, daß der Kommunismus unter sowjetrussischer Führung die Weltherrschaft erringen werde. Das klingt für Menschen unserer Mentalität unwahrscheinlich, aber es ist so. Es läßt sich das nur erklären, wenn man die Mentalität der atheistischen Diktatur und den Glauben der Russen an ihre Sendung berücksichtigt. Wir haben ähnliches seinerzeit in Deutschland erlebt – ich persönlich auch –, daß die nationalsozialistische Diktatur und die Lehre, daß der Nationalsozialismus die Welt beherr-

schen werde, Menschen im inneren Denken völlig umgestalten. Ich glaube, daß die Politiker aller freien Völker immer im Auge behalten müssen, daß der Glaube an die Weltherrschaft des Kommunismus die Russen absolut beherrscht.

2. Sowjetrußland wird, wenn es auch seiner Taktik entsprechend bald an dieser, bald an jener Stelle der Erde stärker in Aktion tritt, sein Ziel nur erreichen, wenn es Westeuropa beherrscht. Das wissen die Russen. Und es ist wirklich so, sie werden niemals mit Hilfe asiatischer Völker diese Herrschaft erlangen können. Der Schlüssel zur Weltherrschaft durch die Russen liegt in Europa und nicht in Asien.

3. Sicher wird eine Weltmacht wie die Vereinigten Staaten auch den außerhalb Europas auftretenden Fragen ihre Aufmerksamkeit schenken müssen. Aber nach meiner festen Überzeugung ist für das Schicksal der Menschheit und auch für das Schicksal der Vereinigten Staaten entscheidend, was aus Europa wird.

4. Die Führerschaft hat Gott in die Hand der Vereinigten Staaten gelegt. Sie ist eine verpflichtende Aufgabe der Macht, die den Vereinigten Staaten zugewachsen ist.

Ich bitte Sie daher, sehr verehrter Herr Staatssekretär, ungeachtet aller Fehler und Unterlassungen, die von europäischer Seite begangen worden sind, doch in Ihrer Politik diese Gedanken, die ich oben entwickelt habe, zu berücksichtigen.

Die Entwicklung in Sowjetrußland und in den Ostblockstaaten zeigt, daß die Zeit für die freien Völker arbeitet, wenn man den Russen nicht auf irgendeine Weise neue Hoffnung gibt, daß es ihnen gelingen werde, ihre Schwierigkeiten zu überwinden.

Ich wünsche Ihnen von Herzen, daß der Aufenthalt in Europa Ihrer Genesung nicht abträglich ist, und bin wie immer

Ihr

gez. Adenauer"

Dulles und auch Präsident Eisenhower ließen mich wissen, wie sehr sie meine Sorgen teilten und daß sie volles Verständnis für meine Gedanken hätten. Eisenhower ließ mir am 13. Dezember folgende Botschaft übermitteln:

„Ich danke Ihnen für Ihr Schreiben vom 4. Dezember und für die freundschaftliche Gesinnung, die Sie darin zum Ausdruck gebracht haben.
Ich bin mit Ihnen der Auffassung, daß es das Hauptziel der Sowjetunion ist, ganz Europa unter ihre Kontrolle zu bringen. Ich glaube, daß die Ame-

rikaner im allgemeinen, genau wie ich selbst, der Auffassung sind, daß die Freiheit unseres eigenen Landes mit der Erhaltung der Freiheit Europas verknüpft ist. Die Ereignisse, die kürzlich in anderen Teilen der Welt stattgefunden haben, beeinträchtigen in keiner Weise das zwischen unseren Ländern bestehende grundsätzliche Verhältnis gegenseitiger Abhängigkeit."

Wie groß die Gefahr für uns Europäer war, das zeigte ein Brief, den Bulganin Anfang November 1956 an Eisenhower richtete und in dem er – in krassen Worten ausgedrückt – eine Teilung der Welt zwischen den Vereinigten Staaten und Sowjetrußland vorschlug. Der Brief war sehr lang, man mußte ihn in Ruhe lesen. Wenn man den Schlußteil genau studierte, kam man zu der Auffassung, daß ein sehr konkreter Vorschlag gemacht wurde: Wir beiden sind die nuklearen Mächte, wir wollen für Frieden und Ordnung in der Welt sorgen!

Das würde in der Praxis bedeuten: der eine erhält diese und der andere jene politische Einflußsphäre. Daß wir in die russische Einflußsphäre kommen würden, verstand sich von selbst. Eisenhower ging auf diesen Vorschlag nicht ein.

Ob die Vereinigten Staaten ihr Interesse für die NATO weiter verstärken würden, das hing zum großen Teil von Europa ab. Sollte sich Europa nicht zu einer gemeinsamen Politik zusammenfinden, so drohte die Gefahr, daß die Vereinigten Staaten eines Tages ungeduldig und die Hoffnung auf Europa zwar nicht aufgeben würden, aber sich doch veranlaßt sähen, sich auf irgendeiner Grundlage direkt mit der Sowjetunion zu verständigen. Eine wesentliche Bedingung für ein größeres Interesse der USA an Europa war die Einigung der europäischen Völker. Ganz objektiv gesehen hatte Europa das mangelnde Interesse Amerikas selbst verdient. Dieses Europa hatte sich, vom Standpunkt der Amerikaner, aber auch allgemein vom Standpunkt der Vernunft aus betrachtet, seit 1945 politisch sehr schlecht benommen und eine Unklugheit nach der anderen begangen, so daß man es verstehen mußte, wenn die Amerikaner sich sagten: Mit den Europäern ist nichts zu machen. Man braucht nur daran zu denken, welche Haltung Großbritannien Jahre hindurch gegenüber den Bestrebungen zur Vereinigung Europas eingenommen hatte. Man mußte daran denken, daß es zwar gelungen war, die Montanunion zu schaffen, daß aber dann Frankreich bei dem weiteren Schritt, bei der Schaffung der Europäischen Verteidigungsgemeinschaft am 30. August 1954, sich leider versagt hat. Auf der Londoner Neun-Mächte-Konferenz im Oktober 1954 wurde die Westeuropäische Union geschaffen. Aber die Westeuropäische Union hat bisher geschlafen. Sie hat geschlafen, weil die Engländer wieder nicht mittun wollten. Die Amerikaner hatten ungeheure Aufwendungen im Interesse der Freiheit der Welt gemacht. Sie waren es gewesen, die unter Truman für die Sache der Freiheit in Korea eingetreten waren. Sie waren es, die immer wieder uns Europäer mahnten, zu einer gemeinsamen Politik zusammenzufinden, weil wir sonst der ungeheuren Übermacht des Sowjetblocks nicht gewachsen sein würden. Wenn nun die Amerikaner das Gezänke der Europäer dauernd sahen, dann mußte man es schließlich verstehen, falls sie zu dem Schluß kamen: Wenn diesem Europa nicht zu helfen ist, wenn das ein Kontinent ist, der sterben will, dann können wir ihn auch nicht mehr am Leben erhalten.

Trotz allem hatte ich aus den jüngsten Äußerungen von Eisenhower und Dulles wieder Hoffnung geschöpft, daß sie ihre übertriebene Hinneigung zu den asiatischen Ländern überwunden hatten und daß sich bei ihnen auch die Erkenntnis durchgesetzt habe, daß sie niemals einen Einfluß in Asien haben konnten, wenn Europa in das russische Fahrwasser geriet.

Die Sitzung des Nordatlantikrates in Paris vom 11. bis 14. Dezember 1956 brachte sehr erfreuliche Ergebnisse. Der im Mai 1956 eingesetzte Ausschuß der „drei Weisen"* legte einen umfassenden Bericht vor, in dem Ratschläge enthalten waren, wie im Rahmen der NATO auf nichtmilitärischem Gebiet eine Verbesserung und Erweiterung der Zusammenarbeit und wie eine größere Einigkeit innerhalb der atlantischen Gemeinschaft zu erreichen sei. Der Bericht fand allgemeine Billigung. Die „drei Weisen", der norwegische Außenminister Lange, der italienische Außenminister Martino und der kanadische Außenminister Pearson, stellten allerdings sehr realistisch fest, daß die nordatlantische Zusammenarbeit auf politischem und wirtschaftlichem Gebiet nicht von einem Tag zum anderen und nicht lediglich durch eine Erklärung zu erreichen sei, sondern dadurch – und nun zitiere ich wörtlich aus dem Bericht –, „daß Jahre hindurch und durch eine ganze Reihe nationaler Handlungen und politischer Akte die Gewohnheiten, Traditionen und Präzedenzfälle für eine derartige Zusammenarbeit und Einigkeit geschaffen werden. Das Verfahren wird im günstigsten Falle langsam und schrittweise vor sich gehen ... Wir können zufrieden sein, wenn es stetig und sicher ist." Es wurden eine Reihe praktischer Vorschläge unterbreitet, die der Festigung der Solidarität, des inneren Zusammenhaltes und der Einigkeit der NATO dienen sollten. Vor allem wurde betont, daß das Interesse der Gesamtheit nationalen Erwägungen vorangestellt werden müsse. Die NATO müsse von ihren Mitgliedern weit mehr als bisher für eine aufrichtige und echte Konsultation und Zusammenarbeit in Fragen von gemeinsamem Interesse benutzt werden. Ich hoffte, der Bericht der „drei Weisen" würde eine gute Auswirkung haben.

---
* Siehe Kapitel IV, Seite 141.

Der Westen mußte einig sein. Die NATO mußte mit neuem Leben erfüllt werden. Vor allem mußten wir unsere Bemühungen um die politische Vereinigung Europas verstärken. Das waren die zwingenden Erfordernisse. Es mußte etwas unternommen werden, das eine psychologische Wirkung in den USA, aber auch in Europa hatte. Der Westen trug oft dem psychologischen Wert gewisser Vorschläge nicht genügend Rechnung.

Durch die NATO banden wir die Vereinigten Staaten an uns; ohne die Vereinigten Staaten waren alle europäischen Länder gegenüber der Sowjetunion verloren. Die NATO konnten wir nur aufbauen und halten, wenn wir selber alles taten, was wir tun konnten. Wir mußten die NATO festigen, weil kein europäischer Staat allein dem russischen Druck gewachsen war. Wenn wir aber durch die NATO die Vereinigten Staaten an uns banden, dann konnten wir doch gerade nach den Erscheinungen, die wir in den letzten zwei Monaten wahrgenommen hatten, die begründete Hoffnung haben, daß der Liberalisierungsprozeß in Sowjetrußland und in seinen Satellitenstaaten weitergehen würde und daß die Sowjetrussen auch eines Tages bereit sein würden – mochten sie eine Staatsform haben, welche sie wollten, das mußte ihre Sache sein –, mit den anderen Mächten zu einer Abrüstung zu kommen, die der Welt endlich wieder den Frieden und die Ruhe geben würde, die wir alle seit vielen Jahren so schmerzlich entbehren mußten.

IX. DIE RÖMISCHEN VERTRÄGE

1. Richtlinien der deutschen Europapolitik

Sowjetrußland wurde immer wieder für die europäischen Einigungsbestrebungen zu einem Bundesgenossen wider Willen. Die kommunistische Wühlarbeit im Nahen Osten, die sowjetrussische Politik im Mittleren und Fernen Osten, die Aufrüstung des Sowjetreiches wiesen uns Europäer immer wieder auf die Gefahren hin, denen wir ausgesetzt waren, und auf die Notwendigkeit, durch gemeinsame Anstrengungen unsere Zukunft zu sichern. So hatte sich auch der negative Ausgang der Genfer Außenministerkonferenz im November 1955 als förderndes Element für die europäischen Einigungsbestrebungen ausgewirkt. Man bemühte sich in verstärktem Maße, entsprechend der am 2. Juni 1955 in Messina verabschiedeten Resolution Fortschritte in der Europapolitik zu machen.

Jeder vernünftige Deutsche mußte die Bemühungen um die europäische Einigung begrüßen. Das Ergebnis von Genf hatte gezeigt, daß die Sowjetunion vorerst nicht bereit war, in der Frage der deutschen Wiedervereinigung mit sich reden zu lassen. Diese sowjetische Haltung bekräftigte meine Überzeugung, daß die deutsche Wiedervereinigung nur auf dem Wege einer europäischen Gesamtlösung zu finden sein werde. Ich stimmte mit dem Präsidenten der Europa-Union, Friedländer, vollkommen überein, der in einer Analyse zur Situation der europäischen Einigungspolitik im Dezember 1955 erklärte: Wir in Deutschland müßten lernen, die Wiedervereinigung nicht als nationales, sondern als gesamteuropäisches Problem anzusehen. Ein Wiedervereinigungsnationalismus werde nicht nur sein Ziel nicht erreichen, sondern uns loslösen und lostrennen aus der Verbundenheit mit dem ganzen Europa, dem sein Westen ebenso zugehört wie sein Osten. „Es gibt keine Möglichkeit", so erklärte Friedländer, „daß einer sich in Sicherheit bringt und dabei den anderen in Unsicherheit stürzt. Wir haben nach der zweiten Genfer Konferenz jetzt so etwas wie ein leise keimendes Mißtrauen zwischen den Westmächten und Deutschland, glücklicherweise noch nicht auf der Ebene der Regierungen. Aber es keimt in den öffentlichen Meinungen, und die öffentlichen Meinungen von heute könnten, wenn nicht Vorsorge getroffen wird, die Regierungsmeinungen von übermorgen sein. So ist es in Demokratien. Bei den Westmächten besteht die Befürchtung, wir könnten früher oder später eine direkte Einigung mit dem Osten suchen über die westlichen Verbündeten hinweg und im Grunde

gegen sie, und bei uns keimt die Befürchtung, der Westen könnte unser Anliegen der Wiedervereinigung als eine Störung für die Entspannungspolitik betrachten."
Das sei eine gefährliche Tendenz, fuhr Friedländer fort, weil man uns Nationalismus unterschiebe und darauf dann im Grunde wieder nationalistisch reagiere. Aus diesem tödlichen Kreislauf könne man nur dadurch herauskommen, wenn wir auch die eigenen Probleme als europäische Probleme begriffen und wenn jedes Volk die Sorgen und die Wunden jedes anderen als europäische Sorgen und Wunden sehen und behandeln lerne. Innerhalb der westeuropäischen Probleme müsse die Europa-Union auch Stellung zur europäischen Frage der deutschen Teilung beziehen, müsse sich bemühen, zu helfen und zu entwirren: „Deutschland oder Europa? Deutsche Einheit oder europäische Einheit? Diese Fragestellung ist von Grund auf verfehlt, und es ist eine unserer wesentlichen Aufgaben, aus diesem Entweder-Oder ein überzeugendes Sowohl-Als-auch zu machen."

Die Richtlinien der deutschen Europapolitik, wie ich sie unmittelbar nach dem Scheitern der Genfer Außenministerkonferenz sah, gehen aus folgender Direktive, die ich am 19. Januar 1956 an alle Bundesminister richtete, hervor:

„Bonn, den 19. Januar 1956

An die
Herren Bundesminister

Die gegenwärtige außenpolitische Lage enthält außerordentliche Gefahren. Um sie abzuwenden und eine günstige Entwicklung einzuleiten, bedarf es entschlossener Maßnahmen. Dazu gehört vor allem eine klare, positive deutsche Haltung zur europäischen Integration.
In dieser europäischen Integration sehen die entscheidenden Staatsmänner des Westens den Angelpunkt der Entwicklung, wie besonders meine Gespräche mit Pinay und Spaak und sehr bestimmte amerikanische politische Erklärungen gezeigt haben. Diese Auffassung ist zweifellos richtig. Wenn die Integration gelingt, können wir bei den Verhandlungen sowohl über die Sicherheit wie über die Wiedervereinigung als wesentliches neues Moment das Gewicht eines einigen Europas in die Waagschale werfen. Umgekehrt sind ernsthafte Konzessionen der Sowjetunion nicht zu erwarten, solange die Uneinigkeit Europas ihr Hoffnung gibt, diesen oder jenen Staat zu sich herüber zu ziehen, dadurch den Zusammenhalt des Westens zu sprengen und die schrittweise Angliederung Europas an das Satellitensystem einzuleiten. Hinzu kommt, daß die dauerhafte Ordnung unseres

Verhältnisses zu Frankreich nur auf dem Wege der europäischen Integration möglich ist. Sollte die Integration durch unser Widerstreben oder unser Zögern scheitern, so wären die Folgen unabsehbar.

Daraus ergibt sich als Richtlinie unserer Politik, daß wir den Beschluß von Messina entschlossen und unverfälscht durchführen müssen. Noch stärker als bisher muß der politische Charakter dieses Beschlusses beachtet werden, der nicht allein eine technische Kooperation aus fachlichen Erwägungen, sondern eine Gemeinschaft herbeiführen soll, die – auch im Interesse der Wiedervereinigung – die gleiche Richtung des politischen Willens und Handelns sichert. Der OEEC-Rahmen genügt dafür nicht. In den Dienst dieser politischen Zielsetzung müssen alle fachlichen Erwägungen treten.

Insbesondere muß für die Durchführung des Programms von Messina folgendes gelten:

1. Die Integration zunächst unter den Sechs ist mit *allen* in Betracht kommenden Methoden zu fördern, also sowohl auf dem Gebiet der allgemeinen (horizontalen) Integration, wie bezüglich der geeigneten (vertikalen) Teilintegration.
2. Hierbei ist von vornherein nach Möglichkeit die Schaffung geeigneter gemeinsamer Institutionen anzustreben, um im Sinne der großen politischen Zielsetzung eine feste Bindung der Sechs herbeizuführen.
3. Die recht gut gelaufenen Beratungen über die Herstellung eines gemeinsamen europäischen Marktes – d. h. eines Marktes, der einem Binnenmarkt ähnlich ist – müssen mit Nachdruck zu Ende geführt werden. Dabei müssen europäische Organe mit Entscheidungsbefugnissen geschaffen werden, um das Funktionieren dieses Marktes zu sichern und gleichzeitig die politische Weiterentwicklung zu fördern.
4. Ausgehend von dem Gedanken des Gemeinsamen Marktes muß auch für den Verkehr eine echte Integration der Sechs angestrebt werden. Das gilt insbesondere von der Luftfahrt; eine grundsätzliche Ablehnung oder Verzögerung von Integrationsplänen für die Produktion, das Beschaffungswesen und die Betriebsführung auf diesem Gebiet ist politisch nicht zu verantworten.
5. Das gleiche gilt für die Energie, insbesondere die Kernenergie. Es ist eine zwingende politische Notwendigkeit, jeden Zweifel darüber zu beseitigen, daß wir nach wie vor zu unseren Erklärungen von Messina stehen, wonach eine europäische Atomgemeinschaft mit Entscheidungsbefugnissen, gemeinsamen Organen und gemeinsamen Finanz- und sonstigen Durchführungsmitteln gegründet werden soll. Die Amerikaner sehen, wie sie offiziell erklärt haben, in einer europäischen Atomgemeinschaft, die im Gegensatz zur OEEC eigene Rechte und Verantwortlich-

keiten hat, ein entscheidendes Moment der politischen Entwicklung. Sie sind bereit, eine solche Atomgemeinschaft mit allem Nachdruck zu unterstützen. Andererseits läßt sich nach Auffassung der Weltöffentlichkeit die friedliche Nutzung der Atomenergie von der Möglichkeit der Herstellung von Atombomben praktisch nicht trennen. Der deutsche Versuch einer rein nationalen Atomregelung würde daher vom Ausland mit größtem Mißtrauen aufgenommen werden. Insbesondere können wir, wenngleich selbstverständlich Deutschland nicht diskriminiert werden darf und die deutsche Forschung und Industrie möglichst freien Raum erhalten müssen, eine gemeinsame europäische Bewirtschaftung einzelner Stoffe nicht ablehnen, wenn sie aus Sicherheitsgründen erforderlich ist.

Ich bitte, das vorstehend Dargelegte als Richtlinien der Politik der Bundesregierung (Art. 65 GG) zu betrachten und danach zu verfahren.

gez. Adenauer"

2. Negative Haltung Großbritanniens

Die sechs Staaten, die in der Messina-Konferenz bemüht gewesen waren, der Europapolitik einen neuen Impuls zu geben, hatten in der von ihnen verabschiedeten Resolution ausdrücklich erklärt, daß sie zum gegebenen Zeitpunkt auch an andere an dem erstrebten Zusammenschluß interessierte Staaten Einladungen ergehen lassen würden. An Großbritannien wurde jedoch schon in der Resolution von Messina die ausdrückliche Aufforderung gerichtet, sich der neu ergriffenen Initiative anzuschließen. Doch die britische Regierung wies die Einladung zurück.
Am 19. November 1955 ließ die britische Regierung der Bundesregierung eine Note zugehen zu dem Thema einer möglichen europäischen wirtschaftlichen Gemeinschaft. Die britische Regierung habe sorgfältig die Möglichkeiten einer Teilnahme geprüft und sei zu folgendem Ergebnis gekommen: Man sei sich im klaren über die Argumente, die für eine wirtschaftliche Integration sprächen als Mittel, um die politische Stabilität zu fördern, um eine höhere Produktivität zu erreichen und eine wirksamere Nutzung aller Hilfsquellen. Aber nach gründlicher Überlegung habe man beschlossen, daß man einem derartigen Projekt sich nicht anschließen könne.
Bei dieser Beschlußfassung sei man von der Überlegung geleitet worden, daß eine Teilnahme Großbritanniens an einer europäischen wirtschaftlichen Gemeinschaft in der vorgeschlagenen Art nicht mit den wirtschaftlichen und politischen Beziehungen Großbritanniens zu dem Commonwealth ver-

einbart werden könnte. Außerdem glaube man, daß der Beitritt zu einer europäischen wirtschaftlichen Gemeinschaft nicht übereinstimmen würde mit seiner bisherigen Politik des Freihandels und der Zahlungsregelungen. Man wolle eine wirtschaftliche Zusammenarbeit von ganz Europa. Jede Anstrengung sollte gemacht werden, um die wachsenden Interessen der sechs Messina-Staaten mit den Interessen der OEEC in Einklang zu halten, zur Vermeidung der Gefahren, die diese neue Initiative mit sich bringen könnte, indem sie das westliche Europa in zwei Gruppen teile, und zwar einmal in die Gruppe der Mitglieder des Gemeinsamen Marktes und einmal in die übrigen Mitglieder der OEEC. Nach Ansicht der britischen Regierung würde es viel Zeit in Anspruch nehmen, um den in Aussicht genommenen Gemeinsamen Markt zu schaffen, und sein Entstehen würde ein wachsendes Maß von Diskriminierung einschließen, welche die Arbeit, die Schritt für Schritt in den vergangenen Jahren getan worden sei, um jegliche Diskriminierung zu beseitigen, zerstöre. Das Ergebnis würde sein, protektionistische Tendenzen zu stärken oder aber den Regionalismus in anderen Teilen der Welt zu fördern. Eine derartige Entwicklung stünde im Gegensatz zu den allgemeinen Prinzipien des Freihandels, für die Großbritannien stets gearbeitet habe. Nach Ansicht der britischen Regierung liege die größere Hoffnung in der Richtung, den freien Markt zu fördern. Nach britischer Auffassung würde der politische Zusammenschluß Westeuropas eher geschädigt werden, als daß man ihm diene, wenn die Schaffung engerer Verbindungen zwischen den sechs Messina-Mächten eine Schwächung von OEEC zur Folge haben würde. Unter diesen Umständen stelle die britische Regierung fest, daß es höchst wünschenswert sei, diese ganzen Fragen in der OEEC zu diskutieren, und schlage vor, dies zu tun.
Die Note schloß mit der Bemerkung, die britische Regierung habe der Bundesregierung diese informellen Hinweise ihrer Ansicht zu dieser wichtigen Frage geben wollen und würde es vorziehen, wenn die Bundesregierung die anderen Messina-Staaten über die britische Haltung nicht informieren würde. Die britische Regierung würde mit ihnen direkt Kontakt aufnehmen bei einer passenden Gelegenheit.
Gleichfalls am 19. November übermittelte uns die britische Regierung eine Note, in der sie eine ebenfalls ablehnende Haltung zu einer Mitarbeit auf dem Gebiet der Kernenergie zum Ausdruck brachte. Die britische Regierung habe, so hieß es in der Note, sorgfältig alle Gesichtspunkte geprüft und die Haltung, die sie zu den Vorschlägen hinsichtlich einer Zusammenarbeit auf dem Gebiete der Atomenergie einnehmen solle. Die britische Regierung habe erkannt, daß es eine starke Hinwendung zu einer multilateralen Zusammenarbeit in Europa gebe, und sehe durchaus die Vorteile aus einer

derartigen Zusammenarbeit, aber die britische Regierung könne sich Euratom nicht anschließen. Das britische zivile Atomforschungsprogramm sei eng mit dem militärischen Atomforschungsprogramm verbunden, und es gebe zahlreiche Hindernisse, die einer Zusammenarbeit mit Euratom im Wege stünden. Keiner der Messina-Staaten habe ein militärisches Atomforschungsprogramm. Dies sei anders bei Großbritannien. Vor allem auch messe das Vereinigte Königreich große Bedeutung bilateralen Vereinbarungen zu, die es mit anderen Ländern außerhalb der Euratom-Staaten eingegangen sei. Wenn die Messina-Staaten nunmehr beschlössen, daß es ihren Interessen entspreche, Euratom zu schaffen, so würde das Vereinigte Königreich diesem Bund in keiner Weise im Wege stehen, aber Mitglied werden könne es nicht.

Anfang Dezember 1955 fand in Paris eine Sitzung des Ministerrates des Europarates und eine Sitzung des Ministerrates der Westeuropäischen Union statt. Von Brentano nahm an diesen Beratungen teil. Er berichtete mir, er habe den Eindruck gewonnen, daß sich innerhalb des Europarates eine echte Solidarität zu entwickeln beginne. Interessant sei, daß der belgische Außenminister Paul-Henri Spaak die Sitzung des Ministerrates der WEU dazu benutzte, um das Verhältnis Großbritanniens zu der Gemeinschaft der Sechs zur Diskussion zu stellen, und die Versuche der englischen Regierung kritisierte, die Verhandlungen über die Errichtung einer Atomgemeinschaft und eines Gemeinsamen Marktes zu stören. Die britische Regierung hatte in den letzten Wochen nicht nur bei uns, sondern auch bei den Regierungen der anderen Montanunion-Länder Demarchen in diesem Sinne unternommen. Die Aussprache über dieses Thema habe zu einer gewissen Klärung beigetragen. Von Brentano berichtete mir, man müsse sich darüber im klaren sein, daß England auch weiterhin den Versuch unternehmen werde, die kontinentaleuropäischen Integrationsbemühungen zu behindern. Die Bundesregierung vertrat den Standpunkt, daß die Sechserintegration mit allen Mitteln vorangetrieben werden mußte. Ich war überzeugt, hierdurch auch bessere Voraussetzungen für die Wiedervereinigung zu schaffen. Die gegenwärtigen Integrationsbemühungen hatten zwar wirtschaftlichen Inhalt, doch sie sollten dem Ziel eines engeren politischen Zusammenschlusses dienen. Daher hielt die Bundesregierung den Rahmen der OEEC für die Erörterung der damit zusammenhängenden Probleme für ungeeignet und stand uneingeschränkt hinter den in Messina getroffenen Entscheidungen, die den seither in Brüssel geführten Sachverständigenbesprechungen zugrunde lagen. Die Erklärungen der britischen Regierung, weder an der Errichtung eines Gemeinsamen Marktes noch an dem Euratom-Projekt teilnehmen zu können, konnten an dieser Haltung der Bundesregierung nichts ändern.

Die Bundesregierung beantwortete die Note der britischen Regierung betreffend die Europäische Wirtschaftsgemeinschaft am 22. Dezember 1955 in folgender Weise:

„Das Auswärtige Amt beehrt sich, der Königlich Britischen Botschaft den Eingang des ihm am 19. 11. 1955 übermittelten Aide-mémoire zu bestätigen, welches eine Stellungnahme der Königlich Britischen Regierung zu den in Brüssel stattfindenden Sachverständigen-Besprechungen über die Schaffung eines ‚Gemeinsamen Marktes' enthält.
Die Bundesregierung nimmt von der Entscheidung der Königlich Britischen Regierung Kenntnis, daß sie an einem möglichen Abkommen über die Schaffung eines Gemeinsamen Marktes, wie er gegenwärtig von den Sachverständigen der sechs Mitgliedstaaten der Montangemeinschaft erörtert wird, nicht teilnehmen könnte.
Die Bundesregierung glaubt nicht, daß die bisherigen Ergebnisse der Sachverständigen-Besprechungen im Widerspruch mit den von der Bundesregierung zusammen mit der Britischen Regierung verfolgten Zielen freieren Handels und freieren Zahlungsverkehrs stehen und etwaige Befürchtungen wegen einer Schwächung der OEEC rechtfertigen; sie glaubt vielmehr, daß die Ziele, die sie gemeinsam mit der Britischen Regierung verfolgt, durch diese Arbeiten gefördert werden.
Die Bundesregierung wird daher fortfahren, ihrerseits dazu beizutragen, daß der von den sechs Außenministern der Montan-Gemeinschaftsländer in Messina gefaßte Entschluß zur Errichtung eines Gemeinsamen Marktes Wirklichkeit wird.
Das Auswärtige Amt darf sich im übrigen vorbehalten, auf die Anregung der Königlich Britischen Regierung, die in Zusammenhang mit der Messina-Entscheidung stehenden Probleme im Rahmen der OEEC zu erörtern, zu geeigneter Zeit zurückzukommen."

3. Enge italienisch-deutsche Übereinstimmung
Spanien und Europa
Die französisch-deutschen Beziehungen

Betrachtete man unsere außenpolitische Lage insgesamt, betrachtete man die Verhältnisse in Frankreich, wo eine Revolution nicht ausgeschlossen war, betrachtete man unser schwieriges Verhältnis zu Großbritannien, so sah man in erschreckender Weise, wie labil, wie unsicher und gefährlich die Situation in Europa war.

In dieser unsicheren Zeit bildete Italien einen Faktor der Stabilität, wenn auch dort im südlichen Teil des Landes infolge der zum Teil unvorstellbaren Not der Bevölkerung ein Ansteigen des Kommunismus zu verzeichnen war.
Die italienisch-deutschen Beziehungen wiesen im Sommer 1956 ein Höchstmaß an Übereinstimmung auf; dies galt namentlich für die Europapolitik. Kennzeichnend hierfür waren Unterredungen, die ich Anfang Juli 1956 anläßlich eines Besuches in Rom mit maßgebenden italienischen Politikern führte.
Unsere Verbindung mit Italien war sehr gut. Ich habe nie vergessen, daß sehr bald nach Gründung der Bundesrepublik Deutschland die italienische Regierung unter Führung von Alcide de Gasperi für den Wiedereintritt Deutschlands in die Gemeinschaft der europäischen Nationen hervorragend eingetreten war. Alcide de Gasperi stattete schon im Jahre 1952, und zwar als erster ausländischer Regierungschef, der Bundesregierung in Bonn einen amtlichen Besuch ab. Mit de Gasperi verband mich eine aufrichtige Freundschaft. Er war durchdrungen von der großen historischen Verpflichtung, die das gemeinsame christlich-abendländische Erbe den Völkern Europas auferlegte. Italien hatte als einer der ersten europäischen Staaten die Notwendigkeit des gemeinsamen Weges erkannt. Die Zusammenarbeit zwischen Alcide de Gasperi, Robert Schuman und mir, die geleitet war von der Überzeugung, daß Europa geeinigt werden mußte, wurde im August 1954 durch den plötzlichen Tod de Gasperis beendet. De Gasperi ist zu früh gestorben.
Antonio Segni setzte die Arbeit de Gasperis mit Energie und Leidenschaft fort. Die Zusammenarbeit zwischen Italien und der Bundesrepublik bei der wirtschaftlichen Integration Europas, wie sie Anfang Juni 1955 auf der Außenministerkonferenz in Messina ins Auge gefaßt wurde, wurde äußerst wichtig.
Vor allem fand ich bei der italienischen Regierung stets warmes Verständnis und Sympathie für unsere große nationale Aufgabe, die Wiedervereinigung Deutschlands. Ministerpräsident Segni und Staatspräsident Gronchi waren sich der großen Gefahr für Europa bewußt, die bei einem Fortdauern der Spaltung Deutschlands gegeben war.
Im Juli 1956 weilte ich auf Einladung der italienischen Regierung zu Besprechungen in Rom. Anläßlich dieses Besuches führte ich mit Staatspräsident Gronchi ein Gespräch, das das tiefe Interesse, das Gronchi für die deutsche Frage empfand, deutlich machte. Das Problem der Wiedervereinigung Deutschlands liege der italienischen Regierung und der öffentlichen Meinung Italiens besonders am Herzen, versicherte mir Gronchi, denn es

handele sich nicht nur um ein deutsches, sondern um ein allgemeines Problem. Auch in Italien sei man der Ansicht, daß eine echte Entspannung niemals eintreten könne, solange die deutsche Frage sich nicht wenigstens auf dem Weg zu einer Lösung befinde. Italien sei bereit, jede Anstrengung zu unternehmen, die den deutschen und somit den europäischen Interessen förderlich sei.

Ich dankte dem italienischen Staatspräsidenten für sein Interesse an dem Problem der deutschen Wiedervereinigung und unterstrich, daß es für uns Deutsche natürlich in erster Linie ein nationales, aber darüber hinaus vor allem ein europäisches Problem sei und eng mit der Frage des Gleichgewichts in der Welt zusammenhänge.

Am 5. Juli 1956 führte ich mit dem italienischen Verteidigungsminister Paolo Emilio Taviani ein Gespräch, das ebenfalls ein Beispiel war für die enge Übereinstimmung der italienischen und deutschen Ansichten. Minister Taviani leitete das Gespräch ein mit der Bemerkung, daß er nicht als italienischer Verteidigungsminister, sondern als Christlicher Demokrat und als Schüler und Verehrer de Gasperis mich um eine Unterredung ersucht habe. Er schilderte die unbefriedigende Lage der Politik der europäischen Integration, die mit dem Scheitern der EVG einen starken Stoß erlitten habe. Weder in der Montanunion noch in der WEU oder der NATO werde genug getan. England sei an einem europäischen Zusammenschluß nicht genügend interessiert. Aber der schwache Punkt sei Frankreich, dem es an einer starken Persönlichkeit fehle. In Frankreich sei die Gefahr einer Revolution vorhanden. Taviani war der Ansicht, daß die Politik des europäischen Zusammenschlusses nicht an den innerpolitischen Schwierigkeiten Frankreichs scheitern dürfe und daß von den anderen Ländern etwas unternommen werden müsse, um Frankreich gewissermaßen unter Druck zu setzen. Vielleicht würde sich Frankreich noch aufraffen, wenn es Angst habe, daß die Integration sich ohne sein Zutun vollziehe. Taviani bat mich, ihm meine Vorstellungen darüber darzulegen, was zu tun sei.

Ich erklärte, daß ich über diese Frage mit Ministerpräsident Segni im Februar in Bonn und jetzt in Rom ausführlich gesprochen habe. Segni und ich seien uns im Februar darin einig gewesen, daß – falls die Entwicklung in Frankreich unverändert bleibe – Italien und Deutschland gemeinsam vorangehen müßten. Frankreich müsse aber immer die Möglichkeit offengelassen werden, sich jederzeit anzuschließen und mitzumachen. Doch dürfe man sich durch die Lähmung Frankreichs nicht auch lähmen lassen.

Sehr erwünscht wäre es, fuhr ich fort, wenn England sich entschließen könnte, sich an den europäischen Einigungsbemühungen zu beteiligen.

Doch England mißtraue jeder Macht auf dem europäischen Kontinent, sicher nicht zuletzt, weil hier die Regierungen zu oft wechselten und die außenpolitische Haltung sich zu schnell ändere. In England sei die politische Entwicklung nicht so sprunghaft gewesen. In England habe man immer ein Zwei-Parteien-System gehabt – früher waren es die Konservativen und die Liberalen, heute seien es die Konservativen und die Labour Party. Als weiteres Moment käme das Commonwealth hinzu, das – obschon heute nur noch ein „Phantom" – in der Phantasie der Engländer eine große Rolle spiele und ihnen das Gefühl gebe, eine Weltmacht zu sein. Sie sähen jeden europäischen Zusammenschluß mit Sorge, weil eine solche Entwicklung der traditionellen englischen Politik widerspreche.

Man müsse aber einen Weg nach vorne finden. Ich teilte Taviani persönlich und vertraulich einen Gedanken mit, den ich mit meinen Mitarbeitern allerdings noch nicht besprochen hätte: Ich frage mich, ob man nicht die EVG in einer etwas veränderten Form wieder entstehen lassen könne. Man sollte das Projekt des Gemeinsamen Marktes schnell verwirklichen und außerdem die Frage einer neuen, weniger umfassenden EVG prüfen. Dazu müßte man in vertraulichster Form mit England Fühlung aufnehmen. Wenn sich daraus ergebe, daß England an die Möglichkeit glaube, mitwirken zu können, so würden die Aussichten für die Schaffung Europas gut sein. Obschon ich fürchte, daß England nicht dazu bereit sei, sollte man doch ganz privat und vertraulich in England vorfühlen. Wir besprachen eingehend Wege, um mit England Kontakt aufzunehmen.

England hatte in den letzten Jahren Ägypten, Suez, den Sudan verloren, würde Zypern verlieren, hatte Schwierigkeiten im Nahen Osten; es hatte manche Fehler gemacht und würde vielleicht vernünftiger werden.

Ich hätte es für sehr gut gefunden, wenn es gelungen wäre, Spanien von Anfang an an den Europagesprächen zu beteiligen. Der italienische Ministerpräsident Segni, mit dem ich im Laufe des Jahres 1956 wiederholt gerade über das Thema Spanien sprach, teilte meine Auffassung. Auch er war der Ansicht, daß eine Annäherung zwischen Spanien und den übrigen europäischen Staaten für eine gute Entwicklung nur nützlich sein könnte. Spanien selbst wäre sicherlich zu einer Teilnahme bereit gewesen. Es stand außer Zweifel, daß Spanien aus seiner nach dem Zweiten Weltkrieg vollzogenen Isolierung heraustreten wollte.

Im Sommer 1956 kam ich mit Ministerpräsident Segni überein, bezüglich Spaniens Beitritt zu den Sechsergesprächen konkrete Vorschläge zu machen. Es war damit zu rechnen, daß die französische Regierung eine positive Haltung einnehmen würde. Leider blieb unser Vorhaben ohne Erfolg.

So wichtig eine gute italienisch-deutsche Zusammenarbeit war, zu einem erfolgreichen Abschluß der europäischen Einigung waren von entscheidender Bedeutung die französisch-deutschen Beziehungen. Das Jahr 1956 zeigte, daß auf französischer Seite der Wille zu einer echten Zusammenarbeit mit uns bestand.

Am 28. April 1956 und am 25. September 1956 ließ die französische Regierung mir in Form von Memoranden Vorschläge zugehen, die auf eine engere französisch-deutsche Zusammenarbeit hinzielten. Der Wunsch der Franzosen nach einer engen bilateralen Zusammenarbeit warf jedoch Probleme auf und war nicht zu verwirklichen, ohne daß wir in Gegensatz gerieten zu bereits bestehenden multilateralen Arbeitsgruppen und Gremien. Die Franzosen erstrebten insbesondere eine enge französisch-deutsche Zusammenarbeit auf dem Rüstungsgebiet, aber hierzu gab es bereits die sogenannte Standardisierungsagentur der NATO in London, den Ständigen Rüstungsausschuß der WEU und FINABEL, die Zusammenkunft der Generalstabschefs der WEU-Länder. Es war damit zu rechnen, daß die anderen Mitgliedstaaten der WEU protestieren würden bei einer ausschließlich französisch-deutschen Zusammenarbeit.

Die französischen Absichten ließen erkennen, daß man in Paris offensichtlich nach wie vor die Konzeption des im Herbst 1954 von Mendès-France geforderten Rüstungspools verfolgte. Eine enge Zusammenarbeit auf dem Rüstungssektor galt offensichtlich in der französischen Öffentlichkeit als beste Sicherung gegen einen eventuellen deutschen Angriff. Die Furcht vor einem solchen schreckte in Frankreich nach wie vor weite Kreise. In Verbindung hiermit wurde mir vom Auswärtigen Amt folgendes erklärt: „Es besteht in Frankreich ein unverkennbares Mißtrauen gegenüber der deutschen Ostpolitik und die Befürchtung, daß Deutschland seine Verbindungen zum Westen eines Tages zugunsten einer Ostallianz lockern könnte. Eine enge Bindung Deutschlands an den Westen auf dem Gebiete der Rüstung wird in Frankreich als ein wirksames Mittel angesehen werden, einer derartigen Entwicklung vorzubeugen beziehungsweise ihre Gefährlichkeit zu vermindern." Aus diesen Gründen legte die französische Regierung sicherlich in erster Linie auch aus innenpolitischen Erwägungen großen Wert darauf, in besonders spektakulärer Form eine möglichst enge französisch-deutsche Zusammenarbeit auf dem Gebiete der Rüstung zu erreichen.

Die Bundesregierung begrüßte grundsätzlich alle Maßnahmen einer engen französisch-deutschen Zusammenarbeit, sei es auf dem Gebiete der Politik, der Kultur oder der Rüstung. Was eine enge Zusammenarbeit auf dem Rüstungssektor betraf, so waren wir gezwungen, daß eine derartige Zusammenarbeit sich streng im Rahmen der Verpflichtungen der Bundes-

republik innerhalb der Westeuropäischen Union und innerhalb der Nordatlantikpaktorganisation halten mußte.
In allseitigem Einverständnis gelang es, mit den Franzosen einen gangbaren Mittelweg zu finden. Aus der Sicht von heute muß man sich allerdings fragen, ob die Bundesrepublik, insbesondere was die späteren Jahre betraf, die Rüstungsaufträge an die USA nicht übertrieben und dadurch sich in eine große Abhängigkeit von den Vereinigten Staaten gebracht hat. Ich komme hierauf im folgenden Band meiner „Erinnerungen" zurück.
Als ich am 29. September 1956 mit dem französischen Ministerpräsidenten Guy Mollet in Schloß Ernich zusammentraf und neben der Saarfrage vor allem über Europa gesprochen wurde, waren wir uns beide in der Ansicht einig, daß der europäische Zusammenschluß dringend erforderlich war. Guy Mollet stellte fest, daß in Großbritannien deutlich sichtbar eine ernsthafte proeuropäische Strömung zu verzeichnen sei. Das habe sich auch kürzlich bei einem Besuch von Eden in Paris gezeigt. Mollet stimmte mir zu, daß die WEU den besten Rahmen für die Aktivierung der europäischen Außenpolitik darstelle und daß eine aktive Beteiligung Großbritanniens sehr wünschenswert sei.

4. Großbritannien bleibt abseits

Im Sommer 1956 gewannen die politischen Vorstellungen der sechs Messina-Staaten zum Zusammenschluß auf wirtschaftlichem Gebiet feste Gestalt. Unter dem Vorsitz des belgischen Außenministers Paul-Henri Spaak wurden Ende Mai 1956 in Venedig bereits genau umrissene Pläne festgelegt, auf deren Grundlage seit Juni 1956 in Brüssel eine Konferenz bevollmächtigter Regierungsvertreter die Verträge, die schließlich im März 1957 zur Unterzeichnung kamen, ausarbeiteten.
Durch die Vorgänge des Sommers 1956 war allen beteiligten Staaten die Notwendigkeit besonders deutlich geworden, daß dem Abgleiten des europäischen Einflusses Einhalt geboten werden mußte. Gegenüber dem europäischen Zögern mußte der entschlossene Wille zur Mobilisierung aller gesunden Kräfte zur Geltung kommen. Europa besaß große Entfaltungsmöglichkeiten. Wir alle wußten, daß etwas unternommen werden mußte, das vor allem auch eine psychologische Wirkung auf die öffentliche Meinung in den Vereinigten Staaten wie aber auch in Europa selbst ausübte. Ich war überzeugt, daß von einer erfolgreichen Durchführung der Verhandlungen über eine europäische Wirtschaftsgemeinschaft eine große Kraft in Europa ausgehen würde.

Es war erforderlich, die Voraussetzungen für eine starke und gemeinsame europäische Außenpolitik zu schaffen, und hierzu war eine Beteiligung Großbritanniens dringend erwünscht. Was die Haltung Großbritanniens zu Europa betraf, so hoffte ich, daß die britische Regierung infolge der Vorgänge im Nahen Osten ihre Europapolitik grundlegend revidieren werde. Ein Schreiben, das mir der britische Premierminister Anthony Eden am 13. November 1956 zugehen ließ, bestärkte diese Hoffnung. In diesem Schreiben machte Eden eine sehr ermutigende Äußerung. Eden schrieb:

„13. November 1956

Sehr geehrter Freund!

Nachdem nunmehr die Spannung im Nahen Osten ein wenig nachgelassen hat, möchte ich die erste Gelegenheit benutzen, Ihnen zu sagen, wie sehr ich Ihre Unterstützung und Ihr Verständnis während dieser kritischen Tage geschätzt habe.

Ich bezweifle nicht, daß es die Absicht der russischen Politik war, Ägypten als Zugang zum Nahen Osten zu benutzen mit dem Ziel, schließlich die Herrschaft über das gesamte Gebiet zu erlangen. Wenn es eine Schlußfolgerung gibt, die wir aus diesen Ereignissen ziehen sollten, so ist es gewiß die, daß Europa enger zusammenrücken muß.

Mit allen guten Wünschen
aufrichtig Ihr
gez. Anthony Eden"

Für ein näheres Heranrücken Großbritanniens an Europa sah ich zwei Möglichkeiten: einmal durch ein Hinzuziehen Großbritanniens zu den Beratungen der sechs Messina-Staaten, und sei es auch nur in Form einer Assoziierung, und zweitens durch eine Neubelebung der WEU. Es waren wiederum in erster Linie die Italiener, die diese Bemühungen sehr lebhaft begrüßten. In einem Gespräch mit dem italienischen Staatspräsidenten Gronchi anläßlich seines Staatsbesuches in der Bundesrepublik Anfang Dezember 1956 spielte die Frage Großbritannien und Europa eine große Rolle. Ich legte Gronchi meine Gedanken zu einem Heranziehen Großbritanniens an Europa dar. Auch Gronchi forderte, daß der WEU ein stärkeres Gewicht gegeben werden müsse. Die Tätigkeit dieser Organisation spiele sich beinahe ausschließlich auf der Ebene der Kanzleien und der Regierungen ab, und ihre Jahresversammlungen in Straßburg seien eine reine Formsache, stellte er kritisch fest. Es müsse versucht werden, der parlamentarischen Vertretung der WEU einen repräsentativen Charakter zu geben und sie mit größeren Befugnissen auszustatten. Sie könnte dann der Kern einer europäischen Versammlung werden, deren Vertreter ent-

weder direkt oder indirekt gewählt würden. Das Ziel müsse sein, die WEU zu einem wirksamen Instrument werden zu lassen.
Ich pflichtete Gronchi bei. Die WEU mußte aus ihrem Dornröschenschlaf erweckt werden. Ich regte an, ihren Sitz an den der NATO zu verlegen und zu beantragen, daß die NATO-Botschafter der sieben WEU-Staaten gleichzeitig Vertreter bei der WEU seien. Es werde notwendig sein, einige Artikel des WEU-Vertrages zu ändern. Großbritannien werde zwar widerstreben, aber der Versuch müsse gemacht werden. Gronchi meinte, psychologisch sei der Zeitpunkt günstig, da Großbritannien auf eigene Kosten erfahren habe, daß ein europäisches Land ein Unternehmen nicht mit Erfolg durchführen könne, wenn es auf sich allein gestellt sei.
Ich stimmte zu. England werde zwar einige Zurückhaltung zeigen, doch die Anwesenheit von amerikanischen und kanadischen Beobachtern bei der WEU würde sich wahrscheinlich günstig auswirken. Gronchi unterstrich, daß eine solche engere Verständigung zwischen den WEU-Staaten den Kern einer europäischen Einigung bilden könne, die allen anderen Ländern offenstehe.
Doch unsere Bemühungen um ein Heranrücken Großbritanniens an Europa blieben ohne Erfolg. Die Verpflichtungen, die Großbritannien gegenüber dem Commonwealth hatte, die Sonderstellung, die es im Verhältnis zu den Vereinigten Staaten einnahm, erschienen der britischen Regierung gewichtiger als die Bande zu dem europäischen Kontinent. Trotz aller Bemühungen und nach allem, was sich ereignet und die Stellung aller europäischen Länder gegenüber der Sowjetunion geschwächt hatte, fand Großbritannien sich nicht bereit, einen grundlegenden Wandel seiner Europapolitik vorzunehmen.

5. Unterzeichnung der Verträge über EWG und Euratom in Rom

In der europäischen Einigungspolitik kamen wir im Jahre 1957 einen großen Schritt vorwärts. Am 25. März 1957 wurden in Rom die Verträge über die Europäische Wirtschaftsgemeinschaft und über Euratom unterzeichnet. Wir hätten keinen bedeutsameren Rahmen für die Unterzeichnung finden können als die ehrwürdige Stadt Rom. Wenn wir jetzt versuchten, für die gemeinsame Zukunft Europas die Grundlagen herzustellen, so war uns das große gemeinsame Erbe, für das Rom Zeugnis ablegt, Verpflichtung.
Die Unterzeichnung der Verträge war ein Ereignis von größter wirtschaftlicher und politischer Bedeutung. Bei der Entwicklung, die in der Welt

nach dem Kriege eingetreten war, konnte auf die Dauer die Wirtschaft eines europäischen Landes auf sich allein gestellt nicht gesund bleiben, weil das Wirtschaftsgebiet eines jeden einzelnen europäischen Landes für sich zu klein ist. Kein europäisches Land, es mochte heißen, wie es wollte, selbstverständlich auch ein wiedervereinigtes Deutschland nicht, würde für sich allein weder in der Weltwirtschaft noch in der Weltpolitik eine Rolle spielen können, weil es allein viel zu schwach hierzu sein würde. Nur die Zusammenfassung zu einem gemeinsamen europäischen Wirtschaftsraum konnte auf die Dauer die Länder Europas gegenüber anderen Wirtschaftsgebieten auf der Erde konkurrenzfähig machen und erhalten. Aus dieser Erkenntnis war nunmehr die Schlußfolgerung gezogen worden. Wir konnten die Güter, die wir Europäer von unseren Vorfahren in langen Jahrhunderten übernommen hatten: europäisches Denken, abendländisches Denken, christliches Denken, nur dann wieder zur Geltung bringen und den europäischen Ländern in der Weltwirtschaft und in der Weltpolitik nur dann wieder eine Rolle verschaffen, wenn Europa zu einer Einheit zusammengeschlossen sein würde. Dafür einzutreten, daß Europa ein kraftvolles, geeintes Europa würde, war die dringende Aufgabe der jetzt lebenden Europäer.

Nach dem großen Anfang, der für immer mit den Namen Robert Schuman und Alcide de Gasperi verbunden ist, schien der Einigungswille Europas zunächst geschwächt. Noch die Verhandlungen des Jahres 1956 waren vielfach von Zweifeln begleitet. Aber die Optimisten, nicht die Pessimisten behielten recht.

Schon in der Präambel zu dem Vertrag über die Montanunion wurde als Ziel die Schaffung eines großen Gemeinsamen Marktes bezeichnet. Die Unterzeichner des Montanunion-Vertrags hatten als Ziel vor sich gesehen: „An die Stelle der jahrhundertealten Rivalitäten einen Zusammenschluß ihrer wesentlichen Interessen zu setzen, durch die Errichtung einer wirtschaftlichen Gemeinschaft den ersten Grundstein für eine weitere und vertiefte Gemeinschaft unter Völkern zu legen, die lange Zeit durch blutige Auseinandersetzungen entzweit waren, und die institutionellen Grundlagen zu schaffen, die einem nunmehr allen gemeinsamen Schicksal die Richtung weisen können."

In diesem Geist war es gelungen, einen großen Schritt vorwärts zu kommen, für unsere sechs Staaten eine europäische Wirtschaftsgemeinschaft und eine europäische Atomgemeinschaft ins Leben zu rufen. Damit entstand auf allen wesentlichen Gebieten des sozialen und wirtschaftlichen Lebens und auf dem Atomgebiet über die bloße Zusammenarbeit hinaus ein echter europäischer Zusammenschluß, der die Gewähr der Dauer in sich trägt.

Daß die Verträge zur Unterzeichnung vorgelegt werden konnten, dafür gebührt vor allem einem Manne Dank: Paul-Henri Spaak. Ohne seine unermüdliche Schaffenskraft, ohne seine mitreißende Arbeitsweise, ohne seine Fähigkeit, das Wesentliche vom Unwesentlichen zu trennen, ohne seine Gabe, zur rechten Zeit das rechte Wort zu finden, wäre das Werk nicht gelungen. Die Verhandlungen über die europäische Einigung trugen während ihrer ganzen Dauer den Stempel seiner dynamischen Persönlichkeit. Ihm war der Erfolg beschieden, den er verdient hatte. Dafür schulden ihm wir alle, dafür schuldet ihm ganz Europa Dank. Für seine Leistungen möchte ich sagen: Der Staatsmann Paul-Henri Spaak hat sich um Europa verdient gemacht.

Die Bedeutung des Euratom-Vertrages würde sich erst in weiter Zukunft voll auswirken. Der Vertrag über die EWG hingegen würde unmittelbar alle beteiligten Staaten beeinflussen. Ich möchte auf seine Bedeutung etwas ausführlicher eingehen.

In einer Erklärung, die Staatssekretär Hallstein am 21. März 1957 im Auftrage der Bundesregierung vor dem Deutschen Bundestag abgab, hat er versucht, das System des Vertrages über die EWG und die Grundlinien der gefundenen Lösungen in knapper Weise darzustellen. Hallstein betonte, daß man für die Beurteilung des Ganzen nur dann den richtigen Standpunkt gewinne, wenn man sich bewußt werde, daß für das Zustandekommen eines solchen gemeinsamen Werkes von allen Beteiligten Opfer gebracht werden müssen, in manchen Fällen sehr fühlbare materielle Opfer. Hallstein ging in seinen Darlegungen nicht ein auf alle Einzelheiten des vielschichtigen Vertragswerkes, das etwa 240 Artikel umfaßte. Hallstein führte allgemein sprechend aus:

„... Der Kern des Vertrages ist die Errichtung der Europäischen Wirtschaftsgemeinschaft als einer mit eigenständigen Befugnissen ausgestatteten Gemeinschaft von Staaten. Der Vertrag regelt nicht wie ein gewöhnliches Wirtschafts- und Handelsabkommen nur Rechte und Pflichten der beteiligten Staaten auf zwischenstaatlicher Grundlage. Eine derartige Regelung hätte weder den politischen noch den wirtschaftlichen Zielen genügt, die die sechs Staaten anstreben. Der Vertrag ruft vielmehr ein europäisches Gebilde mit besonderen organisatorischen Elementen ins Leben. Diese Feststellung weist zugleich auf den eminenten politischen Charakter des Vorgangs, auf die großen in ihm ruhenden politischen Möglichkeiten; sie zeigt die Größe des Entschlusses, den die sechs Staaten mit der Gründung der Gemeinschaft zu verwirklichen sich anschicken. Wichtige Befugnisse, die den Vertragsstaaten auf dem Gebiet der Wirtschaft vorbehalten waren, werden der Europäischen Wirtschaftsgemeinschaft übertragen.

Die tragenden Elemente dieser Gemeinschaft sind ein gemeinsamer Markt und gemeinsame Organe.

Hauptstück des Gemeinsamen Marktes ist die Zollunion, die schrittweise in drei Etappen von jeweils vier Jahren alle unter den sechs Mitgliedern vorhandenen Binnenzölle abbaut und im Endzeitpunkt, spätestens nach 15 Jahren, einen von allen Zollhindernissen freien, durchgehenden Wirtschaftsraum schafft. Dieses Stück allein ist von so umwälzender Tragweite, daß wohl keiner von uns bereits jetzt die volle Wirkung in allen Einzelheiten ermessen kann. Zum Abbau der Zölle tritt als Ergänzung die Beseitigung der mengenmäßigen Beschränkungen im Handel der Mitgliedstaaten untereinander. Außerdem wird ein gemeinsamer Außentarif geschaffen, und es werden Regeln für eine gemeinsame Handelspolitik aufgestellt.

Auch die Landwirtschaft unterliegt grundsätzlich den Regeln des Vertrages, jedoch sind für sie Sonderregelungen getroffen. Praktisch bedeutet das: die in den einzelnen Mitgliedstaaten bestehenden verschiedenartigen Marktordnungen bleiben bis zur Schaffung einer gemeinschaftlichen Marktordnung erhalten.

Notwendig zum Funktionieren des Gemeinsamen Marktes ist ferner der freie Personen-, Dienstleistungs- und Kapitalverkehr, der bis zum Ende der Übergangszeit hergestellt werden soll. Auch eine Koordinierung der Verkehrsregeln in den Mitgliedstaaten erschien notwendig. Der Vertrag selbst enthält ein besonderes Diskriminierungsverbot für den Verkehr und Vorschriften über Unterstützungstarife, Wettbewerbstarife und Grenzgebühren. Darüber hinaus schließt er die Aussicht in sich, in Zukunft zu weiteren Fortschritten in der Richtung auf notwendige gemeinsame Regeln zu kommen. Der Vertrag enthält ferner Wettbewerbsregeln, fiskalische Bestimmungen und Vorschriften über die Annäherung der Rechtsvorschriften. Im Bereich der Wirtschaftspolitik im besonderen sind Regeln für die Konjunktur- und Handelspolitik sowie für die Zahlungsbilanzpolitik aufgestellt.

Wichtig ist schließlich, daß der Vertrag Grundsätze der Sozialpolitik formuliert und einen europäischen Sozialfonds vorsieht. Eine Verbesserung und Angleichung der Lebens- und Arbeitsbedingungen der Arbeitnehmer wird sowohl als eine natürliche Wirkung des Gemeinsamen Marktes wie auch als Folge der Angleichung der Rechtsvorschriften erwartet."

Zur Organisation der Europäischen Wirtschaftsgemeinschaft sagte Hallstein:

„... Der Ministerrat koordiniert die allgemeine Wirtschaftspolitik der Mitgliedstaaten und trifft die wesentlichen Entscheidungen.
Die Europäische Kommission gewährleistet das ordnungsmäßige Arbeiten und die Entwicklung des Gemeinsamen Marktes. Sie sorgt für die Anwendung des Vertrages und der von den Organen erlassenen Bestimmungen. Die Kommission besteht aus neun Mitgliedern, deren Status im Vertrag im einzelnen geregelt ist. Die Amtszeit beträgt vier Jahre.
Die Versammlung ist das parlamentarische Organ der Gemeinschaft mit Beratungs- und Kontrollbefugnissen. Sie tritt zugleich an die Stelle der Gemeinsamen Versammlung der Montangemeinschaft.
Der Gerichtshof schließlich sichert die Wahrung des Rechts bei der Auslegung und Anwendung des Vertrages und nimmt zugleich die Funktionen des Gerichtshofes der Montangemeinschaft wahr.
Zu diesen vier Hauptorganen kommt als Hilfsorgan ein Wirtschafts- und Sozialausschuß mit beratenden Funktionen, der in bestimmten Fällen von Rat und Kommission gehört wird..."

Die Verträge über den Gemeinsamen Markt und über Euratom, die am 25. März 1957 in Rom unterzeichnet wurden, waren das Ergebnis einer langen und harten Arbeit. Kritiker des abgeschlossenen Vertragswerkes bezeichneten als eine kaum tragbare Hypothek die Tatsache, daß überseeische Gebiete, wie zum Beispiel Nordafrika und der Kongo, mit einbezogen sein sollten. Namentlich für die SPD war das ein Stein des Anstoßes. Auch die Freien Demokraten, die genau wie die Sozialdemokraten die Idee des Gemeinsamen Marktes im Grundsatz bejahten, protestierten gegen die Einbeziehung der überseeischen Gebiete. Kein Mensch konnte in die Zukunft sehen, und gerade deswegen war in dem Vertrag ausdrücklich vorgesehen, daß diese Bestimmung des Vertrages eventuell nach fünf Jahren gekündigt werden konnte. Man mußte sich auch darüber klar sein, daß Europa über zu wenig Rohstoffe verfügte. In den überseeischen Gebieten waren diese vorhanden. Sie konnten aber dort nicht genützt werden, weil diese Gebiete nicht die notwendigen technischen Einrichtungen besaßen. Europa mußte seine wirtschaftliche Kraft und seine technischen Einrichtungen zur Verfügung stellen, um diese Rohstoffe nutzbar zu machen. Bei den Verhandlungen über die Hinzuziehung der überseeischen Gebiete war ausführlich davon gesprochen worden, daß der Lebensstandard dieser Länder gehoben werden sollte, und vor allem, daß die Bevölkerung selbst an der Regierung dieser Länder zu beteiligen sei in Form einer Selbstverwaltung. Hallstein erklärte vor dem Bundestag zu diesem Fragenkomplex:

„... Wir müssen zunächst von der Tatsache ausgehen, daß die überseeischen Gebiete in mannigfach abgestuften Formen von Zoll-, Wirtschafts- und Währungsunionen mit ihren europäischen Metropolen eine wirtschaftliche Einheit bilden. Es war unseren Partnerstaaten im Gemeinsamen Markt nicht zuzumuten, aus dieser seit langem bestehenden wirtschaftlichen Einheit auszuscheiden und allein in die neue Europäische Wirtschaftsgemeinschaft einzutreten. Die handelspolitische Assoziierung der überseeischen Gebiete mit dem Gemeinsamen Markt war daher eine Forderung, deren Berechtigung sich keiner der Partnerstaaten verschließen konnte ..."

Bei der Assoziierung der überseeischen Gebiete seien Regelungen akzeptiert worden mit Vorkehrungen, die eine Garantie dafür bildeten, daß die europäischen Leistungen zugunsten der überseeischen Gebiete dem wahren Interesse dieser Bevölkerungen dienen und daß sie als eine besondere und zusätzliche Leistung der europäischen Staatengemeinschaft neben den laufenden Zuwendungen der Mutterländer in Erscheinung treten würden. Hallstein erklärte hierzu wörtlich: „... Aus diesem Grunde wird in der Präambel des Vertrages und in dem Vertragsartikel über die Assoziierung auf die Grundsätze der Charta der Vereinten Nationen Bezug genommen, nach denen die Mitglieder der Vereinten Nationen verpflichtet sind, den politischen, wirtschaftlichen, sozialen und kulturellen Fortschritt in den von ihnen abhängigen Gebieten sicherzustellen. Ferner wird bestimmt, daß in den überseeischen Gebieten nur solche Projekte durchgeführt werden sollen, die die Billigung der Vertreter der einheimischen Bevölkerung gefunden haben."

Weitere wichtige Punkte des Vertrages betrafen französische Sonderwünsche, die vor allem in drei Forderungen bestanden, und zwar: 1. die sozialen Lasten der Industrien der Gemeinschaft sollten harmonisiert werden, 2. der Übergang von der ersten zur zweiten Etappe sollte nur durch einstimmigen Beschluß des Ministerrates möglich sein, und 3. das System der Einfuhrausgleichsabgaben und Ausfuhrbeihilfen sollte von Frankreich beibehalten werden. Zu allen drei Forderungen konnte eine Einigung und Regelung erzielt werden.

Ausführlich wurde auch in dem Vertrag zu den Beziehungen der Gemeinschaft zu anderen Staaten, vor allem den Mitgliedern der OEEC und des GATT, Stellung bezogen.

Für die Bundesregierung war von ganz besonderer Wichtigkeit die Bedeutung des Vertrages für die deutsche Wiedervereinigung, die Stellung Berlins und für den Interzonenhandel. Die Bundesregierung hatte bei der Abfassung des Vertragswerkes sich bemüht, alle Möglichkeiten für eine Wie-

Wiedervereinigung und Gemeinsamer Markt

dervereinigung Deutschlands offenzuhalten und die Spaltung nicht zu vertiefen. Bei den Brüsseler Verhandlungen war ausdrücklich von der Bundesregierung folgende Erklärung abgegeben worden:

„Die Bundesregierung geht von der Möglichkeit aus, daß im Fall der Wiedervereinigung Deutschlands eine Überprüfung der Verträge über den Gemeinsamen Markt und Euratom stattfindet."

Hallstein führte vor dem Deutschen Bundestag hierzu aus:

„... Die Formulierung ‚Überprüfung der Verträge' ist absichtlich gewählt, um alle Möglichkeiten zu decken, die sich im Falle der Wiedervereinigung ergeben können. Außer den beiden extremen Möglichkeiten einer Beteiligung oder Nichtbeteiligung des wiedervereinigten Deutschlands an den Verträgen kommt ja eine dritte Möglichkeit in Betracht – und das ist vielleicht die wahrscheinlichste –, nämlich die, daß das wiedervereinigte Deutschland sich an der Gemeinschaft zu beteiligen wünscht, aber eine Anpassung der Verträge an die neu entstandene Lage erbitten muß. Die Bundesregierung hat damit ihre bekannte Auffassung zum Ausdruck gebracht, daß ein wiedervereinigtes Deutschland volle politische Handlungsfreiheit in bezug auf vorher für einen Teil Deutschlands abgeschlossene völkerrechtliche Verträge haben muß. Das Risiko für unsere politischen Freunde ist wahrhaftig nicht groß, daß ein wiedervereinigtes Deutschland eine mit dem Geist der europäischen Einigung im Widerspruch stehende Haltung einnehmen wird. Wir wollen und können aber dem wiedervereinigten Deutschland keine formellen Bindungen auferlegen."

Der Stellung Berlins und dem Ablauf des deutschen Interzonenhandels wurde ebenfalls in den Römischen Verträgen ausdrücklich Rechnung getragen. Hierzu Hallstein:

„In den Vertrag über den Gemeinsamen Markt ist... die ausdrückliche Bestimmung aufgenommen worden – ich zitiere –, ‚daß die Durchführung des Gemeinschaftsvertrags weder eine Änderung der gegenwärtigen Vorschriften für den innerdeutschen Handel noch eine Änderung der gegenwärtigen tatsächlichen Gestaltung dieses Handels mit sich bringt'. Damit ist klargestellt: die gegenwärtige Regelung, daß nämlich der Interzonenhandel eine innerdeutsche Angelegenheit ist, bleibt bestehen; die Zonengrenze wird ebensowenig wie bisher eine Zollgrenze sein, und die Bundesregierung behält ihre Freiheit in der Gestaltung des Interzonenhandels.
Aber im Interesse der deutschen und vor allem der Berliner Wirtschaft

bedurfte es einer weiteren Regelung. Es mußte sichergestellt werden, daß der Interzonenhandel nicht durch Dreiecksgeschäfte über andere Mitgliedstaaten der Gemeinschaft ausgehöhlt werden kann. Auch mußte die Möglichkeit geschaffen werden, einem etwaigen Warendumping der Sowjetzone oder des Ostblocks zu begegnen. Die sechs Regierungen sind daher übereingekommen, daß jeder Mitgliedstaat dafür Sorge trägt, daß sein Handel mit der Sowjetzone nicht den Grundsätzen des Gemeinsamen Marktes widerspricht und daß jede Schädigung der übrigen Volkswirtschaften vermieden wird. Schließlich kann jeder Mitgliedstaat geeignete Maßnahmen ergreifen, um zu verhindern, daß sich für ihn aus dem Handel eines anderen Mitgliedstaates mit der Sowjetzone Schwierigkeiten ergeben..."

Die Verträge waren umfangreich und verwickelt; die Fülle des modernen wirtschaftlichen und technischen Lebens hatte das notwendig gemacht. Nicht alle Einzelheiten dieser umfangreichen Regelung, über die sich die sechs Staaten einigten, hatten überall einstimmigen Beifall gefunden; das war verständlich. Aber wir durften nicht vor lauter Einzelheiten das wahrhaft Große des erreichten Fortschrittes übersehen: Nur ein immer festerer Zusammenhalt unserer sechs Staaten gewährleistete uns allen die Sicherung unserer freiheitlichen Entwicklung und unseres sozialen Fortschritts.
In der Erklärung, die Hallstein vor dem Bundestag abgab, sagte er zusammenfassend sehr richtig:

„... Es liegt in der Natur eines so umfassenden Vertragswerkes, daß es zunächst dem Betrachter wenig übersichtlich erscheint, daß vor allen Dingen auch eine Zahl von Ausnahmebestimmungen die Regeln durchkreuzen – ich denke insbesondere an die Schutzklauseln des Vertrages – und damit gewisse Zweifel in bezug auf das einwandfreie Funktionieren des Vertragsorganismus wachrufen. Aber wir haben zu bedenken, daß Perfektionismus – der Perfektionismus des ‚alles oder nichts'! – hier fehl am Platze wäre, daß nicht alles in einem Zuge und an einem Tag getan werden kann, daß auch die Staaten nur Schritt für Schritt aufeinander zugehen und dabei nicht die notwendigen eigenen Sicherungen außer acht lassen können. Bei einem solchen Vertrag, wie ihn diese Zollunion darstellt, ist eine Summe von berechtigten schutzbedürftigen Interessen gegeneinander und miteinander abzuwägen; zwischen ihnen muß notwendigerweise ein Kompromiß gefunden werden. Indessen können wir sicher auf eines vertrauen: auf die eigene Dynamik des geschaffenen Werkes, auf die ihm innewohnenden, nach Vervollkommnung strebenden Kräfte, auf die Zunahme des gegenseitigen Verständnisses der Vertragspartner füreinander, die sehr bald ein rechtes Verhältnis aller Teile zueinander herstellen und eine immer wirksamere Verschmelzung des Ganzen herbeiführen werden..."

Hallstein bezeichnete den Vertrag über die Europäische Wirtschaftsgemeinschaft als einen mühsam ausgehandelten, aber einen gesunden Kompromiß unter allen Beteiligten. Die erzielte Einigung biete echte Chancen auch für die künftige politische Einheit Europas. Und dies war ein entscheidender Punkt. Der wirtschaftliche Zusammenschluß würde, so hofften die Unterzeichnerstaaten, auch politische Folgen nach sich ziehen. Ich war mir klar darüber, daß die Entwicklung Zeit brauchte. Das Ziel selbst aber mußte, auch wenn Jahre dahingehen sollten, bis es erreicht sein würde, unverrückt im Auge behalten werden: die p o l i t i s c h e Einheit Europas.

Die in Rom am 25. März 1957 abgeschlossenen Verträge über den Gemeinsamen Markt und die Europäische Atomgemeinschaft würden – wie ich zuversichtlich hoffte – schnell von den einzelnen Parlamenten angenommen und dann in Kraft gesetzt werden. Sie stellten einen großen Schritt auf dem Wege zur Einheit Europas dar. Nicht nur die Lehren aus der Kriegs- und Nachkriegszeit, die zur Gründung der Europäischen Gemeinschaft für Kohle und Stahl, zur Gründung der Westeuropäischen Union und der anderen europäischen Institutionen führten, sondern auch die jüngste weltpolitische Entwicklung hatten die Tatsache bestätigt, daß für die europäischen Völker jede Zersplitterung ihrer Kräfte eine tödliche Gefahr bedeutete. Unser technisches Zeitalter erforderte die Schaffung großer Wirtschaftsräume. Das galt besonders für Europa, wenn eine gesunde, fortschrittliche Entwicklung dieses rohstoffarmen, mit Menschen überfüllten Kontinents gesichert werden sollte. Das mußte sich jeder Europäer, gleichgültig welchen Landes, vor Augen halten. In diesem Sinne waren die sechs Staaten zum Schrittmacher geworden für die Zukunft Europas.

Eine Fülle von Aufgaben war noch zu bewältigen. Die europäischen Organe mußten zusammengefaßt und vereinfacht, die Anlaufschwierigkeiten der Verträge überwunden werden. Und das Wichtigste: Mit den noch nicht direkt beteiligten europäischen Staaten mußten die Verhandlungen über ein gemeinsames Zollgebiet geführt und erfolgreich zum Abschluß gebracht werden. Mit Geduld, Beharrlichkeit und Mut zum Wagnis würden sich aber, wie bisher, alle auftretenden Schwierigkeiten meistern lassen.

Die Arbeit für Europa, die im Jahre 1950 begann, hatte in verhältnismäßig wenigen Jahren eine Wendung in den Beziehungen der europäischen Völker zueinander gebracht, wie sie noch vor zehn Jahren von niemandem für möglich gehalten worden wäre. Der Zusammenschluß Europas hatte eine Bedeutung weit über die europäischen Grenzen hinaus, denn das vereinigte Europa würde sich immer einsetzen für die Wahrung der Freiheit und die Aufrechterhaltung des Friedens.

Gemeinsamer Markt in Gestalt der Römischen Verträge bedeutete den wirtschaftlichen Zusammenschluß der sechs Montanunion-Länder, aber dieser wirtschaftliche Zusammenschluß blieb geöffnet für den Beitritt anderer europäischer Länder. Ich mußte immer wieder daran zurückdenken, wie im vorigen Jahrhundert Deutschland in eine große Anzahl von Staaten zerfallen war und wie allmählich der Zollverein eine wirtschaftliche und schließlich eine politische Einheit oder Einigung herbeigeführt hatte. Ich glaubte, eine derartige Entwicklung durfte man auch von dem Vertragsabschluß erwarten, der am 25. März 1957 in Rom vollzogen wurde.

Die Unterzeichnung in Rom war ein geschichtlicher Vorgang. Wir, die Unterzeichner, wollten uns sicherlich nicht Vorschußlorbeeren winden. Allzu viele Aufgaben lagen noch vor uns, aber die Freude darüber, daß es uns vergönnt war, den großen Schritt auf dem Wege zur Einigung Europas zu tun, der in der Unterzeichnung der beiden Verträge lag, diese Freude empfanden wir alle, die wir in Rom bei dem Akt der Unterzeichnung dabei waren.

6. Fazit einer USA-Reise von Brentanos:
„... wachsende Stärke Europas bindet die Amerikaner enger an uns."

Außenminister Dr. Heinrich von Brentano unternahm Anfang März des Jahres 1957 eine ausgedehnte Reise durch die Vereinigten Staaten von Amerika und traf dort mit Politikern und Wirtschaftlern aller politischen Richtungen zusammen. Als Fazit dieser Reise schrieb er mir am 9. März kurz vor seiner Rückkehr nach Deutschland:

„... In den letzten Monaten haben offenbar die Ereignisse im Nahen Osten weitgehend die öffentliche Diskussion und die amtliche Politik der Vereinigten Staaten bestimmt. Die Sorge, daß die sowjetrussische Infiltration im Mittelmeerraum einen neuen Schauplatz im Kalten oder gar im heißen Krieg schaffen könnte, hat die anderen Probleme der Weltpolitik zum mindesten vorübergehend aus dem Bewußtsein verdrängt...

Ich habe den Eindruck, daß in dem Maße, in dem sich das Bewußtsein einer gewissen Entspannung im Nahen Osten hier durchgesetzt hat, die Erkenntnis dafür wieder wächst, daß die europäischen Fragen und die Ost-West-Spannung im europäischen Raum doch den Vorrang verdienen. Ich spürte das bereits bei meinen Gesprächen mit Staatssekretär Dulles. Der erste Punkt der Tagesordnung war die Nahostkrise. Wir haben diesen Punkt verhältnismäßig rasch abgeschlossen. Er wurde auch in den privaten Gesprächen, die ich mit Herrn Dulles selbst und mit den Beamten des State Department führte, nicht mehr aufgegriffen. Vielmehr drehten sich alle weiteren Verhandlungen um das Ost-West-Problem schlechthin, wobei Europa durchaus im Vordergrund stand..."

Über Gespräche, die von Brentano mit Präsident Eisenhower führte, schrieb er:

„... Bei ihm und bei vielen anderen, mit denen ich sprach, war es auffallend, wie sehr man sich hier für die Politik der europäischen Integration interessiert. Ich möchte ohne Übertreibung sagen, daß man die Fortschritte in dieser Richtung überhaupt als entscheidend betrachtet. Am Tage vor dem Besuch bei dem Präsidenten war ich Gast des Auswärtigen Ausschusses des Senats. Alle meine Gesprächspartner kamen immer wieder auf diese Frage zu sprechen. Hier wird offenbar eine gewisse Ungeduld sichtbar, für die ich allerdings volles Verständnis habe: Man meint offenbar nicht zu Unrecht, daß Europa sich nicht für alle Zeit und Ewigkeit ausschließlich auf die Unterstützung der Vereinigten Staaten verlassen dürfe, sondern daß die europäischen Nationen selbst handeln müßten. Herr Eisenhower sagte, daß Europa es doch in der Hand habe, sich zu einer dritten Kraft zu entwickeln. Das politische und wirtschaftliche Potential der europäischen Staaten sei größer als das der Vereinigten Staaten, wenn es endgültig zusammengeführt würde. Auf meine Antwort, daß Europa durchaus nicht die Absicht habe, aber auch nicht haben dürfe, sich zu einer ‚Dritten Gewalt' zwischen Rußland und den Vereinigten Staaten zu entwickeln, daß vielmehr seine freundschaftlichen Bindungen zu den Vereinigten Staaten ausgebaut werden müßten, korrigierte er sich sofort und sagte, er wolle nicht mißverstanden werden; auch ihm schwebe keineswegs eine Entwicklung vor, die etwa zu einer Lösung der Vereinigten Staaten von Europa führen könnte. Er glaube nur, daß das politische und wirtschaftliche Eigengewicht Europas stärker zur Geltung kommen müsse, weil dadurch das bisherige Verhältnis von 1 zu 1 in eine bessere Relation von 2 zu 1 verwandelt werden könne. Ich glaube darum, daß wir es weitgehend in der Hand haben, die Politik der Vereinigten Staaten in den nächsten Jahren zu bestimmen. Eine wachsende Stärke Europas bindet die Amerikaner enger an uns; jede Untätigkeit und jedes Nachlassen in den Anstrengungen verstimmt die Vereinigten Staaten und entfremdet sie der europäischen Politik..."

Weiter berichtete er:

„... Ein langes und gutes Gespräch führte ich noch mit dem Präsidenten der Trade-Union, Herrn Meany. Es ist geradezu erfrischend, mit einem solchen Gewerkschaftsführer zu sprechen. Für die hiesige Mentalität ist es nicht uninteressant, wenn ich erwähne, daß auch er sich leidenschaftlich für die Politik der europäischen Integration eingesetzt, aber doch die Frage gestellt hat, ob die Einbeziehung der überseeischen Gebiete nicht zu einem kolonialistischen Engagement führen würde. Von den Erklärungen, die ich ihm gab, zeigte er sich allerdings tief befriedigt..."

Von Brentano schloß seinen Brief mit folgenden Sätzen:

„... Alles in allem glaube ich, daß meine Tage in Washington gut und nützlich waren. Ich habe den Eindruck, daß man die Weltlage realistisch beurteilt, und ich wiederhole, daß wir nach meiner Überzeugung es weitgehend in der Hand haben, die politischen Entscheidungen in den Vereinigten Staaten in den nächsten Jahren zu bestimmen. Es geht in erster Linie darum, die Amerikaner davon zu überzeugen, daß wir nichts Unbilliges von ihnen verlangen, das heißt also, daß wir in Europa bereit sind, unseren Teil an Verantwortung zu übernehmen. Wenn es uns gelingt, hier in diesem Lande diese Überzeugung zu schaffen, dann können wir, wie ich glaube, mit einer bedingungslosen und loyalen Unterstützung unserer Politik auch in der Zukunft rechnen."

X. IM SCHATTEN DER ATOMGEFAHR

1. An der Schwelle des Jahres 1957

In der Bundesrepublik war uns eine Reihe von Jahren beschieden gewesen, die mit einem gewissen Recht mit den biblischen „sieben fetten Jahren" verglichen werden konnten. Seit 1949 hatten wir aus dem Nichts heraus wieder unsere innere staatliche Ordnung geschaffen, in der Wirtschaft herrschte Vollbeschäftigung, dem deutschen Volk war ein angesehener Platz unter den Nationen errungen, der drückendste Teil der Kriegsschäden war beseitigt und jedem einzelnen ein gewisses, oft nicht geringes Maß an Wohlergehen ermöglicht worden. Diese sieben guten Jahre brauchten keineswegs ein Ende zu finden, aber es war doch gut, wenn wir uns ständig vor Augen hielten, daß das Errungene auch erhalten werden mußte.
Im Herbst des Jahres 1957 würden wir an einem Kreuzweg stehen. Der Deutsche Bundestag war neu zu wählen, und entsprechend seiner Mehrheit mußte die Bundesregierung gebildet werden. Durch die erste Bundestagswahl im Jahre 1949 und die folgende im Jahre 1953 war durch die Entscheidung der Mehrheit der Wähler für die CDU/CSU die Voraussetzung für die seitdem betriebene Politik und ihre Erfolge geschaffen. Es ging stetig voran und aufwärts. In die Hand des Wählers würde im Herbst die Entscheidung gelegt sein, ob der bisherige Kurs fortgesetzt werden sollte. Behalten, was wir errungen hatten? Sichern, was jeder sich wieder aufgebaut hatte nach den Jahren der Zerstörung? Oder experimentieren mit unerprobten, wenn nicht waghalsigen und unklaren Ideen? Das waren Fragen, auf deren Beantwortung sich der deutsche Wähler vorbereiten mußte. Zu diesen Fragen mußte jeder im Herbst Stellung nehmen, jeder einzelne.
Das Jahr 1957 begann mit einem bedeutungsvollen Tag. Am 1. Januar wurden die Deutschen der Saar wieder mit uns vereinigt. Ein Ziel war erreicht, um das unsere Politik beharrlich gerungen hatte. Die Heimkehr der Saar war ein Ergebnis der Gesamtkonzeption unserer 1949 aufgenommenen Außenpolitik. Diese Gesamtkonzeption bestand darin, die Aussöhnung mit Frankreich zu verwirklichen, Europa zu einigen, die Wiedervereinigung Deutschlands herbeizuführen und die Partnerschaft der großen Mächte der freien Welt zu fördern. Die Saarfrage konnte nur im Rahmen dieser Politik ihre Lösung finden.
Was mich sehr erstaunte, war die Tatsache, daß man in Deutschland gegenüber diesem Ereignis relativ teilnahmslos blieb. Welche Debatten hatten wir im Bundestag, namentlich im ersten Bundestag, über die Saarfrage

geführt! Aber fast teilnahmslos – abgesehen von Rheinland-Pfalz – war dieses Ereignis von der Bevölkerung mehr oder weniger als selbstverständlich aufgenommen worden.

Frankreich hatte sich in großzügiger Weise bereit gefunden, den Willen der Saarbevölkerung zu respektieren, sobald dieser bekundet war. Der Entschluß, nicht länger nach einer Loslösung des Saargebietes von Deutschland zu streben, mußte als ein Schritt von wirklich geschichtlicher Bedeutung angesehen werden. Er schuf die Grundlage für ein ständiges und enges Zusammengehen unserer beiden Staaten, für ein zunehmend freundschaftliches Verhältnis zwischen unseren so eng benachbarten und aufeinander angewiesenen Völkern. Vom 1. Januar 1957 an wurde die französisch-deutsche Grenze neu gezogen. Die Jahrhunderte währenden territorialen Streitigkeiten waren beendet.

Es war nicht leicht für Frankreich gewesen zu verzichten; man mußte bedenken, der Krieg hatte dort grausame Wunden geschlagen. Es hatte der Geduld und des Abwartens bedurft, um bei den Franzosen jene Atmosphäre des Vertrauens zu dem neuen Deutschland entstehen zu lassen, in der allein Ausgleich, Verständigung, Nachbarschaft und Freundschaft sich entwickeln können. Seit Jahrhunderten hatte leider zum Nachteil beider Völker und Europas Mißtrauen, ja Feindschaft zwischen den beiden Nachbarvölkern bestanden, und nicht zuletzt hatten Auseinandersetzungen um das Saargebiet eine störende, eine vergiftende Rolle gespielt. Das war nun vorüber. Nun war die Bahn frei für ein echtes und starkes Zusammengehen zwischen Frankreich und Deutschland, für eine Arbeit in ihren besonderen, auf der Nachbarschaft beider Nationen beruhenden Interessengebieten, für eine enge gemeinsame Arbeit beim Zusammenschluß Europas.

Die Entwicklung an der Saar hatte einen guten Verlauf genommen. Die überwiegende Mehrheit der Saarbevölkerung stimmte im Oktober 1955 gegen das Saarstatut, das bei den Pariser Verhandlungen im Oktober 1954* von der französischen und deutschen Regierung ausgehandelt und gebilligt worden war. Die französische Regierung erklärte sogleich, daß sie diese spontane, aber sehr starke Erklärung des Volkswillens respektieren würde. Entsprechend dem Artikel VII c der französisch-deutschen Übereinkunft vom 23. Oktober 1954 fanden die ersten freien Wahlen an der Saar statt, und in der Folgezeit setzte die Entwicklung ein, die zur Rückkehr der Saar zu Deutschland führte.

Bei einer Würdigung der Schwierigkeiten bei den Verhandlungen mit der französischen Regierung, die dann begannen, und dementsprechend auch bei der Würdigung des Erfolges dieser Verhandlungen durfte man folgen-

---
* Siehe „Erinnerungen 1953–1955", Kapitel X, Seite 376 ff.

des nicht übersehen: Für das französische Volk und das französische Parlament hieß es Abschied nehmen von dem Traum, daß die Saar zu Frankreich gehören werde. Er hatte erneut begonnen im Jahre 1945 und hatte lange gedauert. Niemand nimmt von einem Traum gerne Abschied. Unsere Aufgabe war entsprechend schwer gewesen. Wir machten die festgelegten Rechte geltend und mußten als Vertreter der Deutschen die Gegensätze überwinden, die noch zwischen der französischen und der deutschen Auffassung bestanden. Nach vielem Hin und Her bei den Verhandlungen des Jahres 1956 kamen wir schließlich zu einem für alle annehmbaren Ergebnis.

Die Welt war ungeordnet und friedlos, sie war voll ungelöster Probleme. Die Saarbevölkerung, Frankreich und Deutschland hatten gezeigt, wie man Konflikte, die zuerst unlösbar erschienen, doch lösen kann, und zwar lösen auf der Grundlage des Menschenrechts, der freien Selbstbestimmung und im Geiste der Versöhnung. In der Rückkehr der Saar konnte man einen Beweis dafür sehen, daß auf dem Wege einer stetigen, auf Wahrheit und Wahrhaftigkeit beruhenden Politik schwere Differenzen durch völkerrechtliche Verträge zu bereinigen waren. Und hieraus konnte man Vertrauen für eine Regelung im Osten schöpfen. Ich gab die Hoffnung nicht auf, daß auch im Osten Lösungen auf gleicher Grundlage möglich sein mußten.

Ein Rückblick auf das abgelaufene Jahr 1956 machte deutlich, wie wenig gesichert der Frieden noch immer war. Im November 1956 schien es, als stünde der Menschheit ein neuer großer Krieg bevor. Im Nahen Osten konnte die Gefahr abgewendet werden. England und Frankreich hatten der Forderung der UNO nachgegeben und damit ein Beispiel gezeigt für die Lösung von Konflikten auf eine für alle Beteiligten annehmbare Weise. In Osteuropa dauerte die Unruhe unter den gegen die sowjetische Herrschaft sich auflehnenden Völkern noch immer an.

Wir begannen das Jahr 1957 im Zeichen von Ungewißheiten, die von jenen noch schwelenden Konflikten ausgingen. Unser Bündnis mit den in der NATO und in der Westeuropäischen Union zusammengeschlossenen Nationen bedeutete für uns jedoch eine verläßliche Sicherung gegen einen Übergriff auf das Gebiet der Bundesrepublik. Nur auf diese Weise war und ist es möglich, uns gegen den Bolschewismus zu sichern und Sowjetrußland schließlich dahin zu bringen, Bereitschaft zur Verständigung zu zeigen. Der Weg, der uns die Wiedervereinigung mit den Deutschen in der sowjetischen Besatzungszone bringen sollte, war noch weit. Die Sowjetunion sprach zwar von Koexistenz, aber sie war noch nicht gewillt, daraus echte Konsequenzen für eine annehmbare Friedensregelung in Ost- und Mitteleuropa und für die Lösung der deutschen Frage zu ziehen.

Betrachtete man die Vorgänge des Jahres 1956, so ging daraus für den aufmerksamen Beobachter der Entwicklung klar hervor, daß die Sowjetunion nach wie vor eine uns alle bedrohende Macht war. Die inneren Machtkämpfe in der führenden Schicht, die Aufweichungserscheinungen im osteuropäischen Raum änderten daran bis auf weiteres nichts. Diesem gefährlichen Block im Osten stand die westliche freie demokratische Welt in ihrem Kampf um die Erhaltung der staatlichen und individuellen Freiheit gegenüber. Die Spannung zwischen diesen beiden Lagern hatte sich in den letzten Jahren nicht vermindert, sondern verschärft. Es gab kaum ein internationales Problem von Bedeutung, das nicht von dieser West-Ost-Spannung überschattet wurde. Die westliche Welt war, gemessen an ihrer Menschenzahl, ihrer geistigen Entwicklung, ihrem militärischen und wirtschaftlichen Potential, dem ihr gegenüberstehenden Ostblock erheblich überlegen. Voraussetzung für die Aufrechterhaltung und für das Wirksamwerden dieser Überlegenheit war allerdings die Zusammenfassung aller Kräfte der freien Welt unter einer energischen und gleichzeitig ruhigen und weisen Führung. Diese Führung mußte nach den gegebenen Verhältnissen in den Händen der Vereinigten Staaten als der weitaus stärksten Macht des Westens liegen. Es bedurfte daher bei allen Völkern, die das Ideal der Freiheit zur Grundlage ihrer Politik und ihres individuellen Lebens gemacht hatten, eines großen Maßes an Selbstbeschränkung des nationalen Egoismus, einer tiefen Einsicht in die Notwendigkeit einer einheitlichen westlichen Politik und der Bereitschaft zu Opfern für die Sicherung unserer Freiheit.

Es fehlte in der Entwicklung der letzten Jahre nicht an hoffnungsvollen Zeichen. Die Einheit Europas hatte durch den wirtschaftlichen Zusammenschluß in der Montanunion, durch die Gründung der Westeuropäischen Union, in diesem Frühjahr 1957 durch die Unterzeichnung der Verträge über Euratom und den Gemeinsamen Markt erhebliche Fortschritte gemacht. Darüber hinaus schien innerhalb der NATO das gemeinsame Denken in politischen Fragen Fortschritte zu machen. Diese Entwicklung mußte ohne Zögern mit größter Energie und Zielstrebigkeit fortgeführt werden, denn die freien Völker würden ihre Freiheit verlieren, wenn sie den jetzigen Zustand in der Welt als eine nicht zu ändernde Tatsache hinnehmen und in eine Periode der Schwäche und der Uneinheitlichkeit gegenüber der einheitlichen, bedenkenlosen und in reinem Machtstreben befangenen Politik des Ostens abgleiten würden. Ich begrüßte und unterstützte daher alle Maßnahmen, die zu einer engeren politischen Zusammenarbeit der freien Völker führten, weil diese Zusammenarbeit uns stärkte, den Gegner aber in seinen Weltbeherrschungsplänen entmutigte und friedenswillig machte. Politik ist die Kunst, das auf ethischer Grundlage als richtig Erkannte zu verwirklichen. Freiheit, Frieden, Einheit – das waren die Ziele unserer Politik, einer Politik, die die großen Werte verwirklichen wollte, die den Fortschritt der Menschheit bestimmen. Da aber der Friede nach einem berühmten Wort Immanuel Kants kein Naturzustand unter den Völkern ist, sondern das Ergebnis einer bewußten Anstrengung des Menschen, mußte unsere Politik alle ihr gegebenen Möglichkeiten ergreifen, um den Frieden zu sichern.

2. Notwendigkeit einer allgemeinen kontrollierten Abrüstung

Unsere konsequente Politik im Rahmen der westlichen Allianz und im Rahmen der europäischen Einigungsbestrebungen hatte dazu geführt, daß die Bundesrepublik Deutschland zu einem bedeutungsvollen Faktor wurde. Unsere im Lager der freien Welt gestärkte politische Stellung legte uns die Verpflichtung auf, an der politischen Willensbildung dieses Teiles der Welt mitzuarbeiten. Die Bundesregierung versuchte darauf hinzuwirken, daß die westliche Politik sich durch Klarheit und Konsequenz auszeichnete. Darunter verstand ich eine Politik der realistischen Betrachtungsweise der weltpolitischen Vorgänge, und ich verstand darunter eine Politik der Wachsamkeit und des Vertrauens zur eigenen Stärke. Ich verstand darunter eine Politik des Schutzes der Selbständigkeit aller die Freiheit liebenden Völker. Die westliche Welt war stark genug, sich jedem politischen oder militärischen Druck entgegenzustellen, solange sie ihre Einigkeit wahrte. Diese Einigkeit war jedoch vielen Gefahren ausgesetzt. Es zeigten sich auch wieder im Jahre 1957 Tendenzen und Ideen, die eine Aufweichung im westlichen Bereich zur Folge haben konnten.

Die absolute Notwendigkeit eines gemeinsamen Handelns im Westen war vor allem durch ein Phänomen vorgeschrieben, das sich seit 1945 zeigte. Im Gegensatz zu früheren Geschichtsperioden, in denen die Politik sich der technischen Entwicklung bediente, schien es heute umgekehrt zu sein: Es war die sich in rasendem Tempo entwickelnde Technik, die die Politiker in entscheidendem Maße zu Entschlüssen trieb und treiben mußte. Die verheerende Gewalt der Atombomben wurde zum beherrschenden Merkmal der Weltpolitik.

Jedem vernünftigen und einsichtigen Politiker mußte als Folge der technischen Entwicklung als oberstes Ziel eine allgemeine kontrollierte Abrüstung erscheinen, damit nicht die gesamte Welt eines Tages einem entsetzlichen Inferno ausgesetzt wäre. Die Bundesregierung hatte den Willen, ihren vollen Beitrag hierzu zu leisten. Wir mußten alles versuchen, um unsere Sicherheit zu stärken und das apokalyptische Verhängnis eines modernen Krieges abzuwenden. Daß ein moderner, atomarer Krieg ein apokalyptisches Verhängnis sein würde, nicht nur für die Bevölkerung der Bundesrepublik und des Westens, sondern für die gesamte Menschheit einschließlich der Völker des Sowjetblocks, das wußten wir alle. Mit wachsender Sorge beobachteten wir die Haltung der sowjetischen Regierung gegenüber diesem schweren Problem. Ich fürchtete, die Führer der Sowjetunion sahen es immer noch nicht in seiner ganzen Größe.

Das Ziel unserer Außenpolitik war Entspannung und Friede durch allgemeine kontrollierte Abrüstung, und zwar sowohl auf dem Gebiete der konventionellen wie auf dem Gebiete der nuklearen Waffen. Nach allgemeiner Überzeugung der westlichen Politiker war dies der einzige Weg, der der Welt einen wirklichen Frieden bringen konnte. Die Politiker des Westens waren bereit, die größten Anstrengungen zu machen, damit dieses Ziel erreicht würde. Sie waren aber nicht bereit, sich durch die Sowjetunion verlocken zu lassen, Irrwege einzuschlagen, die uns und die Weltöffentlichkeit von der Erreichung dieses Zieles ablenkten. Solche Irrwege verschlimmerten nur die Gesamtsituation und würden die der Welt drohenden Gefahren vermehren.

Der gefahrvolle Zustand, in dem wir uns befanden, konnte nur überwunden werden, wenn die freien Völker immer wieder alle nur denkbaren Anstrengungen machten, um nicht etwa eines Tages in der technischen Entwicklung durch die totalitären Staaten überflügelt zu werden, und wenn es gelang, unter den Regierungen des Westens eine klare, konsequente gemeinsame Politik zu entwickeln, in die sich die waffentechnischen Fortschritte einordnen ließen. Das war eine schwere Aufgabe, zu deren Bewältigung es der Anspannung aller Kräfte bedurfte.

Die deutsche außenpolitische Situation konnte nur verstanden werden, wenn man sie in diesem Rahmen sah. Das galt in erster Linie für die Wiederherstellung der staatlichen Einheit Deutschlands. Wir alle lebten in Westdeutschland unter der Bedrückung, daß siebzehn Millionen Menschen in der sowjetisch besetzten Zone und in Ostberlin nicht nur durch eine willkürliche Grenzziehung von uns getrennt waren, sondern, was weit schlimmer ist, unter einem entwürdigenden, unmenschlichen System der Freiheitsberaubung lebten. Die Haltung der Sowjetunion in den vergangenen Jahren hatte nicht die geringsten Anzeichen dafür erkennen lassen, daß man im Kreml bereit war, diesen Deutschen die Freiheit zurückzugeben.

Die Bundesregierung hielt an der Auffassung fest, daß sie allein als Sprecher der siebzehn Millionen Deutschen in der Sowjetzone legitimiert war. Sie hielt an der Auffassung fest, daß die Wiederherstellung der deutschen Einheit eine Verpflichtung der vier Großmächte war, aus der sie von dem deutschen Volke nicht entlassen werden konnten, eine Verpflichtung, die von Sowjetrußland sowohl in Genf im Juli 1955 als auch mir gegenüber in Moskau im September 1955 ausdrücklich anerkannt wurde. Es war unsere Überzeugung, daß nur die Befreiung der sowjetisch besetzten Gebiete Deutschlands von der bedrückenden Gewaltherrschaft auf lange Sicht gesehen Europa Frieden bringen konnte. Voraussetzung für die Befreiung und die Einlösung der Vier-Mächte-Verpflichtung Gesamtdeutschland gegenüber war aber eine allmähliche Minderung und schließlich Beseitigung der west-östlichen Spannung, und hierzu war notwendig die Durchführung einer allgemeinen kontrollierten Abrüstung.

Die Bemühungen des Westens, eine allgemeine kontrollierte Abrüstung zu verwirklichen, waren besonders im Jahre 1957 ein beherrschendes Merkmal. Am 18. März 1957 hatte in London der Unterausschuß der Abrüstungskommission der Vereinten Nationen unter Teilnahme von Vertretern der Vereinigten Staaten von Amerika, Frankreichs, Großbritanniens, Kanadas und der Sowjetunion erneut Beratungen aufgenommen. Bisher hatte die Sowjetregierung alle Abrüstungsvorschläge des Westens scheitern lassen, weil sie sich nicht mit einer Rüstungsinspektion und -kontrolle einverstanden erklären wollte. Die Sowjetregierung war unverändert darum bemüht, den Status quo zu festigen, sie war bemüht, die Teilung Deutschlands durch die Mitgliedschaft der Bundesrepublik und der sogenannten „DDR" an einem Abkommen und in einer „verdünnten Zone" zu verewigen.

Die Aufgabe der Bundesregierung mußte sein, darauf zu achten, daß Abrüstungsmaßnahmen unter keinen Umständen auf der Basis des Status quo oder aber auf der Grundlage einer Neutralisierung Deutschlands getroffen würden. Es war eine wichtige Aufgabe der Bundesregierung, immer wieder unsere Verbündeten an ihre Verpflichtung zu erinnern, die Wiederherstellung der Einheit Deutschlands zu verwirklichen.

Sicher, es mußten der Sowjetunion Vorschläge gemacht werden, die bei einer Wiedervereinigung Deutschlands einen Kräftezuwachs des Westens ausschlossen. Ein solcher wäre für die Sowjetunion nicht akzeptabel, das war verständlich. Aber der Grundsatz, daß die Wiedervereinigung zwar keine Stärkung, allerdings auch keine Schwächung der NATO bringen dürfe, blieb für mich unverändert. Die Sowjetzone sollte nach der Wiedervereinigung aus dem der NATO zugehörigen Potential Deutschlands ausgeklammert bleiben. Konkrete Vorschläge dafür waren in dem Memorandum der Bundesregierung zur Frage der Wiedervereinigung Deutschlands vom September 1956 unter den „special measures" angeregt. „Special measures" in dieser Form waren auch ein Bestandteil der westlichen Vorschläge auf der Genfer Außenministerkonferenz im Oktober/November 1955 gewesen.

Die im März 1957 in London wiederaufgenommenen Abrüstungsgespräche waren aussichtsreicher, als es die bisherigen Abrüstungskonferenzen gewesen waren. Wenn ein Erfolg erreicht werden sollte, so war Voraussetzung dazu, daß der Westen der Sowjetunion und natürlich auch umgekehrt etwas Greifbares bieten konnte und man auf beiden Seiten Konzessionen machte. Die jetzigen Verhandlungen hatten gute Aussichten, zu einem erfolgreichen Abschluß zu gelangen. Die Amerikaner hatten durch ihren Delegierten Stassen einen Vorschlag eingebracht, der den Russen, wenn sie wirklich den Willen hatten, zu einem Ergebnis zu kommen, annehmbar erscheinen mußte.

Die Bundesregierung gab die Hoffnung nicht auf, daß das Ziel einer allgemeinen kontrollierten Abrüstung durch Stetigkeit, Konsequenz und Verhandlungsbereitschaft in den kommenden Jahren erreicht würde. Ich stützte meine Hoffnungen auf die Überlegung, daß es der westlichen Welt gelingen müßte, die Sowjetunion davon zu überzeugen, daß sie – und ganz besonders auch wir Deutschen – nicht die Absicht hatten, ihr mit Waffengewalt oder mit politischem Druck unsere politischen und wirtschaftlichen Auffassungen aufzuzwingen, ebensowenig wie die westliche Welt sich jemals dazu verleiten lassen würde, dem militärischen, politischen und propagandistischen Druck der Sowjetunion nachzugeben. Wenn die Sowjetregierung sich von ihrem Mißtrauen gegenüber dem Westen befreite und wenn sie erkannte, daß ihr Streben nach Beherrschung der Welt unrealistisch war, würde es möglich sein, in der Welt einen Zustand zu schaffen, der es allen Völkern erlaubte, frei von fremder Unterdrückung und frei von Lebensangst zu existieren.

3. Gefährliche Ideen

Wollten wir zu einem erfolgreichen Abschluß der Entspannungsgespräche mit den Russen kommen, so war wichtigste Voraussetzung, daß der Westen in sich geschlossen war und eine einheitliche politische Linie vertrat. Es durfte den Russen kein Anlaß zu der Hoffnung gegeben werden, der Westen sei sich nicht einig. Es durften ihnen keine Ansatzpunkte für eine Spaltung des Westens gegeben werden durch sich widersprechende und

Wieder einmal Pläne für eine neutrale Zone

widerstrebende politische Richtungen. Doch der Westen lebt unter demokratischen Verhältnissen, und politischen Erwägungen und Plänen sind keine Beschränkungen auferlegt.

Über die Art und Weise, wie man den Frieden sichern sollte, gab es die verschiedensten Ansichten. Ende des Jahres 1956 und im Frühjahr 1957 tauchten erneut Pläne auf, in denen vorgeschlagen wurde, dies durch Schaffung einer neutralen Zone in Europa zu erreichen. Die amerikanischen Senatoren Hubert H. Humphrey und William F. Knowland zum Beispiel hatten Vorschläge zur Schaffung einer neutralisierten Zone in Europa ausgearbeitet und zur Diskussion gestellt. Humphrey, der Vorsitzende des Unterausschusses für Abrüstung des Auswärtigen Ausschusses des amerikanischen Senats, erklärte am 15. September 1956, die zehn Jahre fruchtloser Verhandlungen über die Wiedervereinigung Deutschlands hätten klargemacht, daß es Zeit sei, andere Mittel zu erwägen, die vielleicht eher zum Ziele führten. Er regte die Schaffung einer Pufferzone in Europa an, wobei ein Gleichgewicht der Streitkräfte beider Seiten innerhalb der Zone gewahrt werden müsse.

Am 21. Dezember 1956 erläuterte Humphrey in einer Rede vor dem Übersee-Club in New York diesen Gedanken dahin, daß bei einem etwaigen europäischen Sicherheitsabkommen ein wesentlicher Teil der Übereinkunft darin bestehen müsse, die amerikanischen Truppen aus Westdeutschland und die sowjetischen Truppen aus Ostdeutschland abzuziehen. Anfang Januar 1957 trat er mit weiteren Äußerungen hierzu an die Öffentlichkeit. Senator Knowland, der Führer der republikanischen Fraktion im amerikanischen Senat, sprach über seine Gedanken zur Schaffung eines neutralen Gürtels in Mitteleuropa am 14. Dezember 1956 vor dem Verband der Auslandskorrespondenten in Washington. Nach seinen Vorstellungen sollte dieser neutrale Gürtel Österreich, Finnland, Schweden, die Schweiz, das wiedervereinigte Deutschland und die bisherigen Satellitenstaaten Sowjetrußlands umfassen. Diese Staaten sollten aus der NATO beziehungsweise aus dem Warschauer Pakt austreten. Ihre Grenzen sollten von den Großmächten garantiert werden. Außerdem müsse gewährleistet sein, daß allgemeine, freie Wahlen in diesen Ländern abgehalten werden könnten.

Auch von britischer Seite stellte man Pläne zur Schaffung eines neutralen Gürtels zur Diskussion. So regte zum Beispiel der Führer der in der Opposition befindlichen Labour Party, Hugh Gaitskell, am 19. Dezember 1956 im britischen Unterhaus gleichfalls die Schaffung eines großen neutralen Gebietes in Ost- und Mitteleuropa an. Er trat dafür ein, daß der Osten und der Westen ihre Streitkräfte aus diesem Gebiet abziehen sollten. Durch einen Sicherheitspakt müßte das neutrale Gebiet garantiert werden.

Gaitskell wiederholte diese Gedanken am 11. Januar 1957 in einem Vortrag vor der Harvard-Universität in Cambridge, Massachusetts, und am 18. März 1957 in einem Vortrag vor der Freien Universität in Berlin. Über seinen Berliner Vortrag gab der „Nachrichtenspiegel" des Bundespresseamtes, den ich in der Regel sehr gründlich las, folgendes wieder:

„Der Vorsitzende der Labour-Partei, der im Rahmen der Ernst-Reuter-Gedenkvorträge in der West-Berliner Freien Universität sprach, umriß den Plan einer neutralen Zone folgendermaßen:
1. Allmählicher Rückzug aller ausländischen Streitkräfte aus Polen, Ungarn, der Tschechoslowakei, Ost- und Westdeutschland.
2. Errichtung einer Kontrolle über die zugelassenen nationalen Streitkräfte, nach Möglichkeit als Faktum eines umfassenderen Abrüstungsplanes.
3. Wiedervereinigung Deutschlands auf der Grundlage wirklich freier Wahlen.
4. Europäischer gegenseitiger Sicherheitspakt, um die territoriale Integrität der Länder in der neutralen Zone zu garantieren, die von der Sowjetunion, den Vereinigten Staaten, Frankreich und Großbritannien zu bestätigen ist.
5. Falls von der Sowjetunion gewünscht, das gleichzeitige Ausscheiden Deutschlands aus dem Nordatlantikpakt und Polens, Ungarns und der Tschechoslowakei aus dem Warschauer Pakt.

Gaitskell sagte, dieser Plan könne nur in Übereinkunft mit der Bundesrepublik vorgebracht werden. Er bedeute nicht das Ende der NATO und nicht den Rückzug amerikanischer Streitkräfte aus Europa, die in Belgien, Holland, Frankreich und Großbritannien bleiben müßten. Ferner sei eine Regelung der deutsch-polnischen Grenzfragen geboten. Er selbst hoffe, daß, falls die Annahme der Oder-Neiße-Linie oder einer ähnlichen Regelung der notwendige Preis für die deutsche Wiedervereinigung wäre, das deutsche Volk bereit sein würde, diesen Preis zu zahlen."

Ein weiteres Mitglied der Labour Party, Aneurin Bevan, brachte ähnliche Gedanken vor. In einem Interview mit der französischen Zeitung „Combat", erschienen am 19. März 1957, regte Bevan den Rückzug der Truppen aus den vorgeschobenen Positionen der beiden Machtblöcke an, um zwischen ihnen eine desengagierte Zone bilden zu können. Man hätte weniger Grund zur Unruhe und mehr Handlungsfreiheit, wenn die atlantischen und die sowjetischen Truppen keine Berührung miteinander mehr hätten, erklärte Bevan. Die atlantische Welt habe einen Fehler begangen, indem sie die Verteidigungslinie mitten durch Deutschland errichtete. Was die Bundesrepublik betreffe, so solle sie aufhören, einer militärischen Allianz anzugehören. Das

wiedervereinigte Deutschland solle sich im Herzen der zu bildenden desengagierten Zone befinden.
Ich hielt diese Ideen für wenig realistisch. Man mußte sich doch über eines klar sein: In dem großen Spiel auf der Welt, das wir leider erleben mußten und in dem wir leider mehr oder weniger Akteure waren, gab es doch bei den gegenwärtigen Machtverhältnissen im Grunde genommen nur zwei Gegenspieler: die Vereinigten Staaten von Amerika und Sowjetrußland. Alle anderen Länder waren nur Nebenfiguren. Und aus dieser Sicht zu unserer Lage: Zwischen Deutschland, auch einem wiedervereinigten Deutschland, und seinen Nachbarländern würde es, das ist meine feste Überzeugung, niemals wieder einen Krieg geben, aber Kriege konnte es im Zeitalter der großen nuklearen Waffen geben zwischen zwei Kontinenten, zwischen Sowjetrußland und den Vereinigten Staaten.
Ich hielt es auch von amerikanischer Seite aus betrachtet für sehr gewagt, mit dem Gedanken eines neutralisierten Mitteleuropas zu spielen. Dieses Europa, von dem nun nach Ansicht mancher Leute weite Teile neutralisiert werden sollten, würde geographisch immer Seite an Seite mit Sowjetrußland liegen. Es war von den Vereinigten Staaten Tausende von Kilometern entfernt. Es würde bei einer Realisierung der Neutralisierungspläne zwangsläufig in den Sog Sowjetrußlands geraten. Ich glaubte, es lag nicht nur im Interesse aller derjenigen Europäer, die die Freiheit liebten, es lag auch im ureigensten Interesse der Vereinigten Staaten selbst, daß sie eine solche Politik nicht als die richtige Politik betrachteten. Ich wußte jedenfalls, daß die amerikanische Regierung das nicht tat, und ich war überzeugt davon, daß der größte Teil des amerikanischen Volkes auch nicht derartigen Vorstellungen anhing.
Es war nach meiner Auffassung völlig wirkungslos, wenn man einen doch relativ beschränkten kleinen Raum auf der Erde neutralisieren wollte, während man die eigentlichen Ursachen der großen Spannungen zwischen den Supermächten weiterbestehen ließ. Man würde das Übel in der Welt, das gegenseitige Mißtrauen, die Gefahren, die in der Entwicklung der Waffentechnik lagen, nicht dadurch beseitigen, daß man etwa in Mitteleuropa auf diese Weise durch ein Abkommen eine Art „befriedete" Zone schaffte. Die eigentliche Gefahr für den Frieden auf der Welt bestand in dem Vorhandensein der großen, über die Kontinente hinwegreichenden nuklearen Waffen. Hier galt es anzusetzen und eine Kontrolle auszuüben; über eine Kontrolle mußte man dann schließlich zur gänzlichen Abschaffung dieser Waffen kommen. Wenn das erreicht wäre, könnte die Menschheit erlöst aufatmen.
Die verschiedenen Vorschläge über eine Neutralisierung Deutschlands oder

Schaffung eines neutralen Gürtels in Europa hielt ich für unrealistisch, ich schrieb es schon. Diese Vorschläge mochten gut gemeint sein, aber sie faßten das Übel nicht an der Wurzel. Wir würden auch keine Entspannung herbeiführen, indem nur etwa Deutschland neutralisiert würde. In einem Zeitalter der zusammenschrumpfenden Entfernungen schien mir eine neutrale Zone im Herzen Europas sinnlos. Wohl lassen sich regionale Spannungen durch eine entmilitarisierte Zone mildern. Aber hier handelte es sich nicht um regionale Differenzen, nicht Reibungen zwischen Nachbarstaaten waren der Grund und die Ursache der Spannungen. Wir wußten doch alle, daß der uns so erschreckende Gegensatz ganze Kontinente, ja die halbe Erde umfaßte. Ein solcher Zustand war nicht durch regionale Maßnahmen aus der Welt zu schaffen. Ein neutralisiertes Deutschland hatte im Falle eines Krieges die beste Aussicht, zum Schlachtfeld zu werden. Der Wert von Sicherheitsgarantien schien mir sehr zweifelhaft. Bei einer allgemeinen Auseinandersetzung würden wir mit Bestimmtheit mit in das Chaos hineingezogen werden.

Das Ziel der Politik der Bundesregierung war, zu einer allgemeinen, kontrollierten Abrüstung sowohl der atomaren wie der konventionellen Waffen zu gelangen. Am 27. Mai 1955 hatte ich im Namen der Bundesregierung vor dem Deutschen Bundestag erklärt: „Nach meiner Überzeugung kann der Frieden in der Welt in Wahrheit nur dadurch wiederhergestellt werden, daß die mächtigsten Länder der Welt, die im Besitz der die Menschheit bedrohenden Waffen sind, Abrüstungen, kontrollierte Abrüstungen in einem solchen Grade vereinbaren und vornehmen, daß bei der heutigen territorialen Größe der einander entgegenstehenden Staaten keine Angriffe mehr Aussicht auf Erfolg bieten." Dieser Grundgedanke galt unverändert. Die allgemeine Abrüstung war das Ziel, dem sich alle verantwortlichen Politiker mit allen ihren Kräften widmen mußten.

Am 11. April 1957 suchte mich ein namhafter britischer Journalist, Basil Kingsley-Martin, auf, um von mir Einzelheiten meiner politischen Vorstellungen zu hören. Kingsley-Martin war seit Jahren Chefredakteur der einflußreichen britischen Wochenschrift „New Statesman and Nation". Er gehörte zu den Befürwortern der Schaffung eines neutralen Gürtels in Europa, und ich nahm nur zu gern die Gelegenheit wahr zu einem Versuch, ihn von der Gefährlichkeit derartiger Vorstellungen zu überzeugen.

Kingsley-Martin fragte mich gleich zu Beginn des Gespräches sehr direkt, ob ich Plänen, wie sie zum Beispiel von Gaitskell vorgetragen würden, irgendwelche Aussichten auf Erfolg in der Wiedervereinigungsfrage einräume. Ich verneinte dies und sagte, die Erklärungen von Gaitskell, den ich sonst sehr schätzte, seien unrealistisch, denn Gaitskell übersehe dabei, daß das Problem der Freigabe der sowjetisch besetzten Zone für die Russen nur bei einer allgemeinen Entspannung diskussionsreif würde. Die Realisierung des Gaitskell-Planes würde aber keine allgemeine Entspannung bringen, weil dieser kleine neutrale Gürtel bei den jetzigen Waffen absolut nichts bedeute. Ich glaubte vielmehr, daß alle Völker mit aller Energie auf eine kontrollierte atomare Abrüstung hinarbeiten müßten, denn dies sei der Kern des Problems.

Kingsley-Martin führte aus, der Grund, warum er selbst versuche, etwas in der allgemeinen Richtung des Gaitskell-Planes anzustreben, sei, daß er jetzt außer in einem Tauschgeschäft keine Möglichkeit für die Wiedervereinigung Deutschlands sehe, denn die andere Alternative wäre ein Krieg, in dem Deutschland mit Sicherheit zerstört würde.

„Die kontrollierte atomare Abrüstung ist und bleibt die einzige Grundlage für Ruhe und Entspannung in der Welt", entgegnete ich. Was immer man den Sowjets jetzt anbiete, sie behielten dennoch die sowjetisch besetzte Zone als Faustpfand für die großen Verhandlungen über eine kontrollierte atomare Abrüstung in der Hand. Es habe keinen Zweck, den Russen Vorschläge zu machen, die von ihnen sicher nicht angenommen würden. Die Russen würden aus solchen Vorschlägen nur ihren eigenen Profit schlagen, so daß man mehr und mehr nachgeben müsse. Ich betonte, daß für die Wiedervereinigung Deutschlands und die Entspannung der allgemeinen Weltlage Fortschritte in Richtung auf eine Kontrolle der Atomwaffen Vorbedingung seien. Die Vorschläge von Gaitskell und die Überlegungen von ihm, Kingsley-Martin, seien ja nichts Neues. Man habe sie schon vor Jahren diskutiert, auch damals hätten viele geglaubt, auf diesem Wege vorankommen zu können. In der Zwischenzeit sei die Entwicklung der Atomwaffen jedoch so fortgeschritten, daß derartige Pläne noch utopischer geworden seien. Man dürfe sich nicht verwirren lassen.

Man könne aber trotzdem etwas für die Wiedervereinigung tun, fuhr ich fort, nämlich indem man einen engeren Kontakt mit den Deutschen in der Sowjetzone herstelle, die jungen Menschen aus der Sowjetzone individuell in Patenschaft übernehme, das Zusammengehörigkeitsgefühl steigere und immer wieder das Recht auf Wiedervereinigung betone, denn Recht bleibe Recht. Es habe aber keinen Zweck, den Russen etwas anzubieten, für das sie nicht bereit seien, die entscheidenden Konzessionen zu gewähren, Konzessionen, die sie erst in den entscheidenden Verhandlungen zuzugestehen bereit seien. Ich fügte noch hinzu, man müsse bei der Beurteilung der Situation auch die Entwicklung in der Sowjetzone berücksichtigen. Die Russen hätten geglaubt, daß die Sowjetzone, wenn man sie zu einem kommunistischen Staat mache, auf das übrige Deutschland attraktiv wirke und somit ganz Deutschland kommunistisch würde. Die Sowjetunion habe aber feststellen müssen, daß es ihr nicht einmal gelungen sei, zehn Prozent der Bevölkerung der Sowjetzone zu Kommunisten zu machen, geschweige denn ganz Deutschland. Es sei genau das Gegenteil von dem eingetreten, was die Sowjets erwartet hätten. Die einzelnen Entwicklungsstadien – zunächst Besetzung, dann Ausplünderung und schließlich das Fehlschlagen der Maßnahmen, die es den Kommunisten hätten ermöglichen sollen, in Deutschland Wurzeln zu schlagen – hätten dazu geführt, daß die Russen nun die sowjetisch besetzte Zone für die allgemeinen Abrüstungsverhandlungen als Faustpfand in der Hand behielten.

Kingsley-Martin erwiderte, er könne aus dieser Argumentation nicht ersehen, wie die Lage sich in Zukunft verbessern sollte.

Ich wiederholte, das von ihm erwähnte Tauschgeschäft sei zu klein, es fördere das große Tauschgeschäft nicht. Unsere Aufgabe sei es, die Bevölkerung der Sowjetzone in ihrer Treue zu uns zu stärken, bis in einer allgemeinen Entspannung die Hoffnung auf die großen Verhandlungen, die ja auch aus anderen Gründen kommen müßten, sich realisiere.

Kingsley-Martin stellte fest, er könne mir immer noch nicht folgen. Er halte den gegenwärtigen Zeitpunkt für günstig, weil die Russen einerseits wüßten, daß es ihnen in Ostdeutschland nicht gelungen sei, den Kommunismus durchzusetzen, und sie daher zu einem Tauschgeschäft bereit wären, und weil man andererseits die russischen Angebote in bezug auf Atomwaffen einmal auf die Probe stellen müsse, ob sie aufrichtig gemeint seien.

Ich sei nicht sicher, ob dem so sei, hielt ich entgegen. „Stellen Sie sich doch einmal auf den russischen Standpunkt. Die Russen haben mit der sowjetisch besetzten Zone nur Enttäuschungen erlebt. Sie betreiben eine sehr starke atomare Aufrüstung. Aus diesem Grunde können sie ihrem eigenen Volk nicht die soziale Unterstützung gewähren, die notwendig ist, damit das Volk bei der Stange bleibt. Deshalb wird der Augenblick kommen, wo die Russen zu wählen haben zwischen einer Zustimmung zur kontrollierten atomaren Abrüstung, um die damit eingesparten Riesensummen zur Hebung des Lebensstandards verwenden zu können, und der Weiterführung der atomaren Aufrüstung!" Würde die sowjetische Regierung sich für das letztere entscheiden, so werde das Volk unzufrieden. Wählten sie aber die erste Alternative, dann werde die sowjetisch besetzte Zone für sie uninteressant. Zweifellos werde man dann noch etwas dafür geben müssen, das sei jedoch unwichtig. Vorerst aber behielten sie dieses Faustpfand in der Hand. Ausschlaggebend bei allen Überlegungen sei folgendes: Die Russen hätten weder vor uns noch vor den anderen europäischen Ländern Angst, sondern nur vor den Vereinigten Staaten. Solange die Sowjetunion von Stellen umgeben sei, von denen aus sie angegriffen werden könne, sei sie sicher nicht bereit, ihr Faustpfand in Gestalt der Sowjetzone freizugeben. Andererseits könne man von den Vereinigten Staaten nicht erwarten, daß sie dieses Rußland umgebende Netz von Stützpunkten ohne kontrollierte atomare Abrüstung auflösten. Ich wiederholte, daß die entmilitarisierte Zone die russische Angst vor den Vereinigten Staaten nicht beseitige und daher zwecklos sei.

Kingsley-Martin zeigte sich wenig beeindruckt. Er sehe nicht, wie die Situation besser werden solle. Seiner Ansicht nach verschlechtere sie sich ständig. Das Dilemma, von dem ich gesprochen habe, sei ja bereits eingetreten. Das russische Volk sei arm wegen der Belastung durch die Schwerindustrie und die Aufrüstung. Die Russen hätten Angst vor einem ungarnähnlichen Aufstand in Ostdeutschland. Und auch der Westen hege diese Befürchtung, weil ein solcher Aufstand Anlaß zum Krieg werden könne. Er sehe deshalb nicht ein, wie eine Verbesserung der Lage eintreten solle.

Ich wiederholte: „In den Verhandlungen über die großen Fragen, die seit März in London geführt werden, müssen Fortschritte gemacht werden! Das wird dann wesentlich eine Lösung der deutschen Frage erleichtern." Ich fügte hinzu, daß der Aufstand in Ungarn zwar unterdrückt sei und Rußland auch Polen wieder fest in der Hand habe, aber beide Länder hätten gezeigt, daß die Satellitenstaaten nicht zuverlässig seien, und die Herren im Kreml würden sich das sicher hinter die Ohren schreiben und es bei der Beurteilung der Lage berücksichtigen. Die gegenwärtigen Drohungen Sowjetrußlands allen NATO-Staaten gegenüber seien doch keineswegs ein Zeichen der Stärke, sondern ein Zeichen der Schwäche.

Kingsley-Martin bemerkte, meine Argumentation scheine zugunsten seiner Theorie zu sprechen. Die Lösung des Problems der kontrollierten atomaren Abrüstung werde doch nur erschwert, wenn zum Beispiel etwa Deutschland mit Atomwaffen ausgerüstet würde, Großbritannien die H-Bombe besitze und alle anderen Länder atomar gerüstet seien. Rußland habe Angst vor einem großen Krieg mit den Vereinigten Staaten. Ein Krieg mit Deutschland könne ja nur Deutschland zerstören. Aber die Vereinigten Staaten könnten Rußland besiegen. Die Russen wüßten dies.

Ich erwidere, daß die Sowjetunion, wenn andere Länder ebenfalls atomar gerüstet seien und sich damit das Atompotential des Westens erhöhe, zur Steigerung ihrer eigenen Atomrüstung gezwungen werde und noch weniger für soziale Dinge tun könne. Damit wachse die Notwendigkeit für Rußland, sich zu einer Verständigung zu bequemen, durch die man zur kontrollierten atomaren Abrüstung gelangte.

Kingsley-Martin äußerte die Befürchtung, daß man diese Verhandlungen immer wieder verlege und schließlich ein Krieg ausbrechen könne, bevor man den Zeitpunkt für das Tauschgeschäft für gekommen ansehe.
Ich stellte die Frage, was man denn sonst tun könne. Mit der Lösung des Deutschlandproblems etwa gemäß seinen Vorstellungen werde die Gefahr des Konflikts zwischen den beiden Atommächten Vereinigte Staaten und Sowjetunion nicht aus der Welt geschafft. Und wenn die Vereinigten Staaten und die Sowjetunion, was ich aber nicht glaubte, je einen Atomkrieg führen würden, so würden wir alle mit hineingezogen. Wir lebten nun einmal in einer gefährlichen Zeit und müßten den notwendigen Mut und die nötige Geduld aufbringen.

4. Gefahren für die NATO
– Die Problematik nationaler atomarer Bewaffnung –

Eine große Gefahr, die sich im Frühjahr 1957 deutlich abzuzeichnen begann und die für die westliche Einheit verhängnisvoll werden konnte, sah ich in den aufkommenden Ambitionen einzelner europäischer Staaten, selbst und in nationaler Verantwortung atomare Waffen herzustellen. Die Problematik, die der Besitz atomarer Waffen unter nationaler Verfügung für die NATO heraufbeschwor, erfüllte mich mit großer Sorge.
In den letzten Jahren war eine neue, und zwar entscheidende Entwicklung auf militärtechnischem Gebiet eingetreten, die Entwicklung der ferngesteuerten Raketen mit nuklearen Sprengköpfen. Bei allen militär-strategischen Überlegungen würde, das ließ sich bereits im Frühjahr 1957 vermuten, die Entwicklung der Raketen von großer Bedeutung werden, und zwar weil sie als Träger der Atombomben diese für einen ungeheuer großen Radius wirksam machten. Diese militärtechnische Entwicklung konnte zu einer völligen Umwälzung der bisherigen Verteidigungsstrategie der westlichen Welt führen. Es war nicht bekannt, wie weit man auf diesem Forschungsgebiet war. Allgemein wurde vermutet, daß die Russen hierbei größere Fortschritte gemacht hatten als die Amerikaner. Wie weit dieser vermutliche Vorsprung auf die Arbeit deutscher Wissenschaftler, die bei Kriegsende von den Russen ins Innere der Sowjetunion gebracht wurden, zurückzuführen war, kann ich nicht beurteilen.
Eines schien mir sicher: Infolge dieser Entwicklung würde die Bedeutung eines europäischen Sicherheitssystems gemindert sein. Es wurde nämlich im Zusammenhang mit den verschiedenen Plänen zur Schaffung einer neutralen Zone in Europa viel von der Notwendigkeit zur Vereinbarung über ein

europäisches Sicherheitssystem gesprochen. Es war irreal, es hieße vor den neuen Tatbeständen die Augen verschließen, wenn man ein europäisches Sicherheitssystem, wie es vielfach geschah, als schlechthin entscheidend hinstellte. Wenn es zu einem Kriege mit nuklearen, ferngesteuerten Kampfmitteln käme, verlöre ein europäisches Sicherheitssystem außerordentlich an Bedeutung. Wir sollten uns immer wieder bemühen, zwar internationale Schwierigkeiten in Europa durch Abkommen zu beseitigen, aber wir sollten in erster Linie unsere ganze Kraft dafür einsetzen, die großen nuklearen Waffen auszumerzen und ihre Ausmerzung international zu kontrollieren. Vorher gab es keinen wirklichen Frieden, keine wirkliche Entspannung in der Welt.

Die unbestreitbar führende Macht auf militärtechnischem Gebiet im freien Westen waren die Vereinigten Staaten von Amerika. Wir in Europa waren auf ihren Schutz angewiesen. Bei führenden Politikern in den europäischen Ländern gab es nun verständlicherweise Tendenzen, die dahin gingen, daß sie sagten: „Wir vertrauen zwar dem jetzigen amerikanischen Präsidenten und der jetzigen amerikanischen Regierung, wer aber wird nach drei Jahren Präsident sein, was für eine Regierung wird dann in Washington die Verantwortung haben? Es ist unmöglich, daß wir das Wohl und Wehe unseres Volkes davon abhängig machen, was in Amerika geschieht und geschehen wird!"

Eine derartige Argumentation war sicher einer der Hauptgesichtspunkte bei den Engländern, als sie sich entschlossen, selbst eine Wasserstoffbombe zu entwickeln. In Großbritannien war der Zug, selbständig zu werden, unabhängig von Amerika zu sein, sehr gefördert worden durch die Erfahrungen, die Großbritannien mit der amerikanischen Politik im Nahen Osten gemacht hatte. Diese Politik hatte in England sehr ernüchternd gewirkt und hatte das Vertrauen der Briten zu den Amerikanern, das bis dahin groß gewesen war, stark erschüttert. Ob es sich wiederherstellen lassen würde, stand einstweilen dahin.

Europa fand sich durch die nuklearen Ambitionen Großbritanniens vor schwierige Fragen gestellt. Die anderen europäischen Länder wollten natürlich hinter einer solchen Entwicklung nicht zurückbleiben. Diese Frage beschäftigte die europäischen Staaten in den ersten Monaten des Jahres 1957 stark und komplizierte die politische Situation.

Die Tatsache, daß die Engländer über nukleare Waffen, und zwar über eine Wasserstoffbombe, verfügen würden, mußte mit Sicherheit vor allem gewisse Auswirkungen auf die Franzosen haben. Anläßlich einer Unterredung zwischen dem französischen Ministerpräsidenten Guy Mollet und mir am 19. Februar 1957 im Hotel Matignon in Paris kam dieses Thema zur Sprache. Akut war es durch die von England beabsichtigte weitere Reduzierung seiner Truppen und den weiteren Abbau der konventionellen Waffen. Großbritannien wollte sich hierdurch offensichtlich Mittel zum Aufbau einer nuklearen Macht freimachen. „England ist dann die einzige nukleare Macht in Europa und damit die stärkste politische Potenz", stellte ich fest. Mollet gab zur Antwort: „Dann müssen wir eben auch in fünf Jahren nukleare Waffen haben."

Es war bekannt, daß die Franzosen seit Jahren gleichfalls bemüht waren, sich auf nuklearem Gebiet selbständig zu machen. Die Entwicklung der Atomwaffen war nicht populär in Frankreich. Doch befürwortete eine kleine, aber starke und ausgeprägte Minderheit das Projekt. Der Hauptgrund für die französischen Aspirationen war in einem allgemeinen Gefühl der Unsicherheit zu sehen. Bei der ganzen Problematik beschäftigte in Frankreich – wie natürlich auch in den anderen westeuropäischen Staaten – die Frage die Politiker, wie sich Amerika in Zukunft verhalten werde. Unter den gegebenen Verhältnissen waren für die Sicherheit Europas Streitkräfte mit einer starken Feuerkraft, also mit atomarer Unterstützung, erforderlich. Es gab Möglichkeiten, den europäischen Erfordernissen durchaus Rechnung zu tragen, ohne daß die europäischen Staaten selbst nukleare Waffen herstellten. Entsprechende Vorschläge über die Bereitstellung solcher Waffen seitens der Vereinigten Staaten waren von Präsident Eisenhower bereits im Frühjahr 1957 gemacht worden. Amerika hatte sich auch bereit erklärt, Personal für den Einsatz dieser Waffen auszubilden. Es wurde auch von der Möglichkeit gesprochen, ein Versorgungssystem aufzubauen, das den Erfordernissen amerikanischer und nichtamerikanischer Streitkräfte Genüge tun könnte. Die militärischen Erfordernisse konnten erfüllt werden, ohne daß eine Änderung der amerikanischen Gesetze nötig sein würde, da juristisch das Eigentum an diesen Waffen bei den Amerikanern bleiben konnte. Leider aber blieb es vorerst bei der Ankündigung durch Präsident Eisenhower. Wenn die Amerikaner die Vorschläge Eisenhowers zügig verwirklicht hätten, unter amerikanischer Aufsicht den NATO-Verbündeten atomare Waffen zur Verfügung zu stellen, das Personal auszubilden, Vorräte dieser Waffen anzulegen und den Einsatz der Waffen der NATO zu unterstellen, wären vielleicht manche gefährlichen Entwicklungen zu vermeiden gewesen.

Nach meiner Ansicht handelte es sich bei den französischen Plänen zur Herstellung einer eigenen Atombombe weniger um eine Prestigefrage als vielmehr um eine hochpolitische Angelegenheit. Nicht zu leugnen war zwar die Rivalität zu Großbritannien, aber ausschlaggebend war vor allem das Bewußtsein der Abhängigkeit von den Vereinigten Staaten.

Was den Wert der NATO betraf, so würden nach meiner Ansicht durch die Entwicklung Großbritanniens zu einer eigenständigen atomaren Macht große Komplikationen eintreten. Für die Entwicklung und den Bestand der NATO konnten verhängnisvolle Gefahren heraufbeschworen werden. Wenn die einzelnen NATO-Mitgliedstaaten mit einer nationalen Produktion von Atomwaffen begannen, befürchtete ich, würde der Zusammenhalt der NATO mit der Zeit immer lockerer werden.

Im Frühjahr 1957 sprach ich sehr offen mit dem NATO-Oberbefehlshaber Lauris Norstad über die durch Großbritannien sichtbar gewordene Entwicklung. Auch er sah die Gefahren, doch meinte er, die Engländer hätten nun einmal bereits Unsummen für ihr Atomforschungsprogramm ausgegeben, und man könne sie nicht an der Verfolgung ihrer Ziele hindern. Ich fürchtete, die amerikanische Regierung beurteilte die mögliche Entwicklung viel zu sehr unter dem Aspekt, daß ähnliche Ambitionen bei anderen europäischen Staaten in erster Linie in Prestigegründen ihre Wurzel hätten. Jedenfalls, schien mir, mußte man davon ausgehen, daß die Tendenz zu nuklearen Waffen keine vorübergehende Erscheinung sei und daß die NATO auf lange Sicht hiervon direkt berührt würde. Die begrenzten finanziellen Mittel, die den einzelnen europäischen Staaten zur Verfügung standen und die zur Verwirklichung dieser Pläne benutzt würden, mußten von dem abgezweigt werden, was sonst für konventionelle Streitkräfte ausgegeben wurde. Nach meiner Meinung würde hierdurch direkt die Verpflichtung der betreffenden Länder berührt werden, durch Bereitstellung wesentlicher Streitkräfte zu den gemeinsamen Verteidigungsaufgaben beizutragen. Aber dies war nur ein Aspekt der kommenden Gefahren für die NATO.

Bisher lagen keine Anzeichen dafür vor, daß die Engländer sich verpflichten wollten, die strategischen Kernwaffen, wenn sie einmal über sie verfügten, dem NATO-Oberbefehl zu unterstellen. Es war wahrscheinlich, daß die Franzosen eines Tages, wenn sie in einer ähnlichen Lage wären, diesem Beispiel folgen würden. Hierdurch würde sich manches in der NATO verschieben.

Für uns Deutsche spielten diese Fragen eine sehr große Rolle. Sowjetische Truppen standen in der Zone unmittelbar an den Grenzen der Bundesrepublik, und vor allem: Wir hatten freiwillig auf die Herstellung von Atomwaffen verzichtet. Wir waren auf den Schutz durch eine lebensfähige und wirksame Verteidigungsgemeinschaft angewiesen. Und für diese Verteidigungsgemeinschaft, für die NATO, nahmen nach wie vor die Vereinigten Staaten die Schlüsselstellung ein. Ihr Verhalten würde nach wie vor mitbestimmend für unser Schicksal sein. Aufgabe der Bundesregierung war es, immer wieder in Washington vorstellig zu werden und die amerikanische Regierung über die deutsche Sicht der politischen Notwendigkeiten zu unterrichten und an ihre große Verantwortung für die freie Welt zu appellieren.

5. Bundeswehr und atomare Bewaffnung

Die Frage der atomaren Bewaffnung überschattete im Sommer 1957 allgemein die gesamte Politik. Atomare Bewaffnung unter nationaler Kontrolle, atomare Bewaffnung im Rahmen der NATO waren brennende politische Themen. Bei uns in der Bundesrepublik spielte diese Frage eine besondere Rolle, zumal wir uns in einem Wahljahr befanden und der Begriff atomare Bewaffnung für die Bevölkerung in jedem Fall ein rotes Tuch bedeutete.
In den Wochen zu Beginn des Jahres 1957 war die Frage aufgetaucht, ob auch die Bundeswehr im Rahmen der NATO mit atomaren Waffen ausgerüstet werden sollte. Ich bejahte diese Frage, denn wenn wir von Anfang an erklären würden, die Bundeswehr wird nicht mit Atomwaffen ausgerüstet, so würde dies die Waagschale zugunsten Sowjetrußlands beeinflussen, und wir verzichteten zu Beginn der Londoner Abrüstungsverhandlungen auf ein wichtiges Verhandlungsobjekt.
Am Freitag, dem 5. April 1957, gab ich im Bundeshaus eine Pressekonferenz. Im Rahmen dieser Konferenz wurde an mich die sehr direkte Frage gestellt: „Soll Ihrer Meinung nach die Bundeswehr mit atomaren Waffen ausgerüstet werden?"
Ich hatte auf diese Frage folgendes erwidert: „Unterscheiden Sie doch die taktischen und die großen atomaren Waffen. Die taktischen Waffen sind nichts weiter als die Weiterentwicklung der Artillerie. Selbstverständlich können wir nicht darauf verzichten, daß unsere Truppen auch in der normalen Bewaffnung die neueste Entwicklung mitmachen. Die großen Waffen haben wir ja nicht. Aber wie sehr die Entwicklung im Fluß ist, sehen Sie daraus, daß Großbritannien erklärt hat, es wolle eine nukleare Macht werden.
Die ganze Entwicklung ist in vollem Fluß. Wir Deutschen können die Entwicklung nicht stoppen. Wir können uns nur anpassen und sorgen, daß irgendwann und irgendwo eine Entspannung eintritt. Ich bin überzeugt, daß die Entblößung von Waffen und ein Nichtmitmachen keine Entspannung bedeuten, wenn sie von einem Land allein vorgenommen werden, und sicher nicht, wenn es die Bundesrepublik allein tut.
Ich glaube nicht, daß der Besitz solcher Waffen uns der Gefahr einer ato-

maren Vergeltung aussetzen würde. Die Sowjetunion weiß, daß eine Vergeltungshandlung, also ein Angriff gegen uns, sofort einen Gegenschlag auslösen würde. Die außenpolitische Entwicklung in den letzten zwölf oder achtzehn Monaten ist ernster geworden. Wir hier in Deutschland verdanken den Frieden lediglich der Tatsache, daß die Atomwaffe der Vereinigten Staaten außerordentlich stark ist."
Meine Stellungnahme zu der möglichen Ausstattung der Bundeswehr mit atomaren Waffen löste in der deutschen Öffentlichkeit einen Sturm schärfster Proteste aus.
Nun möchte ich ganz allgemein folgendes sagen: Es besteht ein Unterschied zwischen demjenigen, der handeln muß, und demjenigen, der nicht handelt, sondern nur kritisch den Handelnden beurteilt. Vor allem aber gibt es einen Unterschied zwischen demjenigen, der handelt, und demjenigen, der unterläßt zu handeln, denn das Unterlassen ist die negative Seite des Handelns. Durch ein Unterlassen kann man genauso schuldig werden wie durch Handeln. Es ist eine unendlich schwere Aufgabe aller derjenigen, die auf politischem Gebiet Entschlüsse zu fassen oder zu unterlassen haben, vor ihrem Gewissen abzuwägen: Was ist Gewissenspflicht, zu handeln oder zu unterlassen? Mir sind diese Gewissenskonflikte wahrhaftig nicht fremd, und gerade die Frage der Ausrüstung der Bundeswehr mit atomaren Waffen war für mich eine Gewissenssache. Es war auch für mich seinerzeit ein sehr ernster Konflikt gewesen, als es um die Frage ging, sollten Schritte getan werden, um überhaupt wieder eine Wehrmacht aufzustellen. Ich hatte diese Frage bejaht, weil ich davon überzeugt war, daß sonst das deutsche Volk verloren war. Ich habe sowohl das Ja wie das Nein sehr ernst abgewogen in all den Fragen, die den Menschen, der nun einmal an eine verantwortliche Stelle gestellt ist, mit einer schweren Gewissenslast belegen. Dieser Last kann man nicht ausweichen, der Politiker muß sie tragen. Er muß sich aber darüber klar sein, daß er seinem Gewissen für seine Entscheidungen verantwortlich ist.
Nun stellte sich die Frage hinsichtlich der Atomwaffen etwas anders als bei üblichen derartigen Entscheidungen, weil die Frage, ob die Bundeswehr mit Atomwaffen ausgerüstet werden sollte oder nicht, noch gar nicht gestellt war. Was ich in der Pressekonferenz erklärte, betraf nur die Haltung zu einer in der Zukunft an uns herantretenden Frage, und mit großer Wahrscheinlichkeit würde diese Frage für uns gar nicht akut werden oder aber erst nach zwei, vielleicht erst nach drei Jahren. Die Einstellung der Bundesregierung und der CDU/CSU-Fraktion zu der vielleicht später von uns geforderten Entscheidung wurde dadurch erleichtert, daß in London die Abrüstungskonferenz im Gange war. Diese Abrüstungskonferenz war aussichts-

reicher, als es die bisherigen Abrüstungskonferenzen je gewesen waren. Am 12. April 1957 hatte der amerikanische Vertreter bei der Londoner Abrüstungskonferenz, Stassen, den Vorschlag gemacht, die gesamte Produktion spaltbaren Materials nach dem 1. April 1958 nur noch nichtmilitärischen Zwecken dienstbar zu machen. Stassen regte an, daß Fachleute am 1. September 1957 die Prüfung der Frage aufnehmen sollten, wie eine dem amerikanischen Vorschlag entsprechende Maßnahme in der Praxis ausgeführt werden konnte. Man dachte daran, die Herstellung des spaltbaren Materials durch neutrale Inspektoren, die überall eingesetzt werden, überwachen zu lassen. Dieser Vorschlag der Vereinigten Staaten zeigte deutlich, was die freie Welt erstrebte. Die Sowjetunion brauchte nur zuzustimmen, und wir konnten an den Frieden in der Welt glauben.

Ich sagte schon, daß meine auf der Pressekonferenz am 5. April abgegebene Erklärung hinsichtlich der Bewaffnung der Bundeswehr mit atomaren Waffen in der Bundesrepublik einen Sturm entfachte. Am 12. April erhielt ich ein Protesttelegramm, gezeichnet von achtzehn namhaften deutschen Atomwissenschaftlern. Sie erklärten hierin, sie würden jegliche Mitarbeit verweigern, und meinten, daß dieses kleine Deutschland sich selbst und dem Weltfrieden am besten diene, wenn es keine atomaren Waffen habe.
Bei der Ausrüstung der Bundeswehr mit atomaren Waffen handelte es sich um eine rein politische Frage. Bei allem Respekt vor den achtzehn Wissenschaftlern möchte ich doch das eine sehr nachdrücklich sagen: Ich wünschte, die Herren hätten vorher über diese politische Frage eine Aussprache mit mir erbeten, denn in der Anregung, die sie gaben, steckte folgender politischer Gehalt: Auflösung der NATO. Denn wie war es denkbar, daß die deutschen Truppen in der NATO etwa schlechter bewaffnet sein sollten als die Amerikaner, Belgier, die Franzosen, die Holländer oder die Italiener, ohne dadurch minder gestellt zu sein? Eine Diskriminierung der deutschen Soldaten bedeutete aber praktisch eine Auflösung des ganzen westlichen Verteidigungsbündnisses, und dieses war die in der Forderung der achtzehn Wissenschaftler enthaltene Konsequenz. Es war eine Frage, für die die politische Führung des deutschen Volkes und die politischen Parteien verantwortlich waren.
Und vor allem: Die Atomwissenschaftler in allen Ehren, wer jedoch einigermaßen die Geschichte der russischen Expansionspolitik studiert hatte und die Tendenzen, die aus dem Ganzen sprachen, der mußte mir darin recht geben, daß man die Bereitschaft der Russen abzurüsten nicht dadurch stärkte, daß man uns einfach von Kampfmitteln entblößte.
Hätten die Atomwissenschaftler vor ihrer Aktion um ein Gespräch mit mir

gebeten, hätte ich ihnen gesagt: Ich verstünde, wenn sich Atomwissenschaftler, die durch ihre Kenntnisse und ihre Forschungen letztlich diese Entwicklung, wenn auch ungewollt, ausgelöst haben, an die Atomwissenschaftler der ganzen Welt einschließlich der Sowjetunion wenden würden, wenn sie die Atomwissenschaftler der ganzen Welt einschließlich der Sowjetunion auffordern würden, einzustehen für die Sache des Friedens und keine Forschungen und keine Arbeiten zu machen, die dazu dienen, daß die Atomwirkung für Waffen genutzt würde. Mit einer solchen Aktion hätten sie im Sinne der Bundesregierung und für den Weltfrieden gehandelt!

Ich lud die Atomwissenschaftler ins Bundeskanzleramt ein und ließ ihnen durch die Generale Heusinger und Speidel einen Vortrag über die militärische Weltlage halten und erläutern, wie die Kräfte der Sowjetunion und ihrer Satellitenstaaten und die Kräfte der Vereinigten Staaten und der auf ihrer Seite stehenden freien Völker verteilt und gelagert waren. Die beiden Generale legten den Atomwissenschaftlern dar, daß verschieden ausgerüstete NATO-Truppen, das heißt die einen mit technisch viel höher qualifizierten Waffen als die anderen, sich nicht einheitlich führen lassen würden.

Vor allem aber versuchte ich den Herren klarzumachen, wenn der Deutsche Bundestag – und das wurde angeregt – etwa zu diesem Zeitpunkt der Londoner Abrüstungsverhandlungen eine Erklärung abgeben würde, die lautete: „Die Bundeswehr wird auch dann, wenn der Zeitpunkt für eine Entscheidung gekommen ist, nicht mit atomaren Waffen ausgerüstet", dies geradezu ein Geschenk an Sowjetrußland wäre. Die SPD zum Beispiel stellte den Antrag, eine dahingehende Resolution vom Bundestag verabschieden zu lassen. Wäre der Antrag angenommen worden, hätten wir damit die Aussichten der Londoner Abrüstungskonferenz gemindert, wenn nicht sogar zerstört.

Die Tendenz der SPD zur Frage der atomaren Ausrüstung der Bundeswehr war in diesen Wochen bereits klar zu erkennen, wenn Erich Ollenhauer auch erst am 5. Mai 1957 auf einem Landesparteitag der SPD in Flensburg in unmißverständlichen Worten ankündigte, die SPD werde, wenn sie in Bonn regieren sollte, die allgemeine Wehrpflicht abschaffen, eine atomare Aufrüstung der Bundeswehr verhindern und dafür sorgen, daß auch die westlichen Alliierten keine Atomwaffen im Bundesgebiet lagerten. Auf dem Dortmunder Wahlkongreß der SPD am 16. Juni 1957 wurde Ollenhauer dann noch deutlicher. Er erklärte: „Wir Sozialdemokraten fordern, daß die atomare Aufrüstung der Bundeswehr unterbleibt und daß in Verhandlungen mit den beteiligten Mächten eine Vereinbarung darüber getroffen wird, daß in keinem Teil Deutschlands ausländische atomare Streitkräfte stationiert oder atomare Waffen gelagert werden... Heute fügen wir unserer Forderung hinzu: auch keine atomare Ausrüstung der Bundeswehr!"

Die außenpolitische Situation in der Welt war sehr gefährlich, sie stand bei uns auch in diesem Wahljahr allen innenpolitischen Problemen voran, insbesondere was ihre Wirkung auf das Denken und Fühlen breiter Volksmassen anging.

Der Aufruf der achtzehn Atomwissenschaftler, die Agitation der SPD und zahlreicher Oppositionskreise lösten in der deutschen Bevölkerung große Furcht aus. Weite Kreise wurden von ihr ergriffen. Unter der Parole „Kampf dem Atomtod" wurde gegen die Politik der Bundesregierung Stellung genommen.

Die Frage der atomaren Bewaffnung war in der Tat eine Gewissensfrage, vielleicht eine der schwersten, die zu beantworten war. Diese Frage bedrückte mich im tiefsten Inneren und beschäftigte mich Tag für Tag. Ich sah, so wie das Kräfteverhältnis zwischen Ost und West verteilt war, einen freiwilligen Verzicht unsererseits von vornherein für unklug an, und das Ziel, zwischen Ost und West eine atomare Abrüstung, überhaupt eine allgemeine kontrollierte Abrüstung zu realisieren, mußte erreicht werden. Wir erreichten es jedoch nicht, wenn wir uns freiwillig und ohne Gegenleistung des Ostens selbst amputierten. Ich hatte die große Hoffnung, daß die Welt einmal, und zwar hoffentlich bald, befreit sein würde von dem Schrecken der Atomgefahr. Ich hatte keinen sehnlicheren Wunsch, als daß der mit der Atomforschung verbundene technische Fortschritt einmal ausschließlich zum Nutzen der Menschheit verwendet würde.

An die schweren Entscheidungen, die das Jahr 1957 verlangte, trat die Bundesregierung mit größtem Ernst und mit der größten Gewissenhaftigkeit heran. Wir alle hatten gesehen und erlebt – und die meisten von uns zweimal –, was ein Krieg bedeutete. Wir alle hatten den größten Wunsch, den Frieden zu sichern. Als es zu einer Diskussion im Bundestag über die Frage einer atomaren Aufrüstung kam, haben der Bundestag und die Bundesregierung in dieser Richtung ein Faktum gesetzt, indem wir eine Resolution verabschiedeten, nach der wir uns einem Abrüstungsabkommen, das in London zustande käme, ohne weiteres anschließen würden.

Im September 1957 sollten die Wahlen zum Dritten Deutschen Bundestag abgehalten werden. So, wie die Situation im Schatten der Atomgefahr sich entwickelt hatte, konnte man davon ausgehen, daß der Bundestagswahlkampf, wenn sich nicht etwas Unvorhergesehenes ereignete, in erster Linie im Zeichen der Außenpolitik stehen würde, und zwar im Hinblick auf die atomare Aufrüstung.

Das Auftreten der achtzehn Atomwissenschaftler hatte in der deutschen Bevölkerung eine große Erregung verursacht. Die Erregung steigerte sich noch durch einen Aufruf Albert Schweitzers. Albert Schweitzer war für die meisten Deutschen ein Begriff. Er wurde hoch geschätzt, und dies zu Recht. Was Albert Schweitzer sagte, wurde von einem großen Teil der deutschen Bevölkerung als eine Art Evangelium hingenommen, und nun wandte er sich Ende April 1957 durch einen Aufruf an die Weltöffentlichkeit, in dem er auf die Gefahren der Atombombenversuche für die Gesundheit der Menschen hinwies. Dieser Aufruf erhöhte die allgemeine Unruhe in der Bundesrepublik in erschreckender Weise. Ollenhauer, der Vorsitzende der SPD, erklärte sogleich, daß dieser Aufruf Albert Schweitzers der Wahlschlager der SPD würde. Mich erfüllte diese Entwicklung mit großer Sorge.

Bei der Behandlung dieser Frage ging es nicht um rationale, sondern um emotionale Dinge. Die CDU hatte eine ungeheuer große Aufklärungsarbeit vor sich, wenn sie den Bundestagswahlkampf erfolgreich bestehen wollte. Die Angst vor der Atombombe war etwas Emotionales, und dieses Emotionalen Herr zu werden, nachdem das deutsche Volk diesen letzten Krieg hatte über sich ergehen lassen müssen, würde schwer sein. Die Wahl würde nicht gewonnen werden, wenn die CDU sich darauf beschränkte zu sagen: „Wir können uns über das Erreichte freuen! Es geht uns allen gut! Wir sorgen für Sicherheit! Wir haben eine blühende Wirtschaft! Wir helfen der Landwirtschaft!" und so fort... Damit kämen wir nicht weiter. Es gab viele Leute, die den Standpunkt vertraten: Lieber rot als tot! Den Menschen saß die Furcht im Nacken. Sie sagten sich: „Wir wollen lieber Jahre der Unfreiheit über uns ergehen lassen, als daß wir und unsere Kinder und Kindeskinder vernichtet werden."

Das Unsinnige dabei war, daß durch eine freiwillige Unterwerfung des deutschen Volkes, durch eine Preisgabe Europas die Auseinandersetzung zwischen den Vereinigten Staaten und Sowjetrußland nicht aus der Welt geschafft würde. Der Spannungsherd zwischen den Vereinigten Staaten und Sowjetrußland konnte nur dadurch beseitigt werden, daß die Russen durch ihre innere Entwicklung zu der Überzeugung kommen würden: Wir können das Wettrüsten mit dem Westen nicht durchhalten! Wir müssen eine Verständigung suchen! Ich sah als Ziel meiner Politik, alles zu tun, um eine derartige Entwicklung zu fördern. Grundvoraussetzung hierfür war, ich habe es schon oft betont, daß der Westen einig und geschlossen war und daß vor allem die Vereinigten Staaten als die Führungsmacht des Westens eine kluge und weitsichtige Politik betrieben. Grundvoraussetzung war, daß die amerikanische Regierung sich ihrer großen Verantwortung für die freie Welt bewußt blieb.

6. Gespräche mit Dulles im Sommer 1957

Unser Verhältnis zu den Vereinigten Staaten war im Sommer 1957 an sich ausgezeichnet. Die SPD klagte zwar und weinte darüber, daß wir, die Bundesregierung, die Vereinigten Staaten so „schlecht" behandelten und daß sich vor allem unsere europäische Integrationspolitik eigentlich gegen die Vereinigten Staaten richte. Ollenhauer war Anfang 1957 in die Vereinigten Staaten gefahren, um dort klarzulegen, wie treu und brav und gut doch die SPD sei.

Was die amerikanische Regierung von der europäischen Integrationspolitik der Bundesregierung hielt, geht aus einigen recht deutlichen Bemerkungen von Außenminister Dulles hervor, die er mir gegenüber bei einer Begegnung in Bonn am 4. Mai 1957 machte.

Dulles hatte von sich aus im Zusammenhang mit den britischen Vorschlägen zur Schaffung einer umfassenden Freihandelszone zur Realisierung des „Grand Design" die EWG zur Sprache gebracht. Ich muß hier ergänzend einfügen, daß die Briten als eine Art Alternative zur EWG den Plan einer großen Freihandelszone vorgelegt hatten[*]. Dulles hatte nun mir gegenüber bemerkt, daß Selwyn Lloyd in einem persönlichen Gespräch mit ihm sehr nachdrücklich eine britische Opposition gegen den Gemeinsamen Markt und Euratom abgestritten hätte, im Gegenteil: Der britische Premierminister Macmillan[**] und der britische Schatzkanzler Thorneycroft hätten sich ausdrücklich dafür ausgesprochen. Er, Dulles, fürchte allerdings, daß die Freihandelszone oder, wie die Briten es nennten, das „Grand Design" von ihnen als großes Auffangbecken für den Gemeinsamen Markt und Euratom gedacht sei und daß ihre Vorschläge absichtlich sehr vage gehalten seien und breit angelegt, damit sie nicht näher charakterisiert werden könnten. Wenn es sich wirklich lediglich um solch ein Manöver handele, wollten die Vereinigten Staaten nichts damit zu tun haben, und sie seien nicht bereit, sich dem „Grand Design" anzuschließen.

Dulles erklärte dann in fast pathetischer Weise: Seine Regierung unterstütze sehr nachdrücklich den Gemeinsamen Markt und wolle nichts tun, was seine Verwirklichung hindere. Wenn dieser Plan nicht bald in die Tat umgesetzt werde, seien ernste Rückwirkungen in den Vereinigten Staaten zu befürchten. Europa könne sich nur halten, wenn es sich einige. Es könne auch nicht ewig Amerika auf der Tasche liegen. Es müsse zeigen, daß es in

---

[*] Ich werde hierauf in einem besonderen Kapitel im nächsten Band meiner „Erinnerungen" eingehen.
[**] Harold Macmillan hatte am 17. 1. 1957 Anthony Eden als Premierminister abgelöst.

der Lage sei, etwas selbständig zu tun. Die nationale Souveränität, über die die europäischen Staaten so peinlich wachten, sei ein Luxus, den man sich nicht mehr leisten könne. Sollte nach der EVG auch der Gemeinsame Markt scheitern, so werde die Enttäuschung in Amerika furchtbar sein.

Unser Verhältnis zu den Vereinigten Staaten war gut. Es hatte allerdings eine Zeitlang sehr darunter gelitten, daß wir beim Aufbau unserer Bundeswehr nicht entsprechend den amerikanischen Erwartungen vorankamen. Es hatten sich nicht nur in Europa, sondern auch in den Vereinigten Staaten Stimmen geltend gemacht, die erklärten, die Deutschen wollten am Frieden in der Welt – der aber ein bewaffneter Friede sein mußte – profitieren, jedoch selbst nichts zur Rüstung beitragen, sie wollten nur Geld verdienen. Ganz abgesehen davon, daß solche Motive sehr häßlich wären, möchte ich doch hier einmal grundsätzlich folgendes feststellen: Ein Staat hat auf außenpolitischem Gebiet so viel Geltung, wie er auch in der Lage ist, seine Kraft zu zeigen. Ein Staat, der über keine Verteidigungskräfte verfügt, und dies galt namentlich im Falle der Verwirklichung von irgendwelchen Neutralisierungsplänen, wäre bestenfalls ein Protektorat, aber kein eigenständiger Staat. Dies war eine allgemeine politische Grunderkenntnis, die für das Handeln der Bundesregierung mitbestimmend war. Übrigens ist dies auch eine Feststellung, die Dulles mir gegenüber in sehr krassen Worten geäußert hat, und zwar anläßlich einer Begegnung im Sommer 1956, ich habe es bereits berichtet. Man mußte bedenken, daß das Vorhandensein einer eigenen bewaffneten Macht dem jeweiligen Staat nicht nur bei kriegerischen Auseinandersetzungen – die, so Gott will, niemals kommen werden – und bei der Erhaltung des Friedens durch Abschreckung half, sondern vor allem zur Unterstützung seiner gesamten Außenpolitik diente.

Die Frühjahrstagung des NATO-Rats fand in diesem Jahr in Bonn statt, und zwar am 2. und 3. Mai. Anläßlich dieser Tagung führte ich mit Dulles Gespräche, die meine Sorge um unsere Sicherheit etwas von mir nahmen und mein Vertrauen in die amerikanische Außenpolitik stärkten.

Außenminister Dulles war bereits einen Tag vor Beginn der Besprechungen des NATO-Rats in Bonn eingetroffen, und ich führte schon am Tage seiner Ankunft ein langes Gespräch mit ihm, das mir außerordentlich wertvoll erschien. Dulles begann das Gespräch mit der Erklärung, er brauche wohl nicht zu sagen, mit welch großem Interesse und auch gewissen Sorgen die amerikanische Nation, angefangen von Präsident Eisenhower bis zum Mann auf der Straße, die Wahlaussichten in der Bundesrepublik verfolge. Die Probleme, denen ich gegenüberstehe, zeigten eine gewisse Ähnlichkeit mit den Problemen, mit denen die amerikanische Regierung bei den Präsidentschaftswahlen im vergangenen November konfrontiert gewesen sei. Auch dort sei die innenpolitische Lage zufriedenstellend gewesen. Es habe Vollbeschäftigung gegeben, und Löhne und Gehälter hätten ein hohes Niveau gehabt, so daß es für die Opposition nicht leicht gewesen wäre, auf diesem Gebiet Wahlschlager zu finden. Daher seien von ihr alle Anstrengungen unternommen worden, die Aufmerksamkeit auf die internationalen Probleme und in gewissem Maße auf die Atomfrage zu konzentrieren. Gerade letztere sei ein Anliegen und eine Sorge des Volkes, ein Gebiet, das viele verständliche emotionale Argumente liefere. Das Urteil des amerikanischen Volkes glaube er so deuten zu dürfen, daß das amerikanische Volk Präsident Eisenhower für den geeignetsten Mann angesehen habe, mit diesen Problemen fertig zu werden. Er hoffe, das Urteil des deutschen Volkes werde so ausfallen, daß das deutsche Volk mich für den fähigsten Mann in Deutschland halte.

Die amerikanische Regierung sei sich unserer Schwierigkeiten bewußt. Die Problematik sei für mich gewiß noch größer, weil Deutschland geteilt sei, die Bundesrepublik näher an der Sowjetunion liege und Deutschland nicht über die Abschreckungskapazität, die den Atomwaffen innewohne, verfüge.

Was mein Wahlprogramm einer allgemeinen kontrollierten atomaren Abrüstung betreffe, so stehe dies in völliger Übereinstimmung mit der Politik der Vereinigten Staaten. Eines jedoch könnten die Vereinigten Staaten nicht dulden, nämlich, daß man der Sowjetunion die Möglichkeit gebe, auf dem Atomsektor einen so großen Vorsprung zu gewinnen, daß sie in der Lage wäre, mit dieser Drohung die Welt zu beherrschen. Deswegen betone die amerikanische Regierung das auch von mir genannte Wort Kontrolle. Eine Kontrolle sei sehr schwer auszuarbeiten, wenn man es mit Leuten zu tun habe, die die Täuschung zu ihrem Beruf gemacht hätten. Es sei Glaubensbekenntnis dieser Menschen aus Mangel an Religion, daß man für den Betrug noch eine Prämie zahle.

Er habe am Ostersonntag in seinem Hause den offiziellen japanischen Delegierten empfangen, um mit ihm über die Einstellung der Atomwaffenversuche zu sprechen. Gerade in Japan sei dieses Thema Anlaß zu größten Erregungen. Er habe dem japanischen Delegierten etwas gesagt, was für uns Deutsche in gleicher Weise gelte, nämlich daß das japanische Volk noch mehr als andere Völker sich der Tatsache bewußt sein müsse, wie wenig Verlaß auf das Wort der Sowjets sei. Er habe seinen japanischen Gesprächspartner daran erinnert, daß die sowjetische Kriegserklärung an Japan, die es der Sowjetunion gestattet habe, in Asien sehr große Gewinne einzustecken, zu einem Zeitpunkt erfolgt sei, als der Fünf-Jahres-Neutralitätsvertrag mit Japan noch in Kraft gewesen sei. Er habe sich in dem Gespräch mit dem Japaner weiter auf die Bestimmung des Kapitulationsabkommens bezogen, wonach die Kriegsgefangenen unverzüglich nach Japan zurückgeführt werden sollten. 1945 habe er einer Sitzung der Außenminister in London beigewohnt, in der der damalige amerikanische Außenminister Byrnes die Frage der Durchführung dieser Bestimmung aufgeworfen und von Molotow die Antwort erhalten habe, diese Bestimmung sei damals in das Kapitulationsabkommen nur aufgenommen worden, damit die Japaner kapitulierten, und nun, da sie kapituliert hätten, brauche man sich keinen Deut mehr darum zu kümmern.

Die Vereinigten Staaten wollten kein Abkommen mit Rußland über die atomare Abrüstung, in dem Rußland nur Versprechungen mache, um die Vereinigten Staaten zur Abrüstung zu bewegen, ohne sich selbst nachher an diese Versprechungen zu halten.

Er vergleiche dies manchmal mit dem Schachspiel, dessen theoretisches Ziel es sei, die Königsfigur des Gegners wegzunehmen, was aber tatsächlich nie ausgespielt werde. Man versuche dabei nur in eine Position zu kommen, die es einem gestatte, die Königsfigur zu nehmen. Die Vereinigten Staaten wollten nicht, daß die Sowjets auf dem Atomgebiet in diese Position gelangten. Die Sowjetunion könnte dann sagen: „Gebt das Spiel auf!"
Es gebe Leute, die erklärten — und wahrscheinlich hätten sie recht —, daß die Atomwaffen nie eingesetzt würden. Vielleicht würden sie wirklich nie eingesetzt, aber politisch würden sie bis ins letzte ausgenutzt.

Die Äußerungen von Dulles ließen auf eine sehr realistische Betrachtungsweise des Ost-West-Verhältnisses schließen. Und dies war wichtig, zumal in London die Abrüstungsverhandlungen mit den Russen einem entscheidenden Stadium sich zu nähern begannen. Zu den Abrüstungsverhandlungen in London mußte man aber leider sagen, daß sich auch in den Vereinigten Staaten gewisse Ermüdungserscheinungen bemerkbar machten im Kampf gegen den Kommunismus. Die Menschen waren jetzt zwölf Jahre nach Beendigung des Krieges etwas müde geworden, immerzu über den Kommunismus und seine Gefahren zu sprechen.
Die Gefahren für die westliche Politik wurden mir bei einem Gespräch mit dem britischen Premierminister Macmillan im Frühjahr 1957 sehr deutlich: Macmillan hatte in diesem Gespräch davor gewarnt, durch bloße Wiederholung der im Grunde „logischen Politik" des Westens das Gefühl zu wecken, daß diese Politik hoffnungslos sei. Wenn wir unseren politischen Standpunkt wiederholten, müsse ein Moment hinzutreten, das Hoffnung wecke. Ein gewisser Grad von Elastizität sei hierzu erforderlich. Die Hoff-

nung müsse geweckt werden, daß der monolithische Block der sowjetischen Politik sich etwas lockern ließe. In einer derartigen Einstellung lag die Gefahr, langsam und unaufhaltsam von bisher eingenommenen Positionen abzuweichen. Es wäre verhängnisvoll zu glauben, daß durch schrittweise Minimalkonzessionen das Machtstreben der Sowjetunion dauerhaft eingedämmt werden könnte. Man würde dadurch nur die Begehrlichkeit der Gegenseite wecken, und die Forderungen von morgen würden noch maßloser sein als die von gestern.

Auch Präsident Eisenhower dachte ähnlich wie Macmillan. Obwohl Präsident Eisenhower sicher überzeugt war von der Bedrohlichkeit des Kommunismus, so hatte er doch das Bestreben, als der Präsident der Abrüstung und des Friedens in die Geschichte einzugehen. Es war seine letzte Wahlperiode. Er konnte nichts tun, um eine Wiederwahl herbeizuführen. Sie war nach der amerikanischen Verfassung nicht möglich.

Wenn man die Tendenzen der amerikanischen Regierung seit Beginn der Präsidentschaft Eisenhowers im Jahre 1953 genau prüfte, so mußte man feststellen, daß eine der ersten großen Entscheidungen Eisenhowers durchaus symptomatisch für diese politische Linie war: Eine der ersten Handlungen der Politik Eisenhowers war die Herabsetzung der Verteidigungskosten gewesen; die Sowjetunion allerdings baute ihre militärischen Kräfte mit großer Energie weiter aus. Bei dieser Maßnahme Eisenhowers handelte es sich wohl um ein Zusammentreffen zwischen Bestrebungen bestimmter großer Steuerzahler in den Vereinigten Staaten, vor allem aber um die Sorge Eisenhowers wegen eines bewaffneten Konflikts, den er wegen seiner Erfahrungen als früherer Oberkommandierender unter allen Umständen verhindern wollte. Nur gab es über die Wege, wie der Frieden am besten zu sichern war, verschiedene Auffassungen.

Seit langem hatte ich die Beobachtung gemacht, daß die Politik des Weißen Hauses nicht immer konform ging mit der Politik des State Department. Dulles verfolgte eine sehr viel härtere, und wie ich meine, realistischere Linie. Im Frühjahr 1957 wurde die Gegensätzlichkeit der politischen Haltung von Eisenhower und Dulles in der Frage der Schaffung einer neutralen Zone in Europa öffentlich sichtbar. Am 8. Mai 1957 äußerte Eisenhower auf einer Pressekonferenz, er sei prinzipiell mit einer kontrollierten neutralen Zone in Europa einverstanden. Am 13. Mai 1957 folgte eine Erklärung des State Department, daß die USA gegen einen Abrüstungsplan seien, der auf eine Neutralisierung Deutschlands hinauslaufe. Am 14. Mai 1957 unterstrich Dulles auf einer Pressekonferenz, es gebe zur Zeit keinen amerikanischen Plan für eine neutralisierte Zone in Deutschland oder woanders.

Nun hatte Präsident Eisenhower in Stassen, dem amerikanischen Delegierten bei den Londoner Abrüstungsverhandlungen, einen Mann gefunden, der aus innerer Überzeugung nur zu gern bestrebt war, Eisenhowers Linie zu unterstützen. Zum Beispiel beging Stassen – milde gesagt – die Ungeschicklichkeit, in einem wichtigen Verhandlungsstadium den sowjetischen Delegierten Sorin noch vor den eigenen Verbündeten über die Absichten der Vereinigten Staaten zu unterrichten. Es gab deshalb in der NATO einen „Tanz". Die Verhandlungen in London wurden hierdurch verzögert.

Grundsätzlich war die Bundesregierung zu jeder möglichen Unterstützung einer kontrollierten Abrüstung auf dem Gebiet der atomaren und konventionellen Waffen bereit. Wir gingen dabei aber von der Voraussetzung aus, daß gleichzeitig hiermit auch die Ursachen der Spannungen beseitigt würden, und hierzu rechnete ich in erster Linie die Beseitigung der Teilung Deutschlands. Hierfür erhielt ich von unseren Partnern, insbesondere von Frankreich, Großbritannien und den Vereinigten Staaten, bindende Zusagen.

Ende Mai 1957 war ich wieder einmal zu Besprechungen in Washington und traf dort am 27. Mai 1957 mit Dulles im State Department zusammen. Ein wesentlicher Punkt unserer Beratungen war der, eine Formel zu finden, aus der hervorginge, daß im Falle der Wiedervereinigung die drei Westmächte nicht versuchen würden, durch den Abzug der sowjetischen Streitkräfte aus dem Gebiet der Sowjetzone irgendwelche militärischen Vorteile zu erlangen.

Dulles sagte allgemein zu den Londoner Verhandlungen, man habe den Eindruck, daß die Sowjets aufrichtig daran interessiert seien, zu einem beschränkten Abrüstungsabkommen zu gelangen. Vielleicht sei hierbei ein Motiv der Sowjetunion, verhindern zu wollen, daß zu viele Staaten in den Besitz von atomaren Waffen gelangten, insbesondere weil sie befürchteten, daß die Satellitenstaaten, falls sie atomare Waffen bekommen sollten, ein größeres Maß an Unabhängigkeit zeigen könnten. So erkläre er sich das aktive Interesse, das die Sowjets in letzter Zeit an einem Vertrag über die Bildung einer Atomenergiestelle gezeigt hätten, durch die die Atomenergie kontrolliert würde, sofern sie für andere als friedliche Zwecke Verwendung fände.

Er würde den Worten der Sowjets kein Vertrauen schenken, doch wenn ihre Äußerungen ihren eigenen Interessen entsprächen, könnte ihnen vielleicht eine gewisse Bedeutung zugebilligt werden. Dies gelte insbesondere dann, wenn die Interessen der freien Welt in der gleichen Richtung lägen. Man sei daher zu der Schlußfolgerung gelangt, daß es der Mühe wert sei, weiter zu sondieren, was die Sowjets auf diesem Gebiet zu tun bereit seien.

Es sei wesentlich, daß die Vereinigten Staaten in ihren Vorschlägen ihre Haltung nicht geändert hätten. Man könne sich nicht allein auf die Worte der Sowjets verlassen. Vielmehr müsse das, was ausgemacht werde, auch kontrollierbar sein. In einer Demokratie herrsche stets die Tendenz zu einer Verminderung der Rüstungsanstrengungen, wenn sich hierzu der kleinste Vorwand zu bieten scheine. Er hoffe zumindest, daß man nicht wieder in den Fehler verfalle, den man verschiedentlich begangen habe, nämlich sich selbst abzurüsten, ohne daß die andere Seite abrüste, was nur dazu führe, daß zu einer Aggression ermutigt werde.

Auf Grund seiner langjährigen internationalen Erfahrungen wisse er sehr wohl, wie leicht man an einen Vertrag, an Unterschriften und Siegel glaube. Die Vereinigten Staaten seien entschlossen, keine Vereinbarung herbeizuführen, die sich hinterher als Falle herausstellen könne.

Zu dem Thema Inspektion und Kontrolle im Zusammenhang mit einer allgemeinen kontrollierten Abrüstung halte die amerikanische Regierung an dem ursprünglich von Eisenhower in Genf vorgelegten Plan fest und sei nach wie vor bereit, eine Luftinspektion mit gleichzeitigen festen und beweglichen Kontrollen über dem Festland von Amerika und Kanada einzurichten, falls die Sowjets gestatteten, daß das gleiche für ihr gesamtes Gebiet gelte. Falls die Sowjets diesen Plan zurückwiesen, stehe man vor der Frage, welche anderen Möglichkeiten bestünden. Die amerikanische Regierung glaube, daß die Alternative darin bestehe, verschiedene Stadien vorzusehen, die vielleicht dort beginnen könnten, wo die Probleme am wenigsten schwierig seien, und die dann allmählich erweitert werden könnten, sobald dies die Umstände rechtfertigten. Die amerikanischen Vorstellungen seien flexibel und keineswegs starr; man sei darauf bedacht, die Möglichkeit einer evolutionären Entwicklung nicht aus dem Auge zu verlieren.

Was die Schaffung einer Luftinspektion und Bodenkontrollzone in Europa angehe, so sehe er große Schwierigkeiten voraus, hier Gebiete von einigermaßen gleichem Wert festzulegen. Hierbei müsse unter allen Umständen vermieden werden, daß implicite die Spaltung Deutschlands anerkannt würde.

Ich wies sehr nachdrücklich auf die Bedeutung der künftigen Entwicklung in Deutschland hin, die für Europa und die Welt von größter Wichtigkeit sei. Wenn die in London zu unterbreitenden Vorschläge der Propaganda die Möglichkeit gäben zu behaupten, es würden Lösungen gesucht, ohne die Ursachen der Spannung zu beseitigen, so bedaure ich feststellen zu müssen, daß dies zumindest in Deutschland zu einem Vertrauensverlust führen müsse.

Wie es dann bei der bekannten Haltung der Opposition möglich sein solle, die Wahl zu gewinnen, wisse ich nicht.

Dulles erwiderte, er begrüße diese Bemerkung, da sie ihm Gelegenheit gebe, mögliche Mißverständnisse klarzustellen. Er legte mir die amerikanischen Abrüstungsvorschläge im einzelnen auseinander und beteuerte, daß ich keinen Anlaß zu irgendwelchen Befürchtungen hätte.

Auch von Brentano, der bei der Besprechung zugegen war, betonte, es müsse der Eindruck vermieden werden, als ob die Frage der Entspannung und Abrüstung bewußt von den politischen Fragen getrennt worden sei. Deshalb schlage er vor, man solle sagen: Weil man wisse, daß neue Abrüstungsverhandlungen erfolgversprechend sein könnten und weil man diese Verhandlungen zu fördern wünsche, sollten auch die politischen Fragen erörtert werden. In diesem Zusammenhang denke er an eine Vier-Mächte-Konferenz der Außenminister, die nach sorgfältiger Vorbereitung auf diplomatischem Wege zu einem späteren Zeitpunkt zusammentreten könnten.

Dulles hob kurz vor Beendigung der Unterredung noch einmal ausdrücklich hervor, daß von einem umfassenden Abrüstungsabkommen nicht die Rede sein könne, solange nicht auch die politischen Fragen gelöst seien.

Die Grundsätze, von denen sich die Westmächte hinsichtlich Deutschlands bei den Londoner Abrüstungsverhandlungen leiten ließen, wurden am 29. Juli 1957 in Berlin durch eine gemeinsame Erklärung der Vereinigten Staaten von Amerika, Großbritanniens, Frankreichs und der Bundesrepublik feierlich unterstrichen. Der westliche Standpunkt wurde in folgenden Punkten genau präzisiert:

1. Freie Wahlen als Vorbedingung zur Bildung einer gesamtdeutschen Regierung,
2. außenpolitische Entscheidungsfreiheit für Gesamtdeutschland,
3. Vier-Mächte-Verantwortlichkeit für die Wiedervereinigung,
4. Verknüpfung der europäischen Sicherheit mit der Wiedervereinigung.

Die Vorschläge der Vereinigten Staaten, die im Sommer 1957 im Einvernehmen mit ihren Verbündeten gemacht wurden, waren sehr weitgehend und geeignet, durch eine allgemeine kontrollierte Abrüstung, und zwar sowohl auf dem Gebiete der Atomwaffen wie auf dem Gebiete der konventionellen Waffen, endlich der Welt wieder Ruhe zu geben. Dulles hatte mich bereits während meines Aufenthaltes in Washington Ende Mai über diese Vorschläge unterrichtet. Ich hatte ihnen zugestimmt. Ich hielt es für richtig, den Russen sehr weitgehende Vorschläge zu machen. Würden sie angenommen, kämen wir einen großen Schritt weiter zur Sicherung des

Friedens, würden sie abgelehnt, würde, so hoffte ich, die freie Welt aus ihren Träumereien, in die sie hier und dort verfallen war, wieder erwachen. Große Chancen für einen baldigen erfolgreichen Abschluß der Verhandlungen sah ich zu diesem Zeitpunkt nicht mehr. Über die Dauer der Londoner Abrüstungsverhandlungen ließen sich schwer Prognosen stellen. Ich war aber davon überzeugt, daß die Russen kaum bereit sein würden, sich vor Ausgang der Bundestagswahlen im September 1957 zu abschließenden Beschlußfassungen bereitzufinden. Vor September 1957 würden die Londoner Abrüstungsverhandlungen nach meiner Einschätzung der Lage mit größter Wahrscheinlichkeit kein Ergebnis bringen. Wenn man die Vielfalt und Schwierigkeiten der zu regelnden Tatbestände und die Verhandlungstaktik Sowjetrußlands berücksichtigte, mußte man zu dieser Annahme gelangen. Dulles äußerte mir gegenüber einmal, er schätze ihre Dauer auf ein bis zwei Jahre. Wir durften darüber nicht die Geduld verlieren.

Es war meine Ansicht, daß bis zu den Bundestagswahlen im September 1957 sich die Politik der Sowjetunion nicht wesentlich ändern werde. Erst nach den Wahlen war hiermit zu rechnen. Bis dahin mußten wir mit Scheinangeboten über dieses oder jenes rechnen, aber nicht mit echten Konzessionen. Die Sowjets hofften auf einen Sieg der SPD. Wenn die SPD die Wahl gewinnen würde, so erwarteten sie, würde eine Umkehr der deutschen Außenpolitik eintreten. Austritt der Bundesrepublik aus der NATO, Abschaffung der Wehrpflicht, Änderung der Bündnispolitik der Bundesrepublik. Dies waren verlockende Aussichten für den Kreml.

Grundsätzlich war es meine Überzeugung, daß die Sowjetregierung nur dann zu einer allgemeinen kontrollierten Abrüstung bereit sein würde, wenn sie sich einer geschlossenen, festen und unerschütterlichen Front der westlichen, freien, in der NATO zusammengeschlossenen Völker gegenübersah. Sowjetrußland tat alles, was es konnte, um diese Einheit zu zerstören. Es versuchte, Frankreich zu erschrecken durch den Hinweis darauf, daß ein bewaffnetes Deutschland eine Gefahr für Frankreich darstelle. Es machte Großbritannien darauf aufmerksam, daß ein wiedervereinigtes, freies Deutschland die stärkste wirtschaftliche Macht in Europa werden würde. Es bombardierte uns, je näher der Wahltermin kam, mit immer schärferen Noten, um die Bevölkerung der Bundesrepublik in Furcht zu versetzen und dadurch den Ausgang der Bundestagswahlen im Sinne der russischen Interessen zu beeinflussen. Die Bundestagswahlen waren jedenfalls für die Sowjetregierung ein Faktor, der einen Wandel der westlichen Politik und Position nicht ausschloß.

Der Expansionsdrang des Kommunismus hatte nicht nachgelassen. Dies war ein Gesichtspunkt, der bei allen Verhandlungen mit den Sowjets maßgeblich sein mußte. Die Sowjetunion versuchte, Westeuropa in ihre Einflußsphäre zu ziehen. Diese Politik würde unverändert bleiben, solange der Kreml glaubte, daß sie sich verwirklichen ließe. Durch einen Zerfall der westlichen Einheit würden die Sowjets in diesem Glauben bestärkt. Man mußte daher alles tun, um ihnen klarzumachen, daß sich ihre Hoffnung auf einen Zerfall des Westens nicht erfüllte. Hierzu war unter anderem auch wesentlich, daß die Voraussetzung für eine Fortsetzung der bisherigen deutschen Außenpolitik geschaffen wurde. Die CDU/CSU mußte alles daransetzen, um die bevorstehende Bundestagswahl zu gewinnen.

7. Die Bundestagswahl 1957

Am 15. September würde bei der Wahl zum Dritten Deutschen Bundestag über das, was in den vergangenen acht Jahren seit 1949 geleistet worden war, und über das Vertrauen in die künftige Arbeit der CDU/CSU das Votum abgegeben werden. Wenn ich an den Wiederaufbau unserer Wirtschaft dachte, an die Beseitigung der Arbeitslosigkeit, an die Schaffung einer stabilen Währung, an den Wiederaufbau unserer Städte und Dörfer, an die Hilfe für die Landwirtschaft, die so schwer unter strukturellen Schwierigkeiten zu leiden hatte, an unsere Sozialreform und an die Wiederherstellung des Ansehens und des Vertrauens für das deutsche Volk in den ehemals uns feindlich gegenüberstehenden Ländern, und wenn ich an die Wiederherstellung der Freiheit und der Souveränität wenigstens für einen Teil Deutschlands dachte –, wenn ich rückblickend vor dieser Neuwahl das gesamte Arbeitsfeld übersah, dann, glaubte ich, würde jeder Deutsche anerkennen müssen: Es war viel geleistet worden und fast durchgehend mit großem Erfolg.

Wenn ich rückschauend diese Jahre betrachtete, dann erschienen mir drei Entscheidungen als besonders wesentlich: Die eine war die Überwindung der konfessionellen Gegensätze und die Schaffung einer christlichen Grundlage für die gemeinsame Arbeit in der CDU und CSU. Die zweite Entscheidung ergab sich aus dem Grundgedanken der CDU und CSU, der darin bestand, daß wir aus unserer christlichen Überzeugung stets für die Freiheit der Person und für die Freiheit der Völker eingetreten sind. Diese Grundsätze hatten uns ganz von selbst an die Seite der freien Völker des Westens gebracht, in das Defensivbündnis der NATO gegenüber dem aggressiven russischen Kommunismus. Wir würden entschlossen sein, nach der Wahl – wenn die Wähler uns das Recht dazu gäben, und ich hoffte fest darauf – unsere Rechte und Pflichten gegenüber den freien Völkern der Welt in vollem Umfange zu erfüllen wie bisher. Das dritte wesentliche Kennzeichen dieser Periode nach dem Zusammenbruch war, daß wir unsere ganze Arbeit in ständigem Gegensatz zur Sozialdemokratischen Partei haben leisten müssen. Das hat uns die Arbeit nicht erleichtert.

Der Widerstand der Sozialdemokratischen Partei hatte vor allem gegenüber dem Ausland unsere Lage ungemein erschwert. Unmittelbar nach dem Zusammenbruch galt bei den Besatzungsmächten zunächst nur der als frei denkender Mensch, der entweder Sozialist oder mancherorts – und zwar nicht nur in der sowjetischen Besatzungszone – sogar Kommunist war. Die CDU/CSU hatte sich ihre Position gegenüber der Sozialdemokratischen Partei Deutschlands, die als Partei des Fortschritts und der Freiheit galt, hart erkämpfen müssen, und der Sieg bei der ersten Bundestagswahl im Jahre 1949 war schwer errungen.

Die Erfolge, die wir dann bei unserer Regierungsarbeit seit 1949 hatten, waren ganz wesentlich bestimmt von einer klaren Erkenntnis des Notwendigen, von einer klaren Erkenntnis der eigenen Kräfte und von der Stetigkeit und Klarheit des politischen Handelns. Es galt, vor allem wieder Vertrauen zu schaffen. Das geschlagene und besiegte Deutschland war ganz besonders darauf angewiesen, das Vertrauen der übrigen Welt wiederzugewinnen, und dies war nicht leicht. Das Vertrauen, das wir allmählich erwarben, war eines der wertvollsten Besitztümer. Nicht nur im Leben des einzelnen, auch im Leben der Völker ist gegenseitiges Vertrauen die Grundlage aller gemeinsamen Arbeit und aller gemeinsamen Erfolge.

Wenn sich in diesen ersten Jahren seit Bestehen der Bundesrepublik Deutschland Erfolg an Erfolg gereiht hatte, so war das kein Zufall, sondern das Ergebnis von einsichtigem, konsequentem Handeln. Die große Entscheidung, die zunächst zu fällen war, war die: Sollten wir uns als ein geschlagenes, besiegtes und geteiltes Volk ganz in uns selbst zurückziehen in der Hoffnung, daß schließlich die klar zutage tretende Uneinigkeit der Siegermächte dem deutschen Volk Gelegenheit geben würde, wieder für sich allein politische Bedeutung zu erlangen? Sollten wir die Rolle des Zünglein an der Waage zwischen Ost und West zu spielen versuchen? Oder sollten wir uns mit aller Entschiedenheit den drei Siegermächten anschließen, die zu den freien Völkern der Erde gehörten? Wir wählten das letztere, weil wir erkannten, daß gegenüber dem im Osten erstandenen diktatorischen Kommunismus allein ein Zusammengehen der freien Welt Rettung und Freiheit auch für uns bringen werde. Weil wir die Freiheit, die persönliche Freiheit, als das höchste Gut ansahen, wählten wir den letzteren Weg, trotz Schwierigkeiten, trotz Enttäuschungen, trotz des Widerstandes der Opposition.

Die Lösung unserer nationalen Frage, die Herbeiführung der Wiedervereinigung Deutschlands hatte noch nicht verwirklicht werden können. Die Frage der Wiedervereinigung war abhängig von der internationalen Situation. Wir hatten jede Gelegenheit wahrgenommen, um auf dem Wege der Wiedervereinigung Fortschritte zu erreichen, und wir würden auch in Zukunft jede Gelegenheit wahrnehmen, die die Entwicklung der internationalen Situation uns hierfür geben würde. Wir hatten bei den drei Westmächten den Antrag gestellt, daß, sobald die Situation bei den Abrüstungsverhandlungen in London zeigen würde, daß die Atmosphäre für eine Lösung der deutschen Frage günstig geworden war, eine Konferenz der Außenminister der vier Siegermächte zusammentreten solle, um auch die Frage der Wiederherstellung der Einheit Deutschlands zu lösen. Die drei Westmächte hatten diesem Vorschlag zugestimmt. Bis wir die Wiedervereinigung tatsächlich erreichten, bis dahin mußten wir den geistigen, den menschlichen Kontakt mit den Deutschen in der Sowjetzone nach Kräften pflegen. Das war eine Aufgabe, die jeden einzelnen persönlich anging. Wenn wir, ein jeder einzelne in der Bundesrepublik, diese Aufgabe klar erkannten und dieser Erkenntnis entsprechend handelten, würden die Deutschen in der Sowjetzone ihre Hoffnung und ihr Vertrauen in uns nicht verlieren.

Die Politik der CDU/CSU beruhte auf ethischen Grundsätzen. Sie beruhte auf der im abendländischen Christentum wurzelnden Forderung nach der Freiheit der Person. Wir ließen uns in unserer Arbeit immer leiten von dem Bestreben, unserem gesamten Volke die Freiheit wieder zu verschaffen. Wir ließen uns ebenso leiten durch das Bestreben, jedem Menschen auch die innere geistige Freiheit zu geben, die ihn allein befähigt, gerade in einer so von Wirrnis und Sorge erfüllten Zeit wie der unsrigen ein menschenwürdiges Leben zu leben.

Die Verpflichtung, die wir auf uns nahmen, als wir unserer Partei den Namen Christlich Demokratische Union gaben, hatten wir, wie ich glaube, erfüllt. Wir hatten uns immer leiten lassen von der Achtung vor dem anderen. In diesem Geist gegenseitiger Achtung voreinander waren in unserer Partei die beiden christlichen Bekenntnisse in gemeinsamer Arbeit miteinander verbunden. Hierüber war ich sehr glücklich, denn die Zusammenarbeit der beiden christlichen Konfessionen hatte uns leider jahrhundertelang in Deutschland gefehlt.

Die Situation, in der wir den Bundestagswahlkampf 1957 führen mußten, war, ich habe hierüber im Zusammenhang mit der atomaren Ausrüstung bereits gesprochen, für uns sehr schwierig. Wir konnten zwar auf große Erfolge unserer bisherigen Arbeit hinweisen, aber dies genügte nicht.

Eigentlicher Wahlkampfgegner: die SPD

Der eigentliche Gegner im Wahlkampf war die SPD. Die FDP spielte kaum eine entscheidende Rolle. Die KPD konnte erstmals im Bundesgebiet keine Kandidaten aufstellen; sie war im Jahre 1956 durch ein Urteil des Bundesverfassungsgerichts im Bereich der Bundesrepublik verboten worden. Ich werde hierauf im Zusammenhang mit einer Darstellung unserer innenpolitischen Entwicklung zurückkommen.

Die Sozialdemokraten hatten im Wahlkampf das Thema der allgemeinen Wehrpflicht aufgegriffen. Die Wehrpflicht war nach wie vor in der Bundesrepublik nicht populär. Die SPD hatte die Furcht der Menschen vor der Atomgefahr aufgepeitscht. Ihre Thesen, sie werde, falls sie die Regierung bilde, dafür eintreten, daß die allgemeine Wehrpflicht abgeschafft, daß eine deutsche Bundeswehr nicht mit Atomwaffen ausgerüstet würde und daß atomare Waffen auf dem Gebiet der Bundesrepublik nicht stationiert werden dürften, kamen der im deutschen Volk weitverbreiteten Furcht entgegen. Die Tendenzen der SPD, sich für eine Neutralisierung Deutschlands einzusetzen, wurden immer deutlicher. Herbert Wehner erklärte am 19. Juni 1957 auf einer SPD-Wahlkundgebung in Frankfurt am Main, das, was für Österreich möglich gewesen sei, die Neutralisierung, müsse für die Einigung Deutschlands versucht werden.

Die Politik, die von den Sozialdemokraten für den Fall ihres Wahlsieges verfolgt würde, schien klar und eindeutig: Es war die Politik der Neutralisierung Deutschlands. Diese These war ihnen bei der Wahl im Jahre 1953 vom deutschen Volke nicht mit einem „Ja" quittiert worden. Jetzt formulierten sie vorsichtiger und versteckter, aber der Kern war derselbe: Loslösung Deutschlands aus der NATO, Bündnislosigkeit Deutschlands.

Während man in Deutschland sich über politische Vorstellungen dieser und jener Art verzankte und stritt, ging die weltgeschichtliche Entwicklung ihren Gang weiter, die weltgeschichtliche Auseinandersetzung, die ohne unser Zutun in Gang gekommen war, von deren Ausgang aber letzten Endes das Schicksal Deutschlands abhing. Deutschland ist durch seine geographische Lage, durch die Kraft und Intelligenz, das Potential seiner Bevölkerung, durch seine wirtschaftliche Macht mitten in dieses Weltgeschehen hineingestellt und mit ihm unlöslich verbunden. Seine geographische Lage hatte schon seit Jahrhunderten, besonders in den letzten hundertfünfzig Jahren, Deutschland zu einem bestimmenden Faktor des geschichtlichen Geschehens gemacht. Diese schicksalhafte Bedeutung war Deutschland verblieben trotz seiner Niederlage, trotz seines Zusammenbruchs und trotz der Veränderung der ganzen Weltlage. Man mag das begrüßen, man mag es beklagen. An der Tatsache selbst vorbeizugehen, die Augen vor ihr zu verschließen, zu glauben, daß es für Deutschland ein politisch und wirtschaftlich isoliertes Dasein gebe, ungestört von den Spannungen und Auseinandersetzungen in der Welt, das war aus realen Gründen unmöglich, das war ein Wunschtraum, eine Illusion. Das hieße Deutschland nicht aus dem Weltgeschehen heraushalten, sondern Deutschland als Objekt mitten in dieses Weltgeschehen hineinstoßen. Wenn es zu scharfen Verwicklungen und Auseinandersetzungen zwischen den Vereinigten Staaten und Sowjetrußland kommen würde, dann lägen wir mitten in einem Brennpunkt dieser Auseinandersetzung, mit allen furchtbaren Konsequenzen, die sich daraus ergeben würden. Eine deutsche Bundesregierung möchte vorher erklärt haben: „Wir sind neutral, wir haben keine Wehrpflicht, auf unserem Gebiet sind keine atomaren Waffen" – das alles würde uns gar nichts helfen. Ein großer Krieg würde unsere Grenzen nicht beachten, und wir könnten sie nicht schützen, weil wir dazu zu schwach wären. In einem großen Atomkrieg würden die radioaktiven Wolken, vom Winde getrieben, den wir doch wahrhaftig nicht aufhalten können, auch über ein neutralisiertes oder sich für neutral erklärendes Deutschland hinweggehen.

Was ich jetzt sage, galt damals, es gilt genauso heute: Der große Krieg, der weite Gebiete der Erde verwüsten, ungezählte Millionen Menschenleben vernichten würde, ist nicht unvermeidbar. Er kann verhütet werden, und er muß verhütet werden. Und zwar durch eine allgemeine kontrollierte Abrüstung. Diese wird kommen, wenn die freien Völker des Westens sich fest zusammenschließen, wenn sie zusammengeschlossen so stark sind, daß Sowjetrußland einsieht: Diese Front steht fest; sie ist so stark, daß ein Angriff gegen sie Selbstmord für Sowjetrußland sein würde. Dann, aber auch nur dann wird es – davon bin ich überzeugt – zu einer allgemeinen kontrollierten Abrüstung kommen. Aber sie wird niemals erreicht werden, wenn Sowjetrußland glaubt, daß die Abwehrfront der freien Völker sich schließlich doch auflösen wird. Darum mußte alles geschehen in der deutschen Politik, um das Band, das uns mit den freien Völkern im NATO-Bündnis vereinte, zu stärken und zu festigen. Und alles mußte vermieden werden, was geeignet war, dieses Band zu lösen oder zu schwächen.

Der größte Fehler, den man in der Politik machen kann, den man insbesondere in der Außenpolitik machen kann, weil die in ihr begangenen Fehler sich in der Regel nicht mehr korrigieren lassen, ist, seine Entscheidungen lediglich im Hinblick auf eine augenblickliche Situation zu fällen. Besonders in der Außenpolitik gibt es Entwicklungstendenzen und Entwicklungsreihen, die man niemals ungestraft außer acht läßt. Wenn man sie außer acht läßt, begeht man Fehler, die sich bitter rächen werden. Darum mußten wir bei unseren Entschließungen das beachten, was sich seit 1945 ereignet hatte, wodurch es denn eigentlich zu dieser den Frieden der

Menschheit bedrohenden krisenhaften Spannungen auf der Welt gekommen war. Wir mußten uns immer wieder vor Augen halten, warum es notwendig war, uns mit den freien Völkern des Westens im NATO-Bündnis zu vereinen. Und wir mußten alles tun, um jede Lockerung dieses Bündnisses zu verhüten.

Ich weiß nicht, wie viele Tausende von Kilometern ich während dieses Wahlkampfes im Jahre 1957 zurückgelegt habe. In unzähligen Ortschaften, größeren und kleineren Städten, versuchte ich, die Bevölkerung von der Richtigkeit der bisher von der CDU/CSU verfolgten Außenpolitik zu überzeugen. Die CDU und CSU propagierten die Thesen ihrer Außenpolitik, und das deutsche Volk schien sie zu verstehen. Wir warnten in den Wahlreden immer wieder vor der aggressiven Tendenz der Sowjetunion, vor ihrem Bestreben, andere Völker zu unterjochen, wie sie es seit 1945 in Osteuropa getan hatte. Wir wurden nicht müde, davor zu warnen, eine Änderung unserer Außenpolitik vorzunehmen. Diejenigen, die den russischen Versicherungen Glauben schenkten, es sei nur Stalin gewesen, der diese Politik der Aggression und Unterdrückung anderer Völker gewollt habe, aber mit seinem Tode sei es anders geworden, verwiesen wir darauf, was im Herbst 1956 in Ungarn geschah. Die UNO hatte eine Untersuchungskommission über die Vorgänge in Ungarn eingesetzt. Diese Kommission hatte ihren Bericht erstattet. Sie hatte einstimmig festgestellt, daß das Eingreifen der Sowjets in Ungarn eine offenbare Aggression war gegenüber einem Volk, das die Freiheit wollte. Nicht Reden, nicht Drohungen, nicht Reisen, nicht schöne Worte der Staatsmänner der Sowjetunion konnten an diesen Tatsachen etwas ändern. Und solange keine sichtbaren Beweise für eine Wandlung der russischen Politik vorlagen, war eine Fortsetzung der bisherigen deutschen Bündnispolitik unbedingt erforderlich.
Es war meine Überzeugung, daß die Russen mit einem Sieg der Sozialdemokraten rechneten und hierauf ihre Hoffnung einer Änderung der deutschen Außenpolitik setzten. Die Haltung der Sozialdemokratischen Partei Deutschlands war nun leider nur zu sehr dazu angetan, bei den Russen die Hoffnung zu stärken, durch einen Wahlsieg der Sozialdemokratie werde die NATO sowieso auseinanderfallen. Eine Auflösung der Front der freien Völker des Westens aber würde über kurz oder lang den Sieg des kommunistischen Rußlands in Europa bedeuten.
Wenn die Sozialdemokraten in ihren Wahlreden erklärten: „Wir werden die allgemeine Wehrpflicht abschaffen!", so mußte dies allein schon einen Schock für die anderen NATO-Mächte bedeuten. Denn wenn die Bundesrepublik unter einer sozialdemokratischen Regierung die allgemeine Wehr-

pflicht abschaffte, dann würde die NATO in kurzer Zeit erledigt sein. Wenn Ollenhauer erklärte, die Sozialdemokraten würden dafür sorgen, daß die deutschen und die auf deutschem Boden stehenden alliierten Truppen nicht mit atomaren Waffen ausgerüstet würden, dann war das eine Aufforderung an die amerikanischen und britischen Truppen, sich zurückzuziehen, denn kein amerikanischer Truppenbefehlshaber, kein amerikanischer Kongreß und auch kein britischer Premierminister würde es verantworten können, die geringe Truppenzahl, die in der Bundesrepublik zu unserem Schutz stände, ohne die modernsten Waffen zu lassen, während der Gegner, dem sie sich eventuell stellen müßten, mit atomaren Waffen ausgerüstet war.

Nach meiner Meinung stärkte das Gerede der Sozialdemokraten den Widerstandswillen der Russen bei den Londoner Abrüstungsverhandlungen. Die Agitation der Sozialdemokraten leitete Wasser auf die Mühlen der Russen. Nach meiner Meinung würden die Russen vor dem 15. September, dem Tag der Wahlen in der Bundesrepublik, nicht zu irgendwelchen Zugeständnissen bereit sein. Wenn der 15. September – was, wie ich hoffte, nicht eintreten würde – wirklich eine sozialdemokratische Regierung an die Macht brächte, dann wäre die NATO, dann wäre auch die Europapolitik der Vereinigten Staaten erledigt. Dann würden zunächst wir und dann Frankreich und Italien mit ihren starken kommunistischen Parteien, und dann würden auch die Beneluxländer über kurz oder lang russische Trabanten werden. In zahllosen Versammlungen warnte ich immer wieder eindringlich vor einer derartigen Entwicklung. Wer die NATO schwächte – und was die SPD propagierte, bedeutete die Zerstörung von NATO durch das Ausscheiden Deutschlands –, wer die NATO schwächte, stärkte den sowjetrussischen Widerstand bei den Abrüstungsverhandlungen in London. Wer Deutschland, ob wiedervereinigt oder nicht, neutralisierte, würde Rußland zum Herrn Deutschlands und damit über kurz oder lang zum Herrn Europas machen.

Ich habe diese Argumente während meiner Wahlreden ganz offen ausgesprochen. Die Sozialdemokraten wurden sehr erregt hierüber. Die Erregung zeigte mir, daß sie meine Argumentation begriffen hatten.

Für mich stand fest, die Sowjetrussen hofften auf den Wahlsieg der SPD. Sie taktierten in London hinhaltend, um den Wahlausgang bei uns abzuwarten. Sie schickten Noten an die Bundesregierung, von denen eine immer schärfer als die andere war. Ich kann sie hier nicht alle im einzelnen anführen und aus ihnen zitieren. Sie wollten die deutsche Bevölkerung in Angst und Schrecken jagen. Wenn aber die sowjetische Regierung durch einen Wahlsieg der CDU/CSU sehen würde, daß ihre Hoffnung sich nicht verwirklichte, daß eine deutsche Regierung an das Ruder kam, die die bisherige Politik fortsetzte, dann, so hoffte ich, würde sie mit sich reden lassen, denn, wie ich es schon oft ausgeführt habe, die atomare Aufrüstung bedeutete auch für die Sowjetunion eine außerordentlich schwere wirtschaftliche Belastung.

Die Erwartung der Sowjetunion realisierte sich nicht. Die Aufklärungsarbeit der CDU/CSU war nicht umsonst geleistet, nicht umsonst war die Mühsal strapaziöser Wahlreisen quer durch das Bundesgebiet gewesen. Das deutsche Volk entschied am 15. September 1957: Keine Experimente!

Der Ausgang der Wahlen gab der CDU/CSU die Möglichkeit, ihre bisherige Politik fortzusetzen, und dies war besonders entscheidend für das Gebiet der Außenpolitik. Am 15. September 1957 erhielt die CDU/CSU durch die Stimmen der Wähler die absolute Mehrheit im Dritten Deutschen Bundestag. Die entscheidende Bedeutung, die in diesem großen Wahlsieg lag, bestand darin, daß die bisherige Außenpolitik der Bundesrepublik für weitere vier Jahre gesichert war. Für weitere vier Jahre war die Stetigkeit der Außenpolitik verbürgt.

Innenpolitisch gesehen bedeutete der Wahlsieg der CDU/CSU eine starke Änderung der ganzen Struktur unserer Wählerschaft. Der CDU/CSU war ein tiefer Einbruch vor allem auch in die Kreise der Arbeitnehmerschaft, insbesondere der jungen Arbeitnehmer gelungen. In der bisherigen deutschen Parteiengeschichte war es eine schwere Belastung gewesen, daß die meisten Parteien den Charakter einer Klassenpartei trugen. Hier war eine entscheidende Wendung eingetreten. Die CDU/CSU umfaßte sowohl Arbeitnehmer wie Arbeitgeber. In dem Durchbruch der CDU/CSU erblickte ich einen großen Erfolg für die innere Konsolidierung des deutschen Volkes. Es war erfreulich für mich, daß in Deutschland endlich einmal mit der Scheidung der verschiedenen Klassen aufgeräumt war. Hierauf werde ich noch näher bei der Schilderung meiner Beobachtungen über die soziologische Entwicklung des deutschen Volkes eingehen.

XI. PROBLEME IM LAGER DER FREIEN WELT

1. Weiterhin keine Faktoren eines Fortschrittes zur Entspannung

Die politische Entwicklung im Sommer und Herbst 1957 enthielt keine Faktoren, die darauf hindeuteten, daß Fortschritte auf dem Wege zu einer Entspannung erzielt waren. Die entscheidenden Bemühungen um Entspannung waren die Abrüstungsverhandlungen in London. Aber die Gegensätze zwischen dem Osten und dem Westen hatten nicht überbrückt werden können, obwohl es von westlicher Seite wahrlich nicht an gutem Willen und konstruktiven Plänen gefehlt hatte. Die Sowjetregierung wies die westlichen Vorschläge nach wie vor zurück. Die Londoner Abrüstungsverhandlungen wurden am 6. September 1957 ergebnislos unterbrochen.
Nichts, aber auch gar nichts, was in den letzten Monaten im Ostblock getan oder geredet wurde, berechtigte zu der Hoffnung, daß die Bedrohung von uns genommen war. Die kommunistische Weltrevolution blieb unverändert das Ziel des Ostblocks. Um dieser Bedrohung Widerstand leisten zu können, war es nach wie vor dringend erforderlich, daß der Westen in sich gefestigt war, daß das Defensivbündnis des Westens zu einem wirkungsvollen Instrument der Verteidigung ausgebaut wurde. Solange unsere Bemühungen um die Schaffung einer lebensfähigen Friedensordnung praktisch keine Fortschritte machten, solange die Drohung aus dem Osten anhielt, mußte die NATO ihre Kräfte so organisieren, daß sie jederzeit in der Lage war, einem Angriff aus dem Osten begegnen zu können. Nach dem erfolgreichen Ausgang der Bundestagswahl setzte ich meine ganze Kraft dafür ein, eine dringend notwendige Reform der NATO zu erreichen, die sie zu einem wirksamen politischen, nicht nur militärischen Instrument machen sollte.
Am 4. Oktober 1957 wurde die gesamte freie Welt wie durch einen Schock wachgerüttelt: Der Sowjetunion war es gelungen, ihren ersten Sputnik, einen Erdsatelliten, zu starten. Ich beurteilte diesen Sputnik fast wie eine Art Himmelsgeschenk, weil ohne ihn die freie Welt in ihrem Dämmerschlaf weiter verharrt hätte. Übrigens war nach mir zugegangenen Informationen der russische Oberbefehlshaber Marschall Schukow gegen den Abschuß des Satelliten gewesen, weil er die Gefahr und die Auswirkungen eines möglichen Schocks in den Vereinigten Staaten erkannt hatte.
Der Sputnik zeigte, daß Sowjetrußland in der Entwicklung der interkontinentalen Raketen den Amerikanern weit voraus war. Die hierdurch offen-

bar gewordene Möglichkeit einer unmittelbaren Bedrohung der Vereinigten Staaten durch Sowjetrußland konnte sehr weitgehende Konsequenzen für die gesamte amerikanische Außen- und Verteidigungspolitik nach sich ziehen. Es bestand die Gefahr, daß der Wert Europas für die Vereinigten Staaten in den Augen der amerikanischen Politiker und der amerikanischen Öffentlichkeit erheblich sinken würde. Dieser Möglichkeit mußte mit aller Kraft entgegengewirkt werden. Denn es war und ist meine feste Überzeugung, daß ein Zusammengehen von Europa und den Vereinigten Staaten eine Lebensnotwendigkeit für beide war und ist. Als besten Weg, die Vereinigten Staaten und Europa fest zu verbinden, sah ich nach wie vor eine Neubelebung der NATO. Die NATO mußte endlich politisch aktiver werden und Fragen von internationaler Bedeutung eingehender erörtern. Alle Mitgliedstaaten mußten erkennen, daß ihre wichtigsten Lebensinteressen identisch waren. Der politischen Konsultation innerhalb der NATO mußte eine wichtige, ja entscheidende Rolle zukommen. In Europa glaubte man, daß die Vereinigten Staaten dieser Notwendigkeit bisher nicht immer gerecht geworden waren. Es mußte erreicht werden, daß im NATO-Bündnis alle Beteiligten *Partner* wurden. Es mußte vermieden werden, daß die Furcht in Europa um sich griff, ein amerikanischer Schnupfen könnte sich für Europa zu einer Lungenentzündung entwickeln.

2. Gespräch mit James Reston von der „New York Times"

Am 14. Oktober 1957 bot sich mir ein sehr willkommener Anlaß, meine Gedanken zu einigen wichtigen Aspekten unserer Situation einem namhaften Vertreter der amerikanischen Publizistik darzulegen. James Reston, prominenter Leitartikler der „New York Times", weilte anläßlich einer Rückreise aus Moskau in der Bundesrepublik und hatte um ein Gespräch mit mir nachgesucht. Reston war in Moskau mit Chruschtschow zusammengetroffen, und ich hoffte, auch von ihm, Reston, einiges über seine Eindrücke aus dem Kreml zu erfahren.
Reston erklärte zu Beginn des Gesprächs, er wolle nicht über politische Gegenwartsfragen, sondern über die größeren Zusammenhänge und die künftige Entwicklung sprechen. Es waren gerade zehn Tage seit dem sensationellen Start des Sputniks vergangen, doch Reston erklärte: In Washington mache sich gegenwärtig ein merkwürdiges Gefühl der Unaufmerksamkeit und Teilnahmslosigkeit bemerkbar. Eine Zeitlang hätten die Leute große Hoffnungen gehabt, daß sich die Schwierigkeiten überwinden ließen, dann seien sie wieder von großer Furcht vor einem neuen Krieg erfüllt

gewesen. Von beidem sei heute nicht viel zu finden. Man wisse, daß zwar kein Frieden herrsche, doch sei man auch froh darüber, daß kein Krieg bestehe. Man suche nach etwas Neuem, ohne daß man die amerikanische oder die russische Version der Dinge akzeptiere. Er wolle nun mich, der ich das gesamte Panorama doch schon seit Jahren überblicke, fragen, wie ich mir die Zukunft vorstelle und wie man aus diesem Circulus vitiosus herauskommen könne.

Ich bat, sehr offen sprechen zu dürfen, und erklärte ihm dann: Nach meiner Meinung bestünden zwischen dem Weißen Haus und dem State Department Meinungsverschiedenheiten – dies würde zwar bestritten, aber es sei doch offensichtlich –, und darin sehe ich einen der Hauptgründe, warum in Amerika die Gefühle so schwankend seien. Wenn ein Mann wie Eisenhower, der nicht wiedergewählt werden könne, sein Ziel darin erblicke, der Welt den Frieden zu geben, und zwar noch innerhalb seiner Amtszeit, so liege darin eine gewisse Gefahr. Selbstverständlich hielte ich das Ziel, der Welt den Frieden zu geben, für gut, doch wollte man versuchen, dies innerhalb einer gewissen Frist mit allen Mitteln zu schaffen, so sei dies doch sehr gefährlich. Ich selbst würde es für vermessen halten, um nur eine kleine Parallele zu erwähnen, wenn ich sagen würde, innerhalb von vier Jahren wolle ich die Sowjetzone befreien. In der Politik habe man die Zeit nie in der Hand. Doch dürfe man das Ziel nicht aus den Augen verlieren. Die Frist, in der es erreicht werden könne, hänge von vielen Umständen ab.

Widersprechende Tendenzen in der amerikanischen Regierung seien meine Erklärung für das Schwanken der öffentlichen Meinung, wozu die glückliche oder unglückliche Veranlagung der Menschheit komme, sich an die Dinge zu gewöhnen, auch an Gefahren. Es liege sowohl im eigenen Interesse der Vereinigten Staaten wie im Interesse der gesamten Welt, daß die Führung in Amerika stabil bleibe. Was Deutschland angehe, so könne ich sagen, daß die Bevölkerung immer unruhig werde, wenn sie merke, daß in der Regierung verschiedene Ströme und Richtungen sichtbar würden.

Reston schloß an diese Feststellung von mir eine sehr konkrete und direkte Frage. Zunächst bemerkte er, in seinem Interview mit Chruschtschow sei klargeworden, worauf es die Russen abgesehen hätten. Es gehe ihnen um zweiseitige Gespräche mit den USA und ferner darum, daß diese Gespräche unter gewissen Voraussetzungen stattfänden. Eine dieser Voraussetzungen sei, daß der Status quo beibehalten werden müsse. Außerdem habe Chruschtschow verschiedentlich darauf hingewiesen, sowohl die Sowjetunion wie auch Rotchina seien sozialistische Staaten, und es sei zwecklos, von außerhalb an irgendwelche inneren Kräfte zu appellieren, um das System zu stürzen. Wenn diese Tatsachen anerkannt würden, könnten alle Fragen gelöst werden. Reston fragte mich, ob ich bei derartigen Verhandlungen, die nicht permanenten Charakter zu haben brauchten, Vertrauen in die Vereinigten Staaten setze.

Bevor ich diese Frage beantwortete, holte ich zunächst einmal aus: Ich neige zu der Auffassung, daß Chruschtschows Absicht, mit den Vereinigten Staaten zu einer Verständigung zu kommen, zwar echt sei, ihm jedoch nichts anderes bedeute als einen Waffenstillstand auf dem Vormarsch des Kommunismus zur Weltherrschaft. Aus ideologischen Gründen erschienen Chruschtschow die Vereinigten Staaten als der gefährlichste Gegner, doch scheine er zu hoffen, diese Gefahr mit Gewalt oder auf andere Weise bannen zu können. Die Russen wollten Westeuropa und insbesondere Deutschland auf ihre Seite bekommen, weil sie glaubten, dann stärker zu sein als die Vereinigten Staaten.

Weiter führte ich aus, ich glaubte, daß Chruschtschow über die Lage im Ausland nicht richtig orientiert sei, da er sicher von seinen Botschaftern keine zutreffenden Berichte bekomme. Kein Diktator dulde Berichte, die nicht in seine Linie paßten. Diese Erfahrung habe man auch mit Hitler gemacht. Deshalb sei Chruschtschows Urteil in diesen Fragen nicht unbedingt richtig, wenn ich auch nicht sagen könne, in welchem Ausmaß.

Was nun seine, Restons, Frage direkt angehe, so werde es davon abhängen, wer auf amerikanischer Seite verhandele. Dies sei ausschlaggebend dafür, ob man Vertrauen in die Vereinigten Staaten setze. Wenn ich von Vertrauen spreche, so meinte ich nicht Vertrauen, daß man nicht getäuscht werde, sondern Vertrauen darauf, daß die Verhandlungen gut geführt würden.

Reston sagte, er gehe davon aus, daß Dulles die Verhandlungen leiten würde.

Ich gab zu bedenken, Dulles sei zwar wieder gesund, doch wisse man nicht, ob seine Krebserkrankung nicht erneut auftrete. Wer besitze in einem solchen Fall alle Informationen, um die Politik von Dulles fortführen zu können? Ich kenne jedenfalls niemanden. Im State Department sei niemand, der sich mit den Absichten von Dulles identifizieren könne und gleichzeitig dasselbe Prestige genieße. Ob Herter der geeignete Mann sei? Ich wisse es nicht.

Um das Bild abzurunden, wolle ich auch von der Lage in Europa sprechen. Die Situation in Frankreich sei außerordentlich labil, und die Kommunisten seien dort die stärkste Partei. Die französische Regierung stehe auf schwachen Füßen. Bilaterale Verhandlungen zwischen Amerika und Rußland hätten dort gefährlichere Auswirkungen als in Deutschland, weil man bei uns mehr Vertrauen in die Amerikaner setze, als man dies in Frankreich tue. Ähnliches gelte für England.

Zusammenfassend wolle ich sagen, ich glaube nicht, daß der Nutzen solcher Verhandlungen größer sei als der Schaden, den sie anrichteten. Die Sowjets würden solche Verhandlungen als einen großen Erfolg darstellen. Die westliche Welt aber würde darin den Anfang einer Aufteilung der Macht über die Erde zwischen Amerika und Rußland erblicken. Deshalb wünschten die Russen auch, derartige Gespräche zustande zu bringen, deren Auswirkung auf Europa meiner Ansicht nach sehr gefährlich wäre.

Reston fragte mich, was dann zu tun sei, ob man ohne große Sorge die Dinge einfach ihren Lauf nehmen lassen solle, das hieße, daß die Rüstung weiterhin unkontrolliert bleibe, so daß es in vier oder fünf Jahren nicht nur drei Atommächte, sondern sieben oder acht gebe.

Ich erwiderte, was den letzten Punkt angehe, so müsse natürlich alles geschehen, damit nicht jeder kleine Staat Atomwaffen habe. Was die großen Fragen betreffe, so hätte ich seit Jahren die Auffassung vertreten, daß die Heilung der Sowjetunion nur von innen kommen könne. Man werde nie ein sicheres Abkommen mit dem gegenwärtigen Regime der Sowjets abschließen können, weil ein Diktator keine Abkommen halte. In Amerika mache man den psychologischen Fehler, in einem Diktator einen Mann zu sehen, der zwar über eine gewaltige Macht verfüge, diese aber als anständiger Mensch ausübe, in der gleichen Weise wie eine in einer Demokratie zur Macht gelangte Persönlichkeit. Dies sei jedoch nicht richtig. In Deutschland habe man durch Hitler gelernt. Ein Diktator werde jede eingegangene Verpflichtung brechen, sobald ihm dies für seine Zwecke günstig erscheine. Der Westen müsse viel Geduld haben. Das sei wichtig. Die bisherige Politik des Westens habe doch auch Erfolge aufzuweisen. Und es müßte sowohl in Europa wie in Amerika mehr als bisher hervorgehoben werden, daß das Zusammengehen von Europa und Amerika eine Lebensnotwendigkeit für beide sei. Dies sei meine feste Überzeugung.

3. Vorstellungen und Anregungen der Regierung Gaillard

Ich hatte James Reston auf die Empfindlichkeit der französischen Politik gegenüber Amerika hingewiesen. Dieser Hinweis hatte seine ernste Berechtigung. Das Verhältnis zwischen Frankreich und den Vereinigten Staaten war außerordentlich gespannt. Dies hing vor allem zusammen mit der Haltung Amerikas hinsichtlich der französischen Politik in Nordafrika. Im Dezember würde wie alljährlich die nächste Sitzung des NATO-Rats stattfinden. Ich hielt sie für äußerst bedeutsam, da es dringend notwendig war, aus der Entwicklung, in die wir geraten waren, herauszukommen. Im Zusammenhang mit der nuklearen Bewaffnung gab es gefährliche Tendenzen, die eines Tages zur Auflösung der NATO führen konnten[*]. Es mußten auf dieser Sitzung konkrete Beschlüsse gefaßt werden, um die NATO wirklich zu einem politischen Instrument werden zu lassen, nur hierdurch konnten die Gefahren gebannt werden. Es mußten Konsultationen erfolgen, bevor einzelne Mitglieder Maßnahmen ergriffen, deren Auswirkungen uns alle betreffen konnten. Die Suezkrise vom Herbst 1956, eine erneute Krise im Nahen Osten auch in diesem Jahr brachten Beispiele für mangelnde Konsultationen. Dies nützte nur den Russen. Ein weiteres Beispiel für mangelnde Koordinierung auf Grund fehlender Konsultationen war auch folgendes: Im Jahre 1955 hatten die Türken sich bei den Amerikanern um eine Anleihe von hundert Millionen US-Dollar bemüht. Den Türken wurde damals, so wurde mir berichtet, von den Amerikanern zu verstehen gegeben, sie sollten doch zunächst einmal ihre Finanzen in Ordnung bringen. Nun, die Sowjets sprangen ein und bauten in der Türkei drei große Fabriken. Wenn es sich auch nicht um Rüstungsfabriken handelte, so war es ihnen auf diese Weise doch gelungen, in der Türkei Boden zu gewinnen.

Aber auch die militärischen Dinge in der NATO bedurften einer Überprüfung. Der Vorsprung der Sowjets auf dem Gebiete des Raketenbaus stellte die NATO vor große Probleme. Was im Frühjahr 1957 als gefährliche Möglichkeiten einer kommenden Entwicklung von mir und vielen anderen befürchtet worden war, schien jetzt Realität zu werden. Eine stärkere Integration auf dem Gebiet der Waffentechnik war meines Erachtens erforderlich, auch eine stärkere Integration der Streitkräfte. Es wäre gut, wenn die Luftwaffen der NATO-Mitgliedstaaten – mit Ausnahme der USA – zu einer Luftwaffe zusammengefaßt würden. Es wäre gut, wenn man wieder auf die alte EVG-Konzeption zurückkäme. Die Bildung eines politischen Generalstabes wäre äußerst begrüßenswert. Vor allem mußte die Kommandostruktur der NATO verbessert werden.

Es war notwendig, daß auf der Dezembertagung konkrete Beschlüsse gefaßt und nicht nur Beteuerungen hinsichtlich der Einigkeit der Mitgliedstaaten abgegeben würden. Hierzu war aber eine Mitwirkung Frankreichs unerläßlich. War aber Frankreich bei dem gespannten Verhältnis zu den USA, der führenden Macht innerhalb der NATO, zu einer Mitarbeit bereit? Hierüber führte ich am 16. November 1957 in Bonn mit dem Staatssekretär im Quai d'Orsay, Maurice Faure, sehr aufschlußreiche Gespräche.

Im Mittelpunkt der politischen Diskussion in Frankreich standen im November 1957 Waffenlieferungen der Amerikaner und Engländer an

---
[*] Siehe Kapitel X, Seite 292 ff.

Tunesien. Es war bekannt, daß dadurch über die tunesisch-algerische Grenze auch die algerischen Nationalisten mit Waffen für ihren Kampf gegen Frankreich versorgt wurden. In Frankreich war man über die britisch-amerikanischen Waffenlieferungen an Tunesien entrüstet und verbittert.

Faure betonte gleich zu Beginn unserer Unterredung, an der auch von Brentano teilnahm, er sei nicht nach Bonn gekommen, um die tunesische Frage zu besprechen, sondern um wesentliche Fragen im Zusammenhang mit der Dezembertagung des NATO-Rats zu erörtern. Er sei von seinem Ministerpräsidenten, Félix Gaillard, beauftragt, nach Bonn zu fahren, um mit der Bundesregierung die Probleme zu besprechen, die sich infolge der jüngsten technischen Erfindungen Rußlands auf dem Gebiet der Fernstreckenraketen ergeben hätten.

Seit der Konstruktion der interkontinentalen Raketen hätten sich die Gegebenheiten für die Verteidigung Europas grundlegend geändert. Es bestünde Anlaß zu der Befürchtung, daß die bisherige amerikanische Stützpunktpolitik durch die Konstruktion dieser Raketen in Frage gestellt werde und daß diese neue Waffe die Bedeutung der Bombenflugzeuge, Düsenjäger und so weiter erheblich mindere. Wenn die Amerikaner bisher in Europa geblieben seien, so sei dies wohl im Interesse der gesamten freien Welt, jedoch vorwiegend auch in ihrem eigenen Interesse geschehen, weil sie Flugzeugstützpunkte in den Randländern des Sowjetblocks benötigten; in wenigen Jahren aber werde sich die technische Entwicklung ändern. Er, Faure, glaube an die Möglichkeit einer politischen Entwicklung in den Vereinigten Staaten, die auf einen Rückzug auf den amerikanischen Kontinent hinauslaufe. Militärtechnisch gesehen seien die Stützpunkte in der Nähe des Sowjetblocks infolge der Fernstreckenraketen nicht mehr erforderlich, und vom politischen Standpunkt aus könnten gewisse amerikanische Kreise der Auffassung sein, das Risiko eines Konfliktes mit der Sowjetunion sei weniger groß, wenn die Vereinigten Staaten sich aus Europa fernhielten und in ihrem eigenen Bereich blieben. Darüber hinaus wäre es durchaus denkbar, daß die öffentliche Meinung in Amerika einen derartigen Rückzug auch aus wirtschaftlichen Gründen befürworte. Dies seien Erwägungen, die jedenfalls nahelägen, wenn auch keine Gewißheit darüber bestehe. Infolgedessen komme er zu dem Schluß, daß Europa sich für seine Verteidigung nicht mehr ausschließlich auf die Vereinigten Staaten stützen dürfe. Selbstverständlich könne Europa nicht ohne die USA auskommen, Europa dürfe jedoch nicht vollständig von ihnen abhängig sein. Europa müsse sich in Zukunft mehr auf sich selbst verlassen. Eine Verteidigung Westeuropas ohne ausreichende Mitwirkung der USA sei zwar undenkbar, aber Europa sollte mehr aus eigener Kraft schaffen können. Europa sollte zu einer verstärkten Zusammenarbeit und einem erhöhten Beitrag der europäischen Länder für ihre Verteidigung kommen.

Ich versicherte Faure, daß die Bundesregierung diese Sorgen teile. Es sei für die Europäer in der Tat nicht angenehm, wenn alle vier Jahre, das heißt bei jeder neuen amerikanischen Präsidentenwahl, bei der stets auch die dortige Innenpolitik eine große Rolle mitspiele, Ungewißheit über die Außenpolitik der folgenden amerikanischen Regierung entstünde. Dies seien wohl auch die Gründe, die England bewogen hätten, selbst die Wasserstoffbombe zu entwickeln.

„Diese Gründe müßten auch für Kontinentaleuropa gelten!" bemerkte Faure. Er wolle deshalb folgende Vorschläge machen: Auf der Dezembersitzung des NATO-Rats sollten sich Deutschland, Italien, die Benelux-Länder und Frankreich dagegen wehren, daß es innerhalb der NATO zwei Kategorien von Staaten gebe. Man könne nicht hinnehmen, daß nur die Vereinigten Staaten und Großbritannien über Kernwaffen und Raketen mit Atomsprengköpfen verfügten. Es sollte grundsätzlich keine Diskriminierung unter den NATO-Staaten akzeptiert werden. Auf der Tagung würden die kontinentaleuropäischen Länder stärker auftreten können, wenn sie sich vorher über eine gemeinsame Gestaltung der militärischen Forschung und Waffenfabrikation einigen würden. Es sei wohl nicht der geeignete Zeitpunkt und Ort zu einer Erörterung der Frage, wie weit die Fabrikation betrieben werden sollte, aber es sollte etwas Konkretes geschehen.

Die französische Regierung habe den Wunsch, daß Verteidigungsminister Strauß möglichst bald mit dem französischen Verteidigungsminister Chaban-Delmas zusammentreffe. Mit Italien sei bereits Kontakt aufgenommen. Italien sei zu einer Mitarbeit bereit. Frankreich wisse, daß es auf Großbritannien nicht zählen und es in diesen Plan nicht einbeziehen könne. Es zeige sich immer wieder, daß Großbritannien es vorziehe, als zweite Großmacht der freien Welt neben den Vereinigten Staaten zu rangieren. Er halte dies für einen historischen Irrtum, aber die britische Regierung sei selbstverständlich in ihrer Entscheidung frei. Er sehe daher praktisch nur die Möglichkeit einer Zusammenarbeit im Rahmen der sechs kontinentaleuropäischen Staaten. Bei diesen Bestrebungen dürfe es sich natürlich nicht um ein autonomes Vorgehen gegenüber den Vereinigten Staaten oder gar um gegen sie gerichtete Tendenzen handeln, sondern nur um ein gemeinsames Werk im Sinne des Sprichwortes „Hilf dir selbst, so hilft dir Gott".

Faure gab ganz offen zu, die französische Regierung hege gewisse Befürchtungen hinsichtlich der gegenwärtigen britischen Politik. Ohne einen Beweis dafür in Händen zu haben, sei er, Faure, der Auffassung, daß Großbritannien Maßnahmen gegen den Gemeinsamen Markt treffen wolle.

Großbritannien scheine die gegenwärtige französisch-amerikanische Krise infolge der Waffenlieferungen an Tunesien nicht ungern zu sehen, da es vielleicht an ein Wiederaufleben der alten von Roosevelt und Churchill gemeinsam betriebenen Politik der Leadership über die freie Welt glaube. Die Verhandlungen über die Freihandelszone in Paris hätten gezeigt, daß Großbritannien Meinungsunterschiede zwischen den sechs Staaten nicht gerade bedaure und gegebenenfalls zu fördern bereit sei.

Um Europa zu retten, genüge es nicht, auf dem bereits Erreichten zu beharren, man müsse die Zusammenarbeit weiter ausbauen. Sowjetrußland habe in letzter Zeit große Fortschritte auf dem Gebiet der Grundlagenforschung erzielt. Um seinerseits die wissenschaftlichen Ergebnisse zu erweitern, brauche Europa eine große Anzahl von Forschern und Technikern. Durch ein Zusammenlegen der in privater und öffentlicher Hand liegenden Laboratorien und Forschungsstätten könnte auf diesem Gebiet vieles erreicht werden. Der französische Außenminister Pineau habe Wert darauf gelegt, meine Meinung zu diesen Punkten zu erfahren.

Ich hatte bereits mit Bundesaußenminister von Brentano über die Frage, wie eine engere Zusammenarbeit der europäischen Staaten vorangetrieben werden könnte, ausführlich gesprochen. Von Brentano hatte die Notwendigkeit unterstrichen, im Rahmen der WEU – obwohl anzunehmen war, daß Großbritannien sich nicht beteiligen werde, also in dem Falle unter den sechs übrigen Staaten – bestimmte Tatsachen zu schaffen, die eine beeindruckende Wirkung haben würden, vergleichbar vielleicht derjenigen, die mit der Gründung des Gemeinsamen Marktes verbunden war. Diese Vorstellung von Brentanos deckte sich mit meiner Ansicht. Ich sagte Faure also auch in diesem Punkt meine volle Unterstützung und Billigung zu.

Hinsichtlich der Vereinigten Staaten teilte ich die von Faure geäußerten Bedenken in großem Maße und gab dem Ausdruck. Ich fürchtete, so sagte ich ihm, daß es in den Vereinigten Staaten Kräfte gebe, die sich auch auf Kosten Europas direkt mit Rußland einigen würden. Es erscheine mir jedenfalls recht offensichtlich, daß das State Department und Kräfte im Weißen Haus eine auseinanderweichende Politik betrieben. Ich hätte hierüber wiederholt mit Dulles gesprochen, aber dieser habe das entschieden bestritten. Ich müsse jedoch sagen: Wenn die von Faure dargelegte Politik, die ich persönlich für richtig hielte, zu stark in Erscheinung trete, werde dies dem Weißen Haus nicht unangenehm sein, da es daraus schließen könnte, die europäischen Staaten hielten die amerikanischen Verpflichtungen gegenüber Europa nicht mehr für entscheidend, und hierdurch würde Tendenzen zu einem Rückzug aus Europa Vorschub geleistet. Diese gesamte Politik müßte mit Vorsicht und Behutsamkeit betrieben werden.

Was Großbritannien betreffe, so hätte ich Zweifel darüber, ob der Gedanke, eine zweite Großmacht zu sein, wenn auch geringeren Ranges, dort wirklich dominierend sei. Ich sei allerdings überzeugt, daß Großbritannien sich bei der Konstruktion der Wasserstoffbombe von den von Faure dargelegten Überlegungen habe leiten lassen.

Gerechterweise müsse man die Dinge aber auch vom Standpunkt Amerikas aus betrachten, um die Haltung bestimmter amerikanischer Kreise zu verstehen: Die Bundesrepublik habe die Erwartungen der USA auf dem Gebiet der Wiederaufrüstung nicht erfüllt. Frankreich habe auf Grund seiner Verfassung Schwierigkeiten bei Regierungsbildungen, wodurch die Kontinuität seiner Politik in Frage gestellt sei. Großbritannien habe die USA besonders durch die Suezkrise stark enttäuscht. Hinzu komme, daß in Großbritannien in zwei Jahren Wahlen stattfänden. Wenn die bisher sich abzeichnende innenpolitische Entwicklung in Großbritannien sich nicht ändere, werde eine Labour-Regierung ans Ruder kommen, die vielleicht eine andere Haltung in diesen Fragen einnehmen werde als die Konservativen. Aus diesen Gründen wäre es begreiflich, wenn die Amerikaner sich fragen würden, ob es nicht vernünftiger sei, sich mit den Russen zu einigen, ohne daß ihnen klar sei, daß das die Aufgabe Europas bedeuten könne.

Wenn man die Lage so betrachte, und es sei nicht das erste Mal, daß ich dies täte, so käme ich hinsichtlich der Haltung der europäischen Staaten zu folgendem Schluß: Sie müßten erstens volle politische Konsultation und zweitens Gleichheit aller NATO-Staaten fordern. Es müsse dabei alles versucht werden, um zu einer Einigung mit Großbritannien zu gelangen.

Im übrigen sei ich seit Jahren überzeugt, daß eine stärkere Zusammenarbeit unter den europäischen Staaten den Vereinigten Staaten ihre Aufgabe erleichtern würde. Dulles kämpfe einen harten Kampf gegen bestimmte Leute in der amerikanischen Schwerindustrie und gegen Kräfte im Weißen Haus. Dulles sei aus ethischen Gründen gegen Sowjetrußland. Darüber hinaus sehe Dulles deutlich die Gefahren, die nach einer Überrollung Europas durch Sowjetrußland für die Vereinigten Staaten entstehen würden. Er wisse, daß sich der letzte Stoß gegen die Vereinigten Staaten richte.

Das Weiße Haus sei aus vielen Gründen für den Frieden, wohl nicht für den Frieden um jeden Preis, aber doch für den Frieden um einen teuren Preis.

1960 fänden die nächsten amerikanischen Präsidentschaftswahlen statt. Jede amerikanische Wahlkampagne sei ein Faktor der Ungewißheit. Zusammenfassend käme ich zu dem Schluß: Man müsse nach der von Faure gezeichneten Linie arbeiten, aber so, daß Zwischenfälle mit dem Weißen Haus vermieden würden.

Anschließend ergriff von Brentano das Wort. Er wolle noch einmal wiederholen, was er Faure bereits in einem vorangegangenen Gespräch dargelegt habe, und er wolle in einer Zusammenfassung des von Faure bisher Gesagten versuchen, mögliche Mißverständnisse zu beseitigen:
Es sei davon auszugehen, daß Europa sich weder heute noch morgen verteidigen könne, wenn nicht die Vereinigten Staaten hinter ihm stünden. Man müsse die USA dazu bringen, sich ihrer Verantwortung gegenüber Europa verstärkt bewußt zu werden. Es sei in dieser Hinsicht manches unterlassen worden. Es solle im Rahmen der Sechs und unter Mitwirkung all derer, die dazu bereit seien, also auch Großbritanniens, eine technische Zusammenarbeit auf dem Rüstungsgebiet begonnen werden, damit man am Tage der Gefahr dank des vorhandenen Waffenpotentials präsent sein könne. Man müsse den Vereinigten Staaten sagen können, Europa sei bereit, sich selbst zu helfen. Nur dadurch könne man die Vereinigten Staaten dazu bringen, sich ihren Verpflichtungen nicht zu entziehen. Es dürfe jedoch nichts hinter dem Rücken der Vereinigten Staaten und gegen deren Wünsche und Interessen unternommen werden. Die USA sollten davon unterrichtet werden, daß die auf wirtschaftlichem Gebiet in Europa begonnenen Einigungsbestrebungen nunmehr auch auf eine Zusammenarbeit auf dem Rüstungsgebiet ausgedehnt werden sollten, wie es in der EVG vorgesehen gewesen sei. Trotz der Vorbehalte gegenüber der britischen Politik sollte man hierbei Großbritannien nicht übergehen, sondern eine Zusammenarbeit der offenen Tür befürworten, bei der alle mitwirken könnten. Wie Faure sei auch er, von Brentano, der Auffassung, daß Tatsachen geschaffen werden müßten.
Faure zeigte sich über den Verlauf des Gespräches sehr zufrieden. Er sei mit den Ausführungen von Brentanos voll und ganz einverstanden, die mit seinen Gedanken bis auf einige Nuancen übereinstimmten. Um der Enttäuschung der Vereinigten Staaten gegenüber Europa, auf die ich hingewiesen hätte, zu begegnen, müsse man den Weg einer entschlossenen und aufrichtigen Zusammenarbeit mit den Vereinigten Staaten wiederfinden. Europa müsse beweisen, daß es kein Klotz am Bein der USA, sondern ein wertvoller Partner sei. Europa müsse Amerika beweisen, daß es die Vergangenheit überwunden habe und zu einer Zusammenarbeit willig und fähig sei. Ich hätte auf die Gefahr der Wahlen in den Vereinigten Staaten hingewiesen und auf die Möglichkeit einer unterschiedlichen Politik zwischen dem Weißen Haus und dem State Department. An derartigen Tatsachen lasse sich nichts ändern. Man könne sich nur durch eigene Anstrengungen dagegen sichern. Faure stellte die Frage, ob die Bundesregierung zu einer Mitarbeit hierbei bereit sei. Ich bejahte diese Frage.

Faure hatte die gleiche Frage bereits in einem Gespräch, das er zuvor mit von Brentano geführt hatte, an diesen gerichtet. Von Brentano hatte Faure erwidert, es würde unter den heutigen Umständen nicht beabsichtigt, die Produktion von Kernwaffen aufzunehmen und eine Änderung der Pariser Verträge zu beantragen. Er, von Brentano, halte es jedoch für sinnvoll – und er glaube, dies stehe bereits auf der Tagesordnung der NATO-Konferenz –, daß es im Rahmen der NATO zu einer engeren Zusammenarbeit und zu einem Austausch über die Forschungsergebnisse im Hinblick auf die Herstellung der Atomenergie für friedliche Zwecke kommen werde. Die Bundesregierung erwarte und werde dies bei der bevorstehenden Konferenz auch vorschlagen, daß die NATO als solche – nicht der einzelne Staat oder das einzelne Regiment – mit dem nötigen Vorrat an einsatzbereiten Waffen versehen werde. Es sei unerträglich und politisch gefährlich, daß die NATO-Staaten von einer politischen Entscheidung, die in Washington oder London getroffen werde, abhängig seien. Seien sie nicht im Besitz von Atomwaffen, so könne dies die Russen zu einem Angriff mit konventionellen Waffen provozieren und zu einer Überrollung Europas führen, da das Risiko eines Gegenangriffs mit Atomwaffen nicht unmittelbar gegeben sei.

Faure hatte in dem Gespräch mit von Brentano erwidert, die beiderseitigen Auffassungen kämen sich sehr nahe, die französische Regierung gehe jedoch weiter. Die kontinentaleuropäischen Staaten müßten den Vereinigten Staaten und England gegenüber beweisen können, daß sie Atomwaffen selbst herstellen könnten. Da jedoch die Vorbereitungsarbeiten hierzu eine lange und intensive Forschungstätigkeit voraussetzten, wäre es zweckmäßig, gemeinsam die Grundlagenforschung voranzutreiben. Außer der Zusammenarbeit im Rahmen von Euratom sei eine Zusammenarbeit auf einer Reihe weiterer Forschungsgebiete möglich und notwendig.

Von Brentano hatte zur Antwort gegeben, man sei in der Bundesrepublik nicht weniger besorgt über die politische Entwicklung als in Frankreich. Es sei klar, daß der jüngste technische Erfolg der Sowjetunion das russische Prestige nicht nur bei den Ländern des „Committed Lot", sondern auch bei anderen Ländern gehoben habe und damit das politische Gewicht und die Hybris der Sowjetunion gewachsen seien. Der Westen dürfe diese Entwicklung nicht hinnehmen und so tun, als ob er noch im Mittelalter lebe. Es sei wichtig, die mit dem Gemeinsamen Markt begonnene Zusammenarbeit auszudehnen. Bis zur NATO-Konferenz sei zwar nicht viel Zeit übrig, man müßte jedoch bis dahin zu sichtbaren Ergebnissen gelangen, um zu zeigen, daß die kontinentaleuropäischen Staaten fest entschlossen seien, eine Zusammenarbeit zu betreiben. Dies würde ihr Gewicht innerhalb der NATO erhöhen und von den Vereinigten Staaten sicherlich anerkannt werden.

Grundsätzlich war Faure der Auffassung, daß die beste Lösung immer noch eine totale militärische Integration aller NATO-Mitgliedstaaten sei. Man müsse die Dinge jedoch realistisch betrachten, schränkte er ein: Infolge der großen Macht und des Vorsprunges der Vereinigten Staaten sei dies nicht durchführbar. Als zweite Lösung verbliebe daher die Integration aller Mittel für die militärische Forschung unter den europäischen Staaten. Wenn Großbritannien nicht bereit sei mitzuwirken, sollte diese Integrationspolitik eben nur zwischen den kontinentaleuropäischen Staaten betrieben werden.

Im Laufe der Unterredung mit Faure wies ich auf einen Punkt hin, der mir größte Sorgen bereitete: Mit Beginn des Jahres 1969 könne jeder Mitgliedstaat der NATO mit einer Kündigungsfrist von einem Jahr den Pakt verlassen. Fest gebunden seien die Staaten nur für eine Dauer von zwanzig Jahren. Diese Laufzeit sei schon fast zur Hälfte verstrichen. Bei Abschluß des Vertrages seien die Vereinigten Staaten der Sowjetunion weit überlegen gewesen. Aber schon nach neun Jahren scheine sich die Lage wesentlich verändert zu haben. Rußlands Macht und die von ihm ausgehende Gefahr seien gestiegen, während in den Vereinigten Staaten und auch in Europa Zeichen der Erschlaffung zu verspüren seien. Europa verfüge nicht über eigene Atomwaffen, aber es seien die Atomwaffen, die nicht nur einen zukünftigen Krieg entschieden, sondern auch die Aufrechterhaltung des Friedens gewährleisteten. Die USA hätten sich in ihrer Politik von Idealen, aber auch von sehr realen Erwägungen leiten lassen. Man habe es unsererseits unterlassen, die öffentliche Meinung Amerikas darüber aufzuklären, daß ein russischer Angriff sich wohl zunächst gegen Europa, dann aber gegen die Vereinigten Staaten richten würde. Es sei also eine schwierige Aufgabe zu lösen: Erstens müsse man die NATO durch die in Aussicht genommene Zusammenarbeit stärken, ohne jedoch in den Vereinigten Staaten den Eindruck aufkommen zu lassen, Europa brauche ihre Unterstützung nicht mehr in dem gleichen Maße wie bisher. Andererseits müsse eine Politik betrieben werden, die Europa vor Wechselfällen in der Haltung der USA sichere, und hierzu sei die Verlängerung des NATO-Vertrages sehr geeignet. Ich warf die Frage auf, ob nicht auch die französische Regierung der Ansicht sei, man sollte bereits schon auf dieser Dezembertagung des NATO-Rates die Frage der Verlängerung des Vertrages zur Sprache bringen. Dies sei eine äußerst wichtige Frage. Wenn der Vertrag nicht rechtzeitig verlängert werde, fürchte ich, so sagte ich Faure, würde das Interesse daran erschlaffen. Würde man den Vertrag bereits jetzt um zehn Jahre verlängern, so hätte man eine weitere Laufzeit von über zwanzig Jahren vor sich.

Faure erwiderte, er habe volles Verständnis für diese Frage und sei grundsätzlich einverstanden. Die einzige Schwierigkeit sei zur Zeit in Frankreich die tunesische Angelegenheit und ihre Auswirkung auf die parlamentarische Meinung.

Ich erklärte, ich würde auf jeden Fall die Frage der Verlängerung des NATO-Vertrages auf der NATO-Tagung anschneiden. Es wäre gut, wenn bereits jetzt eine Entscheidung getroffen würde.

Von Brentano meinte, eine Verlängerung des NATO-Vertrages sei sicherlich eine Bestätigung des politischen und moralischen Engagements der Vereinigten Staaten gegenüber Europa. Doch auch er fragte, ob es zweckmäßig sei, in der gegenwärtigen Krise von dem Ablauf des NATO-Vertrages zu sprechen.

Ich wies noch einmal darauf hin, daß die jetzige Laufzeit der NATO nur noch elf Jahre betrage und daß die letzten Jahre eines Vertrages ungünstig für eine Verlängerung seien. Die russische Politik habe sich schon jetzt auf den Ablauf des Vertrages eingestellt und werde versuchen, eine Verlängerung zu verhindern. Der jetzige Zeitpunkt sei infolge des Sputnikschocks in den Vereinigten Staaten sehr günstig. Auf jeden Fall sollte das Terrain sondiert werden. Würde man auf Ablehnung stoßen, so wisse man, woran man sei.

Ich möchte schon hier einschieben, daß es zu meinem großen Bedauern auf der Dezembertagung zu keiner derartigen Beschlußfassung kam. Eisenhower gab allerdings eine Erklärung ab, in der er davon sprach, daß die amerikanische Regierung die NATO, ohne Rücksicht auf irgendwelche Kündigungsfristen, als etwas Beständiges beurteile und werte.

Am Schluß der Unterredung verwies Faure auf einen vertraulichen Bericht von General Lavaux, aus dem zu entnehmen war, daß der französische Generalstab sich für eine möglichst umfassende und enge Zusammenarbeit mit Deutschland ausgesprochen hatte.

Aus der sehr langen Unterredung mit Faure gewann ich den Eindruck, daß wir uns allmählich wieder der EVG näherten. Die Tendenz der Regierung Gaillard zielte eindeutig auf eine eng integrierte Europapolitik hin. Ich hoffte, daß dieser Regierung eine möglichst lange Amtszeit beschieden sein würde. Leider wurde diese Hoffnung enttäuscht.

Durch die Ereignisse der folgenden Monate, die zum Sturze der IV. Republik führten, wurden die sehr wichtigen Ansätze einer gemeinsamen europäischen Arbeit auf atomarem Gebiet zunächst wieder erstickt.

4. Gedanken zur Dezember-NATO-Ratstagung in Paris

Mehr denn je war es notwendig, daß die NATO dem Stand der Weltlage angepaßt wurde, daß die NATO eine gemeinsame Politik in entscheidenden Fragen formulierte, wenn sie nicht immer nur hinter den sowjetischen Initiativen herhinken wollte. Die Russen hatten erwiesen, daß sie transkontinentale Raketen herstellen konnten. Hierdurch mußte die gesamte strategische Konzeption der westlichen Verteidigung überprüft und den neuen Gegebenheiten angepaßt werden. Das Ziel mußte sein, die NATO zu einer politischen Organisation mit wirkungsvollen militärischen Machtmitteln zu machen.

Vom 14. bis zum 16. November 1957 hatte in Moskau aus Anlaß der vierzigjährigen Revolutionsfeierlichkeiten eine Tagung der kommunistischen und Arbeiter-Parteien des Ostblocks stattgefunden, und hierbei war wie so oft unumwunden ausgesprochen worden, man werde alles tun, um dem Kommunismus in der ganzen Welt zum Durchbruch zu verhelfen. Es wurde erklärt, man wolle die sozialistische Revolution „mit friedlichen Mitteln" durchführen. Wenn aber, so wurde betont, „die Ausbeuterklasse" dem Volk gegenüber Gewalt anwenden sollte, so müsse man auch andere Möglichkeiten im Auge haben, und zwar „die des nichtfriedlichen Übergangs". Wir kannten die Bedeutung derartiger Formeln. Sie sollten, wie die Vergangenheit uns oft gelehrt hatte, der Sowjetpolitik die Möglichkeit offenlassen, immer dann, wenn sie den richtigen Zeitpunkt für gekommen hielt, ihre Ziele auch mit Gewalt durchzusetzen. Hierfür mußten wir gewappnet sein und mußten die Verteidigungskraft der NATO ständig der sich wandelnden Situation anpassen.

Am 2. Oktober 1957 hatte der polnische Außenminister Adam Rapacki auf einer Plenartagung der Vollversammlung der Vereinten Nationen in einer Rede die Schaffung einer kernwaffenfreien Zone in Mitteleuropa angeregt. Am 9. Dezember ließ er zu diesem Vorschlag den drei Westmächten ein Memorandum zugehen. Der Plan Rapackis, der die Schaffung einer umfangreichen atomwaffenfreien Zone in Europa vorsah, lief praktisch auf eine neutralisierte Zone in Europa hinaus. Ich hielt die Schaffung einer atomwaffenfreien Zone für eine Illusion. Ich hielt es für vernünftiger, alle Anstrengungen auf die Verwirklichung einer allgemeinen kontrollierten Abrüstung zu konzentrieren. Aber wie dem auch sei, eine gemeinsame Stellungnahme des Westens war notwendig. Es würde selbstverständlich sein, daß wir bei der Bildung unseres politischen Willens nicht die im Ostblock geübte Kommandogewalt nachahmen würden.

In der Zeit vom 16. bis 19. Dezember 1957 sollte auf Grund einer Initiative von Präsident Eisenhower die übliche Jahreskonferenz der NATO nicht auf Außen- und Verteidigungsministerebene, sondern auf der Ebene der Regierungschefs abgehalten werden. Eisenhower hatte seine Teilnahme angekündigt. Ich entnahm aus dieser Tatsache, daß auch die Vereinigten Staaten nunmehr entschlossen waren, der NATO eine erhöhte Aufmerksamkeit zu schenken. Vielleicht hatte aber auch die Initiative der französischen Regierung zu einer gemeinsamen europäischen Politik auf atomarem Sektor eine gewisse Nervosität in Washington ausgelöst. Eine Äußerung von Außenminister Dulles auf einer Pressekonferenz in Washington am 19. November 1957 ließ die Bereitschaft der Amerikaner erkennen, den Sicherheitsbedürfnissen ihrer NATO-Partner auf nuklearem Gebiet entgegenzukommen.

Folgende Notiz, die ich mir am 9. Dezember 1957 als eine Art persönliches Arbeitspapier für Besprechungen innerhalb des Kabinetts und für Einzelgespräche mit den Bundesministern zur Vorbereitung der NATO-Ratssitzung machte, gibt wieder, wie ich die damalige Situation einschätzte:

„Rhöndorf, den 9. Dezember 1957

I. Der NATO-Pakt wurde im Jahre 1949 gegründet in erster Linie als militärisches Abkommen. Die Vereinigten Staaten übernahmen als die stärkste und führende Macht des Westens den militärischen Oberbefehl. Die politischen Angelegenheiten wurden England – Lord Ismay – übertragen. Schon diese Teilung zeigte, daß die Vereinigten Staaten von Anfang an den innerhalb der NATO auftretenden politischen Fragen weniger Bedeutung beilegten. Da die Vereinigten Staaten allein im Besitz nuklearer Waffen waren, hatte die NATO gegenüber Sowjetrußland ein absolutes Übergewicht. Man war allgemein der Ansicht, daß die Tatsache des Vorhandenseins solcher Waffen in den Händen der Vereinigten Staaten allein genüge, um durch Abschreckung Sowjetrußland im Zaume zu halten.

II. Im Laufe der Jahre veränderten sich die Dinge von Grund auf.
   a) Sowjetrußland wurde wirtschaftlich erheblich stärker als früher, namentlich auch in der Produktion von Waffen aller Art. Es kam schließlich in den Besitz nuklearer Waffen; es errang endlich durch die Entwicklung der Raketenwaffen auf einem entscheidenden Sektor das Übergewicht über den Westen, insbesondere gegenüber den Vereinigten Staaten. Die Vereinigten Staaten glaubten zunächst kaum, einen Angriff Sowjetrußlands befürchten zu müssen, sie waren dann der Auffassung, daß es ihnen durchaus möglich sein werde, einen Angriff auf den amerikanischen Kontinent durch

nukleare Flugzeugbomben mit ihrer überlegenen Flugzeugwaffe abwehren zu können. Sie glaubten ferner, durch die Anlage des Gürtels von Stützpunkten für Flugzeuge mit nuklearen Bomben rund um Sowjetrußland dieses völlig in der Hand zu haben. Diese ganze Konzeption wird sich im Laufe weniger Jahre durch die interkontinentale Rakete grundlegend ändern. Sowjetrußland wird dann auch die Vereinigten Staaten direkt angreifen können, ohne daß eine Abwehr möglich ist.

b) Sowjetrußland dehnte sein Einflußgebiet unter Einsatz erheblicher Geldmittel in weiten Gebieten Asiens und zuletzt auch des Nahen Ostens aus. Diesem von Sowjetrußland entfesselten Kalten Kriege traten die Vereinigten Staaten nicht genügend entgegen, weil sie offenbar die ihnen daraus drohenden Gefahren nicht erkannten. Es kam aber schließlich zu Pakten in Asien und im Nahen Osten – SEATO-Pakt, Bagdad-Pakt –, mit denen die Vereinigten Staaten verbunden sind und bei denen politische und wirtschaftliche Fragen eine größere Rolle spielen als im Gebiet des NATO-Paktes. Offenbar wollen die Vereinigten Staaten dort ihre eigene Politik treiben ohne Rücksichtnahme und ohne Konsultation ihrer NATO-Partner, obgleich diese dadurch auf das empfindlichste berührt wurden (Ägypten, Suez, Jordanien, Tunesien).

c) Durch diese Entwicklung ist die Bedeutung des NATO-Paktes erheblich gesunken. Er wird politisch durch Amerika vernachlässigt. Es sind große Zwistigkeiten unter den NATO-Teilnehmern entstanden – Zypern, England, Griechenland, Türkei –, US/Großbritannien und Frankreich wegen des Suezkanals –, US, Großbritannien/Frankreich wegen der Waffenlieferungen nach Tunis. Bei der waffentechnischen Entwicklung Sowjetrußlands, das in der ‚DDR‘ nach der eigenen Erklärung Chruschtschows Raketenabschußbasen stehen hat und ebenso Raketenabschußbasen in den Satellitenstaaten, ist die Lage Westeuropas außerordentlich kritisch geworden. Großbritannien ist im Besitz nuklearer Waffen, sonst niemand. Die in Europa lagernden sonstigen nuklearen Waffen gehören Amerika, sind unter seinem Verschluß und dürfen nur benutzt werden mit Zustimmung des amerikanischen Präsidenten. Da bei dem sehr großen Übergewicht Sowjetrußlands von konventionellen Waffen gegenüber dem Potential der NATO-Mächte an konventionellen Waffen Westeuropa nur dann Sicherheit hat, wenn die amerikanischen nuklearen Waffen eingesetzt werden, hängt das Schicksal Europas ab von dem Willen des Präsidenten der Vereinigten Staaten. Ob sich ein Präsident der Vereinigten Staaten zur Verwendung Amerika gehörender nuklearer Waffen von Europa aus entschließen wird, nachdem nunmehr Sowjetrußland mit Raketen, die nukleare Köpfe haben, Amerika direkt angreifen kann, ist eine Frage, die schwer zu beantworten ist.

III. Sobald diese Tatsachen der westeuropäischen Bevölkerung stärker zum Bewußtsein gekommen sind, wird der Wille zur Kapitulation gegenüber Sowjetrußland voraussichtlich sehr stark einsetzen. Er macht sich jetzt schon in ernst zu nehmenden Kreisen geltend.

IV. Die NATO-Konferenz scheint mir sehr schlecht vorbereitet zu sein. Ich wüßte nicht, wie ein einflußvolles Ergebnis herauskommen könnte. Es liegen vor Vorschläge der Bundesrepublik, Großbritanniens und der Vereinigten Staaten. Soviel ich sehe, sind in keinem dieser Vorschläge die beiden wichtigsten Punkte berührt. Die beiden wichtigsten Punkte sind:

1. Übertragung der amerikanischen nuklearen Waffen auf den NATO-Oberbefehlshaber,
2. die Entscheidung über die Frage, was werden soll, wenn im Jahre 1969 zum Beispiel die Vereinigten Staaten erklären, daß sie den NATO-Vertrag mit Jahresfrist kündigen werden. Man stelle sich vor, in welchem Zustande Westeuropa sein würde, wenn alsdann die Amerikaner ihre nuklearen Waffen abtransportierten, während die Russen im Besitz ihrer nuklearen Waffen bleiben.

Nach dem Nachrichtenspiegel I von heute (9. 12. 1957) soll weder Eisenhower noch Dulles mit dem Kongreß in Verhandlungen treten wollen wegen Änderungen des MacMahon-Gesetzes, das angeblich die Übertragung des Verfügungsrechts über die nuklearen Waffen an irgend jemand verhindert. Ohne Kenntnis dieses Gesetzes läßt sich nicht sagen, ob eine Konstruktion des Oberbefehls in der NATO möglich ist, die die Verwendung der Waffen ohne Änderung des Gesetzes durch NATO ermöglicht.

V. Durch die oben von mir geschilderte Entwicklung seit 1949 hat sich die Situation derartig verändert, daß das NATO-Bündnis nur dann noch Zweck hat, wenn es völlig umgebaut wird, damit es insbesondere auch zu einem politischen Bündnis wird. Vielleicht ist die Änderung der Stellung des Generalsekretärs eine Möglichkeit dazu, obgleich ich hieran zweifle. Es würde auch die Frage zu prüfen sein, ob nicht politische Vertreter NATOs in Washington eine Position eingeräumt bekommen sollten, die ihnen wirklich die Möglichkeit gibt, die gesamte Entwicklung der amerikanischen Politik zu verfolgen und beizeiten NATO ins Bild zu setzen.

General de Gaulle bei einer Pressekonferenz

General de Gaulle begrüßt den Bundeskanzler beim ersten Zusammentreffen in Colombey-les-deux-Eglises

VI. Die Bundesrepublik ist nicht nur bei England, sondern auch bei den übrigen NATO-Staaten fast verhaßt, weil man allgemein annimmt, daß sie Reichtümer angesammelt habe, während die anderen große Geldmittel zur Verteidigung verwendet hätten. Es scheint mir sehr nötig, sofort eine Aufstellung zu machen, die zeigt, wie groß die Kriegsschäden Deutschlands waren, die unbedingt sofort beseitigt werden mußten, um das deutsche Volk nicht dem Kommunismus in die Arme zu treiben. Erst nach Abzug der Ausgaben für diese Zwecke vom Sozialprodukt dürfte es zulässig sein, Vergleiche zwischen den Prozentsätzen des Sozialproduktes, die von den einzelnen NATO-Partnern für Verteidigungszwecke aufgewendet sind, anzustellen. Es werden sich dann ganz andere Ziffern ergeben als bisher."

5. Besprechungen in Paris und Ergebnis der NATO-Ratstagung vom Dezember 1957

Voll großer Erwartungen fuhr ich am Samstag, dem 14. Dezember, nach Paris. Ich leugne nicht, daß ein gewisses Maß an Besorgnis diese Erwartungen begleitete. Das öffentliche Interesse an der Konferenz war ungeheuer groß. Über tausend Journalisten waren nach Paris gekommen. Durch die jüngsten Vorschläge des Ostblocks zur Schaffung einer atomwaffenfreien Zone in Europa war das Interesse an der NATO-Konferenz noch besonders gewachsen. Der Plan Rapackis hatte überall eine lebhafte Diskussion entfacht, zumal in den Vereinigten Staaten durch Kennan erneut ähnliche Vorstellungen öffentlich entwickelt worden waren.
Unmittelbar vor meiner Abreise nach Paris erhielt ich ein Schreiben des sowjetischen Ministerpräsidenten Bulganin, datiert vom 10. Dezember 1957. Ein großer Teil schien eine Wiederholung zahlreicher Äußerungen der sowjetischen Regierung aus der Vergangenheit zu sein. Der Ton des Schreibens schien mir bei einer ersten Durchsicht maßvoll, was die Bundesregierung von sowjetischer Seite nicht immer gewohnt war. Der Brief enthielt, auch das ließ eine erste Durchsicht erkennen, eine Anzahl von Vorschlägen, die prüfenswert schienen, die jedoch sehr vage gefaßt waren. Ich war bereit, auf diplomatischem Wege mit der sowjetischen Regierung direkt zu verhandeln, um zu erfahren, welche präzisen Vorstellungen hinter den Vorschlägen steckten. Auf jeden Fall wollte ich auf der NATO-Ratssitzung dieses Thema zur Sprache bringen und die Zustimmung erreichen, in direkte Verhandlungen mit der Sowjetregierung zu treten.
Schon am Nachmittag des 14. Dezember 1957 traf ich im Hotel Bristol mit

dem amerikanischen Außenminister John Foster Dulles zu einer ersten Unterredung zusammen. Ohne Umschweife sprach ich sogleich von meiner großen Sorge hinsichtlich der NATO. Nach meiner Ansicht, so sagte ich ihm, sei eine Wende eingetreten, weil es den Sowjets gelungen sei oder in naher Zukunft gelingen werde, die Voraussetzung für eine direkte Beschießung der Vereinigten Staaten zu schaffen. Daraus ergebe sich die Frage, wie die amerikanische Öffentlichkeit reagieren werde und welche Auswirkungen diese Reaktion auf die amerikanische Politik habe. Ich bemerkte, mir sei mitgeteilt worden, daß bisher noch keine Möglichkeit bestehe, ein Raketengeschoß von seiner Bahn abzulenken, trotz aller Theorien, die darüber entwickelt worden seien. Ich verwies auf die amerikanischen Wahlen 1960 und 1964 und auf die Bestimmungen des NATO-Vertrages, wonach im Jahre 1969 die Mitglieder mit einjähriger Frist kündigen könnten. Niemand könne die Frage beantworten, welche Auffassungen das amerikanische Volk 1960 oder 1964 vertrete.

Dulles wies meine Befürchtung hinsichtlich einer möglichen Änderung in der Haltung der amerikanischen Öffentlichkeit entschieden zurück. „Ich bin fest überzeugt, daß sich nichts geändert hat!" erklärte er mit Nachdruck. Man sei fünf Jahre lang in der Planung davon ausgegangen, daß die Vereinigten Staaten Opfer eines Vernichtungskrieges feindlicher Langstreckenbomber werden könnten. Er gebe zu, daß es schwierig sei, eine Rakete von ihrem Kurs abzulenken, und daß es schwerer sei, eine Rakete abzuschießen als einen Bomber. Aber die Raketendrohung sei im Grunde genommen nichts Neues. Er selbst habe keine Anzeichen einer Aufweichung in der Haltung der Öffentlichkeit entdeckt. Er halte es vielmehr für charakteristisch, daß die Amerikaner angesichts einer Drohung sich noch mehr anstrengten und ihre Entschlossenheit wachse. Die Bereitschaft zu kämpfen, wenn irgendwo ein Angriff geführt werde, habe nicht nachgelassen. Der Grund dafür sei nicht nur in den vertraglichen Verpflichtungen oder in der Wertschätzung der Verbündeten zu sehen, sondern in der nüchternen Erkenntnis, daß man, falls man nicht zu kämpfen bereit sei, einen Verbündeten nach dem anderen verlieren werde, daß die Macht des Gegners dann immer weiter zunehme und er schließlich so übermächtig geworden sei, daß die eigene Vernichtung befürchtet werden müsse. Dies sei der Grund, warum man unbeirrt entschlossen sei zu kämpfen, wenn es darauf ankomme. Man könne es nicht zulassen, daß die Linie, auf der man jetzt stehe, in irgendeiner Form zusammenschrumpfe.

Dulles wies auf die bei der NATO-Gipfelkonferenz von Eisenhower zu haltende Rede hin. Eisenhower werde in seiner Rede auf die Notwendigkeit einer politischen und wirtschaftlichen Offensive und auf die Koordinierung der Maßnahmen zur Unterstützung entwicklungsfähiger Länder hinweisen.

Eisenhower werde in seiner Rede auch die Auffassung vertreten, daß die Atlantische Gemeinschaft etwas Beständiges sein müsse und ohne Rücksicht auf irgendwelche Kündigungsdaten fortbestehen solle.

Ich brachte in der Unterredung mit Dulles den Vorschlag der französischen Regierung zur Sprache, unter den kontinentaleuropäischen Staaten gemeinsame Forschungs- und Entwicklungsarbeiten auf atomarem Gebiet zu betreiben. Dulles begrüßte diesen Plan und regte an, doch eine Zusammenarbeit dieser Gruppe mit solchen Staaten durchzuführen, die auf diesem Gebiet schon größere Erfahrungen besäßen. Sie, die Amerikaner, wären bereit, ihre Erfahrungen zur Verfügung zu stellen, soweit dies irgend möglich sei.

Am folgenden Tag traf ich mit dem französischen Ministerpräsidenten Gaillard zusammen. Diese Unterredung war besonders ermutigend. Ich berichtete Gaillard über mein Gespräch mit Dulles und insbesondere über den letzten Punkt unserer Beratung. Gaillard begrüßte den Gedanken einer Mitarbeit der USA. Nach seiner Ansicht würde unsere geplante Zusammenarbeit auf jeden Fall ein geeignetes Mittel sein, um die im NATO-Pakt vorgesehene Gleichberechtigung der Partner zu verwirklichen. Die europäischen Staaten einzeln genommen seien kaum in der Lage, große Aufträge zu übernehmen und durchzuführen. Durch eine Aufteilung der Rüstungsproduktion und der technischen Forschung unter die wichtigsten dieser Länder sei die Möglichkeit gegeben, die Gleichberechtigung in die Tat umzusetzen. Auf diese Bedeutung unseres Vorhabens müsse unbedingt hingewiesen werden.

Gaillard meinte, daß man die Zusammenarbeit zunächst nur auf den Gebieten herstellen sollte, auf denen die beteiligten Länder schon eine längere technische Erfahrung besäßen. Auf dem Gebiet der Atomwaffen würden nämlich besondere Probleme im Zusammenhang mit den Pariser Verträgen auftreten.

Ich erwiderte, solange es sich um Forschungsuntersuchungen handele, könne nichts passieren. Außerdem habe Dulles angeboten, daß die Unterzeichnerstaaten des Abkommens an den amerikanischen Erfahrungen teilhaben sollten. Ob die Engländer ein Gleiches tun würden, sei allerdings eine andere Frage.

Gaillard hielt dieses Problem nicht für wesentlich. Viel wichtiger sei die Tatsache, daß man im Grunde genommen wieder zur EVG zurückkomme.

Gaillard führte dann weiter aus, daß auch er vor zwei Tagen ein Gespräch mit Dulles geführt habe, in welchem naturgemäß in erster Linie die französisch-amerikanischen Probleme erörtert worden seien. Die englischen und amerikanischen Waffenlieferungen an Tunesien hätten in der öffentlichen

Meinung, im Parlament und in politischen Kreisen Frankreichs eine sehr heftige und beunruhigende Reaktion ausgelöst. Das französische Volk nehme lebhaften Anteil an den Ereignissen in Algerien. In den letzten zweieinhalb Jahren seien über eine Million junger Männer in Algerien gewesen, die aber nicht defaitistisch und enttäuscht in die Heimat zurückgekehrt seien, sondern sich im Gegenteil sehr positiv zur Politik der französischen Regierung stellten. Diese Haltung habe natürlich auf die Umgebung dieser Leute ausgestrahlt, und es sei festzustellen, daß die französische Algerienpolitik die Zustimmung weitester Bevölkerungskreise besitze. Der tunesische Staat unterstütze freiwillig oder unfreiwillig die algerischen Rebellen. Fellachenbanden befänden sich auf tunesischem Gebiet, und da Burgiba das nicht verhindern könne, habe er die Führung dieser Rebellen übernommen. Entlang der tunesisch-algerischen Grenze seien Instruktions- und Erholungslager für die Fellachen eingerichtet worden. Ohne diese wichtige Unterstützung der Rebellen durch Tunesien würde es Frankreich nach Ansicht Gaillards in wenigen Monaten gelingen, die Ruhe in Algerien wiederherzustellen. Frankreich könne nicht verstehen, daß unter diesen Umständen Großbritannien und die USA Waffen an Tunesien geliefert hätten. Nicht die Menge der Waffen sei von Bedeutung, sondern der symbolische Charakter dieser Lieferungen. Frankreich habe kein Verständnis für diese Handlungsweise. Es bestehe die Gefahr, daß die Reaktion der öffentlichen Meinung in Frankreich auch Folgen für die französische Mitarbeit an der gemeinsamen Verteidigung habe. Gaillard erwähnte eine vor drei Tagen abgehaltene Debatte im französischen Senat und eine Sitzung des Verteidigungsausschusses der Nationalversammlung. Auch Politiker, die von der Linken sehr weit entfernt seien, auch Männer wie George Bidault, hätten sehr heftig reagiert, und diese Stimmung habe sich noch nicht abgeschwächt, obschon bereits sechs Wochen seit dem Vorfall verstrichen seien.

Frankreich hoffe, in der Lösung des Algerienproblems Fortschritte zu machen. Es scheine, daß das Vertrauen der mohammedanischen Bevölkerung zu Frankreich zunehme, und er, Gaillard, beabsichtige, die seit langem in Arbeit befindlichen und seit langem fälligen Gesetzesreformen für Algerien durchzuführen. Die marokkanische Regierung sei bereit, mit Frankreich zusammenzuarbeiten, und würde Frankreich unterstützen, auch außerhalb des offiziellen Angebotes der guten Dienste. Auf diese Weise sollte es möglich sein, in Westalgerien die Ruhe bald wiederherzustellen. Wenn die Schwierigkeiten mit Tunesien und Marokko gelöst seien, erstrebe Frankreich eine wirtschaftliche Assoziierung mit diesen beiden Ländern zur Erschließung der Bodenschätze der Sahara. Aber zur Durchführung dieser Pläne müsse Frankreich die Gewißheit haben, daß seine Verbündeten auf

seiner Seite stünden und daß sich ein Zwischenfall wie die Waffenlieferungen an Tunesien nicht wiederholen könne.
Ich fragte, was Dulles auf diese Ausführungen erwidert habe.
Gaillard erklärte, Dulles sei etwas erstaunt gewesen, weil er die Zusammenhänge zwischen dem algerischen Problem und den übrigen Problemen Nordafrikas und des Nahen Ostens wohl nicht richtig eingeschätzt habe. Es handele sich offensichtlich für Dulles um etwas Neues, das nicht ganz in seine bisherigen politischen Vorstellungen passe. Gaillard betonte immer wieder, daß die Reaktion in der NATO auf diese Fragen für Frankreich von großer Bedeutung sei, und er bat mich um Unterstützung.
Offensichtlich war das State Department über die Einzelheiten der nordafrikanischen Vorgänge nicht genügend im Bilde gewesen. Der britische Botschafter in Bonn hatte mir jedoch vor kurzer Zeit erklärt, daß die Aktion der Waffenlieferungen für Frankreich nicht überraschend gekommen sei. Man hätte mit Frankreich darüber lange diskutiert. Aber da Frankreich keine Regierung besessen habe, hätte man von Frankreich keine Antwort bekommen. Ich berichtete Gaillard über dieses Gespräch mit dem britischen Botschafter.
Gaillard erwiderte, daß diese Begründung durch den britischen Botschafter nicht stichhaltig sei. Er, Gaillard, habe seine Regierung am 5. November 1957 gebildet, und die Waffenlieferungen seien am 12. November erfolgt. Die Aktion sei sehr überstürzt durchgeführt worden und die fehlende Unterrichtung lasse sich nicht mit der Regierungskrise in Frankreich erklären.
Anschließend berührte Gaillard die Zukunft der NATO und brachte sie mit der Politik in Nordafrika in Zusammenhang: Der NATO-Pakt genüge der heutigen Lage nicht mehr, weil die Sowjetunion eine neue Taktik eingeschlagen habe. Sie greife die einzelnen Länder direkt in ihren lebenswichtigen Interessen an. Damit sei ganz Europa bedroht. Afrika sei für die Zukunft eine Rohstoff- und Energiequelle Europas, und ohne eine gemeinsame Politik des Westens in Afrika erleide es das gleiche Schicksal wie Asien. Eine solche Entwicklung müsse unter allen Umständen verhindert werden. Gaillard wies darauf hin, daß er die algerische Frage nicht als ein französisches Problem im nationalistischen Sinne sehe, sondern als eine Angelegenheit, die für die Sicherheit und die wirtschaftliche Zukunft Europas von Bedeutung sei.
Ich fragte Gaillard, ob er glaube, sich mit Dulles einigen zu können.
Gaillard antwortete, es komme darauf an, wie sich Dulles grundsätzlich zu dem algerischen Problem stelle.
Ich regte an, dieses Problem im NATO-Rat zu erörtern.
Botschafter Joxe, der bei dieser Unterredung zugegen war, äußerte die An-

sicht, daß nicht das eigentliche Algerienproblem behandelt werden sollte, sondern die allgemeine Frage der Konsultation. Gaillard habe dafür ganz bestimmte Vorstellungen.

Gaillard erläuterte seine Gedanken folgendermaßen: Es genüge nicht mehr, daß die NATO eine rein militärische Organisation bleibe. Es müsse ihr ein politischer Inhalt gegeben werden. Es sei nötig, die Amerikaner davon zu überzeugen, daß bei allen politischen Problemen, die in einem Gebiete auftauchten, das nicht unbedingt innerhalb der geographischen Grenze der NATO liegen müsse, Konsultationen stattfinden sollten. Wenn das Problem alle NATO-Partner betreffe, müßten die Außenminister aller Mitgliedstaaten zusammenkommen. Wenn das Problem nur einige dieser Länder betreffe, sollte es durch die Vertreter dieser beteiligten Mächte mit dem Generalsekretär der NATO erörtert werden.

Ich hielt diesen Vorschlag für sehr vernünftig. Im übrigen wies ich darauf hin, daß die Amerikaner nach meiner Meinung bis vor kurzem den russischen Plan nicht voll durchschaut hätten, der darauf hinzielte, Westeuropa über Deutschland einerseits und über Ägypten und das Mittelmeer andererseits einzukreisen.

Gaillard bezweifelte auch, daß die Amerikaner die Gefahr richtig erkannt hätten. Man müsse ihnen klarmachen, daß die Russen die Bildung unabhängiger Staaten förderten, die nicht in der Lage seien, sich selbst zu regieren. Dann würden die kommunistischen Parteien in diesen Ländern die Macht ergreifen.

Ich machte darauf aufmerksam, daß Dulles sich in einer ziemlich heiklen Lage zwischen dem Weißen Haus und dem Kongreß befände. Er werde meistens zu schlecht beurteilt. Er besitze allerdings manchmal eine etwas unglückliche Art, sich zu geben. Doch sei er sehr zuverlässig, aber auch empfindlich, wenn man an seiner Zuverlässigkeit zweifle. Ich hätte ihn als einen großen Freund Frankreichs kennengelernt.

Abschließend gab Gaillard seiner tiefen Befriedigung darüber Ausdruck, daß zwischen ihm, Gaillard, und mir völlige Übereinstimmung über die allgemeinen Probleme und die Gefahren, die der westlichen Welt drohten, bestünde. Wenn Deutschland und Frankreich gemeinsam Vorschläge machten, seien sehr gute Ergebnisse zu erwarten.

Ich bestätigte, daß niemand an dem Block Beneluxländer, Frankreich, Italien und Bundesrepublik vorübergehen könne. Den Kern dieses Blocks müßten Frankreich und Deutschland bilden, das sei schon seit Jahren meine Politik gewesen.

Nicht in Defensive drängen lassen

Die Beratungen der fünfzehn Präsidenten und Premierminister der NATO-Mitgliedstaaten, die am 16. Dezember begannen und am 19. Dezember abgeschlossen wurden, verliefen im Zeichen grundsätzlicher Übereinstimmung.

Am ersten Tag der Konferenz gab ich eine längere Erklärung ab, in der ich in großen Zügen die außenpolitische Haltung der Bundesregierung darlegte. In meiner Rede forderte ich vor allem eine verstärkte politische Konsultation. Ich erklärte: „In einer Zeit, in der wir täglich mit überraschenden politischen Vorstößen des Moskauer Blocks zu rechnen haben, ist es meiner Auffassung nach unerläßlich, daß wir uns rechtzeitig über gewisse gemeinsame Grundlinien unserer Politik einig werden, die zu konkreten Aktionsprogrammen für die Lösung der Probleme in den verschiedenen geographischen Räumen führen. Ich denke hierbei in erster Linie an Osteuropa, den Mittleren Osten und an Afrika. Nur so wird die Allianz in die Lage versetzt, in Krisenzeiten schnell zu reagieren. Nur so können auch, wenn schnelle Aktionen erforderlich sind, die Vereinigten Staaten als Führungsmacht dieser Allianz sofort handeln, wobei ich es allerdings als selbstverständlich ansehe, daß die NATO-Staaten unmittelbar über diese Aktionen unterrichtet werden."

Als konkreten Vorschlag regte ich an, daß der Ständige Rat, vielleicht unterstützt durch besonders kompetente Sachverständige, konstruktive Vorschläge mache, zum Beispiel über unsere wirtschaftlichen Beziehungen zum Satellitenraum als Mittel zur Überwindung der Zweiteilung Europas, oder aber, wie wir das Band der freien Welt mit den Völkern des Nahen Ostens wirtschaftlich enger knüpften.

In meiner Rede forderte ich, daß den Sowjets immer wieder ins Gedächtnis gerufen werden müßte, daß das Problem der Wiedervereinigung Deutschlands, das nun einmal das Spannungsproblem Nr. 1 sei, gelöst werden müßte, und zwar gemäß ihrer auf der Gipfelkonferenz im Juli 1955 gegebenen Zusage bezüglich der Abhaltung freier Wahlen. Ich bat die NATO-Mitgliedstaaten, der besonderen Stellung Berlins stets größte Aufmerksamkeit zu schenken, und wies darauf hin, wir müßten damit rechnen, daß die Sowjets auch diese Frage wieder einmal zum Anlaß nehmen könnten, um die Entschlossenheit und Festigkeit unserer Allianz auf die Probe zu stellen. Ich erklärte wörtlich: „Wir dürfen uns nicht durch die weltweite Propaganda des Ostblocks in die Defensive drängen lassen, aber warum sollen wir nicht selbst in einem Kampf, der vorwiegend auch um die öffentliche Meinung der Welt geführt wird, mehr Aktivität, mehr Phantasie, mehr Vitalität zeigen und für unsere Ziele werben? Manchmal will es mir nämlich scheinen, als ob wir uns der Anziehungskraft unserer Ideale und unserer politischen Möglichkeiten nicht genügend bewußt seien!"

Im Laufe der Aussprachen gab ich Kenntnis von dem Brief Bulganins an mich und unterrichtete die Teilnehmer von meinem Vorhaben, auf diplomatischem Wege in direkten Gesprächen mit Moskau Aufklärung zu bestimmten Anregungen, die in dem Schreiben angeschnitten waren, zu erhalten. Mir wurde die allgemeine Zustimmung der NATO-Mitglieder zu diesen Gesprächen gegeben.

Alle Beteiligten gingen davon aus, daß es galt, für die Bewahrung von Frieden und Freiheit alles Notwendige zu tun, und zwar sowohl durch die Bereitschaft zu erfolgversprechenden Gesprächen mit dem Osten als auch durch den Ausbau unserer Verteidigungskraft.

Eines der wichtigsten Ergebnisse der NATO-Ratssitzung war die Zusage der Vereinigten Staaten, die NATO mit Raketen mittlerer Reichweite und mit Abschußrampen zu versehen. Es sollte eine Art Atomwaffenlager angelegt werden, das allerdings unter amerikanischer Verfügung bleiben sollte. Dulles erklärte am 16. Dezember 1957 vor dem NATO-Rat: „Unter diesem Vorratssystem würden Atomladungen unter amerikanischer Verwahrung in Übereinstimmung mit der Verteidigungsplanung der NATO und im Einverständnis mit den direkt beteiligten Nationen geliefert. Im Fall von Feindseligkeiten würden Atomladungen dem entsprechenden NATO-Oberbefehlshaber zur Verwendung durch solche NATO-Streitkräfte freigegeben, die für die Verwendung von Atomwaffen geeignet sind." Durch die angekündigten Maßnahmen würde die NATO entscheidend gestärkt.

Ferner regte Dulles an, einen NATO-Ausschuß aus hochqualifizierten Wissenschaftlern, Ingenieuren und Produktionssachverständigen zu bilden, der Empfehlungen für ein koordiniertes Forschungs-, Entwicklungs- und Produktionsprogramm für moderne Waffen in Europa einschließlich ferngelenkter Geschosse von mittlerer Reichweite ausarbeiten sollte. Außerdem schlug Dulles die Einrichtung einer Zentrale vor, in der die Forschungsergebnisse über Atomwaffen und militärische Erfahrungen gesammelt und vertraulich zur Verfügung gestellt werden sollten. Diese Anregungen von Dulles hatten zweifellos ihre Wurzel in der Initiative der Regierung Gaillard.

Die NATO-Konferenz wurde abgeschlossen durch die Veröffentlichung eines sehr umfangreichen Schlußdokumentes*, das aus einer Erklärung und einem Kommuniqué bestand. Zur Frage der Konsultationen hieß es unter Punkt 7 im Schlußkommuniqué:

„Obwohl Fortschritte erzielt worden sind, wird bei unserer politischen

---
* Siehe Dokumentenband.

Schlußkommuniqué der NATO-Konferenz

Konsultation weitere Verbesserung benötigt. Wir sind entschlossen, diese herbeizuführen. Unsere ständigen Vertreter werden von jeder Politik der Regierungen voll unterrichtet sein, die das Bündnis und seine Mitglieder materiell berührt. Auf diese Weise werden wir in der Lage sein, die politische Erfahrung eines jeden von uns voll in Anspruch zu nehmen und eine umfassende Koordinierung unserer Politik im Interesse nicht nur des Bündnisses, sondern der freien Welt als Gesamtheit sicherzustellen. Außerdem sollen zur Stärkung des Bündnisses der Ständige NATO-Rat und der Generalsekretär eine wirksame Konsultation sicherstellen, die, wo notwendig, Vermittlungsverfahren in einem frühen Stadium einschließt."

Dies war ein sehr erfreuliches Ergebnis.

Zur Frage eines Abrüstungsabkommens wurde in dem Schlußkommuniqué erklärt, wenn es wirksam sein solle, müsse es von angemessenen internationalen Kontrollen begleitet sein. Daher wäre die Annahme solcher Kontrollen ein Prüfstein. Es wurde festgestellt, die Sowjetführer hätten bisher ein allgemeines Abrüstungsabkommen verhindert, sie hätten aber gleichzeitig klargemacht, daß modernste Waffen und Waffen mit größter Zerstörungskraft einschließlich Geschossen aller Art bei den sowjetischen Streitkräften eingeführt worden seien. Die Sowjetregierung habe zu verstehen gegeben, daß nach ihrer Ansicht alle europäischen Nationen mit Ausnahme der Sowjetunion auf Atomwaffen und Geschosse verzichten und sich auf Waffen des Voratomzeitalters verlassen sollten, ohne auf eine allgemeine Abrüstung zu warten. Hierzu hieß es im Schlußkommuniqué:

„... 19. Solange die Sowjetunion auf dieser Haltung besteht, haben wir keine Alternative als die, wachsam zu bleiben und für unsere Verteidigung zu sorgen. Wir sind deshalb entschlossen, die wirksamste Form der militärischen Verteidigungskraft der NATO zu erreichen und dabei die jüngsten Entwicklungen auf dem Gebiet der Waffen und der Technik in Betracht zu ziehen.

20. Zu diesem Zweck hat die NATO beschlossen, Vorräte von Atomsprengköpfen zu schaffen, die im Notfall für die Verteidigung des Bündnisses leicht erreichbar sind. In Anbetracht der jetzigen sowjetischen Politik auf dem Gebiet neuer Waffen hat der Rat weiter beschlossen, ballistische Geschosse von mittlerer Reichweite dem alliierten Oberbefehlshaber in Europa zur Verfügung zu stellen.

21. Die Verteilung dieser Vorräte und Geschosse und die Vereinbarung für ihre Verwendung werden infolgedessen in Übereinstimmung mit den Verteidigungsplänen der NATO und im Einvernehmen mit den direkt beteiligten Staaten festgelegt. Die militärischen Stellen der NATO sind aufgefordert worden, dem Rat zu einem frühen Datum ihre Empfehlungen über die

Einführung dieser Waffen zur gemeinsamen Verteidigung zu unterbreiten. Der Ständige Rat wird über die verschiedenen Fragen beraten, die damit zusammenhängen..."

Nach meinem Urteil ließ sich die bisherige hartnäckige Haltung der Sowjetunion vor allem mit zwei Gründen erklären: aus ihren großen Fortschritten in der Waffentechnik und durch ihre Hoffnung auf Uneinigkeit unter den freien Völkern. Jeder Schritt, den wir in Richtung auf die Stärkung der westlichen Einheit taten, verbesserte daher nach meiner Ansicht die Aussichten, trotz aller Schwierigkeiten doch zu der notwendigen Abrüstung, zur Entspannung und Sicherheit und hierdurch vor allem auch zur Wiederherstellung der deutschen Einheit zu gelangen. Diese NATO-Ratstagung schien mir hierfür ein wichtiger Beitrag gewesen zu sein.

Der Verlauf der NATO-Ratssitzung wurde in der westlichen Presse allgemein positiv beurteilt. So hieß es in einem Kommentar der „New York Herald Tribune" vom 20. Dezember: „Die Konferenz war weitaus produktiver und hat eine größere Einigkeit gezeigt, als irgendwer es vorher geglaubt hätte einschließlich der Teilnehmer. Es ist keine Übertreibung festzustellen, daß es ein solider, substantieller und bezeichnender Erfolg war."

Es gab allerdings auch sehr kritische Stimmen, die sich namentlich mit der Bundesrepublik befaßten und den angekündigten Kontakten zwischen der Bundesregierung und dem Kreml. So schrieb Walter Lippmann am 21. Dezember in der „New York Herald Tribune" in einem Artikel, der sich sehr scharf mit der amerikanischen Außenpolitik auseinandersetzte: „... Der unmittelbare Effekt ist, soweit wir wissen, daß er (Dulles) nun auf einem Nebenplatz sitzt, während die Deutschen mit Moskau sprechen."

XII. KONTAKTE ZUR SOWJETUNION MÖGLICHKEITEN EINER ALTERNATIVE ZUR BISHERIGEN DEUTSCHLANDPOLITIK?

1. Das sowjetisch-deutsche Verhältnis

Am Nachmittag des 13. Dezember 1957, unmittelbar vor meiner Abreise nach Paris zur Teilnahme an der NATO-Ratstagung, hatte mich der Botschafter der UdSSR in Bonn, André Andrejewitsch Smirnow, zu einer Unterredung im Palais Schaumburg aufgesucht. Smirnow war auf meinen Wunsch hin gekommen. Seit dem 23. Juli 1957 wurden in Moskau sowjetisch-deutsche Verhandlungen über den Abschluß eines Handelsabkommens, über Vereinbarungen zur Rückführung von Deutschen, die sich noch in der Sowjetunion befanden, und über ein Konsularabkommen geführt. Diese Verhandlungen hatten in der letzten Zeit gute Fortschritte erzielt, und ich wollte Smirnow mitteilen, wie sehr ich sie begrüßte. Ich hoffte, so sagte ich ihm, daß diese Verhandlungen zu einem guten Abschluß gebracht werden könnten. Ein gutes Ergebnis würde nicht nur für den Verhandlungsgegenstand selbst, sondern darüber hinaus von allgemeiner großer Bedeutung sein.
Smirnow zeigte sich sehr erfreut über die Tatsache, daß ich den Verhandlungsverlauf positiv beurteilte. Er bemerkte, daß in der Botschaft Bulganins vom 10. Dezember, die ich ja erhalten habe, ebenfalls die Hoffnung auf ein gutes Endergebnis der Moskauer Verhandlungen, das im Interesse beider Länder liege, bekundet sei.
Der Brief Bulganins war sehr umfangreich, und ich erklärte, daß sich die sowjetische Regierung hinsichtlich der Beantwortung dieser Botschaft gedulden müsse. Ich hätte den Inhalt aufmerksam studiert und festgestellt, daß darin manche prüfenswerte Gedanken enthalten seien. Es sei jedoch wohl klar, daß man zu einer eingehenden Beantwortung Zeit benötige. Auf Grund der bevorstehenden NATO-Tagung sowie der herannahenden Weihnachts- und Neujahrsfeiertage würde das Arbeitstempo natürlich etwas herabgedrückt werden. Ich hielte es für richtig, daß man die Beantwortung nicht übereile. Diese Einstellung würde der Sache selbst zugute kommen. Im übrigen hätte ich den Eindruck, daß auch die Botschaft Bulganins sehr sorgfältig und in Ruhe ausgearbeitet worden sei.
Smirnow zeigte hierfür Verständnis. Sicher könne die Beantwortung nicht umgehend erfolgen, erwiderte er, zumal in der Botschaft viele wichtige

Fragen angeschnitten seien. Er müsse jedoch ganz allgemein sagen, er sei über die vor der NATO-Tagung bestehende politische Situation sehr beunruhigt. Diese Situation gleiche einer militärisch-politischen Demonstration und sei für die Völker kein schönes Weihnachtsgeschenk.

„Ich kann diese Beurteilung der Lage nicht teilen", hielt ich ihm entgegen. „Warten Sie doch erst einmal das Ergebnis der Pariser Beratungen ab!"

„Im Leben gibt es Irrtümer, zu denen man sich gern bekennt!" stellte Smirnow fest. Er wäre froh, wenn er nach einer gewissen Zeit erkennen könnte, daß er die gegenwärtige politische Lage falsch beurteilt hätte. Was die Sowjetregierung beunruhige, sei die Tatsache, daß in den NATO-Ländern wenig Bestrebungen zur friedlichen Zusammenarbeit mit anderen Ländern sichtbar seien. Man habe vielmehr die militärischen Maßnahmen so weit vorangetrieben, daß es höchste Zeit sei, dieser Entwicklung Einhalt zu gebieten. Und dies müsse rechtzeitig geschehen.

Anschließend erzählte Smirnow eine angeblich historisch belegte Episode aus der Regierungszeit Peters des Großen, aus der sich folgende Schlußfolgerung ergebe: Der Genius eines Staatsmannes bestehe darin, rechtzeitig zu erkennen, wann mit gewissen Entwicklungen Schluß gemacht werden müsse!

Ich stimmte dem zu. Auch ich erachte es für außerordentlich wichtig, Maß zu halten. Ich erinnerte Smirnow an die Beratungen der führenden Politiker der Ostblockstaaten anläßlich der Revolutionsfeierlichkeiten im vergangenen November in Moskau und bemerkte, daß bei diesen Besprechungen Töne zu vernehmen gewesen seien, die man nicht gerade als Friedensschalmeien bezeichnen könne. Aber solange es sich nur um Töne handele, sei es ja noch nicht so schlimm. Ich stimme mit ihm, Smirnow, völlig überein, daß es höchste Zeit sei, die Welt wieder zur Vernunft zu bringen.

„Ich hoffe, die politische Lage entwickelt sich entsprechend den Vorschlägen Bulganins!" fuhr Smirnow fort. Die Amerikaner wünschten zunächst die Einrichtung einer wirksamen Kontrolle und dann die Herstellung einer Vertrauensbasis zwischen den Völkern. Er, Smirnow, halte dies nicht für richtig. Nach seiner Ansicht käme es darauf an, in erster Linie Vertrauen zu schaffen. Dann könne man zu weiteren Schritten übergehen.

Das gegenseitige Mißtrauen und die Furcht seien die schlimmsten Feinde einer Verbesserung der politischen Lage, pflichtete ich Smirnow bei. Der Weg zur Normalisierung in der Welt sei lang und schwer. Man müsse viel Geduld und Ausdauer aufbringen. Ich sei jedoch der festen Überzeugung, daß es in den gegenwärtigen unmöglichen Verhältnissen schließlich doch zu einer Wende kommen werde.

Die im September 1955 in Moskau beschlossene Aufnahme diplomatischer Beziehungen zwischen Moskau und Bonn hatte bisher zu keiner Besserung des sowjetisch-deutschen Verhältnisses, zu keiner Annäherung unserer Standpunkte geführt. Die Bundesregierung mußte sich bei ihrem Verhältnis zu Moskau von den Realitäten unserer Zeit leiten lassen. Untersuchte man diese Realitäten, so kam man zu folgendem Ergebnis:
Es war eine nur zu reale Tatsache, daß die Sowjetunion seit 1945 etwa fünf Millionen Soldaten mit nur geringen Schwankungen unter Waffen hielt, daß insbesondere zweiundzwanzig Divisionen in der sowjetisch besetzten Zone Deutschlands standen, die rund 7500 moderne Panzer zur Verfügung hatten, fast dreieinhalbtausend mehr als noch im Jahre 1955. Ich konnte darin nur eine ständige, latente Bedrohung sehen, und ich war überzeugt, daß jeder verantwortliche Staatsmann zu jeder anderen Zeit eine solche gewaltige Truppenmacht in seinem Nachbarbereich ebenfalls als bedrohliche Realität für sein Land aufgefaßt hätte. Den eben genannten Zahlen könnte ich weitere eindrucksvolle Zahlen über die sowjetische Luftwaffe, U-Boot-Flotte oder über das sowjetische Atombombenpotential hinzufügen. In der Aufrechterhaltung einer solchen Streitmacht sah ich eine sehr ernste Realität.
Die zweite Realität war, daß die sowjetischen Führer den Glauben an ihre Mission, nämlich die ganze Welt kommunistisch zu machen, nicht aufgegeben hatten. Sie hatten diesen Glauben in vielen Reden offen zugegeben. Und immer noch wurden in der Sowjetunion Lenins Werke gelehrt, der sagte: „Wenn ein Krieg vom Proletariat, das in seinem Lande die Bourgeoisie besiegt hat, geführt wird, wenn er im Interesse der Festigung und der Entwicklung des Sozialismus geführt wird, dann ist ein solcher Krieg gesetzlich und ‚heilig'."* Und an anderer Stelle sagte Lenin, daß sie, die Marxisten, immer für einen revolutionären Krieg gegen die konterrevolutionären Völker seien.
Wir warteten immer noch darauf, daß der Kreml sich von solchen Lehren distanzierte. Es stimmte zwar, daß sowjetische Führer auf dem 20. Parteikongreß der KPdSU im Frühjahr 1956 erklärt hatten, unter Umständen könne der Prozeß der Unterwerfung anderer Länder auch friedlich vor sich gehen. Sie hatten uns dabei Beispiele von Ländern genannt, in denen auf solche „friedliche" Art der Kommunismus eingeführt wurde, nämlich die baltischen Länder und die Tschechoslowakei. In das Baltikum aber waren die sowjetischen Truppen ohne nennenswerte Gegenwehr eingerückt, und der entscheidende Faktor für den Putsch in der Tschechoslowakei war – nach dem Zeugnis der kommunistischen Parteiliteratur selbst – die Teilnahme

---
* Lenin: Gesammelte Werke, Band 27, Seite 299.

sowjetischer Truppen. Friedlich war dieser Prozeß also nur, wenn das zu unterjochende Volk sich nicht wehrte. Wenn sich ein Volk aber wehrte, wenn es gegen die kommunistischen Unterdrücker aufstand, dann wurde mit Panzern und blutigstem Terror das kommunistische Regime errichtet beziehungsweise wiedererrichtet. Das ungarische Beispiel konnten wir ebensowenig vergessen wie den 17. Juni 1953 in der Sowjetzone!

Die dritte Realität – wir brauchten nur in einen Atlas und in ein Geschichtsbuch zu sehen, um sie zu finden: Wo waren die Grenzen der Sowjetunion im Jahre 1939, wo waren sie jetzt? Im Jahre 1940 wurden Estland, Lettland, Litauen in die Sowjetunion einverleibt. Der Überfall auf Finnland mißlang. Bei Kriegsende annektierte die Sowjetunion, die früher jeden Territorialgewinn als Imperialismus zu brandmarken pflegte, Teile Finnlands, Polens, Rumäniens, der Tschechoslowakei und Ostpreußens. Immer weiter drang die Sowjetunion nach Westen vor. Überall dort, wo sowjetische Truppen standen, wurden kommunistische Regierungen gebildet: in Polen, Rumänien, Bulgarien, Albanien, Ungarn, der Tschechoslowakei, der sowjetischen Besatzungszone Deutschlands. Das war die dritte Realität.

Im Jahre 1948 sollte Berlin fallen. Die sowjetische Besatzungsmacht verhängte eine Blockade über die Westsektoren, und es gehörte keine Prophetengabe dazu, um zu erkennen, daß die Sowjetunion sich Berlin als nächstes Opfer auf ihrem Vormarsch nach dem Westen ausersehen hatte. Aber die Westmächte geboten Halt. Berlin wurde aus der Luft versorgt. Im April 1949 wurde der Atlantikpakt unterzeichnet. Es wurde der Sowjetunion durch die Artikel 5 und 6 des NATO-Statuts klargemacht, daß ein Angriff auf einen Mitgliedstaat der NATO oder westliche Besatzungstruppen und damit auch auf Berlin als Angriff gegen die NATO angesehen würde. Einen Monat nach Gründung der NATO hoben die Sowjets die Blockade Berlins auf. Seit jener Zeit hat sich der sowjetische Machtbereich nicht mehr vergrößert. Das war die vierte Realität.

Es konnte wohl niemand so naiv sein und es als reinen Zufall ansehen, daß der Bolschewismus just seit diesem Augenblick, seit Gründung der NATO, im Westen keine weiteren Erfolge mehr zu erzielen vermochte. Ich jedenfalls war der Überzeugung, daß wir die Ruhe und Sicherheit, in der wir den Wiederaufbau Europas und der Bundesrepublik durchführen konnten, dem Schirm der NATO verdankten. Nur unter ihrem Schutz war auch die Entwicklung möglich, die zur Montanunion und zum Gemeinsamen Markt und Euratom führte. Die feste Haltung der NATO hatte die Sowjetunion davon überzeugt, daß jedes weitere Vordringen zu militärischen Gegenmaßnahmen der atlantischen Allianz führen würde.

Es war allerdings auch eine Realität, daß bei der Lösung der deutschen

Frage die vierte Siegermacht, die Sowjetunion, mitwirken mußte. Wir durften nichts unversucht lassen, den Kreml zu einer Änderung seiner Haltung zu veranlassen. Im Rahmen dieser Bemühungen hatte die Bundesregierung im September 1956 ein Memorandum zur Frage der Wiedervereinigung an die vier Siegerstaaten gesandt, also auch an die Sowjetunion. Die drei Westmächte unterstützten unsere Bemühungen, doch Moskau wies am 22. Oktober 1956 unsere Ansichten zur Wiedervereinigung und Sicherheit in Europa zurück und wiederholte seine These von der „Realität zweier deutscher Staaten" und die Behauptung, es sei Sache dieser beiden Staaten, selbst über die Wiedervereinigung zu verhandeln.

Die Beziehungen zwischen Moskau und Bonn waren eisig. Ungeachtet der starren russischen Haltung hielt ich es aber für notwendig, den Kontakt zu Moskau offenzuhalten.

Als ersten Botschafter der UdSSR in der Bundesrepublik hatte die Sowjetregierung Valerian Alexandrowitsch Sorin ernannt, der bis zu diesem Zeitpunkt Stellvertretender Außenminister der UdSSR gewesen war. Seine Anwesenheit in der Bundesrepublik stand nicht unter einem guten Stern. Bundesaußenminister von Brentano war in Rom, als Sorin in der Bundesrepublik eintraf; von Brentano war begleitet von dem damaligen Chef des Protokolls, Dr. Ernst-Günther Mohr. Wir wurden dadurch in die peinliche Lage versetzt, daß bei der Ankunft des Botschafters Sorin zur Begrüßung nur der Stellvertretende Protokollchef anwesend sein würde. Ich erfuhr aus Zeitungen hierüber. Ich hielt es nicht für korrekt, Botschafter Sorin durch den Stellvertretenden Protokollchef empfangen zu lassen. Ich ordnete an, daß der Direktor der Politischen Abteilung des Auswärtigen Amtes, Ministerialdirektor Wolfgang von Welck, dabei war.

Schon die schleppende Art und Weise, wie die Frage des Agréments für den russischen Botschafter behandelt worden war, wirkte sehr peinlich. Die gleiche, gelinde ausgedrückt, mangelnde Eile hatte das Auswärtige Amt auch bei der Benennung des deutschen Botschafters in Moskau gezeigt. Ich sah mich veranlaßt, Außenminister von Brentano einen sehr ernsten Brief zu schreiben, in dem ich mein Befremden über diese Verhaltensweise ausdrückte. Für mich bestand kein Zweifel, daß die zeitweilig eingetretene Verzögerung des Rücktransportes unserer Kriegsgefangenen aus Rußland auf den in Moskau gewonnenen Eindruck zurückzuführen war, wir wollten unsere Verpflichtungen, die wir in Moskau eingegangen waren, nicht erfüllen.

Sorin wurde, das muß ich feststellen, nicht sehr freundlich in der Bundesrepublik aufgenommen. Ich bedaure diesen Umstand. Bereits Mitte des Jahres 1956 wurde er abberufen, offensichtlich auf sein eigenes Betreiben hin. Er war enttäuscht. Am 16. Juli 1956 stattete er mir seinen Abschiedsbesuch ab.

Ich hatte vorher noch kein längeres Gespräch mit Sorin geführt, sondern ihn bei einigen Anlässen lediglich kurz gesehen. Ich brachte mein Bedauern über seine so rasch erfolgte Abberufung zum Ausdruck. Sorin entgegnete, dies sei natürlich bedauerlich, aber es sei nun einmal so. Er sei von seiner Regierung für eine andere Verwendung vorgesehen. Er dankte der Bundesregierung und mir für die ihm während seiner Tätigkeit zuteil gewordene Unterstützung, es klang nicht ohne Ironie.

Sorin hatte sich bemüht, eine zahlenmäßig sehr umfangreiche Botschaft in Bonn zu etablieren. Hier hat das Auswärtige Amt, meiner Ansicht nach zu Recht, stark gebremst. Sorin war hierüber besonders verärgert. „Mir ist klar, daß mit dem Aufbau einer neuen Botschaft natürlich Schwierigkeiten verbunden sind", versuchte ich das Gespräch in Gang zu bringen, „und es erfordert eine gewisse Zeit, um sich einzuleben."

Sorin stellte fest, daß er trotz der kurzen Zeit den Eindruck gewonnen habe, daß die deutsche Öffentlichkeit die Aufnahme diplomatischer Beziehungen zwischen der Sowjetunion und der Bundesrepublik begrüße. Er hoffe, daß ungeachtet der zur Zeit noch bestehenden Schwierigkeiten und Hindernisse bei der weiteren Entwicklung der Beziehungen zwischen den beiden Staaten von dieser Einstellung der deutschen Öffentlichkeit ausgegangen werde.

„Nun, die Einrichtung einer Botschaft nach einer so langen Unterbrechung und den Auswirkungen des Krieges ist natürlich eine sehr schwierige Aufgabe", nahm ich mein Thema wieder auf – „dies liegt in der Natur der Sache. Ihr Nachfolger wird sich freuen können, da Sie bei der Erfüllung dieser Aufgabe gewissermaßen als ‚Eisbrecher' gewirkt haben." Ich hoffte, so sagte ich, er nehme mir diesen Vergleich nicht übel. Wesentlich sei es nun, die Fahrtrinne freizuhalten.

Sorin lächelte höflich: „Hoffen wir also, daß in Zukunft keine neuen Schwierigkeiten auftreten und daß die ‚Fahrtrinne' frei bleiben wird." Er wünsche, daß sich die Beziehungen zwischen der Bundesrepublik und der Sowjetunion im Sinne der Moskauer Vereinbarungen vom vorigen September entwickeln würden.

„Die Gestaltung neuer Dinge braucht stets viel Geduld", gab ich zu bedenken. Jedenfalls habe er, Sorin, bei der Beseitigung der Anfangsschwierigkeiten eine große Arbeit geleistet, die seinem Nachfolger zugute kommen würde.

„Eine gute Entwicklung der Beziehungen zwischen den beiden Ländern wird nicht nur von meinem Nachfolger, sondern auch von der Bundesregierung abhängen!" war die Antwort Sorins. Ich bestätigte diese Feststellung.

Anastas Mikojan und Bundeskanzler Adenauer im Palais Schaumburg, April 1958. Im Hintergrund links der Leiter der Europaabteilung im sowjetischen Außenministerium Iljitschew, rechts Botschafter Smirnow

Bundeskanzler Adenauer im Gespräch mit dem Botschafter der Sowjetunion Andrej Smirnow

Zum Nachfolger Sorins wurde der bisherige Botschafter der UdSSR in Österreich, André Andrejewitsch Smirnow, ernannt. Er war eine durchaus sympathische Erscheinung. Zu ihm gewann ich sehr bald ein persönlich gutes Verhältnis, wir haben im Laufe der Jahre manches offene Wort miteinander gewechselt, was jedoch leider auch nicht zu einer Besserung des sowjetisch-deutschen Verhältnisses geführt hat, da der Standpunkt Moskaus zur deutschen Frage unverändert blieb.

2. Auftakt zu sowjetisch-deutschen Verhandlungen
über den Abschluß eines Handelsvertrages

Im Februar 1957 schien es so, als ob sich ein Wandel der sowjetisch-deutschen Beziehungen anbahne. Am 7. Februar 1957 suchte mich Smirnow im Auftrage seiner Regierung auf; er war gerade von einem Aufenthalt in der Sowjetunion zurückgekehrt. Nach einleitenden Worten erklärte er, daß während seines Moskauer Aufenthaltes in Gesprächen mit seiner Regierung auch von den 1955 in Moskau geführten deutsch-sowjetischen Verhandlungen die Rede gewesen sei. Er habe den Auftrag erhalten, mir und der Regierung der Bundesrepublik Deutschland Grüße und den Wunsch für ein weiteres Gedeihen der deutsch-sowjetischen Beziehungen zu übermitteln. Der Vorsitzende des Ministerrates der UdSSR, Bulganin, habe ihn gebeten, mir eine persönliche Botschaft zu überreichen. Im Hinblick auf die Länge der Botschaft könne er nicht im einzelnen auf den Inhalt eingehen, wolle aber kurz folgendes ausführen:
Die Botschaft enthalte eine offene, freimütige Beurteilung der Entwicklung der deutsch-sowjetischen Beziehungen nach den Moskauer Verhandlungen vom Jahre 1955. Beide Seiten seien sich gewiß darin einig, daß sich in der Zwischenzeit die Beziehungen nicht in dem gewünschten Sinne entwickelt hätten und daß nicht genug getan worden sei, um eine Verbesserung zu erzielen. Der Vorsitzende des Ministerrats bezeichne in der Botschaft den Stand der gegenwärtigen Beziehungen als unbefriedigend und weise darauf hin, daß es verschiedene Möglichkeiten zur Verbesserung gebe, die bisher nicht genutzt worden seien. Ferner werde in der Botschaft zum Ausdruck gebracht, daß eine Verbesserung der Beziehungen nicht nur für beide Länder, sondern für ganz Europa von Vorteil sein würde. Es werde auch ausführlich auf die Schwierigkeiten eingegangen, die auf dem Wege zur Erreichung guter Beziehungen beseitigt werden müßten. Das anzustrebende Ziel würde jedoch jede Mühe rechtfertigen.
Abschließend gab Botschafter Smirnow der Hoffnung Ausdruck, daß die

Botschaft von mir und der Regierung der Bundesrepublik Deutschland aufmerksam studiert werden möge, um dadurch eine Grundlage für die Erörterung der beide Staaten interessierenden Fragen zu schaffen.

Ich antwortete Smirnow, ich sei dem Vorsitzenden des Ministerrats der UdSSR, Bulganin, dankbar, daß er die Entwicklung der sowjetisch-deutschen Beziehungen so aufmerksam verfolgt habe. Es sei klar, daß sowohl die Bundesregierung wie auch ich die Botschaft sehr aufmerksam studieren würden. Ebenso wie die Regierung der Sowjetunion sei auch ich der Ansicht, daß in den sowjetisch-deutschen Beziehungen nicht die gewünschte Entwicklung eingetreten sei, jedoch sei es für eine Wende nie zu spät. Dies sei nicht nur im Leben ganz allgemein, sondern auch in der Politik ein guter Grundsatz.

Ich betonte, es sei mein ernster und aufrichtiger Wunsch, mich für eine Verbesserung der sowjetisch-deutschen Beziehungen einzusetzen. Ich wolle hier nicht untersuchen, warum die Entwicklung bisher nicht befriedigend gewesen sei und wer die Schuld daran trage. Sicherlich habe jede Seite ein wenig Schuld. Mir liege jedoch daran, die Beziehungen zu verbessern, sonst wäre ich seinerzeit gewiß nicht nach Moskau gereist. Auf Grund meiner Erfahrungen glaubte ich sagen zu dürfen, daß Offenheit eine der wesentlichsten Grundlagen für die Verbesserung der Beziehungen sei; hingegen sei es sinnlos zu versuchen, den anderen hinters Licht zu führen.

Ich versicherte Smirnow, daß ich mich sehr über die Tatsache freue, eine Botschaft Bulganins erhalten zu haben. Ich hätte bei meinem Besuch in Moskau einen guten persönlichen Eindruck von Bulganin, von Chruschtschow und von anderen Regierungsmitgliedern, wie zum Beispiel Malenkow, erhalten. Meine Ansicht sei, daß ein erfolgversprechendes, offenes Gespräch durchaus möglich wäre. Dafür sei es niemals zu spät. Leider sei ein Kennzeichen der weltpolitischen Lage, daß sehr wenig Vertrauen zwischen den Völkern bestehe. Die wichtigste Aufgabe für uns alle sei, dieses Vertrauen herzustellen und zu festigen.

Während unserer Unterhaltung, die sich auch auf die byzantinische Kunst und die russische Geschichte erstreckte, bemerkte Smirnow, daß es im Laufe der Geschichte in Deutschland stets viele Politiker gegeben habe, die die deutsch-russische Freundschaft zu schätzen wußten. Hingegen sei es wohl klar, daß diejenigen, die diese Freundschaft nicht geschätzt hätten, jedenfalls nicht in die deutsche Geschichte eingegangen seien. Überhaupt könne man aus jeder historischen Entwicklung lernen, um Fehler, die in vergangenen Jahrhunderten in den zwischenstaatlichen Beziehungen gemacht wurden, in der Zukunft nicht zu wiederholen.

Ansatzpunkte für fruchtbare Erörterung 355

Der Brief Bulganins an mich war im großen und ganzen in einem freundlichen Ton gehalten. Bisher war die Atmosphäre frostig gewesen. Nunmehr zeigte sich offensichtlich das Bestreben der Sowjetunion, mit der Bundesrepublik ins Gespräch zu kommen.
Bulganin regte eine Verbesserung der Beziehungen zwischen unseren Ländern an, insbesondere auf dem Gebiete des Handels. Darüber hinaus schlug er vor den Abschluß „einer Konvention über kulturelle und wissenschaftlich-technische Zusammenarbeit sowie einer Konsularkonvention, die die Rechte der beiden Seiten zum Schutz der Interessen ihrer Bürger festlegen und die Lösung der mit der Repatriierung von Bürgern verbundenen Fragen erleichtern würde".
Der Brief Bulganins enthielt also Punkte, über die vielleicht eine fruchtbare Erörterung möglich war. Doch der Brief hatte nicht nur dies zum Inhalt, er enthielt andere wesentliche Passagen, die Smirnow in seiner kurzen Inhaltsübersicht unerwähnt gelassen hatte. Sie betrafen angebliche Aggressionsgelüste der Bundesrepublik und die Frage der Wiedervereinigung. Zur Wiedervereinigung schrieb Bulganin:

„... Die Stärkung des Vertrauens und die Herstellung freundschaftlicher Zusammenarbeit zwischen unseren Ländern wären zweifellos auch der Lösung der nationalen Hauptaufgabe des deutschen Volkes: der Vereinigung Deutschlands, förderlich. Die Sowjetmenschen begreifen sehr wohl, daß die Frage der Wiederherstellung der nationalen Einheit Deutschlands die Deutschen in Ost und West zutiefst bewegt. Wir stehen diesen berechtigten Wünschen mit aufrichtiger Anteilnahme gegenüber und sind bereit, das deutsche Volk bei der Lösung seiner gesamtnationalen Hauptaufgabe in jeder Weise zu unterstützen.
Die Sache der Vereinigung Deutschlands wird daher keine Fortschritte machen, solange man die Tatsache zu ignorieren sucht, daß zwei deutsche Staaten bestehen. Die Wirklichkeit bestätigt immer klarer, daß nur durch eine Annäherung zwischen der Deutschen Demokratischen Republik und der Bundesrepublik Deutschland die Lösung des deutschen Problems gefunden werden kann. Ebenso klar ist es, daß der Kurs auf die Remilitarisierung Westdeutschlands, auf Einschränkung der demokratischen Rechte seiner Bevölkerung und Fortführung der unfreundlichen Politik gegenüber den mit Deutschland benachbarten friedliebenden Staaten der Vereinigung Deutschlands nicht förderlich sein wird.
Um den Tag der Vereinigung Deutschlands näherzubringen, wird man viele Schwierigkeiten zu überwinden haben. Alle interessierten Staaten müssen zu diesem Zweck ihre Bemühungen vereinen. Je schneller das ge-

schieht, desto besser. Die Sowjetregierung ist ihrerseits bereit, die Regierungen der beiden deutschen Staaten bei der Aufgabe der Vereinigung Deutschlands zu unterstützen. Gestatten Sie mir, der Überzeugung Ausdruck zu geben, daß eine Verbesserung der Beziehungen zwischen unseren Ländern in dieser Hinsicht sehr nützlich sein wird..."

Hierzu war grundsätzlich folgendes zu sagen: Es gab keine zwei deutsche Staaten, es gab nur einen deutschen Staat. Die sogenannte DDR war kein Staat, sie war nach allen völkerrechtlichen Begriffen eine unter sowjetrussischer Herrschaft stehende Besatzungszone, deren Bevölkerung die volle Freiheit zurückgegeben werden mußte.

Weiter hatte Bulganin geschrieben:

„... Ich verhehle auch nicht, daß wir nicht ohne Besorgnis beobachten, wie in der Bundesrepublik Deutschland, unterstützt von außen her, jene Kräfte sich aktivieren, die bestrebt sind, die Verbesserung der Beziehungen zwischen unseren Ländern zu hindern und die Bundesrepublik auf den gefährlichen Weg militärischer Abenteuer zu stoßen.

Nach dem zu urteilen, was die Delegation der Bundesrepublik Deutschland bei den Verhandlungen in Moskau gesagt hat, könnten Sie darauf sagen, daß es in Westdeutschland keine Kräfte und keine Politiker gibt, die einen aggressiven Krieg wollen. Wir sehen jedoch, welche Rolle die Organisatoren der Nordatlantischen Union der Bundesrepublik Deutschland und ihren Streitkräften zuweisen. Man will sie in einem Aggressionskrieg für dem deutschen Volk fremde Interessen benutzen..."

Was die angeblichen Aggressionsabsichten unsererseits oder unserer Verbündeten betraf, so hatte ich den aufrichtigen Wunsch, die sowjetische Regierung und das sowjetische Volk möchten doch endlich einmal folgendes einsehen: Wir waren keine Angreifer, wir hatten keine aggressiven Absichten, und niemand in der Welt, insbesondere keiner von unseren Verbündeten, zu denen wir standen, hatte uns jemals und in irgendeiner Form zu irgendeiner Aggression zu bewegen oder auch nur eine aggressorische Planung oder einen aggressorischen Gedanken nahezubringen versucht.

In der deutschen Frage war der russische Standpunkt unverändert, aber der allgemein freundliche Ton des Briefes unterschied sich von früheren Noten. Zumindest hierin war ein gewisser Fortschritt zu erblicken.

Der Brief Bulganins an mich bestärkte mich in meiner Auffassung, daß die Russen ihre bedrängte Lage fühlten und sie gegenüber anderen Ländern zu verbessern wünschten. Aus mir zugegangenen Nachrichten schien eine gewisse Uneinigkeit unter den führenden Männern im Kreml zu bestehen.

Es herrschte jedenfalls nicht mehr die zusammengefaßte Geschlossenheit wie unter Stalin. Die wirtschaftlichen Schwierigkeiten innerhalb des Sowjetbereichs, die Forderungen der Chinesen und die ständig wachsenden Rüstungskosten verursachten bei den russischen Führern zweifellos die Besorgnis, ob die Sowjetunion gegenüber der Gesamtheit der anderen Länder stark genug sei. Die Russen fühlten, daß viel, vielleicht zu viel auf sie zukam. In steigendem Maße machten sich in einigen Satellitenstaaten wirtschaftliche Schwierigkeiten bemerkbar. Es zeigte sich insbesondere ein Mangel an Verbrauchsgütern. Die Industrie konnte sich nicht schnell genug auf ihre Herstellung umstellen.

Bei den Verhandlungen mit den Russen, zu denen es zweifellos auf Grund dieses Briefes kommen würde, mußte die Bundesregierung unter allen Umständen die gemeinsamen europäischen und atlantischen Interessen im Auge behalten, denn eine wesentliche Voraussetzung für eine Entwicklung, die zu einer ehrlichen Verständigungsbereitschaft seitens Moskaus führen würde, war, daß die Sowjets niemals den Eindruck bekommen durften, die freie Welt sei in sich nicht einig.

Am 27. Februar 1957 ließ ich Bulganin eine Antwort zugehen, in der ich erklärte, die Bundesregierung sei zur Aufnahme von Besprechungen über den Ausbau der Handelsbeziehungen und der Behandlung von Fragen einer wissenschaftlich-technischen Zusammenarbeit auf diplomatischem Wege bereit. Ich hielt es jedoch für notwendig, in meinem Schreiben ausführlich auf die Tatbestände einzugehen, die nach Urteil der Bundesregierung ein schweres Hindernis guter Beziehungen zur Sowjetunion bildeten. Ich schrieb an Bulganin:

„... Lassen Sie mich nun, Herr Ministerpräsident, zu zwei Tatbeständen übergehen, die in Wahrheit sehr schwere Hindernisse für die von Ihnen gewünschten guten und freundschaftlichen Beziehungen zwischen unseren beiden Ländern darstellen. Es handelt sich um die Frage der Wiederherstellung der staatlichen Einheit Deutschlands und um die Frage der Rückführung der in der Sowjetunion noch zurückgehaltenen Deutschen. Sie sprechen in Ihrem Brief davon, daß man von der Tatsache des Bestehens zweier deutscher Staaten ausgehen müsse. Diese Auffassung kann ich, wie Ihnen zur Genüge bekannt ist, nicht teilen. Ich bitte Sie, meine Empfindungen zu verstehen, wenn ich Ihnen mit allem Nachdruck und allem Ernst sage: Sie, Herr Ministerpräsident, und Herr Generalsekretär Chruschtschow haben bei den Moskauer Verhandlungen ausdrücklich anerkannt, daß die Sowjetunion als Besatzungsmacht verpflichtet sei, zusammen mit den drei Westmächten die Einheit Deutschlands wiederherzustellen. Diese Verpflichtung der Sowjetunion besteht, und sie muß erfüllt werden, wenn die auch von uns gewünschte Zusammenarbeit zwischen der Sowjetunion und Deutschland zum Nutzen beider Völker und des Friedens in Europa und der Welt in vollem Umfang wirksam werden soll... Nichts würde dem deutsch-sowjetischen Verhältnis und dem Frieden in Europa und der Welt mehr dienen als der Beweis echter Achtung vor dem Selbstbestimmungsrecht der Völker, den Sie und Ihre Regierung mit der Zustimmung zur alsbaldigen Vereinigung der beiden Teile Deutschlands auf Grund gesamtdeutscher freier Wahlen erbringen könnten. Geben Sie 17 Millionen Deutsche frei, Herr Ministerpräsident, und Sie werden einer freundschaftlichen Zusammenarbeit unserer beiden Länder einen außerordentlich großen Dienst erweisen..."

Als zweiten Tatbestand, der in starkem Maße die Entwicklung gutnachbarlicher Beziehungen zwischen unseren Ländern hemmte, bezeichnete ich die Frage der Rückführung der in der Sowjetunion zurückgehaltenen Deutschen. Die Rückführung der Kriegsgefangenen war in loyaler Weise erfolgt, anders war es bei der Freilassung von Zivilpersonen. Ich bat Bulganin eindringlich, doch auch hier den mir in Moskau gegebenen Zusagen nachzukommen.

Bereits am 18. März erhielt ich eine zweite Botschaft Bulganins. Bulganin stellte Übereinstimmung darüber fest, daß über die Regelung und Erweiterung des Handels, über konsularische Befugnisse und über wissenschaftlichtechnische Zusammenarbeit Verhandlungen aufgenommen werden sollten. Er schlug vor, sie in Moskau oder Bonn zu führen. Leider ging aber Bulganin in seinem Antwortschreiben auf die Frage der Repatriierung der deutschen Staatsangehörigen aus der Sowjetunion nicht ein. Ihr kam jedoch mindestens die gleiche Bedeutung zu. Ich hoffte trotzdem, beide Fragenkomplexe zu einer befriedigenden Lösung bringen zu können.

In der Frage der Wiedervereinigung beharrte Bulganin auf der These von zwei deutschen Staaten und der Forderung direkter Verhandlungen zwischen der Bundesregierung und Pankow. Was das Problem der Wiedervereinigung Deutschlands betreffe, schrieb Bulganin, so müsse zugegeben werden, daß weiterhin an verschiedenen Standpunkten festgehalten würde. In dem Brief hieß es hierzu:

„... Insbesondere kann ich Ihren Ansichten über die Deutsche Demokratische Republik nicht zustimmen. Wir bedauern sehr, daß es die Regierung der Bundesrepublik auch weiterhin nicht für möglich erachtet, zu einer realistischen und vorurteilsfreien Einschätzung der Lage zu gelangen, die dadurch entstanden ist, daß nun bereits mehr als sieben Jahre zwei souveräne deutsche Staaten existieren, von denen jeder seine eigene Verfassung, sein Parlament und seine Regierung hat. Es ist leicht einzusehen, daß die Deutsche Demokratische Republik nicht geneigt ist, sich mit einer Ausdehnung der in der Bundesrepublik Deutschland herrschenden Ordnung auf ihr Staatsgebiet einverstanden zu erklären. Denn auch die Regierung der Bundesrepublik Deutschland erklärt ja, daß sie nicht damit einverstanden sei, daß die in der Deutschen Demokratischen Republik bestehenden gesellschaftlichen Verhältnisse auf die Bundesrepublik übertragen werden. Schon daraus ist ersichtlich, daß zur Wiedervereinigung Deutschlands Verhandlungen und eine Übereinkunft zwischen den beiden deutschen Staaten erforderlich sind und daß es einen anderen Weg zur Erreichung dieses Zieles nicht gibt..."

Die Voraussetzungen, von denen Bulganin ausging, waren unzutreffend. Die Bundesregierung und der Bundestag hatten nicht verlangt, daß die Einrichtungen und das politische System der Bundesrepublik in der sogenannten DDR übernommen werden sollten. Sie hatten lediglich verlangt, daß durch allgemeine freie Wahlen eine gesamtdeutsche Volksvertretung entstünde, die frei die politischen und wirtschaftlichen Lebensformen des deutschen Volkes bestimmen konnte.

Am 16. April 1957 beantwortete ich diese zweite Botschaft Bulganins. Hinsichtlich der angeblichen Existenz zweier deutscher Staaten schrieb ich Bulganin:

„... Es ist unrealistisch, die sogenannte Deutsche Demokratische Republik, deren Staatsgewalt nicht legitim zustande gekommen ist und die von der überwiegenden Mehrheit der Bevölkerung abgelehnt wird, als eine Realität im Leben des deutschen Volkes zu bezeichnen. Es gibt aber eine Realität, die im geschichtlichen Werden Deutschlands verwurzelt ist: Das deutsche Volk ist ein Volk. Es verlangt nichts anderes als sein natürliches Recht, in einer von ihm selbst frei gewählten Ordnung in einem Staate zu leben, ein Recht, das auch von den Alliierten des letzten Weltkrieges, auch von der Sowjetunion, stets anerkannt worden ist..."

Trotz der völlig auseinandergehenden Auffassungen zur Frage der Wiedervereinigung Deutschlands hielt die Bundesregierung es für richtig, auf die Anregung Bulganins einzugehen, über die vorgeschlagenen Themen Verhandlungen aufzunehmen. Ich hoffte, daß hierdurch vielleicht ein besseres Klima zwischen Moskau und Bonn geschaffen würde, das eventuell der Frage der Wiedervereinigung nützlich sein könnte.

Am 16. April ließ ich dem sowjetrussischen Außenminister in einer Verbalnote die Bereitschaft der Bundesregierung zur Aufnahme von Verhandlungen über die Entwicklung des Handels, über die Repatriierung deutscher Staatsangehöriger aus der UdSSR und über den Abschluß eines Abkommens über konsularische Befugnisse erklären. Die Verhandlungen wurden am 23. Juli 1957 in Moskau aufgenommen. Als Unterzeichnungsort der auszuhandelnden Abkommen einigten wir uns auf Bonn.

3. Bulganins Briefaktionen vom Dezember 1957/Januar 1958

In den Wochen zum Ausgang des Jahres 1957 und zu Beginn des Jahres 1958 war die Presse erfüllt von Nachrichten, die das Verhältnis zwischen dem Westen und dem Osten betrafen. Sie wurden verursacht durch lange Briefe und Memoranden, die der sowjetrussische Ministerpräsident Bulganin seit Dezember 1957 an eine immer größere Zahl von Staaten sandte. Eine Rekordleistung war ein Brief vom 8. Januar 1958, den er – sage und schreibe! – an über 80 Staaten richtete, darunter auch an die Bundesrepublik. Der Brief war in deutscher Übersetzung 21 Schreibmaschinenseiten lang. Es war ihm ein Memorandum beigefügt, das 22 Schreibmaschinenseiten umfaßte. Dabei hatte die Bundesregierung Bulganins Brief vom 10. Dezember 1957 noch gar nicht beantwortet. Die Antwort sollte nicht etwa verzögert werden, aber der Brief bedurfte einer sorgfältigen Prüfung. Es sollte untersucht werden, ob er nicht Ansatzpunkte, wenn auch noch so kleine, für eine Verständigung enthielt. Mit der gleichen Sorgfalt wurden nun der zweite Brief und das ihm beigefügte Memorandum Bulganins geprüft. Je gründlicher man aber diese Schriftstücke studierte, desto mehr drängte sich einem der Eindruck auf, daß es sich bei diesen russischen Briefaktionen um einen großangelegten Propagandafeldzug handelte, daß aber ein ernstlicher Versuch, zu einer Verständigung zu kommen, wohl kaum damit beabsichtigt war.
Man durfte die Briefe und Memoranden nicht für sich allein betrachten; man mußte, um ihren Zweck richtig zu erkennen, sich dessen erinnern, was unmittelbar vorangegangen war. Vom 18. März bis zum 6. September 1957 hatte in London der Unterausschuß der UN-Abrüstungskommission getagt. Es waren von den Vertretern der Vereinigten Staaten von Amerika, Frankreichs, Großbritanniens und Kanadas dem Vertreter der Sowjetunion sehr weitgehende Vorschläge für eine Abrüstung gemacht worden. Der Vertreter der Sowjetunion hatte sie abgelehnt. Am 14. November 1957 waren diese Vorschläge in der UNO-Vollversammlung als Resolutionsentwurf eingebracht worden. Er wurde bei 15 Stimmenthaltungen mit 56 Stim-

men gegen die Stimmen der Sowjetunion und acht Satellitenstaaten angenommen.
Ich glaubte, Zweifel an dem ernsten Willen der Sowjetunion, zu einer Übereinkunft mit den Westmächten zu kommen, waren nach den monatelangen Bemühungen um eine Abrüstung und nach dem Votum der UNO-Vollversammlung mehr als berechtigt. Daher lag die Annahme nahe, daß es sich nunmehr bei den Russen vor allem darum handelte, Verwirrung in der Welt hervorzurufen. Aber das Ziel unserer Arbeit – Entspannung und Friede – war und ist so wichtig, daß trotzdem die Auswärtigen Ämter und Regierungschefs der freien Völker des Westens, insbesondere der NATO-Staaten, auch diesen Brief und das beigefügte Memorandum einer sehr sorgfältigen Überprüfung unterziehen mußten.
In seinem Schreiben vom 8. Januar 1958 machte Bulganin mir Mitteilung davon, er habe am gleichen Tage Noten an alle NATO-Mitgliedstaaten und an alle Staaten der UNO sowie an die Schweiz gerichtet, in denen er die Einberufung einer Konferenz aller dieser Staaten vorgeschlagen habe. Nach Auffassung der Sowjetregierung sollte die Konferenz auf höchster Ebene, also unter Beteiligung der Regierungschefs, abgehalten werden. Drei Punkte, die er in seinem Schreiben anschnitt, schienen mir besonders wichtig, und zwar waren das: der Vorschlag zur Einberufung einer großen Gipfelkonferenz, die Frage der Schaffung einer sogenannten atomwaffenfreien Zone und die Frage der Wiedervereinigung Deutschlands.
Zu dem ersten dieser Punkte möchte ich folgendes sagen: Mit der Einberufung von Konferenzen allein war es nicht getan. Konferenzen, die ergebnislos verlaufen, bringen keine Milderung, sondern eine Verschärfung der Gegensätze. Weil wir aber, wie ich schon betonte, jede Möglichkeit wahrnehmen wollten, um zu einer Entspannung und zu einem Frieden, selbst wenn es nur stufenweise erreicht werden konnte, zu kommen, war ich der Auffassung, man sollte dem Vorschlag zur Einberufung einer Konferenz unter folgenden Vorbehalten zustimmen: Kein zu großer Kreis von Teilnehmern und Konferenzbeginn erst dann, wenn durch sehr sorgfältige diplomatische Vorarbeit festgestellt war, daß Möglichkeiten zu einer Verständigung bestanden.
Themen der Konferenz sollten nach Bulganins Vorstellung sein die Schaffung einer atomwaffenfreien Zone in Europa und der Abschluß eines Nichtangriffsabkommens zwischen den Staaten der NATO und des Warschauer Paktes.
Offensichtlich auf Veranlassung der sowjetrussischen Regierung hatte der polnische Außenminister Rapacki am 2. Oktober 1957 und unmittelbar vor der Dezembertagung des NATO-Rates Vorschläge zur Schaffung einer

atomwaffenfreien Zone in Europa gemacht. Nach Auffassung der Bundesregierung wurden durch diese Pläne weder unsere Sicherheit vergrößert noch die Wiedervereinigung Deutschlands gefördert. Die Bundesregierung ging in der Sicherheitsfrage davon aus, daß ein Sicherheitsabkommen nur abgeschlossen werden dürfte im Zusammenhang mit der Wiedervereinigung Deutschlands. Auf keinen Fall durften Verhandlungsobjekte für die Wiedervereinigung bereits in Abrüstungs- und Sicherheitsfragen vorzeitig preisgegeben werden. Vor allem mußte der Grundsatz gewahrt werden, daß keine Anerkennung der sogenannten DDR durch Beteiligung von Pankow an einem Vertragsabschluß eingeschlossen wäre, da dies eine Erschwerung der Wiedervereinigung bedeuten würde. Ein besonders wichtiger Gesichtspunkt war für die Bundesregierung, daß keine Zugeständnisse an die Sowjetunion gemacht werden durften, die den Aufenthalt besonders der amerikanischen Truppen in der Bundesrepublik erschweren oder unmöglich machen würden.

Würde man auf die Vorschläge Rapackis eingehen, so würde man die eben genannten Grundsätze nicht beachten. Wichtige Verhandlungsobjekte für die Wiedervereinigung würden vorzeitig aufgegeben. Vor allem würde unsere Sicherheit gefährdet werden, da eine Verwirklichung der Vorstellungen von Rapacki nachteilige Rückwirkungen auf unser Verhältnis zu unseren Verbündeten und auf den gesamten NATO-Pakt haben würde. Es war nicht zu bezweifeln, daß die Verwirklichung des Rapacki-Planes einen ersten Schritt zur Neutralisierung Deutschlands und vor allem zur Anerkennung der sogenannten DDR bedeutete. Durch ihn würde unsere Sicherheit in hohem Maße gefährdet, denn mit seiner Verwirklichung würde die Sowjetunion Überlegenheit auf dem Gebiet der konventionellen Kriegführung erhalten. Eine Durchführung der Vorschläge Rapackis würde der NATO den Effekt der Abschreckung nehmen, ohne uns eine wirkliche Sicherheit zu bieten.

Am 23. Januar 1958 nahm Außenminister von Brentano vor dem Deutschen Bundestag zu den Vorschlägen Rapackis Stellung. Er erklärte:

„... die Vorschläge des polnischen Außenministers Rapacki vom 13. Dezember ... zielen auf ein Verbot der Herstellung und Lagerung von Kernwaffen in Polen, der Tschechoslowakei, der Bundesrepublik und der sowjetisch besetzten Zone. Nach der Überzeugung der Bundesregierung würde eine solche isolierte Maßnahme die Spannungen auf der Welt nicht vermindern und die Aussichten auf eine echte umfassende und kontrollierte Abrüstung nicht verstärken. Im Gegenteil: Einmal wäre eine solche Maßnahme überhaupt nur durchzuführen auf dem Wege über eine Anerkennung der sowjetisch besetzten Zone als Verhandlungs- und Vertragspartner; und die Vermutung liegt nahe, daß der Vorschlag gerade gemacht wurde, um dieses Ziel zu erreichen, das von der Sowjetunion seit langem hartnäckig verfolgt wird. Der Vorschlag ist im übrigen auch nicht neu und überraschend; er war schon in einem Vorschlag enthalten, den die Sowjetregierung am 27. März 1956 der Abrüstungskommission der Vereinten Nationen unterbreitet hat, ein Vorschlag, den sie am 18. März 1957 wiederholt hat. Es ist also schwerlich anzunehmen, daß es sich hierbei um eine eigene Initiative der polnischen Regierung handelt... Darüber hinaus würde die Annahme eines solchen Vorschlages zwangsläufig – und das ist ja wohl der Sinn des Vorschlages – zu einem Abzug der Truppenkontingente unserer Verbündeten aus Deutschland führen. Ich habe oben schon erwähnt, daß wohl niemand ernstlich annimmt, wir könnten diese Verteidigungskräfte auf deutschem Boden und an der gefährdeten Grenze erhalten, wenn wir ihnen die Ausrüstung mit geeigneten Verteidigungswaffen verbieten wollten. Es kommt weiter hinzu, daß wir durch eine solche Teillösung das Verteidigungspotential des Westens in entscheidender Weise gegenüber dem Angriffspotential des Ostens schwächen würden. Die Sowjetunion, die sich ja rühmt, über Langstreckenraketen zu verfügen, würde durch eine solche Maßnahme am Angriff nicht gehindert, sondern vielleicht dazu ermutigt, weil sie die unmittelbare Reaktion dann weniger zu fürchten hätte. Und das Ganze würde geschehen, ohne daß wir der Entspannung, ohne daß wir der Lösung der deutschen Frage auch nur um einen Schritt näherkämen..."

Nach meiner Meinung hatte eine atomwaffenfreie Zone bei dem heutigen Stand der Waffentechnik und nach den Erfahrungen, die in den letzten großen Kriegen mit der Achtung vor der Neutralität gemacht worden waren, keinen Zweck, sie bot den betreffenden Ländern keinen Schutz. Das Ziel, warum der Vorschlag gemacht und von Bulganin in seinem Brief vom 8. Januar 1958 erwähnt worden war, schien mir klar und eindeutig: Die Schaffung dieser Zone würde das Ende der NATO und damit das Ende der Freiheit Westeuropas, das Ende auch unserer Freiheit bedeuten.
Am 14. Februar 1958 ließ die polnische Regierung den Regierungen verschiedener Staaten, darunter auch den vier Großmächten, erneut ein Memorandum überreichen, in dem die Pläne des Außenministers Rapacki zur Schaffung einer atomwaffenfreien Zone in Europa noch näher präzisiert waren. Die ergänzenden Vorschläge Rapackis betrafen folgende Punkte:
– Verbot der Anwendung von Kernwaffen gegen das Gebiet Polens, der Tschechoslowakei, der „DDR" und der Bundesrepublik,

- Inaussichtnahme einer Land- und Luftkontrolle sowie von Kontrollpunkten „mit Tätigkeitsberechtigung und -möglichkeiten",
- Zusammensetzung der Kontrollorgane aus Vertretern der NATO, des Warschauer Paktsystems und Neutraler,
- Vertragsabschluß durch einseitige Erklärungen der vier Staaten in der atomwaffenfreien Zone.

Auch die neue Fassung des Rapacki-Planes war für uns in dieser Form nicht annehmbar. Sicher, die polnischen Vorschläge enthielten einige positive Ansatzpunkte, aber unsere Bedenken hinsichtlich einer Gefährdung unserer Verhandlungsgrundsätze waren nicht ausgeräumt.

Zu den Plänen Rapackis zur Schaffung einer atomwaffenfreien oder neutralen Zone in Europa, wie immer man sie nennen wollte, hatte sich meine grundsätzliche Einstellung nicht geändert, im Gegenteil. Ich hielt die Idee des Auseinanderschiebens der Blöcke durch Schaffung einer neutralen Zone im Raketenzeitalter für sinnlos. Für die Sowjetregierung wäre ein solcher Plan natürlich zweifellos sehr attraktiv, denn seine Verwirklichung würde die Amerikaner aus Europa vertreiben, da die Durchführung einer derartig verdünnten Zone die Auflösung der NATO bedeutete.

Was Bulganin in seinem Brief vom 8. Januar zur deutschen Frage sagte, war für das deutsche Volk eine außerordentlich tiefe Enttäuschung. Bulganin erklärte zur Frage der Wiedervereinigung Deutschlands, man solle die Verhandlungen nicht mit solchen Fragen komplizieren, bei denen – so wörtlich – „die Meinungsverschiedenheiten heute wohl kaum überbrückbar sind". Das bedeutete also Verhandlungen über die Schaffung einer atomwaffenfreien Zone in Europa und über den Abschluß eines Nichtangriffsabkommens auf der Basis der Teilung Deutschlands! Das waren deutliche Worte.

Bulganin erklärte in seinem Brief weiter, natürlich habe die Sowjetregierung dafür Verständnis, daß die Bundesregierung wie auch die Regierung der „DDR" in erster Linie Maßnahmen zur Wiederherstellung der nationalen Einheit Deutschlands sehen wollten. „Doch" – so schrieb Bulganin – „... an diese Frage kann man nicht ohne Berücksichtigung der realen Möglichkeiten für ihre Lösung herangehen. Es genügt zu sagen, daß es für die Lösung der deutschen Frage an der elementarsten Voraussetzung fehlt: an der Bereitschaft, mit dem Staat zu verhandeln, mit dem man sich vereinigen will." Schließe man die Anwendung von Gewalt aus, so führe aber – nun wieder wörtlich – „der einzige Weg zur Lösung der gesamtnationalen Aufgabe des deutschen Volkes über ein Abkommen zwischen den beiden deut-

schen Staaten auf der Grundlage der Anerkennung und allseitigen Wahrung ihrer Interessen".
Mit dürren Worten lehnte er also die Wiedervereinigung Deutschlands ab. Er wollte eine Konföderation, eine Verbindung zwischen der Sowjetzone und der Bundesrepublik, wobei die von ihm als souverän bezeichnete Sowjetzone ihre gegenwärtige kommunistische Struktur beibehalten sollte.

Der Vorstoß Bulganins löste eine Kette von Kontakten aus über das Für und Wider eines Gipfeltreffens, über die hierbei zu behandelnden Themen und über einen möglichen Erfolg derartiger Verhandlungen. Ich möchte bereits hier vermerken, daß die Kontakte zwischen Ost und West zur Abhaltung einer Gipfelkonferenz erst in den Jahren 1959 und 1960 zu Begegnungen mit den Sowjetrussen führten. Ich werde hier im einzelnen noch nicht auf die Entstehungsgeschichte der Gipfeltreffen dieser Jahre eingehen, sondern erst im Zusammenhang mit den Ereignissen dieser Zeit.

4. Unser deutsches Problem

Während der Pariser NATO-Konferenz im Dezember 1957 hatte ich den Vorschlag gemacht, auf diplomatischem Wege eine Annäherung zwischen der Sowjetunion und der Bundesrepublik zu versuchen. Die Briefaktionen Bulganins, der sowjetische Standpunkt zur deutschen Frage ließen jedoch wenig Hoffnung auf den Erfolg eines derartigen Bemühens.
Bei der Frage der Wiedervereinigung Deutschlands mußten wir uns immer wieder folgendes ins Gedächtnis zurückrufen: Durch die Zusammenfassung der drei Westzonen zur Bundesrepublik Deutschland war es gelungen, für die Bewohner dieses Gebietes Frieden und Freiheit zu retten und wiederherzustellen. Aber wir durften uns nicht in dem trügerischen Glauben wiegen, daß der Friede und die Freiheit der 52 Millionen Menschen in der Bundesrepublik bereits endgültig gesichert waren. Es mußte nach wie vor unablässig daran gearbeitet werden, diesen 52 Millionen Menschen Sicherheit und Frieden zu erhalten. Und nur wenn die Bundesrepublik frei blieb, würde sich auch den siebzehn Millionen Deutschen, die in der Sklaverei der Sowjetzone lebten, ein Weg zur eigenen Freiheit öffnen. Es würde dies ein langer und mühseliger Weg schwierigster Verhandlungen sein, ein Weg, auf dem man manche Umwege in Kauf nehmen mußte, die zweifellos auch mit Gefahren verbunden sein würden. Es mußte versucht werden, einen Weg zu finden, der auch der Sowjetunion akzeptabel erschien und bei dem sie hoffen konnte, ihre Zielsetzungen gewahrt zu wissen. Ähnlich wie bei

der Saarfrage mußte es ein Weg sein, der von dem Vertrauen in die deutsche Bevölkerung ausging, und auf Grund dieses Vertrauens mußten wir bereit sein, auch Risiken einzugehen. Die Wiedervereinigung würde nicht von heute auf morgen herbeigeführt werden können, es würden viele Jahre darüber hingehen. Wir mußten unsere Situation nüchtern und realistisch beurteilen. Eine Lösung durch Gewalt war ausgeschlossen. Eine friedliche Lösung bedurfte der Geduld. Diese Art des Vorgehens war nach meiner Überzeugung die einzige Möglichkeit, die zum Ziele führen konnte. Wir durften uns nicht entmutigen lassen.

Die Verhältnisse in der Sowjetzone waren immer unerträglicher geworden. Zum Beispiel hatte die Verfolgung der christlichen Kirchen in der Zone seit einiger Zeit ein Ausmaß angenommen, das jeden rechtlich und freiheitlich denkenden Menschen empören mußte. Wir Deutschen in der Bundesrepublik konnten niemals die Deutschen jenseits des Eisernen Vorhanges, wie Bulganin es wollte, ihrem Schicksal überlassen.

Im Grundgesetz der Bundesrepublik Deutschland ist der Anspruch der Bundesregierung verankert, daß sie allein legitimiert ist, die deutschen Interessen zu vertreten. Nur die Bundesrepublik besitzt eine demokratisch gewählte Volksvertretung und Regierung, sie allein ist Sprecher des ganzen deutschen Volkes. Hieraus ergibt sich für uns eine große Verantwortung. Den Deutschen in der Sowjetzone war und ist es verwehrt, frei über ihr Schicksal zu bestimmen. Wir mußten und müssen alles versuchen, ihnen dieses Recht zu verschaffen.

Der Grundsatz des Alleinvertretungsrechts war entscheidend für unser Verhältnis zu anderen Staaten. In zahlreichen offiziellen Erklärungen betonte die Bundesregierung immer wieder den Grundsatz, daß normale Beziehungen nur zu den Staaten aufgenommen würden, die ausschließlich die Bundesrepublik und die Bundesregierung als die einzig legitimierte Vertretung des deutschen Volkes anerkannten. Aus diesem Grund war eine Normalisierung unseres Verhältnisses zu den osteuropäischen Staaten bisher nicht möglich. Die kommunistischen Staaten des Ostblocks unterhielten diplomatische Beziehungen zur sogenannten DDR. Ein Botschafteraustausch mit ihnen hätte auf indirekte Weise eine Anerkennung des Regimes von Pankow durch uns bedeutet. Dies war für uns völlig ausgeschlossen.

Obgleich wir zu den Satellitenstaaten der Sowjetunion, nur mit Ausnahme Jugoslawiens, keine diplomatischen Beziehungen unterhielten, hatte die Bundesregierung doch nicht versäumt, ihre Aufmerksamkeit auch ihrem Verhältnis zu diesen Staaten zuzuwenden. Besonders die Entwicklung in Polen verfolgte ich mit größtem Interesse. Kenner Polens waren der Auffassung, daß in diesem Land die Entwicklung zur Freiheit hin unaufhaltsam war.

Ich hoffte, daß sie sich nicht revolutionär, sondern evolutionär vollziehen würde. Polen mit seinen etwa dreißig Millionen Einwohnern und seinen unmittelbar an die Sowjetzone anschließenden Grenzen war für Sowjetrußland von großer Bedeutung. Ich fürchtete, daß Sowjetrußland, wenn man ihm dazu die Handhabe bieten würde, in Polen mit Gewalt einzugreifen, dort viel grausamer zupacken würde als in Ungarn im November 1956. Dies war auch einer der Gründe, warum wir die Frage der Herstellung der Beziehungen zu Polen und überhaupt zu den Ostblockstaaten mit größter Vorsicht behandelten. Wir mußten an die Frage unseres Verhältnisses zu Polen mit größter Behutsamkeit herangehen, dies insbesondere unmittelbar nach dem Aufstand in Ungarn, als der gesamte osteuropäische Raum sich in einer Gärung zu befinden schien. Eine blutige Revolte in Polen wäre nicht nur eine Katastrophe für Polen selbst. Aus einem Aufstand in Polen konnte nur zu leicht eine große Katastrophe entstehen, die immer weiter um sich greifen würde. Wir wußten, daß die Deutschen in der Sowjetzone das Ulbricht-Regime ablehnten. Eine blutige Revolte in Polen würde sich mit Sicherheit auf die Sowjetzone ausweiten. Die Gefahren, die hierin lagen, brauche ich nicht weiter auszumalen.

In unserem Verhältnis zu den osteuropäischen Staaten bildete Jugoslawien eine Ausnahme. Zu Jugoslawien hatten wir auf der Grundlage der Nichtanerkennung der sogenannten DDR im Jahre 1952 diplomatische Beziehungen aufgenommen. Jugoslawien hatte unserem Standpunkt in dieser Frage bei allen bisherigen Vertragsverhandlungen nicht widersprochen. Wir hatten keinen Zweifel daran gelassen, daß eine Aufgabe dieses Prinzips zu sehr schwerwiegenden Folgerungen führen könnte.

Am 15. Oktober 1957 setzte die jugoslawische Regierung sich hierüber hinweg und gab in einem Beschluß bekannt, sie erkenne das Sowjetzonenregime an. Die Antwort der Bundesregierung war der Abbruch der diplomatischen Beziehungen zu Jugoslawien. Die Bundesregierung fand bei diesem Schritt das zustimmende Verständnis der gesamten freien Welt.

Die Aufnahme diplomatischer Beziehungen zur Sowjetunion war unter besonderen Verhältnissen zu beurteilen und dadurch bestimmt, daß die Sowjetunion eine der vier Siegermächte des letzten Weltkrieges war. Die Entscheidung für die Aufnahme diplomatischer Beziehungen zu Moskau stand nicht im Widerspruch zu dem von uns verkündeten Grundsatz des Alleinvertretungsrechtes des deutschen Volkes, da die Sowjetunion als eine der Siegermächte die Mitverantwortung für die Wiederherstellung der deutschen Einheit trug. Das legitime Interesse der Bundesregierung, aus diesem Grunde die Beziehungen zur Sowjetunion aufzunehmen, wurde allgemein anerkannt. Kein Staat hatte sich unter Berufung auf diesen Vorgang entschlossen, seinerseits die „DDR" anzuerkennen.

Die Sowjetunion gehörte zu den Vier Mächten, die verpflichtet waren, die Wiedervereinigung Deutschlands herbeizuführen. Aber die Sowjets lehnten nach wie vor eine Wiedervereinigung Deutschlands auf der Grundlage freier Wahlen ab. Ende Januar 1958 verlangte Chruschtschow darüber hinaus in einer Rede in Minsk, daß ein Gesamtdeutschland das kommunistische Wirtschaftssystem übernehmen müsse.

Die Äußerungen der Sowjetregierung waren wahrhaftig nicht ermutigend. Bulganin hatte in seinem Schreiben vom 8. Januar 1958 unumwunden erklärt, die Sowjetunion sei nicht bereit, über die Frage der Wiedervereinigung zu verhandeln. Diese Erklärung wurde Ende Januar durch Chruschtschow modifiziert. Chruschtschow äußerte anläßlich eines Interviews mit dem Zeitungsverleger Axel Springer und dem Chefredakteur der „Welt", Hans Zehrer, er halte es für durchaus möglich, daß auf der bevorstehenden Gipfelkonferenz über den Abschluß eines Friedensvertrages verhandelt werden könnte. Es verstehe sich, daß bei der Ausarbeitung des Entwurfes Vertreter der „DDR" und der Bundesrepublik Deutschland teilnehmen müßten. Am 28. Februar 1958 erklärte die Sowjetregierung offiziell in einem Memorandum an die USA ihre Zustimmung, daß in die Tagesordnung der bevorstehenden Gipfelkonferenz die Erörterung eines deutschen Friedensvertrags aufgenommen würde, schloß aber ausdrücklich Verhandlungen über die Wiedervereinigung Deutschlands aus.

Die amerikanische Regierung beantwortete das Memorandum der Sowjetregierung vom 28. Februar 1958 ihrerseits durch ein Memorandum vom 6. März 1958. Sie wies darauf hin, daß auf der Genfer Gipfelkonferenz im Juli 1955 sich die Regierung der UdSSR zu der gemeinsamen Verantwortung der Vier Mächte, die Wiedervereinigung Deutschlands herbeizuführen, bekannt habe. In der Ablehnung der Sowjetregierung, auf der nunmehr bevorstehenden Gipfelkonferenz die Frage der Wiedervereinigung Deutschlands zu behandeln, sehe die amerikanische Regierung einen Widerspruch. Die amerikanische Regierung könne nicht erkennen, wie diese künftige Gipfelkonferenz eine entscheidende Wendung zur Besserung der internationalen Beziehungen bringen könne, wenn Erörterungen über die Hauptursachen der internationalen Spannung, und hierzu gehöre die Teilung Deutschlands, ausgeschlossen würden.

Die Bundesregierung begrüßte diese Stellungnahme der amerikanischen Regierung. Es war in der Tat nicht vorstellbar, daß man den Spannungsherd, der durch die Teilung Deutschlands verursacht war, auf einer Gipfelkonferenz einfach übergehen würde. Wir wünschten aber nicht, daß das

Zustandekommen der Gipfelkonferenz an dieser Frage scheitern sollte. Nach meinem Urteil wäre es klug, auf die Tagesordnung der Gipfelkonferenz nur zwei Punkte zu setzen, und zwar erstens „Allgemeine kontrollierte Abrüstung" und zweitens „Entspannung". Bei der Behandlung dieser Fragen mußte der Westen davon ausgehen, daß jeder Plan, der den Rückzug der Amerikaner aus Europa vorsähe oder auslöste, ein Todesurteil für Europa sein würde. Der zweite Gesichtspunkt müßte sein: Jeder Plan, der das gegenwärtige Gleichgewicht stören würde, war für uns unannehmbar, weil er einen sowjetischen Angriff provozieren könnte.

Die Wiedervereinigung Deutschlands war ein Problem von großer Bedeutung für ganz Europa, aber es würde keine isolierte Lösung geben können. Die Lösung der deutschen Frage würde im Zusammenhang mit dem Anfang einer Lösung der noch größeren Probleme stehen, und hierzu gehörte vor allem der Beginn einer allgemeinen kontrollierten Abrüstung. Was Deutschland zum gegebenen Zeitpunkt als Preis für die Wiedervereinigung zu zahlen hatte, würde sich finden. Auf jeden Fall müßte die Gipfelkonferenz zeigen, ob die Sowjetregierung überhaupt guten Willens war.

Ich ging davon aus, daß der Versuch gemacht werden mußte, in stiller und zäher Arbeit auf diplomatischem Wege eine Verständigung mit dem Kreml über die deutsche Frage zu suchen. Am Ende eines solchen Bemühens würde dann eine Vier-Mächte-Konferenz abgehalten werden müssen, auf der die letzten Entscheidungen zu treffen wären. Diese Entscheidungen mußten jedoch gründlich vorbereitet werden, sonst konnten sie nicht zu einem echten Frieden für alle führen.

5. Unterredung mit Botschafter Smirnow am 7. März 1958

Am 7. März 1958 suchte mich der sowjetische Botschafter Smirnow im Auftrage seiner Regierung auf, um mit mir, wie er sagte, einige wichtige Probleme zu erörtern, die vor allem die internationale Entspannung und die Vorbereitung einer Gipfelkonferenz beträfen. In diesem Zusammenhang denke er an Äußerungen von mir und meinen Ministern, daß eine solche Konferenz im Prinzip von der Bundesregierung begrüßt werde und daß die Bundesregierung gewillt sei, ihren Beitrag zum Zustandekommen einer Gipfelkonferenz zu leisten. Er, Smirnow, habe entsprechend nach Moskau berichtet, und dort sei diese Mitteilung mit größter Befriedigung aufgenommen worden. Die sowjetische Regierung hoffe, daß die Bundesregierung auch weiterhin das Zustandekommen einer derartigen Konferenz fördern werde.

„Warum wollen Sie nicht auf die Tagesordnung der Gipfelkonferenz die Frage der Wiedervereinigung Deutschlands setzen?" fragte ich. Dies sei doch ein überaus wichtiges internationales Problem.
Wie schon so oft in Gesprächen mit ihm erklärte ich, bei diplomatischen Verhandlungen sei vor allen Dingen Offenheit erforderlich. Nur dadurch könne Vertrauen geschaffen werden. Es habe doch keinen Zweck, um die Dinge herumzureden. Als ich vor zweieinhalb Jahren gegen den Willen meiner außenpolitischen Berater die Aufnahme diplomatischer Beziehungen zur Sowjetunion bejaht hätte, sei ich von der Hoffnung ausgegangen, daß dadurch allmählich ein Vertrauensverhältnis zwischen den beiden Staaten zustande kommen werde, aber leider hätte sich diese Hoffnung nicht erfüllt. Ich sei der Ansicht, daß es unter diesen Umständen gelte, von neuem anzufangen. „Es ist mein Grundsatz", fuhr ich fort, „bei Fragen, die nicht im ersten Anlauf zu lösen sind, einen zweiten zu unternehmen."
Ich wolle sehr offen mit ihm sprechen und ihm doch einmal folgendes vortragen: „Es liegt mir völlig fern, mir ein Urteil über die Regierungsweise in der Sowjetunion erlauben zu wollen. Ich habe vieles über die innerrussischen Verhältnisse vor dem Weltkrieg gelesen; unter anderem hat mir einmal ein früherer Sowjetbotschafter in Berlin gesprächsweise erzählt, daß in der Sowjetunion etwa 150 Völker lebten, die eine eigene Sprache sprächen. Von diesen Völkern lebten einige noch auf dem Niveau der Nomaden, während andere absolut auf der Höhe der Entwicklung stünden. Es ist daher vielleicht notwendig, diese Völker straff zusammenzufassen, um den Lebensstandard zu erhöhen, und zwar mit Methoden, die nach meiner Meinung nicht sehr verschieden von den zaristischen Methoden sind." Ich sei nicht gewillt, in irgendeiner Form einen Einfluß auf die innersowjetische Entwicklung auszuüben. Darin sähe ich keineswegs meine Aufgabe. „Es ist der ausdrückliche Wunsch des deutschen Volkes", unterstrich ich, „zur Sowjetunion gute Beziehungen herzustellen. Gerade deshalb habe ich Botschafter Lahr mit der Leitung der deutschen Delegation für Moskau beauftragt. Botschafter Lahr hat bei den schwierigen Saar-Verhandlungen ein großes Maß an Geduld und Geschick bewiesen, und deshalb erschien er mir für die gegenwärtigen Moskauer Verhandlungen besonders geeignet. Ich habe den Botschafter angewiesen, so lange in Moskau auszuharren, bis ein positives Ergebnis erzielt worden ist."
Das Problem, das sich trennend zwischen die Sowjetunion und uns stelle, sei die Wiedervereinigung, und ich könne einfach nicht verstehen, warum die Sowjetunion sich weigere, hierüber zu verhandeln. Ich erklärte Smirnow: „Das Problem der Deutschen in der Sowjetzone ist keine Frage des Nationalismus, keine Frage der Stärkung des politischen Einflusses Deutschlands.

Aber ich muß mit Nachdruck sagen, die Regierungsform in der Sowjetzone, mit der man versucht, das sowjetische System zu kopieren, eignet sich nicht für deutsche Menschen."
Wenn ich der Bevölkerung der Sowjetzone das Selbstbestimmungsrecht wünschte, so ginge ich nicht von nationalen Erwägungen aus, das möge er mir doch bitte glauben. Übrigens sei ich überzeugt, daß die Sowjetunion auf die Dauer keine Freude an dem Sowjetzonenregime haben werde. „Die Situation ist dort genau so, als wenn man versuchen wollte, gewissen Völkern in der Sowjetunion eine freie Demokratie aufzuzwingen. Dies würde vermutlich auch nicht gutgehen. Ministerpräsident Bulganin und Herr Chruschtschow haben mir während der Moskauer Verhandlungen 1955 ausdrücklich die Verpflichtung der Sowjetunion bestätigt, die Einheit Deutschlands wiederherzustellen. Ich wünsche folgendes: Den Deutschen in der Sowjetzone die Möglichkeit zu geben, so zu leben, wie sie leben wollen."
„Es ist nicht das erste Mal, daß ich von deutschen Politikern auf die Notwendigkeit der Lösung des deutschen Problems hingewiesen werde", unterbrach mich Smirnow. „Ich habe darüber eingehend nach Moskau berichtet. Die sowjetische Regierung sieht in der Lösung der deutschen Frage eines der wichtigsten Probleme der Weltpolitik. Sie ist jedoch der Ansicht, daß die Erörterung der Wiedervereinigungsfrage auf einer Gipfelkonferenz diese Konferenz nur stören und nicht dazu beitragen würde, die Wiedervereinigung voranzubringen."
„Dann sollte man doch versuchen", schlug ich vor, „die deutsche Frage noch vor der Konferenz zu lösen, dann kann sie keineswegs die Konferenz stören."
Botschafter Smirnow erwiderte: „Dies wäre zweifellos von seiten der beiden deutschen Staaten ein schönes Geschenk für die Gipfelkonferenz."
Ich wiederholte: „Der Sowjetzonenstaat entspricht nicht unseren Verhältnissen und notwendigen Lebensbedingungen. Die dort bestehenden Verhältnisse sind bei uns nicht angemessen. Die Bevölkerung der Sowjetzone setzt ihre Hoffnungen auf die Bundesregierung. Diese Hoffnungen dürfen nicht enttäuscht werden. In diesem Zusammenhang denke ich oft an das Beispiel, das Polen in der Geschichte gegeben hat. Die Polen haben in den Zeiten ihrer Unfreiheit, die durch Rußland, Deutschland und Österreich herbeigeführt wurden, nie die Hoffnung auf ein freies, unabhängiges Polen aufgegeben. Ich bin der Überzeugung, daß man aus der Sowjetzonenbevölkerung niemals Bürger nach sowjetischem Vorbild machen kann."
Was den deutschen Nationalismus betreffe, so sei es uns gegenwärtig gelungen, diesen Nationalismus niederzuhalten, und ich hätte mich stets persönlich dafür eingesetzt, keinen Nationalismus aufkommen zu lassen. „Ruß-

land darf aber dem deutschen Nationalismus keine Waffen in die Hand geben. Ich bin ein ausgesprochener Gegner des Krieges – wenn auch kein Pazifist –, und ich will nicht, daß jetzt die Wurzel des Nationalismus für kommende Generationen gelegt wird."

In Moskau sei man sich sehr wohl über die Sorgen des deutschen Volkes wegen der Spaltung Deutschlands im klaren, entgegnete Smirnow. Aber die Situation habe sich inzwischen so entwickelt, daß die Deutschen dieses Problem selbst lösen müßten, und zwar durch eine allmähliche Annäherung und Zusammenarbeit zwischen den beiden deutschen Staaten. Die Sowjetunion sehe gegenwärtig keinen anderen Weg zur Wiedervereinigung als den Weg direkter Verhandlungen zwischen den Deutschen selbst.

„Chruschtschow und Bulganin haben mir 1955 in Moskau ihr Wort gegeben, die Einheit Deutschlands herbeizuführen, und sich zu dieser Verpflichtung ausdrücklich bekannt", erklärte ich sehr energisch. „Für mich gilt dieses Wort auch heute noch. Daran hat sich durch die inzwischen vergangenen zweieinhalb Jahre nichts geändert."

Die Sowjetunion wolle mit ihrem Vorschlag, auf der Gipfelkonferenz über einen Friedensvertrag mit Deutschland zu verhandeln, zur Lösung der deutschen Frage doch beitragen, hielt mir Smirnow entgegen. „Allerdings müssen auf dieser Konferenz beide deutschen Staaten vertreten sein. Daneben könnten Verhandlungen zwischen den beiden deutschen Staaten geführt werden."

„Dann wäre man also gezwungen, zwei Friedensverträge, einen mit der Bundesregierung und einen mit der Sowjetzonenregierung, abzuschließen", unterbrach ich Smirnow. „Dies würde nicht nur tatsächlich, sondern auch völkerrechtlich eine Anerkennung von zwei deutschen Staaten bedeuten. Eine derartige Lösung ist für die Bundesregierung unannehmbar."

Die Sowjetregierung solle doch an die Frage einmal folgendermaßen herangehen: Im Falle einer befriedigenden Lösung der Wiedervereinigungsfrage, einer Frage, die doch im Grunde genommen keine große Bedeutung für die Sowjetunion habe, würde die Sowjetunion in Deutschland einen guten Nachbarn haben. Denn immerhin sei Deutschland doch geistig und wirtschaftlich – nicht militärisch – ein bedeutender Faktor. Außerdem würde ein Eingehen Sowjetrußlands auf die deutschen Wünsche der Sowjetunion zweifellos in der Welt großen Beifall einbringen. Man dürfe in Moskau überzeugt sein, daß die Deutschen alles andere als den Nachteil der Sowjetunion wollten. „Überlegen Sie sich doch einmal in Ruhe", beschwor ich Smirnow, „was würde denn die Sowjetunion aufgeben, wenn sie der Wiedervereinigung auf der Grundlage der Vorschläge der Bundesrepublik zustimmen würde? Man muß sich doch darüber im klaren sein, daß

die Führer der Sowjetzone ohne sowjetische Unterstützung keine vierundzwanzig Stunden an der Macht bleiben würden; oder hat die Sowjetunion vielleicht Bedenken, daß ein wiedervereinigtes Deutschland zu mächtig werden könnte? Diese Bedenken sind gegenstandslos, denn das wiedervereinigte Deutschland würde Jahre um Jahre zu tun haben, um den Wiederaufbau in der Sowjetzone durchzuführen. Wenn die Sowjetunion jedoch die Wiedervereinigung zuläßt, so wäre das Vertrauen zwischen ihr und Deutschland wiederhergestellt. Ich bin mir darüber im klaren, daß Nazi-Deutschland der Sowjetunion schweres Unrecht zugefügt hat. Es ist nur zu natürlich, daß all dies noch nicht gänzlich vergessen ist. Aber man muß doch einmal einen Schlußstrich unter die Vergangenheit ziehen und von neuem anfangen."
„Diese Feststellung ist richtig", bestätigte Smirnow, „man muß jedoch langsam vorgehen; dazu sind die neuesten Vorschläge der Sowjetunion bezüglich des Abschlusses eines Friedensvertrages mit Deutschland sicherlich geeignet."
Ich könne nicht einsehen, warum man in dieser Frage langsam vorgehen müsse, zumal doch die Sowjetunion sich ausdrücklich zu der Verpflichtung, die deutsche Einheit wiederherzustellen, bekannt habe. „In der jetzigen Sowjetzone wird nach der Wiedervereinigung niemandem etwas geschehen. Es ist mein ausdrücklicher Wille, daß nach der Wiedervereinigung keinerlei Rache geübt wird. Ich kann mir in der Lage der führenden Sowjetpolitiker keinen besseren Coup vorstellen, als sich mit den Deutschen zu einigen. Dies wäre doch zweifellos ein enormer Prestigeerfolg für die Sowjetunion. Ich verstehe, offen gesagt, nicht, weshalb sich die Sowjetunion derart an die Sowjetzonenregierung hängt."
Smirnow versuchte zu erklären: „Man darf nicht vergessen, daß dieser Staat nun schon seit dreizehn Jahren besteht und seit über acht Jahren selbständig ist. Es handelt sich hierbei um einen souveränen Staat. Deshalb ist eine Einmischung der Sowjetunion in die inneren Verhältnisse dieses Staates nicht vertretbar und würde zudem unserer außenpolitischen Konzeption widersprechen."
Smirnow war ein korrekter Interpret seiner Regierung. Doch ich schlug ihm vor, die Dinge einmal offen auszusprechen: „Wenn heute die Unterstützung der Sowjetunion aussetzen würde", so sagte ich ihm, „wäre die Sowjetzonenregierung spätestens morgen weg. Ich wiederhole nochmals, die Sowjetunion hat die 1955 in Moskau von den sowjetischen Führern bestätigte Verpflichtung, Deutschland wiederzuvereinigen. Die Sowjetunion hat 1945 eine Besatzungszone übernommen, ebenso wie die anderen Großmächte Zonen im übrigen Deutschland übernommen haben. Sie hat die

völkerrechtliche Verpflichtung, den alten Zustand wiederherzustellen. Bulganin und Chruschtschow haben dies auch ohne Vorbehalte zugegeben.

Die Schwierigkeiten in der Sowjetzone sind doch offensichtlich und bereiten sicherlich auch der Sowjetunion Sorge. Dabei hat die Sowjetunion, wie Chruschtschow selbst gesagt hat, große Aufgaben im Innern des eigenen Landes zu lösen. Es ist doch ein Unsinn, wenn ein bedeutender Teil des Sozialprodukts für die Rüstung verwendet werden muß. All dies ist im Grunde genommen sinnlos. Andererseits könnte es die Sowjetunion als großen Erfolg verbuchen, wenn sie die Wiedervereinigung Deutschlands ermöglichen würde, und sie hätte in Deutschland einen guten Nachbarn, der ihr zu Dank verpflichtet wäre."

Smirnow blieb unbeeindruckt: „Jeder Staat entwickelt sich nach eigenen Gesetzen und Besonderheiten, und hierbei spielen auch wirtschaftliche und Parteifragen eine Rolle. Über diese Tatsache darf man nicht hinwegsehen. Die Sowjetunion hat durchaus Verständnis für die deutschen Sorgen und glaubt, durch ihren Vorschlag, auf der Gipfelkonferenz über einen deutschen Friedensvertrag zu verhandeln, auch zur Lösung des Wiedervereinigungsproblems beizutragen. Die Wiedervereinigungsfrage bereits jetzt auf der Gipfelkonferenz zu behandeln, erachtet die Sowjetunion jedoch nicht für zweckmäßig."

„Haben Sie das jüngste Memorandum der USA an die Sowjetunion gelesen?" fragte ich Smirnow. „In diesem Memorandum ist die deutsche Frage an die Spitze gestellt worden!"

Smirnow erklärte, er kenne den Inhalt dieses Memorandums noch nicht. Ich gab ihm den Wortlaut in deutscher Übersetzung. Ich bat Smirnow: „Bitte, erinnern Sie in Ihrem Bericht nach Moskau an die Gespräche während der Moskauer Verhandlungen 1955 und an die damaligen Zusagen."

Wenn er richtig unterrichtet sei, schob Smirnow ein, habe man sowjetischerseits 1955 bereits klar gesagt, daß man die Wiedervereinigung Deutschlands nur auf dem Wege über innerdeutsche Verhandlungen für möglich halte.

„Diese Feststellung ist nicht zutreffend", berichtigte ich ihn. „Während der Gespräche 1955 in Moskau ist kein Wort über innerdeutsche Verhandlungen gesprochen worden. Ich halte Chruschtschow und Bulganin für sehr kluge Politiker, für Männer von Format, die real zu denken gewohnt sind, und ich verstehe einfach nicht, daß sie sich nicht dazu entschließen können, von ihrer Einstellung zur deutschen Frage abzugehen, und daß sie sich dabei so fest an das Ulbricht-Regime klammern. Diese Haltung läßt leider ein reales Denken vermissen, und dies in einer Frage, die für eine Macht wie die Sowjetunion doch nicht allzu bedeutend ist."

Smirnow erklärte, wenn es hier um innersowjetische Angelegenheiten ginge, dann wäre es nicht schwierig, eine Lösung zu finden. „Hierbei handelt es sich jedoch um Anliegen eines fremden souveränen Staates, und die Sowjetunion ist zu einer Einmischung nicht berechtigt. 1945 bis 1947 wäre dies noch möglich gewesen, 1958 jedoch nicht mehr."

Ich fragte Smirnow: „Hat denn 1955 nicht die Möglichkeit bestanden, eine Wende herbeizuführen?"

Smirnow gab zurück: „In der Einstellung der Sowjetunion hat sich seit 1955 nichts geändert."

Ich bat Smirnow, seiner Regierung zu berichten, daß die Bundesregierung nach wie vor volles Vertrauen in das 1955 von den Sowjetführern gegebene Wort bezüglich der Wiedervereinigung habe.

Smirnow entgegnete: „Ich würde viel lieber berichten, daß die Bundesregierung bereit ist, das Zustandekommen einer Gipfelkonferenz in jeder Beziehung zu fördern und zu helfen, daß diese Konferenz zu einem Erfolg geführt wird."

Dies sei auch durchaus unsere Absicht; aber sich mit dem Abschluß von zwei Friedensverträgen einverstanden zu erklären, das sei für uns unmöglich.

Smirnow gab noch nicht auf: „Man könnte doch versuchen, noch vor der Konferenz ein konföderatives Organ zu schaffen, das dann diesen Friedensvertrag unterzeichnen könnte."

Ich erklärte kategorisch: „Die Bundesregierung kann nichts zulassen, was gegen den Willen der Sowjetzonenbevölkerung ist, und diese lehnt nun einmal ihr Regime ab. In der Politik müssen gewisse Rechtsgrundsätze beachtet werden. Andererseits darf man aber auch gewisse Nützlichkeitserwägungen nicht außer acht lassen. Deshalb wäre es für die Sowjetunion von großem Vorteil, zur deutschen Wiedervereinigung ja zu sagen, wobei der Weg zur Wiedervereinigung über freie Wahlen unter internationaler Kontrolle führen muß."

Der Sowjetzonenregierung sei es nicht gelungen, Fuß zu fassen, und die Sowjetunion vergeude, wenn sie sich mit diesem Regime weiter einließe, nur unnütz ihre Kraft. Ich appellierte an Smirnow: „Die Sowjetregierung ist vor die Aufgabe gestellt, für einen schnell wachsenden Lebensstandard ihrer Bevölkerung zu sorgen. Dies ist mit schwierigen Problemen verbunden, was mir 1955 in Moskau Chruschtschow und Bulganin auch ganz offen bestätigt haben. Diese Aufgaben sind nur in einer langandauernden Friedensperiode zu lösen. Daher befindet sich die Sowjetunion nicht auf dem richtigen Weg, wenn sie sich an das Ulbricht-Regime hängt. Lassen Sie die Bevölkerung der Sowjetzone frei über ihr eigenes Schicksal entscheiden! Damit würde die sowjetische Regierung ihrem eigenen Volk einen großen

Dienst erweisen. Es kommt also jetzt darauf an, seitens der sowjetischen Regierung ‚grünes Licht' zu geben."

Smirnow beharrte: „Es liegt an den Deutschen selbst, ‚grünes Licht' zu geben."

Ich kam noch einmal auf die Moskauer Gespräche vom Jahre 1955 zurück und betonte, daß ich Chruschtschow für einen sehr real denkenden Politiker hielte. Chruschtschow habe seinerzeit zum Eintritt der Bundesrepublik in die NATO geäußert, daß dies zwar nicht gut sei, aber nun einmal als Tatsache hingenommen werden müsse. „Ich halte Chruschtschow durchaus für fähig, großzügige Entschlüsse zu fassen."

Smirnow beteuerte, daß das deutsche Problem Chruschtschow sehr am Herzen liege und er bemüht sei, diese Frage unter Berücksichtigung der nationalen Interessen des deutschen Volkes und der Interessen des europäischen Friedens zu lösen.

„Bitte, berichten Sie nach Moskau", bat ich Smirnow, „daß all das, was ich gesagt habe, vom Vertrauen auf die Sowjetführer getragen ist, deren Klugheit und realen Sinn ich wohl zu schätzen weiß. Mein Wunsch ist es, eine gute Nachbarschaft zur Sowjetunion herzustellen."

6. Unterredung mit Smirnow am 19. März 1958

Bereits am 19. März 1958 suchte mich Smirnow erneut im Palais Schaumburg auf, um mir wieder einmal ein Aide-mémoire zu überreichen, das sich, wie er sagte, mit wichtigen politischen Fragen und vor allem mit der Vorbereitung der von Bulganin angeregten Gipfelkonferenz befasse.

Zu Beginn der Besprechung verlas Smirnow das Aide-mémoire. Es war, gelinde gesagt, sehr unfreundlich. Es betraf insbesondere den Vorschlag der Sowjetunion, auf der bevorstehenden Gipfelkonferenz über einen deutschen Friedensvertrag zu verhandeln. Es war dieselbe Einstellung zum deutschen Friedensvertrag, die Chruschtschow in dem Gespräch mit dem deutschen Zeitungsverleger Axel Springer und dessen Chefredakteur Zehrer geäußert hatte.

In der letzten Zeit war zum Thema einer Gipfelkonferenz fast an jedem zweiten Tag einmal von dieser, einmal von der anderen Seite ein Schriftstück überreicht worden. Ich hatte interessehalber den Austausch von Noten und dergleichen zählen lassen. Dabei wurde festgestellt, daß im Zusammenhang mit dem geplanten Gipfeltreffen zwischen Ost und West innerhalb weniger Wochen einundzwanzig Schriftstücke überreicht worden waren, zehn vom Westen und elf vom Osten. Ich war der Ansicht, daß eine sorgfältige Vorbereitung der Konferenz sicher von Nutzen war, aber man konnte eine derartige Vorbereitung auch übertreiben und des Guten zuviel tun.

Die Sowjetregierung betonte in dem mir überreichten Aide-mémoire erneut, die Frage der Wiedervereinigung sei Sache der Deutschen selbst. Diejenigen, die sich trügerischen Illusionen über das Bestehen irgendeines „Umweges" zur deutschen Wiedervereinigung ohne eine Annäherung und die Herstellung gegenseitigen Verständnisses zwischen der „DDR" und der Bundesrepublik hingäben, leisteten dem deutschen Volk einen schlechten Dienst. Wörtlich hieß es in dem Memorandum:

„... Die Bundesregierung ist sich der Tatsache wohl bewußt, daß die sowjetische Regierung sich den bestehenden Vorschlägen, die deutsche Wiedervereinigung auf einer Gipfelkonferenz zu besprechen, entschieden widersetzt, und zwar deshalb, weil diese Aufgabe von niemandem als von den beiden deutschen Staaten, die die Wiedervereinigung anstreben, gelöst werden kann. Diese Stellungnahme der Sowjetunion bleibt unverändert. Wenn die Bundesregierung trotzdem darauf bestehen sollte, die deutsche Wiedervereinigung bei der bevorstehenden Gipfelkonferenz zu erörtern, kann dies nur als Wunsch interpretiert werden, die Einberufung einer Konferenz zu verhindern und damit die Lösung der deutschen Frage weiterhin zu verzögern ..."

Ich wollte aus der festgefahrenen Art des Dialogs, aus der Sackgasse, in der wir waren, herauskommen, und um deutscherseits einen konkreten Vorschlag zur Lösung des deutschen Problems zu unterbreiten, nahm ich diesen Besuch Smirnows zum Anlaß, um über ihn an die Sowjetregierung folgende Frage zu richten: Wäre sie bereit, der Sowjetzone den Status Österreichs zu geben?

Smirnow erschien überrascht und verwirrt. Er meinte, es handele sich gegenwärtig doch darum, über einen deutschen Friedensvertrag zu verhandeln, und er begann, die üblichen sowjetrussischen Thesen herunterzusagen: Man müsse von der Existenz zweier souveräner deutscher Staaten ausgehen! Diese Realität dürfe man nicht außer acht lassen! Er ging auf meine direkte Frage nicht ein.

Ich unterbrach ihn und stellte fest, daß also offensichtlich die Sowjetunion nicht bereit zu sein scheine, der „DDR" den Status Österreichs zu gewähren. Die Sowjetregierung wünsche ja stets von seiten der Bundesrepublik konkrete Vorschläge zur Lösung der deutschen Frage. Nunmehr hätte ich einen sehr konkreten Vorschlag gemacht.

Smirnow erwiderte, auch die Sowjetunion habe einen konkreten Vorschlag gemacht, und zwar den Vorschlag, auf der Gipfelkonferenz über einen deutschen Friedensvertrag zu verhandeln.

Ich hielt dem entgegen, daß die Sowjetunion in dem vorliegenden Aidemémoire unterstreiche, nicht über die Wiedervereinigung Deutschlands verhandeln zu wollen. Ich fragte Smirnow, wie man sich denn überhaupt Verhandlungen über einen Friedensvertrag mit Deutschland vorstelle, ohne hierbei über die deutsche Wiedervereinigung zu sprechen. Dies sei doch unlogisch.

Smirnow erwiderte, in allen sowjetischen Regierungserklärungen der letzten Zeit sei betont worden, daß die Lösung der Wiedervereinigungsfrage Sache der beiden deutschen Staaten selbst sei.

Ich erinnerte daran, daß ich bereits in meinem letzten Gespräch mit ihm, Smirnow, hervorgehoben hätte, daß ich die Frage der Wiedervereinigung nicht vom Gesichtspunkt des deutschen Nationalismus aus betrachte, sondern unter dem Gesichtspunkt: Es müsse der Bevölkerung in der Sowjetzone die Möglichkeit gegeben werden, so zu leben, wie sie es wünsche. Die Österreicher hätten diese Möglichkeit. Deshalb stelle ich die Frage, ob die Sowjetunion bereit sei, der „DDR" den Status Österreichs zu geben. Österreich hätte in seinem Friedensvertrag bestimmte Verpflichtungen über seine militärische Neutralität übernehmen müssen, dafür aber die Möglichkeit erhalten, seine Geschicke selbst zu gestalten.

Smirnow entgegnete, daß in Österreich eine andere Situation gegeben gewesen sei. Er sei längere Zeit in Österreich als Botschafter tätig gewesen und kenne die Lage Österreichs vor dem Abschluß des Friedensvertrages genau. Österreich habe damals unter der Kontrolle der Vier Mächte gestanden. In der deutschen Frage lägen die Dinge jedoch anders. Hier handele es sich um zwei selbständige souveräne Staaten. Die Sowjetunion habe daher nicht das Recht, der „DDR" einen anderen Status zu geben. Dies würde eine Einmischung in die inneren Angelegenheiten eines souveränen Staates bedeuten.

Ich machte darauf aufmerksam, daß ich mit meiner Frage hinsichtlich des Status der „DDR" sehr weit gegangen sei. Wenn dies in der deutschen Öffentlichkeit bekannt werden würde, riskierte ich, von meinen eigenen Leuten dafür gesteinigt zu werden. Er möge deshalb diese Frage nicht an die Öffentlichkeit bringen. Ich hätte diese Frage ganz konkret gestellt und bäte, sie ernsthaft zu prüfen.

Smirnow antwortete darauf, er hätte über den Inhalt unseres letzten Gespräches vom 7. März eingehend nach Moskau berichtet. Der Bericht sei dort mit großem Interesse zur Kenntnis genommen worden, insbesondere hinsichtlich meiner Anregung, einen neuen Anlauf zur Verbesserung der Beziehungen zwischen unseren beiden Staaten zu unternehmen. Die sowjeti-

sche Regierung sei bereit, neben den gegenwärtig in Moskau geführten deutsch-sowjetischen Verhandlungen über ein Handelsabkommen neue Schritte zur Verbesserung der Beziehungen zwischen unseren beiden Ländern zu prüfen.
Ich dankte Smirnow für diese Mitteilung und bat ihn, seine Regierung wissen zu lassen, daß ich diese Haltung sehr begrüße.

Ich war gespannt, wie sich Moskau zu meinem Vorstoß verhalten würde. Die sowjetisch-deutschen Verhandlungen über den Abschluß eines Handelsabkommens standen kurz vor dem Abschluß. Ich hoffte, daß anläßlich der Unterzeichnung in Bonn eventuell der Dialog über meinen Vorschlag aufgenommen würde.
Bei meiner Vorstellung, der Sowjetzone den Status Österreichs zu geben, war ich vor allem von der Hoffnung geleitet, hierdurch den dort lebenden Menschen die Möglichkeit zu einer freien Willensentscheidung bei der Wahl ihrer Regierung zu verschaffen. Es kam mir in erster Linie darauf an, von den Menschen in der Zone den politischen, den geistigen Druck zu nehmen und ihnen die Lebensbedingungen zu erleichtern, selbst für den Preis, daß die Wiedervereinigung nicht unmittelbar durchgeführt würde. Die Chance einer Wiedervereinigung zu einem späteren Zeitpunkt blieb offen. Immer wieder hatte ich das Beispiel der Geschichte Polens vor Augen, die Zähigkeit und Ausdauer des polnischen Volkes bei der Verfolgung des Zieles, seine Einheit wiederzuerlangen. Wir mußten realistisch unsere Möglichkeiten abschätzen und uns dessen bewußt bleiben, daß das Wichtigste eine Erleichterung des Loses der Menschen in der Zone war.
Keine deutsche Bundesregierung kann auf das Recht des unterdrückten deutschen Volksteiles, über sein politisches Schicksal in freier Selbstbestimmung zu entscheiden, verzichten. Keine deutsche Bundesregierung konnte einen Konföderationsplan „der beiden deutschen Staaten", wie es der Sowjetunion vorschwebte, akzeptieren, denn dieser hätte nicht nur eine Isolierung der Bundesrepublik nach außen und die Gefahr der Zerstörung ihrer freiheitlichen Ordnung im Innern zum Ziele gehabt, sondern hätte vor allem der Wiederherstellung der deutschen Einheit in Freiheit keine Chance gelassen.
Wer die Last politischer Verantwortung zu tragen hat, muß sich jeder Art von Wunschdenken verschließen. Ein Hang zum Wunschdenken ist vor allem in der Außenpolitik lebensgefährlich, da sie das Schicksal nicht nur der gegenwärtigen, sondern auch künftiger Generationen formt. Wir alle wußten aus den Lehren der Vergangenheit, wie bitter und oftmals blutig sich Illusionen in der Außenpolitik zu rächen pflegen, wie aussichtslos es ist,

gerade auf diesem Gebiet jeden einmal begangenen Fehler korrigieren zu wollen. Ein wesentlicher Grundsatz meines Handelns war, daß eine beharrliche Verteidigung des Rechts das geringste Risiko für alle Beteiligten in sich birgt.

7. Unterredung mit Mikojan am 26. April 1958

Die Verhandlungen über den Abschluß eines Handelsvertrages, über die Einrichtung von Konsularvertretungen und über eine Vereinbarung zur Rückführung der noch in der Sowjetunion zurückgehaltenen Deutschen, die am 23. Juli 1957 in Moskau aufgenommen wurden, konnten am 8. April 1958 durch die Paraphierung von Übereinkünften abgeschlossen werden. Zu Beginn der Verhandlungen hatten sich die Vertreter der UdSSR und der Bundesrepublik darauf geeinigt, die Unterzeichnung der Abkommen in Bonn vorzunehmen. Im Rahmen dieser Vereinbarung war ein Besuch des Ersten Stellvertreters des Vorsitzenden des Ministerrates der UdSSR, Anastas I. Mikojan, für die Zeit vom 25. bis 28. April 1958 in der Bundesrepublik vorgesehen, um durch ihn von sowjetischer Seite die Abkommen unterzeichnen zu lassen.

Am 27. März 1958 war ein erneuter Wechsel in der sowjetischen Führungsgruppe erfolgt. Bulganin verlor sein Amt als Ministerpräsident, Chruschtschow rückte an seine Stelle. Wieweit diese internen Vorgänge im Kreml ihre Auswirkungen auf die außenpolitische Haltung der Sowjetunion hatten, blieb abzuwarten. Es blieb abzuwarten, ob der Besuch Mikojans hierüber schon Aufschluß gab.

Der Besuch Mikojans fand wie vorgesehen statt. Von deutscher Seite wurden die Verträge und Abkommen von Bundesminister von Brentano und von Botschafter Lahr, der in Moskau die Verhandlungen geführt hatte, unterzeichnet. In einem Kommuniqué, das aus diesem Anlaß herausgegeben wurde, heißt es hierzu:

„Am 25. April 1958 sind in Bonn die Abkommen unterzeichnet worden, die in den jüngsten Verhandlungen zwischen der Bundesrepublik Deutschland und der Union der Sozialistischen Sowjetrepubliken auf den Gebieten der Wirtschaft und des Konsularwesens in Moskau vereinbart worden waren. Es handelt sich dabei um ein ‚Langfristiges Abkommen über den Waren- und Zahlungsverkehr', um ein ‚Abkommen über Allgemeine Fragen des Handels und der Seeschiffahrt' und um ein ‚Protokoll über den Warenverkehr im Jahre 1958', ferner um einen Konsularvertrag. Die Verträge und Abkommen wurden für die Bundesrepublik von dem Bundesminister des Auswärtigen, Dr. von Brentano, und von Botschafter Lahr, der für die Bundesregierung die Verhandlungen in Moskau geführt hat, unterzeichnet. Für die Sowjetunion zeichnete der Erste Stellvertretende Ministerpräsident der Union der Sozialistischen Sowjetrepubliken, Herr Mikojan; der Konsularvertrag wurde außerdem von dem Stellvertretenden Außenminister Semjonow und die auf dem Gebiet der Wirtschaft vereinbarten Abkommen von dem Stellvertretenden Außenhandelsminister Kumykin unterzeichnet."

Bei dem Unterzeichnungsakt war ich nicht zugegen. Ich traf erst am nächsten Tag, dem 26. April 1958, vormittags mit Mikojan zu einer längeren Aussprache zusammen. Es war mit den Russen vereinbart worden, daß die Besprechung mit Mikojan und seiner Delegation in den unteren Räumen des Palais Schaumburg, in den sogenannten „Hallstein"-Räumen, stattfinden sollte, nachdem er mir einen kurzen Besuch in meinem Arbeitszimmer gemacht hatte.

Um 11.00 Uhr erschien Mikojan wie vereinbart in meinem Arbeitszimmer. Er war lediglich von einem Dolmetscher begleitet. Bei mir war Minister von Brentano. Mikojan hatte schon zu dem engeren Kreis um Lenin gehört, er besaß zu Zeiten Stalins eine einflußreiche Position und hatte diese auch in der Ära der Entstalinisierung behaupten können. Er machte auf mich einen sehr gewandten und äußerst intelligenten Eindruck.

Mikojan und ich fanden schnell Kontakt und kamen sofort in ein lebhaftes Gespräch. Ich hatte meiner Freude über seinen Besuch in der Bundesrepublik Ausdruck gegeben und gesagt, daß ich mich mit seiner Lebensgeschichte eingehend beschäftigt hätte.

Mikojan, der sehr aufgeschlossen wirkte, erwiderte, leider hätte er 1955 in Moskau keine Gelegenheit gehabt, mich kennenzulernen, da er sich damals zu einer Kur auf der Krim aufgehalten hätte. Chruschtschow habe ihn jedoch nach den Moskauer Besprechungen dort besucht und ihn über den Verlauf der Unterredungen unterrichtet. Dabei habe Chruschtschow betont, daß er von mir einen sehr positiven Eindruck gewonnen hätte. Er habe im übrigen die Ehre, mir die Grüße Chruschtschows zu übermitteln.

Ich bedankte mich hierfür und bat, sie zu erwidern. Auch ich dächte gern an die Moskauer Verhandlungen des Jahres 1955 zurück. Ich hätte damals in Chruschtschow einen klugen, energischen, wenn auch zeitweise etwas heftigen Politiker kennengelernt. Ich zöge es jedoch vor, lieber mit klugen Menschen – trotz kleiner Schwächen – zu verhandeln als mit unklugen.

Mikojan blieb bei dem Thema meines Moskauer Besuches. Man hätte damals gute Resultate erzielt, leider sei in den Jahren nach 1955 eine Verschlechterung in den deutsch-sowjetischen Beziehungen eingetreten, eine Verschlechterung, für die nicht die UdSSR die Schuld trage.

Ich entgegnete, auch die Bundesregierung sei mit der Entwicklung der deutsch-sowjetischen Beziehungen seit 1955 nicht zufrieden. Es sei jedoch müßig, die Frage erörtern zu wollen, wer die Schuld daran trage. Wichtig sei, und das hätte ich kürzlich auch Botschafter Smirnow gesagt, nunmehr einen Strich unter das Gewesene zu machen und von neuem anzufangen. Ich sei der Ansicht, daß im Ergebnis der am gestrigen Tage unterzeichneten Abkommen eine gute Chance für einen neuen Anfang gegeben sei.

Mikojan stimmte zu. Die unterzeichneten Abkommen bedeuteten einen Schritt vorwärts. Aber leider sei festzustellen, daß die Aufrüstung in Westdeutschland als ein Schritt zurück in den deutsch-sowjetischen Beziehungen betrachtet werden müsse.

Ich erinnerte Mikojan an ein Gespräch mit Chruschtschow aus dem Jahre 1955, in dem Chruschtschow folgendes gesagt hatte: Man sehe zwar in der UdSSR den Eintritt der Bundesrepublik in die NATO nicht gern. Der Eintritt sei aber nun einmal vollzogen, und die UdSSR müsse dies als Tatsache in ihre politischen Erwägungen einbeziehen. Ich hätte in dieser Äußerung Chruschtschows einen großzügigen Standpunkt gesehen. Ich hielte überhaupt Chruschtschow für fähig, großzügige Entschlüsse zu fassen. Im übrigen wolle ich folgendes feststellen. Der Bundesregierung und insbesondere mir würde verschiedentlich von den Staaten des Ostblocks der Vorwurf gemacht, in die Fußtapfen Hitlers zu treten. Ich könne jedoch mit aller Bestimmtheit erklären, daß ich kein „Hitlermann", kein Mann des militärischen Angriffs sei, wohl aber ein Mann des geistigen Angriffs.

Mikojan ging auf die von mir zitierte Äußerung Chruschtschows ein und sagte, daraus dürfe man nicht den Schluß ziehen, die Sowjetunion sei gewillt, sich auch in Zukunft einfach vor vollzogene Tatsachen stellen zu lassen, mit denen sie sich dann abzufinden habe. Dies sei keineswegs der sowjetische Standpunkt. Jedenfalls könne er mir versichern, daß Chruschtschow die westdeutsche Wiederbewaffnung und vor allem die geplante atomare Aufrüstung für einen außerordentlich großen Fehler halte.

Die jetzt eingetretene Entwicklung in Westdeutschland sei Chruschtschow doch bei unseren Gesprächen in Moskau im Jahre 1955 bekannt gewesen, entgegnete ich. Sie habe sich doch zwangsläufig aus dem Eintritt der Bundesrepublik in die NATO ergeben.

So waren wir bereits mitten in der Diskussion, und ich schlug vor, dieses Gespräch nicht abzubrechen und wie vorgesehen in die Hallstein-Räume zu gehen, sondern es bei mir in diesem kleinsten Kreise fortzusetzen.

Mikojan stimmte zu, bat aber, Botschafter Smirnow hinzuzuziehen.

Nach dem Eintreffen Smirnows erklärte ich, ich könne mich nicht des Eindrucks erwehren, daß die sowjetische Botschaft in Bonn nicht selten von gewissen Deutschen in einer Art unterrichtet würde, die häufig nicht den Tatsachen entspreche. Ich wolle allerdings sagen, aber nur wenn es Botschafter Smirnow nicht schaden würde: Ich hielte Botschafter Smirnow für einen ausgezeichneten Botschafter. Mikojan schloß sich dieser Beurteilung voll und ganz an. Smirnow schwieg.

Ich fuhr fort: Die UdSSR müsse sich darüber im klaren sein, daß die Bundesrepublik Deutschland, ganz gleich ob mit oder ohne Kernwaffen, ein Element des Friedens sei. Diese Feststellung gelte nicht nur für die Regierung, sondern auch für den gesamten Bundestag, für alle Parteien, insbesondere für die CDU und für mich selbst. Ich sei ein ausgesprochener Gegner des Nationalismus. Das deutsche Volk hätte unter den Nazis genug durchmachen müssen. Ich könne die damalige Tendenz nur für verrückt erklären.

Er, Mikojan, sei hart im Geben, demnach müsse er auch hart im Nehmen sein, und ich würde ihm nunmehr etwas sagen, was ich unlängst bereits Botschafter Smirnow gesagt hätte: In vielen Punkten verstünde ich die sowjetische Politik ganz einfach nicht. Zunächst einmal wolle ich feststellen, daß die Sowjetunion in den letzten vierzig Jahren einen Aufschwung genommen habe, den niemand für möglich gehalten hätte. Ich hätte nicht das Recht, und es stünde mir auch nicht zu, der sowjetischen Regierung einen Rat in bezug auf außenpolitische Fragen zu geben. Als Deutscher, als Europäer und als friedfertiger Mensch glaubte ich jedoch folgendes sagen zu müssen: Deutschland sei an einer friedlichen Entwicklung der Sowjetunion außerordentlich interessiert. Ich bäte ihn, Mikojan, mir zu glauben, wenn ich die Überzeugung ausspräche, daß alle Staaten, darunter auch die UdSSR und die Bundesrepublik, eine längere Periode der Ruhe, der Konsolidierung dringend benötigten, um ihre friedlichen Ziele verwirklichen zu können. Die Staaten würden jedoch erst dann zur Ruhe kommen, wenn es gelänge, die Abrüstungsfrage zu lösen. Dies sei das Hauptproblem.

Ich versicherte Mikojan, daß ich von niemandem und natürlich auch von keiner westlichen Regierung beauftragt sei, mit ihm, Mikojan, über bestimmte Fragen zu sprechen. Was ich nunmehr sage, würde ich in eigener Verantwortung und aus eigener Überzeugung erklären: Wenn ich in irgendeiner Form dazu beitragen könne, das Verhältnis zwischen dem einen großen Block – der UdSSR und ihren Partnern einerseits – und dem anderen großen Block – den USA und ihren Partnern andererseits – zu verbessern, so würde mir keine Anstrengung zuviel sein. Wenn ich in irgendeiner Form zu einem besseren Verständnis zwischen der UdSSR und den USA beitragen könne, so würde ich dies mit der größten Freude tun.

Um einander gut und restlos zu verstehen, wolle ich ihm, Mikojan, folgendes darlegen: Ich sähe meine Lebensaufgabe darin, den Frieden in Europa zu sichern und Europa zusammenzuschließen. Wenn dies nicht gelänge, so sähe ich in der Zukunft für die europäischen Staaten keine Möglichkeit mehr, neben den beiden großen Machtblöcken weiter zu existieren.

Und nun zur „DDR": Er, Mikojan, möge mir glauben, meine Einstellung in bezug auf die „DDR" sei nicht vom Nationalismus getragen. Ich wolle lediglich erreichen, daß man den Menschen in der Sowjetzone die Möglichkeit gebe, so zu leben, wie sie es wollten, und nicht so, wie es Ulbricht wolle. In einem sehr ernsten Gespräch, das ich kürzlich mit Botschafter Smirnow geführt habe, hätte ich auch den Status der „DDR" angeschnitten und in diesem Zusammenhang an Botschafter Smirnow eine Frage gerichtet, die für ihn völlig unerwartet gekommen sei und ihn verblüfft habe. Ich wolle jetzt bei diesem Gespräch diese Frage nicht wiederholen. Ich würde jedoch sehr anraten, über das berührte Problem und meine diesbezügliche Anregung ernsthaft nachzudenken und sich sowjetischerseits einmal zu fragen, welches Ziel ich als Bundeskanzler mit dieser Anregung wohl verfolgt hätte.

Was ich erstrebte, hätte ich soeben offen ausgesprochen: Frieden in Europa, die Erhaltung der europäischen Kultur und Wirtschaft, die nicht nur Deutschland, sondern auch die UdSSR, die die ganze Welt brauche. Die Bundesrepublik wolle alles andere als Krieg. Ich sei mir darüber im klaren, daß dem sowjetischen Volk von einem Teil der Deutschen schweres Leid zugefügt worden sei. Ich verstünde daher auch durchaus die zum Teil noch sehr ablehnende Haltung der UdSSR gegenüber uns Deutschen. Man dürfe jedoch bei der Beurteilung eines Volkes nicht nur einen kleinen Ausschnitt seiner Geschichte ins Auge fassen, sondern man müsse ein Volk nach seiner gesamten historischen Entwicklung beurteilen. Von diesem Standpunkt aus betrachte ich die Sowjetunion, und ich wäre dankbar, wenn die sowjetische Regierung mit derselben Einstellung Deutschland betrachten würde.

Ich bat Mikojan, mit derselben Offenheit nunmehr seine Ansichten zu den in diesem Gespräch angeschnittenen Fragen zu äußern.

Mikojan begann: „Die sowjetische Regierung hält Sie und Ihre Regierungsmitglieder nicht für ‚Hitlermänner'."

Ich unterbrach ihn und erinnerte daran, daß eine zumindest ähnliche Behauptung kürzlich in einer Botschaft der UdSSR an die Volkskammer der „DDR" enthalten gewesen sei.

Mikojan gab zurück, Prinzip der Sowjetregierung sei, die Dinge beim Namen zu nennen und ungeschminkt auszusprechen. Unwahrheiten würden Mitglieder der sowjetischen Regierung jedoch nicht sagen.

Dann ging er zu folgenden Ausführungen über: Was die sowjetische Regierung mit Besorgnis verfolge, sei die Aufrüstung und die geplante atomare Bewaffnung der Bundeswehr. Die Sowjetunion hingegen hätte sich stets für den Frieden eingesetzt. Nach der Revolution von 1917/1918 hätte sich die neue sowjetische Regierung sofort entschlossen, ihrerseits mit dem Krieg Schluß zu machen, eine Tatsache, die der deutsche Kaiser dazu benutzt habe, um große Teile Rußlands zu besetzen. Dadurch sei die junge sowjetische Regierung in große Bedrängnis geraten.

„Vergessen Sie doch bitte nicht, daß das kaiserliche Deutschland Lenin und seinen Anhängern mit der beachtlichen Summe von zwanzig Millionen Mark eigentlich nicht unwesentlich dazu verholfen hat, an die Macht zu gelangen!" gab ich Mikojan zu bedenken. Außerdem verdanke die UdSSR auch ideologisch betrachtet Deutschen – Marx und Engels – einiges.

Mikojan entgegnete, was die Lehre angehe, so sei dies zutreffend, und Deutschland könne stolz darauf sein, daß die Sowjetunion gewissermaßen von deutschen Ideen lebe. Was jedoch die zwanzig Millionen Mark anbelange, so sei dies unbedingt eine unrichtige Darstellung oder gar eine Geschichtsfälschung. In jedem Fall sei so etwas nicht zutreffend. Er bestritt auf das entschiedenste, daß zwanzig Millionen Goldmark vom Deutschen Reich gegeben worden seien. Er, Mikojan, sei schon damals in nächster Nähe von Lenin tätig gewesen, und er müßte es doch wissen, wenn das der Fall gewesen sei.

Das Dokument darüber sei aber vor kurzem in einer deutschen Zeitung – ich wisse im Augenblick nicht genau, ob in der „Welt" oder in der „Zeit" – veröffentlicht worden, erwähnte ich. Jedenfalls würde ich der Sache nachgehen und diesen Artikel Botschafter Smirnow zusenden.

Mikojan fuhr fort: Man müsse vor allen Dingen beiderseits bemüht sein, den Völkern die Angst und das Mißtrauen zu nehmen. In der Bundesrepublik müsse mit der feindseligen Propaganda gegen die Sowjetunion Schluß gemacht werden. Er wisse genau, daß das deutsche Volk – sowohl in der „DDR" wie auch in der Bundesrepublik – keine Haßgefühle gegen die sowjetischen Völker empfinde. Er habe sich hiervon auf einer Reise durch die „DDR" wiederholt überzeugen können. Auch während seines bisherigen Aufenthaltes in der Bundesrepublik habe er diesen Eindruck gewonnen. Allerdings habe er nur wenig Gelegenheit gehabt, mit der Bevölkerung direkt Kontakte aufzunehmen. Ob es ihm gelingen werde, meinte Mikojan lächelnd, dem Protokoll und der sonstigen Begleitung in den nächsten Tagen einmal zu entwischen, halte er für zweifelhaft, obwohl er dies sehr gern tun würde.

Ich erklärte, die freundliche Begrüßung seitens der Bevölkerung hier in der Bundesrepublik sei, dies dürfe ich versichern, oftmals gewiß ehrlicher gemeint als in der „DDR".

Er denke bei seinen Kontakten mit der Bevölkerung in der „DDR" keineswegs an Massenversammlungen oder offizielle Veranstaltungen, entgegnete Mikojan, sondern an schlichte Dorfbewohner, denen er hier und da begegnet sei.

Mikojan kam dann noch einmal darauf zu sprechen, daß sowohl 1917/1918 wie auch im Jahre 1941 Deutschland die Sowjetunion überfallen habe, obwohl doch gerade in den Jahren vor 1941 an sich gute Beziehungen zwischen den beiden Ländern, vor allen Dingen auf wirtschaftlichem Gebiet, bestanden hätten. Er erinnere sich aus diesen Jahren mit besonderer Freude an seine Verhandlungen mit deutschen offiziellen Vertretern. Die Sowjetunion habe den ehrlichen Wunsch, es auf keinen Fall dazu kommen zu lassen, daß ein drittes Mal ein Krieg zwischen der Sowjetunion und Deutschland entbrenne. Die sowjetische Regierung halte daher die geplante atomare Rüstung in Westdeutschland für einen großen, sehr gefährlichen Fehler der deutschen Außenpolitik, einen Fehler, der sehr wahrscheinlich dazu führen werde, daß mir in der Zukunft in der Erinnerung der Deutschen ein schlechtes Andenken bewahrt werde.

„Aber, Herr Mikojan, ich will doch gerade die Abrüstung, und zwar eine allgemeine kontrollierte Abrüstung", hielt ich ihm entgegen. „Nur dies ist der Weg, auf dem die Welt zur Ruhe kommen kann."

Aus den USA seien jedoch andere Töne zu vernehmen, beharrte Mikojan. Selbst Eisenhower habe unlängst erklärt, die Ausgaben in den USA für militärische Zwecke würden in den nächsten vierzig bis fünfzig Jahren sehr wahrscheinlich noch weiter ansteigen. Es gäbe amerikanische Theoretiker, die in den steigenden Ausgaben für Rüstungszwecke ein Mittel sähen, um der wirtschaftlichen Depression zu begegnen. Diese amerikanischen Theoretiker würden den Standpunkt vertreten, es gebe nur zwei Mittel, um keine Depression in der Wirtschaft aufkommen zu lassen: entweder Krieg oder Ausweitung und Verstärkung der Rüstung. Diese Theorie sei ja auch im „Rockefeller-Programm" enthalten.

Ich erwiderte, ich kenne Eisenhower und Dulles persönlich sehr gut, und ich könne ihm, Mikojan, versichern, daß weder Eisenhower noch Dulles einen Krieg wollten. Ich wüßte, daß Dulles zwar ein im Umgang zuweilen schwieriger Politiker sei, aber ein Politiker von absoluter Zuverlässigkeit.

Mikojan fragte, wie sich dann die von Dulles betriebene Politik „am Rande des Krieges" mit meiner positiven Beurteilung von ihm vereinbaren lasse.

„Ich kenne Dulles genügend, um versichern zu können, daß Dulles kein Abenteurer ist", gab ich zurück.

Mikojan blieb unbeeindruckt: Er glaube wohl, daß Eisenhower keinen Krieg wolle, aber bei Dulles habe er einige Zweifel. Er wolle dies in aller Offenheit aussprechen. Dulles vertrete den Kurs des Kalten Krieges, den Kurs der verstärkten Aufrüstung. Dies sei gefährlich. Jedenfalls sei die Konstruktion der sowjetischen interkontinentalen Rakete für viele amerikanische Politiker sicherlich eine außerordentliche Ernüchterung gewesen. Im letzten Krieg seien viele Bomben auf Deutschland und die Sowjetunion, nicht aber auf das Gebiet der Vereinigten Staaten gefallen. Sollte es zu einem neuen Kriege kommen, so würden auch die USA nicht verschont bleiben. Diese Erkenntnis sei für die amerikanischen Politiker zweifellos bitter, aber gleichzeitig sicher auch ernüchternd.

Im Laufe unserer sehr lebhaften Diskussion kam auch die Gipfelkonferenz zur Sprache. Ich sei der Ansicht, erklärte ich hierzu, man solle vorher kein genaues, sondern ein möglichst weitmaschiges Programm ausarbeiten. Man müsse sich auf eine lange Konferenz vorbereiten. Gewiß würden auch Pausen eintreten, die durch die Arbeit der Sachverständigen auszufüllen sein würden, aber man müsse zunächst doch einmal anfangen. Dies sei gegenwärtig das Wichtigste. Es gäbe an sich nur zwei Probleme, die auf das Programm gehörten: kontrollierte allgemeine Abrüstung und Entspannung. Darin seien doch alle anderen Teilfragen enthalten.

Mikojan antwortete, die Westmächte wünschten ja leider keine Abrüstung, da sie andernfalls nicht wüßten, wie sie der wirtschaftlichen Depression Einhalt gebieten sollten. Er verstehe auch nicht, warum die Bundesregierung Vorschläge über die Schaffung einer atomwaffenfreien Zone in Mitteleuropa ablehne. Er verwies auf eine von sowjetischer Seite in Aussicht gestellte Garantie und betonte, daß es sich hierbei doch um ein sehr bedeutendes Angebot handele.

Ich entgegnete, man müsse das ganze Problem anpacken und nicht auf Teillösungen zusteuern. Es gälte, den Stier, das heißt die Abrüstung, bei den Hörnern zu packen.

Die USA wichen leider aus, wenn es um ernsthafte Abrüstungsvorschläge gehe, erwiderte Mikojan. Da man nun einmal das Gesamtproblem nicht im ersten Anlauf lösen könne, müsse man zunächst einmal Teillösungen anstreben.

„Diesen Weg halte ich nicht für richtig", widersprach ich. Man müsse gleich auf die allgemeine kontrollierte Abrüstung zusteuern. Dann würde sich die Lösung von Teilfragen sehr leicht gestalten.

Mikojan erinnerte daran, daß der Vorschlag gemacht worden sei, mit einer Kontrolle über einen Raum von je achthundert Kilometern zu beiden Seiten der Berührungslinie der beiden Machtblöcke und mit einer entsprechenden

Luftinspektion der genannten Räume zu beginnen. Leider sei dieser Vorschlag vom Westen verworfen worden. Dies wäre doch ein Anfang gewesen. Man hätte Erfahrungen sammeln können, um dann zu größeren, weiteren Räumen auf beiden Seiten überzugehen. Solange jedoch die internationalen Beziehungen auf gegenseitigem Mißtrauen begründet seien, könne die Sowjetunion es nicht zulassen, ihr gesamtes Hoheitsgebiet für eine fremde Luftinspektion freizugeben. Dies sei in einer Lage, da amerikanische Flugzeuge mit Atombomben an Bord sich den sowjetischen Grenzen näherten – dann zwar umkehrten – und damit eine militärische Aufklärung betreiben würden, einfach unverantwortlich. Daher gelte es zunächst, das Mißtrauen zu beseitigen.

„Damit haben Sie recht", stimmte ich ihm zu. Und hierzu seien persönliche Kontakte sehr nützlich.

Mikojan fuhr fort, während die USA die Rüstungsanstrengungen und Rüstungsausgaben steigerten, verfolge die UdSSR in ihrer Außenpolitik friedliche Ziele. Die Sowjetunion habe im eigenen Lande große Aufgaben zu bewältigen. Sie würde viel lieber neue Landstraßen und Wohnungen bauen, an denen noch ein großer Mangel herrsche, als Atombomben und Raketenwaffen zu produzieren. Bei der von Dulles betriebenen Außenpolitik könne sie es jedoch leider nicht verantworten, ihre friedlichen Ziele in vollem Umfange zu verwirklichen.

Ich warf ein, er habe sicher eine zu schlechte Meinung von Dulles. Er, Mikojan, sei gewiß auch kein leichter Verhandlungspartner.

Mikojan hielt dem entgegen, die sowjetischen Politiker seien elastisch und würden trotz aller wahrscheinlichen Schwierigkeiten auch zu einer Außenministerkonferenz gehen, wenn sie schließlich zur Gipfelkonferenz beitragen könne. Die Sowjetunion wünsche ausdrücklich eine Gipfelkonferenz.

Ich griff seine Behauptung auf, die USA hätten die Aufrüstung nötig, um der wirtschaftlichen Depression zu begegnen. „Sie sind doch Wirtschaftsexperte, Herr Mikojan. Dann werden Sie doch sicher wissen, welcher Prozentsatz des amerikanischen Sozialprodukts für Rüstungszwecke verwendet wird?" Ich könne ihm, Mikojan, mit aller Überzeugung versichern, daß dieser Prozentsatz sehr gering sei.

Mikojan ging nicht darauf ein, sondern fragte, wie sich denn meine friedliche Einstellung mit den „15 Milliarden" für den westdeutschen Verteidigungsminister vertrage.

Ich erwiderte, Westdeutschland habe nach 1949 keine einzige Kaserne mehr besessen, und wenn man daran denke, auch nur 300 000 Soldaten aufzustellen und auszurüsten, so seien damit außerordentlich hohe Ausgaben verbunden. Mikojan wies darauf hin, daß die atomare Rüstung der Bundesrepublik ganz gewiß zum Schaden gereichen und die Wiedervereinigung außerordentlich erschweren, wenn nicht unmöglich machen werde. Seit Schaffung der interkontinentalen Raketen seien die USA daran interessiert, einen möglichen atomaren Gegenschlag von ihrem eigenen Hoheitsgebiet abzulenken, weshalb sie ihre Atomstützpunkte in Ländern einrichteten, die in der Nähe der sowjetischen Grenzen lägen. Die Gefahren für die betreffenden Staaten seien doch offensichtlich.

Ich entgegnete, selbst wenn ich jetzt der Sowjetunion versprechen würde, die Bundeswehr nicht atomar auszurüsten, wer könne im Kriegsfall garantieren, daß der Wind keine radioaktiven Niederschläge nach Westdeutschland tragen würde? Den Wind könne man ja nicht dirigieren. Wenn zum Beispiel im Kriegsfall die UdSSR in Frankreich und die westlichen Mächte in der UdSSR Atombomben abwerfen würden, könne kein Mensch dafür garantieren, daß nicht bei ungünstigen Windverhältnissen radioaktive Niederschläge auf westdeutsches Gebiet hinübergetragen würden.

Auf Grund der sowjetischen Atombombenversuche sei erwiesen, daß mit einer Übertragung radioaktiver Niederschläge durch Wind in andere als in die beabsichtigten Abwurfgebiete kaum zu rechnen sei, versuchte Mikojan dieses Argument zu entkräften. Dies sei somit ein Faktor, dem keine Bedeutung beizumessen wäre.

Ich erwiderte, alle diese Überlegungen würden ja sowieso in dem Augenblick hinfällig, wenn man sich über eine kontrollierte Abrüstung einigen könnte. Im übrigen könne ich zur Beruhigung der UdSSR versichern, daß in den nächsten zwei Jahren keine einzige deutsche Truppeneinheit über Atomwaffen verfügen werde.

Mikojan sagte hierauf, er wolle ganz offen seinen Befürchtungen Ausdruck geben. Vor einem Jahr noch hätte ich Smirnow gegenüber erklärt, die Bundesrepublik beabsichtige nicht, sich um die Lieferung von Atomwaffen zu bemühen. Jetzt, kaum ein Jahr später, sei die atomare Rüstung beschlossen worden. Dies erfülle die UdSSR mit großer Sorge, und er könne nicht umhin, vor den schrecklichen Folgen eines Atomkrieges mit aller Eindringlichkeit zu warnen. Ich möge mir allen Ernstes überlegen, ob ich nicht vielleicht doch noch im letzten Augenblick von der Verwirklichung der Pläne zur atomaren Rüstung der Bundesrepublik Abstand nehmen wolle.

Ich hielt dem entgegen, daß durch die Herstellung der interkontinentalen Rakete durch die UdSSR eine ganz neue Lage entstanden sei, die auch die Bundesregierung dazu bestimmen mußte, von neuen Überlegungen auszugehen.

Mikojan gab zu, die interkontinentale Rakete habe sicherlich zur Ernüchterung vieler und vor allem amerikanischer Politiker beigetragen.

Zur gegenwärtigen Lage und zu den Abrüstungschancen erklärte ich dann: Gegenwärtig sei eine gewisse Balance im Kräfteverhältnis vorhanden. Deshalb seien die Chancen für ein Abrüstungsabkommen gut. Sollte jedoch die Bundesrepublik auf die atomare Ausrüstung verzichten, so würde dieses jetzt ausgeglichene Kräfteverhältnis gestört werden. Somit handele die Bundesrepublik – so komisch dies auch klingen möge – gewissermaßen auch im Interesse der UdSSR, wenn sie vorerst, das hieße bis zur Erreichung eines Abrüstungsabkommens, atomar aufrüste. Käme in absehbarer Zeit eine Abrüstungsvereinbarung zustande, so sei es ein leichtes, mit der Rüstung Schluß zu machen. Dann wäre ein Zustand erreicht, den sowohl ich wie alle Deutschen mit ganzem Herzen herbeisehnten.

An diesem Mittag gab ich zu Ehren von Mikojan im Palais Schaumburg ein Frühstück. Die Gäste waren auf 13.15 Uhr geladen. Wir waren derartig in unser Gespräch vertieft, daß wir die Zeit aus dem Auge verloren hatten. Um 13.30 Uhr wurde mir gemeldet, daß bereits alle Gäste eingetroffen seien und es für mich als Gastgeber Zeit wäre zu erscheinen.
Am Abend vorher hatte Außenminister von Brentano für Mikojan ein Abendessen gegeben. Mir wurde berichtet, daß Mikojan anläßlich dieses Essens eine Rede gehalten habe, die voller Ausfälle gegen die Bundesrepublik gewesen sei. Ich sprach Mikojan auf diesen Vorfall an und sagte: „Hören Sie, Herr Mikojan, ich habe da von Ihrer gestrigen Rede gehört. Das dürfen Sie bei mir nicht tun. Dann zwingen Sie mich, sehr scharf zu erwidern, und das möchte ich doch nicht gern."
Mikojan gab zur Antwort, er halte seine bevorstehende Rede für sehr freundlich.
Ich sagte: „Lieber Herr Mikojan, sehen Sie mal, was ich für eine Rede halten werde!" und las ihm Teile meiner Ansprache vor. Ich bat ihn, mir seine Rede doch zu zeigen, damit ich feststellen könne, ob sie wirklich freundlich sei oder nicht.
Mikojan griff in seine Westentasche und gab sie mir. Ich las sie durch und bat um Streichung einiger scharfer Sätze. Mikojan ging ohne weiteres auf meine Anregungen ein.
Bevor wir zu den Gästen hinuntergingen – der Speisesaal des Palais Schaumburg befindet sich zu ebener Erde –, wandte sich unser Gespräch noch einmal sehr persönlichen Fragen zu. Mir war bekannt, daß Mikojan eine Priesterschule besucht und bereits kurz vor der Weihe gestanden hatte. Mikojan erzählte aus dieser Zeit seines Lebens. Er sagte, kurz bevor er die Priesterweihe empfangen sollte, sei er plötzlich von größten Zweifeln erfaßt worden; er konnte nicht mehr an Gott glauben. In dieser seelischen

Verfassung sei ihm das Buch von Karl Marx „Das Kapital" in die Hände gefallen. Dieses Buch sei ihm wie eine Offenbarung gewesen.
Ich blickte Mikojan erstaunt an und berichtete, ich hätte auch einmal in „Das Kapital" hineingesehen. Ich hätte es aber ganz einfach nicht begriffen. „Ich habe es auch erst nach zweimaligem Lesen verstanden!" bekannte Mikojan.
Im Laufe des Frühstücks und anläßlich eines Abendessens führten Mikojan und ich noch weitere Gespräche. Als Ergebnis dieser Gespräche gewann ich den Eindruck, daß Mikojan begann, unseren deutschen Standpunkt zu verstehen, insbesondere was unsere Verurteilung des Ulbricht-Regimes anging. Er machte jedenfalls einige entsprechende Bemerkungen. Er schien bereit, sich in Moskau für eine Besserung der Lebensbedingungen der Menschen in der Zone einzusetzen.
Die wesentlichsten Gesprächspunkte, die bei meinen Begegnungen mit Mikojan berührt wurden, habe ich anschließend in einer Aufzeichnung festgehalten. Ich gebe sie im folgenden wieder:

„Sie hätten die Befürchtung, daß in der neuen Armee nationalistische Tendenzen wieder wüchsen und daß diese dann von der Armee aus auch in der Bundesregierung Fuß fassen würden. Er meine nicht die jetzige Bundesregierung, er denke an die Zukunft. Man müsse die Befürchtungen verstehen im Hinblick auf alles das, was in den beiden letzten Kriegen in Sowjetrußland vorgefallen sei. Ich habe diesen Punkt mit ihm besprochen und versucht, seine Bedenken zu zerstreuen.
Das Hauptanliegen, auf das er immer wieder zurückkam, war die Ausstattung der Bundeswehr mit nuklearen Waffen. Zunächst ergab sich, daß er falsch unterrichtet war, indem er behauptete, der Bundestag habe ein Gesetz über die Ausstattung mit nuklearen Waffen beschlossen. Ich habe ihn über den Sachverhalt aufgeklärt. (Es war vorgesehen, daß die Bundeswehr keine atomaren Waffen in nationaler Verfügungsgewalt besitzen werde, sondern nur im Rahmen der NATO unter amerikanischer Schlüsselgewalt.) Ich habe ihn darüber orientiert, daß die Mehrheit des Bundestages ebenso wie die Bundesregierung der Auffassung sei, daß, wenn bis dahin eine kontrollierte Abrüstung der nuklearen und der konventionellen Waffen begonnen habe, die Ausstattung der Bundeswehr mit nuklearen Waffen nicht fortgesetzt werde. Er kam bei dieser Unterredung, bei Tisch und abends bei dem Empfang, bei dem wir zwei Stunden nebeneinander saßen, immer wieder auf die Ausstattung der Bundeswehr mit nuklearen Waffen zurück. Er betonte, daß das ein verhängnisvoller Entschluß sei und daß wir ihn doch rückgängig machen müßten und so weiter. Er erklärte,

die Sowjetunion sei bereit, uns, falls wir nicht nuklear aufrüsteten – in der NATO könnten wir bleiben –, die vertragliche Zusicherung zu geben, daß im Falle eines atomaren Krieges die Bundesrepublik nicht Ziel von atomaren Angriffen sein würde. Er schilderte die Wirkungen eines atomaren Krieges, die sie genau an zu dem Zweck aufgebauten Städten ausprobiert hätten und die furchtbar seien, und suchte durch alle möglichen Schilderungen mich zu bewegen, von der Ausrüstung mit nuklearen Waffen Abstand zu nehmen.

Ich habe ihm folgendes erwidert: Zunächst nütze eine solche Erklärung der Sowjetunion nichts. Wenn wirklich ein globaler Krieg ausbrechen würde, würden alle derartigen Zusicherungen gar nichts bedeuten. Ich stünde – wie er – auf dem Standpunkt, daß unter allen Umständen ein atomarer Krieg verhindert werden müsse. Meines Erachtens sei das aber nur möglich durch kontrollierte Abrüstung sowohl der nuklearen wie der konventionellen Waffen. Meines Erachtens sei der Zeitpunkt zu aussichtsreichen Verhandlungen günstig. Es herrsche zur Zeit ein gewisses Gleichmaß in der Aufrüstung. Alle Völker seien von der Notwendigkeit, einen Atomkrieg zu verhüten, durchdrungen. Keiner könne dabei gewinnen. Man solle meines Erachtens daher entschlossen in eine Gipfelkonferenz eintreten, um zu sehen, ob und wie man zu einer solchen Abrüstung komme. Eine solche Konferenz würde nach meiner Auffassung lange Zeit, vielleicht Jahre, erfordern, nicht etwa in der Weise, daß die obersten Vertreter der Staaten immer versammelt sein müssen, sondern deren Verhandlungen würden zu unterbrechen sein durch Verhandlungen von Sachverständigengruppen der verschiedensten Fragen. Die Hauptsache sei, daß alle Geduld hätten, daß alle ernsthaft eine Abrüstung wünschten. Ich sei überzeugt davon, daß der Westen fest dazu entschlossen sei. An der Spitze der Tagesordnung müsse meiner Ansicht nach ‚Kontrollierte Abrüstung und Entspannung' stehen.

Man solle meines Erachtens nicht versuchen, von vornherein zu viele Punkte auf die Tagesordnung zu bringen, es ergebe sich vieles erst im Laufe der Debatte und der Auseinandersetzungen, man solle endlich einmal mit ernsthaften Verhandlungen beginnen. Mikojan erwiderte mir, auch Sowjetrußland wolle eine kontrollierte Abrüstung der nuklearen und der konventionellen Waffen. Die sowjetrussische Regierung sei aber nicht überzeugt, daß die Vereinigten Staaten das gleiche wollten. Sie seien der Auffassung, daß Präsident Eisenhower wohl dazu bereit sei, aber nicht Herr Dulles. Und bei allen seinen Ausführungen trat ein großes Mißtrauen gegenüber Herrn Dulles zutage. Auch stellte er die Behauptung auf, daß die Amerikaner die Welt beherrschen wollten und daß sie gar nicht zu einer Abrüstung kommen wollten, weil ihr Wirtschaftsleben zu großen Schaden leiden würde.

Ich habe ihm erklärt, ich sei mit Herrn Dulles befreundet. Herr Dulles habe eine besondere Art zu verhandeln, die vielleicht nicht jedem ohne weiteres eingehe. Er sei aber ein sehr ernster und sehr zuverlässiger Verhandler, der das, was er zugesagt habe, auch einhalte. Ich hätte zu Herrn Dulles das größte Vertrauen und bäte ihn, doch ebenfalls ein solches Vertrauen zu Herrn Dulles zu haben. Herr Dulles wolle unbedingt Frieden und kontrollierte Abrüstung.

Über Herrn Dulles entspannen sich immer wieder Erörterungen, in denen ich den oben wiedergegebenen Standpunkt vertrat. Im Laufe der Erörterungen sagte Mikojan, daß Herr Dulles den neuen russischen Botschafter freundlich aufgenommen habe. Als dieser sich einmal direkt an den Präsidenten gewendet habe, habe ihm Dulles gesagt, es sei üblich, das über das State Department zu tun. Ich warf ein, ich würde es für einen sehr schweren Fehler halten, wenn sie sich direkt an den Präsidenten wendeten. Zwischen dem Präsidenten und Staatssekretär Dulles bestände vollstes Einvernehmen. Sie würden, wenn sie sich direkt an den Präsidenten wendeten, nur ein berechtigtes Mißtrauen über ihre Absicht bei Herrn Dulles hervorrufen. Ich rate dringend, nicht derartige Versuche zu machen. Schließlich erklärte er, sie seien auch bereit, mit Herrn Dulles zu verhandeln.

Er fragte mich dann, warum ich gegen die Einrichtung einer atomwaffenfreien, kontrollierten und teilweise entwaffneten Zone in Europa sei, die etwa Polen, die Tschechoslowakei, die „DDR" und die Bundesrepublik umfasse. Ich erwiderte ihm, ich sei durchaus dagegen, derartige Dinge hätten gar keinen Zweck. Wenn Sowjetrußland über dieses Gebiet hinweg mit atomaren Waffen nach Frankreich schieße und wenn umgekehrt von Frankreich aus die Amerikaner und Franzosen über dieses Gebiet hinweg mit atomaren Waffen nach Rußland schössen, so würden die entstehenden radioaktiven Wolken bei Westwind von der einen Seite, bei Ostwind von der anderen Seite her in dieses Gebiet hineingetrieben werden, und die Sowjetunion könne ja nicht den Winden gebieten, eine bestimmte Richtung einzuhalten. Ich hielte aber auch Verhandlungen über die Einrichtung einer solchen Zone deswegen für falsch, weil dadurch die öffentliche Aufmerksamkeit und die Verhandlungskräfte der verschiedensten Länder von dem Ziele, das allein der Welt Befreiung bringen könne, von der allgemeinen kontrollierten Abrüstung, ablenken würden. Es gebe eben nur die eine Lösung: kontrollierte Abrüstung aller Länder. Nur dann werde wirklich die Gefahr beseitigt sein. Man müsse den Stier bei den Hörnern fassen und dieses

Problem mit aller Entschiedenheit angehen. Die Bundesrepublik werde alles tun, was sie könne, damit dieses Ziel erreicht werde. Mikojan widersprach mir nicht hinsichtlich meiner Ausführungen über den Unwert einer solchen Zone.

Ich hatte aus dem ganzen Gespräch den Eindruck, daß sowohl Mikojan wie Smirnow über viele Vorgänge in der Bundesrepublik falsch unterrichtet seien. Ich sagte das auch den Herren und bat sie, sich doch nicht durch irgendwelche Leute, die sich an sie herandrängten, unterrichten zu lassen, dafür sei die ganze Sache zu ernst. Ich wies wiederholt Mikojan darauf hin, daß die freien Länder, insbesondere auch die Bundesrepublik, nicht das geringste Interesse daran hätten, daß es Sowjetrußland schlecht gehe, im Gegenteil, wir alle würden es begrüßen, wenn Rußland sich konsolidierte. Ein Krieg irgendwelcher Art würde auch für Rußland verhängnisvoll sein. Mikojan stimmte dem zu und beteuerte immer wieder, Sowjetrußland wolle keinen Krieg.

Abends beim Empfang, während dessen Mikojan und ich uns intensiv noch einmal über die ganzen Probleme unterhielten – Smirnow saß in der Regel neben mir, so daß ich zwischen beiden saß –, sagte Mikojan, er könne jetzt ungehemmter sprechen als bei den offiziellen Beratungen. Er hat mindestens acht bis zehn Mal wiederholt: ‚Bitte keinen Krieg!' Smirnow sei ein unbedingt zuverlässiger Mann, der auch den Frieden wolle. Wenn ich einmal irgend etwas an die obersten Stellen der Sowjetunion außerhalb des üblichen offiziellen Weges gelangen lassen wolle, könne ich das immer durch Smirnow, der ihr vollstes Vertrauen habe, tun. Ich hatte den Eindruck, als wenn er damit irgendwelche Mitteilungen der führenden Mächte des Westens, insbesondere Amerikas, im Auge habe.

Nach reiflicher Überlegung habe ich folgende Überzeugung gewonnen:

Mikojan wurde geschickt, um den Versuch zu machen, mich davon zu überzeugen, daß es in unserem Interesse sei, nicht nuklear aufzurüsten. Als er sah, daß das vergeblich sei, gab er die Versicherung ab, daß Sowjetrußland keinen Krieg wolle und daß es zur kontrollierten Abrüstung bereit sei. Bei aller Reserve, die man gegenüber Ausführungen eines so gewandten und klugen Mannes haben muß, hatte ich doch den Eindruck, daß es ihm mit diesen Erklärungen ernst sei, jedenfalls daß seine Erklärungen nicht von vornherein als unaufrichtig abgetan werden können. Seine Erklärungen, daß Rußland keinen Krieg wolle und zu einer kontrollierten Abrüstung bereit sei, waren sehr nachdrücklich und – soweit man das überhaupt beurteilen kann – ernst gemeint.

Ich fragte übrigens Mikojan auch, ob Sowjetrußland sich nicht Gedanken mache über Rotchina. Er erwiderte mir, sie ständen mit Rotchina ausgezeichnet, sie hätten dort keine Truppen stehen, nur an der Westgrenze.

Ich erwiderte ihm, er habe meine Frage falsch verstanden. Ich hätte nicht das gegenwärtige Verhältnis zu Rotchina im Auge gehabt, sondern die Entwicklung der Dinge in den nächsten zehn bis zwanzig Jahren, und darüber müsse sich ein Staatsmann doch auch Gedanken machen. Rotchina habe einen jährlichen Geburtenüberschuß von zwölf Millionen, es werde also in zehn bis fünfzehn Jahren fast an eine Milliarde herankommen. Es habe nicht genügend Land, während Sowjetrußland dann vielleicht 250 Millionen Einwohner habe. Ich möchte, wenn ich Russe sei, nicht einen solch großen Nachbarn haben, der nicht genügend Land habe. Vielleicht sei das doch ein Gesichtspunkt von Bedeutung für Sowjetrußland, auch für seine Haltung gegenüber dem Westen.

Mikojan schwieg hierauf und machte ein sehr nachdenkliches Gesicht. Er kam aber auf die Frage nicht zurück."

Die Hoffnung, daß bei dem Besuch von Mikojan in Bonn vielleicht ein kleiner Anfang für bessere Beziehungen zu Moskau gemacht worden war, daß es der Bundesregierung gelungen war, einige sowjetische Befürchtungen zu entkräften, konnte man unter Umständen aus Äußerungen Mikojans vor SED-Funktionären in Ostberlin anläßlich seiner Rückreise entnehmen. Mikojan erklärte nämlich, er kehre mit der Überzeugung aus Bonn zurück, daß der Frieden in Europa doch gesichert werden könne.

Ich hatte gehofft, Mikojan würde mir bereits anläßlich seines Besuches eine Reaktion der sowjetischen Regierung zu meinem Vorstoß gegenüber Smirnow vom 19. März 1958 überbringen. Hierin sah ich mich getäuscht, aber ich erwartete, in naher Zukunft würde die Sowjetunion Stellung nehmen.

Leider erfüllten sich meine Erwartungen nicht. In Frankreich war eine Entwicklung eingetreten, die es der Sowjetregierung offensichtlich für klug erscheinen ließ, alle diese Fragen zunächst offenzulassen.

XIII. STURZ DER IV. REPUBLIK
BERUFUNG DE GAULLES

1. Gefahren für die IV. Republik

Das Schicksal und die Haltung Frankreichs sind entscheidend für das Schicksal aller europäischen Einigungsbestrebungen. In den Jahren nach dem Zweiten Weltkrieg gab Frankreich oft Anlaß zur Sorge. Es hatte keine stabilen Regierungen. Nur zwei Regierungen waren in dieser Zeit länger als ein Jahr im Amt. Das französische Volk schien durch die häufigen Regierungskrisen apathisch und gleichgültig geworden zu sein gegenüber den Handlungen der jeweiligen Regierung und des Parlaments. Jacques Fauvet, ein scharfsinniger Beobachter der Vorgänge in Frankreich, schrieb in einer hervorragenden Studie über die IV. Republik* zu den Ursachen des häufigen Regierungswechsels folgendes:

„Die Kabinettskrisen wurden durch das Zusammenwirken zweier extremistischer Oppositionsparteien ausgelöst, die zwar in der Lage waren, eine Regierung zu stürzen, aber unfähig, eine neue zu bilden. Die drei zwischen 1956 und 1958 aufeinanderfolgenden Regierungen wurden jedesmal durch das Zusammengehen der Kommunisten und der Modérés (Anmerkung des Verfassers: Politiker der Rechten) in die Minderheit versetzt. Es war leicht, die Krisen heraufzubeschwören, aber sehr schwierig, sie wieder beizulegen. Die beiden letzten Krisen der Vierten Republik haben sich über einen Monat oder noch länger hingezogen.
Unter diesen Umständen verloren die Regierungen nach und nach jede Autorität, vor allem in den überseeischen Gebieten, die, weit weg vom Mutterland, mehr und mehr die Gewohnheit annahmen, sich nicht mehr auf Frankreich, sondern ganz auf sich selbst zu verlassen. Das Parlament hatte vollends jede Popularität eingebüßt. Aber auch die öffentliche Meinung war nicht darauf vorbereitet, den steil abfallenden Weg der Entkolonialisierung mitzugehen, und wollte einfach nicht erkennen, daß diese Entwicklung ihre Wurzel in den Ereignissen und nicht in den Institutionen hatte.
Der zweite Grund für den Sturz der Vierten Republik ist gerade in der Abkühlung der öffentlichen Meinung gegenüber dem Regierungssystem zu suchen. Das Übel ist nicht neu; es ist chronisch..."

---
* Jacques Fauvet, „Von de Gaulle bis de Gaulle – Frankreichs Vierte Republik", Rainer Wunderlich Verlag, Tübingen, Seite 9 ff.

Die Regierung Gaillard

In der unruhigen und unstabilen Geschichte der IV. Republik war jedoch ein Gedanke konstant, und das war der Europagedanke. Die Notwendigkeit zur Schaffung eines geeinten Europas hatten fast alle führenden Politiker in Frankreich erkannt. Die Europäische Verteidigungsgemeinschaft (EVG), die meines Erachtens die Verwirklichung eines vereinten Europas greifbar nahe gebracht hätte, scheiterte jedoch in der französischen Nationalversammlung, und zwar nicht zuletzt aus Mißtrauen gegenüber politischen Kräften in Deutschland*. In mühsamer, geduldiger Arbeit schien es in den Jahren nach 1954 gelungen zu sein, dieses Mißtrauen Stück für Stück weiter abzutragen.

Die europäischen Einigungsbestrebungen wurden von den französischen Regierungen unterstützt. Namentlich in der Regierung Gaillard, die am 5. November 1957 in Frankreich ihre Arbeit aufnahm, waren Männer vertreten, die überzeugte Anhänger eines integrierten und vereinigten Europas waren. Die Regierung Gaillard schien mir eine Gewähr dafür zu sein, daß die europäischen Einigungsbestrebungen zu einem guten Abschluß geführt werden konnten und daß in der Bildung einer wirksamen Abwehrfront des Westens gegenüber dem Kommunismus nunmehr im Sinne der EVG Fortschritte erzielt würden. Doch die politische Situation in Frankreich trieb Ende 1957, Anfang 1958 einer verhängnisvollen Entwicklung zu, die das Land in einen Bürgerkrieg zu stürzen drohte.

Es war schwierig, ein Land wie Frankreich, in dem es etwa 150 kommunistische Abgeordnete gab, ruhig und stetig zu regieren. Auch eine Verfassungsreform, seit langem angestrebt, würde da nicht viel nützen, wie allgemein befürchtet wurde. Die Anwesenheit von 150 Kommunisten mußte zu einer Radikalisierung des Parlaments und aller Fraktionen führen. Auf meine Frage an einen französischen Politiker, wie das Vorhandensein einer so starken kommunistischen Partei in Frankreich zu erklären sei, antwortete er mir, es handele sich um eine Erscheinung, die rational gar nicht zu erfassen sei, da das französische Volk keinen eigentlichen Grund zur Unzufriedenheit habe. Äußerst bedenklich war, daß mindestens zwei Drittel der Sozialisten bereit waren, mit den Kommunisten eine Volksfrontregierung zu bilden. Dies war bisher lediglich durch den Einfluß von Guy Mollet verhindert worden.

Die Verhältnisse in Frankreich spitzten sich in den ersten Monaten des Jahres 1958 in dramatischer Weise zu. Die Regierung Gaillard sah sich zahlreichen Problemen gegenüber, die sie bei ihrem Regierungsantritt im November 1957 mutig angepackt hatte. Sie hatte Maßnahmen eingeleitet auf dem Gebiete des Finanzwesens, sie arbeitete weiter an einer Verfas-

---
* Siehe „Erinnerungen 1953–1955", Kapitel VII, Seite 290 ff.

sungsreform, an einer Wahlreform. Aber die Uneinigkeit über diese Fragen wuchs ständig, auch im Regierungslager. Vor allem aber vergiftete die Algerienfrage die gesamte französische Politik. Sie spaltete die Parteien untereinander, und sie war die Ursache der letzten Regierungskrisen der IV. Republik.

2. Gespräche in Vence
Der Sturz der Regierung Gaillard

Die Situation in Nordafrika machte mir ernste Sorge. Seit zwei Jahrhunderten war es eines der Ziele russischer Politik, in den Mittelmeerraum vorzudringen. Die freie Welt konnte es sich nicht leisten, Nordafrika etwa an das kommunistische Lager zu verlieren. Die Umklammerung Europas im Süden durch Nordafrika, im Nordosten über Deutschland war die Strategie des Kremls, das Endziel war auf die Einbeziehung ganz Europas in seinen Herrschaftsbereich gerichtet. Über eine Einflußnahme auf Nordafrika würde er diesem Ziel sehr viel näherkommen. Ich hatte keinen Zweifel, daß hinter dem meisten, was in Nordafrika vor sich ging, die Sowjets standen. Sie schürten den arabischen Nationalismus, und es war erwiesen, daß sie die Aufständischen mit Waffen versorgten. Wenn es ihnen gelingen würde, die Franzosen aus Algerien hinauszudrängen, so würde dies auch bedenkliche Auswirkungen auf Frankreich selbst haben.

Pineau hatte mir in einer meiner Unterredungen mit ihm Ende 1957 gesagt, daß keine französische Regierung, auch nicht mit kommunistischer Beteiligung, entscheidende Konzessionen in Nordafrika an die algerischen Nationalisten machen könne. Er hatte mir weiter gesagt, die Freunde Frankreichs müßten Geduld haben.

Meine Befürchtungen hinsichtlich Frankreichs und Nordafrikas verstärkten sich während eines Aufenthaltes in Südfrankreich Anfang des Jahres 1958 durch Gespräche, die ich dort mit verschiedenen französischen Politikern führte. Im Februar/März 1958 verbrachte ich meinen Frühjahrsurlaub in Vence, oberhalb von Nizza. Dort suchte mich am 2. März der damalige Finanzminister Pierre Pflimlin auf. Seine Äußerungen waren sehr alarmierend.

Pflimlin erklärte mir, in Frankreich gehe alles drunter und drüber. Es bestehe die große Gefahr eines Bürgerkrieges, der durch eine Revolte der Armee ausgelöst werden könnte. Man dürfe die Kommunisten in Frankreich nicht unterschätzen. Aber der größte Unsicherheitsfaktor sei die Armee. Die französische Armee in Algerien sei im übrigen nicht mehr die

Tiefe Besorgnis über Frankreich

französische Armee von früher. Nicht nur die Offiziere, sondern auch die Soldaten zeigten große Tapferkeit, großen Mut und Widerstandswillen. Der Kampf in Algerien habe die Armee in sich sehr zusammengeschlossen. Pflimlin betonte ausdrücklich, jede Regierung, selbst eine Volksfrontregierung, die den Rebellen zu viele Konzessionen mache und die eine Bereitschaft durchblicken lasse, Algerien aufzugeben, sehe sich einer Revolte der Armee gegenüber. Die Armee habe die Befürchtung, daß sie von der Regierung in Paris genauso im Stich gelassen werden könnte wie seinerzeit die Armee in Indochina. Daher sei bei einem Nachgeben gegenüber den Aufständischen mit einer Rebellion innerhalb der Armee in Algerien zu rechnen und damit, daß eine derartige Rebellion sich auch auf die Armee im Mutterland ausdehnen könnte. Wenn eine solche Auseinandersetzung mit einem Sieg der Armee ende, was er, Pflimlin, für wahrscheinlich halte, werde eine Militärdiktatur folgen. Er, Pflimlin, sehe nur eine Rettung, den Bürgerkrieg zu vermeiden, und das sei die Betrauung des Generals Charles de Gaulle mit der Führung des Staates unter Zuteilung außergewöhnlicher Vollmachten.

Weiter berichtete mir Pflimlin über ein Gespräch mit dem Sultan von Marokko, der sich der kommunistischen Gefahr im arabischen Raum voll bewußt und sehr beunruhigt sei. Der Sultan habe erklärt, niemand sei in der Lage, der Entwicklung des arabischen Nationalismus Einhalt zu gebieten, wenn die Dinge so weitergingen.

Ich war über die Situation in Frankreich auf das tiefste besorgt. Die Regierung Gaillard, in die ich sehr große Hoffnungen setzte, sah sich unüberwindbaren Schwierigkeiten ausgesetzt. Ihr Sturz schien nur noch eine Frage der Zeit. Ausgelöst wurde er durch einen Zwischenfall an der tunesisch-französischen Grenze. Es war bekannt, daß die algerischen Aufständischen von Tunesien her mit Waffen versorgt und unterstützt wurden, und das Verhältnis zwischen Tunesien und Paris war entsprechend gespannt. Bei einer Vergeltungsaktion französischer Truppen gegen algerische Aufständische wurde versehentlich ein tunesisches Dorf bombardiert, und die gesamte Weltöffentlichkeit empörte sich gegen Frankreich. Der Staatspräsident von Tunesien, Burgiba, wandte sich an den Sicherheitsrat der UNO. Die Vereinigten Staaten und Großbritannien boten ihre Vermittlungshilfe an, die schließlich sowohl von Tunis wie auch von Paris akzeptiert wurde. Ein strittiger Punkt bei den Vermittlungsverhandlungen war die Forderung der Franzosen nach einer Kontrolle der tunesisch-französischen Grenze zur Verhinderung weiterer Waffenlieferungen an die algerischen Aufständischen. Die Tunesier lehnten alle Kontrollmaßnahmen ab, und in dem Ent-

wurf einer Übereinkunft war dieser Fragenkomplex überhaupt nicht angeschnitten. Trotzdem trat die Regierung Gaillard für die Annahme des anglo-amerikanischen Vermittlungsvorschlages ein. Am 15. April kam es in der Nationalversammlung zur Abstimmung. Die Regierung Gaillard wurde mit 321 gegen 255 Stimmen geschlagen.
Fauvet schreibt hierüber in seinem Buch über die IV. Republik*:

„Die Tunesier lehnten alle Kontrollmaßnahmen ab, die ihnen vorgeschlagen wurden, und in dem Vertragsentwurf war keine einzige angeführt. Die französische Regierung war nahe daran, auf die Vermittlerdienste zu verzichten, als Präsident Eisenhower am 11. April Gaillard eine Botschaft übersandte. Diese Vertragslücke und dieser Schritt sollten für Gaillard und gleichzeitig für die Vierte Republik verhängnisvoll sein.

Das Fehlen einer Grenzkontrolle ließ den Eindruck entstehen, als sei man übervorteilt worden, und das Vorhandensein der Botschaft erweckte den Anschein, als gebe die Regierung einem amerikanischen Druck nach. Und dann war da noch der aus der Luft gegriffene, nicht einmal auf irgendeinem Indiz beruhende Verdacht, dem nur eine gewisse Logik den Anschein der Wahrheit verlieh und den die ‚algerischen Lobbyisten' mit Vorbedacht in den Wandelgängen und Vorzimmern ausgezeichnet zu verbreiten verstanden: nach Tunesien, so wurde an allen Ecken gemunkelt, wollten sich die Vermittler mit Algerien befassen.

Am 15. April, zwei Monate nach der Annahme der anglo-amerikanischen Vermittlerdienste durch Gaillard, wurde er dafür, daß er die Resultate dieser Aktion akzeptierte, mit 321 gegen 255 Stimmen geschlagen. Seine Regierung, praktisch die letzte des Regimes, trat unter Verletzung der Verfassung zurück, wie das schon die erste, die Ramadiers, getan hatte. Die Vertrauensfrage war nicht gestellt worden. Genau wie die beiden ersten Regierungen der Legislaturperiode wurde dieses Kabinett durch das Zusammengehen der Kommunisten und der Modérés gestürzt."

Es war tragisch, daß ausgerechnet eine Initiative der Amerikaner die Verwirklichung eines der wesentlichsten Ziele gerade der amerikanischen Außenpolitik, die Einigung Europas, erneut erschwerte. Die Regierung Gaillard hatte hervorragende Anläufe in der Europapolitik gemacht. Sie schienen nunmehr zunächst verloren.

---

* Jacques Fauvet, „Von de Gaulle bis de Gaulle – Frankreichs Vierte Republik", Seite 343 ff.

3. Gespräch mit dem amerikanischen Botschafter Bruce

Wenige Tage vor dem Sturz der Regierung Gaillard, am 11. April 1958, führte ich ein längeres Gespräch mit dem amerikanischen Botschafter in der Bundesrepublik, David Bruce. Die Situation in Nordafrika, ihre möglichen Auswirkungen auf Frankreich erfüllten mich mit starker Sorge. Das Vordringen der Sowjetunion in den Mittelmeerraum bedeutete eine große Gefahr für die freie Welt. Die Amerikaner schienen diese Gefahr noch immer nicht richtig einzuschätzen. Ich hielt mich für verpflichtet, Bruce meine Sorgen sehr eindringlich darzulegen, zumal ich glaubte, gewisse Bestrebungen im State Department erkennen zu können, den algerischen Nationalisten auf irgendeine Weise zu helfen. Diese „irgendeine Weise" beunruhigte mich sehr. Der Sturz der französischen Regierung über die Algerienfrage würde für Frankreich, so fürchtete ich, eine schwere Katastrophe nach sich ziehen. Deshalb mußte diese Angelegenheit von Washington mit allergrößter Delikatesse behandelt werden. Ich legte diesen meinen Standpunkt Bruce in sehr deutlichen Worten dar und beschwor ihn, die amerikanische Regierung solle bedenken, wenn parallel zu einer militärischen Revolte in Frankreich eine Revolution unter kommunistischer Führung stattfinde, dies für die Sowjetunion ein enormer Erfolg wäre.
Bruce berichtete mir über verschiedene Informationstelegramme, die er von Dulles erhalten habe. Die amerikanische Regierung sei der Auffassung, daß die gegenwärtige französische Politik, besonders im Hinblick auf Algerien, keine Aussicht auf eine zufriedenstellende Lösung biete. In Washington glaube man vielmehr, jedenfalls sehe es im Augenblick so aus, als ob sich die Unruhe auf ganz Nordafrika erstrecken würde, also sowohl auf Algerien wie auch auf Tunesien. Die arabische Welt nähme immer stärker eine antiwestliche Haltung ein, wodurch die Bereitschaft gefördert werde, Lieferungen und finanzielle Unterstützung von den Sowjets zu akzeptieren. Es sei in Washington bekannt, daß der Sowjetblock in größerem Ausmaße als früher militärische Ausrüstungsgegenstände nach Nordafrika, besonders nach Algerien, liefere. Es bestehe die Gefahr, daß man die noch vorhandenen Sympathien verliere. In Tunesien zeige Burgiba in sehr mutiger Weise eine prowestliche Haltung. Obgleich in Marokko der Sultan und seine Berater eine gewisse Zurückhaltung übten, gäbe es auch dort eine den westlichen Interessen günstig gesonnene Gruppe. Die Regierung Libyens sei ebenfalls prowestlich. Diese drei Regierungen seien jedoch einem beachtlichen Druck von Ägypten ausgesetzt. Sollte nunmehr die französische Politik sich nicht ändern und den Gegebenheiten nicht Rechnung tragen, so sei die Folge, daß der Einfluß Nassers und des Sowjetblocks unweigerlich

stärker würde. Jedenfalls glaube Washington, und Bruce betonte dies nachdrücklich, daß eine militärische Lösung des Problems nicht möglich sei.
Bruce erläuterte weiter: Die amerikanische Regierung rechne damit, daß sich in Frankreich Erschöpfungserscheinungen bemerkbar machen könnten und die Neigung wachsen ließen, Nordafrika aufzugeben, wie man Indochina aufgegeben habe. Sollten sich Erschöpfungserscheinungen in Frankreich zeigen, so habe man in Washington dieselben Befürchtungen wie ich, nämlich daß eine Volksfrontregierung die Macht übernähme. Aber auch eine nichtkommunistische französische Regierung könne nicht verhindern, daß Nordafrika unter kommunistischen Einfluß käme. Jede französische Regierung würde dann eine negative Einstellung zur NATO und zu den Einigungsbestrebungen Europas, wie ich sie bisher gefördert hätte, einnehmen. Das Nichtzustandekommen der EVG sei in nicht geringem Maße auf die Preisgabe Indochinas zurückzuführen gewesen. Der Verlust Nordafrikas mit seinen natürlichen Hilfsquellen und seiner geographischen Lage würde ein ernster Schlag für Westeuropa und die gesamte westliche Welt sein. Nun sei die Frage: Was tun? Es sei eine äußerst schwierige und heikle Frage. Jedem gemeinsamen Druck von außen würden sich die Franzosen widersetzen. Die verfassungsrechtliche Lage und die Aufsplitterung der Parteien würden jede Regierung veranlassen, eine nationalistische Außenpolitik zu führen.
Ich berichtete Bruce über meine Gespräche in Vence mit Pflimlin und anderen französischen Politikern. Ich hätte den Eindruck gewonnen, so sagte ich, daß die französische Armee, nachdem in Nordafrika bereits so viel Blut vergossen worden sei, es zu einer Ehrenfrage mache, kein zu starkes Entgegenkommen gegenüber den algerischen Nationalisten zu zeigen. Sollte eine französische Regierung dies jedoch versuchen, so müsse nicht nur in Nordafrika, sondern auch in Frankreich mit einer Revolution gerechnet werden.
Bruce meinte, es gebe in Frankreich zwei Richtungen. Die eine sage, die Armee könne der algerischen nationalistischen Rebellion Herr werden, wenn es ihr gelinge, die Grenzen nach Marokko und Tunesien hermetisch abzuschließen, und wenn sie in Algerien freie Hand habe. Die andere Richtung halte dies nicht für möglich, wolle aber auch nicht zulassen, daß die Regierung irgendwelche Zugeständnisse mache. Obschon der französische Rückzug aus Indochina, Tunesien und Marokko keinen starken Einfluß auf die französische Öffentlichkeit ausgeübt habe, so sei es in Algerien doch etwas ganz anderes. Einige Franzosen, die bestimmt nicht chauvinistisch seien, hätten ihm, Bruce, gesagt – übrigens dasselbe, was auch mir wiederholt gesagt wurde –, keine französische Regierung, selbst mit kom-

munistischer Beteiligung, es sei denn, eine rein kommunistische Regierung, könne Algerien aufgeben, ohne daß eine Revolution ausbreche. Das mache die Situation so sehr heikel. Jeder Versuch, eine Lösung von außen aufzuzwingen, sei außerordentlich gefährlich.
Ich stimmte dieser Ansicht zu. Ich betonte jedoch, ich hätte großes Vertrauen zu Gaillard, den ich sehr schätzte. Gaillard habe gezeigt, daß er trotz seiner Jugend etwas leisten könnte.
Bruce bezeichnete es als tragisch, daß Gaillard das Opfer einer Position sei, in der er nicht das tun könne, was er für geeignet und richtig halte. Selbst wenn man außerhalb Frankreichs eine bessere Lösung wüßte, bestehe immer noch das Dilemma, wie sie verwirklicht werden könne. Er, Bruce, sei pessimistisch.
„Man darf nichts tun, womit Gaillard nicht einverstanden ist!" empfahl ich eindringlich. Ich nähme an, daß der amerikanische Botschafter in Paris engen Kontakt mit ihm pflege. Mehr könne ich nicht sagen. Es sei übrigens merkwürdig, daß ein Land, das reich sei und dessen Bevölkerung im großen und ganzen zufrieden sei, dennoch kommunistisch wähle.
Bruce war der gleichen Meinung. Er fügte hinzu, was die Angelegenheit vor allem komplizere, sei, daß man sie nicht vor die NATO und nicht vor die Vereinten Nationen bringen könne, weil dadurch die Franzosen entrüstet würden. Und wenn man gar nichts tue, sei die Gefahr ebenso ernst. Die Franzosen hätten große Furcht vor der Möglichkeit einer Einmischung von außen, vor allem aber seitens der Vereinigten Staaten.
Ich war überzeugt, daß die Franzosen in Algerien eine freiere und liberalere Politik verfolgt hätten, wenn die französische Regierung nicht über die Haltung der Armee besorgt gewesen wäre. Die Stimmung in der französischen Armee war der Schlüssel zu allen weiteren Maßnahmen und Entwicklungen. Man wußte nicht, wie sich die Armee verhalten würde. Die Situation in Nordafrika barg eine große Gefahr in sich, und zwar eine Gefahr nicht nur für Europa.

4. Putsch in Algier

Wenige Tage nach diesem Gespräch mit dem amerikanischen Botschafter kam es zu dem Sturz der Regierung Gaillard. Die Verhandlungen zur Bildung einer neuen Regierung verliefen äußerst schwierig. Bidault und Pleven versuchten beide vergeblich, eine Regierungsmehrheit zu erreichen. Am 8. Mai 1958 wurde diese Aufgabe durch den französischen Staatspräsidenten Coty dem bisherigen Finanzminister Pflimlin angeboten. Pflimlin nahm den Auftrag an.

Die Beunruhigung der weißen Bevölkerung und der Armee in Algier über eine mögliche Preisgabe Algeriens war in den Wochen der Regierungskrise weiter gewachsen. Um ihrer Sorge Ausdruck zu geben, es könne eine Regierung gebildet werden, die diese Politik verträte, hatte General Salan zusammen mit den Generälen Allard, Massu und Johaud in der Nacht vom 9. auf den 10. Mai 1958 ein Telegramm abgesandt, das Staatspräsident Coty zur Kenntnis gebracht werden sollte. In diesem Telegramm hieß es unter anderem: „Die Armee in Algerien ist beunruhigt... im Hinblick auf die Algerienfranzosen, die sich preisgegeben fühlen, und im Hinblick auf die mohammedanischen Franzosen, die jeden Tag zahlreicher Frankreich aufs neue ihr Vertrauen geschenkt haben und die sich auf unsere wiederholten Versprechen verlassen, sie niemals preiszugeben. Die französische Armee würde das Preisgeben dieses nationalen Erbes einhellig als Schmach empfinden. Ihre Verzweiflungsreaktion ließe sich nicht voraussehen."

Ein großer Teil der französischen Bevölkerung in Algerien befürchtete, daß unter Pflimlin eine Politik der Preisgabe Algeriens eingeleitet würde. Tatsächlich ließ Pflimlin in seiner Regierungserklärung, die er am 13. Mai vor der Nationalversammlung abgab, die Bereitschaft zu Verhandlungen mit den Aufständischen durchblicken.

Am 13. Mai 1958 um 15.00 Uhr begann Pflimlin mit der Verlesung dieser Regierungserklärung vor der Nationalversammlung. Wahrscheinlich waren Teile daraus vorher bekanntgeworden und hatten in Algerien größte Unruhe verursacht. Eine Stunde vor Abgabe der Regierungserklärung wurde in Algerien der Generalstreik ausgerufen, um 17.00 Uhr stürmten und demolierten Demonstranten in Algier das Gebäude des Generalgouvernements.

Am Abend des 13. Mai verlas General Jacques Massu, Kommandeur der 10. Fallschirmjägerdivision, vom Balkon des algerischen Ministeriums in Algier vor etwa dreißigtausend Demonstranten den Wortlaut eines Telegramms, das er an Staatspräsident René Coty gesandt hatte:

„Wir machen Ihnen Mitteilung von der Bildung eines zivilen und militärischen Komitees der öffentlichen Wohlfahrt in Algier, das unter meiner Führung steht. In Anbetracht der ernsten Lage und der absoluten Notwendigkeit der Aufrechterhaltung der Ordnung, um jedes Blutvergießen zu vermeiden, fordern wir die Bildung einer Regierung des öffentlichen Heils in Paris, die einzig und allein fähig ist, Algerien als einen Teil Frankreichs zu erhalten."

Massu verkündete in einer Ansprache an die Demonstranten, daß die Armee voll und ganz auf ihrer Seite stehe.

Um 22.30 Uhr beschloß Gaillard, der immer noch amtierender Ministerpräsident war, die Blockade Algeriens.
Vor der Abstimmung über die von Pflimlin abgegebene Regierungserklärung waren die Vorgänge in Algier der Nationalversammlung bekanntgeworden. Pflimlin erklärte kurz vor der Abstimmung vor der Nationalversammlung hierzu:

„In Algier haben sich Franzosen, deren Besorgnis ich verstehe, zu schwerwiegenden Handlungen hinreißen lassen, und es haben sich militärische Chefs gefunden, die eine Haltung einnehmen, welche – ich sage es mit Bedauern – einen Aufruhr gegen das republikanische Gesetz darstellt. Es wäre tragisch, wenn sich eine Kluft zwischen den Franzosen in Algerien und den Franzosen im Mutterland auftun würde, da es zur Rettung Algeriens der nationalen Einheit bedarf, die nur im Rahmen der Republik gewährleistet werden kann. Kommen Sie Ihrer Verantwortlichkeit nach! Wir befinden uns vielleicht im Rahmen eines Bürgerkrieges, dessen Nutznießer zweifellos die Kommunisten wären, denen uns nichts näherbringen kann. Ich verlange von der Nationalversammlung, sich auf die Höhe der Verantwortlichkeit gegenüber der Nation zu erheben und sich in diesen historischen Stunden zu entscheiden."

Zweifellos unter dem Eindruck der dramatischen Ereignisse in Algerien stimmten die Mitglieder der Nationalversammlung der Regierungserklärung Pflimlins mit 274 Stimmen gegen 129 bei 137 Enthaltungen zu. Doch Pflimlin konnte sich nicht halten. Die Ereignisse rollten über ihn hinweg.

5. Berufung de Gaulles

Die Hoffnungen der Armee in Algerien richteten sich auf General de Gaulle. Schon seit langer Zeit hatten sich in den Offizierskreisen der Armee, die sich von Parlament und Regierung verraten fühlten, Anzeichen einer großen Unzufriedenheit und die Absicht zu einem Staatsstreich gezeigt. Bisher hatte es aber an fähigen Führern gefehlt. Durch die sich ständig verschlechternde Lage erfolgte dann die Revolte in Algerien am 13. Mai. Hätte sie auf das Mutterland übergegriffen, hätte die damalige Regierung keine Aussicht gehabt, erfolgreiche Gegenmaßnahmen zu ergreifen. Die Armee im Mutterland stand vollständig, so wurde mir jedenfalls berichtet, hinter den revoltierenden Offizieren in Algerien. Die Polizei und Gendarmerie hätten sich – falls ein entsprechender Befehl erteilt worden wäre – geweigert, gegen die Aufständischen vorzugehen. Später hörte ich von französischen

Politikern, daß sehr wahrscheinlich Kontakte zwischen den Generälen in Algerien und General de Gaulle bestanden. Wie weit diese Kontakte sich auf die Haltung der Armee im Mutterland auswirkten, kann ich nicht beurteilen. Am 15. Mai erklärte sich de Gaulle öffentlich bereit, die Macht zu übernehmen. Am 19. Mai gab er vor Vertretern der in- und ausländischen Presse in Paris eine vorher angekündigte Erklärung ab, in der er diese Bereitschaft wiederholte. De Gaulle erklärte wörtlich:

„Es sind nun fast drei Jahre verstrichen, seitdem ich das letzte Mal das Vergnügen hatte, Sie zu sehen. Wie Sie sich erinnern werden, habe ich Ihnen bei unserer letzten Zusammenkunft meine Voraussagen gemacht und Ihnen meine Sorgen über die vermutliche Entwicklung der Ereignisse sowie meinen Entschluß mitgeteilt, das Schweigen bis zu dem Augenblick zu wahren, da ich, indem ich mein Schweigen bräche, dem Lande wieder dienen könnte. Seitdem wurden die Ereignisse immer ernster. Was sich seit vier Jahren in Nordafrika ereignet, ist eine sehr schwere Prüfung. Was sich gegenwärtig in Algerien in bezug auf das Mutterland und im Mutterland in bezug auf Algerien ereignet, kann zu einer außerordentlich schweren nationalen Krise führen. Es kann aber auch der Beginn einer Art Auferstehung sein. Aus diesem Grunde habe ich den Zeitpunkt für gekommen erachtet, da es mir möglich sein könnte, Frankreich wieder direkt nützlich zu sein.
Nützlich, warum? Weil seinerzeit sich gewisse Dinge ereignet haben, gewisse Dinge vollbracht worden sind, die weder die assoziierten Völker noch das Ausland vergessen haben. Vielleicht könnte dieses gewisse moralische Kapital angesichts der Schwierigkeiten, die uns angreifen, des Unglücks, das uns bedroht – vielleicht könnte es in der Politik in einem Augenblick ernster Bedrängnis sein Gewicht haben.
Nützlich auch deshalb, weil wir alle ohne Unterschied die Tatsache zur Kenntnis nehmen müssen, daß das Parteienregime die riesigen Probleme, vor die wir uns gestellt sehen, nicht gelöst hat, nicht löst und nicht wird lösen können. So ist es auch mit dem Problem der Verbindung Frankreichs mit den Ländern Afrikas und mit dem Zusammenleben der verschiedenen in Algerien lebenden Gemeinschaften und sogar mit der Frage der Eintracht innerhalb jeder dieser Gemeinschaften. Die Tatsachen sind da. Ich wiederhole, alle müssen sie zur Kenntnis nehmen. Die Kämpfe, die in Algerien stattfinden, und das Fieber, das dort siedet, sind nur eine Folge dieses Mangels.
Sollten die Dinge weiter ihren Lauf nehmen, so wissen wir alle, daß das Regime, wie es heute ist, die Probleme nicht wird lösen können. Man wird

Programme aufstellen, Absichten kundtun, sogar Taten vollbringen und sich in verschiedenen Richtungen bemühen müssen. Aber, ich wiederhole es erneut, es wird keine Lösungen geben. Dabei werden wir Gefahr laufen, daß uns eines Tages diese Lösungen von außen her aufgezwungen werden. Dies würde zweifellos die verhängnisvollste aller Lösungen sein.
Nützlich endlich, weil ich ein Mann bin, der alleine steht, weil ich mich mit keiner Partei und mit keiner Organisation identifiziere, weil ich seit sechs Jahren keine politische Tätigkeit mehr ausübe, seit drei Jahren keine Erklärungen mehr abgegeben habe – mit einem Wort, weil ich ein Mann bin, der niemandem und allen gehört. Nützlich, wie? Nun: wenn das Volk es will, wie bei der früheren großen nationalen Krise an der Spitze der Regierung der Französischen Republik."

Im Anschluß an diese Erklärung beantwortete de Gaulle noch einige zusätzliche Fragen. So sagte er zum Beispiel zu der Frage, was er damit meine, er sei bereit, die Macht der Republik zu übernehmen: „Die Vollmachten der Republik – ich könnte sie nur übernehmen, wenn sie mir von der Republik übertragen würden."

Auf die Frage, ob die Befürchtung einiger Leute berechtigt sei, er würde die republikanischen Freiheiten einschränken, wenn er an die Macht gelangte, antwortete de Gaulle wie folgt: „Ich würde die republikanischen Freiheiten wiederherstellen. Glauben Sie, daß ich mit 67 Jahren die Karriere eines Diktators aufnehmen würde?"

Auf die Frage, ob er versuchen würde, die politischen Leidenschaften zwischen sich bekämpfenden politischen Gruppen in Frankreich zu befrieden, erklärte de Gaulle: „Wenn ich ersucht würde, als Schiedsrichter zu amtieren, dann müßte ich zuerst als Richter ernannt werden und die Mittel zur Verfügung haben, um das Urteil durchzuführen, das ich fällen würde. Im Augenblick habe ich diese Mittel nicht. Und wer kennt einen Richter, der ein Urteil spricht, bevor er überhaupt den Fall untersucht? ... Bei dem bestehenden Regime, so wie es ist, kann im übrigen kein Mann von Wert Erfolg haben."

Wenn ihm, de Gaulle, zu einem außergewöhnlichen Zeitpunkt außergewöhnliche Befugnisse für eine außergewöhnliche Aufgabe übertragen würden, so könne dies nicht auf dem Wege des üblichen Verfahrens geschehen. Es wäre auch ein außergewöhnliches Verfahren zum Beispiel für die Investitur in der Nationalversammlung nötig. De Gaulle erklärte wörtlich:

„Sie wissen, daß die Ereignisse eine harte Sprache sprechen, und wenn man im Grundsätzlichen einig ist, kann das Verfahren in beträchtlichem Maße flexibel sein. Sollte dieser Fall eintreten, so würde ich ohne Zweifel bekanntgeben, welches Verfahren mir als wirksam erschiene. Wenn das französische Volk von mir einen Schiedsspruch verlangen sollte, so müßte ich die Parteien anhören; ich müßte mir ein Urteil bilden können und in der Lage sein, es auszuführen. Dies sind alles Voraussetzungen, die gegenwärtig nicht gegeben sind."

Abschließend sagte de Gaulle auf dieser Pressekonferenz: „Es muß genau verstanden werden, daß wir nicht im üblichen Gang der Ereignisse bleiben können. Ich glaube, ich habe mich genügend klar ausgedrückt. Hier nun meine letzten Worte: Wir stehen vor großen Schwierigkeiten und großen Drohungen. Aber wir haben gute Karten in unserer Hand: unsere Wirtschaft, unsere hohe Geburtenzahl, unsere französische Technik, unser Erdöl in der Sahara und so weiter. Alle diese Tatsachen werden morgen eine französische Erneuerung erlauben. Sie werden es auch den Leuten, die sie benötigen und die unsere Mitarbeit fordern mögen, ermöglichen, in ihnen mit uns verbunden zu sein. Aber wir haben eine schlechte Vergangenheit durchgemacht. Aus diesem Grund habe ich es für nützlich erachtet, das zu sagen, was ich eben sagte. Und jetzt kehre ich in mein Dorf zurück, wo ich mich dem Lande zur Verfügung halten werde."

Die Kontakte zwischen den Generälen und de Gaulle, zwischen Politikern in Paris und de Gaulle liefen weiter. Am 27. Mai gab General de Gaulle bekannt, daß er den regulären Prozeß für die Bildung einer republikanischen Regierung eingeleitet habe. Gleichzeitig sprach er den militärischen Führern in Algerien sein Vertrauen aus. Am gleichen Tag trat die Regierung Pflimlin zurück. Die Ereignisse, die sich hieran anschlossen, führten zu der Wahl de Gaulles zum Ministerpräsidenten durch die französische Nationalversammlung unter Gewährung außerordentlicher Vollmachten.

6. Welchen Kurs geht die französische Außenpolitik?

Frankreich war unser Nachbarland, es war mit uns verbündet. Die beiden Völker, das französische und das deutsche Volk, standen gut miteinander, und was jahrhundertelang uns trennte, schien vergessen. In diesen sehr unruhigen Wochen und Monaten in Frankreich war es unsere höchste Pflicht, Frankreich gegenüber eine kluge Zurückhaltung zu üben. Ich hielt es für völlig unangebracht, wenn, wie es zum Beispiel von einigen deutschen Zeitungen geschah, geschimpft wurde über das, was in Frankreich vor sich ging. Wir durften uns ebensowenig einmischen in die innenpolitischen Vorgänge eines anderen Landes, wie wir verlangten, daß andere Länder sich nicht in unsere innenpolitischen Vorgänge einmischten. Wir mußten im Interesse Europas hoffen, daß sich die Situation in Frankreich klärte und festigte. Die französische Nationalversammlung und der Senat gewährten General de Gaulle für die Dauer von zunächst einem halben Jahr besondere Vollmachten und erfüllten damit eine seiner wesentlichsten Bedingungen. Am 1. Juni 1958 stimmte die Nationalversammlung seiner Investitur als Ministerpräsident mit 329 gegen 224 Stimmen zu. Am 2. Juni wurde ein Gesetz angenommen, das eine von de Gaulle geplante Verfassungsreform ermöglichte. Über die verfassungsrechtliche Entwicklung Frankreichs einigte man sich in den nächsten Wochen auf folgende Prozedur: Ende September 1958 sollte in einem Volksentscheid über eine neue Verfassung abgestimmt werden, die dem Staatspräsidenten mehr Vollmachten überließ. Parlamentswahlen sollten dann ein bis zwei Monate später folgen. Der Staatspräsident selbst sollte anschließend gewählt werden.

Die Regierungsübernahme durch de Gaulle war in der gegebenen Situation unumgänglich und notwendig. Es war die einzig mögliche Lösung. Als Grundursachen der entstandenen Malaise sah ich erstens Algerien, zweitens die derzeitige Verfassung und drittens die schlechte Wirtschaftslage Frankreichs, denn obwohl es sich um das reichste Land Europas handelte, war seine Finanz- und Devisenlage sehr unbefriedigend. De Gaulle schien die Persönlichkeit zu sein, die über eine entsprechende Autorität und über Fähigkeiten verfügte, um mit diesen Schwierigkeiten fertig zu werden.

Über einige Hintergründe, wie es zur Machtübernahme de Gaulles kam, führte ich später hochinteressante Gespräche. Ein guter Beobachter der innerfranzösischen Verhältnisse berichtete mir zum Beispiel:

Das große Fragezeichen angesichts des Staatsstreichs in Algerien und der Regierungskrise in Paris sei die Haltung der französischen Kommunisten gewesen. Man hätte sich gefragt, warum die Kommunisten de Gaulle an die Regierung ließen, ohne etwas dagegen zu unternehmen. Wenn sie auch vielleicht nicht die Möglichkeit gehabt hätten, dies ganz zu verhindern, so hätten sie doch durch mehr oder weniger starke Störmanöver ihren Willen zu einer derartigen Verhinderung bekunden können. Nun habe es zwar ihrerseits Pressekampagnen und Reden gegeben, jedoch keine eigentliche Aktion. Eine solche Haltung ließe sich erklären erstens durch Gründe der internationalen Politik, zweitens durch innenpolitische Erwägungen. Was ersteres betreffe, dächten die Kommunisten vielleicht an die Möglichkeit, daß die europäische und die atlantische Front durchbrochen werden könnten, wenn ein ultranationaler, antiamerikanischer und antideutscher Politiker am Ruder sei. Und die Kommunisten hielten de Gaulle wahrscheinlich für einen derartigen Mann, und dies nicht ohne Anhaltspunkte.

Bisher waren zwei Bände seiner Memoiren erschienen, und aus ihnen konnte man viel über seine Gedankenwelt und politischen Vorstellungen erfahren. Über diese beiden ersten bisher erschienenen Bände war mir bekannt, daß sie glänzend geschrieben waren, wie es nur ein großer Schriftsteller konnte, jedoch seien sie durchwoben, so wurde mir von Leuten, die sie gelesen hatten, gesagt, mit Äußerungen eines starken Nationalgefühls und Erinnerungen an eine Vergangenheit, die für de Gaulle anscheinend noch Gegenwart wären: Begriffe wie „Grande Nation", „Gloire française" und so weiter kämen immer wieder darin vor. Auch gäbe es Anhaltspunkte, die de Gaulle als antiamerikanisch und antideutsch erscheinen lassen konnten. Die Tatsache, daß de Gaulle es war, der am 10. Dezember 1944 in Moskau den französisch-sowjetischen Freundschaftsvertrag unterzeichnete, spielte in den Überlegungen der Kommunisten gewiß eine Rolle.

Interessant in diesem Zusammenhang war folgendes, was mir berichtet wurde: Noch vor der Regierungskrise habe der sowjetrussische Botschafter in Paris, Vinogradow, eine Anzahl wichtiger französischer Industrieller zu sich eingeladen und mit ihnen über die Lage in Frankreich und das Algerienproblem gesprochen. Zwei von diesen Industriellen seien über die russischen Vorschläge so erschüttert gewesen, daß sie unmittelbar darauf Pinay darüber unterrichtet hätten. Vinogradow habe ihnen gesagt, Frankreich werde die Algerienfrage allein nicht lösen können. Die Dinge könnten jedoch geregelt werden, wenn im Mutterland eine von de Gaulle geleitete unabhängige Regierung eingesetzt werde. Im damaligen Zeitpunkt seien Mendès-France und Mitterrand noch gaullistisch gesinnt gewesen, so daß ein Zusammengehen zwischen diesen antiamerikanisch und antieuropäisch eingestellten Kreisen mit de Gaulle noch denkbar gewesen sei. Vinogradow habe weiter erklärt, wenn de Gaulle schon einmal – in den Jahren 1944 bis 1946 – eine Einigung zwischen der Arbeiterklasse einerseits und der traditionsgebundenen Armee andererseits gelungen sei, so müßte sich dies auch jetzt wiederholen lassen. Frankreich könnte dann, ohne ein Bündnis mit Rußland einzugehen, aber auch ohne das von Revanchegedanken getragene Deutschland zu unterstützen, als unabhängiges Land zwischen den beiden Blöcken bestehen. Rußland würde Frankreich bei den afrikanischen Völkern unterstützen und eventuell auch auf internationaler Ebene. Es könnte an die Bildung eines französisch-afrikanischen Wirtschaftsblocks gedacht werden; der wirtschaftliche Wohlstand könnte für Frankreich, das dann auch die NATO-Lasten nicht mehr zu tragen hätte, nur von Nutzen sein. Frankreich hätte die Chance, als dritter Block in der Weltpolitik eine große Rolle zu spielen.

Nach diesen Gesprächen Vinogradows mit französischen Industriellen hätten die Ereignisse dann eine andere Wendung genommen: Der algerische Aufstand sei ausgebrochen, ehemalige Gaullisten, wie zum Beispiel Mendès-France, hätten sich von dem General getrennt, da sie befürchteten, dieser werde nach der anderen Seite schwenken. Es habe aber den Anschein, als ob die Russen de Gaulle trotzdem gerne an der Regierung sähen, und zwar wegen Männern aus seiner unmittelbaren Umgebung, die zum Teil aus ultranational und antieuropäisch gesinnten, sehnsüchtig auf das russisch-französische Bündnis zurückblickenden Politikern bestehe.

Die Russen waren sich bestimmt klar darüber, daß zunächst durch die Lage in Frankreich eine schwierige Zeit für die europäischen Einigungsbestrebungen anbrechen würde, da Frankreich hierbei ja ein entscheidender Faktor war. De Gaulle war jedenfalls nicht als Freund der EWG bekannt, und seinerzeit war er als entschiedener Gegner der EVG aufgetreten. Es würde – so waren gewiß ihre Erwartungen – auf jeden Fall zu gewissen Lähmungserscheinungen kommen.

Innenpolitisch gesehen konnte das Nichteingreifen der Kommunisten sich auch aus der psychologischen Rücksichtnahme auf die zu der damaligen Zeit im französischen Volk allgemein verbreitete de-Gaulle-freundliche Stimmung erklären lassen. Zu diesem Zeitpunkt hätte eine gegen de Gaulle gerichtete Aktion nicht in Übereinstimmung mit der Mehrheit des französischen Volkes geschehen können, was wiederum gegen die guten revolutionären Theorien des Kommunismus verstoßen hätte. Infolgedessen wollten sie vielleicht warten, bis die de-Gaulle-freundliche Stimmung nicht mehr als Hypothek für die Kommunisten auf der französischen Innenpolitik lastete.

Was die russische Politik betraf, so mußte man auch folgende Überlegung einkalkulieren: Vom russischen Standpunkt aus betrachtet lag die Wahrscheinlichkeit nahe, daß eine kommunistische Aktion durch die französischen Truppen niedergeschlagen worden wäre. Die Russen sagten sich vielleicht, es sei besser, vorerst die französische kommunistische Partei als Instrument intakt zu halten und abzuwarten, ob de Gaulle die Algerienfrage lösen, Herr der Armee bleiben und die Wirtschaftskrise beheben könne.

Nicht nur Moskau verhielt sich zunächst abwartend und war nicht sicher, wohin die Entwicklung führen werde. Auch in den Hauptstädten der Westmächte machte man viele Fragezeichen hinter der künftigen französischen Politik.

Über die außenpolitischen Vorstellungen de Gaulles gaben seine Memoiren sehr viel Aufschluß; im Jahre 1954 war der erste Band, „Der Ruf", und im Jahre 1956 der zweite Band, „Die Einheit", erschienen. Frühere öffentliche Äußerungen und diese Bände vermittelten die Konzeption, die de Gaulle von einem künftigen Europa hatte und wie sie zur Zeit seiner Machtübernahme klar ersichtlich war. Sie läßt sich am besten mit seinen eigenen Worten wiedergeben, die er im letzten Band seiner Memoiren, „Das Heil", der im Jahre 1959 veröffentlicht wurde, dafür fand. De Gaulle schrieb aus der Sicht unmittelbar nach Kriegsende zu Europa[*]:

„Nach den furchtbaren Kriegen, die es (Europa) in den dreißig Jahren durchgemacht hatte, und angesichts der riesigen Wandlungen, die sich in der Welt vollzogen, konnte Europa sein Gleichgewicht und seinen Frieden nur durch einen Zusammenschluß von Slawen, Germanen, Galliern und Lateinern finden. Freilich mußte in Rechnung gezogen werden, was dem russischen Regime zur Zeit an Tyrannischem und an Eroberungslust innewohnte. Mit totalitären Unterdrückungsmethoden und unter Berufung auf die Solidarität der mittel- und osteuropäischen Völker gegenüber der deutschen Gefahr würde der Bolschewismus aller Wahrscheinlichkeit nach versuchen, sich Weichsel-, Donau- und Balkanländer zu unterwerfen. Aber sobald Deutschland keine Gefahr mehr war, würde diese ihres Vorwandes beraubte Unterordnung den Vasallen früher oder später unerträglich erscheinen, während die Russen selbst alle Lust verlieren würden, ihre Grenzen zu überschreiten. Beharrte der Kreml auf Beherrschung der seiner Regierung unterworfenen Völker, dann würde es gegen deren Willen sein. Es gibt jedoch kein Regime, das sich auf die Dauer gegen den Wunsch der Völker halten könnte. Darüber hinaus glaubte ich, daß eine von den westlichen Alliierten rechtzeitig bei den Kremlherren unternommene Aktion, sofern sie untereinander abgestimmt und kategorisch wäre, den Tschechen, Polen, Ungarn und Balkanvölkern die Unabhängigkeit bewahren würde. Danach könnte die Einheit Europas in Form eines organisierten Zusammenschlusses all seiner Völker von Island bis Stambul und von Gibraltar bis zum Ural herbeigeführt werden."

Die Rolle, die Frankreich bei dem Aufbau Europas spielen sollte, kennzeichnet er in folgendem[**]:

„In diesem Augenblick zeigt sich deutlich der Schwächezustand, in dem Frankreich sich noch hinsichtlich der von ihm verfolgten Ziele und der Berechnungen der anderen befindet. Diese wollen natürlicherweise Vorteil aus der Situation ziehen und versuchen, uns bei den Auseinandersetzungen unter Druck zu setzen oder uns gar auf einen zweitrangigen Platz in der Gemeinschaft derer zu verweisen, die den Frieden zimmern werden. Aber

---

[*] Charles de Gaulle, „Memoiren 1942–1946", Droste Verlag, Düsseldorf 1961, Seite 342 f.
[**] dto., Seite 460 ff.

ich habe die Absicht, dies nicht zuzulassen. Zudem glaube ich, daß der Zusammenbruch Deutschlands, die Zerrissenheit Europas und der russisch-amerikanische Antagonismus dem wie durch ein Wunder geretteten Frankreich außergewöhnliche Chancen zum Handeln bietet und daß die neue Periode mir vielleicht erlauben wird, die Durchführung eines großen, von mir für mein Land ausgearbeiteten Planes einzuleiten.
Es geht darum, ihm die Sicherheit in Westeuropa zu gewährleisten, indem man verhindert, daß es wieder von einem neuen Deutschen Reich bedroht werden kann. Es soll mit dem Westen und dem Osten zusammenarbeiten, im Bedarfsfall mit der einen oder anderen Seite die notwendigen Bündnisse abschließen, ohne sich jedoch jemals in irgendeine Abhängigkeit zu begeben. Um der noch unbestimmten Gefahr der Zerstückelung der Französischen Union vorzubeugen, soll diese sich allmählich in eine freie Gemeinschaft verwandeln. Es geht darum, die am Rhein, in den Alpen, in den Pyrenäen an Frankreich angrenzenden Länder dazu zu veranlassen, sich ihm in politischer, wirtschaftlicher und strategischer Hinsicht anzuschließen und aus dieser Organisation eine der drei Weltmächte zu machen, die, falls es eines Tages notwendig sein sollte, als Schiedsrichter zwischen dem sowjetischen und dem angelsächsischen Lager auftreten könnte. Seit 1940 galt alles, was ich gesagt und getan hatte, diesen Möglichkeiten. Jetzt, da Frankreich wiedererstanden ist, werde ich versuchen, sie zu verwirklichen. Die Mittel sind zwar sehr beschränkt! Und doch, wenn Frankreich auch noch nicht wieder den Trumpf seiner großen Macht ausspielen kann, so sind ihm doch ein paar gute Karten verblieben: zunächst das einzigartige Prestige, das es seit Jahrhunderten genießt und zu dem teilweise auch seine verblüffende Umkehr vom Rande des Abgrunds beigetragen hat; sodann die Tatsache, daß niemand seine Mitwirkung angesichts des aus den Fugen geratenen Gleichgewichts, unter dem das Menschengeschlecht leidet, außer acht lassen kann; schließlich die soliden Elemente, die sein Land, sein Volk, seine überseeischen Besitzungen darstellen. Bis wir unsere volle Kraft wiedererlangt haben, versetzen uns diese Elemente in die Lage, zu handeln und uns Respekt zu verschaffen."

De Gaulle spricht in seinen Memoiren von der Hoffnung, daß eines Tages das europäische Gleichgewicht, das durch den Ausgang und die Folgen des Zweiten Weltkrieges gestört wurde, wiederhergestellt werde. De Gaulle berichtet über ein Gespräch mit Truman, in dem er sagte:

„‚Dieses Gleichgewicht‘, sagte ich, ‚ist gestört, weil die Staaten Mitteleuropas und des Balkans mit der Einwilligung Amerikas und Großbritanniens gezwungen wurden, Satelliten der Sowjetunion zu werden. Wenn diese Staaten mit ihrem ‚Beschützer' die Furcht vor dem Wiedererstarken eines ambitiösen Deutschlands teilen, dann wird ihre zwangsweise Bindung an die moskowitische Politik um so gefährlicher sein. Wenn sie dagegen feststellen, daß keine deutsche Gefahr mehr besteht, dann werden sich ganz von selbst innerhalb des sowjetischen Lagers ihre nationalen Interessen wieder rühren. Daraus werden sich zwischen ihnen und ihrem Lehnsherrn unvermeidlich Mißhelligkeiten ergeben, die den Kreml von kriegerischen Unternehmungen abhalten werden, um so mehr als das russische Volk im innersten wenig zu Abenteuern neigen wird. Selbst wenn Deutschland aus der Struktur, die man ihm der Sicherheit wegen auferlegen muß, Vorteile ziehen könnte . . .'"*

Wie Frankreich sich unter de Gaulle zur NATO stellen würde, war aus seinen Äußerungen noch nicht sicher zu ersehen. Grundsätzlich war de Gaulles Einstellung zur Unterstellung der französischen Streitkräfte unter ein alliiertes Oberkommando, wie sie sich allerdings unter den Verhältnissen des Zweiten Weltkrieges ergab, nicht sehr positiv. Diese Einstellung mochte sich aus einem akuten Anlaß ergeben haben. Wieweit sie prinzipieller Natur war, mußte man abwarten.

Mir wurde mitgeteilt, daß de Gaulle auf europäischer und auf atlantischer Ebene möglicherweise eine gute Politik betreiben werde, daß es jedoch genauso möglich sei, daß er alles zerbreche und das Spiel Sowjetrußlands mitmache. Es könnte infolge eines psychologisch ungeschickten Verhaltens der USA in den kommenden Monaten ein Unglück geschehen. Schwierig seien vor allem die nächsten Monate.

Auf meine Frage, ob letzteres bewußt geschehen könnte, wurde mir die Denkweise de Gaulles folgendermaßen beschrieben: Er sei von einer Idee besessen und lasse sich durch tatsächliche Gegebenheiten nicht davon abbringen. Er sei sehr stolz und treffe politische Entscheidungen aus gefühlsbedingten Erwägungen heraus. Verletzter Stolz könnte ihn zu Schwankungen in seiner Haltung veranlassen. Dies könnte an folgendem Beispiel deutlich werden: Sollte die Algerienfrage im Herbst vor die UNO gebracht werden, so werde das weitere Vorgehen de Gaulles ganz von der mehr oder minder festen Haltung der Regierung in Washington abhängen, davon, ob die Vereinigten Staaten Frankreich, auch durch die Gewinnung der südamerikanischen Stimmen, absolut unterstützen oder sich auf eine relative Unterstützung beschränken würden. Ich meinte, letzteres werde eher der Fall sein. Dann – so wurde mir erklärt – könnte de Gaulle die Behauptung aufstellen, er werde von der NATO im Stich gelassen, es

---
* Charles de Gaulle, „Memoiren 1942–1946", Seite 489.

handele sich von Frankreich aus gesehen nur mehr um ein einseitiges Bündnis, und es könnte zu einem Bruch mit der NATO kommen.
Was die Europapolitik betraf, so sah ich in folgendem ein beruhigendes Element: In der Regierung de Gaulle, die am 1. Juni 1958 die Verantwortung übernahm, waren drei Männer Stellvertreter de Gaulles, die ich durch und durch als Europa-Freunde kannte. Es waren Mollet, Pflimlin und Pinay. Diese drei Persönlichkeiten schienen mir Garanten dafür zu sein, daß nach dem Regierungsantritt de Gaulles abgegebene Erklärungen, die europäischen Verträge würden gehalten werden, von Frankreich ernst gemeint waren. Eine weitere Garantie dafür erschien mir, daß Couve de Murville, der bisherige Botschafter Frankreichs in Bonn, zum Außenminister ernannt wurde. Als solcher würde er insbesondere auch die europäischen Fragen vertreten. Ich hatte mit ihm bei seinem Abschiedsbesuch hierüber gesprochen, und es konnte keinen Zweifel an seiner festen Entschlossenheit geben, die europäischen Verträge zu halten.
Die europäischen Verträge, die ein vereinigtes Europa zum Ziele hatten, waren für ganz Europa das einzige, was ihm auf die Dauer Frieden und Sicherheit bringen konnte. Wenn die Länder Europas jedoch blieben, wie sie waren, und sich nicht zusammenschlossen, dann würde Europa politisch und wirtschaftlich keine Zukunft mehr haben.
Couve de Murville war ein ausgezeichneter Botschafter gewesen, der die Verhältnisse in der Bundesrepublik sehr gut kannte und der sich um eine enge französisch-deutsche Zusammenarbeit bemüht hatte. Ich war überzeugt, daß sich seine Kenntnis der deutschen Verhältnisse positiv auf die Beziehungen zwischen unseren Ländern auswirken würde. Couve de Murville hatte sich während seiner Amtszeit als Botschafter Frankreichs in Bonn sehr für die weitere Annäherung und Verständigung zwischen unseren beiden Ländern eingesetzt. Er hatte wirksam dazu beigetragen, daß auch schwierige Fragen im Geiste der Freundschaft und guten Nachbarschaft geregelt werden konnten. Er hatte am Abschluß der europäischen Verträge mit Sachverstand, Tatkraft und Erfolg mitgewirkt. Dadurch und durch seine unermüdlichen Bemühungen, das französisch-deutsche Verhältnis zu festigen, hatte er den gemeinsamen Interessen Frankreichs und der Bundesrepublik mit größtem Erfolg gedient.
Ich sah ihn mit Bedauern aus seinem Amt als Botschafter scheiden. Andererseits befriedigte es mich, daß de Gaulle Couve de Murville zu der verantwortungsvollen Aufgabe des französischen Außenministers berufen hatte. Ich war sehr erfreut darüber, daß die Leitung der französischen Außenpolitik in den Händen eines so guten Kenners der französisch-deutschen Verhältnisse, und ich durfte auch sagen, eines Freundes Deutschlands,

liegen würde und zugleich eines Mannes, der die europäische und die atlantische Zusammenarbeit aus langjähriger eigener Tätigkeit kannte.
Schon bald ließen sich die Umrisse der Außenpolitik, die Couve de Murville zu verfolgen beabsichtigte, aus seinen Äußerungen deutlich erkennen. So erklärte er zum Beispiel am 25. Juni 1958 vor der internationalen Presse in Paris:
„Im Verlauf der langen Jahre der Krise und der Ungewißheit aller Art hat man oft, insbesondere im Ausland, bemerkt, daß die allgemeine Linie unserer Außenpolitik auf bemerkenswerte Weise konstant war; und das ist auch der Fall. Dies ist der Fall, wie ich glaube, weil diese Linie auf Grund einer bestimmten Zahl nationaler Imperative gezogen wird, die unsere Geographie, unsere Geschichte, unsere Wirtschaft und den Charakter unserer Zivilisation betreffen. Um mich an das Wesentliche zu halten, nenne ich nur drei Hauptfaktoren: An erster Stelle ist Frankreich ein Teil Westeuropas, um nicht zu sagen, daß es dessen Herz ist. An zweiter Stelle gehört es der westlichen Welt an, die man heute die Atlantische Welt nennt. An dritter Stelle hat Frankreich in Afrika, und zwar sowohl in Nord- wie auch im Schwarzen Afrika, Interessen und Verantwortlichkeiten, die für Frankreich von erstrangiger Bedeutung sind.
Es ist offenbar, daß diese drei Faktoren bestimmend für unsere Außenpolitik waren und bleiben, schon deshalb, weil sie sich uns aufzwingen.
Nun ist aber die allgemeine Linie unserer Politik eine Sache, und die Methoden und Mittel, sie anzuwenden, eine andere. In dieser Beziehung haben wir klarerweise unter unseren politischen Schwächen gelitten und unter unserer verderblichen Regierungsinstabilität. Die Kontinuität der Politik ist notwendig. Dies reicht aber nicht aus, wenn die Regierungen nicht die Autorität besitzen, um diese Politik anzuwenden.
Nehmen wir das Beispiel der Atlantischen Allianz, deren Notwendigkeit niemand in Frankreich mit Ausnahme einer politischen Partei bestreitet. Kann man aber sagen, daß die Franzosen daran ein hinreichendes Interesse nehmen? Abgelenkt durch ihre eigenen Probleme, die drängend genug sind, haben sie die Tendenz, die Sorge für die Verteidigung einer anonymen Organisation zu überlassen, indem sie auf die andern zählen, um die notwendigen Anstrengungen zu unternehmen und die notwendigen Maßnahmen zu treffen. Sowohl auf dem militärischen als auch auf dem politischen Gebiet müssen wir aktiver an der NATO teilnehmen und unsere Rolle und Verantwortlichkeit ganz übernehmen, auch wenn gegenwärtig und solange die algerische Affäre dauern wird, unser militärischer Beitrag stark reduziert bleibt. Dies werden, wie ich sicher bin, unsere Alliierten in erster Linie zu schätzen wissen.

Als die Regierung des Generals de Gaulle die Angelegenheiten des Staates übernommen hat, haben manche geglaubt und andere gehofft, daß er den Kurs unserer Außenpolitik radikal ändern werde. Weder jene Befürchtungen noch diese Hoffnungen entsprechen den wahrhaften Problemen. Diese beschränken sich auf die Notwendigkeit, der Exekutive jene Stabilität und Autorität zu verschaffen, die für sie unentbehrlich sind und die in keiner Weise eine normal funktionierende Legislative beeinträchtigen. Die Regierung, die aus der schweren Krise geboren wurde, die wir mitmachten, ist tatsächlich nur ein Übergang zu einem Regime, das zu Ende des Jahres geschaffen werden wird, wenn die Volksabstimmung positiv verläuft, und die ein neues demokratisches und parlamentarisches System auf stabiler verfassungsmäßiger Grundlage sein wird, bei welchem der Regierung die Dauer und damit die Wirksamkeit gewährleistet ist.
Davon ist auch die Zukunft des mir zugewiesenen Ressorts abhängig. Wir wollen mit all unseren Kräften zu einer Änderung gelangen, einer Änderung, die sich nicht so sehr im Konzept als in der Führung der Außenpolitik auswirkt, zumal die Außenpolitik eine einfache Kunst ist, bei der es aber vor allem auf die Ausführung ankommt."

De Gaulle selbst bezeichnete in einer Rundfunk- und Fernsehansprache am 27. Juni 1958 folgende Aufgaben als die dringlichsten:

„Die Angelegenheiten Frankreichs sind schwierig. Sie schienen gestern unlösbar, heute aber nicht mehr. Ist das nicht ein Fortschritt? Für den Augenblick sind es drei Angelegenheiten, die unsere Lage bestimmen: Algerien, das finanzielle und wirtschaftliche Gleichgewicht und die Reform des Staates. Ich glaube, daß wir vor Ende des Jahres auf gutem Wege weit fortgeschritten sein werden."

7. Unterredung mit einem Vertrauten de Gaulles

Im Laufe des Sommers 1958 suchten mich wiederholt französische Politiker auf, die mich baten, de Gaulle in Paris einen Besuch abzustatten. Mir wurde versichert, ich würde von de Gaulle sehr gut aufgenommen werden. Man wies darauf hin, daß Macmillan und John Foster Dulles bereits in Paris gewesen seien. Selbstverständlich schien auch mir eine persönliche Begegnung mit de Gaulle von größtem Wert zu sein. Doch sah ich den Zeitpunkt und die Umstände hierfür noch nicht gegeben. Am 8. Juli 1958 erhielt ich ein Schreiben von John Foster Dulles, in dem er mich in großen Zügen über sein Gespräch, das er Anfang Juli 1958 mit General de Gaulle in

Paris geführt hatte, informierte. Dulles schrieb mir, daß seine Besprechungen sehr gut verlaufen seien und daß eine herzliche Atmosphäre geherrscht habe. Auch eine Begegnung zwischen General de Gaulle und mir sei zur Sprache gekommen. Dulles schrieb mir, er habe de Gaulle gesagt, für wie wichtig er es beurteile, daß Frankreich enge Beziehungen zu Deutschland aufrechterhalte.

Am 17. Juli 1958 suchte mich der Präfekt des Departement Yonne, Maurice Picard, in Bonn auf. Auch er versuchte, mich zu einem Besuch in Paris zu bewegen.

Wie mir mitgeteilt wurde, galt Picard als parteiloser, rechtsstehender Verwaltungsbeamter, der enge Beziehungen zu de Gaulle besaß. Es war anzunehmen, daß Picard seinen Bonner Besuch im Einverständnis mit de Gaulle vorbereitet hatte. Picard, dem bereits die Generaldirektion der französischen Rundfunkstationen von Soustelle angeboten worden sein sollte, würde voraussichtlich im politischen Leben der Französischen Republik unter de Gaulle eine größere Rolle spielen, wurde mir berichtet.

Picard schilderte zunächst die Situation, wie sie vor dem Regierungsantritt de Gaulles in Frankreich bestanden habe, und ging auch ausführlich auf die Rolle der Kommunisten und ihre Haltung zu de Gaulle ein. Die Kommunisten hätten zwar laute Reden über den notwendigen Kampf gegen den Faschismus geführt, aber in ihren militanten Organisationen keinerlei Befehl zum Losschlagen in Form einer Konterrevolution gegeben.

Picard berichtete auch über die Rolle der Armee. Sie habe noch bis zum 19. Mai abends eine Übernahme der Macht in Frankreich vorgehabt. Er wisse dies aus eigener Erfahrung, da der ihm befreundete Oberbefehlshaber der Streitkräfte ihn in seinem Departement am 19. Mai nachmittags besucht und ihm mitgeteilt habe, daß er, Picard, mit der Übernahme der Präfekturgeschäfte durch die Armee bis zum späten Abend rechnen müsse. Auf Grund der von de Gaulle am 19. Mai nachmittags abgegebenen Erklärung sei dann vom Oberbefehlshaber in Paris der Befehl zum Abbruch dieser Aktion gekommen.

De Gaulle selbst sei von seiner Aufgabe, ein zweites Mal Frankreich retten und es zu seiner einstigen Größe zurückführen zu müssen, ganz durchdrungen. Er glaube fest an die Größe Frankreichs und sei überzeugt davon, daß Frankreich eine Rolle als Großmacht spielen müsse. Ein Mißerfolg de Gaulles würde zweifellos in Frankreich zu einer Militärdiktatur führen. Die Bildung einer Volksfrontregierung habe keinerlei Aussicht auf Erfolg. Die Armee sei dann entschlossen, rigoros gegen jede Bewegung, die sich einer Militärdiktatur entgegenstelle, vorzugehen. Die Freunde Frankreichs müßten daher bereit sein, de Gaulle in jeder Weise und bis zum äußersten zu unterstützen.

Ich dankte Picard für die offene Darlegung und erklärte, daß ich General de Gaulle bereits während des Krieges wegen seiner Standfestigkeit und seines Glaubens an Frankreich geschätzt hätte. Es sei kein Zweifel, daß de Gaulle damals Frankreich gerettet habe. Ob er heute ein richtiges Bild von den Machtfaktoren habe, die die derzeitige Weltpolitik bestimmten, bleibe abzuwarten.

Picard brachte noch einmal die Sprache auf die Haltung der Kommunisten in der kritischen Zeit. Er, Picard, glaube, daß die Sowjetunion darauf spekuliere, daß de Gaulle wohl an den auf ihn wartenden Schwierigkeiten scheitern werde und dann der Weg für eine Volksfrontregierung offenstehe. Zweifellos sei daher von der Sowjetunion die Anweisung gegeben worden, die Bewegung, de Gaulle an die Macht zu bringen, zu unterstützen. In dieser Hinsicht habe sich die Sowjetunion aber geirrt. Er, Picard, könne nur noch einmal wiederholen, daß, falls de Gaulle scheitern würde, es nur eines gäbe: die Militärdiktatur.

De Gaulle selbst wolle, das habe er auch in den Gesprächen mit Macmillan und Dulles betont, die bestehenden Verträge nicht ändern und Frankreich in der NATO belassen. Nur müsse Frankreich innerhalb der Gruppierungen eine größere Rolle zuteil werden. De Gaulle habe diese Entscheidung getroffen, obwohl Frankreich durch einen Freundschaftsvertrag mit der UdSSR, auf den diese hinsteuere, große Vorteile erlangen könne. De Gaulle sei kein Diktator. Guy Mollet habe erst kürzlich einem Freunde gegenüber verlauten lassen, daß der General republikanischer sei als er selbst. De Gaulle wolle aber umfassende Vollmachten. Die Verfassungsreform würde sicherlich vom Volk mit großer Mehrheit angenommen. Bei den darauffolgenden Wahlen bestehe allerdings die Gefahr eines Rechtsrutsches. Die Sozialisten und die MRP würden stark an Stimmen verlieren, die den Ultras zugute kämen. Auf meine Frage, ob die bisherigen Parteien ihre Anhängerschaft im Volke verloren hätten, erklärte Picard, er glaube dies nicht, jedoch würde sich das Schwergewicht auf die Parteien der Rechten verlagern. De Gaulle würde sich nicht auf eine eigene Partei stützen, jedoch würden in allen Wahlkreisen Leute aufgestellt werden, von denen man wüßte, daß sie Anhänger de Gaulles seien.

Der eigentliche Zweck des Besuches von Picard wurde gegen Ende der Unterhaltung deutlich. Auch Picard bemühte sich, mich zu einem baldmöglichen Besuch in Paris zu veranlassen. Mitarbeiter aus der Umgebung de Gaulles, mit denen er befreundet sei, hätten ihn gebeten, die Frage meines Besuches zur Sprache zu bringen und zu versuchen, die „leidige Angelegenheit" in Ordnung zu bringen. Ich sei in Paris herzlich willkommen, und ich brauche nur einen Termin anzugeben, wann ich nach

Paris fahren möchte. Picard erklärte, Dulles und Macmillan seien doch auch schon in Paris gewesen.

Ich wies darauf hin, daß ich mich in einer anderen Situation als die Herren Dulles und Macmillan befinde. Dulles und Macmillan seien Vertreter von Nationen, die mit Frankreich Seite an Seite im letzten Weltkrieg gekämpft hätten. Macmillan sei darüber hinaus ein alter Freund de Gaulles. Ich sei aber der Repräsentant einer besiegten Nation. Mein Besuch würde sowohl in Deutschland als auch in Frankreich mit anderen Augen gesehen. Es sei keineswegs ein mißverstandener Stolz der Besiegten, aber man müsse doch die Verschiedenheit der Lage in Betracht ziehen. Außerdem hätte ich auf Einladung des damaligen Ministerpräsidenten Mollet im November 1956 einen offiziellen Staatsbesuch in Paris gemacht. Dieser Besuch sei nicht erwidert worden. Ich selbst lege großen Wert auf ein Gespräch mit de Gaulle. Wie das arrangiert werden sollte, müsse ich mir jedoch genau überlegen.

Picard erklärte daraufhin, daß er den Unterschied zwischen dem Besuch von Dulles und Macmillan und einem Besuch von mir nicht sehen könne. De Gaulle könne mich nicht besonders einladen, da es für ihn einen aktuellen Grund zu einem Meinungsaustausch mit mir nicht gebe. Auch Dulles und Macmillan seien ohne besondere Einladung gekommen und hätten sich nur einfach angemeldet.

Ich erklärte noch einmal den Unterschied zwischen diesen Besuchen und einem eventuellen Besuch meinerseits und betonte erneut, daß ich grundsätzlich eine Begegnung mit General de Gaulle begrüßen würde. Eine Entscheidung könne ich jedoch zur Zeit noch nicht fällen.

Picard nahm dies zur Kenntnis und wies noch einmal darauf hin, daß – falls de Gaulle scheitere – man mit Sicherheit mit einer Militärdiktatur, in der die Ultras die Macht hätten, rechnen müsse, und man müsse bedenken, die Militärs hätten schon manche Fehler gemacht, die nicht zu reparieren gewesen seien. Picard sah keinerlei Hoffnung für eine mögliche andere Lösung außer durch de Gaulle.

Abschließend dankte mir Picard, daß ich ihm Gelegenheit gegeben habe, mich zu besuchen. Er stehe mir jederzeit zur Verfügung.

Am 29. Juli 1958 suchte mich der französische Außenminister Couve de Murville auf Veranlassung de Gaulles in Bonn auf. Der Besuch Couve de Murvilles hatte seinen akuten Grund durch eine im Nahen Osten höchst kritische Situation. Im Irak war das Königshaus durch eine Revolution beseitigt, dem jordanischen König drohte das gleiche Schicksal, und auch im Libanon herrschte Unruhe. Chruschtschow hatte ein Gipfeltreffen angeregt, und de Gaulle wollte meine Ansichten zu der Situation hören. Anläßlich der Aussprache mit Couve de Murville wurde auch die Frage einer persönlichen Begegnung zwischen de Gaulle und mir angeschnitten, und es kam der Gedanke auf, dieses Treffen in Verbindung mit der Rückreise von einem Erholungsurlaub, den ich in diesem Herbst in Cadenabbia am Lago di Como verbringen wollte, zu arrangieren. Anfang August sprach de Gaulle unseren Botschafter von Maltzan anläßlich eines Besuches im Elysée hierauf an und ließ mich fragen, ob ich nicht in sein Privathaus nach Colombey-les-deux-Eglises kommen würde. Ich stimmte diesem Vorschlag zu, und es wurde daraufhin beschlossen, daß ich die Rückreise von Cadenabbia in Baden-Baden unterbrechen und von dort aus am 14. September nach Colombey fahren werde.

8. Gespräch mit Pinay

Während meines Urlaubs in Cadenabbia suchte mich dort am 16. August 1958 der französische Stellvertretende Ministerpräsident, Antoine Pinay, zu einem mehrstündigen Gespräch auf. Pinay betonte, er habe den Wunsch gehabt, mich vor meiner Begegnung mit de Gaulle zu treffen, da in dessen Haltung zu verschiedenen Fragen vielleicht nicht alles ganz klar und deutlich für mich sei. Er habe sich daher vorgenommen, sich mit mir von Freund zu Freund im Hinblick auf die deutsch-französische Zusammenarbeit im Interesse der beiden Länder über diese Dinge auszusprechen.

Pinay war sehr froh über die Entscheidung, daß die Begegnung zwischen de Gaulle und mir in Colombey-les-deux-Eglises stattfinden würde. Dadurch habe der Besuch persönlichen Charakter und finde sicher in einem freundschaftlichen Klima statt. De Gaulle habe sehr gut von mir gesprochen, und er, Pinay, sei überzeugt, daß die Begegnung nur nützlich sein könne.

In bezug auf die Ereignisse, die zum Regierungswechsel in Frankreich geführt hätten, sagte er, er sei bekanntlich kein Gaullist. Frankreich habe jedoch vor der unmittelbaren Gefahr eines Bürgerkrieges nach spanischem Muster gestanden, als die Algerienarmee eine Luftlandung in Paris und die Besetzung sämtlicher Ministerien geplant hätte. Aus diesem Grunde habe er die Initiative ergriffen, um die damalige französische Regierung dazu zu bewegen, Fühlung mit General de Gaulle aufzunehmen, weil dieser allein in der Lage gewesen sei, die Militärs zu beruhigen und den Staatsstreich zu verhindern. Er habe de Gaulle aufgesucht und ihm nahegelegt, sich der Regierung zur Verfügung zu stellen und seinen Einfluß auf die Armee geltend zu machen. Diese Bemühungen seien anfangs schwierig gewesen, dank der Hilfe des Staatspräsidenten Coty und dem Mitwirken von Mollet und Pflimlin seien sie aber gelungen. Die später beschlossene Bildung einer Regierung de Gaulle sei eine schwierige Aufgabe gewesen. In bezug auf einige europäische Fragen habe sich aber herausgestellt, daß de Gaulles Vorstellungen mit den seinen und denjenigen seiner Freunde nicht gänzlich unvereinbar gewesen seien, und Mollet, Pflimlin und einige weitere Parlamentarier hätten sich einverstanden erklärt, in die Regierung einzutreten.

De Gaulle habe erst kürzlich geäußert, er habe nicht die Absicht, die Verträge über die EWG zu zerreißen. Aus mehreren Gesprächen mit de Gaulle sei jedoch zu entnehmen gewesen, daß er der Auffassung sei, die Methoden zur Schaffung der europäischen Einheit seien nicht gut: Man habe einen komplizierten, schwerfälligen Apparat aufgebaut, während es besser gewesen wäre, wenn sich unter den Staaten durch regelmäßige Zusammenkünfte eine Annäherung angebahnt hätte, die erst dann ihren Niederschlag in Vertragstexten hätte finden sollen, wenn sie zu guten Ergebnissen geführt hätte. Pinay unterstrich aber, daß es Frankreichs Wille sei, nichts an der bisherigen Außenpolitik in bezug auf die deutsch-französische Zusammenarbeit und den Gemeinsamen Markt zu ändern.

Zur Politik gegenüber den Vereinigten Staaten sagte Pinay, die Unterredung zwischen de Gaulle und Dulles sei gut verlaufen. Man müsse aber erreichen, daß sich die USA weniger abseits hielten und weniger allein vorgingen, sondern mehr Zutrauen zu den europäischen Ländern faßten.

Ich fragte Pinay, ob man aus den Memoiren de Gaulles auf seinen Charakter schließen könne.

Pinay antwortete, man finde dort den Charakter des Menschen de Gaulle. Er habe sich aber an die jetzigen Verhältnisse angepaßt, sei weniger distanziert und weniger geringschätzig, sondern menschlicher geworden, was vielleicht auch auf sein zunehmendes Alter zurückzuführen sei.

De Gaulle habe noch die Vorstellung der „Grandeur" vor Augen. Er habe einmal gesagt, Frankreichs Wiederaufstieg könne nur ausgelöst werden durch „das Ereignis", durch das „événement". Wenn das Parlament in Panik gerate, würde Unmögliches möglich werden. Der Aufstand der Armee nun sei „das Ereignis" gewesen, das die Rückkehr de Gaulles bewirkt habe. „Das Ereignis" sei zum Anlaß genommen worden, um eine Änderung der Verfassung herbeizuführen, die den zukünftigen Regierungen mehr Kontinuität sichern solle.

Sehr wesentlich war für mich zu erfahren, wie de Gaulle sich die weltpolitische Entwicklung vorstellte und wie seine Einstellung war zu dem Problem der kontrollierten allgemeinen Abrüstung. Ich unterstrich, es sei unbe-

dingt notwendig, so bald wie möglich zu einer kontrollierten allgemeinen Abrüstung zu kommen.
Pinay teilte diese Auffassung voll und ganz. Er sei sehr erfreut darüber gewesen, daß de Gaulle kürzlich in einer Ministerratssitzung über Abrüstungsfragen erklärt habe, wenn die USA und Großbritannien unter Abrüstung nur das Einstellen der Atomexplosionsversuche verstünden, so sei dies nichts als eine Lüge und eine Täuschung – „un mensonge et un leurre". Man müsse die vorhandenen Bestände an Atombomben zerstören, sonst könnten diese aufbewahrt und später nach ihrem Muster neue Bomben hergestellt werden. Abrüstungsgespräche seien das Wichtigste. Dem Wettrüsten müsse ein Ende gesetzt werden. In diesem Zusammenhang interessiere mich vielleicht der Standpunkt de Gaulles zur NATO, fuhr Pinay fort. Die Zurückhaltung de Gaulles sei nicht darauf zurückzuführen, daß er gegen die NATO als solche eingestellt sei oder sie militärisch gesehen nicht als notwendig betrachte, sondern weil er Bedenken in bezug auf das Funktionieren und die Organisation eines so großen militärischen Apparates habe, der hauptsächlich in amerikanischen Händen liege. Weitere Länder würden nur hinzugezogen wegen ihrer geographischen Lage und der zahlenmäßigen Bedeutung ihrer Truppenbestände. Das könne dazu führen, daß in den übrigen Ländern die Gefahren nicht richtig beurteilt und nicht das für eine wirksame Verteidigung erforderliche Verantwortungsgefühl aufgebracht würde. Dies müsse geändert werden; diese Länder müßten eine wichtigere Rolle spielen.
Ich brachte auch das Gespräch auf das Algerienproblem, das mir als Deutschem und als Europäer sehr am Herzen lag, und fragte, ob Pinay glaube, es werde sich dafür eine Lösung finden lassen.
Pinay antwortete, seiner Auffassung nach werde die Algerienfrage nicht so gelöst werden, wie viele Franzosen im Mutterland es sich vorstellten. Man müsse zu Konzessionen bereit sein, indem man Algerien in eine Föderation mit einbeziehe. Die Frage könne nicht mit den Waffen, sondern müsse durch eine administrative Struktur geregelt werden, die annähernd dem entspreche, was die dortige Bevölkerung verlange. Eine Schwierigkeit auf diesem Wege stellten die französischen Nationalisten in Algerien dar, die sich auf die Armee stützten. De Gaulle habe erst kürzlich gesagt, die Algerienfrage könne weder in diesem noch in dem nächsten Jahr, sondern erst in vielen Jahren gelöst werden. Auf meine Frage, ob nicht die neue Verfassung eine Lösungsmöglichkeit bieten werde, erwiderte Pinay, die neue Verfassung könne die Herbeiführung einer Lösung erleichtern.

9. Begegnung mit de Gaulle in Colombey-les-deux-Eglises

Am Samstag, dem 13. September 1958, beendete ich meinen Urlaub in Cadenabbia. Auf meiner Rückfahrt nach Bonn unterbrach ich die Reise in Baden-Baden, übernachtete dort und fuhr am Morgen des 14. September 1958, es war ein Sonntag, mit dem Auto über Straßburg nach Colombey-les-deux-Eglises. Ich war von großer Sorge erfüllt, denn ich befürchtete, die Denkweise von de Gaulle wäre von der meinigen so grundverschieden, daß eine Verständigung zwischen uns beiden außerordentlich schwierig wäre.

Es würde das erste Zusammentreffen eines deutschen Regierungschefs mit de Gaulle nach dem Kriege sein. Wenn man sich die ganze Entwicklung in Frankreich vor Augen hielt, namentlich die Entwicklung der letzten Monate, dann mußte man sich darüber klar sein, daß dieser Zusammenkunft in Colombey-les-deux-Eglises eine ganz besondere Bedeutung beizumessen war. Auf der langen Autofahrt, die unter anderem durch französisches Industriegebiet führte, wurde ich fast überall von der Bevölkerung erkannt und freundlich begrüßt.

Colombey-les-deux-Eglises liegt etwa fünfhundert Meter hoch, sehr einsam in einer ernsten und armen Umgebung. Das Haus de Gaulles mußte Anfang des vergangenen Jahrhunderts erbaut worden sein, man kann sagen, ein Herrschaftshaus mit einigen schönen Parterreräumen, während die Schlafräume im oberen Stockwerk sehr einfach waren. Ein großer Garten umgab das Haus.

Ich traf in Colombey-les-deux-Eglises kurz vor Mittag ein. De Gaulle empfing mich sehr zuvorkommend, ebenso seine Frau. Unsere Begrüßung – ich war von Minister von Brentano und Ministerialdirektor Carstens begleitet, auf seiten de Gaulles waren Außenminister Couve de Murville, Generalsekretär Joxe und Botschafter Seydoux – verlief unzeremoniell und einfach.

Wir nahmen gemeinsam das Frühstück ein. Nach dem Essen schlug de Gaulle vor, daß unsere gesamte Begleitung nach dem etwa vierzig Kilometer entfernten Ort Chaumont fahren und erst zum Abendessen zurückkehren sollte. Wir beiden, so sagte er, wollten uns gründlich aussprechen. Ich sollte in seinem Hause übernachten.

Die Besprechungen, die ich in Colombey-les-deux-Eglises führte, fanden in zwei Teilen statt: in einer Besprechung zwischen Ministerpräsident de Gaulle und mir und einer Besprechung zwischen de Gaulle und mir in Anwesenheit der beiden Außenminister und der anderen Herren der französischen und deutschen Delegationen.

Ein völlig anderer Mann

De Gaulle entsprach in keiner Weise den Auffassungen, die man in den vergangenen Monaten aus der Lektüre der Presse erhalten mußte. Er war ein völlig anderer Mann, als ihn unsere Presse, aber nicht nur unsere Presse, dargestellt hatte. Persönlich wirkte er sehr frisch. Als Politiker gewann ich aus den Unterredungen nicht den Eindruck eines Nationalisten, als der er stets abgestempelt wurde. De Gaulle war sehr gut unterrichtet über die gesamte außenpolitische Lage, insbesondere war er sich der großen Bedeutung des Verhältnisses zwischen Frankreich und Deutschland für diese beiden Länder und für Europa und damit auch für die ganze Gestaltung der Verhältnisse in der Welt bewußt.

Die Unterredung zwischen de Gaulle und mir, die über vier Stunden dauerte und nur von einem kurzen Spaziergang durch den Garten unterbrochen wurde, fand in der Bibliothek statt. Die Bibliothek war der größte Raum des Hauses. Während meines Besuches bat ich de Gaulle um die Gelegenheit, mir seine Bibliothek näher anzusehen. Ich fand, daß sie einen sehr hohen Stand hatte. Werke geschichtlichen und staatsrechtlichen Inhalts waren besonders zahlreich.

Auf Vorschlag de Gaulles hatten wir nur einen gemeinsamen Dolmetscher, den auch mir bekannten Franzosen Jean Mayer. Er brauchte aber nur die Hälfte der Unterredung zu übersetzen, da de Gaulle so viel Deutsch und ich so viel Französisch konnte, daß wir uns vielfach ohne seine Hilfe verstanden.

Wir hatten über den Ablauf unserer Besprechungen vorher keine Tagesordnung vereinbart. Zu Beginn erklärte de Gaulle, daß wir von Mensch zu Mensch über die Verpflichtungen sprechen sollten, die uns im Hinblick auf unsere beiden Länder und im Hinblick auf die Welt oblägen. De Gaulle bat mich, ich möge ihm darlegen, wie ich die Weltlage einschätzte. Er stellte die Frage, wie wir uns helfen könnten.

Ich begrüßte es sehr, in diesem Geiste die Aussprache zu führen. Das, was ich de Gaulle dann vortrug, möchte ich in folgendem kurz skizzieren: Bei der Darlegung meiner Ansichten über die Weltlage begann ich mit einer Schilderung der deutschen Verhältnisse. Deutschland hätte im Jahre 1945 einen totalen Zusammenbruch erlebt. Dieser Zusammenbruch hätte tiefes Elend zur Folge gehabt. Sehr große Teile des deutschen Volkes hätten klar die Gefahren und die Folgen des Nationalsozialismus erkannt. Der Nationalsozialismus, das könne man mit Recht sagen, sei beseitigt. Das deutsche Volk verstehe heute selbst nicht mehr, wie es sich in das Abenteuer und den Größenwahn, in die Grausamkeiten des Nationalsozialismus habe hineinführen lassen.

Die CDU, deren Vorsitzender ich sei, sei gegründet worden, um den Nationalismus, den Materialismus und atheistische Tendenzen zu bekämpfen. Ich betonte ausdrücklich die geistige Grundlage unserer Politik, denn ich legte Wert darauf, daß de Gaulle sie erkenne. Ich hätte die große Hoffnung, daß die junge Generation, ich meinte die jetzige Generation zwischen Zwanzig und Dreißig, die politische Entwicklung verstünde, und sähe mich in dieser Hoffnung bisher nicht getäuscht.

Der Zweite Weltkrieg habe zwei Supermächte hervorgebracht, die Sowjetunion und die Vereinigten Staaten, im Hintergrund stehe als kommende Supermacht das kommunistische China. Die Bildung eines vereinten Europas sei eine unbedingte Notwendigkeit. Aus diesem Grunde habe die europäische Idee in Deutschland sehr schnell an Boden gewonnen, insbesondere bei der Jugend, genauso wie bei der Jugend auch die Idee der Zusammenarbeit und der Freundschaft mit Frankreich im Vordergrund stehe. Die Gründe hierfür seien unsere gemeinsamen menschlichen und christlichen Traditionen.

Unsere Lage sei durch unsere unmittelbare Nachbarschaft mit der Sowjetunion bestimmt. Bei der Beurteilung dieser Lage müsse man davon ausgehen, daß wir nicht für immer auf die Vereinigten Staaten zählen könnten. Die Amerikaner hätten Europa viel und großzügig geholfen, aber sie seien in ihren guten wie in ihren schlechten Reaktionen etwas schnell. Sie seien ein noch sehr junges Volk, und man könne nicht genau wissen, welches die Haltung der Vereinigten Staaten auf lange Sicht sein werde.

Ein jedes Mitglied der NATO könne ab 1969 bei einjähriger Vorankündigung aus dem Vertrag austreten. Wenn dieser Vertrag nicht 1964 oder 1965 geändert, sondern in der jetzigen Form in den amerikanischen Wahlkampf des Jahres 1968 mit einbezogen würde, wüßte ich wahrhaftig nicht, wie die Reaktionen des amerikanischen Volkes sein werden. Unter diesen Umständen müßten wir den negativsten Fall einkalkulieren und müßten versuchen, Europa von den Vereinigten Staaten unabhängig zu machen.

Die Sowjetunion müsse man als eine asiatische Diktatur betrachten. Ich hätte die Ereignisse in Rußland genau verfolgt, insbesondere seine wirtschaftliche Entwicklung. Die russische Wirtschaft sei sehr ungleichmäßig. Gewisse Bereiche, wie zum Beispiel die Aufrüstung, seien sehr gut entwickelt, andere wiederum äußerst vernachlässigt. Ich hätte über dieses Thema mit Mikojan im April eine lange Unterredung gehabt, und ich gab de Gaulle eine Schilderung der wichtigsten Punkte dieser Unterredung. Ich hätte Mikojan ganz offen gesagt, berichtete ich, daß nach meinen Kenntnissen das Wirtschaftsleben in der Sowjetunion vollständig ungeordnet sei. Aber Mikojan habe gemeint, es werde sich normalisieren.

Mein Urteil über die künftige Entwicklung in der Sowjetunion sei folgendes: Obgleich das russische Volk sehr passiv sei, scheine es nicht, daß das Regime den sowjetischen Massen den gegenwärtigen Lebensstandard, der auf Kosten der Aufrüstung äußerst niedrig sei, für immer zumuten könne. Darum hätte ich den Eindruck, daß Chruschtschow in seinen Bemühungen aufrichtig sei, die er hinsichtlich der Abrüstung verfolge. Ich erwähnte auch mein Gespräch mit Chruschtschow vom September 1955, aus dem ganz offen die Furcht der Russen vor der Entwicklung in China zu erkennen war. Meine Überzeugung sei, daß die Russen tatsächlich abrüsten wollten, aber daß sie die Vereinigten Staaten fürchteten und vor allem Foster Dulles. Ich berichtete de Gaulle, daß ich während meiner Unterhaltung mit Mikojan im Zusammenhang mit dem Abrüstungsproblem vom kommunistischen China gesprochen und Mikojan gefragt hätte, welche Haltung Rußland in bezug auf dieses Land einnehme. Mikojan habe mir geantwortet: „Unsere Beziehungen sind ausgezeichnet. Wir haben keine Truppen an dieser Seite. Alle unsere Streitkräfte stehen im Westen." Ich sei weiter gegangen und habe gefragt: „Und in zehn bis zwanzig Jahren?" Mikojan habe darauf keine Antwort gegeben.

Ich ging dann ausführlich auf die Notwendigkeit einer kontrollierten Abrüstung ein. Ich betonte, die kontrollierte Abrüstung sowohl für die konventionellen als auch für die nuklearen Waffen sei eine politische Notwendigkeit. Andernfalls seien wir verloren. Mein großes politisches Ziel sei, zu einer solchen kontrollierten Abrüstung zu gelangen. Die Verwirklichung dieses Zieles werde viele Jahre in Anspruch nehmen. Während dieser Jahre werde die Menschheit in einer großen Beunruhigung leben.

Zur NATO erklärte ich, daß ihr Zustand mich keineswegs befriedige. Die NATO sei von den Vereinigten Staaten lange Zeit hindurch vernachlässigt worden. Ich habe darüber mit Eisenhower, Dulles und einigen amerikanischen Kongreßmitgliedern gesprochen. Eine Verbesserung der NATO müsse unbedingt erreicht werden.

Es sei nun einmal eine Tatsache, daß Supermächte wie die Vereinigten Staaten und Sowjetrußland existierten. Das sei der Grund, warum Europa sich zusammenschließen und warum auch in erster Linie die Freundschaft und Zusammenarbeit zwischen Frankreich und Deutschland verstärkt werden müsse. Ich sei von der absoluten Notwendigkeit dieses Zusammenschlusses überzeugt. Die Schaffung Europas sei für die Weltpolitik sehr wichtig. Die wirtschaftlichen Bande müßten als erste hergestellt werden. Dies sei normal, da unmittelbar nach dem Zweiten Weltkrieg keine gemeinsamen politischen Grundlagen möglich waren. Heute handele es sich darum, sie zu finden. Hierzu notwendig sei ein gutes Einvernehmen zwischen Frankreich und Deutschland.

Frankreich und Deutschland müßten in eine Ära des ständigen Gespräches eintreten. Es solle sich dabei nicht nur um Konsultationen über Einzelfälle handeln. Ich wünschte, daß unsere beiden Länder sehr enge, ständige und dauerhafte Kontakte über die internationalen Probleme unterhielten. Wir würden auf diese Weise vermeiden, daß die kleinen Staaten verärgert sein könnten, was der Fall sein würde, wenn es sich nur um gelegentliche Kontakte handelte.

Zu Großbritannien zitierte ich die Worte eines Amerikaners: „England ist wie ein reicher Mann, der sein ganzes Vermögen verloren hat, aber dies noch nicht weiß." Großbritannien sei jedoch noch immer eine wirtschaftliche Großmacht, und sein Einfluß bei den Vereinigten Staaten sei beträchtlich.

Abschließend gab ich meiner Überzeugung Ausdruck, daß wir die gefährliche Situation, die in der Welt entstanden sei, überwinden könnten. Den Kräften des Materialismus müßten diejenigen des Christentums entgegengesetzt werden. In Wahrheit handele es sich um eine große geistige Gefahr, der wir ausgesetzt seien. Sie würde noch jahrzehntelang bestehen. Die Amerikaner seien sehr großzügig, sie hätten den Wunsch, die abendländische Kultur zu verteidigen. Aber ob sie die ernste geistige Gefahr, die eigentliche Gefahr, voll erkannt hätten, wüßte ich nicht. Frankreich müsse unbedingt wieder stark werden. Die Schwäche Frankreichs habe eine schwere Gefahr dargestellt. Ich wünschte ihm, de Gaulle, jeden nur möglichen Erfolg und ein langes Leben, damit er die Ausführung der neuen Verfassung überwachen könne.

De Gaulle hatte sehr aufmerksam zugehört. Nunmehr nahm er das Wort. Er ging zunächst auf das ein, was ich über den Nationalismus im deutschen Volk gesagt hatte. Er meinte, es sei in der Tat ein neues Deutschland, das man heute sehe. Er setzte hinzu: „Ich merke es mir für die Zukunft."

Vom französischen Volk sagte de Gaulle, daß es eine schwere Krankheit durchgemacht habe. Es sei ein großes Volk gewesen, insbesondere aber habe es sich für sehr groß gehalten. Es habe geglaubt, daß es berufen sei, die erste Rolle in der Welt zu spielen. Es sei wahr, daß es diese Rolle oft innegehabt habe, aber es habe sich nicht der neuen Situation angepaßt. Es könne nicht vergessen, daß es diese Rolle nicht mehr spiele. Daraus seien der Kommunismus und die intellektuelle Anarchie in vielen Kreisen zu erklären.

Frankreich müsse ein neues moralisches Gleichgewicht finden, das auf den neuen Wirklichkeiten aufgebaut sei, um dadurch wieder zu einer zusammenhängenden Nation zu werden. Die Situation sei heute besser als früher. Es bestehe heute in Frankreich ein guter Wille, eine Aufrichtigkeit im Hinblick auf sich selbst und die anderen. Sehr interessant fand ich in diesem Zusammenhang folgende Bemerkung de Gaulles: Die schwerste Aufgabe,

die vor ihm liege, sei, die nationalistischen Franzosen aus ihrem nationalistischen Himmel herunter auf den Boden der Wirklichkeit zu ziehen.
In seiner Ansicht über die Weltlage stimme er mit mir überein. Er stimme mir vor allem auch darin zu, daß Deutschland und Frankreich in enger Freundschaft verbunden sein müßten. Nur durch diese Freundschaft zwischen Deutschland und Frankreich werde es möglich sein, Westeuropa zu retten. De Gaulle bekannte, er habe, wie die meisten Franzosen, nach dem Zusammenbruch Deutschlands gefürchtet, daß Deutschland sich nach seiner Erholung an Frankreich rächen würde. Deshalb habe er damals, als er Ministerpräsident gewesen sei, das Zusammengehen zwischen Frankreich und Sowjetrußland herbeigeführt. Er habe sich aber inzwischen davon überzeugt, daß das heutige deutsche Volk keine derartigen Rachegefühle hege. Daraus erkläre sich sein Wechsel in der Politik: Eng verbunden mit Deutschland zum Schutze gegen Sowjetrußland.
De Gaulle wies mit aller Klarheit darauf hin, daß sich die Situation zwischen Frankreich und Deutschland völlig verändert habe, daß Frankreich bis vor wenigen Jahren immer in der Furcht gelebt habe, eines Tages von Deutschland angegriffen zu werden. Nunmehr bestünde diese Furcht nicht mehr, und es gebe keine derartigen Spannungen mehr zwischen Frankreich und Deutschland. Deshalb könnten sich Frankreich und Deutschland gemeinsam und freundschaftlich den großen Aufgaben widmen, die die beiden Länder gemeinsam in Europa und in der Welt hätten.
Es sei wahr, daß die gegenwärtige Situation in Europa und vornehmlich in Deutschland dem französischen Volk neue Perspektiven eröffne. Frankreich habe sich immer bedroht gefühlt. Es sei nicht mehr bedroht bis auf die Gefahr aus dem Osten. Dieser neue Zustand könne in Frankreich eine Evolution hervorrufen, die vor fünfundzwanzig Jahren noch nicht möglich gewesen sei.
De Gaulle fuhr dann wörtlich fort: „Das französische Volk hat hinsichtlich des Wohlwollens und des guten Willens der anderen keine Illusionen, insbesondere nicht, was den Sowjetblock anbetrifft, obwohl es Rußland nicht abgeschrieben hat. Es hat auch keine Illusionen über das Wohlwollen und die Fähigkeit und Geschicklichkeit der Amerikaner. Die Amerikaner bleiben Amerikaner. Ich spreche nicht von England, das ein zweitrangiges Problem darstellt und eine Insel bleibt.
Es gibt in Europa für Frankreich nur einen möglichen Partner, ja sogar wünschenswerten Partner, und das ist Deutschland, das Deutschland von heute. Dies ist ein historisches Wunder, aber nicht weniger eine Tatsache. Man hat von mir in Deutschland gesagt, als ich im politischen Leben stand, daß ich Deutschland gegenüber eine Politik der Größe, der Macht und der Rache verfolge. Ich kann Ihnen die gegenteiligen Beweise liefern. Am

Ende des Krieges wußte ich nicht, welchen Weg dieses Deutschland einschlagen würde. In den Jahren 1944 und 1945 mußte ich mein Volk gegen mögliche Reaktionen des deutschen Zornes schützen. Ich wollte, daß Deutschland niemals mehr die Mittel erhielte, um in Frankreich einzufallen, aber ich wollte dies nicht durch Feindseligkeit, und Sie werden sich in dieser Beziehung erinnern, daß ich schon während des Krieges erklärt habe, daß Europa sich gestalten müsse und daß dies nicht ohne Deutschland möglich sei.

Und jetzt gibt es für unsere beiden Länder keinen anderen Weg als denjenigen, den wir gemeinsam nehmen müssen. Dieser Weg ist sehr schwierig. Es gibt bei uns etwas, das diesen gemeinsamen Weg stört, wie dies auch bei Ihnen der Fall ist. Bei Ihnen ist es territoriale Trennung. Rußland hält einen Teil Ihres Gebietes besetzt. Man weiß nicht, durch welches Mittel Sie die Wiedervereinigung Ihres Landes, der wir übrigens gewogen sind, erhalten können. Aber bedarf es dazu eines universalen Krieges? Wir sind dessen nicht sicher.

Was Frankreich auf diesem gemeinsamen Weg hindert, sind unsere Verpflichtungen, unsere weiten Aufgaben in Afrika, in Madagaskar, im Pazifik, auf den amerikanischen Inseln und selbst auf dem amerikanischen Kontinent. Das Problem ist schwieriger für uns, denn alle Ihre Interessen liegen lediglich in Europa." Es bestünden Fliehkräfte, die uns Deutsche zur Wiedervereinigung in Richtung nach Osten trieben und Frankreich in Richtung auf Afrika. Aber wir müßten uns darüber klar sein, daß die wahre Gefahr von Asien her drohe. „Dies ist ein Grund mehr, Europa wieder zu beleben", fuhr de Gaulle wörtlich fort. „Wir müssen den Frieden nach dem Osten ausdehnen, nach Polen zum Beispiel, welches nicht in asiatische Hände darf. Dies trifft auch zu für die Tschechoslowakei, Ungarn, Rumänien und selbst – warum nicht? – für das europäische Rußland. Wir müssen zusammenarbeiten, ohne das Instrument Amerikas zu werden, und wir müssen es in einem größeren Rahmen tun als demjenigen, der uns nur mit Italien und den Benelux-Ländern verbindet. Wir müssen andere Länder an uns heranziehen. Ich wünsche, mit Deutschland ständige Kontakte zu errichten. Ich werde hierzu bereit sein, der Zukunft Europas wegen, also für die Ihrige wie für die unsrige. Es handelt sich jetzt darum, ganz Europa zu gestalten, oder es wird kein Europa geben."

Im Zusammenhang mit der Notwendigkeit zur Einigung Europas sagte de Gaulle zur NATO: „Sie haben von der NATO gesprochen, und Sie haben mir gesagt, daß Sie darüber nicht befriedigt seien. Es ist in der Tat nicht möglich, befriedigt zu sein. Denn es besteht in der NATO keine politische Einheit. Wenn ein Problem aufkommt, zum Beispiel im Nahen Osten oder in Quemoy, gibt es keine gemeinsame Politik der Mächte, die der

NATO angehören. Man kann sehr wohl innerhalb der NATO einige Waffen verteilen, aber die Einheit wird nur möglich sein, wenn Amerika an Europa gebunden ist. Dieses Band besteht gegenwärtig nicht, mit Ausnahme des Kriegsfalles, in welchem wir uns gemeinsam verteidigen würden. Ich begrüße also, daß Europa sich gestaltet. Beginnen wir darum durch einen engen Kontakt zwischen unseren beiden Ländern.
Ich bin mit Ihnen darüber einig, daß es notwendig ist, Europa zu vereinigen, zu vereinigen die Politik der Französischen Republik und diejenige der Bundesrepublik Deutschland. Ich sagte, daß die Frage des Nahen Ostens oder ein anderes ähnliches Problem einen ständigen Kontakt, einen organischen Kontakt, erfordert, um unsere gemeinsame Politik auf derartige Angelegenheiten zu richten. Ich wünsche, daß wir diese Politik im Hinblick auf unsere Verpflichtungen außerhalb Europas führen können, ohne getrennt zu sein. Ich wünsche, daß diese Politik die unsrige sei und unabhängig von den Amerikanern in den weltpolitischen und europäischen Fragen zum Ausdruck kommt. Ich wünsche eine Haltung einnehmen zu können, die die Länder, die sich augenblicklich unter kommunistischer Herrschaft befinden, aber eine andere Zukunft erstreben, nicht abstößt. Ich möchte nicht, daß es hier eine feindliche Einstellung und Gesinnung gegenüber Polen, Ungarn, der Tschechoslowakei, Rumänien, Bulgarien und später Rußland geben möge. Wie kann man zu diesem Ziel gelangen? Wir haben unsere Botschafter; wir können periodische Kontakte vorsehen, ständige Konsultationen über Angelegenheiten, die sich stellen. Wir können gemeinsam innerhalb der NATO vorgehen, aber ich glaube nicht, daß wir dadurch etwas Großes unternehmen. Da die NATO nicht politisch ist, erscheint mir dies wenig praktisch.
Das, was in der Welt zählt, ist die Tatsache, daß wir gemeinsame Ideen über die großen Probleme haben. Ich möchte schließen, indem ich Sie daran erinnere, welchen Beweis unserer guten Bereitschaft ich in bezug auf Sie gegeben habe. Als Chruschtschow die Initiative ergriffen hat, um eine Gipfelkonferenz über den Orient vorzuschlagen, ist meine erste Reaktion gewesen, meinen Außenminister nach Bonn zu schicken."
Ich sei bewegt gewesen über den Besuch von Couve de Murville in Bonn, antwortete ich. Ich hätte diese Maßnahme sehr zu würdigen gewußt. Dann ging ich zunächst auf die Vorsichtsmaßnahmen gegen Deutschland ein, die nach dem Zusammenbruch 1945 im Vordergrund der französischen Politik standen. Ich hätte hierfür Verständnis gehabt, so bedauerlich diese Politik auch für uns gewesen sei. Übrigens habe Robert Schuman in derselben Richtung der von der Angst vor Deutschland diktierten Politik gearbeitet, als er den Plan einer Montanunion konzipiert habe. Er habe mir damals

einen persönlichen Brief geschrieben, in dem er erklärte, daß es darum ginge, unsere Kohle- und Stahlproduktion zu vereinigen, um sie besser kontrollieren zu können, da sich Kriegsvorbereitungen zuerst in der Produktion von Eisen und Stahl zeigten. Ich hätte diesen Plan angenommen.

Zur Frage der Wiedervereinigung Deutschlands erklärte ich, daß niemand sie durch einen Krieg erreichen wolle. Das sei ausgeschlossen, aber es liege in der Frage der Wiedervereinigung ein psychologisches Problem: Es müsse vermieden werden, daß sie der Sowjetunion als Köder diene zur Verwirklichung ihrer Ziele in Europa. Die Frage der deutschen Wiedervereinigung, die Probleme im Zusammenhang mit den osteuropäischen Staaten müßten im Zuge einer Entspannung durch eine kontrollierte Abrüstung geregelt werden. Wir könnten Sowjetrußland zum Beispiel als Gegenleistung Wirtschaftshilfe anbieten. Und was Polen anbetreffe, so hätte ich schon vor langen Jahren erklärt, daß ein wiedervereinigtes Deutschland die besten Beziehungen mit diesem Lande unterhalten würde. Es handele sich nicht darum, wiederum eine preußische Politik gegen Polen zu betreiben.

Auch ich wolle nicht, daß wir ein Instrument der Amerikaner würden. Ich hätte über die amerikanische Rußlandpolitik Meinungsverschiedenheiten mit Dulles gehabt, aber wir müßten mit den Vereinigten Staaten vereint bleiben. Es würde verhängnisvoll sein, wenn sich die Vereinigten Staaten von Europa trennen würden. Wir müßten ihnen jedoch immer offen sagen, was wir von ihrer Politik hielten.

Was die NATO angehe, so sei ich de Gaulles Meinung, aber wir könnten nicht zulassen, daß diese Organisation zugrunde gehe. Wir müßten unser Bestes tun, um sie zu erhalten.

Ich war sehr glücklich, daß de Gaulle die Idee ständiger Konsultationen über Probleme der Außenpolitik annahm. Ich sagte de Gaulle, wenn wir sie fähigen Persönlichkeiten anvertrauten, würden sie sehr gute Ergebnisse haben.

Am Schluß der Unterredung nannte de Gaulle die praktischen Fragen, über die ständige Konsultationen möglich seien. Zu ihnen gehörte nach seiner Ansicht:

1. Abrüstung, eine Frage, in der wir zu einer gemeinsamen Position kommen müßten;
2. Orient, ein zwar sehr komplexes Problem, hinsichtlich dessen es aber nicht schwierig sein werde, eine gemeinsame Politik gegenüber den arabischen Staaten dieses Raumes festzulegen. Frankreich könne konkrete Vorschläge über die richtige Bewertung des Orients machen. Dies sei eine noch genau zu prüfende Möglichkeit;
3. wirtschaftliche Zusammenarbeit diesseits und jenseits des Eisernen Vor-

hanges. Es beständen auf jeden Fall Möglichkeiten bezüglich Polens, eventuell sogar mit Rußland;
4. was unmittelbar in Angriff genommen werden könnte, wenn wir es nur wollten, sei eine gemeinsame Waffenfabrikation. In dieser Beziehung sollte Kontakt aufgenommen werden. Dann würden wir die beiden europäischen Mächte sein, die etwas Praktisches gemeinsam unternehmen würden;
5. wir müßten eine gemeinsame Position in bezug auf die Freihandelszone einnehmen. Wir dürften in dieser Angelegenheit nicht getrennt vorgehen. Er, de Gaulle, persönlich bejahe die Idee eines Gemeinsamen Marktes. Er habe niemals dem Supranationalen wohlwollend gegenübergestanden, aber er glaube an den Wert der Zusammenarbeit zwischen den Staaten. Die französische Regierung werde ihr möglichstes tun, damit sich der Gemeinsame Markt entwickle, aber sie sei auf Grund der protektionistischen Traditionen in Frankreich verpflichtet, Vorsichtsmaßnahmen zu ergreifen. Wenn die von den Engländern erstrebte Freihandelszone den Gemeinsamen Markt hindern oder stören sollte, so würde die französische Regierung ihr nicht wohlwollend gegenüberstehen und dies um so weniger, als sich Frankreich auf Grund des soeben erwähnten Protektionismus in einer exponierten Situation befände. Die französische Regierung werde es nicht ablehnen, den Gemeinsamen Markt mit etwas Weiterem zu verbinden wie zum Beispiel mit der Freihandelszone, aber sie werde Vorsichtsmaßnahmen ergreifen und das Problem Punkt für Punkt prüfen müssen. Frankreich werde im Gemeinsamen Markt mit allem guten Glauben bleiben. Die französische Regierung wolle aber nicht, daß die Freihandelszone den Gemeinsamen Markt hindere und die Franzosen ersticke. Auf dieser Grundlage ginge Frankreich mit Deutschland einig.

Ich war nicht genug Experte, um de Gaulle auf dem Gebiet des Gemeinsamen Marktes und der Freihandelszone sofort eine Antwort geben zu können. Ich erkannte die Schwierigkeiten an, die sich für Frankreich aus seiner protektionistischen Politik und aus seinen Befürchtungen, erstickt zu werden, ergaben. Für den 8. und 9. Oktober 1958 war eine Zusammenkunft von Macmillan und mir vorgesehen. Ich erwähnte dies und sagte, ich werde mit Macmillan über diese Frage sprechen. Manche verträten zwar die Meinung, daß Großbritannien die Freihandelszone ins Leben habe rufen wollen, um den Gemeinsamen Markt zu vernichten. Ich sei nicht dieser Meinung. Ich glaubte vielmehr, daß Macmillan ehrlich sei und daß er durch dieses Mittel versuche, sich Europa zu nähern.
Ich erklärte mich mit der von de Gaulle vorgetragenen Liste von Problemen, die Gegenstand ständiger Konsultationen werden sollten, einverstanden.

Im Verlauf der Unterredung machte de Gaulle eine wenig optimistische Bemerkung über seinen Gesundheitszustand. Er sagte, den Lebensjahren nach sei er viel jünger als ich, aber in Wirklichkeit sei ich jünger. Er habe nicht meine physische und psychische Kraft.

Ich gab ihm hierauf zur Antwort, sobald er jetzt an die Arbeit käme, werde er sehen, wie ihm aus der Arbeit neue Kräfte erwachsen würden. Mir sei es auch so ergangen. Als ich nach dem Zusammenbruch des Nationalsozialismus wieder an die Arbeit gekommen sei, hätte ich auch zuerst geglaubt, ich könne sie nicht leisten. Dann habe sich aber deutlich gezeigt, daß auf die Dauer gesehen einem aus der Arbeit neue Kraft erwachse.

Ich hatte mir de Gaulle ganz anders vorgestellt, als ich ihn nunmehr in unserem Gespräch erkannte. Ich war auf das angenehmste überrascht durch seine Einfachheit und Natürlichkeit. Sehr bezeichnend für ihn fand ich folgendes: Bei einem Spaziergang durch den Garten, den wir zusammen machten, führte er mich zu einer Stelle, an der wir über die Gartenhecke hinwegsehen konnten. Er machte eine weitausholende Bewegung: „So weit auch Ihr Auge schweift, Sie sehen in dieser Einsamkeit nicht eine einzige menschliche Siedlung – ein armes Land." In der Tat war dem so. Und dies war die Landschaft, in die es ihn zog.

Ich war von dem Besuch sehr befriedigt. Ich war glücklich, einen ganz anderen Menschen vorgefunden zu haben, als ich befürchtet hatte. Ich war sicher, daß de Gaulle und ich eine gute und vertrauensvolle Zusammenarbeit haben würden.

Kennzeichnend für meine Unterredung mit de Gaulle war die Feststellung der Übereinstimmung der Ansichten über die großen Gegebenheiten unserer Zeit. Ich erblickte das Bedeutungsvolle dieser langen Aussprache in der Feststellung, daß wir in den großen Fragen miteinander übereinstimmten und daß diese Übereinstimmung, wenn akute Fragen auftreten sollten, mit Sicherheit auch erreicht würde. Diese Begegnung war eine ausgezeichnete Grundlage für eine gute Fortentwicklung der französisch-deutschen Beziehungen. Die Begegnung mit de Gaulle war eine Bestätigung einer Politik, die ich mit größter Konsequenz seit neun Jahren verfolgt hatte. Ich war gewiß, daß der Meinungsaustausch mit de Gaulle die Zusammenarbeit mit Frankreich vertiefen und den Zusammenschluß Europas beschleunigen würde.

Zum Abendessen kamen die Außenminister und die weiteren Herren der deutschen und französischen Delegationen nach Colombey-les-deux-Eglises zurück. Das Abendessen verlief wie das Frühstück einfach und würdig, und schon nach einer guten Stunde verabschiedete man sich. Die Begleitung fuhr wieder nach Chaumont. Ich übernachtete in de Gaulles Haus.

Am frühen Morgen trafen wir uns wieder und unterhielten uns über beiderseitige Familienangelegenheiten und allgemeine menschliche Dinge. Nach dem Morgenimbiß kehrte ich zurück nach Deutschland, zurück nach Bonn. Auf der Rückfahrt wurde ich überall von der französischen Bevölkerung mit großer, offensichtlicher Freude und mit Herzlichkeit begrüßt. Es war namentlich für mich als Vertreter des deutschen Volkes ein mich bewegendes Ereignis, daß man bei einer so wichtigen politischen Angelegenheit in einer Gegend wie Elsaß-Lothringen und dem Departement Haute Marne als willkommener Gast, ich könnte sagen, als ein Freund begrüßt wurde. Ich gewann auch daraus den Eindruck, daß die böse Vergangenheit endgültig Vergangenheit war.

Am Schluß der Begegnung mit de Gaulle wurde ein Kommuniqué veröffentlicht, in dem es unter anderem hieß:

„Nach Beendigung ihrer Gespräche haben der Bundeskanzler und General de Gaulle die folgende Erklärung abgegeben:
Wir haben uns beide lange, offen und herzlich über viele Dinge unterhalten. Wir sind beide von der Wichtigkeit und Bedeutung unseres Treffens zutiefst überzeugt. Wir glauben, daß die vergangene Gegnerschaft ein für allemal überwunden sein muß und daß Franzosen und Deutsche dazu berufen sind, in gutem Einvernehmen zu leben und Seite an Seite zu arbeiten.
Wir sind der Überzeugung, daß die enge Zusammenarbeit zwischen der Bundesrepublik Deutschland und der Französischen Republik die Grundlage jedes konstruktiven Aufbaues in Europa ist. Sie trägt zugleich zur Stärkung des Atlantischen Bündnisses bei und ist unentbehrlich.
Wir glauben, daß diese Zusammenarbeit organisiert werden muß. Zugleich muß sie die anderen westeuropäischen Nationen einschließen, mit denen unsere beiden Länder durch enge Bande verknüpft sind. Es ist unser Wunsch, daß sich diese Zusammenarbeit im Bereich der großen weltpolitischen Fragen zum Nutzen aller Völker auswirkt und daß sie sich auf möglichst viele europäische Staaten erstreckt."

Diese Erklärung, die nach Beendigung der Besprechungen zwischen de Gaulle und mir veröffentlicht wurde, war wörtlich in der wiedergegebenen Fassung von de Gaulle vorgeschlagen. Diese Sätze geben das Fundament unserer gemeinsamen Arbeit, so wie wir es in unseren Gesprächen erkannten und aussprachen, sehr treffend wieder.
Ich freute mich, daß ich de Gaulle kennengelernt hatte an seinem Wohnort fern von Paris. Ich glaube, man kann sich über ihn erst dann, wenn man ihn dort in seiner vertrauten Umgebung gesehen und gesprochen hat, ein richtiges Urteil bilden. Ich hatte aus meiner persönlichen Begegnung mit

ihm das vollste Vertrauen gewonnen, daß unter ihm Frankreich aus der schrecklichen Unruhe der letzten Jahre hinausgeführt würde. Ich hatte die Überzeugung gewonnen, daß Frankreich einer ruhigen und stetigen Entwicklung entgegengehen werde, und vor allem, daß zwischen Frankreich und Deutschland eine gute und fruchtbare Zusammenarbeit erfolgen werde. Ich hatte das vollste Vertrauen, daß die gemeinsame Arbeit zwischen Frankreich und Deutschland zum Wohle aller europäischen Länder und zur Stärkung des Friedens in der Welt beitragen würde.

Der Gemeinsame Markt würde unserer Wirtschaft einschließlich der Landwirtschaft schwere Probleme bringen, aber nicht nur der Wirtschaft Deutschlands, auch der Wirtschaft der anderen Teilnehmerstaaten. Aber die anfänglichen Schwierigkeiten würden überwunden werden, davon war ich überzeugt. Der wirtschaftliche und politische und der menschliche Vorteil für alle würde groß sein. Wie sich die weitere Entwicklung der politischen Fragen in Europa vollziehen würde, das mußte man der Zukunft überlassen. Man sollte nicht zu viele Probleme auf einmal anpacken, man sollte ein Problem nach dem anderen lösen.

Die Beratungen der Außenminister untereinander hatten die Verhältnisse im Nahen Osten, Möglichkeiten und Aussichten einer Gipfelkonferenz, das französisch-deutsche Verhältnis, Fortsetzung der europäischen Politik im Rahmen des Gemeinsamen Marktes, die Fragen der Ergänzung des Gemeinsamen Marktes durch eine Freihandelszone berührt. Auch diese Gespräche hatten weitgehend eine Übereinstimmung der Auffassungen gezeigt.

Außenminister von Brentano sagte über seine persönlichen Eindrücke in Colombey-les-deux-Eglises anläßlich einer am 16. September 1958 abgehaltenen Pressekonferenz:

„Es war für uns alle sehr bemerkenswert zu sehen, mit welchem Ernst und welcher Behutsamkeit der französische Regierungschef über alle Dinge gesprochen hat. Es war nichts zu spüren von irgendwelchem falschen Pathos, es war nichts zu spüren von irgendeiner nationalistischen Leidenschaft. Es war ein tiefernstes Gespräch, und es war für uns alle eine außerordentlich eindrucksvolle Bestätigung, daß die deutsch-französische Politik auch diese Wandlungen überstanden hat.

Wir konnten nach diesem Gespräch mit dem Gefühl nach Hause gehen, daß die deutsch-französische Zusammenarbeit sich in der neuen Regierung unverändert fortsetzen wird, daß die psychologischen und politischen Voraussetzungen für die Weiterführung dieser Politik unverändert gegeben sind..."

XIV. DER WESTEN IN DER BEWÄHRUNG
– DAS BERLIN-ULTIMATUM CHRUSCHTSCHOWS –

1. Klimasturz zwischen Ost und West

Die zweite Hälfte des Jahres 1958 wurde zu einer Krisenzeit. Am 13. Juli 1958 löste ein Umsturz im Irak erneut eine Nahost-Krise aus. Zwei Monate später erreichte im Fernen Osten die Krise um die Inseln Quemoy und Matsu, in die die Vereinigten Staaten von Amerika und die Volksrepublik China verwickelt waren, ihren Höhepunkt.

Zur gleichen Zeit erlitt das Verhältnis zwischen Ost und West einen Klimasturz. Es kam ein kalter Wind auf vom Osten, es verhärtete sich der Ton aus Moskau, die Maßnahmen verschärften sich, es wurde immer frostiger, immer heftiger. In Deutschland machte es sich bemerkbar durch eine Drosselung des privaten Reiseverkehrs zwischen der Sowjetzone und der Bundesrepublik. Meine Gespräche mit Mikojan schienen ohne Ergebnis zu bleiben. Gegenüber dem Vorjahr gingen die von den Zonenbehörden ausgestellten Reisegenehmigungen um über achtzig Prozent zurück. Chruschtschow nahm in seinen Reden in immer schriller werdender Weise Stellung gegen die Bundesrepublik.

Warum trat dieser Wandel ein? Ich war auf Vermutungen angewiesen, denn in die inneren Verhältnisse Sowjetrußlands hineinzusehen und namentlich in Chruschtschow und seine nächsten Berater, war ja ganz ungewöhnlich schwer. Aber mit dem Klimasturz fielen zeitlich zusammen die Vorgänge in Frankreich. Die Kommunisten in Frankreich hatten sich bei der Beauftragung de Gaulles mit dem Amt des Ministerpräsidenten ruhig verhalten. Warum wohl? De Gaulle war schon einmal französischer Ministerpräsident gewesen. Die besonderen Ziele seiner damaligen Politik waren gerichtet auf die Spaltung Deutschlands in mehrere Teile und auf ein Zusammengehen mit Sowjetrußland. Die Hoffnung, daß Frankreich unter de Gaulle zu der Politik des französisch-russischen Bündnisses des Jahres 1944 zurückkehren werde, war gewiß ein Grund dafür, daß sich während der Staatskrise in Frankreich die französischen Kommunisten so brav und still benahmen. Ich könnte mir vorstellen – man ist eben auf Vermutungen angewiesen –, daß die kommunistische Partei Frankreichs, dem Kommando Moskaus gehorchend, aus diesem Grunde keinen Widerstand geleistet hatte gegen die Übertragung der Ministerpräsidentschaft an de Gaulle. Aber dann kam die herbe Enttäuschung für Chruschtschow und seine Leute. Das war, als ich auf Einladung de Gaulles in Colombey-les-deux-Eglises war, als bekannt wurde, de Gaulle sei für eine freundschaftliche Zusammenarbeit zwischen Frankreich und Deutschland. Zweifellos war das im Anschluß an meine Begegnung mit de Gaulle veröffentlichte Kommuniqué für Chruschtschow eine bittere Ernüchterung. Der Kreml hatte die Möglichkeit unmittelbar vor Augen gesehen, daß man Deutschland in Zukunft in die Zange nehmen könne. Auf der einen Seite Sowjetrußland, auf der anderen Seite das mit Sowjetrußland befreundete Frankreich. Dies war eine Fehlkalkulation. Wenige Tage nach Veröffentlichung des Kommuniqués von Colombey-les-deux-Eglises hatte Chruschtschow einen regelrechten Wutausbruch und brachte diesen der ganzen Welt zur Kenntnis – was ich immer für falsch halte; man soll seine Enttäuschung niemals zeigen. Chruschtschow beschwor Frankreich, sich vor diesem bösen Deutschland zu hüten und in acht zu nehmen, und ließ seine Warnungen immer wieder von sowjetrussischen Zeitungen und Sendern an Frankreich richten. Am 22. September gab Chruschtschow der Moskauer Zeitung „Prawda" ein Interview. Er machte hierin seinem Herzen Luft und erwies uns dadurch einen guten Dienst, da er der Welt Einblick in das gewährte, was in ihm vor sich ging. Seine Äußerungen zu ersten Maßnahmen der Regierung de Gaulles waren nicht sehr freundlich. Er erklärte, nicht von ungefähr würde jetzt in Frankreich unter der Flagge von Patriotismus der schlimmste Chauvinismus entfaltet. Er appellierte „an die gesunden Kräfte" des heutigen Frankreichs, die ganz ohne Zweifel den Weg zur Konsolidierung und zum Zusammenschluß ihrer Reihen finden und den Angriff der Reaktion zurückweisen würden. Er erklärte wörtlich:

„... Den Versuchen, den Faschismus zu neuem Leben zu erwecken, ist auch die gegenwärtige internationale Lage nicht günstig. Deshalb ziehen die Versuche der französischen regierenden Kreise, mit den westdeutschen Militaristen eine gemeinsame Sprache und eine gemeinsame außenpolitische Plattform zu finden, Aufmerksamkeit auf sich. Diese Kreise möchten offenbar die Unterstützung eines der reaktionärsten Regime in Europa, wie dies das Regime Westdeutschlands ist, haben und dabei die nationalen Lebensinteressen Frankreichs opfern, für welches die Schaffung einer immer stärker werdenden militaristischen Macht an ihrer Ostgrenze tödliche Gefahren in sich birgt. Von dieser Gefahr hat seinerzeit wiederholt und sehr überzeugend General de Gaulle gesprochen.

Doch nun traf der Kanzler Adenauer in Frankreich ein. Er führte längere Verhandlungen mit General de Gaulle unter vier Augen. Nach dieser Zusammenkunft erklärte Adenauer erfreut, der General habe seinen Standpunkt in der deutschen Frage im Vergleich zu den ersten Nachkriegsjahren geändert. Es ist bezeichnend, daß in dem zusammenfassenden Kommuniqué Adenauers und de Gaulles eine nebelhafte Formulierung von der Einbeziehung ‚einer höchstmöglichen Zahl europäischer Staaten' in ‚die europäische Gemeinschaft' aufgetaucht ist. Der französische Außenminister erläuterte, daß darunter ‚die Einbeziehung' auch der Länder Osteuropas zu verstehen sei. Es wird somit zwanzig Jahre nach München ein neuer Versuch gemacht, Frankreich ins Schlepptau der deutschen Panzer zu nehmen und es zu einem Feldzug gegen Osten zu veranlassen. Man muß aber jedes Gefühl für Realität verloren haben, um auf Erfolg irgendwelcher Abenteuer im Osten Europas ernsthaft Hoffnungen zu setzen.

Man kann nicht umhin, auch darauf hinzuweisen, daß in den letzten Tagen in Paris aufs eifrigste eine sowjetfeindliche Hetze entfacht wird, die mit Wissen und Zustimmung der französischen offiziellen Stellen in voller Übereinstimmung mit dem bekannten amerikanischen Muster betrieben wird. Gewisse Zeitungen versteigen sich sogar dazu, die Sowjetunion als ‚Feind Nummer 1' zu bezeichnen. Menschen der älteren Generation in Frankreich erinnern sich dessen, wie dieses Liebeswerben mit den deutschen Militaristen vor dem Zweiten Weltkrieg betrieben wurde. Womit aber endete das alles? Das Sowjetvolk mußte sein Blut vergießen, um Frankreich vom Joch derer befreien zu helfen, vor denen sich die Machthaber Frankreichs tief gebeugt hatten.

In Frankreich trompetet man heute, die Unterredung de Gaulles mit Adenauer habe den französisch-deutschen Widersprüchen auf ewig ein Ende gemacht. Die Freundschaft der reaktionären Kreise Frankreichs mit den westdeutschen Revanchehetzern führt nicht zum Frieden, sondern zum Krieg. Es erübrigt sich, davon zu sprechen, daß diese Pläne, die entgegen den französischen nationalen Interessen durchgeführt werden, auch den Interessen des deutschen Volkes und aller Völker Europas zuwiderlaufen."

2. Verhärtung

Sehr deutlich wurde das veränderte Klima durch ein Gespräch, das ich am 14. Oktober 1958 mit dem sowjetischen Botschafter Smirnow führte. Smirnow hatte um diese Besprechung gebeten, um mir im Auftrage seiner Regierung ein Aide-mémoire zu überreichen.

Mir kam dieser Besuch sehr gelegen, da ich einige Punkte hatte, die ich Smirnow gern persönlich vortragen wollte. Sie betrafen unter anderem den mit der Sowjetunion abgeschlossenen Handelsvertrag. Sicherlich könne man sich noch kein definitives Urteil über seine Ergebnisse erlauben, eröffnete ich das Gespräch, doch schienen nach den Berichten, die das Bundesministerium für Wirtschaft mir gegeben hätte, die Ergebnisse hinter den Erwartungen, die in den Vertrag gesetzt wurden, zurückzubleiben. Ich dächte dabei weniger an das rein Wirtschaftliche als an die politischen Auswirkungen, denn beim Abschluß des Vertrages hätten ja beide Seiten ihrer Hoffnung Ausdruck gegeben, daß er die politischen Beziehungen günstig beeinflussen würde. Auf Grund des Zahlenmaterials, das ich ihm, Smirnow, gerne zuleiten wolle, ergebe sich, daß die Sowjetunion beim Verkauf ihrer Waren im Rückstand sei. Die deutsche Seite hingegen sei durchaus bereit und in der Lage, noch mehr zu liefern.

Der zweite Punkt, über den ich mit Smirnow sprechen wollte, betraf ein Gebiet, über das ich bereits mit Mikojan bei dessen Anwesenheit in Bonn gesprochen hatte. Ich hätte damals Mikojan nachdrücklich die Lage in der sowjetischen Besatzungszone, die im sowjetischen Sprachgebrauch „DDR" heiße, vor Augen geführt, erinnerte ich Smirnow, und ihn gebeten, doch dafür sorgen zu wollen, daß die Gewissensfreiheit dort wiederhergestellt werde. Mikojan habe mir das zugesagt. Die Lage habe sich jedoch seitdem nur noch verschlechtert. Ich sei vor kurzem in Schleswig-Holstein gewesen und hätte bei Lübeck an der Barriere gestanden, die die beiden Teile Deutschlands voneinander trenne, und habe den sicher auch ihm, Smirnow, bekannten gepflügten und geeggten Streifen Niemandsland gesehen, der sich hinter dieser Barriere erstrecke. Ich sei kürzlich auch in Berlin gewesen und hätte dort nacheinander mit dem evangelischen Bischof Dibelius und dem katholischen Bischof Döpfner gesprochen, und jeder von ihnen habe mir ein eindrucksvolles Bild von den Gewissensnöten der Menschen in der Zone gegeben. Diese Erlebnisse hätten mich zuinnerst erfaßt, so daß ich mir vorgenommen hätte, möglichst bald mit ihm, Smirnow, ein sehr persönliches Gespräch über diese Dinge zu führen. Ich halte ihn für einen Mann, der selbst die Verhältnisse, von denen hier die Rede sei, nicht gerne sehe und der mich verstehen könne, wenn ich sagte, wie sehr mich diese Erlebnisse bewegten. Ich spreche deshalb die sehr menschliche und herzliche Bitte aus, doch einmal zu überlegen, ob nicht etwas für die Normalisierung der Lebensbedingungen in der Zone geschehen könne.

Ich wolle nur ein Beispiel geben, das mir berichtet worden sei: Eine Frau habe sich an die Behörden in der Zone gewandt mit der Bitte, an das Sterbebett ihrer Mutter jenseits der Grenze reisen zu dürfen. Ihr sei geantwortet worden, die Mutter stürbe auch ohne ihre Anwesenheit. Dies sei nur ein Beispiel für viele. Solche Dinge würden aber in der Bundesrepublik von

Mund zu Mund weitererzählt und verdürben die Stimmung. Darüber hinaus seien derartige Maßnahmen doch völlig sinnlos.

Ich appellierte eindringlich an Smirnow, sich für eine Änderung einzusetzen, und fragte, ob nicht auf diesem Gebiet, das mir besonders am Herzen liege, Abhilfe geschaffen werden könne.

Smirnow erklärte, auch er würde sich gern mit mir über die Entwicklung der politischen Beziehungen zwischen den beiden Ländern unterhalten, auch er wolle nicht die Wirtschaftsbeziehungen behandeln, sondern sich politischen Fragen zuwenden. Als der neuernannte Botschafter der Bundesrepublik, Dr. Hans Kroll, nach Moskau gekommen sei, habe er eine Reihe von Besprechungen im Außenministerium und mit anderen sowjetischen Persönlichkeiten geführt und dabei erklärt, die Bundesregierung wünsche eine Verbesserung der Beziehungen zwischen den beiden Ländern. Dieser Wunsch der Bundesregierung habe in Moskau ein positives Echo gefunden, da auch die sowjetische Regierung eine Verbesserung der Beziehungen erstrebe. Man habe auf sowjetischer Seite geglaubt, daß die in Moskau ausgehandelten und von Mikojan in Bonn unterzeichneten Verträge die Grundlage für eine derartige Verbesserung der Beziehungen sein würden. Die inzwischen verstrichene Zeit habe jedoch klargemacht, daß viele Möglichkeiten, die durch diesen Vertragsabschluß gegeben waren, nicht ausgenutzt worden seien und daß sich die Beziehungen nicht in der gewünschten Richtung und so, wie man es sich vorher gedacht habe und wie es im Kommuniqué zum Abschluß der Verhandlungen zum Ausdruck gekommen sei, entwickelt hätten. In letzter Zeit seien in der Politik der Bundesrepublik sogar Tendenzen erkennbar, die eine Entwicklung in der gewünschten Richtung kaum erhoffen, sondern im Gegenteil Komplikationen befürchten ließen. Er möchte einige Beispiele anführen und hoffe, daß ich ihm dazu Erläuterungen geben könne.

Bei mehreren Begegnungen mit mir hätte er den Wunsch der Sowjetregierung zum Ausdruck gebracht, die Bundesregierung möge doch die auf Entspannung gerichtete Politik der Sowjetregierung in einigen großen politischen Fragen aktiv unterstützen. Solche Fragen seien: die allgemeine Abrüstung, die Einstellung der Kernwaffenversuche, die Einberufung einer Konferenz der Regierungschefs, die Ausrüstung der Bundeswehr mit Atomwaffen und einige andere. Wenn sich die Bundesregierung dazu verstände, die sowjetische Politik in diesen Fragen zu unterstützen, so wäre dies nicht nur ein Beitrag zur Entspannung der internationalen Lage, sondern würde auch – darauf sei von sowjetischer Seite stets hingewiesen worden – zur Lösung der Fragen beitragen, die die Bundesrepublik unmittelbar beträfen. Man habe aber entweder ausweichende oder ablehnende Antworten erhalten,

oder aber die Politik der Bundesregierung habe sich in eine Richtung bewegt, die den dargelegten Zielen der Sowjetunion gerade entgegengesetzt sei.
Ich bat Smirnow, ihn schon an dieser Stelle unterbrechen und ihm auf das bisher Gesagte antworten zu dürfen: Ich könne ihm noch einmal mit Nachdruck versichern, daß gerade die Bundesregierung mit aller Energie für die allgemeine Abrüstung eintrete. Er, Smirnow, kenne natürlich die Gespräche nicht, die die Bundesregierung mit den Regierungen der verbündeten Länder führe. Jedenfalls aber könne ich mit allem Nachdruck erklären, daß sich die Bundesregierung gerade in diesen Gesprächen immer wieder für eine Abrüstung einsetze. Mit der allgemeinen Abrüstung hänge natürlich die Einstellung der Kernwaffenversuche zusammen, und was die Gipfelkonferenz anbetreffe, so sei es gerade die Bundesregierung, die – auch wieder in erster Linie um der Abrüstungsfrage willen – auf eine solche Gipfelkonferenz dränge. Was schließlich die Atomausrüstung der Bundeswehr angehe, so wisse Smirnow doch aus früheren Erklärungen, die ich abgegeben hätte, daß bis zur Ausrüstung der Bundeswehr mit Atomwaffen mindestens noch drei Jahre vergehen würden und daß sie nur dann verwirklicht werden würde, wenn bis dahin in der Abrüstungsfrage keine Fortschritte erzielt seien. Übrigens würde diese Ausrüstung auch nur im Rahmen der NATO erfolgen.
Smirnow bat, in dem Vortrag seiner Gedanken fortfahren zu dürfen, und erklärte, daß diese Gedanken von Tatsachen der deutschen Wirklichkeit ausgingen: Im Zusammenhang mit der atomaren Ausrüstung der Bundeswehr wolle er zwei Äußerungen aus den militärischen Kreisen der Bundesrepublik wiedergeben. General Heusinger, der oberste militärische Führer der Bundeswehr, habe erklärt, die Ausbildung der Bundeswehr müsse sie instand setzen, im Ernstfall in denselben weiten Räumen zu operieren, in denen die Wehrmacht im letzten Weltkrieg operiert habe. Und Verteidigungsminister Strauß habe gesagt, die Bundeswehr müsse die Tradition der Wehrmacht fortsetzen. Die sowjetische Seite sei nunmehr daran interessiert zu erfahren, inwieweit diese Äußerungen meine Meinung widerspiegelten.
Von einer Äußerung, wie Smirnow sie General Heusinger zuschrieb, hatte ich noch nie etwas gehört. Ich konnte mir eine solche Äußerung im Munde General Heusingers auch nicht vorstellen, da ich wußte und dafür einstehen konnte, daß gerade General Heusinger an nichts anderes als an Verteidigung dachte, so wie dies die Bundesregierung insgesamt tat. Dies konnte man ihr nicht verwehren, denn solange kein echter Friede auf der Grundlage der Abrüstung bestand, war die Welt in Gefahr. Ich erklärte dies Smirnow und fuhr fort, was das Wort von der Tradition betreffe, das Smirnow dem Minister Strauß in den Mund legte, so erinnere ich mich an meinen Besuch

in Moskau und den Empfang durch die Ehrenkompanie der sowjetischen Armee, deren Stechschritt und Zackigkeit mir ganz im Sinne einer preußisch-zaristischen Tradition zu liegen geschienen habe. Diese Tradition werde bei der Bundeswehr gerade nicht gepflegt.
Smirnow erwiderte, es gebe bei jedem Volk Traditionen, von denen man sich lossagen müsse. So hätte das sowjetische Volk nach der Revolution zwar einige Traditionen übernommen, sich aber von vielen, die seinen Zielen widersprochen hätten, mit Entschiedenheit getrennt. Im übrigen habe Herr Strauß auch nicht von der Tradition des deutschen Soldatentums überhaupt gesprochen, das einmal, etwa in den ruhmreichen Kämpfen gegen Napoleon, eine sehr progressive Rolle gespielt habe, sondern von der Tradition der Wehrmacht, womit er unmittelbar an die jüngste Vergangenheit angeknüpft habe. Diese Wehrmacht aber sei nirgends in Europa in gutem Andenken. Offensichtlich gehe jedoch die ganze Erziehung in der Bundeswehr in diese Richtung. Das bestätige auch die Wiederaufstellung der Propagandakompanien unseligen Angedenkens als Bestandteil der Truppe. Diese stellten doch wahrlich keine Tradition dar, an die man anknüpfen dürfe, denn sie hätten ausschließlich aus Hetzern und aus Leuten bestanden, die man jetzt in der Bundesrepublik vor Gericht zu stellen beginne. Von einer solchen Tradition müsse man sich mit Entschiedenheit lossagen. Im übrigen habe die sowjetische Presse zu diesen Äußerungen der führenden Militärs der Bundesrepublik bisher noch nicht Stellung genommen, es sei vielmehr die Westpresse gewesen, die daran lebhaften Anstoß genommen habe.
Mit der Tradition sei es so eine Sache, gab ich zurück. Mir sei im Kreml mit großer Ehrerbietung der Betstuhl Iwans des Schrecklichen gezeigt worden. Auf eine vergleichbare Tradition würde wahrscheinlich ein Besucher der Bundesrepublik kaum hingewiesen werden. Was nun die Aufstellung der Propagandakompanie anbetreffe, so sei dies das erste, was ich hörte, ich werde aber Herrn Strauß sofort fragen. Jedenfalls könne ich ihm, Smirnow, versichern, daß es niemand ferner liege als gerade Herrn Strauß, schlechte Tradition fortzusetzen.
Aus alledem sei jedenfalls wieder einmal ersichtlich, wie wichtig es sei, sich von Zeit zu Zeit auszusprechen. Und ich wolle deshalb diesen Anlaß benutzen, um mit allem Nachdruck zu versichern, daß kein Verantwortlicher in der Bundesrepublik auch nur mit einem Gedanken daran denke, an den Geist der jüngsten Vergangenheit anzuknüpfen. Im Gegenteil, es werde jede Möglichkeit genutzt, um für den Frieden und für die Abrüstung zu wirken. Alles, was die Bundesrepublik zu ihrer Bewaffnung tue, geschehe einzig und allein zu ihrer Verteidigung. Dies aber könne ihr niemand übel-

nehmen, solange durch das Fortbestehen der Spannung zwischen der Sowjetunion und den Vereinigten Staaten Gefahr für alle bestehe.

Smirnow bat fortfahren zu dürfen, es bewege ihn noch eine weitere Frage, die er gern zur Sprache gebracht hätte: In letzter Zeit erschienen in der Bundesrepublik sehr viele tendenziöse Veröffentlichungen und Filme, die die sowjetische Wirklichkeit entstellt wiedergäben und geeignet seien, feindselige Gefühle gegenüber der Sowjetunion zu wecken. Um zunächst beim Film zu bleiben, denke er vor allem an drei Filme, die kürzlich in der Bundesrepublik gezeigt worden seien, nämlich: „Der Arzt von Stalingrad", „Taiga" und „Seidene Strümpfe". Auch auf dem Gebiet der literarischen Erzeugnisse erschiene sehr vieles, das der Vergiftung der Atmosphäre diene. Er denke zum Beispiel an ein Buch von einem gewissen Barnick, das aber Herrn Strauß offensichtlich gefallen habe, denn er habe dem Verfasser einen Brief geschrieben, in dem er die Veröffentlichung begrüße. In Wirklichkeit handele es sich bei diesen und ähnlichen Erzeugnissen um Dinge, die höchstens des Goebbelsschen Propagandaministeriums würdig gewesen seien. Mikojan habe bei seinem Besuch sehr nachdrücklich gerade auf diesen Punkt hingewiesen und vorgeschlagen, doch alle derartigen Maßnahmen einzustellen, da sonst eine Verbesserung der Beziehungen nicht möglich sei. Was würde geschehen, wenn die Sowjetunion Gleiches mit Gleichem vergelte? An Material fehle es ihr nicht. Im sowjetischen Volk sei von Krieg und Besatzung her noch so viel aufgespeicherter Haß vorhanden, daß es ein leichtes wäre, ihn mit Hilfe entsprechender Veröffentlichungen wieder aufflammen zu lassen. Wohin aber sollte das führen? Sollten nicht beide Seiten endgültig auf derartiges verzichten und dadurch einer besseren Zukunft den Weg bereiten?

Ich meinte, es sei manchmal sonderbar, heute morgen hätte mir die Post den Brief eines sehr klugen Mannes zugestellt, der darüber besorgt sei, daß in der Bundesrepublik so viele sowjetische Filme liefen, die Propaganda für Sowjetrußland machten. Was den Herrn Barnick anbetreffe, so kenne ich ihn nicht. Aber gerade gestern abend habe mir mein Pressechef von Eckardt eine Zusammenstellung der jüngsten Angriffe der sowjetischen Presse gegen die Bundesregierung gebracht, übrigens ohne daß ich darum gebeten hätte. Ich erlaube mir, sie hiermit ihm, Smirnow, zu überreichen.

Smirnow wollte zu dieser Frage sogleich Stellung nehmen. Ich überzeugte ihn jedoch, daß dies bei späterer Gelegenheit geschehen könne.

Smirnow appellierte an die Fähigkeit des deutschen und des sowjetischen Volkes, gut Freund miteinander zu sein, wie sie das so oft in der Geschichte gewesen seien, wenn wir uns auch zu anderen Zeiten genauso herzhaft geschlagen hätten.

Ich erwiderte, daß ich mir doch wahrhaftig alle Mühe gegeben habe, ein besseres Verhältnis herzustellen. Zunächst sei ich nach Moskau gereist, man habe Botschafter ausgetauscht, aber trotzdem gehe der Krach weiter. Sollte es denn nicht möglich sein, damit endlich aufzuhören? Ich wolle noch einmal mit allem Nachdruck wiederholen, daß die Bundesregierung und der Bundestag wirklich den Frieden wollten. Niemand denke daran, sich in innere Angelegenheiten der Sowjetunion einmischen zu wollen. Dazu komme, daß man in Deutschland der Sowjetunion gegenüber, wie ich das dem Herrn Chruschtschow bereits in Moskau gesagt hätte, ein besonders empfindliches Gewissen habe.

Smirnow übergab mir das Aide-mémoire, in dem die von ihm mir bereits mündlich vorgetragenen Vorwürfe schriftlich zusammengefaßt waren. Ich legte es zur Seite und kam noch einmal auf das menschliche Problem zurück, das durch die Verhältnisse in der Zone geschaffen war. „Ich appelliere an Ihr menschliches Herz und nicht an Ihren politischen Verstand und bitte Sie, doch dazu beizutragen, daß die Verhältnisse in der Zone, durch die die politische Atmosphäre vergiftet wird, normalisiert werden."

Smirnow erklärte dazu, man habe sowjetischerseits die Äußerung von Minister Lemmer zur Kenntnis genommen, daß die Beziehungen der Bundesrepublik zur Sowjetunion davon abhängig seien, ob die „DDR" diese oder jene Politik betreibe. Die sowjetische Seite halte einen solchen Standpunkt für absurd, denn man könne doch nicht die Beziehungen zwischen zwei Staaten von dem Verhalten eines dritten abhängig machen. Mit demselben Recht könnte die Sowjetunion erklären, sie mache ihr Verhältnis zu den Vereinigten Staaten von der Lage in der Bundesrepublik abhängig. Derartige logische Purzelbäume könnten die Dinge nur komplizieren.

Was die Lage in der „DDR" angehe, so befinde sie sich außerhalb seiner Kompetenz, und er könne sie hier nicht erörtern, und zwar nicht nur deshalb, weil es sich um die Angelegenheiten eines dritten Staates handele, sondern auch, weil er angewiesen sei, Dinge, die an ihn auf diesem Gebiet von Persönlichkeiten der Bundesrepublik herangetragen würden, seiner Regierung nicht weiterzumelden. Die Lage in Deutschland sei ein Erbe des Krieges und könne nur von den Deutschen selbst bereinigt werden, und sicherlich seien die Deutschen klug genug, um Mittel und Wege für eine Lösung zu finden.

Ich bat den Botschafter sehr herzlich, diese seine Erklärung, die von dem, was mir Mikojan gesagt habe, erheblich abweiche, noch einmal zu überprüfen. Ich wolle von der Theorie, daß nämlich die „DDR" ein dritter Staat sei, nicht sprechen. In jedem Falle aber stehe dieser „Staat" der Sowjetunion sehr nahe. Die Sowjetunion sei sehr eng mit ihm befreundet;

ich glaubte deshalb, daß ein nachdrücklicher Rat dort sicherlich befolgt werden würde. Wenn er, Smirnow, aber von seiner Regierung angewiesen sei, dieses Thema nicht zu erörtern, so sei das keine gute Politik der sowjetischen Regierung, denn man dürfe niemals vergessen, welche große Rolle das menschliche Moment durch seine emotionalen Rückwirkungen auch in der Politik spiele. Im übrigen trage die Sowjetunion als Besatzungsmacht noch immer die Verantwortung für das Geschehen in diesem Gebiet, und sie leugne dies ja auch nicht. Ich wolle wiederholen: In erster Linie gelte mein Interesse dem menschlichen Moment. Er, Smirnow, möge sich doch einmal vorstellen, es würde sich um Russen handeln, die in solcher Weise unterdrückt würden. Wie würde er dann wohl reagieren?

Die Situation habe sich inzwischen sehr verändert, gab Smirnow zur Antwort. Auf alle Rechte als Besatzungsmacht habe die Sowjetunion schon lange verzichtet. Immerhin seien zehn Jahre ins Land gegangen. Es könne deshalb keine Rede mehr davon sein, der „DDR" gegenüber als Besatzungsmacht aufzutreten. Die Beziehungen der Sowjetunion zur „DDR" beruhten auf derselben Grundlage wie diejenigen zur Bundesrepublik und zu jedem anderen Staat. Eine Einmischung in ihre inneren Angelegenheiten sei nicht möglich. Eines gestehe die sowjetische Seite zu, nämlich ihre Bereitschaft, den beiden deutschen Staaten nach Möglichkeit zu helfen, ihre Beziehungen zu organisieren. Die Initiative aber müsse von den beiden deutschen Staaten und von dem Willen aller Deutschen ausgehen. Der deutsche Wille sei in der russischen Literatur immer als eisern gerühmt worden.

Ich erklärte mit Nachdruck, daß ich hier nicht von den „beiden" deutschen Staaten gesprochen habe, sondern von etwas ganz anderem. Die Sowjetunion habe die Charta der Menschenrechte unterzeichnet. Die Menschenrechte aber würden in der „DDR" mit Füßen getreten. Dem könne man weder in der Bundesrepublik noch überhaupt im Westen ruhig zusehen. Ich bat Smirnow noch einmal, seiner Regierung dies nahezulegen und sie zu fragen, ob hier nicht etwas geschehen könne. Leider müsse ich feststellen, daß sich der sowjetische Standpunkt seit dem Aufenthalt von Mikojan in Bonn offensichtlich entscheidend geändert habe.

3. Vorspiel

Der November 1958 brachte eine Entwicklung, die den Westen in eine Bewährungsprobe zwang. Vorbereitet wurden die sowjetrussischen Aktionen am 27. Oktober durch Erklärungen Ulbrichts, Berlin habe zur russischen Besatzungszone Deutschlands gehört und falle deshalb in den Machtbereich der „DDR". Ulbricht wörtlich: „... Ganz Berlin liegt auf dem Territorium der DDR. Ganz Berlin gehört zum Hoheitsbereich der DDR ..." Chruschtschow stellte sich auf denselben Boden, als er am 10. November 1958 in einer Rede im Moskauer Sportpalast erklärte, Sowjetrußland sei nicht mehr an das Potsdamer Abkommen gebunden, da es von den drei anderen Mächten auch nicht erfüllt sei. Eine Revision des Abkommens sei erforderlich. Der Vier-Mächte-Status von Berlin sei überholt. Chruschtschow kündigte an, die Sowjetregierung werde ihre Berliner Funktionen an die „DDR" übertragen.

Die Behauptungen, Berlin gehöre eigentlich zur sowjetischen Besatzungszone Deutschlands, waren falsch. Die vier Siegermächte, die Vereinigten Staaten von Amerika, Frankreich, Großbritannien und Sowjetrußland, hatten, wie sie gemeinsam am 5. Juni 1945 verkündeten, in Ausübung der Regierungsgewalt über Deutschland, die sie durch ihren vollständigen Sieg erlangt hatten, beschlossen, Deutschland in vier Zonen zum Zwecke der Besetzung aufzuteilen, in eine amerikanische, eine britische, eine französische und eine sowjetische Besatzungszone. Für Berlin wurde eine Sonderregelung beschlossen. Berlin wurde zum Zwecke der Besetzung gleichfalls in vier Zonen aufgeteilt und sollte der gemeinsamen Besatzungsmacht der vier Siegermächte unterstehen.

Die Erklärung Chruschtschows löste verständlicherweise unter der Berliner Bevölkerung eine starke Beunruhigung aus. Am 12. November 1958 nahm die Bundesregierung zu der Äußerung Chruschtschows wie folgt Stellung:

„Die Äußerungen des sowjetischen Ministerpräsidenten Chruschtschow vom 10. November 1958 über den Vier-Mächte-Status Berlins lassen darauf schließen, daß die Sowjetregierung erwägt, sich einseitig von internationalen Abmachungen loszusagen.
Eine solche einseitige Aufsagung völkerrechtlicher Verpflichtungen wäre ein Bruch des geltenden Völkerrechts, der das Vertrauen in den Wert sowjetischer vertraglicher Zusagen ernstlich in Frage stellen müßte.
Die Bundesregierung sieht sich zu der Feststellung veranlaßt, daß ein derartiges Vorgehen das deutsch-sowjetische Verhältnis in Mitleidenschaft ziehen muß. Darüber hinaus würden dadurch die bereits bestehenden weltpolitischen Spannungen in gefährlicher Weise verschärft werden. Die Sowjetunion müßte für eine solche Entwicklung die volle und alleinige Verantwortung tragen.
Die Westmächte haben die Verteidigung Berlins wiederholt zugesichert. Sie haben in Übereinstimmung mit der Bundesregierung immer wieder ihren Willen bekundet, an dem Vier-Mächte-Status von Berlin festzuhalten

und notfalls einer Bedrohung Berlins und der Lebensinteressen dieser Stadt, von welcher Seite sie auch kommen möge, zu begegnen.
Die Bundesregierung, die Berliner Bevölkerung, das gesamte deutsche Volk und die ganze freie Welt vertrauen auf diese Erklärungen der Westmächte und auf den wirksamen Schutz, den ihre Garantien dem deutschen Volke gewähren."

Auch die Westmächte nahmen öffentlich Stellung. So erklärte zum Beispiel ein Sprecher des Weißen Hauses am 13. November 1958:

„Die Rechte der Westmächte, in Berlin zu bleiben und freien Zugang nach Berlin zu haben, rühren nicht aus dem Potsdamer Protokoll vom 1. August 1945 her. Die Westmächte kamen nach Berlin und blieben dort als militärische Besatzung mit dem Recht zur Besetzung, das sich auf ihrem Sieg über Nazi-Deutschland begründet.
Die Besatzungszonen wurden durch das in London am 12. September 1944 von der Europäischen Beratungskommission herausgegebene Kommuniqué festgelegt. Das Vier-Mächte-Besatzungssystem in Berlin wurde durch die Erklärungen der vier Oberkommandierenden vom 5. Juni 1945 in bezug auf die Besatzungszonen und den Kontrollapparat in Deutschland geschaffen sowie durch das Abkommen der Vier-Mächte-Verwaltung Berlins vom 5. Juli 1945.
Das Zugangsrecht der Westmächte leitet sich aus ihrem Besatzungsrecht her und wurde durch zahlreiche Vier-Mächte-Abkommen und Abmachungen bestätigt. Die Rechte der Westmächte wurden im Jahre 1948 von der Sowjetunion bestritten, doch wurde diese Frage nach dem Fehlschlag der Berliner Blockade fallengelassen. Die Rechte der Westmächte wurden nicht nur durch das New Yorker Abkommen vom 4. Mai 1949 und das Pariser Kommuniqué vom 20. Juni 1949 – das den Status quo ante (vor der Blokkade) wiederherstellte – bestätigt, sondern auch durch die seither ständig geübte Praxis."

Am gleichen Tag, da Chruschtschow in der Berlinfrage das internationale Klima anzuheizen versuchte, waren in Genf Verhandlungen zwischen Vertretern der Regierungen Großbritanniens, der Sowjetunion und der USA über ein Abkommen aufgenommen worden, das die Nichtfortsetzung der Kernwaffenversuche zum Ziele hatte. Diese Verhandlungen schienen gut zu verlaufen, jedenfalls äußerte sich Außenminister Dulles am 19. November sehr positiv über ihre Erfolgsaussichten. Die sowjetische Haltung in Genf und die jüngsten Äußerungen Chruschtschows hinsichtlich Berlins paßten nicht recht zueinander.

Erläuterungen durch Smirnow

Am 20. November 1958 suchte mich Smirnow auf. Er habe mir einige Erläuterungen zu der Berlin-Erklärung Chruschtschows zu geben, sagte er einleitend. Offenbar waren seine Erläuterungen gewichtig, denn Smirnow verließ sich nicht auf eine Improvisation, er hatte sie schriftlich vorbereitet. Er zog ein Papier hervor und begann zu lesen: „Es wäre nicht richtig, die Erklärungen des Vorsitzenden des Ministerrates der UdSSR, Chruschtschow, in bezug auf Berlin und auf die Schritte, die die sowjetische Regierung mit dem Ziel der Beseitigung des Besatzungstatuts von Berlin zu verwirklichen beabsichtigt, als ein Merkmal für Bestrebungen der sowjetischen Regierung auszulegen, die Beziehungen zur Bundesrepublik zu verschlechtern. Wenn die sowjetische Regierung diesen Schritt unternimmt, so geht sie im Gegenteil von dem Bestreben aus, günstige Bedingungen auch für die Entwicklung der Beziehungen zwischen der Sowjetunion und der Bundesrepublik Deutschland zu schaffen, denn die Beseitigung des Besatzungstatuts würde zugleich die Beseitigung des künstlichen Spannungsherdes in Deutschland bedeuten. Die Regierung der UdSSR bereitet jetzt ein entsprechendes Dokument vor, das auch an die Regierung der Bundesrepublik Deutschland gerichtet werden wird. Ich bin aber angewiesen, Sie jetzt schon darüber zu informieren und bestimmte Erwägungen zum Ausdruck zu bringen. Die sowjetische Regierung äußert die Hoffnung, daß die Regierung der Bundesrepublik Deutschland und der Herr Bundeskanzler persönlich mit allem Ernst zu dem Schritt Stellung nehmen wird, der von der sowjetischen Regierung im Interesse der Verbesserung der Lage in Deutschland und Europa unternommen wird. In Moskau ist man der Meinung, daß die Regierung der Bundesrepublik Deutschland die Lage nüchtern beurteilen und davon ausgehen wird, daß der von der sowjetischen Regierung geplante Schritt, der auf die Beseitigung des Besatzungstatuts von Berlin gerichtet ist, auch verwirklicht wird und daß entsprechende praktische Maßnahmen zu diesem Zweck durchgeführt werden. Die ganze Frage der Liquidierung der Folgen des Besatzungsregimes in Deutschland in Gestalt des Besatzungstatuts von Berlin ist keine Frage, die die Zustimmung mehrerer Mächte erfordert. Das ist eine Frage, die von der Sowjetunion einseitig im Einvernehmen mit der Deutschen Demokratischen Republik geregelt werden kann und wird, die als souveräner Staat entsprechende Funktionen übernehmen wird. Die Westmächte – die USA, England und Frankreich – haben schon längst jegliche juristische Grundlage verloren, die Lage auszunutzen, die in Berlin künstlich durch den Fortbestand des Besatzungsregimes aufrechterhalten wird. Sie haben diese Grundlage verloren, weil sie das Potsdamer Abkommen grob verletzt haben und es nicht erfüllen. Mehr noch, sie handeln in einer Richtung, die der im Potsdamer Abkommen vorgesehenen direkt zuwiderläuft. Wenn die Regierung der Bundesrepublik im Zusammenhang mit dieser Erklärung den Wunsch haben sollte, die Regierung der DDR über diese oder jene ihrer Erwägungen in Kenntnis zu setzen, so kann sie die Dienste der sowjetischen Seite in Anspruch nehmen."

Ich nahm die Information zur Kenntnis und erklärte Smirnow, ich wolle zunächst einmal die Übergabe des erwähnten Dokumentes abwarten, alle Einzelheiten prüfen und dann erst Stellung nehmen. Ganz allgemein könne ich aber bereits jetzt sagen, daß durch diese seitens der Sowjetunion geplante Maßnahme eine unerhörte Verschärfung der Situation zwischen der UdSSR und den drei Westmächten eintreten werde, was ich im Interesse des Friedens wahrhaftig bedauere.

Ich hoffte jedoch auch jetzt noch, daß man bei den gegenwärtigen Genfer Besprechungen über technische Vereinbarungen hinaus auch zu politischen Absprachen kommen werde. Wenn irgend möglich, sollte Herr Chruschtschow doch bitte alles unterlassen, was die Spannung in der Welt erhöhen könnte. Oberstes Ziel jeglicher Politik müsse es doch sein, eine Entspannung anzustreben. Demgegenüber müsse alles andere zurücktreten.

Smirnow erwiderte, die Entspannung der Weltlage sei auch oberstes Anliegen der sowjetischen Regierung. Der jetzt geplante Schritt diene gerade diesem Ziel. Er hoffe sehr, die Westmächte würden die geplanten sowjetischen Maßnahmen nüchtern beurteilen und daraus keine Zuspitzung der politischen Lage entstehen lassen. Ferner hoffe er, daß auch die Bundesregierung das Ihre dazu beitragen werde, um eine Verschlechterung der politischen Lage und auch speziell des deutsch-sowjetischen Verhältnisses zu vermeiden.

„Die Sowjetregierung muß sich darüber im klaren sein, daß die von ihr geplanten Schritte eine ausgesprochen harte Reaktion seitens der deutschen Bevölkerung auslösen werden! Darüber darf kein Zweifel bestehen!" versuchte ich Smirnow von diesem möglichen Irrtum zu befreien. Entsprechende Nachrichten aus Berlin wiesen doch bereits darauf hin.

„Ich kann es einfach nicht verstehen, und es ist mir rätselhaft, warum sich die Sowjetunion gerade jetzt zu einem derartigen Schritt hat entschließen können! Gerade jetzt, wo sich doch, wie auch Dulles gerade gestern bemerkt hat, bei den Genfer Verhandlungen eine gewisse Annäherung der Standpunkte andeutet."

Smirnow blieb unbewegt. Die Sowjetunion sei der Ansicht, erklärte er, daß die Liquidierung der Reste des Besatzungsregimes in Deutschland von der deutschen Bevölkerung sicherlich positiv aufgenommen werden würde. Denn

gerade das Besatzungsregime vergifte doch die Situation. Je eher es beseitigt werde, so sagte er, um so besser für das deutsche Volk.
„Jetzt lassen Sie doch einmal die diplomatischen Redewendungen beiseite und lassen Sie uns realistisch sprechen!" – ich war empört über das Nichtverstehenwollen Smirnows – „Es steht außerhalb jeden Zweifels, daß die Reaktion des deutschen Volkes auf die geplanten sowjetischen Maßnahmen äußerst bitter sein wird! Die Mehrzahl der Deutschen betrachtet das in der Sowjetzone vorhandene Regime als ein Regime, das mit der Charta der Menschenrechte nicht in Einklang zu bringen ist." In der Sowjetunion und ebenfalls in anderen Ländern habe sich die Reformierung der Lebensformen aus den inneren Verhältnissen heraus entwickelt. Zu dieser Entwicklung sei es gekommen, weil die Verhältnisse für die Masse der Bevölkerung dieser Länder nicht mehr tragbar gewesen wären. Die in der Sowjetunion seit 1917/18 erfolgte Entwicklung sei ein historischer Entwicklungsprozeß. „Anders ist die Lage in der Sowjetzone", fuhr ich fort. „Hier ist keine historische Entwicklung vor sich gegangen. Die Bevölkerung der Zone lehnt das gegenwärtige Regime ab und empfindet es als Tyrannei. Zwischen der Entwicklung, die zur gegenwärtigen Regierungsform in der Sowjetunion und der, die zum DDR-Regime geführt hat, bestehen fundamentale Unterschiede. Die ostdeutsche Bevölkerung lehnt das Ulbricht-Regime fast durchweg ab und betrachtet es, ich kann das nicht scharf genug unterstreichen, als Tyrannei!" In den noch geltenden Rechten und Pflichten der Besatzungsmächte sehe die Bevölkerung der „DDR" und Berlins noch einen gewissen Schutz und habe hierdurch die Hoffnung auf eine Verbesserung ihrer Lage. Die Aufhebung dieser Rechte und Pflichten würde daher von der Bevölkerung als außerordentlich bitter empfunden werden. Hätte dieser von der UdSSR geplante Schritt allerdings zur Folge, daß die Menschen in der „DDR" ihr Leben frei gestalten könnten, so wäre dies allerdings eine große Tat seitens der Sowjetunion.
Die Sowjetunion möge die Einstellung der Bundesrepublik zu dieser Frage richtig verstehen. Was ich vor allen Dingen bedaure, sei die sicherlich unvermeidliche Verschärfung der Weltlage, die durch den beabsichtigten sowjetischen Schritt eintreten werde. Die Sowjetregierung müsse die Situation realistisch sehen: Durch die angekündigten Maßnahmen würde eine sehr ernste Situation entstehen. Ich hätte die beiden letzten Weltkriege miterlebt und wisse daher, was Krieg bedeute. Meine gesamte politische Arbeit sei auf den Frieden ausgerichtet. Die Beschuldigungen der Sowjetpresse, wonach mir Machtstreben vorgeworfen werde, entbehrten jeglicher Grundlage. Ich wolle noch einen Gedanken äußern und ein vielleicht etwas gewagtes Wort sagen, was jedoch wohl nicht ihn, Smirnow, betreffe. Ich hätte den

Eindruck gewonnen, daß die Sowjetregierung und vor allem Chruschtschow und andere führende Politiker der UdSSR von ihren Botschaftern im Ausland zuweilen unvollkommen und manchmal wohl auch unzutreffend über die Verhältnisse in den Staaten, in denen die betreffenden Botschafter Dienst täten, unterrichtet würden. Bei ihm, Smirnow, sei dies gewiß etwas anderes. Er habe, soweit ich beurteilen könne, durch seine geschickte Art verstanden, sich überall Zugang zu verschaffen. Er müsse daher in der Lage sein, sich ein zutreffendes Bild zu machen. Er könne sich gewiß ein klares Urteil über die Verhältnisse in Westdeutschland und über die geistige Haltung der Bevölkerung bilden. Es scheine mir jedoch, daß die der sowjetischen Regierung vorliegende Berichterstattung aus manchen Ländern oftmals nicht gut fundiert sei. Somit seien die führenden Sowjetpolitiker bei ihrer Urteilsbildung nicht zuletzt auf gelegentliche Unterredungen mit ausländischen Staatsmännern in Moskau angewiesen. Dabei könne man aber nicht immer davon ausgehen, daß diese Unterredungen mit derselben Offenheit geführt würden wie zum Beispiel die sowjetisch-deutschen Gespräche im Jahre 1955 in Moskau. Den jetzt geplanten sowjetischen Schritt könne ich gerade im Hinblick auf die sich andeutenden Fortschritte in der Abrüstungsfrage, die sich in Genf abzeichneten, einfach nicht verstehen.

Smirnow ging auf diese Bemerkung nicht sofort ein. Er wolle mich daran erinnern, erklärte er zunächst, daß er die Entwicklung in der „DDR" als eine Fortsetzung der bürgerlichen Revolutionen von 1848 und 1918 betrachte. Wenn man sich die Verfassung der „DDR" vor Augen halte, so müsse man feststellen, daß die „DDR"-Regierung bestrebt sei, eine demokratische Umgestaltung Deutschlands vorzunehmen und nicht wieder zuzulassen, daß sich Deutschland auf einen Weg begebe, der zum Krieg führen müsse. Hätten sich die den Revolutionen von 1848 und 1918 zugrunde liegenden Ideen verwirklichen lassen, so wäre es wahrscheinlich möglich gewesen, die beiden letzten Weltkriege zu vermeiden.

Ich warf ein, daß es ihm, Smirnow, doch gewiß bekannt sei, daß seinerzeit die Sowjetunion der Reichswehr gestattet habe, deutsche Truppeneinheiten in der Sowjetunion gerade an den Waffen auszubilden, die für Deutschland damals verboten waren.

Smirnow wies diese Feststellung als unrichtig zurück. Gewiß hätten Beziehungen auch auf militärischem Gebiet zwischen der Weimarer Republik und der Sowjetunion bestanden. Diese Kontakte hätten jedoch das Endziel gehabt, militärische Zusammenstöße zwischen den beiden Ländern zu vermeiden. Leider sei diese Tendenz bei der heutigen Bundeswehr zu vermissen, wie man den Äußerungen des Verteidigungsministers Strauß entnehmen müsse.

„Es ist mir einfach unerklärlich, weshalb Stalin Hitler in den Jahren vor dem Kriege unterstützt hat...", meinte ich fragend. „Für viele Deutsche ist dies damals eine große Enttäuschung gewesen."
Smirnow entgegnete, er besinne sich noch sehr genau auf die politische Situation, die dem Abkommen von München vorausgegangen sei. Die Sowjetunion hätte in den dreißiger Jahren stets versucht, dem Machtstreben Hitlers einen Riegel vorzuschieben. Nicht so die Westmächte, die Hitler 1938 in München durch ihre Nachgiebigkeit ermutigt hätten, obwohl Hitlers Stellung damals sehr schwach gewesen sei. Schließlich sei der Sowjetunion, um einen Krieg mit Deutschland noch im letzten Augenblick abzuwenden, nichts anderes übriggeblieben, als einen Nichtangriffspakt mit Hitler abzuschließen. Dieses Abkommen sei im Grunde genommen eine traurige Notwendigkeit gewesen. Es stehe ebenfalls außer Zweifel, daß die Westmächte nach München alles getan hätten, um die Beziehungen zwischen Deutschland und der Sowjetunion zu vergiften. In diesem Zusammenhang wolle er auch eine Äußerung Trumans erwähnen, der gesagt habe, je mehr Deutsche und Russen einander umbringen würden, desto besser.
Zur Frage, ob die sowjetische Regierung von ihren Botschaftern stets richtig und vollständig unterrichtet werde, führte Smirnow aus, daß die sowjetische Regierung nicht nur auf die Botschafterberichte angewiesen sei, um die politische Haltung gewisser Staaten beurteilen zu können. Tatsache sei zum Beispiel, daß die UdSSR von einem Netz von Militärstützpunkten umgeben sei und daß die USA leider jegliche Abrüstungs- und Entspannungsvorschläge der Sowjetunion ablehnten. Ferner habe Dulles geäußert, Berlin und die Bundesrepublik seien als Basis für einen eventuellen militärischen Zusammenstoß zwischen Ost und West zu betrachten. Die Sowjetunion müsse aus all diesen Äußerungen und Schritten westlicher Regierungen entnehmen, daß der Westen nach wie vor an der Politik der Stärke festhalte.
Ich erklärte, eine Bemerkung von Dulles wie die eben zitierte hielte ich für völlig ausgeschlossen. Und was seine, Smirnows, Äußerung über die Politik der Stärke angehe, so sei dies doch nur eine abgedroschene Phrase.
Botschafter Smirnow faßte noch einmal zusammen, er nehme Kenntnis, daß ich seine Ausführungen über die bevorstehenden Schritte der sowjetischen Regierung studieren werde. Er hoffe, daß die Bundesregierung ihre Bemühungen darauf richten werde, daß es durch die geplanten Maßnahmen nicht zu einer Verschlechterung der Beziehungen zwischen der Sowjetunion und der Bundesrepublik kommen möge. In der Beseitigung der Reste des Besatzungsregimes und in dem Abschluß eines Friedensvertrages mit

Deutschland sehe er einen Weg zur Verbesserung der Beziehungen zwischen den beiden Ländern. Er hoffe, daß ich meinen politischen Einfluß bei den Westmächten geltend machen werde, um eine allgemeine Entspannung und Festigung des Friedens herbeizuführen. Man müsse die vorgesehenen sowjetischen Maßnahmen im gesamtdeutschen Rahmen betrachten, dann könne man sie nur positiv werten.

Die Bundesrepublik beurteile die von der Sowjetunion vorbereiteten Schritte nicht nur im gesamtdeutschen, sondern im weltpolitischen Rahmen, entgegnete ich. Mich erfüllten die möglichen Auswirkungen dieser Schritte mit großer Sorge. Die Aufhebung des Besatzungsstatuts für Berlin, worüber die Westmächte nach seinen Ausführungen durch Noten unterrichtet würden, würde eine Aktion sein, die sicherlich die drei Westmächte sehr ernsthaft beschäftigen werde. Ich bedaure jedenfalls außerordentlich, daß durch die vorgesehenen sowjetischen Maßnahmen leider eine Verschlechterung der Weltlage eintreten werde. Es sei bedauerlich, daß in wichtigen politischen Fragen der gesunde Menschenverstand nicht stärker zutage trete.

4. Chruschtschows Berlin-Ultimatum vom 27. November 1958

Der nächste Schlag Chruschtschows erfolgte am 27. November 1958. An diesem Tage wurde vom Kreml den Regierungen der Vereinigten Staaten von Amerika, Frankreichs und Großbritanniens durch Noten mitgeteilt, daß die sowjetische Regierung den Vier-Mächte-Status von Berlin aufkündige. Es wurde gefordert, daß innerhalb von sechs Monaten ein neuer Status für Berlin vereinbart werde, und zwar der einer freien, entmilitarisierten Stadt. Chruschtschow ließ wissen, falls nach Ablauf einer sechsmonatigen Frist keine Einigung mit den Westmächten hierüber gefunden sei, werde er mit der „DDR" ein Separatabkommen schließen, in dem die UdSSR ihre Rechte der „DDR" übertrage. Auch die Bundesregierung erhielt eine Note des gleichen Inhalts.

Die Ankündigung Chruschtschows führte in der Weltöffentlichkeit einen Barometersturz herbei, wie man ihn zuvor selten erlebt hatte. Zweifellos hatte es Chruschtschow wieder einmal verstanden, kurz vor einem für ihn wichtigen Parteitag – am 27. Januar 1959 sollte in Moskau der 21. Parteitag der KPdSU beginnen – die Aufmerksamkeit der ganzen Welt auf sich zu lenken. Dies galt zumindest für die Zeitungen aller Länder. Chruschtschow machte Schlagzeilen. Und Chruschtschow stand da, als wenn von

ihm, seinem Stirnrunzeln und seinen Gedanken nun das Schicksal der ganzen Welt abhinge.
Ich hielt es für gefährlich, sich sofort mit einer Art Siedehitze über die von ihm aufgeworfenen Fragen herzustürzen und Kombinationen in der Öffentlichkeit auszusprechen, die sich hinterher als verfrüht erwiesen. Es galt, die Ruhe zu bewahren und nicht zu voreilig mit öffentlichen Äußerungen zu sein.
Im September 1955 hatte ich Chruschtschow persönlich kennengelernt. Ich habe im vorhergehenden Band meiner „Erinnerungen" über meine Begegnungen mit ihm berichtet. Ich hielt Chruschtschow für einen klugen Mann, aber auch für einen großen Schauspieler und Theaterregisseur. Das letztere konnte er glänzend. Ich hielt es nicht für ausgeschlossen, daß seine Berlin-Aktion im Zusammenhang mit der Vorbereitung des 21. Parteikongresses der KPdSU stand und Chruschtschow im Hinblick hierauf das ganze Spektakel inszeniert hatte. Wenn der Kongreß vorüber war, konnte man vielleicht weiter sehen. Interessant fand ich jedenfalls folgendes: Als unserem Botschafter Dr. Hans Kroll die für uns bestimmte Note durch Außenminister Gromyko in Moskau übergeben wurde, bat Kroll um Erläuterung, wie dieser oder jener Passus zu verstehen sei. Gromyko habe, so berichtete Kroll, eine ausweichende Antwort gegeben. Ich legte dieses ausweichende Verhalten Gromykos so aus, daß auf jeden Fall eine Möglichkeit für klärende Verhandlungen bestand und es durchaus möglich war, daß Chruschtschow in seinen Forderungen zurückging. Für falsch hielt ich es jedoch, vor dem Parteitag der KPdSU viel zu unternehmen. Zu Verhandlungen würde es zweifellos kommen. Was dabei endgültig das Ergebnis sein würde, konnte keiner prophezeien. Die Sicherung Berlins mußte auf jeden Fall garantiert werden. Ich glaubte nicht, daß die Russen einen Krieg wollten, und die Amerikaner wollten auch keinen Krieg. Um den Frieden zu wahren, war es aber wichtig, daß der Westen stark und einig blieb.
Ich hatte mich in den vergangenen Jahren viel beschäftigt mit dem Studium Sowjetrußlands, Rußlands überhaupt, mit den russischen Tendenzen durch Jahrzehnte hindurch. Ich kam zu dem Ergebnis, daß im großen und ganzen das, was wir jetzt in Sowjetrußland erlebten, eine Fortsetzung der Diktatur war, wie sie früher unter den Zaren bestanden hatte, eine Diktatur allerdings verstärkt in ihrer Auswirkung durch den Atheismus. Den Atheismus hatten die Russen von Karl Marx übernommen. Nach meiner Meinung war er das Wirksamste, was sie von ihm übernommen hatten.
Wie ich bereits sagte, glaubte ich nicht, daß Chruschtschow einen Krieg wollte. Er konnte keinen Krieg gebrauchen. Er, Chruschtschow, brauchte, wenigstens für eine gewisse Zeit, eine friedliche Entwicklung für Rußland

selbst. Chruschtschow war nicht unumstritten in Sowjetrußland, wie ich von verschiedenen Seiten erfuhr. Die von unserer Warte aus betrachtet wichtigsten Gedanken, die ihn, Chruschtschow, leiteten, hatte er mir in Moskau bei unseren Gesprächen dargelegt: Es war die Sorge vor der Entwicklung in Rotchina. Aus meinen Unterredungen mit Chruschtschow hatte ich den sehr starken Eindruck gewonnen, daß die Russen selbst einmal froh sein würden, wenn sie im Westen nichts mehr zu befürchten hätten, um sich gegen Rotchina halten zu können. Chruschtschow war ein kluger Mann, und weil er das war, wußte er, daß die Frage Rotchina in zehn oder vielleicht auch erst in zwanzig Jahren für Sowjetrußland eine ungeheure Gefahr bedeuten würde.

Darüber hinaus war ich überzeugt, daß Chruschtschow den Lebensstandard seines Volkes heben wollte, da er sich sonst auf die Dauer nicht behaupten konnte. Chruschtschow hatte am 12. November 1958 einen Sieben-Jahresplan angekündigt, der eine erhebliche Steigerung des Lebensstandards der russischen Bevölkerung vorsah. Nach meiner Überzeugung war es ihm sehr ernst mit diesem Sieben-Jahresplan, wenn auch nach westlichen Begriffen die von ihm gesteckten Ziele etwas hoch gegriffen waren. Chruschtschow wollte zweifellos etwas Großes, Sichtbares für die russische Bevölkerung leisten. Ich wünschte den Russen viel Erfolg für ihren Sieben-Jahresplan. Je besser es den Menschen geht, desto ruhiger werden sie, und wenn es den Russen gut ginge, würden sie keinen Krieg anfangen. Wenn es ihnen jedoch schlecht ginge, wären sie viel gefährlicher. Wir mußten die Entwicklung in Sowjetrußland beobachten, abwarten und nicht behindern. Was unsere eigene Politik betraf, so galt es, fest unsere Grundsätze und Rechte zu verteidigen.

Trotz allem blieb natürlich die Gefahr, daß eine Diktatur, ein diktatorisches Regime, aus irgendeinem innenpolitischen Grund heraus doch zu einer kriegerischen Handlung nach außen sich entschließt.

Ich bin der Auffassung, daß die Mentalität der Russen nur verstanden werden kann von Menschen, die lange unter ihnen gelebt haben, oder aber von Menschen, die, wie wir, unter einer Diktatur leben mußten. Ich habe während der Zeit des Nationalsozialismus wahrnehmen müssen, daß eine Diktatur, wenn sie mit Härte ausgeführt wird, den menschlichen Charakter völlig verändert, und zwar auch bei Menschen, bei denen man es nicht für möglich gehalten hätte. Ich habe gelernt, daß man bei Verhandlungen mit atheistischen Diktatoren nicht davon ausgehen darf, daß der Gesprächspartner moralische Maßstäbe anlegt, wie wir sie haben. Er kennt nur das eine: die Macht. Er kann sich nicht vorstellen, daß, wenn ein anderer Staat die Macht hätte, zum Beispiel Rußland anzugreifen und zu erledigen, er das nicht tun würde. Daraus muß man das Mißtrauen und die Furcht Sowjetrußlands gegenüber den Vereinigten Staaten verstehen. Jede Diktatur spricht ihre eigene Sprache, hat ihre eigenen moralischen Begriffe, eine atheistische Diktatur hat ihre besonderen, von den allgemeinen Normen abweichenden Begriffe. Trotzdem glaubte ich nicht, daß Chruschtschow einen Krieg führen wollte oder würde. Allerdings, die Gewißheit, daß er es nicht tun würde, hatten wir nur darin, daß der Westen stark und einig war. Unsere Politik mußte darin bestehen, daß wir unseren Standpunkt in wichtigen politischen Fragen sehr klar und sehr entschieden vertraten.

Die an uns gerichtete Note war sehr lang. Sie umfaßte zusammen mit einer Begleitnote insgesamt vierundvierzig Schreibmaschinenseiten. Sie enthielt zur Einleitung einen seitenlangen historischen Rückblick. In dem historischen Rückblick wurden natürlich die Deutschen als die Friedensstörer in der gesamten Welt bezeichnet. Übrigens fand ich bei einer Durchsicht nicht, daß in dem Rückblick der Pakt erwähnt war, den Stalin und Hitler über die Teilung Polens miteinander abgeschlossen hatten.

Diese Note war ernst zu nehmen, weil sie Berlin die gesicherten Verbindungswege nach dem Westen nehmen wollte und weil sie den Abzug der Truppen der Westmächte verlangte, die zum Schutze Berlins da waren. Wenn das geschehen würde, wenn die Verbindungswege zum Westen abgeschnitten würden, wenn, wie es in der Note verlangt wurde, die Sowjetzone und Sowjetrußland die wirtschaftliche Versorgung Berlins oder die Versorgung der Berliner Wirtschaft übernähmen, würde es in Westberlin sehr bald so aussehen, wie es im Ostsektor von Berlin leider aussah. Es bestand gar kein Zweifel, daß die Folge davon wäre, daß auch Westberlin und seine über zwei Millionen Einwohner ihre Freiheit verloren.

Wie kam Sowjetrußland dazu, so etwas in diesem Augenblick zu verlangen? In einem Artikel der offiziösen „Prawda" vom 5. Dezember hieß es, ich strebte an, die Möglichkeiten einer freundschaftlichen Verbindung zwischen der Sowjetunion und Frankreich zu vereiteln. Mein gutes Einvernehmen mit de Gaulle war gewiß ein wunder Punkt für Chruschtschow. In seinem am 22. September 1958 von der „Prawda" wiedergegebenen Interview kam dies sehr deutlich zum Ausdruck. Hinzu kam etwas Weiteres: Am 23. November 1958 hatte der erste Wahlgang der Parlamentswahlen in Frankreich für die Kommunisten eine große Niederlage gebracht. Schon nach diesem ersten Wahlgang zeichnete sich ein unerhörter Rückgang der kommunistischen Stimmen ab. Der zweite Wahlgang am 30. November 1958 brachte dann als Ergebnis, daß die Zahl der Sitze für die Kommunisten von 145 bei den vorangegangenen Wahlen im Jahre 1956 auf 10 Sitze zurückfiel. Es würde für Chruschtschow nicht angenehm sein, wenn ihm auf dem 21. Parteitag der KPdSU am 27. Januar 1959 dies vorgehalten würde. Der Wahlausgang in Frankreich mußte sehr peinlich für Chruschtschow sein und war gewiß kein Erfolg der Kommunisten in Europa.

Aber trotzdem, die Note vom 27. November hätte Chruschtschow nicht schreiben dürfen. Sie war gegen alles Recht. In der Note selbst wurden die verschiedenen Absprachen und Vereinbarungen mit den drei anderen Mächten aufgezählt, von denen er sich lossagte. Nur ein Abkommen vergaß er zu erwähnen, und zwar das Abkommen vom 4. Mai 1949, mit dem die Blockade Berlins beendet wurde. In einer weiteren Übereinkunft der Vier Mächte vom 20. Juni 1949 hatte es noch ausdrücklich geheißen:

„... Die Regierungen Frankreichs, der Sowjetunion, Großbritanniens und der Vereinigten Staaten sind sich darüber einig, daß das New Yorker Abkommen vom 4. Mai 1949 aufrechterhalten werden soll. Zur weiteren Förderung der obenerwähnten Ziele und zur Verbesserung und Ergänzung dieses und anderer Abkommen sowie der Vereinbarung hinsichtlich des Güter- und Personenverkehrs und der Verbindungen zwischen der Ostzone und den Westzonen und zwischen den verschiedenen Zonen und Berlin, ferner in bezug auf den Transitverkehr werden sich die Besatzungsbehörden, jede in ihrer Zone, dazu verpflichten, die erforderlichen Maßnahmen zur Sicherung der normalen Funktion und Verwendung des Bahn-, Wasser- und Straßenverkehrs für den Personen- und Güterverkehr sowie der Post-, Telephon- und Telegraphen-Verbindungen zu ergreifen..."

Ich fand es nicht klug, wenn man ernst genommen werden wollte bei Vertragsverhandlungen, und das wollte doch Sowjetrußland, daß man dann hinging und in so eklatanter und rücksichtsloser Weise einfach annullierte, was man vorher feierlich vereinbart hatte.

Die Ära Stalins war nicht vorbei; es schien so. Jedenfalls war dies eine Fortsetzung der Vertragsbrüche, die unter Stalin erfolgten. Seit 1925 hatte die Sowjetregierung von elf Nichtangriffspakten zehn gebrochen, davon vier nach 1945; nach 1946 hat sie von sechs Friedensverträgen, die sie abgeschlossen hat, drei gebrochen. Und jetzt fuhr man in der gleichen Art fort. Das hielt ich für unklug, das sollte man nicht tun, wenn man wirklich als ein zuverlässiger Partner bewertet werden wollte.

Dieser Griff nach Berlin schloß mehr in sich, als es auf den ersten Blick schien. Er war ein Test, ob der Westen einig und geschlossen und ob er entschlossen war, jeden Bruch eines Vertrages abzuwehren. Und noch mehr stand auf dem Spiele: Es war ein Versuch, die Bundesrepublik aus dem Bündnissystem des Westens zu lösen. Um den gleichen Versuch handelte es sich, wenn die Sowjetregierung ununterbrochen gegen die Bundesrepublik hetzte und uns als Aggressoren bezeichnete. Man beschimpfte uns in der übelsten Weise, weil wir aufrüsteten, weil wir eines Tages nukleare Waffen haben würden und so weiter. Aber auch in dieser Frage war Chruschtschow etwas passiert, was er besser vermieden hätte. Am 9. Oktober 1958 gab Chruschtschow dem bekannten amerikanischen Journalisten Walter Lippmann ein Interview, in dem er die Vereinigten Staaten auf die Gefahren der Wiederbewaffnung Deutschlands hinwies, die darin bestünden, daß ein wiederbewaffnetes Deutschland im Falle der Entfesselung eines neuen Krieges mit dem Osten gegen den Westen sich wenden könnte. Er erklärte, und Lippmann bezeichnete dies als eine Pointe des Interviews, daß niemals ein Zusammengehen, eine Vereinigung zwischen Deutschland und Rußland näher gewesen sei als jetzt, und zwar deswegen, weil die Deutschen wüßten, daß ein Angriff Deutschlands gegen Sowjetrußland Selbstmord bedeute. Mit diesen Bemerkungen Lippmann gegenüber führte Chruschtschow seine eigenen Behauptungen über die angebliche deutsche Gefahr für Sowjetrußland ad absurdum.

Es war lächerlich, direkt lächerlich, anzunehmen, daß wir einen Angriff gegen das hoch aufgerüstete mächtige Sowjetrußland beabsichtigen. Warum dann das Geschrei, warum diese ganze Geschichte? Wenn Chruschtschow Lippmann sagte, ein Zusammengehen zwischen Deutschland und Rußland sei niemals näher gewesen als jetzt, dann sagte er das aus demselben Grunde, aus dem er Frankreich ständig vor uns warnte und gegen mich loszog, weil ich verhindere, daß Frankreich und Rußland zusammengingen: Er wollte uns herausziehen aus der Front der freien Völker, weil er genau wußte, wenn die Bundesrepublik aus der NATO austrat, daß dann die NATO erledigt sei, daß dann die amerikanischen Truppen nichts mehr in Europa fesseln würde und daß dann ganz Westeuropa in verhältnismäßig kurzer Zeit eine Beute der Sowjets sein würde. Das war das wahre Ziel dieser Note, die wahrscheinlich nur ein Anfang sein würde von einer Reihe weiterer Aktionen.

Die Verpflichtungen der drei Westmächte bezüglich Berlins waren eindeutig und klar, und ich glaubte, nach den Erklärungen der drei Regierungen und nach der Stellungnahme der öffentlichen Meinung dieser Länder, von wenigen Ausnahmen abgesehen, konnten wir uns darauf verlassen, daß unsere drei Bundesgenossen zu dem stehen würden, was sie feierlich erklärt hatten.

Eine erste Antwort auf Chruschtschows Ultimatum wurde auf der NATO-Ratstagung in Paris gegeben. Die drei Westmächte, die erneut ihre Garantie für Berlin bekräftigten, die übrigen NATO-Mächte, die sich dieser Garantie anschlossen, und die Bundesrepublik als Hauptbetroffene waren sich völlig darin einig, daß der ultimative Charakter der Androhung Chruschtschows zunächst beseitigt werden mußte. Wenn diese Voraussetzung gegeben war, dann konnten Verhandlungen über die ganze Problematik der Deutschlandfrage und der europäischen Sicherheit eingeleitet werden, und darin war die Berlinfrage eingeschlossen. Wenn solche umfassenden Verhandlungen aber Aussicht auf Erfolg haben sollten, mußte sichergestellt sein, daß die Sowjets völkerrechtliche Verträge auch einhielten. Chruschtschow hatte immer wieder versichert, für die Regelung internationaler Streitfragen sei die Schaffung einer Atmosphäre des Vertrauens nötig. Das sowjetische Berlin-Ultimatum war jedoch nicht dazu geeignet, ein solches Vertrauen in die Worte der Sowjetregierung hervorzurufen.

Am 10. Januar 1959 weitete die Sowjetregierung ihre Aktion aus, indem sie den Regierungen der Vereinigten Staaten von Amerika, Frankreichs und Großbritanniens sowie allen Staaten, die im Zweiten Weltkrieg gegen Deutschland gekämpft hatten, durch Noten den Entwurf eines Friedensvertrages mit Deutschland übermittelte. Auch der Bundesregierung wurden eine umfangreiche Note und der Wortlaut dieses Friedensvertragsentwurfs zugeleitet.

Zu dem Inhalt dieses Friedensvertragsentwurfs war folgendes zu sagen, wobei ich von einer Reihe sehr peinlicher Bedingungen absehe: Nach dem Entwurf sollte es nicht nur bei der jetzigen Zweiteilung Deutschlands bleiben. Es sollte nunmehr Berlin ein dritter Teil Deutschlands werden. Die Bündnisverträge Deutschlands mit den freien Ländern des Westens sollten aufgelöst werden. Wir sollten neutralisiert und kontrolliert werden, und zwar von den beiden Mächten, die die Garantie übernehmen sollten, nämlich den Vereinigten Staaten und Sowjetrußland. Die Kontrolle sollte sich nicht nur auf militärische Fragen erstrecken, wir dürften auch die Meistbegünstigungsklausel nicht verletzen, was bedeutete, daß wir die europäischen Einrichtungen liquidieren müßten. Das alles würde von Sowjetrußland kontrolliert. Wir wären in kurzer Zeit ein Vasall Sowjetrußlands. Das war auch das Ziel des Ganzen. Ziel war, daß das kommunistische Regime, wie es in der Sowjetzone ausgeübt wurde, auch in der Bundesrepublik eingeführt werden sollte. In dem Kommentar einer deutschen Zeitung hatte ich gelesen, daß im Rahmen einer Konföderation die „DDR" das Trojanische Pferd für die Bundesrepublik sein solle. Genau das wäre der Fall. Schon jetzt wurde eine intensive Wühlarbeit getrieben, um unsere Widerstandskraft zu unterminieren. Die Spionage des Sowjetblocks im Bundesgebiet war breit angelegt. Es waren uns aus dem Jahre 1958 etwa 12 500 Spionagefälle bekannt geworden. 1958 wurden im Bundesgebiet über vierhundert Agenten rechtskräftig wegen Landesverrats zu-

Ein klares Nein

gunsten Sowjetrußlands verurteilt. Und wenn noch Agenten der Sowjets offiziell Aufenthaltsrecht bei uns hätten, so ließ sich denken, wohin die Entwicklung ging.

Käme die Sowjetunion mit ihren Vorschlägen durch, so wäre das Ergebnis folgendes: Deutschland wäre in drei statt in bisher zwei Teile zerschnitten, es wäre neutralisiert und von seinen westlichen Verbündeten getrennt. Mit dem Ausscheiden Deutschlands wäre das europäische Einigungswerk zerstört, die übrigen westlichen europäischen Länder würden über kurz oder lang in den sowjetischen Machtsog geraten. Wenn es der Sowjetunion gelingen würde, die Hand auf das Industriepotential der Bundesrepublik zu legen, wäre die Sowjetunion mit einem Schlag die stärkste Wirtschaftsmacht der Welt. Wenn die sowjetischen Führer darüber hinaus erreichten, ihren Einfluß auf die anderen Staaten der Europäischen Wirtschaftsgemeinschaft auszudehnen, hätte die Sowjetunion das Ausfuhrpotential der Vereinigten Staaten von Nordamerika weit übertroffen. Damit wäre ein entscheidender Schritt in Richtung auf die kommunistische Weltherrschaft getan.

Außenminister von Brentano erklärte am 18. Januar 1959 in einem Interview mit dem Westdeutschen Rundfunk zu dem sowjetischen Friedensvertragsentwurf:

„Von dem Recht, die im Potsdamer Abkommen beschlossene vorläufige territoriale Ordnung Deutschlands in freundschaftlichem und jede Gewalt ausschließendem Gespräch mit seinen Nachbarn neu zu regeln, ist keine Rede. Deutschland soll diese ungerechte Regelung widerspruchslos und endgültig hinnehmen. Der Verzicht auf die Wiedervereinigung, die Anerkennung der sogenannten Souveränität und Integrität der bestehenden Teilstaaten, das heißt auch der sogenannten DDR, und die Aufhebung aller Schutz- und Garantieverpflichtungen sind keine Ausgangspunkte für Verhandlungen. Auf diese Forderungen kann es im deutschen Volke und in der ganzen freien Welt nur eine Antwort geben: ein klares ‚Nein'."

Die Bundesregierung trat sofort in engste Beratungen mit unseren Verbündeten ein, mit denen wir Verträge hatten, die gegenseitige Rechte und Pflichten schafften. Es war klar, ohne unsere Verbündeten waren wir gegenüber Sowjetrußland machtlos. Der Ernst der Situation verlangte von uns Ruhe und Überlegung. Auf keinen Fall durften unüberlegte Beschlüsse gefaßt werden.

5. Eine Analyse unserer Situation
– Aufzeichnung vom 30. Januar 1959 –

Für Anfang Februar 1959 hatte der amerikanische Außenminister John Foster Dulles seinen Besuch in Bonn angekündigt. Der Westen war durch die Sowjetunion in eine Bewährungsprobe gezwungen worden. Es galt, diese Probe zu bestehen. Dulles wollte in Gesprächen in London, Paris und Bonn die westliche Haltung abstimmen. Die Begegnung mit ihm würde sehr bedeutsam sein.

Am 26. November 1958, einen Tag vor der Überreichung des sowjetischen Berlin-Ultimatums, hatte er auf einer Pressekonferenz in Washington auf die Frage, ob die Vereinigten Staaten möglicherweise mit Vertretern der „DDR" als Beauftragten, als „agents", der Sowjetunion verhandeln würden, geantwortet: „Ja, wir könnten." Wenn er auch ausdrücklich hinzusetzte, daß dies nur geschehen werde, wenn hierdurch nicht die Anerkennung der „DDR" zum Ausdruck komme und die Sowjetunion nicht aus ihren bisherigen Pflichten entlassen werde, so beunruhigte mich diese Antwort doch. Eine persönliche Aussprache hielt ich in jedem Fall in dieser ernsten Situation für außerordentlich notwendig und nützlich.

Vor dem Besuch von Dulles unternahm ich den Versuch, unsere politische Lage zu analysieren und das Ergebnis meiner Gedanken schriftlich festzuhalten. Ich hatte meine Gedanken immer wieder nachgeprüft und war schließlich zu dem Ergebnis gekommen, das ich in folgender Darstellung niederlegte. Ich übersandte sie Dulles noch vor unserem Treffen als Vorbereitung auf unser Gespräch.

Grundgedanke war – es handelte sich zwar um eine Selbstverständlichkeit, und doch mußte man sie sich immer wieder vor Augen halten –: Einheit und Geschlossenheit des Westens war die entscheidende Voraussetzung für jeden Erfolg gegenüber dem Kommunismus und insbesondere gegenüber Sowjetrußland. Am 12. November 1958 wurden während einer Sitzung des Zentralkomitees der KPdSU unter anderen Bulganin, Malenkow, Kaganowitsch und Shepilow als „parteifeindliche Gruppe" bezeichnet, die „entlarvt und zerschlagen" worden sei. Die Führungsschicht des Kremls hatte sich offensichtlich noch immer nicht konsolidiert. Die Umgruppierungen innerhalb der Führungsschicht des Kremls, die völlige Ausschaltung Bulganins und Malenkows zeigten meines Erachtens sehr klar, daß die Verhältnisse in Moskau noch keineswegs zu einer wirklichen Entscheidung gediehen, die Festlegung auf eine endgültige Richtung noch nicht erfolgt waren. Die Haltung des Westens, seine Einigkeit und Geschlossenheit würde mit Sicherheit die Entwicklung in der Sowjetunion maßgeblich mit beeinflussen.

Dies waren die Grundgedanken, die meiner Analyse der Situation, die ich am 30. Januar 1959 nach Washington sandte, zugrunde lagen. Ich gebe sie in folgendem wieder:

„1. Zur Lage: Das Ziel der SU ist und bleibt: Beherrschung der Welt durch den Kommunismus unter Führung der SU. In offiziellen sowjetischen Reden werden neuerdings die Worte ‚sozialistisches Lager' durch die Worte ‚sozialistisches Weltsystem' ersetzt. Als einzigen beachtlichen Gegner betrachten die Sowjets die USA.

Deutschland ist für sie kein ins Gewicht fallender Gegner. Chruschtschow hat das Lippmann in seinem bekannten Interview vom Oktober 1958 ausdrücklich erklärt.

2. Man muß daher alle Maßnahmen, die gegenüber der SU zu ergreifen sind, auch die Vorschläge, die eventuell demnächst zu den schwebenden Fragen gemacht werden sollen, im Hinblick auf dieses Ziel der sowjetrussischen Politik abstimmen. Die Planmäßigkeit und die Weitsichtigkeit der sowjetrussischen Politik wird in der freien Welt ständig unterschätzt. Die sowjetrussische Regierung hat seit dem letzten Krieg eine sehr zielbewußte Politik der Erringung der Weltherrschaft betrieben. Sie hat nach dem Zusammenbruch Deutschlands als einziges Land nicht abgerüstet, sondern immer weiter aufgerüstet. Die Sowjetunion hat das Anerbieten der USA in den Jahren 1946 ff., alle nuklearen Waffen einer internationalen Kontrolle zu unterstellen, sabotiert, trotzdem sie selbst damals keine nuklearen Waffen besaß. Die Sowjets haben seit 1945 die jetzigen Satellitenstaaten ihrem Machtbereich einverleibt. An den verschiedensten Stellen in der Welt und in der verschiedensten Weise sind sie in den weiteren Jahren politisch und wirtschaftlich tätig geworden. Alle ihre Maßnahmen waren aufeinander abgestimmt und alle verfolgten nur das eine Ziel: die Ausdehnung der Macht des Kommunismus. Daß der Kommunismus die sogenannten kapitalistischen Staaten ablösen werde, wurde ja auch von den Sowjets und insbesondere von Chruschtschow immer wieder mit aller Deutlichkeit erklärt.

Es ist nicht richtig und wird infolgedessen zu falschen Vorstellungen verleiten, wenn man – wie das insbesondere in den Vereinigten Staaten, aber auch in England, geschieht – die gegenwärtig durch die Sowjets herbeigeführte Situation nur unter dem Gesichtspunkt der Teilung Deutschlands beurteilen würde. Die Teilung Deutschlands ist nicht die Ursache, sondern die Folge der schon vor der Teilung entstandenen Spannung zwischen SU und US.

3. Die Verwendung großer nuklearer Waffen ist so lange höchst unwahrscheinlich, als die beiden großen nuklearen Mächte gleichwertig nuklear bewaffnet sind. Die großen nuklearen Waffen in der Hand der US sind als Abschreckung gegenüber SU notwendig bis zu einer kontrollierten Abrüstung. Bei der jetzigen Entwicklung der großen nuklearen Waffen bleibt für die SU als Weg zur Beherrschung der Welt nur übrig, die größte wirtschaftliche und damit auch die größte politische Macht der Welt zu werden. Insbesondere muß SU danach streben, wirtschaftlich stärker zu werden als US. Alsdann kann SU durch Dumping die amerikanische Wirtschaft in ihren Tiefen erschüttern und dadurch nicht übersehbare politische Folgen herbeiführen.
Chruschtschow hat wiederholt in den letzten Jahren verkündet, daß die SU die US wirtschaftlich überrunden müsse. Es ist im höchsten Grade unwahrscheinlich, daß ihr das aus eigener Kraft gelingt. Die SU wird aber dann zur ersten Weltmacht auf wirtschaftlichem Gebiet, wenn es ihr gelingt, das Wirtschaftspotential der sechs EWG-Länder – das fast dem der Vereinigten Staaten entspricht – und das Arbeitspotential, das in deren 164 Mio Einwohnern liegt, in ihre Gewalt zu bekommen. Auch wenn die von der SU angegebenen Ziffern über ihr Wirtschaftspotential übertrieben sind, was sicherlich der Fall ist, würde Sowjetrußland ohne Zweifel sein Ziel, die erste Wirtschaftsmacht zu werden, erreichen, wenn es die EWG-Staaten seinem Wirtschaftsbereich einverleiben kann. Das übrige West-Europa würde dasselbe Schicksal haben wie die EWG-Staaten und das Wirtschafts- und Menschenpotential der SU noch sehr erheblich vergrößern.

4. Meines Erachtens ist das Aufwerfen der Deutschlandfrage gerade zu diesem Zeitpunkt ein äußerst ernst zu nehmender Versuch der SU, zunächst über die wirtschaftliche Herauslösung der Bundesrepublik aus dem Verband der EWG und ihr späteres Einbeziehen in den sowjetisch dirigierten Wirtschaftsraum die wirtschaftliche Usurpation Westeuropas erfolgreich in die Wege zu leiten. Der sowjetische Entwurf eines sogenannten Friedensvertrages sieht daher logischerweise vor, daß

   a) die bereits dem sowjetischen Herrschaftsbereich angehörende sogenannte DDR als deutscher Staat mit voller Souveränität anerkannt und ihr Territorium garantiert werden muß,
   b) die Bundesrepublik mit diesem, auf kommunistischen Prinzipien aufgebauten Gebilde eine Konföderation eingehen soll,
   c) die Bundesrepublik gezwungen wird, auf alle Integrationsbestrebungen mit dem Westen zu verzichten.

Daß die Bundesrepublik aus dem Vertragssystem der freien Völker herausgelöst werden soll, geht einwandfrei hervor:
aus dem Verbot der Teilnahme an Militärbündnissen, was ein Ausscheiden aus der NATO mit sich bringen würde,
aus den Bestimmungen über die Anerkennung der ‚vollen Souveränität des deutschen Volkes über Deutschland', die die Übertragung von Souveränitätsrechten an europäische Organisationen verbieten, und insbesondere aus den Klauseln über die Meistbegünstigung der SU, was ein weiteres Verbleiben der Bundesrepublik auch in der EWG, OEEC und dem GATT unmöglich machen würde.

Dieselben Bedingungen sollten später für den wiedervereinigten deutschen Gesamtstaat gelten.

Die Ausführungen sowohl Ulbrichts als auch Grotewohls sprechen klar und deutlich aus, daß es das Ziel der vorgeschlagenen Konföderation ist, in ganz Deutschland die Herrschaft des Kommunismus zu errichten. Ulbricht sagte in seinem Referat während der IV. Tagung des ZK der SED, daß es an der Zeit sei, ‚daß die Arbeiterschaft Westdeutschlands die Sache des Friedens und des Kampfes gegen den deutschen Militarismus in ihre eigenen Hände nimmt'. Grotewohl führte am 25. Januar in Peking aus, daß ‚eines Tages die rote Fahne der Arbeiterklasse über ganz Deutschland wehen wird'.

5. Aus dem Vorgesagten folgt: Es ist unmöglich, irgendeinem Vorschlag, gleichgültig woher er kommen möge, zuzustimmen, der die Sowjets dem Ziel, die bestimmende wirtschaftliche Macht der Welt zu werden, näherbrächte. Daraus folgt:
 a) Unter keinen Umständen darf die Verbreitung des Kommunismus in der Bundesrepublik erleichtert werden.
 b) Unter keinen Umständen darf die jetzige bestehende Verbindung der Bundesrepublik mit dem Westen irgendwie geschwächt werden.

6. Die Verhandlungen in Genf mit der Sowjetunion über nukleare Tests und deren Verbieten können nach dem eben Gesagten nur dann sinnvoll sein, wenn sie unter dem Aspekt einer weltweiten Entspannung geführt werden. Die Tatsache, daß die Sowjets durch ihre Berlin-Vorschläge in Deutschland ein gefährliches Feuer angezündet haben, muß sich notwendigerweise in den Genfer Verhandlungen reflektieren. Man muß unbedingt versuchen, die Frage Berlin mit den Verhandlungen in Genf zu koppeln. Da die Gefahr besteht, daß die Sowjets in Genf schon aus propagandistischen Gründen Konzessionen machen und gleichzeitig ihre Drohungen Berlin gegenüber wahrmachen, sollte diese Koppelung so

eng wie möglich sein, unter Umständen sogar bis zur Unterbrechung der Genfer Verhandlungen gehen.

7. Anscheinend bereitet Sowjetrußland auch einen außerordentlich folgenreichen Angriff gegen die USA in Indien vor. In Kalkutta finden demnächst Wahlen statt. Die kommunistische Partei wird – natürlich von der SU unterstützt – mit aller Kraft versuchen, bei diesen Wahlen die Mehrheit zu bekommen. Dann würde dieser indische Staat die Gewalt über sehr wichtige Verteidigungsstützpunkte zur See erhalten.

8. Die US werden von SU als gefährlicher Gegner betrachtet, Rotchina als ein sehr unbequemer Nachbar.

Wenn SU durch Gewinnung Westeuropas die erste Wirtschaftsmacht der Welt wird und wenn ihre Bevölkerung durch rund 164 bis 250 Mio Westeuropäer, die fleißige und tüchtige Leute sind, vermehrt wird, hat sie nicht nur gegenüber den Vereinigten Staaten die entscheidende Position gewonnen, sondern auch ihre Stellung gegenüber Rotchina entschieden verbessert. Die Gewinnung des westeuropäischen Wirtschafts- und Menschenpotentials ist daher für die SU in doppelter Hinsicht die Entscheidung für ihre Zukunft.

9. Wenn Westeuropa unter sowjetrussischen Einfluß kommt, ist es auch um Afrika geschehen, weil dann das Mittelmeer kommunistisch beherrscht werden wird.

Schließlich würde der Kommunismus Europa, Asien und Afrika besitzen; dem stünden die Vereinigten Staaten und Kanada sowie Südamerika gegenüber.

10. Es erscheint mir notwendig, die Abrüstungsverhandlungen in der UNO, die seinerzeit in London in der Unterkommission der Abrüstungskommission dicht vor dem Abschluß standen, wieder aufzunehmen und in einen Zusammenhang mit dem sowjetrussischen Vorstoß betreffend Berlin und Deutschland zu bringen.

11. Wenn man die Teilung Deutschlands als die größte Gefahr unserer Zeit bezeichnet, so lenkt man die öffentliche Aufmerksamkeit von der wirklichen Gefahr, dem Ausdehnungsdrang der SU, ab. Der Verhinderung der Ausdehnung des Kommunismus in der Welt, insbesondere der Ausdehnung der wirtschaftlichen und politischen Macht der SU muß aber in allererster Linie die Arbeit aller freien Völker gelten.

Wenn die SU sieht, daß sie mit ihrem Streben nach Weltherrschaft nicht weiterkommt, wenn man ihr durch kontrollierte Abrüstung auf dem Gebiete der nuklearen und der konventionellen Waffen ihre Furcht vor einem Angriff nimmt und sie gleichzeitig auf die Möglichkeit einer ungestörten und durch eine weitgehende Abrüstung erleichterten wirtschaftlichen Entwicklung in ihrem eigenen Land hinweist, wird wahrscheinlich eine Entspannung in der Welt eintreten. In einer entspannten Atmosphäre könnten auch andere Fragen, zum Beispiel die Wiedervereinigung Deutschlands, mit Aussicht auf Erfolg verhandelt werden. Wenn man ständig die Wiedervereinigung Deutschlands als die wichtigste Frage bezeichnet, läuft man Gefahr, in manchen Ländern eine Bewegung dahingehend auszulösen, daß man um der Wiedervereinigung Deutschlands willen die Welt keinen Gefahren aussetzen dürfe. Das würde eine gefährliche Bewegung sein.

Der Westen läuft Gefahr, bei der Verfolgung einer solchen Politik, da die Zeit für die Lösung dieser Frage noch nicht reif ist, zu unterliegen. Er setzt sich der Gefahr aus, eine empfindliche Einbuße an Prestige zu erleiden, und trägt umgekehrt dazu bei, das Ansehen der SU in der Welt zu vermehren.

12. Es ist in den Erklärungen, dem Schriftwechsel und so weiter der Westalliierten öfters die Rede von ‚europäischer Sicherheit'. Die heutige Waffentechnik – Raketen –, die immer stärkeren Verflechtungen der politischen Verbindungen – namentlich der kommunistischen Staaten mit Sowjetrußland – lassen eine isolierte europäische Sicherheit nicht mehr zu; es gibt nur noch eine Sicherheit, das ist die gemeinsame Sicherheit aller freien Völker.

13. Verhandlungen müssen geführt werden. Bei diesen Verhandlungen könnte man auf Anregung der US in Erwägung ziehen, diplomatische Beziehungen der Bundesrepublik Deutschland zu Polen und der Tschechoslowakei herzustellen, falls die Berlin-Frage entsprechend gelöst wird. Es wäre auch zu überlegen, eine wohlformulierte Erklärung über die Oder-Neiße-Linie, wie schon früher, abzugeben – nicht mit Gewalt, Bewahrung des Rechts auf Heimat – eventuell auch wirtschaftliche Zusammenarbeit.

14. Es bleibt zu überlegen, ob und wie man die UNO einschalten kann.

15. Hauptziel der Verhandlungen müßte sein, in neue Verhandlungen über eine kontrollierte Abrüstung auf dem Gebiete der nuklearen und konventionellen Waffen zu kommen. Die Kontrolle der Abrüstung macht man sich vielleicht zu schwer. Bei den großen nuklearen Waffen sind die Träger der Bomben, mögen es nun Raketen, Flugzeuge oder U-Boote sein, genauso wichtig wie die Bomben. Die Herstellung der Raketen und ihrer Abschußrampen, die Herstellung der schweren Bomben läßt sich verhältnismäßig leicht kontrollieren. Auch bei der Abrüstung der konventionellen Waffen ist es vielleicht nicht richtig zu sagen, sie ist unmöglich, weil man in einem Lande von der Größe Ruß-

lands die Zahl der Truppen nicht kontrollieren kann. Es kommt weniger darauf an, ob die Zahl der zugebilligten Truppen genau eingehalten wird, sondern darauf, daß die Truppen nicht in den Besitz von schweren konventionellen Waffen und Flugzeugen, Kriegsschiffen und so weiter kommen, die gestatten würden, eine größere Streitmacht zu bewaffnen, als ihnen zugestanden ist. Die Herstellung, die Lagerung der schweren Waffen, Flugzeuge, U-Boote und Munition vor allem läßt sich aber sicherlich kontrollieren.

Falls SU Verhandlungen über eine kontrollierte Abrüstung ablehnt oder sabotiert, sieht alle Welt, wer den Frieden in der Welt nicht will. Das würde in der Sache bedauerlich, für die Propaganda gegen SU ein großer Erfolg sein."

Das, was ich unter dem Punkt 13 zur Oder-Neiße-Linie festhielt, stand in Übereinstimmung mit der bisherigen Haltung der Bundesregierung. Diese Haltung läßt sich in folgenden Punkten skizzieren:

1. Die Grenzen Deutschlands werden festgestellt durch den Friedensvertrag.
2. Wir werden niemals mit Gewalt eine Grenze ändern.
3. Das Heimatrecht, das in der Charta der Vereinten Nationen anerkannt ist, muß bestehenbleiben.
4. Wir hoffen, wenn eine Entspannung eingetreten ist, daß manche Gegensätze zwischen Polen und uns auf wirtschaftlichem Gebiet sich mildern werden.

Dies waren die Grundthesen, die ich als Vorsitzender der CDU und als Chef der Bundesregierung seit Jahr und Tag vertrat, und das war auch jetzt nach wie vor die Auffassung der Bundesregierung, bei der sie bleiben würde.

6. Eine überraschende Mitteilung der britischen Regierung
– Ankündigung einer Reise Macmillans nach Moskau –

Äußerst wichtig war, ich kann es nicht genug unterstreichen, daß der Westen einig und geschlossen den Russen gegenübertrat. Diese Einigkeit war jedoch keineswegs eine Selbstverständlichkeit.

Am 3. Februar 1959 suchte mich der britische Botschafter in Bonn, Sir Christopher Steel, auf, um mir eine wichtige Botschaft seiner Regierung zu überbringen. Diese Botschaft bestand in der Mitteilung, daß der britische Premierminister Harold Macmillan und sein Außenminister Selwyn Lloyd sich am 20. Februar zu einem zehntägigen Besuch in die Sowjetunion begeben würden. Nach der Reise würde Macmillan den Verbündeten von den Ergebnissen seines Besuches berichten und so unter anderem auch nach Bonn kommen. Der Besuch Macmillans in Moskau sei eine Erwiderung auf den seinerzeitigen Besuch von Bulganin und Chruschtschow in London und erfolge in Erfüllung einer damals ausgesprochenen Einladung.

Für mich kam diese Mitteilung völlig überraschend. Ich fragte Botschafter Steel, ob ich ihm eine offene Frage stellen dürfe: Ich wolle gerne wissen, ob dieser Besuch wohl im Hinblick auf die bevorstehenden englischen Wahlen geplant worden sei? Es war nämlich vorgesehen, daß demnächst das britische Parlament neu gewählt würde.

Botschafter Steel bestritt dies. Wenn der Besuch als Wahlbeeinflussung gedacht wäre, hätte er später erfolgen müssen, da die Wahlen ja voraussichtlich erst im Mai oder Juni stattfänden.

Aber in dem Besuch müsse man doch eine gewisse Konzession an die öffentliche Meinung sehen, fuhr ich fort. Ich wolle ganz offen sagen, daß man den Spekulationen der Zeitungen nach der Veröffentlichung des Friedensvertragsvorschlags der Sowjetunion viel zu freien Raum gelassen habe. Man solle doch auch die innenpolitische Lage in der Sowjetunion berücksichtigen. Es sei zu befürchten, daß durch den Besuch von Macmillan in Rußland das Ansehen von Chruschtschow gestärkt würde. Es sehe in Rußland nicht so gut aus, wie es gemeinhin dargestellt würde; aber die innersowjetischen Schwierigkeiten würden bei einem Staatsbesuch natürlich nicht zutage treten.

Botschafter Steel gab zu, der Sinn des Besuches sei wohl auch der, der englischen öffentlichen Meinung, unter deren Druck die englische Regierung stehe, gegenüber zu beweisen, daß man von sich aus alles getan habe, um mit der Sowjetunion ins Gespräch zu kommen.

Ich erwiderte, ich verstehe, daß die Konservative Partei natürlich gerne vor den kommenden Wahlen darauf hinweisen möchte, sie habe alles getan, um ein Gespräch mit der Sowjetunion zu ermöglichen. Aber die britische Regierung solle doch bitte auch berücksichtigen, wie sich die Lage in den Augen Chruschtschows darstelle: Chruschtschow sehe die weichen Stellen in der NATO-Gemeinschaft und versuche, hieraus Vorteile zu ziehen. Sein Ziel sei es, die Westmächte auseinanderzubringen. Durch die Betonung der alten Waffenbrüderschaft mit den drei Westmächten hoffe die Sowjetunion, die Isolierung Deutschlands erreichen zu können. Im Innern der Bundesrepublik versuche die Sowjetunion durch einen von ihr angefachten angeblichen neuen Antisemitismus in Deutschland die Weltmeinung zu beeinflussen und neue Haßgefühle gegen uns zu erwecken. Gegen die USA führe die Sowjetunion einen Angriff auf wirtschaftlicher Ebene. Die Sowjetunion wisse, daß bei dem Gleichstand der nuklearen Bewaffnung ein Atomkrieg für beide Staaten tödlich sein werde. Es würde daher zu einem nuklearen Krieg nicht kommen. Der Kommunismus wolle auch nicht über eine verbrannte Erde, sondern über Menschen herrschen. Chruschtschow glaube an den Sieg des Kommunismus. Er sei erfüllt von diesem für Rußland so typischen Sendungsbewußtsein. Den Ausbruch eines Krieges hielte ich jedoch für unwahrscheinlich.

Steel gab zurück, auch er glaube nicht an den Willen der Sowjetunion, einen Krieg vom Zaune zu brechen. Jedoch könne ein solcher Krieg aus einer Fehlkalkulation entstehen. Es sehe im Augenblick so aus, als ob eine solche Fehlkalkulation möglich sei. Daher halte es sein Regierungschef für unbedingt nötig, in die Sowjetunion zu fahren, um den sowjetischen Machthabern die Einstellung der Westmächte ganz klar aufzuzeigen und ihnen zu sagen, daß die Westmächte auf keine ihrer Rechte verzichten würden. Auch der britischen öffentlichen Meinung müsse klargemacht werden, daß Macmillan die Russen sehr eindeutig auf die Gefahren ihrer Politik aufmerksam gemacht habe. Wenn dann die Russen trotzdem weitere Maßnahmen ergriffen, dann stünde die öffentliche Meinung hinter der Regierung.

Ich erwiderte, daß ich nichts gegen die geplante Reise einzuwenden hätte, wenn dadurch die Wahl im Mai oder Juni günstig für die Konservative Partei ausginge, ich glaube aber, falls dies nicht der Fall sei, wäre die Reise zu teuer bezahlt. Die Sowjetunion würde den Besuch als ein Zeichen der Uneinigkeit des Westens deuten. Auch das könne zu Fehlkalkulationen führen.

Botschafter Steel wies darauf hin, daß nach Ansicht der britischen Regierung die Welt sich der Gefahr, vor der sie stehe, gar nicht bewußt sei. Die Öffentlichkeit unterschätze die Schwere der Entscheidungen, vor denen wir ständen. Sie sei sich gar nicht bewußt, daß es vielleicht notwendig sein würde, für die Freiheit von Berlin in den Krieg zu ziehen. Nach Ansicht der britischen Regierung müsse daher die Gesamtlage sehr sorgfältig überprüft werden. Man müsse vor allen Dingen wissen, was man tun wolle, wenn die Verbindungen zu Berlin unterbrochen würden. Was immer die Regierungen sagen würden, die Öffentlichkeit beschäftige sich mit der Frage, ob es sich lohne, für die Anerkennung oder Nichtanerkennung der Existenz der „DDR" in den Krieg zu ziehen. Die Regierungen aber müßten die Meinung ihrer Öffentlichkeit berücksichtigen.

Ich fragte Steel, ob es ihm klar sei, was es für Großbritannien bedeute, wenn die Bundesrepublik für die westliche Welt verlorenginge. Als Botschafter Steel dies bejahte, fragte ich ihn, was sich denn Macmillan und Selwyn Lloyd politisch von einem Besuch in Moskau versprächen.

Botschafter Steel meinte, der Besuch könne zweierlei Bedeutung haben:
1. Gegenüber der eigenen öffentlichen Meinung, die es nicht verstehen würde, wenn ein Krieg wegen Übertragung von Aufgaben an einen Vopo geführt würde, stelle man klar, daß man alles versucht habe, die Sowjetunion vor den Gefahren der entstandenen Situation zu warnen.
2. Der Sowjetregierung würde noch einmal die Grenze aufgezeigt, bis zu der sie gehen könne. Man wisse nicht, ob der Kreml den wirklichen Ernst der Lage erkannt habe, falls in der Berlinfrage keine Lösung gefunden würde. Dies könne Macmillan in privatem Gespräch mit Chruschtschow sehr eindringlich tun.

Ich stellte fest, der Besuch von Macmillan und Lloyd würde in ganz Rußland als ein Triumph für Chruschtschow angesehen werden. Wie der Besuch auf Asien wirken würde, könne man sich vorstellen: Der Westen gestatte es der Sowjetunion, Verträge zu brechen, und wiche dann noch vor ihren Drohungen zurück.

7. Letzte Begegnung mit John Foster Dulles

Am 7. Februar 1959 kam Staatssekretär Dulles zu dem geplanten Besuch nach Bonn. Ich holte ihn am Flugplatz ab; ich erschrak über sein Aussehen. Dulles sagte mir während der Autofahrt zum Palais Schaumburg, daß er sich nicht wohl fühle, infolgedessen sehr vorsichtig mit Speisen und Getränken sein müsse und an keinem offiziellen Essen teilnehmen dürfe. Er sah sehr leidend aus. Ich bat ihn dennoch, dem ihm zu Ehren gegebenen Abendessen beizuwohnen. Ich würde ihm durch meine Küche im Palais Schaumburg eine Hafergrützesuppe kochen lassen. Sie würde ihm so serviert werden, daß keiner der anwesenden Gäste merken würde, daß er ein Sondergericht bekäme. Dulles ging auf meine Bitte ein.
Die Gespräche, die ich mit Dulles führte, waren wie immer sehr offen und freimütig. Ich unterrichtete Dulles über meine Unterredung mit Sir Christopher Steel anläßlich der Überreichung der Botschaft Macmillans über dessen bevorstehende Reise nach Moskau.
Dulles hatte auf seiner Europa-Reise bereits London und Paris besucht. Auch ihm war in London gesagt worden, es sei erforderlich, bei allen Maßnahmen die öffentliche Meinung zu berücksichtigen. Wenn das Risiko eines Krieges bestehe, müsse man auf der einen Seite die konkrete Frage, um die es gehe, gegen die möglichen Verluste und Kriegszerstörungen auf der anderen Seite abwägen.
Dulles erklärte, bei der von Chruschtschow aufgeworfenen Frage gehe es

in Wirklichkeit aber um sehr viel Grundsätzlicheres: „Wenn man einmal anfängt, Zugeständnisse zu machen, weil die Sowjets mit einem Krieg drohen, wird das immer so weitergehen, und man wird ein Zugeständnis nach dem anderen machen müssen. Der Grundsatz, um den es hier geht, ist, daß man niemals eine Konzession nur deshalb machen darf, weil die Sowjetunion eine Kriegsdrohung ausspricht. Geht man hiervon ab, so führt dieser Weg in die Katastrophe."

Er, Dulles, werde von den Sowjets häufig wegen seiner Entschlossenheit, bis an den Rand eines Krieges zu gehen, angegriffen. Er glaube, man dürfe sich nicht nur deshalb zurückziehen, weil die Sowjets oder Rotchina mit einem Krieg drohten. Bei allen Fällen ähnlicher Art, die sich im Fernen Osten zugetragen hätten, seien die Vereinigten Staaten jedesmal fest geblieben, hätten Drohungen nicht nachgegeben und seien bereit gewesen, erforderlichenfalls zu kämpfen. Die Gefahr bestehe darin, daß die Sowjets vielleicht glaubten, der Westen sei bereit, Zugeständnisse zu machen. Wenn Macmillan in Moskau diesen Eindruck hinterließe, dann wäre dies sehr schlecht.

Dulles führte aus, er habe in London deutlich gesagt, daß sich die Vereinigten Staaten mit einer Ablösung der Sowjets durch die „DDR" nicht einverstanden erklären könnten. Macmillan gegenüber habe er geäußert, daß er diese Haltung auch in Paris und Bonn einnehmen werde, und habe ihn gefragt, ob er dem zustimme. Macmillan habe darauf geantwortet, er sei im allgemeinen, wie er glaube, mit dem amerikanischen Außenminister einer Meinung.

Dulles gab der Zuversicht Ausdruck, daß Großbritannien eine feste Haltung einnehme. Durch eine Änderung der bisherigen Politik würde die gesamte amerikanische Politik gegenüber Europa und der NATO wesentlich berührt werden. Sollten die Vereinigten Staaten feststellen, daß sich ihre Verbündeten gezwungen glaubten, der Sowjetunion gegenüber Konzessionen zu machen, um so den Frieden zu erhalten, so müßten die Vereinigten Staaten eine bestimmte Art von Disengagement praktizieren. Er, Dulles, glaube nicht, daß Großbritannien wünsche, daß dies eintrete.

Nach einem etwa einstündigen Gespräch unter vier Augen setzten wir die Besprechung in einem größeren Kreise fort, bei der Dulles einen kurzen Überblick über seine Besprechungen in London und Paris gab. Dulles führte aus, daß er bei seinen Besprechungen die Deutschlandfrage unter zwei sich eng überschneidenden Aspekten erörtert habe, nämlich einmal unter dem mehr technischen Aspekt, wie die sowjetische Bedrohung Berlins abgewehrt werden könne, zum anderen habe er die Möglichkeiten besprochen, mit der Sowjetunion eine breit angelegte allgemeine Diskussion des Deutschlandproblems einschließlich der Fragen der Wiedervereinigung und der Sicherheit aufzunehmen.

Zur Berlinfrage habe er, Dulles, die Ansicht vertreten, daß der Westen eine Übertragung der sowjetischen Kontrollbefugnisse auf die „DDR" nicht hinnehmen könne. Dies gelte insbesondere für die militärischen Transporte. Er, Dulles, habe bei den Besprechungen auseinandergesetzt, daß die Westmächte Ostdeutschland gegenüber in der Lage des Siegers seien, der gewisse Rechte erworben habe. Die Anerkennung ostdeutscher Kontrollbefugnisse sei mit dem Recht des Siegers nicht zu vereinbaren. Bei seinen Besprechungen in London und Paris habe er darauf hingewiesen, daß nach amerikanischer Auffassung die Westmächte den Zonenbehörden nicht gestatten dürften, die Transportpapiere abzustempeln oder die Transporte zu kontrollieren. Wenn der Versuch gemacht würde, die Durchfahrt zu verhindern, etwa durch Sprengung von Brücken, Straßensperren oder durch Waffengewalt, dann entstehe eine Situation, die ernsthafte militärische Vorbereitungen rechtfertigen werde.

Dulles berichtete, er habe in London und Paris auch die Frage der Vorschläge angeschnitten, welche die Westmächte den Sowjets bei einer Konferenz unterbreiten könnten. Er habe die allgemeine Vorstellung, daß die westlichen Vorschläge sich im großen und ganzen auf der Linie der Genfer Konferenzen von 1955 bewegen sollten. Die Präsentation müsse der jetzigen Lage angepaßt und wohl auch in einigen Punkten ergänzt werden.

Dulles berichtete weiter, er habe auch die Ansicht zum Ausdruck gebracht, daß man den bedeutsamen Errungenschaften der westlichen Nachkriegspolitik und der erstaunlichen Entwicklung gebührend Rechnung tragen müsse, welche die Bundesrepublik unter meiner Führung genommen habe. Wohl zum ersten Mal in der Geschichte bestünden zwischen Deutschland und Frankreich echte freundschaftliche Beziehungen. Die europäische Integration habe auf militärischem, wirtschaftlichem und politischem Gebiet große Fortschritte gemacht. Auf militärischem Gebiet gebe es die NATO und die WEU, auf wirtschaftlichem Gebiet die EWG, Euratom und die Montanunion, die einen erheblichen Fortschritt auf dem Wege zu einem stärkeren Europa darstellten. Auf politischem Gebiet seien die europäischen Versammlungen als Ansätze zu einem großen Forum der demokratischen Willensbildung anzusehen. In diesen Dingen liege ein erheblicher Fortschritt.

Und gerade auf die Zerstörung dieser Dinge ziele die Sowjetunion ab. Sie wolle auf dem Gebiet der europäischen Integration die Uhr zurückdrehen. Unsere Aufgabe sei es daher, sowohl der Sowjetunion als auch unserer Öffentlichkeit klarzumachen, daß wir die Wiedervereinigung Deutschlands nicht um den Preis der Loslösung Deutschlands aus dem westlichen Bereich und der Aufgabe der Errungenschaften der europäischen Integration erkaufen könnten. Denn das Ergebnis würde sein, daß ein schutzloses und ungebundenes Deutschland in der Mitte Europas geschaffen würde, das notwendigerweise versucht sei, den Osten gegen den Westen auszuspielen. Er, Dulles, glaube, daß der Westen bei einer Ost-West-Konferenz, falls diese überhaupt zustande komme, den Sowjets klarmachen müsse, daß die erwähnten Errungenschaften erhalten bleiben könnten, ohne daß damit eine Bedrohung der Sowjetunion eintreten werde. Dies sei nach amerikanischer Ansicht der Zweck einer solchen Konferenz.

Mit den britischen und französischen Staatsmännern sei er übereingekommen, eine westliche Außenministerkonferenz anzuregen, die etwa Mitte März in Paris zusammentreten solle. Auf dieser Konferenz sollten die Gedanken formuliert werden, die dann bei der Ost-West-Konferenz vorzutragen wären.

Dulles betonte, leider habe er keinen Anlaß zu der Hoffnung, daß die Sowjetunion der Abhaltung einer Ost-West-Außenministerkonferenz zu den dargelegten Zwecken und zu dem in Aussicht genommenen Datum zustimmen werde. Die Sowjetunion scheine eine Gipfelkonferenz und nicht eine Außenministerkonferenz anzustreben. Der Grund dafür sei darin zu sehen, daß der sowjetische Außenminister nicht dieselbe Position innehabe wie seine westlichen Kollegen. Der sowjetische Außenminister Gromyko sei nur ein Techniker und innerhalb der Partei ohne Einfluß. Dulles setzte hinzu, diese Bemerkungen hätten jedoch nur spekulativen Charakter.

Ich erklärte, daß ich seine Ansicht teile, daß man für die Wiedervereinigung nicht mit dem Verzicht auf die Freiheit und mit der Aufgabe alles dessen bezahlen dürfe, was sich in der Nachkriegszeit in Europa entwickelt habe. Diese Überzeugung werde von der überwiegenden Mehrheit des deutschen Volkes geteilt. Ich erwähnte in diesem Zusammenhang die erneuten Vorschläge von George F. Kennan zu einer Neutralisierung Deutschlands und bezeichnete sie als erschütternd unrealistisch. Leider müsse ich mit Erstaunen feststellen, daß Kennan in den Vereinigten Staaten offenbar großen Einfluß besitze, und erwähnte in diesem Zusammenhang die Senatoren Fulbright und Humphrey.

In der gegenwärtigen Situation könne man nur negativ feststellen, was man unter keinen Umständen tun dürfe: Unter keinen Umständen dürfe die Verbindung zwischen Deutschland und dem Westen geschwächt werden. Das bedeute: Die NATO müsse vollkommen intakt bleiben, und die europäische Integration müsse fortgesetzt werden.

Ich wies mit Nachdruck auf die Ziele der sowjetischen Politik hin. Ich er-

klärte, der Kommunismus werde nach wie vor von der Überzeugung getragen, daß die sogenannten kapitalistischen Staaten zum Untergang verurteilt seien und daß der Kommunismus die Welt beherrschen werde. Den einzigen wirklichen Widersacher sähen die Kommunisten in den Vereinigten Staaten. Die Sowjets bemühten sich, durch Aufbau ihres Wirtschaftssystems die amerikanische Wirtschaft zu untergraben. Diesem Ziele gelte auch das sowjetische Streben nach Beherrschung des europäischen Wirtschaftslebens. Alles, was die Sowjets ständig über ihre Furcht vor Deutschland verbreiteten, sei Unsinn. Mikojan selber habe mich darauf hingewiesen, daß in der Welt nur zwei Staaten zählten: die Vereinigten Staaten von Amerika und die Sowjetunion. Solange die Vereinigten Staaten auf dem Gebiet der atomaren Forschung und Bewaffnung ebenso stark blieben wie die Sowjetunion, werde es keinen Atomkrieg geben. Aber auf wirtschaftlichem Gebiet würde die Sowjetunion weiterhin versuchen, gegen die USA zu wirken. Wenn es der Sowjetunion gelinge, die europäische Wirtschaft in ihren Bereich hinüberzuziehen, dann werde die amerikanische Wirtschaft in dieser Auseinandersetzung unterliegen. Das Außenhandelspotential der sechs EWG-Staaten sei etwa ebensogroß wie das der Vereinigten Staaten. Die sowjetische Politik ziele daher gegenwärtig darauf ab, die europäische Integration zu zerstören und insbesondere das deutsche Wirtschaftspotential in die Hände zu bekommen. Die These von einer Neutralisierung Deutschlands, wie sie George F. Kennan erneut vorgetragen habe, würde Deutschland in die Hände der Sowjets treiben und dadurch über kurz oder lang ganz Westeuropa. Eine Politik, wie Kennan sie vorschlage, sei für Amerika reiner Selbstmord, und zwar auf dem Wege der Zerstörung der amerikanischen Wirtschaft. Man könne im Grunde dem Kreml keinen besseren Rat geben als den, einen Wirtschaftskrieg zu führen.
Zur inneren Lage in der Sowjetunion bemerkte ich, man solle nicht die Hoffnung auf eine Veränderung in der Sowjetunion aufgeben. Die Produktionszahlen seien im Jahre 1958 gegenüber denen des Jahres 1957 zurückgegangen. Die Hilfen an China seien geringer geworden. Die neuen Schulpläne zeigten, daß eine neue Klasse entstanden sei, die es als schmerzlich empfinde, daß ihre Kinder jetzt in die Arbeiterklasse zurückfallen sollten.
Jedes Zeichen von Uneinigkeit im Westen bedeute eine Ermutigung für die Sowjetunion, wie man sie sich stärker nicht denken könne. Ich bat deshalb, bei der zu erwartenden westlichen Außenministerkonferenz und bei den Besprechungen mit den übrigen NATO-Staaten immer wieder die Geschlossenheit und Einigkeit des Westens zu demonstrieren, vor allem aber sei eine entschiedene Einmütigkeit der drei Mächte erforderlich.
In den Vereinigten Staaten schätze man die Zielsetzung der sowjetischen

Politik realistisch ein, bemerkte Dulles. Man wisse, daß die Sowjetunion Amerika für ihren Hauptgegner halte. Man sei sich auch über die Einkreisungspolitik der Sowjetunion gegenüber Amerika und über die Bedrohung Deutschlands durch die sowjetische Europapolitik wie über die Bedrohung Japans durch die sowjetische Ostasienpolitik klar. Im Hinblick auf diese sowjetische Bedrohung habe sich die amerikanische Politik in der Nachkriegszeit geändert. Gegenwärtig bestünden etwa fünfzig gegenseitige Verteidigungsbündnisse zwischen Amerika und anderen Staaten. In den Vereinigten Staaten sei kein vernünftiger Mensch der Ansicht, daß der große Kampf beendet sein werde, wenn die Wiedervereinigung herbeigeführt sei. Vielmehr seien alle denkenden Menschen der Überzeugung, daß es keine echte Lösung für den Kalten Krieg zwischen den USA und der Sowjetunion gebe, solange die Sowjetunion hierzu nicht aufrichtig bereit sei. Die Sowjetunion rede immer sehr viel von der Beendigung des Kalten Krieges. Sie selbst mache aber keine diesem Ziele dienenden Vorschläge und trachte nur danach, den Kalten Krieg zu gewinnen. Es handele sich aber um das Problem, die Unterstützung der öffentlichen Meinung für den Nachweis zu erhalten, daß die Nichtbeendigung des Kalten Krieges auf der Unzuverlässigkeit der Sowjetunion als Vertragspartner beruhe, die Abkommen nur dann halte, wenn sie ihr dazu dienten, den Kalten Krieg zu gewinnen. Die mangelnde Aufrichtigkeit der Sowjetunion wirke sich auch bei den Genfer Besprechungen über den Atomversuchsstop aus. Die Sowjetunion spreche immer davon, wie sie der Menschheit helfen könne, dem Fluch der Atombombe zu entrinnen. Wenn es aber an die Formulierung praktischer Bestimmungen gehe, dann zeige sich, daß alles nur Propaganda sei. Im Endergebnis würden die Genfer Besprechungen wohl auch nur zu einer Bloßstellung der Sowjetunion führen und den Westmächten den Nachweis ermöglichen, daß die Sowjetunion tatsächlich nicht bereit sei, ein wirksames Abkommen über den Atomversuchsstop zu schließen. Das Ergebnis könnte man voraussagen, aber eine Weigerung des Westens, mit den Sowjets zu verhandeln, würde von der Weltöffentlichkeit nicht verstanden werden. In vielen Fragen sei es daher für den Westen von Vorteil, Verhandlungen mit den Sowjets aufzunehmen und diese bis zu dem Punkt zu führen, an dem der böse Wille der Sowjets klar zutage trete. Der Westen habe gute Karten in der Hand. In dem Appell zum Aufbau eines einigen Europas liege ein Argument von überwältigendem Gewicht, dessen Benutzung leider in de Vergangenheit sehr vernachlässigt worden sei.
Ich pflichtete Dulles nachdrücklich bei. Auch ich sei der Überzeugung, daß es sich hier um eines der wichtigsten Gebiete handele, auf denen eine beschleunigte Aktivität des Westens dringend geboten sei.

Dulles klagte, daß es in Europa viele Regierungen gebe, die nichts für die Sowjets Unangenehmes sagen wollten. Er, Dulles, und ich seien den Sowjets niemals etwas schuldig geblieben. Deswegen versuchten die Sowjets auch immer, einen von uns beiden gegen den anderen auszuspielen.
Dulles sah bleich aus und machte einen körperlich sehr geschwächten Eindruck. Doch er sprach wie stets sehr konzentriert und war von einer großen geistigen Frische. Er blieb bei seiner Zusage und nahm abends an dem offiziellen Essen teil. Die Hafergrützesuppe aß er mit offensichtlich gutem Appetit.
Am nächsten Morgen führten wir erneut ein längeres Gespräch. Es war unsere letzte Begegnung. Wir erörterten im einzelnen eventuell zu ergreifende Maßnahmen für den Fall, daß die Sowjets die Zufahrtswege nach Berlin behindern würden. Wir stimmten darin überein, daß die Einheit und Geschlossenheit des Westens absolut wichtig waren. Dulles bezeichnete als Zweck seiner Europareise, zwischen den Westmächten Einigkeit über das Verhalten gegenüber Sowjetrußland herzustellen. Er erklärte, solange man nicht willens sei, das Risiko eines Krieges auf sich zu nehmen, werde man angesichts der russisch-chinesischen Bedrohung eine Niederlage nach der anderen einstecken müssen. Sei man aber bereit, das Risiko einzugehen, so brauche man keinen Krieg zu führen.
Ich brachte Dulles persönlich zum Flugplatz nach Wahn. Während der Autofahrt sagte er mir, er werde sofort nach seiner Rückkehr in Washington daraufhin untersucht werden, ob eine Operation erforderlich sei oder nicht. Er unterrichte mich aber schon jetzt, daß er nicht Krebs habe. Er wolle mir das sagen, damit ich mich nicht ängstige, wenn ich in der Zeitung lese, daß er operiert worden sei.
Wenige Tage darauf fand die Operation statt und brachte das bekannte Ergebnis. Dulles ließ mich durch seinen Bruder Allan wissen, ich solle doch bitte davon überzeugt sein, daß er mir nicht die Unwahrheit gesagt habe. Er habe wirklich angenommen, er habe nicht Krebs.
Als Christian Herter, der zunächst als Stellvertreter von Dulles amtierte, später als sein Nachfolger eingesetzt wurde, am 9. Mai zu Beratungen nach Bonn kam, überbrachte er mir Grüße von Dulles und die Bitte, ihm das Rezept für die Hafergrützesuppe zu geben, die er in Bonn gegessen habe. Ihm, Herter, sei diese Bitte von Dulles auf dem Flugplatz in Washington vor seiner Abreise kurz vor dem Start übermittelt worden. Er berichtete mir, zunächst habe er geglaubt, daß es sich um ein Codewort handele, das zwischen Dulles und mir vereinbart worden sei, bis ihn einer seiner Herren, der bei dem letzten Besuch von Dulles auch mit in Bonn gewesen sei, aufgeklärt habe, daß es sich in der Tat um eine Hafergrützesuppe handele. Ich

ließ Dulles sofort das Rezept übermitteln und dazu auch einige Pakete mit der Hafergrütze.

Dulles bat mich, ihm noch mehr zu übersenden. Er könne sie in Amerika nicht bekommen. Ich ließ sie ihm unverzüglich schicken.

Als ich dann Ende Mai 1959 zur Beerdigung von Dulles in Washington war, hörte ich, daß diese Hafergrütze das letzte Nahrungsmittel gewesen sei, das er vor seinem Tode zu sich genommen hatte.

8. Es galt, starke Nerven zu behalten

In ihrer Note vom 27. November 1958 hatte die sowjetische Regierung erklärt: Würde nicht innerhalb von sechs Monaten eine neue Regelung bezüglich Berlins vereinbart, werde sie, die Sowjetregierung, einseitig vorgehen. Sie werde dann der „DDR" die Kontrolle über die Zugänge nach Berlin übertragen.

Es war unmöglich, unter dem Druck dieses Ultimatums mit den Russen Verhandlungen aufzunehmen. Wenn der Westen in Verhandlungen mit der Sowjetunion eintrat, dann galt es zunächst, diesen ultimativen Charakter der russischen Forderungen zu beseitigen. Es erfolgte von sowjetischer Seite eine gewisse Abschwächung, zunächst durch eine Äußerung Mikojans und dann durch Ausführungen Chruschtschows auf dem 21. Parteikongreß der KPdSU in Moskau. Der Druck des Ultimatums schien zu weichen.

Daß Verhandlungen mit den Russen über die Deutschlandfrage aufgenommen würden, lag auf der Hand. Die Verhandlungen würden, wenn sie erfolgreich verlaufen sollten, lange dauern müssen, denn es war ein sehr umfangreicher Stoff zu bewältigen. Ich mußte an zwei Beispiele denken: Bei den Gesprächen über die Waffenstillstandsverhandlungen in Korea war zwei Jahre verhandelt worden und über den österreichischen Staatsvertrag in etwa tausend Sitzungen, und es hatte manche Sitzung dabei gegeben, in der die Vertreter zwar erschienen waren, sich aber keiner zum Wort meldete und daher die Sitzung sogleich wieder beendet und eine neue anberaumt wurde. Das konnte vorkommen; die Hauptsache war, daß die Sache im Gange blieb und daß nicht zu schnell einfach abgebrochen wurde.

Eine Schwierigkeit während dieser Verhandlungen würde darin bestehen, daß die westlichen Regierungen der Öffentlichkeit vor und während dieser Konferenzen nicht alles sagen konnten, was sie wollten oder dachten; das wäre nämlich völlig falsch. Die sowjetische Seite sagte auch nicht, was sie wollte, und wenn die Westmächte dann preisgaben, wie weit sie in dem einen oder anderen Punkt zu gehen bereit wären, dann würde das ein-

Hauptprinzip: Keine Konzession ohne Gegenkonzession

fach von den Russen einkassiert und überhaupt nicht als Konzession gewertet. Dulles und ich hatten uns auf ein Hauptprinzip geeinigt: Keine Konzession ohne Gegenkonzession. Man hatte uns vorgeworfen, wir seien stur und unbeweglich, und die ganze Welt schrieb, man sollte flexibler sein. Ja, es ist komisch, wenn einer einmal Freude an einem Wort gefunden hat, dann schreiben so viele andere das nach, und jeder glaubte in diesen Monaten zu Beginn des Jahres 1959, einen Artikel über Flexibilität schreiben zu können und zu müssen. Aber wenn man dann den Verfasser fragte, was er denn vorschlage, dann wußte er keinen anderen Rat, außer dem, man solle eben flexibel sein.

Ich bin der Auffassung, wenn man nach reiflicher Überlegung ein Ziel und einen Weg als richtig erkannt hat, kann man natürlich, wenn der Gegner Schwierigkeiten macht, versuchen, den Weg etwas zu ändern, aber in der Hauptsache, im Ziel und in der Richtung muß man fest und unbeirrbar sein.

Zunächst würde es zu einer Außenministerkonferenz kommen. Die Sowjetregierung gab am 2. März 1959 ihre Zustimmung zu einem Vorschlag der Westmächte hierzu, später würde wahrscheinlich ein Gipfeltreffen folgen. Wichtigster Grundsatz mußte sein, daß die Einheitsfront des Westens gegenüber Sowjetrußland absolut gewahrt würde. Die Vereinigten Staaten von Amerika, Frankreich und Großbritannien hatten bereits im Dezember 1958 anläßlich der NATO-Ratstagung eine Erklärung abgegeben, die es undenkbar erscheinen ließ, daß eine dieser Mächte auf die Rechte verzichtete, die ihr zustanden, und zwar Rechte nicht nur auf Grund des Potsdamer Abkommens, sondern auch auf Grund noch im Kriege geschlossener Verträge und auf Grund des Vertrages vom 4. Mai 1949, durch den die Berliner Blockade beendet worden war.

Aber dennoch, man konnte leider nicht sagen, daß unter den Westmächten eine hundertprozentige Übereinstimmung gegeben war. Die Amerikaner nahmen eine feste Haltung ein. Für die Amerikaner war Berlin derselbe Fall wie Quemoy und Matsu, das heißt ein Rechtsfall. Die Amerikaner sagten sich: Wir können hier ebensowenig nachgeben wie bei Quemoy und Matsu. Wir haben in Berlin Rechte. Es gab in der Bundesrepublik Meinungen, nach denen Berlin aus dem Vier-Mächte-Status herausgelöst und mit der Bundesrepublik kooptiert werden sollte. Dies hielt ich nicht für richtig, denn in dem Augenblick wären die amerikanischen Verpflichtungen in Frage gestellt, und Berlin wäre vogelfrei. Wir mußten uns darüber klar sein, daß Amerika seine Soldaten nicht etwa uns zuliebe opfern würde, sondern wegen seiner Rechte. Es durfte nichts geschehen, was irgendwie den Status von Berlin verändern und damit auch das Recht der Amerikaner verletzen könnte. Nach einstimmiger Auffassung des Kabinetts war der einzige Schutz der Freiheit Berlins der Vier-Mächte-Status. Alles andere lag daneben.

Was mir aber große Sorge machte, waren gewisse Meldungen aus Großbritannien, das waren Pläne, die immer wieder von einigen britischen Zeitungen als sehr erwägenswert bezeichnet wurden, Pläne eines Auseinanderrückens der Blöcke, eines „disengagement". Diese Frage war von uns wiederholt sehr gewissenhaft geprüft worden, und auch wir hatten vor mehreren Jahren mit unseren Militärs die Frage studiert, ob auf diese Weise eine Entspannung in Europa und in der Welt herbeigeführt werden könnte. Damals waren wir eher geneigt zu sagen, es lasse sich auf diesem Wege etwas tun, andere Länder waren seinerzeit dagegen. Ich muß heute sagen, daß sie recht hatten, deswegen wohl, weil wir offenbar die Entwicklung der Waffentechnik nicht überschaut hatten und nicht überschauen konnten, weil wir die modernen Entwicklungen und Versuche auf militärtechnischem Gebiet nicht kannten. Bei dem jetzigen Stand der Waffentechnik war es sinnlos, einen neutralisierten oder minderbewaffneten Block beispielsweise aus Deutschland, der Tschechoslowakei und Polen zu schaffen. Bei dem jetzigen Stand der militärtechnischen Entwicklung würde es völlig belanglos sein, wenn Polen, die Tschechoslowakei und wir abrüsteten. Auf die allgemeine Entspannung hätte das gewiß keine Einwirkung. Aber das Ausscheiden der Bundesrepublik aus der NATO – und das wäre die Folge derartiger „disengagement"-Pläne – würde die NATO als Bollwerk gegen eine russische Aggression unterhöhlen, es würde die NATO zwecklos, sinnlos machen. Es war kein Zweifel möglich, die Auflösung der NATO würde, wenn man nur etwas in die Zukunft dachte, bedeuten, daß die Vereinigten Staaten ihre Truppen aus Europa zurückzögen. Das mußte uns klar sein, ob wir nun in Kontinentaleuropa lebten oder auf den Britischen Inseln. Uns mußte klar sein, daß wir alle miteinander davon völlig abhängig waren und sind, ob die Vereinigten Staaten uns gegenüber einem sowjetrussischen Angriff stützten oder nicht. Das mußte man sich bei allen Überlegungen immer wieder vor Augen halten.

Die Hauptsorge bereitete mir der Plan zur Schaffung einer sogenannten „inneren Sicherheitszone", wie sie in Großbritannien diskutiert wurde. Wir hatten uns Jahre hindurch konsequent gegen die Schaffung eines solchen besonderen militärischen Bedingungen und Kontrollen unterliegenden Gebietes, das Deutschland umfassen sollte, gewandt. Ob man das „disengagement" nannte oder Rapacki-Plan, war wohl gleichgültig. Der Name änderte nichts an der Sache selbst. Großbritannien schien zu Extratouren bereit. Ende März 1959 traf der britische Premierminister Macmillan in Camp David in den

To Konrad Adenauer
I inscribe this photograph, taken at the Wahn-Köln Airport. It portrays, I hope, the joy I experience in meeting the great Chancellor. — John Foster Dulles

Der englische Premierminister MacMillan in Moskau, Ende Februar 1959

USA mit Präsident Eisenhower zusammen, um Eisenhower persönlich über den Verlauf seiner Moskauer Gespräche zu unterrichten. Berichte, die ich über dort von Macmillan vertretene Ansichten erhielt, waren nicht beruhigend. Die britische Regierung schien durch einen „disengagement"-Plan aus der westlichen Einheitsfront auszubrechen, und dies bedeutete, daß die westliche Welt außerordentlich stark lädiert würde. Was sich daraus ergeben konnte, wußte der liebe Himmel. Ich war der Auffassung, daß das Los Deutschlands auch das Los Großbritanniens sein würde und daß sich kein Engländer der Hoffnung hingeben durfte, daß Großbritannien seine Freiheit behielt, wenn die Freiheit auf dem europäischen Kontinent zugrunde ging. Aber ich machte mir durchaus klar, die britische Regierung hatte es nicht leicht gegenüber der öffentlichen Meinung ihres Landes. Ich verfolgte mit großer Sorge die Nachrichten, die aus London kamen, sie waren nicht so, daß sie mich mit besonderer Freude erfüllten.

Ein weiteres Beispiel auf dem Gebiet der Extratouren war eine Ankündigung Frankreichs am 15. März 1959, daß es seine Mittelmeerflotte aus dem NATO-Befehlsbereich herausziehen werde, um seinen besonderen Aufgaben im Mittelmeerraum nachkommen zu können. Wenn ein Gefüge sich lockert, dann lockert es sich hier und dort. Wenn wir die jetzige Krise überstanden haben würden und dann, was ich hoffte, in einigen Monaten Ruhe eingetreten wäre, mußte unbedingt eine Änderung der NATO in Angriff genommen werden. Ich gab de Gaulle in seinen Forderungen hierzu völlig recht. Die NATO mußte saniert werden.

Über eines mußte man sich völlig im klaren sein: Hinter den sowjetischen Aktionen stand das Ziel, die NATO zu zertrümmern, Europa auseinanderzubringen und das Wirtschaftspotential Europas in russische Hände zu bekommen, weil das die Sowjetunion zur ersten Wirtschaftsmacht der Welt machen würde, weil das ihre Position gegenüber Rotchina außerordentlich stärken und die Möglichkeit schaffen würde, gegenüber den Vereinigten Staaten durch einen Wirtschaftskrieg einen großen Erfolg zu erzielen. Wenn man sich vorstellte, daß Sowjetrußland das Wirtschaftspotential der EWG in seine Hände bekam, dann wäre es Herr der Welt. Dann könnte es sowohl den Vereinigten Staaten wie auch Rotchina zeigen, wer zu befehlen hatte und wer nicht. Dazu durfte es nicht kommen.

Aus der Situation des Frühjahrs 1959 ergab sich, daß die nächsten Monate voraussichtlich sehr schwere Monate für uns und die ganze Welt sein würden und daß sehr sorgfältig jede Entwicklung verfolgt werden mußte. Wir Deutschen mußten sehr gute Verbindung und Fühlung halten mit unseren NATO-Partnern, besonders mit den Vereinigten Staaten, Frankreich und Großbritannien, weil diese als die Siegermächte des Zweiten Weltkrieges die besondere Sorge und Verpflichtung haben, Deutschlands Einheit wiederherzustellen.

Ich hoffte und wünschte, daß während der nächsten Monate das deutsche Volk ruhig blieb, sich nicht ängstigen ließ und ruhig seiner Arbeit nachging. Ich blieb aber bei folgender Grunderkenntnis: Man sollte sich nicht einbilden, daß nun die deutsche Frage das allein Entscheidende für den Frieden der Welt sei. Das war sie nicht. Selbst wenn man sich Deutschland von der Erdkarte verschwunden dachte, würde die große Spannung zwischen den USA und der Sowjetunion nach wie vor bleiben. Freilich liegen wir an einem Punkt der Erdkarte, an dem sich der Gegensatz zwischen Freiheit und Unfreiheit besonders deutlich zeigt, weil unser Land zerrissen ist. Das ist wahr. Aber machen wir uns immer wieder klar, nicht nur uns selbst und unserem Volk gegenüber, sondern auch unseren Bundesgenossen, daß der eigentliche Schlüssel zur Entspannung in einer kontrollierten Abrüstung liegt und daß die Welt keine Ruhe und keinen Frieden finden und daß das Unheil weiter über der Menschheit schweben wird, wenn es nicht endlich gelingt, zu einer kontrollierten Abrüstung zu kommen. Und deshalb war ich gewillt, mich mit ganzer Kraft dafür einzusetzen. Auch in Rußland konnten die Bäume nicht in den Himmel wachsen, und die Russen hatten schwere Sorgen um ihr eigenes Land. Ich sah nicht ein, warum es nicht gelingen sollte, zu diesem Ziel aller Völker zu kommen, die Frieden haben wollten: zur kontrollierten Abrüstung. Sie würde sicher auch die Lösung der deutschen Frage bringen.

Wir waren am Anfang einer Serie von sehr wichtigen Konferenzen, von Konferenzen, die für das deutsche Geschick voraussichtlich von außerordentlicher Tragweite sein würden. Die Lage war für den Westen, einschließlich Deutschlands, durch die Krankheit von Staatssekretär Dulles, die eigenartige Haltung Englands, die Ankündigung Frankreichs sehr prekär geworden. Es galt, starke Nerven zu behalten und alles zu tun, damit der Westen einig und fest blieb.

XV. BUNDESPRÄSIDENTENWAHL 1959

1. Reflexionen von Theodor Heuss
über das Amt des Bundespräsidenten

Bundespräsident Heuss war am 12. September 1949 zum ersten Bundespräsidenten der Bundesrepublik Deutschland gewählt worden. Seine zweite Amtsperiode lief im September 1959 ab. Nach Artikel 54 Absatz 2 des Grundgesetzes kann ein Bundespräsident nur einmal wiedergewählt werden.
Die Wahl von Professor Heuss zum Bundespräsidenten im Jahre 1949 war ein großes Glück für unseren jungen Staat. Heuss wurde den Pflichten seines hohen Amtes in ausgezeichneter Weise gerecht und genoß allgemein Hochschätzung und Verehrung. Es gab viele Stimmen, die für eine Änderung des Grundgesetzes plädierten zu dem Zweck, die Besetzung des Amtes durch ihn für eine dritte Wahlperiode zu ermöglichen. Heuss war jedoch nicht bereit, einer solchen Änderung des Grundgesetzes zuzustimmen. Außerdem hatte die SPD durchblicken lassen, daß sie nicht für eine Änderung der Verfassung, die der Wiederwahl von Heuss den Weg freigemacht hätte, eintreten würde.
Im Dezember 1958 legte Heuss selbst seine Gedanken zur Bundespräsidentenfrage nieder und übersandte sie mir. Heuss schrieb:

„Bonn/Lörrach, Ende Dezember 1958

Bemerkungen zur Bundespräsidenten-Frage

1. Es war wohl Ernst Friedländer, der vor einigen Monaten als erster publizistisch den Vorschlag machte, das Grundgesetz zu ändern, das heißt den Satz, der nur eine *ein*malige Wiederwahl zuläßt, zu streichen. Darauf setzte eine lebhafte Presse-Erörterung ein, die wohl Friedländers Vorschlag, mich zum dritten Male zu wählen, menschlich-freundschaftlich würdigte, aber von dem Verfahren als solchem abriet, vor allem die ‚F. A. Z.' und Eschenburg in der ‚Zeit'. Ich darf sagen, daß mir *diese* Stimmen und Argumentationen besser gefallen haben, als Friedländers Vorprellen, das er auch in einem persönlichen Gespräch leidenschaftlich verteidigte.
2. Ich selber habe in privaten Gesprächen mit Politikern oder sonstwie interessierten Menschen die These gebraucht, daß man ein Grundgesetz

nicht deshalb ändern dürfe, weil gerade ‚ein netter Mann auf dem Markt sei' – diese saloppe Formel hat freilich vielen nicht gefallen. Doch ich wählte sie ganz bewußt, um mit ihrer Drastik anzudeuten, daß die Verfassung nicht auf einen Menschentyp zugeschnitten sei, sondern eine Rechtsform darstelle, in der zunächst die Frage nach den individuellen Eigenschaften völlig offen sei. (Dies letztere gilt, was ein Staatsoberhaupt anlangt, für die Monarchie, wenn sie nicht bereits ‚demokratisiert' ist, in noch höherem Maße als die Berufung durch eine Wahl.)

3. Es ist ganz selbstverständlich, daß ich zu dieser Sache bislang keine öffentliche Erklärung abgab, so daß ich in der Presse, zumal in den so farbig unzuverlässigen ‚vertraulichen' Informationsdiensten, beide Auffassungen vorgetragen fand: ich lehne bedauerlicherweise ab, wie, ich sei erstaunlicherweise zu einem 3. Term bereit.

4. Eine Zeitlang wurde der Standpunkt vertreten und verbreitet: die Sache eile ja nicht, man müsse erst das Ergebnis der Landtagswahlen in Bayern, Hessen, (auch Berlin), dann Niedersachsen und Rheinland-Pfalz abwarten (das heißt bis zum April 1959). Dies erst ermögliche eine Übersicht über die Zusammensetzung der ‚Bundesversammlung'. In dieser Ansicht, zu der ich verständlicherweise auch immer schwieg, liegt ein doppelter Trugschluß.

   a) Die Problematik einer dritten Kandidatur als solcher hat mit der Zusammensetzung der Bundesversammlung (also dem Ergebnis der ‚Wahlmänner'-Auswahl, die von den Landtagen zu treffen ist) gar nichts zu tun, sondern liegt in einer verfassungsändernden Rechtsentscheidung von Bundestag und Bundesrat.

   b) Niemals konnte ich persönlich auf die Idee kommen, eine Kandidatur von parteipolitischen Wahlerfolgen und Konstellationen abhängig zu machen. Das würde nach dem Wahlverlauf von 1954, der keinen ernsthaften Gegenkandidaten sah, aus meiner Sicht geradezu eine Schwächung der objektiven wie der moralischen Position eines Bundespräsidenten Heuss bedeuten.

5. Wenn ich ‚eitel' wäre, was ich hoffe, weder im Bewußtsein des Volkes noch derer, die mich kennen, zu sein, müßte ich die vielfache Freundlichkeit, die ich in diesen Jahren seit 1949 erfahren habe, als Bestätigung einer ordentlichen Amtsführung und als eine Ermunterung, sie fortzusetzen, bewerten. Am Anfang entsprang die Zustimmung der einfachen instinktiven Freudigkeit der Menschen, daß wieder, wenn auch nur für einen Teil des Vaterlandes, der werdende Staat eine ‚Spitze' besaß – wer kannte mich schon außerhalb des politischen Kreises, dem ich entstamme, und der Literaten, Wissenschaftler und Künstler, mit denen

mein Lebensweg mir die Berührung gebracht hatte! Es ist mir geglückt, die Beziehungen zu breiteren Volksschichten zu verdichten und *so* bescheiden bin ich nicht, um nicht zu wissen, daß das eine nützliche Wirkung für den Staat bedeutet hat. Auch bei den Auslandsbesuchen glaube ich, Deutschland nie blamiert zu haben.

6. Doch handelt es sich nicht um die geschichtliche Position des Heuss – die mag im Positiven und Negativen spätere Historiker beschäftigen, wenn sie sich um den Ablauf unserer verworrenen Epoche kümmern sollten –, sondern um die für einen jungen Staat so wichtige, vom individuellen Zufall abstrahierende Rechtskontinuität. Nach den Erfahrungen der sogenannten ‚Weimarer Republik' ist die Stellung des Bundespräsidenten verhältnismäßig schwach für die Entscheidungen der Tagespolitik ausgestattet worden; es ist ein Glück, daß das wechselseitige Verhältnis zwischen Bundespräsidenten und Bundeskanzler menschlich durchwärmt war und ist und daß ich in der elementaren Bewegung der Regierungspolitik sachlich zustimmte – eine ‚Kraftprobe' bei divergierender Ansicht, etwa in Personaldingen, die die ‚dynamische' Bedeutung der beiden Ämter bestimmen würde – Hugo Preuss hatte seinen ersten Entwurf so konstruiert – wäre bei der dauernd ungesicherten Lage des Staates geschichtlich unsinnig gewesen, ja gefährlich.

7. Eine dritte Kandidatur Heuss wäre eine glatte Verlegenheitslösung und würde, bei aller persönlichen Vertrauensstärke, die *sachliche* Stärke des Bundespräsidenten nicht heben. Sie wäre ein Armutszeugnis für die deutsche Demokratie, die, wie es für die amerikanische und französische notwendig war, sich auf einen Wechsel der Individualitäten, ja der Typen einrichten muß. Ich glaube auch, gerade im Ausland würde eine Verfassungsänderung ad hoc, die immer als ad hominem gedeutet werden müßte, eher verwirrend als klärend wirken: Ist denn die ‚bürgerliche Demokratie' in der Bundesrepublik nur auf diese beiden Namen Adenauer und Heuss gestellt? Ich glaube, daß ich neben dem Respekt, den der Bundeskanzler genießt, durch einige Reden, die draußen bekannt wurden, durch solche, die ich draußen hielt, auch einige Achtung erwarb, die Deutschland zugute gekommen ist. Doch hat die Haltung der Leute draußen gar nichts mit der menschlichen Gefühligkeit zu tun, die bei der Behandlung dieser Sache durch weite Kreise des deutschen Volkes geht (vergleiche den Briefeingang im Bundespräsidialamt). Man würde draußen nur erstaunt sein: hat denn dieses deutsche Volk keine Reserven? Meine ‚Popularität' ist für die anderen doch letztlich völlig uninteressant.

8. Nun ist, mit dem Hinweis auf die schwere politische Situation seit

November 1958 (Berlin!), die Frage in die breitere und auch in die vertrauliche Erörterung gekommen, das Grundgesetz so zu ändern, daß man zwar bei der nur einmaligen Wiederwahl bleibt (übrigens lediglich eine Kopie von USA, wo erst in den vierziger Jahren aus einer Gewöhnung eine rechtsverbindliche Vorschrift gemacht wurde), aber, nach dem Weimarer Modell, die Amtsfrist von fünf auf sieben Jahre erhöht und mich zum ersten ‚Nutznießer' macht, indem man dieser Bestimmung rückwirkende Kraft gibt. Populär würde das eine ‚lex Heuss' bedeuten. Ich kann nicht sagen, ob die Juristen in Karlsruhe Derartiges als rechtlich zulässig akzeptieren würden. (Von dieser terminierten Spezialfrage abgesehen, bleibt die Erörterung und Entscheidung in diesen Dingen natürlich ein höchst legitimer und überlegenswerter Vorgang.) Aber es ist ein *politisches* Fehldenken. Denn im Jahre 1961 finden, ungefähr zu dem Termin, da ein neuer Bundespräsident gewählt werden müßte, Bundestagswahlen statt – in deren Verlauf würde, ganz unvermeidlich, der kommende Bundespräsident, mit diesem, mit jenem Namen, eine Rolle spielen und seine Funktion als ‚pouvoir neutre' im vorhinein zerschlissen werden.

9. Der Hinweis auf die ‚kritische' Situation des Augenblicks wird von mir nicht überhört. Er hat mehr einen volkspsychologischen Sinn als einen politisch-konstruktiven. Ich möchte mich vor dem Verdacht gesichert wissen, daß ich vor Verantwortungen davonlaufen wollte, ich habe solche, möchte ich glauben, in meinen Amtsjahren nie gescheut. Was hier niedergeschrieben wurde, ist *alte* Überlegung, die durch die letzten Monate diese und diese Nuancierung erfahren mußte. Das Grundgesetz hat ja dem Bundespräsidenten in concreto wesentlich nur subsidiäre Funktionen zugewiesen, wenn ich das Wort gebrauchen kann.

10. Vor einigen Wochen wurde eine offenbar ‚parteioffiziell' nicht autorisierte Anregung gegeben, die politischen Gruppen möchten über die Persönlichkeit des nächsten Bundespräsidenten in Beratungen eintreten. Ich glaube, der Vorschlag war nicht unrichtig gedacht; daß es für mich als Person etwas lästig wird, immerzu brieflich oder mündlich auf die Sache angesprochen zu werden, ist natürlich völlig zweitrangig; ich bin ‚hartschlägig' und nüchtern. Aber die Klärung und vorbereitende Entscheidung müssen die verantwortlichen Gruppen frühzeitig und ohne peinliche, schließlich peinigende Zeitbedrängnis anfassen.

11. Es ist mir klar: mein ‚Ruhestand' wird ein Unruhestand bleiben. ‚Man' wird den ‚Alt-Bundespräsidenten' weiterhin für diese oder jene öffentliche Aufgabe bemühen wollen, zumal ich ja in den Jahren meiner Amtsführung mit zahlreichen Verbänden usf. in sachlich fördernde und

mithin auch in menschlich vertrauensvolle Beziehungen gekommen bin. Ich werde auch künftig in meiner Art dem Vaterland dienen und meinen Nachfolger, wer er auch sei, und wo immer es sich sachlich ergibt und empfiehlt, ohne ihn ‚konkurrieren' zu wollen, soweit er es wünscht, loyal unterstützen.

12. Manche rechnen damit, daß ich als Redner, Publizist, ja vielleicht sogar als Abgeordneter in die aktive Politik des Tages zurückkehren werde – manche hoffen es, manche fürchten es. Ich habe nicht vor, diesen Weg zu beschreiten. Und zwar nicht aus einem ‚Ruhebedürfnis', sondern aus der sachlichen staatspolitischen Überlegung: Der ‚Goodwill', den ich, das spreche ich ganz gelassen aus, der öffentlich-rechtlichen Figur des Bundespräsidenten in verschiedenen Volks- und Berufsschichten, und doch wohl auch in Teilen des Auslands geschaffen habe und der etwas wie ein Stück seelischer Substanz geworden ist, darf nicht gefährdet werden durch eine Rückkehr in partei-politische Kampf-Fronten. Die spezifische deutsche Situation und auch die Zeitlage widerraten einen solchen Schritt.

13. Einige Aufgaben, denen ich tätig nahestand, will ich weiterpflegen, etwa die Vorsitzenden-Verpflichtung gegenüber dem Germanischen Nationalmuseum in Nürnberg; daß ich das ‚Müttergenesungswerk', soweit dies möglich, auch weiterhin stütze, bin ich dem Gedächtnis meiner Frau schuldig, aber es ist auch sachlich gerechtfertigt. Sonst muß natürlich manches abgebaut werden. Denn der wesentliche Akzent meiner Tätigkeit soll ja den literarischen und wissenschaftlichen Plänen gelten, die durch die Tagesgeschäfte seit 1945 nur ganz gelegentlich angefaßt werden konnten.

14. Daß eine Änderung des Grundgesetzes, was die Position des Bundespräsidenten betrifft, ihre politische Rechtssubstanz, aber auch etwa Amtsdauer von sieben Jahren und nur einmalige Wiederwahl, überdacht werde, ist vollkommen legitim und vielleicht auch nützlich, aber derlei muß völlig von einer aktuellen Personal-Bezüglichkeit abgelöst geschehen. Denn dann hinkt das Ganze. Ich habe hier keine Vorschläge zu machen. In der Zeit des Parlamentarischen Rates überlegte ich mir, ob die bei den Verfassungsberatungen in Weimar von Naumann ausgesprochene Anregung – sie war erfolglos gewesen – aufgenommen werden könne, nach den Erfahrungen eines Zeitraumes von fünf oder zehn Jahren für die ändernde Durchsicht der Verfassung – einmal – eine *einfache* Mehrheit als möglich einzusetzen. Ich habe davon aber sehr bewußt Abstand genommen. Denn das wäre zu einer Alarmierung des Mißtrauens der Besatzungsmächte geworden. Den Wahlkörper der

‚Bundesversammlung', den ich mir im Dezember 1947 ausgedacht hatte, als viele von uns an dem öffentlichen Recht der Zukunft bosselten, würde ich freilich belassen, weil er das föderal-demokratische und das unitarisch-demokratische Element aufgefangen hat – das rein plebiszitäre Verfahren scheint mir nach den Hindenburg-Erfahrungen und daneben nach den Chancen für bloße Demagogie nicht ratsam. Diese ganzen Schlußüberlegungen setzen natürlich voraus, daß sie in die Atmosphäre des ‚Parlamentarischen Rates' gestellt würden, das heißt, nicht in Kampfabstimmungen geregelt würden.

15. In einer Zeitung las ich, daß bereits Juristen damit beauftragt seien, das Problem zu untersuchen, ob und wie eine gezielte Verfassungsänderung vorgenommen werden könne. Von wem beauftragt? Ich bin kein ‚Jurist', spüre aber dies: das Verfahren müßte sich in einem schwer erträglichen Finassieren vollziehen. Denn ich bin von der Bundesversammlung 1954, so wie sie damals war, für fünf Jahre gewählt worden. Die Bundesversammlung ist ein Organ der Verfassung – sie kann nicht durch Entscheidungen von Bundestag und Bundesrat, etwa über die Amtsperiode, durch gemeinsamen Beschluß, außer Kraft gesetzt werden. Denkt man an derlei, so ist die Verfassungsklage gegeben: ob überhaupt die Unterschrift eines *nicht* mit allen formalen Voraussetzungen *neu* gewählten Bundespräsidenten einem beliebigen Gesetz konkrete Rechtswirksamkeit gebe. Das Amt des Bundespräsidenten – es handelt sich nicht um die Person Heuss – darf nicht in juristischen Kontroversen: ob, ob nicht, im vorhinein zerfasert werden. Schon die Presseerörterungen in ihrem Hin und Her, die man ja nicht ‚verbieten' kann, sind ihm abträglich.

16. Für die vielleicht geplante Verfassungsänderung, ohne Bezüglichkeit auf mich, hat mein Sohn mir eine wohl diskutierbare Anregung vorgelegt: Artikel 54, Absatz II erhält folgende Fassung: ‚Das Amt des Bundespräsidenten dauert fünf (oder sieben) Jahre. Anschließende Wiederwahl ist nur einmal zulässig, es sei denn, sie erfolgt mit einer Zweidrittelmehrheit.'

17. Um auf die ‚Berlin'-Frage zurückzukommen, die mir auch in Briefen nach Lörrach vorgeführt wird, daß ich ‚bleiben müsse': sie jetzt, womöglich öffentlich und mit dem erbetenen positiven Akzent zu beantworten, wäre völlig falsch. Das sollte ‚beruhigend' wirken, könnte aber eher zu einer Art von Alarm werden. Das volkstümliche Bild, daß man beim Schwimmen über den Strom das Pferd nicht wechsle, ist sprachlich, aber auch inhaltlich falsch, wenn man es an die rechtliche Funktion des Bundespräsidenten heranführt. Der terminmäßig vorgesehene Wechsel müßte eher als ein Symptom der sachlichen Gelassenheit wirken.

18. Man macht es jedem meiner Amtsnachfolger schwer, indem man mich zu sehr lobt. Die eventuellen Anwärter werden ja geradezu scheu gemacht, wenn sie lesen und hören müssen, ich hätte einen Stil des Bundespräsidenten ‚geprägt', der ‚das Maß' gebe. Ohne das ‚Prägen' geht es ja offenbar bei den Deutschen nicht. Habe ich denn einen ‚Stil geprägt'? Ich bin mir dessen nicht bewußt. Ich legte immer Wert darauf, der zu bleiben, der ich war, mit einer unumgänglichen Konzession an bestimmte ‚protokollarische' Konventionen, die zur Lebensumgebung und den Verhaltenstechniken des äußeren Amtsablaufs gehören – mehr nicht. Daß ich, von den Trivialitäten bei den ‚Beglaubigungen' abgesehen, nie eine Rede hielt, die ein anderer gemacht hat, war technisch wohl überflüssige Mühe, aber einfache Folge meiner Literaten-Vergangenheit. Vermutlich hat auch ein hohes Amt eine prägende Kraft. Shakespeare hat das großartig in dem Wandel seines Prinzen Heinz zum fünften Heinrich dargestellt. Aber es ist nicht nötig, ins Poetische zu fliehen. Ebert als Geschichtsfigur hat nicht das Amt ‚geprägt', aber er ist, da die menschliche Substanz vorhanden war, von ihm großartig geprägt worden. Und wie ist es mit Coty? Als er gewählt wurde, nach vielem Lavieren, war er für viele Franzosen eine Verlegenheitssache; als er gewählt war, hat er ganz offenkundig Sympathie, Respekt, ja Liebe auf sich, nicht bloß auf sein Amt, zu sammeln gewußt.

19. Dieses ‚Memorandum', im ‚Aufbau' von den Überlegungen einiger später Stunden ausgefüllter Tage bestimmt und deshalb nicht rational gegliedert, will keine ‚Staatsschrift' sein, aber die eigenen Reflexionen einigen für das vaterländische Schicksal mitverantwortlichen Männern vertraulich übermitteln.

20. Nachtrag, Bonn, den 10. Januar 1959
Nach der Besprechung mit meinen beiden nächsten Mitarbeitern Bleek und Bott erfuhr die Lörracher Niederschrift geringe Streichungen und geringe Ergänzungen. Für den weiteren modus procedendi halte ich persönlich für zweckmäßig, zunächst den leider unvermeidlichen 75. Geburtstag am 31. Januar ablaufen zu lassen. Die vermutlich ‚schönen' Aufsätze, die mich nicht allzusehr interessieren, sollen den Journalisten nicht die Chance geben, gleich dem noch imaginären Nachfolger Verhaltensvorschriften zu geben. Post festum aber, scheint mir die Nation und das Amt (um seiner sachlich moralischen Position willen) den Anspruch zu besitzen, daß der Weg zu einer Klärung beschritten wird. Ich bin bereit, wenn das erwünscht ist, dabei als Berater mitzuwirken. Aber ich glaube, einen Anspruch darauf erworben zu haben, nicht durch das

Hinausziehen der Dinge in die Rolle einer sich sträubenden Jungfer gedrängt zu werden, deren Ja oder Nein Stoff für politische Feuilletonisten bildet. Das Schicksal hat mich, ohne daß ich das ‚erstrebte', zu einer deutschen Geschichtsfigur gemacht; ich glaube, der Aufgabe nach meiner Art genügt zu haben; ich will keinen amtlichen Abschluß, der das Bild dieser Tätigkeit durch freundschaftliche Phantasien – sie blühen rechts, links und in der Mitte – verunklart.

Das ist ‚poetisch' ausgedrückt, aber um des Amtes und des Staates willen völlig nüchtern gedacht.

gez. Theodor Heuss"

2. Kandidatur Erhards für die Wahl zum Bundespräsidenten?

So trat die Frage an uns heran, eine andere Persönlichkeit zum Bundespräsidenten zu wählen. Die Wahl des Bundespräsidenten erfolgt durch die „Bundesversammlung". Die Bundesversammlung, die nur zu diesem Zweck zusammentritt, setzt sich zusammen aus den Mitgliedern des Deutschen Bundestages und einer gleichen Anzahl von Persönlichkeiten, die von den Landtagen nach den Grundsätzen der Verhältniswahl zu wählen ist. Nach dem Stand von Anfang 1959 würde die Bundesversammlung, die am 1. Juli 1959 den neuen Bundespräsidenten zu wählen hatte, aus 995 stimmberechtigten Mitgliedern bestehen – die Vertreter Berlins waren bei dieser Zahl nicht mitgerechnet. Vorausgesetzt, daß die Landtagswahlen in Rheinland-Pfalz und Niedersachsen, die noch vor dem 1. Juli 1959 erfolgen würden, das gleiche Ergebnis wie die letzten Landtagswahlen dort hätten, sah die Verteilung der stimmberechtigten Mitglieder der Bundesversammlung auf die Parteien Anfang März 1959 folgendermaßen aus:

CDU/CSU	497	(also nicht die Hälfte der Stimmen)
SPD	361	
FDP	85	
DP	24	
BHE	20	
Bayernpartei und DRP	8	

Die 497 Mitglieder der CDU/CSU würden sich zusammensetzen aus 271 Bundestagsabgeordneten und 226 Abgeordneten, die von den Landtagen gewählt werden würden.

Für die Wahl des Bundespräsidenten schreibt das Grundgesetz in Artikel 54 (6) vor: „Gewählt ist, wer die Stimmen der Mehrheit der Mitglieder der Bundesversammlung erhält. Wird diese Mehrheit in zwei Wahlgängen von keinem Bewerber erreicht, so ist gewählt, wer in einem weiteren Wahlgang die meisten Stimmen auf sich vereinigt."

Anfang Januar 1959 fanden erste Gespräche unter führenden Politikern der CDU/CSU über die kommende Wahl für das Amt des Bundespräsidenten statt. Man war sich allgemein darüber einig, daß vor dem 75. Geburtstag von Heuss am 31. Januar 1959 die Frage seines Nachfolgers nicht in der Öffentlichkeit angeschnitten werden sollte. Daran hielten sich alle.

Die Sozialdemokraten nominierten als ihren Kandidaten Professor Carlo Schmid. Sie fanden mit dieser Nominierung in der Öffentlichkeit großen Widerhall. Die Nominierung von Professor Carlo Schmid für das Amt des Bundespräsidenten fand auch in Kreisen der CDU Anklang. Nach meiner Meinung war Professor Carlo Schmid trotz aller Verdienste um den Aufbau unseres Staates, die er zweifellos hatte, nicht die richtige Persönlichkeit, um Staatsoberhaupt der Bundesrepublik Deutschland zu werden. Professor Schmid hatte gegen den Eintritt der Bundesrepublik in den Europarat, gegen den Eintritt in die NATO, gegen die Einführung der Wehrpflicht gestimmt, er war führend in der Anti-Atom-Agitation. Das Schicksal unseres Volkes war und ist unlösbar mit dem Westen verbunden. Man würde es in der westlichen Welt nicht verstehen, wenn ein Mann, der zehn Jahre lang gegen die Politik des Anschlusses an den Westen gestimmt hatte, nunmehr Staatsoberhaupt würde. Man würde den Eindruck hervorrufen, daß die außenpolitische Meinung der Sozialdemokratie zum Siege im deutschen Volke gekommen sei.

Ohne Zweifel war Professor Carlo Schmid eine sehr zugkräftige Persönlichkeit, und es galt, ihm einen entsprechenden Kandidaten entgegenzustellen. Die CDU/CSU hatte es sehr viel schwerer als die Sozialdemokraten, einen Kandidaten zu nominieren, da die Sozialdemokratische Partei eine zentralistisch aufgebaute Partei ist. Bei der CDU/CSU lag die Sache anders. Die Landesparteien waren vor der Bundespartei, die Landtage waren vor dem Bundestag ins Leben getreten. Die Bundespartei der CDU wurde erst im Jahre 1950 gegründet. Wir mußten bemüht sein, Übereinstimmung zwischen der Bundestagsfraktion, den Landtagsfraktionen, der Bundespartei und den Landesparteien zu erreichen. Wir mußten versuchen, auf eine möglichst glatte Weise eine übereinstimmende Willensbildung herbeizuführen.

Ich kam mit führenden Persönlichkeiten der CDU und CSU zu der Überzeugung, daß es ratsam sei, zunächst ein Gremium von etwa fünfzehn bis zwanzig Personen zusammenzustellen, dem Bundestagsabgeordnete, Landtagsabgeordnete und führende Persönlichkeiten des engeren Vorstandes der CDU und CSU angehören sollten. Nach mehreren Gesprächen im engsten Kreis einigten wir uns auf ein Gremium von siebzehn Persönlichkeiten, und zwar sollte es bestehen aus zehn Bundestagsabgeordneten, drei Ministerpräsidenten, nämlich dem Ministerpräsidenten von Baden-Württemberg, dem Ministerpräsidenten von Schleswig-Holstein und dem Ministerpräsidenten von Nordrhein-Westfalen. Die CSU entsandte vier Vertreter in das Gremium.

Dieses Gremium sollte nicht das Recht haben, eine Entscheidung zu fällen. Seine Aufgabe sollte zunächst sein, in einem ruhigen Gespräch eine Klärung der Bundespräsidentenfrage zu erreichen. Eine erste Zusammenkunft war für den 24. Februar 1959 vorgesehen.

In zwei Besprechungen, die ich mit dem Vorsitzenden der CSU, Ministerpräsident Seidel, in den ersten Wochen des Februar geführt hatte, vertraten wir übereinstimmend die Ansicht, es sei wünschenswert, daß der künftige Bundespräsident mit absoluter Mehrheit im ersten Wahlgang gewählt würde. Um dieses zu erreichen, hielten wir es für zweckmäßig, keinen ausgesprochenen Parteipolitiker als Kandidaten zu nominieren. Seidel und ich waren weiter der Ansicht, daß die Tradition des Amtes des Bundespräsidenten, wie sie Heuss geschaffen hatte, nämlich die Verbindung mit führenden geistigen Schichten der Bevölkerung, die sich nicht parteipolitisch gebunden fühlten, möglichst aufrechterhalten werden sollte.

Am Montag, dem 23. Februar 1959, suchte mich der damalige Bundesinnenminister, Dr. Gerhard Schröder, auf. Er setzte mir auseinander, er halte es für richtig, Bundeswirtschaftsminister Professor Ludwig Erhard als Kandidaten aufzustellen. Erhard würde mit Sicherheit im ersten Wahlgang mit den Stimmen der CDU/CSU und der FDP gewählt werden. Schröder berichtete mir über Gespräche, die er mit Erhard über diese Frage geführt habe. Er, Schröder, hätte den Eindruck gewonnen, daß Erhard bereit sei, die Wahl zum Bundespräsidenten anzunehmen, falls sich eine überzeugende Mehrheit der CDU/CSU-Führungsgremien für ihn ausspreche.

Ich sagte Schröder, ich müsse mir seine Anregung durch den Kopf gehen lassen, ehe ich mich entscheide. Seine Anregung kam mir völlig überraschend.

Am 24. Februar 1959 trat das von mir erwähnte Gremium zu seiner ersten Besprechung über die Nachfolgefrage des Bundespräsidenten zusammen, es war auch seine letzte. Die Besprechung fand statt im Palais Schaumburg. Der Teilnehmerkreis bestand aus folgenden Herren: Bundestagspräsident Gerstenmaier, dem Vorsitzenden der Bundestagsfraktion CDU/CSU Dr. Krone, Ministerpräsident von Hassel, Ministerpräsident Kiesinger,

Ministerpräsident Dr. Franz Meyers, Ministerpräsident Seidel, Bundesminister Blank, Bundesminister Schröder, Bundesminister Strauß, Landtagspräsident Johnen, Oberkirchenrat Cillien, Staatsminister a. D. Dr. Fricke, CSU-Generalsekretär Zimmermann, Bundestagsabgeordneter Höcherl und dem nordrhein-westfälischen CDU-Politiker Lensing.
Seidel und ich stellten unsere grundsätzlichen Überlegungen zur Diskussion. Es entspann sich eine sehr lebhafte Debatte, die vor allem auch um die Frage ging: Wie wird sich diese Bundespräsidentenwahl auf die Bundestagswahl des Jahres 1961 auswirken? Wir waren uns alle einig, daß man die Wahl des Bundespräsidenten im Zusammenhang mit der Bundestagswahl des Jahres 1961 betrachten müsse, und zwar unter anderem im Hinblick auf die Bestimmung des Grundgesetzes, die dem Bundespräsidenten das Recht gibt, nach der Wahl des Bundestages dem Bundestag einen Vorschlag zu machen, wer Bundeskanzler werden soll.
Bei der ersten Bundespräsidentenwahl vor zehn Jahren war bereits vereinbart, daß die FDP in der Regierung vertreten sein würde, so daß die Wahl des Bundeskanzlers im Bundestag gesichert war, weil Heuss auf dem Boden der Koalition mit der CDU/CSU stand. Es war damals völlig klar: Wenn Heuss zum Bundespräsidenten gewählt wird, wird er einen Mann von uns zum Bundeskanzler vorschlagen. Bei der zweiten Bundespräsidentenwahl im Jahre 1954 war die Situation die gleiche.
Aber niemand wußte, wie die Dinge im Jahre 1961 liegen würden. In der Zwischenzeit hatten sich parteipolitische Verschiebungen ergeben. Die FDP war aus dem Kabinett ausgeschieden und zu einem radikaleren Kurs übergegangen, wenn auch nicht in ihrer Gesamtheit, so doch viele ihrer Mitglieder, und zwar – wie mir Reinhold Maier derzeit selbst sagte – in die Düsseldorfer Richtung, das heißt in Richtung einer Koalition mit der SPD. Man konnte nicht voraussagen, wie die parteipolitische Konstellation im Jahre 1961 aussah, ob sich etwa Möglichkeiten abzeichnen würden, im Bundestag eine Mehrheit ohne die CDU/CSU zu schaffen.
Aus diesem Grunde war die Wahl des Bundespräsidenten, unter dem Gesichtspunkt der Bundestagswahl 1961 betrachtet, parteipolitisch von größter Bedeutung und politisch viel wichtiger, als es die erste und die zweite Bundespräsidentenwahl gewesen waren.
Es wurde auch darüber gesprochen, ob man gut daran tue, als Bundespräsidenten wieder einen evangelischen Herrn zu wählen, oder ob man auf die Konfession überhaupt keine Rücksicht zu nehmen brauche. Ich hielt es für wünschenswert, wenn auch nicht entscheidend, einen evangelischen Herrn zu wählen, und zwar ebenfalls im Hinblick auf die Bundestagswahl 1961. Der größere Teil der Wähler der CDU/CSU gehörte wahrscheinlich dem

katholischen Bekenntnis an – genau ließ sich das nicht sagen. Um aber eine Mehrheit im Bundestag zu bekommen, hatten wir auf jeden Fall die Stimmen evangelischer Wähler – ich sage nicht CDU- oder CSU-Mitglieder, sondern evangelischer Wähler – nötig. Es gab sicher viele Frauen oder Männer, die sich bisher keiner bestimmten Partei angeschlossen hatten und sich auch voraussichtlich bis zum Jahre 1961 nicht einer Partei anschließen würden. Wenn wir also von dieser Schicht der Wähler nicht einen entsprechend großen Teil der Stimmen bekämen, dann hatten wir nur sehr geringe Aussichten, die absolute Mehrheit im künftigen Bundestag zu erreichen. Diese Auffassung wurde von der Mehrzahl des die Wahl vorbereitenden Gremiums geteilt.

Über diese Frage wurde lange gesprochen. Einige der Anwesenden traten dafür ein, einen Katholiken zu wählen, weil sonst, wenn ein evangelischer Mann wieder zehn Jahre Bundespräsident würde, die Katholiken verlangen könnten, daß ein Katholik während dieser Zeit Bundeskanzler sein müsse. Diesem Standpunkt wurde aber entschieden entgegengetreten, insbesondere auch von mir. Jede künftige Bundestagsfraktion, so erklärte ich, werde sich darüber klar sein, daß es sich bei der Wahl des Bundeskanzlers allein darum handeln müsse, den *geeignetsten* Mann zu wählen, gleichgültig ob er evangelisch oder katholisch sei. Diesem Argument wurde nicht widersprochen.

Bemerkenswert war jedoch, daß Gerstenmaier, der die Sitzung frühzeitig verließ, den Standpunkt vertrat, daß ein Katholik künftig das Amt des Bundespräsidenten bekleiden müsse, damit der nachfolgende Bundeskanzler „eine faire Chance" habe.

Im Laufe der Besprechung wurden dann auch Namen möglicher Kandidaten für das Amt des Bundespräsidenten genannt, und zwar wurden genannt Ministerpräsident von Hassel und Bundeswirtschaftsminister Erhard. Es wurde gefragt: Ist es nicht richtig, bei einem so zugkräftigen Kandidaten wie Professor Carlo Schmid von vornherein den Gremien der Bundestagsfraktion und Landtagsfraktionen wenigstens einen Namen zu nennen? Von Hassel wurde von allen Anwesenden als außerordentlich gut qualifiziert angesehen. Es wurde jedoch die leise Besorgnis laut, ob von Hassel so bekannt sei, daß man aller 497 CDU/CSU-Leute bei seiner Kandidatur sicher sein könne. Vor allem aber erhoben die niedersächsischen Vertreter den Einwand, von Hassel werde unbedingt für die Parteiarbeit in Norddeutschland gebraucht.

Inzwischen war ich nach reiflicher Überlegung zu dem Schluß gekommen, daß Schröders Vorschlag gut war und es richtig sei, Erhard, der eine große Popularität sowohl im Norden wie im Süden der Bundesrepublik besaß, zu nominieren. Im Laufe der Unterredung setzte sich diese Überzeugung allgemein durch.

Am Schluß der Sitzung schlug Dr. Fricke vor, der Öffentlichkeit über den Verlauf unserer Besprechung etwas zu sagen. Wir einigten uns auf folgende Mitteilung:

„Auf Einladung der Vorsitzenden der CDU und CSU hat am 24. Februar eine Besprechung von Vorstandsmitgliedern beider Parteien stattgefunden. Die Anwesenden haben einhellig beschlossen, den zuständigen Gremien die Wahl von Bundesminister Professor Dr. Ludwig Erhard als Kandidaten der CDU/CSU für das Amt des Bundespräsidenten vorzuschlagen."

Ich setzte mich telefonisch mit Erhard, der zu einem Kuraufenthalt in Glotterbad weilte, in Verbindung und gab ihm Kenntnis von diesem Beschluß. Erhard erklärte sich grundsätzlich bereit, die Kandidatur anzunehmen für den Fall, daß er von der großen Mehrheit der Partei aufgestellt würde. Er bat jedoch um Bedenkzeit.

Ich hatte schon an dem Tage, als die Besprechung des Gremiums stattfand, Grippe und Fieber. Meine Ärztin bestand darauf, daß ich in den folgenden Tagen in Rhöndorf bliebe und das Haus nicht verlasse.

In der CDU/CSU-Bundestagsfraktion löste die am 24. Februar 1959 der Presse übergebene Mitteilung eine starke Diskussion aus. Wie mir berichtet wurde, wandte sich ein großer Teil der CDU/CSU-Bundestagsabgeordneten gegen eine Kandidatur Erhards, da sie fürchteten, daß durch die Wahl Erhards zum Bundespräsidenten dieser aus der aktiven Politik ausscheide und dadurch eine nach ihrer Meinung zugkräftige Persönlichkeit für die Wahlkämpfe fortfiele.

Erhard unterbrach seine Kur und suchte mich am Samstag, dem 28. Februar 1959, vormittags in Rhöndorf auf. Er erklärte mir, die Fraktion und alle, mit denen er gesprochen habe, bestürmten ihn, sich nicht für die Wahl zum Bundespräsidenten zu stellen. Er fragte mich: „Was soll ich jetzt machen?" Ich antwortete: „Wenn Sie klug sind, fahren Sie ins Glottertal zurück und sagen gar nichts! Warten Sie einmal ruhig ab, wie sich die zuständigen Gremien zu der ganzen Frage verhalten!" Erhard stimmte dem zu.

Am Montag, dem 2. März 1959, konnte ich meine Arbeit im Palais Schaumburg wieder aufnehmen. Es war sehr bedauerlich gewesen, daß ich unmittelbar nach der Sitzung am 24. Februar 1959 erkrankte und dadurch verhindert war, als Vorsitzender der CDU persönlich in der Fraktion zu den Vorgängen Stellung zu nehmen und die Aufregung, die dort herrschte, beizulegen. Ich konnte das jetzt erst an diesem Montag in der am Nachmittag stattfindenden Fraktionsvorstandssitzung nachholen.

In dieser Fraktionsvorstandssitzung wandte sich insbesondere Gerstenmaier sehr energisch gegen eine Nominierung Erhards zum Bundespräsidenten-Nachfolger. Es gab eine äußerst erregte Auseinandersetzung, die jedoch damit schloß, jedenfalls nach dem Eindruck, den ich gewann, daß die Mehrheit des Fraktionsvorstandes sich von meinen Argumenten überzeugen ließ und nunmehr eine positivere Haltung zu der Kandidatur Erhards einnahm. Endgültig Stellung nehmen wollte man am nächsten Tag während der Sitzung der Gesamtfraktion.

Als ich am folgenden Tage, es war Dienstag, der 3. März 1959, ins Palais Schaumburg kam, wurde mir mitgeteilt, daß entgegen der Absprache mit Erhard dieser bereits öffentlich erklärt habe, daß er nicht bereit sei, die Kandidatur für das Amt des Bundespräsidenten anzunehmen, und auch schon dahingehende Entwürfe von Schreiben an den Vorsitzenden der CDU/CSU-Fraktion, Dr. Krone, und an Höcherl als den Vorsitzenden der Landesgruppe CSU in der Fraktion gemacht habe. Ich rief Erhard, der inzwischen wieder in Glotterbad weilte, sofort an und bat ihn, mit der Absendung dieser Briefe bis nach der Fraktionssitzung zu warten. Ich berichtete ihm über den Verlauf der Diskussion im Fraktionsvorstand und bat ihn, seine endgültige Entscheidung über seine Kandidatur zurückzustellen, bis die für diesen Nachmittag angesetzte Fraktionssitzung abgehalten sei. Ich sagte Erhard zu, ihn noch am gleichen Abend anzurufen und ihm über die Kräfteverhältnisse in der Fraktion zu berichten.

Es war jedoch zu spät. Erhard erklärte: „Ich habe bereits der Presse mitgeteilt, daß ich auf die Kandidatur verzichte!"

Ziemlich bald nach dem Telefongespräch wurde mir eine Blitzmeldung von dpa vorgelegt, nach der Erhard offiziell die Presse unterrichtet hatte, daß er für eine Kandidatur zum Bundespräsidenten nicht zur Verfügung stehe. Der Debatte in der Fraktion war somit von vornherein die Substanz genommen.

3. Der Beschluß des 7. April 1959

Die Diskussion um die Aufstellung eines Kandidaten ging weiter. Ich fuhr am 3. März abends zu einer Besprechung mit Staatspräsident de Gaulle nach Paris. Am Spätnachmittag des 5. März 1959 traf ich wieder in Bonn ein. Ich fuhr sofort ins Palais Schaumburg, wohin ich die Landesvorsitzenden der CDU zu einer Besprechung über die Aufstellung eines Kandidaten für das Amt des Bundespräsidenten eingeladen hatte.

In dieser Sitzung wurde der Beschluß gefaßt, ein Wahlmännergremium für

Bundespräsident Theodor Heuss und Bundeskanzler Konrad Adenauer

die Wahl des CDU/CSU-Kandidaten für das Amt des Bundespräsidenten aufzustellen. Diesem Gremium sollten Vertreter aus dem Bundesparteivorstand, den Landesvorständen, der Bundestagsfraktion und den CDU- beziehungsweise CSU-Fraktionen in den Länderparlamenten angehören.
Auf einer Sitzung des Bundesparteivorstandes am 11. März 1959 wurde die Zusammensetzung des am 5. März 1959 beschlossenen Wahlmännergremiums im einzelnen erörtert und entsprechende Beschlüsse darüber gefaßt. Die erste Sitzung dieses Wahlmännergremiums war auf den 7. April 1959 festgelegt.
Es war meine Gewohnheit, am frühen Nachmittag mit Staatssekretär Globke durch den großzügig angelegten Park des Palais Schaumburg zu gehen, um mit ihm jeweils zur Entscheidung anstehende Fragen zu beraten. Als ich am 2. April 1959 wie üblich mit Staatssekretär Globke den Spaziergang machte, sagte mir Globke, ich müsse mich darauf gefaßt machen, daß ich am 7. April auf der Sitzung des von der CDU/CSU eingesetzten Gremiums von einigen Herren angesprochen werden würde, ich solle mich für das Amt des Bundespräsidenten zur Verfügung stellen.
Ich fragte Globke erstaunt: „Wie kommen Sie denn dazu?"
Rust, ein langjähriger Mitarbeiter im Bundeskanzleramt und nunmehr Staatssekretär im Bundesverteidigungsministerium, habe ihm das mitgeteilt, gab Globke zur Erklärung. Ich fragte weiter, ob Rust Namen genannt habe. Globke verneinte dies.
„Was haben Sie denn Rust erwidert?" erkundigte ich mich.
Globke hatte ihm erwidert, ich würde einen derartigen Vorschlag ablehnen, es sei denn, wir hätten eine Verfassung, wie de Gaulle sie habe.
Ich nahm die Sache nicht ernst, sie schien mir eine der vielen Kombinationen zu sein, die umherschwirrten.
Am 6. April trafen bei mir zusammen die Herren von Hassel, Höcherl, Krone und Meyers zu einer Art Vorbesprechung der am folgenden Tage stattfindenden Sitzung des Wahlmännergremiums. Staatssekretär Globke zog ich zu dieser Sitzung hinzu.
Höcherl und Krone trugen mir folgendes vor: Sie seien der Auffassung, daß der von der SPD benannte Professor Schmid weder im ersten noch im zweiten Wahlgang die absolute Mehrheit erhalten werde. Es sei auch nicht wahrscheinlich, daß ein Kandidat der CDU/CSU in den beiden ersten Wahlgängen die absolute Mehrheit auf sich vereinige, es sei denn, daß eine Persönlichkeit vorgeschlagen würde, die sowohl in der CDU/CSU wie auch in anderen Parteien besonderes Ansehen genieße. Es wurden in der Diskussion mehrere Namen genannt. Wir waren uns darin einig, daß die

Genannten nicht ein solches Ansehen hätten, daß sie alle Stimmen der Mitglieder der CDU/CSU in der Bundesversammlung erhalten würden und dazu noch genügend Stimmen aus anderen Gruppen der Bundesversammlung; eine absolute Mehrheit werde wahrscheinlich also auch für den CDU/CSU-Kandidaten nicht herauskommen. Es werde wohl zu einem dritten Wahlgang kommen müssen. Im dritten Wahlgang entscheidet die relative Mehrheit. Krone und Höcherl erklärten mir, sie hätten sichere Nachricht, daß die Sozialdemokraten im dritten Wahlgang Gerstenmaier vorschlagen würden. Wenn das geschehe, drohe die ernsthafte Gefahr, daß die CDU/CSU auseinanderfallen werde, so daß Gerstenmaier durch die Oppositionsstimmen, vermehrt durch eine Anzahl CDU/CSU-Stimmen, die relative Mehrheit erhalten würde. Sie, Krone und Höcherl, hätten Gerstenmaier gefragt, ob er eine solche Wahl annehmen werde. Krone forderte Höcherl auf zu wiederholen, was Gerstenmaier hierauf geantwortet habe.
Höcherl wiederholte: „Sorgen Sie dafür, daß eine solche Situation nicht eintritt. Wenn ich in der Bundesversammlung plötzlich auf den Schild gehoben werde, würde mir nichts anderes übrigbleiben, als anzunehmen."
Krone und Höcherl erklärten, daß ein derartiges Auseinanderfallen der CDU/CSU bei der Abstimmung und die Wahl von Gerstenmaier durch die Sozialdemokraten plus einen Teil der CDU-Stimmen für die CDU/CSU und für unsere ganze bisherige Politik ernsteste Folgen haben würde.
„Unter diesen Umständen, Herr Bundeskanzler", schaltete sich nunmehr Meyers in das Gespräch, „bleibt Ihnen gar nichts anderes übrig, als sich selbst als Kandidat aufstellen zu lassen. Sie werden bestimmt im ersten Wahlgang mit absoluter Mehrheit gewählt werden."
Ich war sehr erstaunt über diese Bemerkung von Meyers und gab zur Antwort, daß vor wenigen Tagen Globke mir in dieser Richtung eine vage Andeutung gemacht habe, die ich nicht hätte ernst nehmen können. Für mich trete durch diese Frage eine sehr schwierige und ernste Situation ein, und die Herren würden sicher verstehen, daß ich mir reiflich überlegen müsse, was ich tun solle.
Höcherl ließ erkennen, daß er mit dem Vorschlag, ich solle mich als Kandidat zur Verfügung stellen, nicht einverstanden sei.
Ich fragte weiter, wen die Herren sich als Bundeskanzler dächten.
Sie erklärten übereinstimmend: „Etzel!"
Höcherl gab allerdings zu bedenken, er wisse nicht, ob Etzel die nötige Härte für dieses Amt besitze. Er habe in der Vertretung von Finanzvorlagen doch zuweilen erkennen lassen, daß er zu leicht nachgebe.
Zur Überlegung der an mich gerichteten Frage brauchte ich Zeit. Ich sagte dies auch den Herren. Rundheraus ablehnen wolle ich ihre Frage nicht,

denn aus verschiedenen Gründen schien sie mir einer Prüfung wert zu sein. Für mich war das absolut Entscheidende: Wie konnte ich die Kontinuität meiner Politik am besten sichern? Ich hatte mich schon seit Jahr und Tag mit dem Gedanken getragen, das Amt des Bundeskanzlers abzugeben, und war bemüht gewesen, einen geeigneten Nachfolger zu finden. Ich hatte mir den Kopf darüber zerbrochen, wie es ermöglicht werden konnte, daß ich mein Amt abgäbe und trotzdem die Kontinuität meiner politischen Richtung gewahrt bliebe. Immerhin war ich bereits 83 Jahre alt und mußte an mein Ausscheiden denken. Überlegungen hierüber hatte ich schon vor zwei bis drei Jahren angestellt, aber eine Lösung hatte sich mir noch nicht gezeigt. Als nun plötzlich die Frage an mich herangetragen wurde, ich möge Bundespräsident werden, glaubte ich, daß, wenn ich Bundespräsident wäre, ein Bundeskanzler kommen würde, den der Bundespräsident ja vorzuschlagen hatte, wenn er auch vom Bundestag gewählt wird, ein Bundeskanzler, mit dem mich als Bundespräsident das gleiche Vertrauensverhältnis verbinden würde, wie es zwischen Bundespräsident Heuss und mir stets bestanden hatte. In meinem Verhältnis zu Bundespräsident Heuss war ich bewußt bemüht gewesen, die Grundlagen für eine Tradition einer engen Zusammenarbeit zwischen Bundespräsident und Bundeskanzler zu schaffen. Nun bot sich die Möglichkeit, daß ich in der Position des Bundespräsidenten mit der Fülle meiner Erfahrungen dem Wohle unseres jungen Staates weiter dienen könnte. In einer mir gegebenen Zusicherung, Franz Etzel würde Bundeskanzler werden, erblickte ich die Gewährleistung zur Fortsetzung des ausgezeichneten Verhältnisses, wie es zwischen Heuss und mir bestanden hatte. Etzel hatte sich als Vizepräsident der Montanunion in der Europapolitik große Kenntnisse erworben. Er war seit Oktober 1957 als Bundesfinanzminister Mitglied des Kabinetts. Im Laufe der letzten Jahre hatte sich mein Urteil über ihn sehr positiv entwickelt. Mit von Brentano hatte ich in jüngster Vergangenheit über außenpolitische Fragen verschiedene Auseinandersetzungen. Nach meiner Auffassung war das Auswärtige Amt auch nicht straff genug gelenkt. Vielleicht lag dies daran, daß der Gesundheitszustand von Brentanos nicht der beste war. Auf jeden Fall schien mir Etzel der bessere Garant für die Fortsetzung meiner Politik zu sein. Bei Etzel hatte ich die Gewißheit, daß die Vorstellungen des künftigen Bundeskanzlers über die Außenpolitik, insbesondere die Integration Europas und unser Verhältnis zu Frankreich, sich mit den meinigen decken würden. Was die Kontinuität der westlichen Politik im allgemeinen anging, so war mir die Mitteilung gemacht worden, daß der Gesundheitszustand von Dulles sich erheblich gebessert habe und er daran denke, an der inzwischen für Mitte Mai in Aussicht genommenen

Ost-West-Außenministerkonferenz selbst teilzunehmen. Diese Mitteilung beruhigte mich sehr und war mir eine große Freude. Bei Krebserkrankungen – und ich wußte seit Februar, daß er Krebs hatte – ist es so, ich hatte mich bei deutscher medizinischer Seite danach erkundigt, daß bei älteren Leuten – Dulles war 71 Jahre alt – manchmal ein Stillstand der Krankheit eintritt. Ich hoffte, daß das bei Dulles der Fall sein würde.

Wir einigten uns in dieser Besprechung am 6. April dahin, daß in der am nächsten Tag stattfindenden Sitzung des Wahlmännergremiums keine Namen genannt werden sollten. Ich würde in der Sitzung einen Vortrag über die Funktionen des Bundespräsidenten, die dieser nach dem Grundgesetz habe, halten. Namen sollten erst später zur Diskussion gestellt werden, und zwar am 22. Mai bei der zweiten Zusammenkunft des Wahlgremiums. Über die eventuelle Neuwahl eines Bundeskanzlers aber sollte erst, wie ich nachdrücklichst forderte, nach der Wahl des Bundespräsidenten, nach dem 1. Juli 1959, gesprochen werden.

Am 7. April 1959 hielt ich vor dem Wahlmännergremium der CDU/CSU den Vortrag über die im Grundgesetz niedergelegten Rechte des Bundespräsidenten. Ich erklärte, daß das Verhältnis zwischen Heuss und mir dem Geiste des Grundgesetzes entsprechend gewesen sei. Die Bundesminister und ich hätten Heuss von allen wichtigen Vorkommnissen unterrichtet. Ich hätte die wichtigen laufenden Fragen mit ihm besprochen, insbesondere auch die Zusammensetzung des Kabinetts, und in einzelnen Fällen, und zwar sehr wichtigen Fällen, hätte ich bei der Ernennung von Ministern seinen Bedenken Rechnung getragen. Das Verhältnis zwischen Heuss und mir sei ausgezeichnet. Meinungsverschiedenheiten, die selbstverständlich hier und da bestanden, hätten wir durch Aussprachen beseitigen können.

Die Ausführungen, die auf dieser Sitzung des 7. April 1959 gemacht wurden, sind durch ein stenografisches Protokoll festgehalten. Ich möchte der Objektivität wegen in der Folge aus diesem Protokoll zitieren. Ich begann:

„...

Bundeskanzler Dr. Adenauer: ... Aus dem bisherigen Verlauf der ganzen Angelegenheit und auch aus vielen Äußerungen von allen möglichen Mitgliedern der Partei und aus Berichten in der Presse habe ich – wie viele andere Freunde – den Eindruck gewonnen, daß man sich in weiten Kreisen unserer Partei und überhaupt der Öffentlichkeit gar nicht darüber klar ist, welche Funktionen der Bundespräsident hat oder auf sich nehmen kann. Es ist wohl nötig, darüber einige Ausführungen zu machen, da auch hier in unserem Kreise eine völlige Einsicht und Klarheit über die Kompetenzen des Bundespräsidenten nicht bestehen."

Ich rief den Anwesenden die Situation vom September 1949 ins Gedächtnis. Bei der damaligen Wahl von Heuss zum Bundespräsidenten sei dies auf Grund einer Absprache der damals vereinbarten Regierungskoalition geschehen. Diese Absprache wäre dahin gegangen, daß Heuss als Mitglied der FDP zum Bundespräsidenten und ich als Mitglied der CDU zum Bundeskanzler gewählt werden sollte. Ich wolle diese Bemerkung deshalb an die Spitze meiner Ausführungen stellen, um darzulegen, daß sich die Zusammenarbeit zwischen der Bundesregierung, dem Bundeskanzler und dem Bundespräsidenten unter viel besseren äußeren und inneren Umständen vollziehe, wenn der Bundespräsident und der Bundeskanzler übereinstimmend auf dem gleichen Boden der Regierung stünden. Wörtlich fuhr ich fort:

„Nun darf man aber, wie sich die Dinge bei dieser Wahl des Bundespräsidenten inzwischen gestaltet haben, nicht ohne weiteres davon ausgehen, daß der Bundespräsident und der Bundeskanzler – oder vielleicht auch mehrere Bundeskanzler, die im Laufe von fünf Jahren in Aktion treten können – auf dem gleichen politischen Boden stehen, sondern man muß die Funktionen und die Möglichkeiten des Bundespräsidenten unter dem Gesichtspunkt betrachten: Was ergibt sich daraus für das allgemein Beste und für unsere Partei im Hinblick auf die Bundestagswahl 1961, wenn der Bundespräsident und der Bundeskanzler verschiedenen politischen Parteien, die nicht miteinander arbeiten, angehören? Konkret gesprochen: Wie wird sich die Arbeit gestalten, wenn zum Beispiel der von der SPD als Kandidat nominierte Carlo Schmid Bundespräsident würde und bis auf weiteres die Regierung – ich meine jetzt zunächst bis zum Jahre 1961 – von einem Bundeskanzler geführt wird, der in politischer Opposition zu diesem Bundespräsidenten steht? Man muß die ganzen Möglichkeiten, die dann ein Bundespräsident eventuell haben kann, unter dem Gesichtspunkt der Gegensätzlichkeit der politischen Auffassungen betrachten, und zwar in einer Gegensätzlichkeit, die sehr kraß ist, die zum Beispiel in entscheidenden außenpolitischen Fragen – wie jetzt in dem sozialdemokratischen Vorschlag zur Wiedervereinigung* – aufs schärfste in Erscheinung tritt..."

Es habe eine regelmäßige und fortgesetzte Unterrichtung des Bundespräsidenten über die Regierungsarbeit und die gesamte innen- und außenpolitische Situation durch mich stattgefunden, fuhr ich fort. Wenn der Bundespräsident bei irgendeinem besonderen Anlaß gewünscht habe, durch mich unterrichtet zu werden, dann habe er mich gebeten, ich möge zu ihm kom-

---

* Ich werde hierauf im nächsten Band meiner „Erinnerungen" im innenpolitischen Teil eingehen.

men. Außerdem sei eine ständige Unterrichtung des Bundespräsidenten durch die einzelnen Bundesminister erfolgt, zwar nicht in allen Fällen und durch den einen Bundesminister mehr, durch den anderen weniger, aber so, daß er über die laufende Entwicklung ständig im Bilde und dadurch auch in die Lage versetzt war, seinen Funktionen, die ihm kraft des Grundgesetzes zustanden, gerecht zu werden. Bundespräsident Heuss sei von Anfang an in allen Kabinettssitzungen durch seinen Staatssekretär vertreten gewesen, der ihn über alle Vorgänge in den Kabinettssitzungen unterrichtet habe. Man müsse auch, wenn man die Stellung des Bundespräsidenten in toto betrachte, zugeben, daß er unterrichtet sein müsse und daß er seinen Staatssekretär in die Kabinettssitzungen schicken könne. Dies sei auch niemals von irgendeiner Seite verneint worden. Er könne natürlich auch in ihm geeignet erscheinenden Fällen selbst in die Kabinettssitzungen kommen. Wenn er auch selbstverständlich kein Stimmrecht habe, würde man ihm aber auf Grund seiner Stellung als Staatsoberhaupt wohl auch den Vorsitz zugestehen müssen.

Ich führte aus: „Das Grundgesetz, das wir geschaffen haben, das mancherlei Mängel aufweist – ich brauche das Ihnen gegenüber nicht besonders zu betonen – ich sehe schon, wie Herr Gerstenmaier anfängt zu schreiben –, hat die Position des Bundespräsidenten nur in einzelnen Teilen scharf herausgearbeitet, in anderen Teilen hat es sie in der Schwebe gelassen, so daß es auf die Aktivität des jeweiligen Bundespräsidenten, wenn er nicht in Übereinstimmung mit der Regierung ist, ankommt, ob er mehr oder weniger Rechte ausübt. Ich werde Ihnen einige Beispiele darüber gleich vortragen.

Wir haben also keine Präsidialverfassung, wie sie früher bestanden hat, in der der Reichspräsident größere Rechte zugebilligt bekam, als der Bundespräsident nach dem Grundgesetz bekommt ...

Nun die speziellen Rechte des Bundespräsidenten! Zunächst hat er bei der Wahl des Bundeskanzlers, wenn die Wahl zum Bundestag erfolgt ist, ein Vorschlagsrecht. Es ist nicht so – lassen Sie mich das erläutern; denn darüber besteht vielfach ein falsches Bild –, daß die Mehrheit des Bundestages ein Vorschlagsrecht hat. Ich wiederhole nochmals: Der Bundespräsident hat das Vorschlagsrecht nach der Bundestagswahl. Ich darf den Artikel 63 des Grundgesetzes vorlesen:

‚(1) Der Bundeskanzler wird auf Vorschlag des Bundespräsidenten vom Bundestage ohne Aussprache gewählt.

(2) Gewählt ist, wer die Stimmen der Mehrheit der Mitglieder des Bundestages auf sich vereinigt. Der Gewählte ist vom Bundespräsidenten zu ernennen.

Schilderung der bisherigen Praxis

(3) Wird der Vorgeschlagene nicht gewählt, so kann der Bundestag binnen vierzehn Tagen nach dem Wahlgange mit mehr als der Hälfte seiner Mitglieder einen Bundeskanzler wählen.

(4) Kommt eine Wahl innerhalb dieser Frist nicht zustande, so findet unverzüglich ein neuer Wahlgang statt, in dem gewählt ist, wer die meisten Stimmen erhält. Vereinigt der Gewählte die Stimmen der Mehrheit der Mitglieder des Bundestages auf sich, so muß der Bundespräsident ihn binnen sieben Tagen nach der Wahl ernennen. Erreicht der Gewählte diese Mehrheit nicht, so hat der Bundespräsident binnen sieben Tagen entweder ihn zu ernennen oder den Bundestag aufzulösen.'

Es hat also bei der Kreierung des Bundeskanzlers der Bundespräsident das wichtige Vorschlagsrecht. Es ist ganz klar, daß die spätere Prozedur, die in diesem Artikel des Grundgesetzes vorgesehen ist, alle möglichen Eventualitäten offenläßt; daß sich also möglicherweise eine Mehrheit im Bundestag zusammenfindet auf dem Boden des Vorschlages, den der Bundespräsident macht, auch wenn die stärkste Fraktion des Bundestages damit nicht übereinstimmt. Die stärkste Fraktion ist nicht entscheidend, sondern die Mehrheit. Dahinter steht dann noch zum Schluß die Möglichkeit, daß der Bundespräsident den Bundestag auflöst. Dann kommt die Ernennung und Entlassung der Bundesminister. Es heißt im Artikel 64 des Grundgesetzes:

‚(1) Die Bundesminister werden auf Vorschlag des Bundeskanzlers vom Bundespräsidenten ernannt und entlassen.'

Die Frage, ob der Bundespräsident an den Vorschlag des Bundeskanzlers gebunden ist, ob er verpflichtet ist, einen Bundesminister auf Vorschlag des Bundeskanzlers zu ernennen oder zu entlassen, ist verfassungsrechtlich nicht ganz klar. Der gegenwärtig amtierende Bundespräsident hat niemals als seine Verpflichtung anerkannt, daß er jeden, den der Bundeskanzler als Bundesminister vorschlägt, ohne weiteres zu ernennen habe. Ich bin Schwierigkeiten, die sich eventuell hätten ergeben können, immer dadurch aus dem Wege gegangen, daß ich mit dem Bundespräsidenten Heuss die Frage, welche Herren als Bundesminister und für welche Ressorts sie in Betracht kommen, freundschaftlich besprochen habe. Er hat auf mich gehört, auf die Gründe, die ich anführte, wie umgekehrt ich auch in anderen Fällen auf ihn gehört habe. Er hat mir auch – es sind Fälle vorgekommen – vorher gesagt: ‚Ich werde niemals den oder den zum Bundesminister ernennen.' – Es ist aber niemals hart auf hart gegangen, weil es ja für die ganze Zusammenarbeit sehr schlecht und für die Öffentlichkeit in höchstem Maße peinlich gewesen wäre, wenn der Bundeskanzler beim Bundesverfassungsgericht eine Klage gegen den Bundespräsidenten angestrengt hätte.

Mögliche Komplikationen

Wir sind also – das möchte ich betonen – immer ohne Schwierigkeiten miteinander einig geworden. Wenn sich auch zwischen Herrn Heuss und mir gelegentlich doch Meinungsverschiedenheiten gezeigt haben, so sind diese durch gegenseitige Aussprache aus der Welt geschafft worden. Das geschah einmal wegen der Persönlichkeit des Bundespräsidenten Heuss, wegen unserer freundschaftlichen Verbundenheit, zum anderen aber, weil wir im großen und ganzen auf dem gleichen politischen Boden standen und uns davon leiten ließen.

Das Bild ändert sich natürlich sofort, wenn etwa der Bundeskanzler dieser Partei und der Bundespräsident jener Partei angehört, die in schärfstem Gegensatz zueinander stehen. Dann kann natürlich der Bundespräsident nach der Neuwahl des Bundestages eine entscheidende Einwirkung ausüben. Es wird selbstverständlich darauf ankommen, wie die Wahl ausfallen wird. Auch dann, wenn wir wieder eine Mehrheit bekommen sollten – womit man nicht unbedingt rechnen kann, weil keiner weiß, wie sich die innen- und außenpolitischen Verhältnisse entwickeln werden –, kann der Bundespräsident, wenn er zum Beispiel ein Sozialdemokrat ist, sehr unangenehme Komplikationen auslösen.

Außenpolitisch hat der Bundespräsident auch nach dem Grundgesetz eine besonders qualifizierte oder ausgezeichnete Stellung, und zwar sind hierfür maßgebend die Artikel 58 und 59. Im Artikel 59 heißt es:

‚(1) Der Bundespräsident vertritt den Bund völkerrechtlich. Er schließt im Namen des Bundes die Verträge mit auswärtigen Staaten. Er beglaubigt und empfängt die Gesandten.

(2) Verträge, welche die politischen Beziehungen des Bundes regeln oder sich auf Gegenstände der Bundesgesetzgebung beziehen, bedürfen der Zustimmung oder der Mitwirkung der jeweils für die Bundesgesetzgebung zuständigen Körperschaften, in der Form eines Bundesgesetzes. Für Verwaltungsabkommen gelten die Vorschriften über die Bundesverwaltung entsprechend.'

Aus diesem Artikel ist zunächst die Folgerung zu ziehen, daß man von einem Bundespräsidenten, weil er Staatsoberhaupt und Repräsentant der Bundesrepublik nach außen ist, nicht verlangen kann, blindlings alles zu tun, was an Forderungen an ihn herangetragen wird. Er muß zunächst in die Lage versetzt werden, sich einen Einblick in das zu verschaffen, was von ihm verlangt wird. Und das setzt eine ständige Unterrichtung des Bundespräsidenten voraus, insbesondere auch über die Fragen der auswärtigen Politik, damit er eben in der Lage ist, sich selbst ein Urteil zu bilden. Das ist von den Außenministern auch immer so gehandhabt worden. Der Bundespräsident ist namentlich auf dem Gebiete der auswärtigen Politik immer bis ins Detail unterrichtet worden. Er hat alle Depeschen, die kamen, bekommen. Er hat traditionsgemäß jeden deutschen Botschafter und jeden deutschen Gesandten, der zur Berichterstattung nach Bonn gekommen ist, empfangen und sich von ihm Bericht geben lassen.

Er empfängt auch die ausländischen Botschafter und Gesandten, die hier in Bonn akkreditiert sind. Sie wissen, daß dabei Ansprachen ausgetauscht werden, die zwar vielfach belanglos sind und nichts als einige freundliche Worte enthalten, die aber unter Umständen auch einen starken und wichtigen politischen Akzent haben; hier ist der Bundespräsident frei.

Bei den Bundesgesetzen – ich habe das eben vorgelesen – muß er seine Unterschrift geben. Die Frage nun, ob sich das Recht des Bundespräsidenten nur darauf beschränkt, festzustellen, ob der Beschluß des Bundestages, der ihm zur Vollziehung – gegengezeichnet vom Bundeskanzler oder von einem Bundesminister – vorgelegt wird, formell in Ordnung ist, oder ob er auch das Recht hat, materiell zu prüfen, ob der Beschluß insofern in Ordnung ist, daß er sich in Übereinstimmung mit dem Grundgesetz oder mit anderen Gesetzen befindet, ist unentschieden. Der gegenwärtig amtierende Bundespräsident steht auf dem Standpunkt, daß der Bundespräsident dieses Recht hat. Es ist bisher noch niemals ein Fall vorgekommen, wo die Sache hart auf hart gegangen ist. Aber es wäre immerhin denkbar, daß sich bei irgendeinem Gesetz ein Gegensatz konstruieren läßt und es ein Bundespräsident ablehnt, ein Gesetz zu unterschreiben, so daß dann dem Bundeskanzler und der Bundesregierung nur übrigbleibt, an das Bundesverfassungsgericht zu gehen. Das Bundesverfassungsgericht hätte dann darüber zu entscheiden, ob in diesem Falle der Bundespräsident verpflichtet ist, zu unterschreiben, oder ob seine Weigerung zur Unterschrift berechtigt ist. Der Fall liegt ähnlich bei der Ernennung von Beamten. Im Artikel 60 des Grundgesetzes heißt es:

‚(1) Der Bundespräsident ernennt und entläßt die Bundesrichter, die Bundesbeamten, die Offiziere und Unteroffiziere, soweit gesetzlich nichts anderes bestimmt ist.'

Im allgemeinen ist gesetzlich nichts anderes bestimmt, so daß der Bundespräsident die Bundesbeamten und die Bundesrichter ernennt und entläßt. Dazu gehören auch die Offiziere der Wehrmacht. Der Bundespräsident kann selbstverständlich – das ist in diesem Artikel auch vorgesehen – diese Befugnisse auf andere Behörden übertragen. Dem Bundespräsidenten wird natürlich nicht diese ganze ungeheure Menge von Papier ‚Ernennung oder Entlassung von Beamten' vorgelegt, wohl aber sicher bei den wichtigen und höheren Stellen. Der gegenwärtig amtierende Bundespräsident steht auf dem Standpunkt, daß er ein Recht habe, nachzuprüfen, ob der betreffende

Herr oder die betreffende Frau für den vorgesehenen Posten geeignet ist oder nicht.

Es sind im Laufe dieser Jahre in einigen Fällen Meinungsverschiedenheiten aufgetaucht zwischen dem Bundespräsidenten und der Bundesregierung, die aber dann im Wege der Aussprache erledigt worden sind. Sie sehen aber auch hier, daß bei prinzipiellen Gegensätzen zwischen dem Bundespräsidenten und der Bundesregierung eine große Menge von Komplikationen möglich ist.

Er hat weiter nach dem Grundgesetz den Verteidigungsfall bei Gefahr im Verzuge festzustellen. Auch in der Notstandsgesetzgebung – die Entwürfe sind noch im Schoße der Bundesregierung – soll der Bundespräsident das Recht bekommen, bestimmte Entscheidungen zu treffen, zum Beispiel ob ein Notstand besteht. Dabei handelt es sich um außerordentlich wichtige, eventuell weittragende Entscheidungen. Nehmen Sie zum Beispiel den Fall, es würde ein Generalstreik proklamiert. Ist das ein Notstand? Ist es kein Notstand? Kann die Bundesregierung dann die Hilfe bekommen, die sie nach der Notstandsgesetzgebung bekäme, wenn ein Notstand proklamiert ist oder nicht?

Wir müssen diese Möglichkeiten rebus sic stantibus einmal durchgehen. Was hat der Bundespräsident indirekt für Möglichkeiten? Indirekt sind diese Möglichkeiten ganz außerordentlich groß. Es ist nicht so, daß er nur Orden und Ehrenzeichen verleiht. Das ist auch ein sehr wichtiges Kapitel. Es wird darüber gelächelt, aber jeder Kenner der Verhältnisse weiß ganz genau, daß die Verleihung von Orden eine Angelegenheit ist, mit der man große politische Wirkungen ausüben kann ...

Davon abgesehen kann niemand dem Bundespräsidenten verbieten, eine politische Rede zu halten. Ich habe mir in einem bestimmten Falle diese Frage vorgelegt, als nämlich der gegenwärtig amtierende Bundespräsident zu Neujahr eine Rede hielt. Ich bekomme diese Reden vorher nicht zu sehen. In dieser Rede – es handelte sich um den Fall ‚Kennan' – wurden Ansichten vertreten, die mit unserer politischen Meinung nicht übereinstimmten. Ich habe also überlegt, was man tun könne. Nun, ich habe nichts anderes getan, als dem Bundespräsidenten – natürlich post festum, ich wußte es ja vorher nicht – zu sagen, daß ich anderer Meinung sei.

Wenn man in einem solchen Falle gegenüber einem sozialdemokratischen Bundespräsidenten eine Klage beim Bundesverfassungsgericht anstrengen müßte, dann würde man in der Öffentlichkeit – es sei denn, daß der Fall absolut eklatant läge – sicher Schaden leiden. Es wäre dann ganz sicher sehr bitter, wenn das Bundesverfassungsgericht entschiede: Es besteht keine Möglichkeit nach dem Grundgesetz, dem Bundespräsidenten den Mund zu

Präsidentenwahl und Bundestagswahl

verbieten. – Nehmen Sie den akuten Fall der Wiedervereinigung! Nehmen Sie an, der Kandidat der Sozialdemokratischen Partei, Herr Carlo Schmid, würde diesen Vorschlag der SPD – an dem er mitgewirkt hat – nach seiner Wahl als Bundespräsident der Bundesrepublik öffentlich vertreten. Dann wäre die Politik der Bundesregierung aufs schwerste getroffen, nicht so sehr im Inland, aber sicher im Ausland. Dann würden natürlich unsere Bündnispartner die größten Besorgnisse bekommen, ob die Bundesrepublik ihren Verpflichtungen und ihrer Politik treu bliebe ... Ich habe das als Beispiel gewählt, um Ihnen darzutun, daß ein Bundespräsident, der einer Partei angehört, die in der Opposition steht, eine Katastrophe allergrößten Ausmaßes anrichten kann.

Ein Bundespräsident, der nicht auf dem Boden der Bundesregierung steht, hat noch eine Möglichkeit, die ich auseinandersetzen möchte. Die Beamtenschaft der Bundesregierung ist im allgemeinen parteilos. Wir haben niemanden gezwungen, unserer Partei beizutreten, wenn er Beamter werden wollte oder auch, wenn er Beamter war. Wir haben uns immer zurückgehalten. Die Beamtenschaft selbst hat zum Teil noch aus der nationalsozialistischen Zeit her große Scheu davor, in eine Partei einzutreten. Aber ein Bundespräsident könnte einen Druck auf die Beamtenschaft ausüben ... Wir leben noch nicht in einer Zeit der Reife, wie sie in einem Staate mit einer altgewohnten parlamentarischen Demokratie vorhanden ist. Man kann sich vorstellen, daß dort der Bundespräsident sich völlig zurückhält und sagt, die Regierung soll arbeiten. Es kann aber ein Druck ausgeübt werden. Fragen Sie mal den früheren Reichskanzler Brüning, wie es gehandhabt worden ist bei Hindenburg. Er hat mir das selbst erzählt. Er wurde überhaupt nicht mehr vorgelassen zu Hindenburg, weil die nähere Umgebung von Hindenburg das geschickt zu verhindern wußte. Dieser Gegensatz, der sich schon damals zeigte zwischen der Koterie um Hindenburg und der dem Reichstag verantwortlichen Reichsregierung, hat sehr viel dazu beigetragen, daß der Nationalsozialismus in diesem mehr oder weniger zerrütteten Staatswesen so schnell in die Höhe kommen konnte.

Ich habe das eben kurz berührt, möchte es aber jetzt sehr nachdrücklich unterstreichen: Machen wir uns klar, daß die Wahl des Bundespräsidenten entscheidend sein wird für die Bundestagswahl im Jahre 1961. Machen wir uns weiter klar, daß wir diese beiden Ereignisse nicht getrennt voneinander betrachten dürfen, wenn wir zu einer guten Lösung kommen wollen ...

Deswegen werden wir – und damit komme ich auf das Wahlverfahren des Bundespräsidenten zu sprechen – nur dann Aussicht auf Erfolg haben, in einem der beiden ersten Wahlgänge – hoffentlich schon im ersten Wahlgang – durchzukommen, wenn wir eine Persönlichkeit als Kandidat aufstellen, die sich mindestens desselben Ansehens und derselben Popularität erfreut wie der Gegenkandidat, der Kandidat der SPD. Nun sagen Sie mir bitte nicht: Wir sind uns unserer fünfhundert Leute sicher. – Mit einer solchen Annahme soll man bei einer geheimen Wahl sehr vorsichtig sein. Es sind ja nicht alle – nicht einmal in der Bundestagsfraktion – so gewiefte Politiker, daß sie unbeirrt durch persönliche Erwägungen nun einen festen Weg gehen.

Die Damen und Herren, die von den Landtagen gewählt werden, kennen wir noch nicht. Die Ministerpräsidenten und die Vorsitzenden der Landesparteien werden nur ausgewählte Leute schicken – das nehme ich ohne weiteres an –, aber auch der Gerechte ist in der Versuchung zu fallen. Außerdem haben wir auf alle Fälle Angehörige aus anderen Parteien nötig, weil wir sonst keine absolute Mehrheit erreichen. Wir können höchstens im dritten Wahlgang, bei dem nicht mehr die absolute Mehrheit entscheidet, durchkommen. Aber das ist unangenehm und gefährlich.

Wir müssen natürlich – abgesehen davon, daß wir die Stellung des Bundespräsidenten und die Möglichkeiten, die sie gewährt, richtig einschätzen – dem von den Sozialdemokraten nominierten Kandidaten einen Mann entgegenstellen, der kraft seiner Persönlichkeit die größere Wahrscheinlichkeit bietet, die absolute Mehrheit der Bundesversammlung zu bekommen. Ich will nicht nachkarten, aber Herr Erhard wäre ein solcher Mann gewesen. Ich habe gestern noch gehört, daß er von den Freien Demokraten, und zwar von den Bundestagsabgeordneten und den von den Landtagen designierten Abgeordneten, mindestens zwei Drittel der Stimmen bekommen hätte. Aber das ist nun vorbei. Wir alle tragen hier Schuld. Vielleicht ist das alles etwas zu schnell gegangen. Wir haben das nicht so gut überlegt und überschaut. Nun dürfen wir aber nicht noch einmal eine Panne erleiden. Das muß unter allen Umständen vermieden werden.

Darum muß an diese Angelegenheit herangegangen werden einmal im Bewußtsein der Tatsache, daß der Bundespräsident Staatsoberhaupt ist, und daß ein Staatsoberhaupt den Staat nach außen vertritt; es muß zweitens gerade bei einem so jungen Staat wie dem unsrigen unbedingt vermieden werden, daß zwischen der Bundesregierung und dem Bundespräsidenten schwere Konflikte ausbrechen. Nichts würde die Staatsautorität, die wahrhaftig nicht groß ist, mehr erschüttern, als wenn dies der Fall wäre."

Im Anschluß an meinen Vortrag sollte sich dann nach der am Vortage getroffenen Vereinbarung eine allgemeine Diskussion entwickeln, bei der ich glaubte, nicht unbedingt anwesend sein zu müssen, zumal dringende Dienst-

Annahme der Kandidatur 509

geschäfte zu erledigen waren. Ich zog mich bald nach meinem Vortrag zurück. Außerdem war am Spätvormittag ein Termin angesetzt für den Abschiedsbesuch des französischen Generals Jacquot. Nachdem dieser mich verlassen hatte, war für das Wahlmännergremium bereits eine Mittagspause vorgesehen, und ich hielt es nicht mehr für erforderlich hinunterzugehen. Ich wollte die Zeit benutzen, um weiter Akten zu bearbeiten. Während ich damit beschäftigt war, kam Gerstenmaier zu mir in mein Arbeitszimmer und bat mich, noch nicht wieder ins Gremium zurückzukommen. Es hätte im Anschluß an meinen Vortrag eine Diskussion um die zu benennende Persönlichkeit für das Amt des Bundespräsidenten begonnen, und die verschiedenen Gruppen bemühten sich, einen gemeinsamen Kandidaten zu finden.

Mein Referat hätte bei vielen Teilnehmern den Eindruck erweckt, als wäre ich grundsätzlich bereit, mich selbst als Kandidat für das Amt des Bundespräsidenten zur Verfügung zu stellen. Man sei sich ferner dahin klargeworden, daß es nicht möglich sei, diese Sitzung des Wahlmännergremiums ohne Nennung eines Namens auseinandergehen zu lassen, da die Öffentlichkeit kein Verständnis dafür haben werde, wenn die CDU/CSU noch länger die Bekanntgabe des Namens ihres Kandidaten hinausschöbe. Man spreche nunmehr auch von mir.

Ich unterrichtete Gerstenmaier über die Unterredung, die am gestrigen Tage mit den bereits erwähnten Herren stattgefunden hatte, und über unser Übereinkommen, zu diesem Zeitpunkt noch keine Namen zu nennen. Gerstenmaier wußte hiervon nichts. Er wurde sehr erregt und meinte, offenbar habe man ihn absichtlich davon nicht in Kenntnis gesetzt.

Nach einer weiteren halben Stunde erschien Gerstenmaier wieder und eröffnete mir, das Gremium sei sich nunmehr einig, und man bäte mich einstimmig, die Kandidatur für das Amt des Bundespräsidenten anzunehmen. Im Vertrauen auf die Zusicherung, die mir am Tage vorher von maßgebenden Persönlichkeiten der CDU/CSU, namentlich dem Vorsitzenden der CDU/CSU-Bundestagsfraktion, Dr. Krone, gegeben worden war, und zwar daß Etzel zum Bundeskanzler gewählt werden würde, von dem ich wußte, daß er uneingeschränkt meine Politik fortsetzen würde, insbesondere in bezug auf Frankreich, ging ich mit Gerstenmaier in den Großen Kabinettssaal des Palais Schaumburg, in dem das Gremium tagte, und erklärte mich bereit, die Kandidatur anzunehmen. Ich muß hier hinzufügen, daß ich bei meiner Annahmeerklärung naturgemäß nicht ausdrücklich gesagt habe, daß die Wahl von Etzel zum Bundeskanzler Voraussetzung für meine Erklärung sei. Ich hatte in der Sitzung am 6. April unmißverständlich betont, ich wünschte, daß die Aussprache über die Wahl des Bundeskanzlers erst nach dem 1. Juli 1959 erfolgen solle. Um keine vorzeitige Diskussion über die Bundeskanzlernachfolge auszulösen, konnte ich deshalb die Voraussetzung, unter der ich die Kandidatur zum Bundespräsidenten annahm, noch nicht in einem so großen Kreis aussprechen.

Über die Argumente, die meine Parteifreunde bewogen, mir das hohe Amt anzutragen, gibt am besten die Rede Gerstenmaiers Aufschluß, die er aus diesem Anlaß an mich richtete. Er sagte unter anderem:

„...

Herr Bundeskanzler! Seit zehn Jahren leiten Sie die Geschicke dieses Staates, der nicht nur die Stimme für den größeren Teil Deutschlands, sondern auch die Stimme für das ganze freiheitlich gesonnene Deutschland ist. Es wäre jetzt ganz falsch, nun den Versuch machen zu wollen, in eine Würdigung Ihrer persönlichen Verdienste von neuem einzutreten; denn das hieße Eulen nach Athen tragen. Was zur Gesinnung, die hinter einer solchen Argumentation steht, zu sagen ist, das habe ich namens des Deutschen Bundestages an Ihrem achtzigsten Geburtstag vor dem Plenum des Bundestages ausgeführt. Ich möchte hier nur das eine sagen, daß die Gesinnung, die in dieser Rede zum Ausdruck kam, zu der ich mich autorisiert fühlte, auch heute noch untadelig dieselbe ist wie damals bei Ihrem achtzigsten Geburtstag. Aber gerade deshalb, weil wir mit Ihnen und Ihren großen Leistungen so persönlich, bis in die Nuancen hinein, verbunden sind, hat uns und natürlich auch manchen ernsten Mann und manche ernste Frau seit Jahren die Frage beschäftigt, was wird dann, wenn uns dieser Bundeskanzler eines Tages genommen sein wird. Was wird erstens für unsere Partei, und was wird zweitens für unseren Staat, oder umgekehrt, je nach der Lage, was wird erstens für unseren Staat und zweitens für unsere Partei? Der Bundestag ist so stark geworden, daß er sich über alle Schwierigkeiten der Tagespolitik hinwegsetzt, zu der wir manchmal – gerade wir beiden – hin und wieder kontrovers waren. Aber das schadet nichts in einem so großen und nach seinem Charakter freiheitlichen Unternehmen, das wir ja sein wollen. Wir fragen uns, was wird dann, wenn in diesen Schwierigkeiten und Mühen Ihre Kräfte in einer auch für den gesündesten Mann im mittleren Alter doch unerhörten Weise weiterhin beansprucht werden. Was wird, wenn Sie uns genommen würden, ohne daß eine Gewähr dafür bestünde, daß eine Ordnung nach Ihrem Geiste und unter dem Aspekt Ihrer Politik funktioniert und nach menschlichem Ermessen so gut, wie es eben geht, gesichert wäre? Diese immer wieder verschwiegene Frage hat in zunehmendem Maße in den letzten Jahren viele von uns bewegt. Es würde damit nichts besser, daß wir immer wieder die Geschichte vor uns

„... die Epoche Adenauer gesteuert verlängern." 511

hergeschoben und gesagt haben: Kommt Zeit, kommt Rat; wir müssen noch diese Wahl gewinnen und noch dieses und jenes machen.
Und nun fällt uns heute die Aufgabe zu. Ich muß gestehen, ich habe es erst diesen Vormittag hier gesagt. Ich hatte vorher eigentlich nicht damit gerechnet, daß wir uns in dieser Gesprächssituation heute hier bewegen würden. Heute morgen trat nun dieser Gedanke, ob sich eine solche Möglichkeit ergebe, konkret vor uns. Ich habe von der Möglichkeit gesprochen, über den Abgang des derzeitigen Bundeskanzlers hinaus, der zehn Jahre lang das Amt und die Macht verwaltet hat, die Epoche Adenauer gesteuert zu verlängern.
Ich muß sagen, daß ich sehr beeindruckt davon bin, daß die Damen und Herren, die an diesem Tische sitzen, die Bedeutung dieser Frage und auch die Chance, die in dieser Situation liegt, erkannt und wahrgenommen haben, und zwar ganz entschieden wahrgenommen haben ohne lange Reflexion und lange Sachdebatte. Die ganze Situation ist so einleuchtend und so bestimmend gewesen, daß ich sagen kann, es hat eigentlich keine Kontroverse darüber gegeben. Es gab nur zwei kritische Anmerkungen hier im Gespräch, die sich aber nicht auf den Gegenstand der Entscheidung bezogen, sondern sie bezogen sich mehr darauf, wie denn diese Entscheidung publizistisch argumentiert und dargestellt werden solle. Ich gebe zu, daß hier eine Aufgabe vor uns liegt, der wir uns noch ganz sorgfältig stellen müssen. Aber in der Sache selbst, Herr Bundeskanzler, sind wir einstimmig der Meinung, daß Sie auch bei der Übernahme des Amtes des Bundespräsidenten weiterhin politische Einflußmöglichkeiten behalten und daß Sie ferner – was uns allen sehr wichtig ist – unsere noch im Wachstum und in der Konsolidierung befindliche Partei beeinflussen können, obwohl das Amt des Staatsoberhauptes die aktive Parteimitgliedschaft ausschließt. Darüber müssen wir uns klar sein. Sie können dennoch in einer loyalen Verbundenheit mit dem, was in Ihrer eigenen Partei geschieht, weiterhin Ihre unschätzbare Autorität einsetzen, damit sich unsere Partei mehr und mehr konsolidiert und stabilisiert. Das brauchen wir. Wir müssen eine immer höher gewölbte Kuppel auf unserem Fundament tragen. Dazu brauchen wir ein festes Fundament.
Herr Bundeskanzler! Wenn Sie uns dafür – auch wenn Sie nicht mehr formell Parteivorsitzender der Christlich Demokratischen Union sind – auch in Ihrem neuen Amt Ihr Wort und Ihre Führung gewähren, dann wären wir Ihnen dafür so dankbar, daß wir den in dieser Bitte zugleich beschlossenen Verzicht auf uns nehmen. Es ist ein Verzicht, der darin liegt, daß wir Sie, der die Schlachten gewonnen und die Macht ausgeübt hat, nun bitten, auf dieses andere Amt überzugehen. Darin liegt ein starker Ver-

zicht. Das muß klar gesehen und ausgesprochen werden. Wir bringen diesen Verzicht mit Rücksicht auf die den Menschen gesetzte Grenze. Wir bringen diesen Verzicht in der Hoffnung und Erwartung, daß uns Gott die Gnade erweist, Ihre Lebenskraft auf dem anderen Platze zum Nutzen unseres Volkes und – Sie werden mir erlauben, das noch zu sagen – zum Nutzen der Christlich Demokratischen Union Deutschlands noch lange zu erhalten.

Das sind einige Gründe. Ich könnte aber noch mehr anführen, die so überzeugend und lebendig sind – nicht nur hier in diesem Kreise, sondern auch in der breiten Öffentlichkeit –, daß es keiner langen Diskussion und Argumentation bedurfte, um diese Bitte hier zur Einstimmigkeit zu bringen.

Ich habe die Ehre, Herr Bundeskanzler, Ihnen hiermit diese Bitte namens dieses autorisierten Gremiums der Christlich Sozialen Union und der Christlich Demokratischen Union Deutschlands vorzutragen."

Der Vollständigkeit halber möchte ich nunmehr auch meine Antwort hierauf wiedergeben:

„Meine lieben Freunde! Diese Präsidentenwahl ist eine eigenartige Geschichte. Sie vollzieht sich in Sprüngen, die keiner vorher geahnt hat; ich am wenigsten. Ich persönlich, das heißt jetzt ad personam, bin mit der Frage zuerst beschäftigt worden am vergangenen Donnerstag. Dann waren gestern einige Herren bei mir, eigentlich mehr – so wurde mir gesagt –, um über den Verlauf des heutigen Tages zu sprechen. Und dann kamen schließlich doch Namen auf. Dann wurde ich vor diese Frage gestellt.

Nun stehe ich auf dem Standpunkt, meine Freunde, daß persönliches Gefallen oder Nichtgefallen, Gerntun oder Nichtgerntun eigentlich in so wichtigen Fragen keine Rolle spielt, sondern daß man auch in Fragen, die einen selbst angehen, real und sachlich denken muß. Das habe ich gestern versucht zu tun. Es ist aber auch jetzt wieder alles sehr schnell gekommen. Das muß ich Ihnen sehr offen sagen. Ich habe gestern abend allein zu Hause zu eruieren versucht, was man zu tun verpflichtet ist. Ich sage hier absichtlich: nicht was man gern tut. – Darum handelt es sich nicht mehr, sondern es handelt sich darum, wozu man verpflichtet ist. Ich bin zu der Überzeugung gekommen, daß ich verpflichtet bin. Ich war gestern der Überzeugung – ich hatte aber zuerst an Mitte Mai gedacht, nicht an heute –, daß ich, wenn man mich im Laufe der Entwicklung riefe, dem Rufe trotz mancher Bedenken Folge leisten müsse, weil mehr dafür als dagegen spricht.

Herr Kollege Gerstenmaier hat heute gesagt: Es sind gute Elemente und weniger gute Elemente in einem solchen Entschluß. – Das ist durchaus richtig. Ich bin der letzte, der das verkennt, und daher kann die Frage nur so sein: Auf welche Seite neigt sich das Schwergewicht der Waage, auf die Seite der guten Elemente oder auf die Seite der nicht guten Elemente? Ich glaube, wenn ich alles zusammen nehme, dann bin ich auf dem richtigen Wege, wenn ich sage: Ich will das tun in dem Sinne, wie es die Herren hier eben zum Ausdruck gebracht haben, die ja die Interpreten Ihres Willens waren.

Ich werde mich aber in mancher Beziehung ändern müssen.

(Heiterkeit)

Das gebe ich ohne weiteres zu. Aber das wird mir schwerfallen, daß ich nicht mehr kämpfen soll. Das ist schrecklich! Das sage ich Ihnen ganz offen. Gerade die vorige Woche in Niedersachsen und nachher in Rheinland-Pfalz hat mir wieder Spaß und Lust gebracht am Kampf. Aber natürlich, es gibt auch noch höhere Dinge als Kampf. Ich werde jetzt auch versuchen, meiner wahren Natur der Gerechtigkeit gegenüber der SPD Ausdruck zu geben.

(Große Heiterkeit)

Gerechtigkeit muß sein!

(Ministerpräsident von Hassel: Unbegrenzt?)

– Unbegrenzt ist nichts auf dieser Welt, Herr von Hassel! Ich spreche im vollen Ernst. Das wird für mich eine Aufgabe sein. Von der anderen Aufgabe, die dann bevorsteht, hat eben Herr Kollege Gerstenmaier gesprochen. Es ist ein Gedanke, der auch mich sehr bewegt: Solange Gott einem die Gnade gibt zu arbeiten, solange müssen wir dafür sorgen, daß unsere Partei, meine lieben Freunde, gesichert stehen bleibt, auch wenn diejenigen, die an der Wiege der Partei gestanden haben, nicht mehr sind. Wenn ich die Entwicklung in der Welt sehe, dann wächst in mir immer mehr die Überzeugung, daß nur eine Partei, die auf christlichem Boden steht, in der Lage ist, die kommenden Jahrzehnte wirklich zu meistern. Wenn ich nach drüben übersiedle, habe ich für manche Sache mehr Zeit, als ich leider Gottes in den vergangenen Jahren zur Verfügung gehabt habe. Und da verspreche ich Ihnen als allererstes, meine Damen und Herren – und ich glaube, ich handele damit im Interesse des deutschen Volkes –, dafür zu sorgen, daß unsere Gesinnungsgemeinschaft gefestigt und erweitert wird, damit sie die Stürme, die kommen werden, ertragen und überstehen kann.

Eines muß ich noch sagen: Ich denke nicht daran, mich auf das Altenteil zurückzuziehen.

(Lebhafter Beifall)

Das liegt mir völlig fern. Ich möchte keinen Zweifel daran lassen, aber auch gar keinen Zweifel, der ich einer der Väter des Grundgesetzes bin, daß ich für eine extensive Interpretation des Grundgesetzes eintreten werde.

(Starker Beifall und Heiterkeit)

Ich bin sehr sachlich, meine Herren! Nach den zehnjährigen Erfahrungen, die wir mit dem Grundgesetz gemacht haben, bin ich absolut für eine extensive Interpretation. Ich hoffe – auf Grund unserer Erfahrungen –, damit auch im Sinne meiner Parteifreunde zu handeln; denn das Grundgesetz muß wirklich wie alle Gesetze extensiv nach mancher Seite hin interpretiert werden.

Was soll ich weiter viel sagen, meine Freunde? Ich habe bekannt, daß ich gerne kämpfe, daß ich es aber dann sein lassen muß. Ich bekenne noch einmal, daß es mir sehr schwerfallen wird. Aber ich verspreche Ihnen, mit Ihrer Hilfe und auf Grund der Erfahrungen, die wir in den zehn Jahren gemacht haben, meine Kraft uneigennützig und möglichst ganz objektiv und ohne jede Rücksicht auf meine Person und auf meine Wünsche zur Verfügung zu stellen für das deutsche Volk und für unsere auf christlicher Grundlage beruhende Partei."

Die Nachricht von meiner Kandidatur für das Amt des Bundespräsidenten löste eine große Sensation in der Öffentlichkeit des In- und Auslandes aus. Es war notwendig, von vornherein möglichen Spekulationen über einen Wandel der deutschen Politik entgegenzuwirken.

Es war vorgesehen, daß ich am nächsten Tag, dem 8. April 1959, eine Fernsehansprache hielt über die außenpolitische Lage. Ich hielt es für richtig, im Anschluß hieran eine Erklärung zu meinem Entschluß abzugeben. Ich führte am 8. April vor der deutschen Öffentlichkeit aus:

„Sie werden sehr erstaunt gewesen sein, meine lieben Landsleute, daß ich mich zur Wahl als Nachfolger unseres verehrten Herrn Bundespräsidenten Heuss gestern zur Verfügung gestellt habe. Ausführlich möchte ich zur Zeit nicht über meine Gründe sprechen. Ich möchte nur folgendes sagen: Mein Entschluß ist zwar schnell gefaßt worden, aber er war wohlüberlegt, und er ist auch jetzt nach Auffassung von mir und meinen Freunden – ich kann das sagen – ein richtiger Entschluß. Man muß ihn nicht unter den Anliegen des Tages betrachten. Wir werden auf lange Zeit hinaus in einer Periode der Gefahr und der Unsicherheit sein. Mein Entschluß ist dazu bestimmt, meine verehrten Damen und Herren, auf Jahre hinaus die Kontinuität unserer Politik zu sichern. Ich glaube – und ich befinde mich auch darin durchaus im Einklang mit meinen Freunden –, daß ich kraft meiner Erfahrung und kraft des Vertrauens, das mir in so reichem Ausmaß im Inland und im Ausland geschenkt worden ist, das Amt des Bundespräsi-

"An der Haltung der Bundesregierung wird sich nichts ändern" 515

denten, der Bedeutung dieses hohen Amtes entsprechend, ausfüllen werde. Ich möchte in zwei Sätzen mit allem Nachdruck folgendes sagen: Die Stellung, die Aufgabe und die Arbeit des Bundespräsidenten werden in der deutschen Öffentlichkeit und damit auch in der internationalen Öffentlichkeit zu gering eingeschätzt. Sie ist viel größer, als man schlechthin glaubt. Ferner möchte ich Ihnen sagen, das gilt für das uns befreundete Ausland und auch für das uns nicht befreundete Ausland: An der Haltung der Bundesregierung und der Bundesrepublik Deutschland in außenpolitischen Fragen wird sich auch während der nächsten Jahre, nicht nur während dieser Konferenzzeit, nichts, kein Buchstabe ändern. Wir sind und wir bleiben treue Partner unserer Partner, treue Freunde unserer Freunde und wachsame Gegner gegenüber denjenigen, die unseren berechtigten Forderungen nach Frieden und Freiheit und Wiedervereinigung in Frieden und Freiheit entgegentreten."

Am 8. April 1959 abends reiste ich zu einem vierwöchigen Urlaubsaufenthalt nach Cadenabbia ab, ohne vorher mit irgend jemand noch weiter über diese ganze Angelegenheit gesprochen zu haben. Mir wurde vor meiner Abfahrt bekannt, daß an diesem Tage auf Einladung von Minister Strauß die Minister Erhard, Etzel und Schröder in der Wohnung von Strauß zusammentrafen. Von Brentano, der auch eingeladen war, hatte abgesagt. In diesem Gespräch trafen die Minister ein Übereinkommen, nach dem sie sich an einer Auseinandersetzung über einen künftigen Bundeskanzler nicht beteiligen würden. Sie vereinbarten und gaben einander die Zusicherung, daß jeder im Kabinett verbliebe, falls irgendeiner von ihnen zum Bundeskanzler gewählt würde. Es wurde ein Gentlemen-Agreement abgeschlossen, nach dem keiner für sich selbst Propaganda machen würde und nach dem mein Wunsch, daß eine Aussprache über die Wahl des neuen Bundeskanzlers erst nach der Wahl des Bundespräsidenten am 1. Juli 1959 begonnen werden sollte, respektiert werde.

4. Gewissenskonflikt
– Die Voraussetzungen für meine Kandidatur wurden nicht erfüllt –

Unmittelbar nach meiner Abreise von Bonn begann in der deutschen Presse eine Diskussion über die Frage der Nachfolge im Bundeskanzleramt. Aus Fraktionskreisen wurde mir mitgeteilt, daß eine „Brigade Erhard" genannte Gruppe in der CDU/CSU die Fraktion im Sinne einer Kanzlerkandidatur Erhards beeinflusse. Auch auf die Presse schien in dieser Richtung stark eingewirkt zu werden.

Am 8. April 1959 abends reiste ich zu einem vierwöchigen Urlaubsaufenthalt nach Cadenabbia ab, ohne vorher mit irgend jemand noch weiter über diese ganze Angelegenheit gesprochen zu haben. Mir wurde vor meiner Abfahrt bekannt, daß an diesem Tage auf Einladung von Minister Strauß die Minister Erhard, Etzel und Schröder in der Wohnung von Strauß zusammentrafen. Von Brentano, der auch eingeladen war, hatte abgesagt. In diesem Gespräch trafen die Minister ein Übereinkommen, nach dem sie sich an einer Auseinandersetzung über einen künftigen Bundeskanzler nicht beteiligen würden. Sie vereinbarten und gaben einander die Zusicherung, daß jeder im Kabinett verbliebe, falls irgendeiner von ihnen zum Bundeskanzler gewählt würde. Es wurde ein Gentleman-Agreement abgeschlossen, nach dem keiner für sich selbst Propaganda machen und nach dem mein Wunsch, daß eine Aussprache über die Wahl des neuen Bundeskanzlers erst nach der Wahl des Bundespräsidenten am 1. Juli 1959 begonnen werden sollte, respektiert werde.

Manuskript zur vorhergehenden Seite mit handschriftlicher Signatur von Konrad Adenauer vom 26. 1. 1967

Die Frage, ob Erhard oder Etzel Bundeskanzler werden sollte, falls ich zum Bundespräsidenten gewählt würde, stand im Mittelpunkt der Auseinandersetzung. Ich hielt die Erörterung dieser Frage in der Öffentlichkeit für sehr peinlich. Nach meinem Empfinden schädigte sie das Ansehen unserer Partei. Meine Bemühungen, die Diskussion zu stoppen, waren vergeblich.

Für Mitte Mai 1959 war der Beginn eines Treffens der Außenminister Frankreichs, Großbritanniens, der Sowjetunion und der Vereinigten Staaten von Amerika vorgesehen. Zur Vorbereitung dieser Konferenz, der ein Gipfeltreffen folgen sollte, begann Mitte April 1959 in London eine Reihe westlicher Vorkonferenzen. Am 12. April trafen die Staatssekretäre Globke vom Bundeskanzleramt und van Scherpenberg vom Auswärtigen Amt in Cadenabbia ein zu einer letzten Besprechung mit mir über die Instruktionen für die deutsche Delegation. Globke überbrachte mir zugleich ein Schreiben von Bundespräsident Heuss.

Ich hatte keine Gelegenheit gehabt, Bundespräsident Heuss persönlich über die jüngsten Entwicklungen zu unterrichten. Offensichtlich hatte er auf Grund von Zeitungsnachrichten und Zuträgereien den Eindruck, ich hätte mich über die Art und Weise, in der er das Amt des Bundespräsidenten ausgeübt hatte, herabwürdigend geäußert. Das hatte ich nicht getan; ich hatte sie im Gegenteil sehr anerkannt. Seine Wahl hatte ich als einen Glücksfall für unseren demokratischen Staat bezeichnet.

Ich besprach mit Globke eingehend die unerwünschten und sehr schädlichen Presseauseinandersetzungen über die Bundeskanzlernachfolge. Wir konnten jedoch nichts dagegen tun.

Globke fuhr am Spätnachmittag des 13. April zurück nach Bonn. Ich gab ihm ein Antwortschreiben an Heuss mit. Es lag mir sehr daran, den Eindruck, den Heuss erhalten hatte, zu beseitigen. Ich beantwortete den Brief von Heuss, indem ich ihm eine ausführliche Schilderung des ganzen, doch auch mich völlig überraschenden Verlaufs der ersten Aprilwoche gab und ihm versicherte, daß ich mich niemals in einer herabwürdigenden Weise über seine Amtsführung geäußert hätte.

Eine gute Woche nach meiner Ankunft in Cadenabbia suchte mich mein alter Freund Dr. Pferdmenges auf. Pferdmenges kam, wie er mir offen sagte, im Auftrage von Erhard. Erhard habe ihn gebeten, mich davon zu überzeugen, daß er, Erhard, mir absolut ergeben sei und ich keine Bedenken gegen seine Kanzlerschaft zu haben brauche.

In der Vergangenheit hatte Erhard wiederholt über Dr. Pferdmenges versucht, mir zu versichern, daß er nichts anderes im Auge habe, als dem Wohl des deutschen Volkes zu dienen, und selbst für sich keinerlei Ehrgeiz fühle. Erhard für das Amt des Bundeskanzlers zu nominieren, hielt ich nicht für richtig. Ich legte Pferdmenges in mehreren Gesprächen meine Bedenken dar. Ich wies darauf hin, daß sich die außenpolitische Situation zusehends verschlechtere. Der weitere Ausbau der europäischen Integration, die Freundschaft zwischen Frankreich und Deutschland in dieser Integration sei eine wichtige Bedingung für das Festhalten der USA an Europa. Ich erinnerte an eine Rede, die Erhard im Mai 1958 in Oslo vor Vertretern der internationalen Presse gehalten hatte. Nach einer dpa-Meldung in der „Frankfurter Allgemeine" vom 27. Mai 1958 hatte Bundeswirtschaftsminister Erhard vor Vertretern der internationalen Presse in Oslo erklärt, „falls wider Erwarten in Frankreich ein Experiment beginne, das außerhalb der verfassungsmäßigen Ordnung stünde, werde der Gemeinsame Europäische Markt der sechs Länder stärker in Mitleidenschaft gezogen sein als die umfassendere Freihandelszone der 17 Länder der OEEC. Auf die Frage, ob ein Frankreich, das nicht mehr auf dem Boden der verfassungsmäßigen demokratischen Ordnung stehe, noch mit einem Entgegenkommen der Bundesrepublik auf dem Gebiet der Kreditgewährung rechnen könne, antwortete Erhard: ‚Nein'."

Nach einer UP-Meldung vom 24. Mai 1958 hatte Erhard in Oslo vor Journalisten ausdrücklich gegen eine französische Regierung Stellung genommen, die unter der Führung von General de Gaulle stehe. „Le Monde" brachte die Äußerungen Erhards in ihrer Ausgabe vom 25. Mai 1958 unter der Überschrift „M. Ludwig Erhard: Wenn der General (de Gaulle) wieder an die Macht kommt, wird Deutschland nicht mehr das französische Defizit in der EWG decken." Ich war sicher, daß die Äußerung Erhards in Oslo in Frankreich nicht vergessen war. Diese Äußerung war eine grobe Unfreundlichkeit gegenüber de Gaulle.

Weiter machte ich Pferdmenges auf eine Rede aufmerksam, die Erhard am 23. März 1959 in Rom über seine Vorstellungen einer wirtschaftlichen Zusammenarbeit in Europa gehalten und die mir gleichfalls Anlaß zu Besorgnissen gegeben hatte. Über diese Rede hatte „Die Welt" vom 24. März 1959 folgende Notiz gebracht:

„F. M. Rom, 23. März
Mit aller Deutlichkeit hat Bundeswirtschaftsminister Erhard am Montag in Rom seiner Skepsis gegenüber einem zu eng begrenzten ‚Europäismus' auf wirtschaftlichem Gebiet Ausdruck verliehen. Leidenschaftlich setzte er sich für die Einrichtung der europäischen Freihandelszone ein.
Der Minister sprach vor dem ‚Italienischen Zentrum zum Studium der internationalen Aussöhnung' über ‚Aktuelle Fragen der Wirtschaftspolitik'.
Sein Vortrag wurde zu einem wirtschaftspolitischen und gesellschaftlichen

Ereignis für die italienische Hauptstadt. Im Zuhörerraum sah man den 85jährigen ehemaligen Staatspräsidenten Einaudi, dessen wirtschaftliche Ideen Erhard, wie er selbst sagte, viele Anregungen gegeben haben. Außerdem waren Ministerpräsident Segni, Außenminister Pella und eine Reihe weiterer Minister sowie die führenden Persönlichkeiten des italienischen Wirtschaftslebens erschienen.

‚Europa kann sich nicht den Luxus leisten', so warnte Erhard, ‚in der augenblicklichen Situation wirtschaftlich getrennt zu marschieren. Man muß auch auf wirtschaftlichem Gebiet die geographische Einheit West- und Mitteleuropas berücksichtigen.'

Der Minister wandte sich auch gegen die ‚Mystifizierung der europäischen Organe'. Es gehe nicht an, daß diese Gremien tabu seien. Die Kritik dürfe vor ihnen nicht halt machen."

Ich hatte Erhard noch am gleichen Tage folgenden Brief gesandt:

„Bonn, den 24. März 1959

– Persönlich –

Sehr geehrter Herr Erhard!

Persönlich und freundschaftlich möchte ich Ihnen ein Wort über die Freihandelszone und den ‚Europäismus' sagen. Ich gehe dabei aus von der Notiz, die sich in ‚Der Welt' vom 24. März 1959 über Ihre Rede in Rom befindet. Ich muß Sie leider – unter Voraussetzung, daß der Bericht richtig ist – sehr dringend und ernsthaft bitten, die augenblickliche politische Lage bei Ihren Reden zu berücksichtigen. Gerade in diesem Augenblick, in dem Groß-Britannien im Camp David* uns auf das Schwerste schädigt, und wir auf die Hilfe Frankreichs unbedingt angewiesen sind, ist es völlig unmöglich, daß Sie eine Rede halten, die Frankreich verletzt und Groß-Britanniens Haltung billigt. Derartige Ausführungen stehen im größten Gegensatz zu den Ihnen doch bekannten Richtlinien meiner Politik. Ich wäre doch dankbar, wenn der Bericht ‚Der Welt' nicht zutreffend wäre und Sie ihn berichtigen.

Mit freundlichen Grüßen
Ihr ergebener
gez. Adenauer."

Als Antwort auf diesen Brief schrieb mir Erhard am 2. April 1959:

„Sehr verehrter Herr Bundeskanzler!

Ich glaube, Ihren Brief vom 24. März nicht besser und vollständiger als durch die Übersendung des Originalwortlautes meiner in Rom gehaltenen

---
* Siehe Kapitel XIV, Seite 481.

Rede beantworten zu können. Ich füge ausdrücklich hinzu, daß dieser Ihnen hiermit übergebene Text der Rede keine nachträgliche Veränderung oder Kürzung erfahren hat. Wenn ich noch dazu sagen darf, daß sich der anwesende französische Botschafter ausdrücklich für die freundlichen Worte bedankte, die ich für Frankreich gefunden habe, so dürfte damit wohl auch der Vorwurf gegenstandslos sein, daß ich Frankreich verletzt und Großbritanniens Haltung gebilligt hätte.

Es war ja schon immer mein besonderer Wunsch, unter Ihrem Vorsitz bzw. in Ihrer Gegenwart mit dem Auswärtigen Amt Fragen der europäischen Politik gerade im wirtschaftlichen Bereich zu erörtern. Sie wissen, daß ich dabei auch besonderen Wert auf die Teilnahme von Präsident Hallstein gelegt habe. Leider ist es nie zu dieser Zusammenkunft gekommen. Ich werde darum während Ihres Aufenthaltes in Cadenabbia in einer Art Memorandum meinen Standpunkt zu dieser Frage noch einmal festlegen.

Mit freundlichen Grüßen
Ihr sehr ergebener
gez. Ludwig Erhard"

Nach dem mir übersandten Wortlaut der Rede hatte er in Rom unter anderem gesagt:

„... Wir können nur hoffen, daß all jene Länder, die gerade im Augenblick bestrebt sind, ihre ökonomischen und finanziellen Verhältnisse neu zu ordnen und gesunden zu lassen – und ich scheue mich gar nicht, hier den Namen Frankreich auszusprechen –, über die Kraft und Beharrlichkeit verfügen werden, um das als recht erkannte Prinzip über die ‚Durststrecke' hinweg bis zur endgültigen Bewährung durchzusetzen. Alle meine guten Wünsche begleiten meinen verehrten französischen Kollegen Jacques Rueff, der mit seinem Plan, durch Minister Pinay praktiziert, sein Land auf wieder feste Grundlagen gestellt hat ...

In meinem Lande sagt ein Sprichwort: ‚Ein Lump gibt mehr, als er hat!' Das Gleiche gilt auch für die Volkswirtschaft, und darum sollten wir uns vor allen Dingen vor den sozialen Romantikern hüten, die uns ohne Rücksicht auf Produktivität und Leistungskraft glauben machen wollen, allein aus dem guten Herzen heraus soziale Wohltaten gewähren zu können. In dieser Richtung bewegte sich auch eines meiner dringendsten Anliegen und demzufolge auch meine Kritik zu der Vertragsgestaltung für die Europäische Wirtschaftsgemeinschaft.

Zu diesem Thema habe ich gesagt, daß das, was ein Land an sozialen Leistungen erfüllen kann, in erster Linie von der Produktivität und Leistungskraft der Volkswirtschaft abhängig sei. Es wird im Zuge der Verwirklichung eines gemeinsamen Marktes das Leistungsgefälle zwischen den einzelnen Volkswirtschaften sicher geringer werden und schließlich gar völlig verschwinden. Am Ende dieses Prozesses mag also so etwas wie eine soziale Harmonie stehen; – diese aber an den Anfang zu setzen, heißt wirklich, das Pferd am Schwanz aufzäumen zu wollen.

Mit diesem letzten Hinweis möchte ich schlaglichtartig beleuchten, wie schwierig es, in welchem Kreise auch immer, sein wird – sei es im Bereich der Europäischen Wirtschaftsgemeinschaft oder, wie ich hoffe, in einer späteren Freihandelszone –, zu einer sogenannten Harmonisierung der Wirtschafts- oder Konjunkturpolitik zu gelangen. Das ist schon deshalb außerordentlich problematisch, weil jedes einzelne Volk auf bestimmte wirtschaftspolitische Maßnahmen wahrscheinlich unterschiedlich reagiert, und folglich ein vorgestecktes Ziel mit ganz verschiedenartigen Mitteln erreicht werden kann.

Noch wichtiger aber scheint mir das zu sein, und darum möchte ich es auch mit aller Deutlichkeit aussprechen: Eine gemeinsame Wirtschaftspolitik im Kreise der ‚Sechs' kann nicht etwa gefunden werden als das arithmetische Mittel aus sechs verschiedenen Auffassungen. Ich will damit gewiß nicht sagen, daß dabei die deutsche Wirtschaftspolitik Modell oder Pate stehen soll. Man kann das Maß im Absoluten finden, aber sicher müssen alle Länder bestrebt sein, die denkbar größte und vollkommenste Ordnung und Stabilität an den Anfang ihrer gemeinsamen Bemühungen zu setzen, denn nur daraus erwächst am Ende eine Harmonie. Das Gesagte gilt für jegliche Betrachtungsweise ...

In der Europäischen Wirtschaftsgemeinschaft haben wir ja auch ein Verfahren entwickelt, das im Zuge einer Frist von zehn bis fünfzehn Jahren die Zölle überhaupt verschwinden läßt. Ich gestehe offen, daß mir die Frist reichlich lang erscheint. Wirtschaftspolitische Bindungen der eingegangenen Art müßten frühzeitiger und unmittelbarer fühlbar werden, wenn nicht der Elan und die Gläubigkeit verlorengehen sollen, das vorgestellte Ziel in einem wirklich relevanten Zeitraum erreichen zu können.

So will ich auch kein Urteil wagen, ob die Europäische Wirtschaftsgemeinschaft der Weisheit letzter Schluß ist. Sicher, wir alle sind durch die Verträge gebunden, und wir halten Verträge, ja ich bin sogar der Meinung, daß es mehr als den toten Buchstaben und die rein juristische Formalität zu beachten, den Vertrag mit lebendigem Inhalt zu erfüllen gilt. Ich hörte neulich einen Vortrag von Professor Salis in Basel, der genau das ausdrückte, was wir ja alle im Grund genommen wissen. Er sagte, daß eine Zollunion oder noch mehr eine Währungsunion – wobei ich gleich hinzufüge, daß ich mir eine originäre Währungspolitik der Europäischen Wirtschaftsgemeinschaft nicht vorstellen kann – die politische Einheit voraussetze beziehungsweise zwangsläufig bedinge. Nun wissen wir ja alle, daß der Vertrag zur Europäischen Wirtschaftsgemeinschaft nicht nur unter ökonomischen, sondern viel mehr auch unter politischen Aspekten zu begreifen ist. Ich bejahe diese Zielsetzung, wobei sich allerdings jeder einzelne die Frage stellen kann, ob angesichts der Zeichen der Zeit die Chancen für eine politische Integration besonders günstig zu beurteilen sind. Um so mehr ist aber auch die Frage berechtigt, wie wir aus der relativen Enge der Europäischen Wirtschaftsgemeinschaft zu der umfassenderen europäischen Gesamtheit einer europäischen Gemeinschaft im geographischen und politischen Sinne finden. Ich glaube, man wird es einsehen müssen, daß das Mißvergnügen, das in anderen europäischen Ländern gegenüber der Europäischen Wirtschaftsgemeinschaft allenthalben zu Tage getreten ist, mindestens aus der Schau dieser Länder verständlich erscheint, und es wäre darum falsch, diese Anliegen gering zu erachten. Wir sind uns ja auch alle darüber einig, daß wir eine multilaterale Assoziation wünschen, die wieder die größere Klammer über ganz Europa hin sichtbar werden läßt. Gewiß, ich kann keine Zollunion bilden, ohne die Außenstehenden anders zu behandeln als die innseitig liegenden Länder. Insofern tritt juristisch keine Diskriminierung ein. Aber wenn ich mich in die Seele des Schweizer oder österreichischen Kaufmanns versetze oder in die des englischen Partners, die auf unseren Märkten auf einmal andere Bedingungen vorfinden, als wir sie uns gegenseitig einräumen, dann wird es diesen kein Trost sein, wenn wir ihnen erklären, daß wir die Sache juristisch genau geprüft hätten und sie demzufolge nicht diskriminiert, sondern nur schlechter behandelt werden würden. Aus diesem Grunde sollten wir alles tun, um an dem Modell einer multilateralen Assoziation, das nach den Bestimmungen des GATT nichts anderes als eine Freihandelszone sein kann, weiter zu arbeiten und das Problem weiter zu diskutieren. Europa kann sich gerade in dieser politischen Situation nicht den Luxus erlauben, im ökonomischen Bereich getrennt zu marschieren. Im übrigen würde das Geschäft nur immer teurer werden, denn wenn die Europäische Wirtschaftsgemeinschaft allein, das heißt ohne Verklammerung fortbesteht, werden wir durch Entgegenkommen handelspolitischer Art gegenüber den anderen europäischen Partnern, aber auch anderen Wirtschaftsräumen soviel darangeben müssen, daß unter dem Schlußstrich wahrscheinlich das gleiche herauskommt, als wenn wir uns gleich zu umfassenderen Lösungen bereit gefunden hätten. Ich habe es auch schon in Straßburg vor der Versammlung ausgesprochen, daß, je mehr wir ‚Sechs' den politischen Aspekt in der Europäischen Wirtschaftsgemeinschaft herausstellen, es anderen europäischen Ländern, die außerhalb stehen, nur um so schwerer wird, den Beitritt zu vollziehen –, auch dann, wenn er ökonomisch sinnvoll wäre. Die Schweiz zum Beispiel kann aus ihrer traditionellen Schau keine politischen Bindungen dieser Art eingehen; Österreich ist aus einem anderen Grund daran verhindert. Für jedes Land besteht hier eine Besonderheit. So möchte ich sagen, daß, so sehr ich die Europäische Wirtschaftsgemeinschaft als einen Fortschritt betrachte, weil sie aus dem nationalistischen Denken und Egoismus herausführt und das Gemeinsame voranstellt, damit doch auch die Gefahr verbunden ist, wieder in die Denkvorstellungen von ‚wirtschaftlichen Großräumen' zurückzufallen. Es war gewiß keine ersprießliche Zeit, in der wir in solchen Kategorien dachten. Darüber hinaus bedeutete es eine verhängnisvolle Konsequenz, wenn wir zu dem Ergebnis kommen müssen, daß ein kleines Land, in sich allein, ökonomisch die Existenzberechtigung verliert, wenn es nicht bereit ist, politische Konsequenzen zu ziehen. Dies alles muß meiner Ansicht nach sehr sorgfältig überdacht werden. Betrachten Sie das aber bitte nicht als eine Kritik an der Europäischen Wirtschaftsgemeinschaft. Sie bedeutet in jedem Falle einen Sprung vorwärts, aber ich bin nicht anzuerkennen bereit, daß sie der Weisheit letzter Schluß wäre. Vergessen wir auch nicht, daß jede Zusammenfügung zu größeren Gebilden auch immer die Gefahr zentralistischer Bestrebungen erstehen läßt. Das aber sollten wir gerade in Europa vermeiden, denn was dort an Buntheit, Vielgestaltigkeit und Farbe in den einzelnen Ländern und Stämmen lebendig ist und das Dasein formt, ja was das Leben erst lebenswert macht, darf nicht in der Nivellierung in mehr oder minder zentralistischen Lösungen untergehen. Es ist in Europa eine Art Mystizismus aufgekommen, so als ob die geschaffenen Institutionen unantastbar oder besser gegen jede Kritik gefeit sein müßten. Können wir wirklich annehmen, daß diese Verträge die allerletzte, die göttliche und absolute Weisheit darstellen? Nationale Regierungen werden bekanntlich vom Volke kritisiert, das gehört zu jeder demokratischen Einrichtung. Warum sollte darum die Kritik vor europäischen Regierungen beziehungsweise Instanzen Halt machen? Das vermag ich nicht einzusehen! Ich bin ein zu guter Demokrat, und ‚Europa' ist ein zu ernstes Beginnen, als daß wir nicht gehalten wären, die kritische Sonde anzulegen, um über alle Fährnisse zu einem guten Ende zu gelangen."

Das Antwortschreiben Erhards mit der sehr umfangreichen Rede wurde mir erst in Cadenabbia vorgelegt, und zwar am 10. April. Diese Rede bestärkte mich in meiner Überzeugung, daß Erhard als Bundeskanzler nicht in Frage komme. Diese Rede mußte unsere Partner kopfscheu machen. Über das Echo, das die Rede Erhards in Rom auslöste, ist eine Bemerkung des italienischen Ministerpräsidenten Segni, der mich am 24. April 1959 in Cadenabbia aufsuchte, interessant. Im Laufe der ausgedehnten politischen Unterredung, die ich mit Segni führte, kamen wir auf die europäische Integration zu sprechen. Segni berichtete, er habe der Rede, die Erhard in Rom gehalten habe, beigewohnt. Er, Segni, sei von ihr so erschüttert gewesen, daß er Erhard nach dem Vortrag sofort aufgesucht und ihm offen gesagt habe, daß er mit seinen, Erhards, Ausführungen über die europäischen Organisationen nicht einverstanden sei. Er, Segni, bleibe bei den Sechs. Segni berichtete mir, die Rede habe bei der italienischen Regierung starkes Aufsehen erregt. Erhard habe den Eindruck erweckt, als stehe er nicht hinter dem Europa der Sechs.

Dr. Pferdmenges blieb etwa acht Tage in Cadenabbia. Wir waren während der Zeit seines Aufenthaltes am Comer See oft zusammen. Kurz vor seiner Abreise nach Bonn sagte mir Pferdmenges, er müsse meinen Erwägungen betreffend einer Kanzlerschaft Erhards doch recht geben.

Am 2. Mai suchten mich Dr. Krone, der Vorsitzende der CDU/CSU-Fraktion im Deutschen Bundestag, und Staatssekretär Globke auf. Krone berichtete mir, daß nach seiner Ansicht die Mehrheit der Fraktion für eine Kandidatur Erhards für das Amt des Bundeskanzlers eintrete. Erhard und seine Freunde hatten offensichtlich mit ihrer groß angelegten Kampagne für seine Wahl zum Bundeskanzler Erfolg. Ich brachte Krone gegenüber sehr nachdrücklich meine starken Bedenken gegen eine Kanzlerkandidatur Erhards zum Ausdruck und erinnerte an die Voraussetzung, unter der ich mich bereit erklärt hatte, für das Amt des Bundespräsidenten zu kandidieren.

Am 4. Mai 1959 kehrte ich von Cadenabbia nach Bonn zurück. Krone und Globke begleiteten mich auf der Rückreise, in Baden-Baden kam der Vorsitzende der Landesgruppe CSU, Höcherl, hinzu. Während der Fahrt nach Bonn war natürlicherweise die Nachfolgeschaft im Amte des Bundeskanzlers Hauptgegenstand unseres Gespräches. Höcherl war für eine Kanzlerschaft Erhards. Wie schon den Herren Krone und Globke, so setzte ich auch Höcherl meine Bedenken gegen Erhard auseinander. Ich erklärte den Herren unumwunden, daß nach meiner Auffassung Erhard offenbar gar nicht überschaue, welche Verpflichtungen das Amt des Bundeskanzlers mit sich bringe.

Am 6. Mai 1959 weilte der französische Ministerpräsident Debré zu einem Staatsbesuch in Bonn. Über eine Beurteilung Erhards von seiten der französischen Regierung war folgender Passus in der Rede, die Debré anläßlich des von mir ihm zu Ehren gegebenen Abendessens hielt, sehr aufschlußreich. Debré führte beim Abendessen aus:

„Glauben Sie nur nicht, meine Herren, daß wirtschaftliche Probleme die Welt beherrschen. Sie wird vielmehr von den großen Staatsmännern wie auch von politischen Fragen entscheidend beeinflußt. Hiervon hängen in der Tat das Schicksal der Welt, unsere Zukunft und die Freiheit ab. Meine Worte sind, Sie werden dies bereits bemerkt haben, eine Wiederholung dessen, was Ihnen bereits General de Gaulle gesagt hat."

Diese Sätze Debrés trafen den Nagel auf den Kopf.

Ich war von größter Sorge um unsere außenpolitische Zukunft erfüllt. Am 8. Mai 1959 suchte ich Bundespräsident Heuss auf, um ihm über die Auseinandersetzung über die Bundeskanzlernachfolge zu berichten, und ich äußerte Bundespräsident Heuss gegenüber meine Zweifel, ob es richtig sei, an meiner Kandidatur für das Amt des Bundespräsidenten festzuhalten.

Ich hielt es für ratsam, mit Erhard offen und unumwunden über die Frage seiner Kandidatur für das Amt des Bundeskanzlers zu sprechen. Eine erste Aussprache hierüber fand am Nachmittag des 13. Mai 1959 statt. Diese Aussprache dauerte eineinhalb Stunden. Erhard erklärte mir im Laufe des Gespräches, er habe ein Recht darauf, Bundeskanzler zu werden, weil er von allen Bundesministern derjenige sei, der am längsten am Aufbau der Bundesrepublik mitgewirkt habe. Er erinnerte an seine Arbeit im Frankfurter Wirtschaftsrat und erinnerte mich daran, daß er mein Stellvertreter sei.

In voller Offenheit legte ich ihm meinerseits meine Bedenken gegen seine Kandidatur dar. Ich wies besonders auf die außenpolitische Lage der Bundesrepublik und die Bedeutung der Außenpolitik für unser Land hin. Ich machte ihn darauf aufmerksam, daß ich die Hälfte meiner Zeit auf außenpolitische Fragen verwende. Ich versuchte ihm klarzumachen, daß gerade die außenpolitischen Fragen sehr ernst genommen werden müßten. In der Außenpolitik hänge alles miteinander zusammen, und man müßte große Kenntnisse und Erfahrungen besitzen. Ich sagte ihm auch, daß er, Erhard, bei unseren Bündnispartnern allgemein als kein großer Freund der europäischen Integration angesehen werde. Ich unterrichtete ihn über eine Äußerung von Staatssekretär Herter über das Festhalten der USA an Europa.

Ergänzend muß ich hier einfügen, daß anläßlich eines Besuches des amerikanischen Außenministers Herter in Bonn am 9. Mai 1959 – John Foster Dulles war am 15. April wegen seiner Erkrankung zurückgetreten, Herter wurde sein Nachfolger – dieser mir in seiner ruhigen, aber sehr entschiedenen Art gesagt hatte: „Die Vereinigten Staaten werden an Europa festhalten, wenn die europäische Integration fortschreitet und wenn innerhalb dieser Integration Frankreich und Deutschland freundschaftlich zusammenleben."

Ich hatte das sichere Gefühl, daß diese Erklärung Herters sich auf die damals schon ventilierte Frage bezog, daß eventuell Bundesminister Erhard, falls ich Bundespräsident würde, Bundeskanzler werden sollte.
Erhard schob alle meine Ausführungen ohne weiteres beiseite. Meine Einwände gegen seine politischen Vorstellungen wies er als unbegründet zurück und versicherte, daß er auf dem gleichen Boden stünde wie ich.
Ich fragte Erhard weiter, wer nach seiner Meinung Wirtschaftsminister werden solle, wenn er Bundeskanzler würde.
Erhard antwortete: „Westrick." Ich gab zu bedenken, Westrick werde jetzt 65 Jahre alt. Westrick beherrsche viele Gebiete der Wirtschaft, doch beherrsche er auch das Gesamtgebiet?
Erhard meinte, als Minister könne Westrick ja zwei Jahre länger bleiben. Im übrigen aber wolle er, Erhard, selbst das Wirtschaftsministerium weiterführen.
Auf meine Frage, wie er sich das denn praktisch vorstelle, denn einem derartigen Aufgabengebiet könne man unmöglich völlig gerecht werden, entgegnete Erhard, das Wirtschaftsministerium könne er mit zehn Prozent seiner Arbeitsleistung führen.
Im übrigen, so betonte er, werde er alles tun, was ich sage, und er wolle sich dazu auch verpflichten, aber er müsse Bundeskanzler werden. Wenn er es nicht werde, werde er aus dem Kabinett ausscheiden.
Ich war durch diese Unterredung sehr deprimiert. Das Gespräch hatte meinen Eindruck verstärkt, daß Erhard überhaupt kein Verständnis für die Pflichten hatte, die das Amt des Bundeskanzlers mit sich brachte. Es hatte sich der Eindruck verstärkt, daß Erhard von einem nicht zu bändigenden Ehrgeiz erfüllt war.
Am 14. Mai 1959 gab ich in einer Kabinettssitzung das erste Mal zu erkennen, daß ich mich mit dem Gedanken trüge, von meiner Kandidatur als Bundespräsident zurückzutreten. Als Grund gab ich die internationale Lage an. Ich erklärte, daß mein Entschluß, mich als Kandidat für die Bundespräsidentenwahl zur Verfügung zu stellen, infolge des Verlaufs der Ereignisse schon zu neunzig Prozent nicht mehr vorhanden sei.
Die Zeit vom 15. bis 21. Mai 1959 war erfüllt mit Gesprächen über die Frage des künftigen Bundeskanzlers. Während dieser Tage suchte mich Pferdmenges wiederum im Auftrage von Erhard auf. Erhard hatte ihn erneut gebeten, bei mir vorstellig zu werden, um mich im Sinne seiner Kanzlerschaftskandidatur zu beeinflussen. Pferdmenges berichtete mir über ein Gespräch, das er mit Erhard gehabt habe, in dem er, Pferdmenges, Erhard gefragt habe, ob er es als unfreundlich empfinde, wenn ich nach reiflicher Überlegung erklären müsse, ich könne ihn einfach nicht als Bun-

deskanzler vorschlagen. Erhard habe ihn, Pferdmenges, gebeten, mir zu sagen, er werde dies nicht nur als unfreundlich, sondern als eine Beleidigung betrachten.
Aus Unterredungen, die ich mehrfach mit den Herren Krone als dem Vorsitzenden der CDU/CSU-Fraktion und Höcherl als dem Vertreter der Landesgruppe CSU hatte, ergab sich, daß diese Herren der Ansicht waren, daß eine starke Mehrheit der Fraktion für Erhard als Bundeskanzler stimmen werde. Die Schätzung von Krone war, daß etwa zwei Drittel der Fraktion für Erhard als Bundeskanzler eintreten. Etzel habe kaum Chancen.
Mir war es vollkommen klar, daß Erhard als Bundeskanzler nicht in Frage kommen *dürfe*. Ich würde es als Bundespräsident nicht verantworten können, ihn der Fraktion als Bundeskanzler vorzuschlagen. Weiter war ich mir auch darüber im klaren, daß ich, wenn die Mehrheit der Fraktion meinen Vorschlag ablehnte, Etzel zum Bundeskanzler zu nominieren, und Erhard als Bundeskanzler gewählt würde, ich das Amt des Bundespräsidenten niederlegen müsse. Ich hatte den dringenden Wunsch, Erhard möge einsehen, daß es für mich unmöglich war, ihn vorzuschlagen. Er möge einsehen, daß es richtig sei, wenn er Bundeswirtschaftsminister bliebe.
Meine mündlichen Ausführungen vor den führenden Vertretern der CDU hatten bisher keinen Erfolg, diese von der Richtigkeit meiner Überlegungen zu überzeugen. Ich hielt nunmehr den Zeitpunkt für gekommen, schriftlich die Gründe, die mich gegen eine Nominierung von Erhard als Bundeskanzler bewogen, niederzulegen und sie in getrennten Briefen dem Vorsitzenden der Fraktion der CDU/CSU und Erhard selbst zur Kenntnis zu bringen. Am Nachmittag des 15. Mai 1959, es war der Freitag vor dem Pfingstfest, kam der Vorsitzende der CDU/CSU-Fraktion, Dr. Krone, zu mir ins Palais Schaumburg, um erneut die ganze Frage mit mir zu besprechen. Ich gab Krone Kenntnis von meinem Vorhaben.
Am nächsten Tag, dem 16. Mai 1959, wurde mir ein Brief Krones überbracht, in dem er mir nahelegte, diese Briefe nicht zu schreiben. In dem Brief Krones an mich hieß es:

„Sehr verehrter Herr Bundeskanzler,
trotz Pfingsten oder – auch wegen Pfingsten – schreibe ich Ihnen diesen Brief. Mir geht das Gespräch von gestern nachmittag dauernd durch den Kopf. Ich wiederhole, was ich Ihnen sagte: Sie sollten die Briefe nicht schreiben, ehe nicht noch einmal darüber zwischen uns gesprochen worden ist. Das Beste wäre es, Sie würden die Briefe überhaupt nicht schreiben. Das auch deshalb, weil ich überzeugt bin, daß sie bekannt werden.

Ich brauche nicht zu wiederholen, daß ich Ihre Auffassung über die Lage teile und auch darin mit Ihnen einig bin, daß sich aus ihr ganz bestimmte, auch personale Konsequenzen für die Fortführung der deutschen und europäischen Sicherheitspolitik für uns ergeben.
Ich muß Ihnen aber auch, das ist ebenfalls meine Pflicht, sagen, wie man im Lande und auch in der Fraktion denkt. Ich möchte gern sagen: ‚Noch denkt!'; kann das aber zur Stunde nicht.
Ihr geplanter Brief an Professor Erhard würde, so befürchte ich, die Situation erschweren.
Sie wissen, sehr verehrter Herr Bundeskanzler, daß mich der Gedanke der Kontinuität Ihrer Politik und die damit verbundene Pflicht, alle personalen Fragen mit Ihnen zusammen – und nicht ohne Sie – zu regeln, allein bewogen hat, Ihnen zu dem Entschluß zu raten, der Ihnen bestimmt nicht leicht gefallen ist.
Die ersten Schwierigkeiten sind da. Ich bin überzeugt, daß sie gelöst werden. Das will auch die Fraktion, die besten Willens ist.
Mit den besten Wünschen für Pfingsten und herzlichem Gruß Ihr
gez. Heinrich Krone"

Während der Pfingstfeiertage überlegte ich mir den Fragenkomplex in aller Ruhe noch einmal und kam zu dem Entschluß, daß meine Absicht, die Gründe, die ich gegen eine Kandidatur Erhards hatte, den betreffenden Herren schriftlich mitzuteilen, richtig war.
Am 19. Mai 1959 richtete ich an Krone in seiner Eigenschaft als Vorsitzender der CDU/CSU-Fraktion einen Brief, den ich im Wortlaut folgen lasse, weil er die ganze Situation klarlegt.

„Lieber Herr Krone!
Für Ihren Brief vom 16. Mai d. J. danke ich Ihnen sehr. Ich habe ihn mit großem Ernst überdacht, ich bin aber leider nicht in der Lage, Ihren Anregungen zu folgen und länger auf eine Entscheidung zu warten.
Am 1. Juli tritt die Bundesversammlung zur Wahl des Bundespräsidenten zusammen, heute haben wir den 19. Mai. In der kommenden Woche ist die Fraktion in Bonn anwesend. Wie Sie in Ihrem Briefe vom 16. Mai selbst sagen, ist die Mehrheit der Fraktion für Herrn Erhard als Kanzler. Sie fügen hinzu, Sie möchten gerne sagen, ‚wie die Fraktion noch denkt', könnten das aber nicht. Ich halte die Wahl des Herrn Erhard für einen Fehler, der für unsere außenpolitische Lage katastrophale Folgen voraussichtlich mit sich bringen wird. Ich komme im weiteren Verlauf meines Briefes auf diese Folgen zurück.

Nach dem Grundgesetz ist der Bundestag nicht verpflichtet, dem Vorschlage des Bundespräsidenten hinsichtlich der Wahl des Bundeskanzlers zu folgen. Aber der Sinn der Bestimmung, daß der Bundespräsident das Vorschlagsrecht hat, der gesamte Inhalt des Art. 63 des Grundgesetzes, ist doch der, daß der Bundestag verpflichtet ist, den Vorschlag des Bundespräsidenten in ernste Erwägung zu ziehen. Der Bundestag oder Bundestagsabgeordnete können ja nicht für den ersten vom Vorschlag des Bundespräsidenten ausgelösten Wahlgang einen Gegenkandidaten benennen, sondern erst, wenn der vom Bundespräsidenten Vorgeschlagene nicht gewählt ist, kann ein neuer Wahlgang folgen.

Ich bin der Ansicht, daß der Bundespräsident von seinem Amte zurücktreten müßte, wenn in einer so wichtigen Frage ein Konflikt zwischen ihm und der Fraktion entstehen würde. Er würde dann nicht mehr das Ansehen haben, das er haben muß, um seinen Pflichten genügen zu können. Das gilt in besonderem Maße, wenn der Bundespräsident und die Mehrheit des Bundestages der gleichen bzw. verwandten Partei angehören. Ich möchte auch darauf hinweisen, daß ein Gegensatz zwischen dem Bundespräsidenten und der Fraktion in einer so wichtigen Frage für die ganze Partei sehr ernste Folgen haben wird.

Welcher Riß wenigstens durch die CDU gehen würde, wenn ein solcher Vorgang sich ereignete, ist wohl klar.

Nach sorgfältigsten und gewissenhaftesten Überlegungen, die ich angestellt und immer wieder überprüft habe, würde ich als Bundespräsident nicht in der Lage sein, Herrn Kollegen Erhard trotz seiner sehr großen Fähigkeiten und Verdienste um unsere Erfolge dem Bundestage zur Wahl als Bundeskanzler vorzuschlagen. Meine Gründe fasse ich in folgendem in Kürze zusammen:

Die außenpolitische Situation ist sehr gespannt, ja ausgesprochen schlecht. Ich brauche nur auf das Ausscheiden des Herrn Dulles hinzuweisen, ferner darauf, daß England in wichtigen außenpolitischen Fragen andere Ansichten entwickelt, als seine Bundesgenossen, daß die Uneinigkeit der Westmächte in wichtigen Fragen auf der Genfer Konferenz offen zu Tage tritt. Spätestens innerhalb eines Jahres werden Wahlen in England sein, die möglicherweise zu Gunsten der Labourpartei ausschlagen. Im Jahre 1960 wird in den US ein neuer Präsident gewählt werden, im Jahre 1961 bei uns ein neuer Bundestag.

Chruschtschow verspricht sich von diesen Wahlen eine Verbesserung der Position der SU. Er wird also ihren Ausgang abwarten, ehe er sich zu erheblichen Konzessionen bereit erklärt. Das bedeutet, daß die zur Zeit bestehende außenpolitische Spannung jedenfalls bis Ende des Jahres 1961 anhalten wird. Wahrscheinlich wird sie von Chruschtschow, um die Wahlen in für ihn günstigem Sinne zu beeinflussen, noch vergrößert werden. Auf außenpolitischem Gebiet besitzt Herr Erhard keine Erfahrung. Der Bundeskanzler hat aber nach dem Grundgesetz die Verantwortung auch für die Außenpolitik und das Außenministerium.

Es kommt noch ein weiteres hinzu. Die Grundlage unserer ganzen außenpolitischen Existenz ist und bleibt der europäische Integrationsprozeß. Allein die europäische Integration veranlaßt auch die USA zum Verbleiben in Europa. Das entscheidende Interesse, das die USA an der europäischen Integration nehmen, ist gerade in den letzten Wochen mir gegenüber von amerikanischen Politikern und Journalisten, auch von Staatssekretär Herter, zum Ausdruck gebracht worden. Leider hat Herr Erhard bisher gegenüber der Integration Europas eine wenig freundliche, wenn nicht gar ablehnende Stellung eingenommen. Schon im vergangenen Herbst haben sich einflußreiche Angehörige anderer europäischer Staaten sehr besorgt um die Zukunft der europäischen Integration ausgesprochen, weil Herr Erhard und das ihm unterstellte Wirtschaftsministerium sich in den europäischen Organen zum mindesten völlig passiv verhalte, so daß der frühere positive Einfluß Deutschlands in Richtung der Weiterführung der europäischen Integration immer mehr schwinde. Ich habe darum schon vor längerer Zeit Verhandlungen mit dem Wirtschaftsministerium, dem Auswärtigen Amt und dem Bundeskanzleramt eingeleitet mit dem Ziele, die Stellung des Auswärtigen Amtes in diesen Fragen zu stärken. Herr Erhard hat mir stärksten Widerstand dagegen angekündigt und sogar mit seinem Rücktritt gedroht, wenn der Einfluß des Auswärtigen Amtes verstärkt würde.

Noch in den letzten Wochen haben Italien und Frankreich mir gegenüber taktvoll aber entschieden ihre Sorgen wegen der Erhardschen Europa-Politik geäußert, auch in US ist man sehr besorgt.

Herr Erhard ist der beste Wirtschaftsminister, den wir uns haben wünschen können wegen seiner Kenntnisse auf wirtschaftlichem Gebiete, seiner Dynamik, seines andere mitreißenden Optimismus. Er genießt deshalb im Inland und auch im Ausland als Wirtschaftsminister größtes Ansehen. Aber auf dem so empfindlichen und gefährlichen Gebiete der Außenpolitik hat er keine Erfahrungen. Man begegnet ihm bei unseren Freunden wegen seiner Stellungnahme in den Fragen der europäischen Integration sogar mit ausgesprochenem Mißtrauen. Die europäische Integration ist und bleibt aber – ich wiederhole das mit allem Nachdruck – die Grundlage unserer ganzen außenpolitischen Existenz und auch der Stellung der US gegenüber Europa. Die Haltung der USA gegenüber Europa ist für unsere ganze Zukunft entscheidend ...

So ausgezeichnet Herr Erhard als Wirtschaftsminister ist, so gefährlich würde bei den immer stärker werdenden außenpolitischen Gefahren seine Wahl zum Bundeskanzler sein, da er ja als solcher die Richtlinien der Außenpolitik bestimmen und das Auswärtige Amt führen muß.
Darin liegt keine Herabsetzung der Verdienste und der Fähigkeiten des Herrn Erhard. Ein großer Wirtschaftler ist deshalb kein großer Außenpolitiker. Fehler, die Deutschland aber in der Außenpolitik macht, sind bei der wegen seiner geographischen Lage und seiner Vergangenheit so außerordentlich kritischen Lage entscheidend für eine lange Zukunft, sie werden schicksalsbestimmend sein nicht nur für die Wirtschaft und den Ausfall der Bundestagswahl 1961, sondern für viele Jahrzehnte, wahrscheinlich für Generationen. Wir sind eben in einem Kampf zwischen Kommunismus und christlichem Abendland und Freiheit, der höchst gefährlich ist.
Ich habe vor einigen Wochen, als die Frage, ihn zum Bundespräsidenten zu wählen, zur Entscheidung stand, mich für seine Wahl ausgesprochen trotz der gewichtigen Gründe, die Herr Erhard für die Weiterführung des Wirtschaftsministeriums durch ihn angeführt hat. Ich würde das heute nicht mehr tun, weil die außenpolitische Lage sich seitdem ständig verschlechtert hat und ich infolgedessen Gefahren für die deutsche Wirtschaft heraufziehen sehe, denen nur er gewachsen ist. Ich wüßte keinen Ersatz für ihn als Wirtschaftsminister. Wir brauchen einen so erfahrenen Wirtschaftsminister, wie er es ist, unbedingt auch in Zukunft. Es wird auch der Zeitpunkt immer näher kommen, in dem der Nachholbedarf der Wirtschaft zu Ende geht und eine Konsolidierung und Umstellung auf normalen Bedarf notwendig wird. Diese Arbeit kann er nicht kraft der Richtlinienanordnung als Bundeskanzler leisten, sie ist eine Detailarbeit, die die volle Arbeitskraft und das Ansehen eines starken Mannes erfordert. Es ist, wie ich höre, in der Fraktion die Befürchtung ausgesprochen worden, Herr Erhard werde, wenn er nicht Bundeskanzler werde, sich zurückziehen, sich auch nicht mehr als Vorkämpfer für die Wahl 1961 zur Verfügung stellen. Ich glaube, diejenigen, die das meinen, tun Herrn Erhard großes Unrecht. Sie kennen weder seine Treue zum Werk, noch seine Treue zur Partei, sie unterschätzen seine Größe und seinen Charakter.
Ich, sehr verehrter Herr Krone, bitte Sie und die Fraktion, davon überzeugt zu sein, daß ich ein Freund Erhards bin, mit dem ich nun fast zehn Jahre in der größten Eintracht zusammenarbeite, dessen Werk ich sehr hoch schätze.
Aber diese persönlichen Gefühle, die ich gegenüber Herrn Erhard habe, dürfen mich nicht verleiten, meine sehr ernsten Sorgen zu verschweigen und mir die Frage vorzulegen, was meine Pflicht ist gegenüber unserem Volke

und unserer Partei, deren Fortbestand in alter Stärke noch für lange, lange Zeit nötig ist, wenn wir Freiheit und Christentum gegenüber dem Kommunismus in Europa retten wollen. –

Ich bitte Sie, möglichst bald eine Entscheidung herbeizuführen. Ich würde Herrn Erhard, dem ich Abschrift dieses Briefes zusenden werde, sehr dankbar sein, wenn er der Öffentlichkeit erklären würde, daß er seinem Lebenswerk treu bleiben und Wirtschaftsminister bleiben wolle.

Ich zweifele nicht, daß dann die Fraktion auch in ihrer großen Mehrheit ihn hierzu freigeben würde. Wenn die Fraktion aber bei der Ansicht, er müsse Bundeskanzler werden, verbleiben würde, tritt an mich die Frage heran, ob ich durch Annahme einer Wahl zum Bundespräsidenten das Amt des Bundeskanzlers freigeben darf. Ich bin der Auffassung, daß ich das nicht tun darf, und würde dann meine Annahme des Vorschlags, mich zum Bundespräsidenten zu wählen, zurückziehen und Bundeskanzler bleiben. Ich müßte dann unverzüglich das Gremium, das Partei und Fraktion zur Bearbeitung der Wahl des Bundespräsidenten eingesetzt hat, einberufen, es von meinem Entschlusse in Kenntnis setzen und um Nominierung eines anderen Kandidaten für die Wahl des Bundespräsidenten bitten.

Da die Zeit drängt – die Bundesversammlung soll ja am 1. Juli zusammentreten – bitte ich Sie, mich möglichst bald über die Entscheidung, die die Fraktion nunmehr zu treffen hat, zu unterrichten.

Ich richte diesen Brief an Sie in Ihrer Eigenschaft als 1. Vorsitzender der Bundestagsfraktion und bitte Sie, diesen Brief dementsprechend nach Gutdünken zu behandeln.

Bei meinem Entschlusse leitet mich ausschließlich das Gefühl der Verantwortung für die Zukunft unseres Volkes und unserer Partei. Ich kann nicht durch die Annahme der Wahl zum Bundespräsidenten das Amt des Bundeskanzlers freigeben, wenn ich nicht die sichere Überzeugung habe, daß ich mit der Fraktion in der Frage der Wahl des Bundeskanzlers einig bin.

Der Sinn meiner Nominierung als Kandidat und meine Annahme war Sicherung der Kontinuität der von mir geführten Politik. Ich halte diese bei der Wahl des Herrn Erhard zum Bundeskanzler nicht für gesichert. Damit wird die ganze Aktion sinnlos. Ich muß dann, ich wiederhole das, auf die Wahl zum Bundespräsidenten verzichten.

Mit vielen Grüßen Ihr ergebener
gez. Adenauer"

In einem Begleitschreiben zu diesem Brief erklärte ich Krone, daß ich zu einer Aussprache einem oder mehreren von ihm benannten Herren jederzeit zur Verfügung stehen würde und daß ich auch bereit sei, einem sehr kleinen Kreise detaillierte Ausführungen über die Haltung Erhards zur europäischen Integration, über die Meinung unserer Bündnispartner und die Verhältnisse des Auswärtigen Amtes zu geben. Allerdings müsse der Kreis klein sein, damit Diskretion gewahrt würde. Ich schrieb Krone, die offensichtliche Auseinandersetzung „Europäische Integration – Adenauer – Etzel – Erhard" habe die Meinung unserer Partner gegenüber Deutschland schon jetzt merkbar verschlechtert. In den Gesprächen, die ich in der letzten Zeit geführt hätte, sei dies deutlich zutage getreten. Von Eckardt, der zur Berichterstattung in Genf weilte, habe mir ähnliches von dort berichtet.

Noch am Nachmittag des 19. Mai 1959 kam es zu einer ersten Aussprache über diesen Brief mit Krone und Pferdmenges. Krone und Pferdmenges beschworen mich, meine Meinung zu ändern. Daraufhin richtete ich am nächsten Tag, dem 20. Mai 1959, erneut ein Schreiben an Dr. Krone:

„Lieber Herr Krone!
Unser gestriges Gespräch mit Ihnen und Herrn Dr. Pferdmenges hat mir die ganze Schwierigkeit der Situation noch einmal gezeigt. Wenn ich von Schwierigkeit der Situation spreche, meine ich damit die außenpolitische Situation, aber auch die Situation innerhalb unseres ganzen Parteigefüges: Vorsitzender der CDU, Partei, Bundestagsfraktion, Bundeskanzler.
Zur Vorbeugung einer krisenhaften Zuspitzung, die mir notwendig erscheint, stelle ich nachstehend folgendes noch einmal klar:
1) Unsere Außenpolitik kann sich nur stützen auf die europäische Integration und durch sie auf die Hilfe der Vereinigten Staaten. Dieser Linie sind wir nun 10 Jahre treu geblieben. Wir haben dadurch das Vertrauen der freien Welt und ihre Hilfe gegenüber der russischen Bedrohung wiedergewonnen. Die Vereinigten Staaten, das hat mir Herr Dulles wiederholt erklärt, und es ist mir das Gleiche in der letzten Zeit wiederum unmißverständlich von amerikanischer Seite zu verstehen gegeben worden, sind nur an Europa gebunden durch die europäische Integration, und eine enge Verbindung zwischen Frankreich und Deutschland innerhalb dieser Integration, weil gerade der jahrhundertealte Gegensatz zwischen Frankreich und Deutschland so verderblich sich ausgewirkt hat.
2) Ich habe mich bereit erklärt, auf mein Amt als Bundeskanzler zu verzichten und mich zur Wahl als Bundespräsident zur Verfügung zu stellen, um die Kontinuität dieser Politik für die Zukunft sicherzustellen.
3) Herr Bundesminister Erhard, den ich, wie Sie wissen, wegen seiner

Dynamik, seines Optimismus auf wirtschaftlichem Gebiete außerordentlich hoch schätze, hat schon seit langer Zeit aus innerer Überzeugung sich gegen die europäische Integration ausgesprochen. Ich weise hin auf seine Erklärungen in Oslo im Mai 1958, auf seine Reden in Italien, insbesondere in Rom am 23. 3. 1959, auf die ständigen Klagen, die mir von maßgebenden Mitgliedern unserer Bündnispartner gegen die Haltung Erhards in der Frage der europäischen Integration ausgesprochen worden sind, auf die Klagen des Auswärtigen Amtes mir gegenüber in der gleichen Richtung. Herr Erhard genießt, ich muß das zu meinem Bedauern feststellen, wegen seiner bisher ständig z. T. ostentativ bekundeten Abneigung gegen die europäische Integration nicht das Vertrauen unserer Bündnispartner hinsichtlich unserer außenpolitischen Auffassung.

4) Wenn Herr Erhard jetzt erklärt, er werde als Bundeskanzler die gleiche Außenpolitik befolgen wie ich, so wird damit die Erinnerung an seine bisherige entgegengesetzte politische Auffassung bei unseren Bündnispartnern nicht hinweggewischt. Es wird dadurch bei unseren Bündnispartnern kein Vertrauen über die zukünftige Außenpolitik der Bundesrepublik begründet, für die nach unserem Grundgesetz ja der Bundeskanzler verantwortlich ist.

5) Ohne das Vertrauen unserer Bündnispartner, daß unsere außenpolitische Linie, europäische Integration, unverändert bleibt, können wir nach meiner Überzeugung die Bundesrepublik – übrigens auch ganz Europa – gegenüber dem östlichen Ansturm nicht halten. Sie wird ein Opfer der östlichen Bedrohung.

6) Wie ich von Ihnen höre, ist die überwiegende Mehrheit unserer Bundestagsfraktion, die ja den Bundeskanzler zu wählen hat, für die Wahl des Herrn Kollegen Erhard.

7) Falls das der Fall ist, würde die Aufgabe des Amtes des Bundeskanzlers durch mich nicht nur sinnlos, sondern es ist dann richtig und im Sinne unserer bisherigen Politik, wenn ich die Erklärung, daß ich bereit sei, mich zum Bundespräsidenten wählen zu lassen, zurückziehe und Bundeskanzler bleibe.

8) Die Haltung der Bundestagsfraktion in der Frage Erhards durch eine Diskussion zu klären, halte ich für höchst gefährlich. Die Entscheidung würde von dem gesamten Ausland, wenn sie zugunsten einer Kanzlerschaft Erhards ausfällt, als eine Abkehr von unserer bisherigen außenpolitischen Haltung ausgelegt werden. Das muß vermieden werden schon mit Rücksicht auf die Genfer Konferenz und die Frage Berlin.

Ich bin leider gezwungen, lieber Herr Krone, so klar und deutlich zu sprechen, weil eine skrupellose Agitation für Herrn Kollegen Erhard immer weitergeht und weil dadurch der Zweifel an der Fortdauer der bisherigen politischen Haltung Deutschlands im Auslande immer größer wird. Bei der gegenwärtigen außenpolitischen Situation muß schnellstens Klarheit geschaffen werden.

Rein parteipolitisch gesprochen muß ich sagen, daß, falls wirklich die Mehrheit der Bundestagsfraktion so denkt, wie Sie es mir gesagt haben, und ich dieser Auffassung der Bundestagsfraktion Rechnung trüge und Herrn Erhard nach meiner Wahl zum Bundespräsidenten als Bundeskanzler vorschlüge, die Bundestagswahl 1961 m. E. kaum mehr von uns gewonnen werden kann.

Ich nehme an, daß Sie über die Einstellung der Fraktion richtig unterrichtet sind. Falls es Ihnen nicht möglich erscheint, mit Hilfe des Herrn Kollegen Erhard einen klaren Umschwung in wenigen Tagen herbeizuführen, bin ich gezwungen, in den ersten Tagen der kommenden Woche der Öffentlichkeit mitzuteilen, daß ich meine Zustimmung zur Aufstellung als Kandidat für die Wahl zum Bundespräsidenten zurückziehe, und ferner das Wahlgremium schleunigst zu einer Besprechung über die Nominierung eines anderen Kandidaten einzuberufen.

Mit vielen Grüßen Ihr ergebener
gez. Adenauer"

Gleichzeitig richtete ich ein Schreiben an Erhard, in dem ich ihn bat, alle Schwierigkeiten, die in der Fraktion und in der Partei entstanden waren, dadurch aus dem Wege zu schaffen, daß er erkläre, er wolle dem Aufbau der deutschen Wirtschaft treu und wolle Wirtschaftsminister bleiben. Ich schrieb:

„Lieber Herr Erhard!
Gestern waren die Herren Krone und Pferdmenges bei mir, um über die schwebenden Angelegenheiten Bundespräsident – Bundeskanzler mit mir zu sprechen. Herr Pferdmenges sagte mir, daß Sie – ich glaube am Freitag vergangener Woche – bei ihm gewesen seien. Er habe Ihnen gesagt, Sie würden es nicht als Unfreundlichkeit von mir ansehen können, wenn ich Sie nicht zur Wahl als Bundeskanzler vorschlagen würde. Darauf hätten Sie erwidert, er, Pferdmenges, könne mir sagen, Sie erblickten darin nicht nur eine Unfreundlichkeit, sondern eine Beleidigung. Es tut mir sehr leid, daß Sie diese Frage in einer solchen Weise auffassen. Wie ich über Sie denke, Ihre Arbeit und Ihre Erfolge, ersehen Sie am besten aus einem Brief, den

ich am 19. 5. an Herrn Krone als Vorsitzenden der Fraktion geschrieben habe und den ich Ihnen zur streng vertraulichen Kenntnisnahme beifüge.

Es kann jemand ein ausgezeichneter Außenminister sein und ein schlechter Wirtschaftsminister und umgekehrt. Wenn ich jetzt Wirtschaftsminister werden sollte, würde ich das ablehnen und sagen, daß meine Kenntnisse auf wirtschaftlichem Gebiete und meine Kenntnis der Persönlichkeiten des wirtschaftlichen Lebens nicht ausreichen. Nun ist es doch zur Zeit so, daß unsere außenpolitischen Beziehungen absolut entscheidend sind, daß der Bundeskanzler die Richtlinien in der Politik angibt und daß, wie die Dinge nun einmal liegen, er sich im ausgedehnten Maße um die Arbeit des Außenministeriums kümmern muß. Es ist auch feststehend, daß nur die Integration Europas und nur ein gutes Verhältnis zwischen Frankreich und Deutschland die Amerikaner an Europa festhält. Wenn Amerika sich aber von Europa löst, sind wir alle verloren. Leider gelten Sie weder in Frankreich noch in Italien noch – erlauben Sie es mir hinzuzusetzen – in den Beneluxländern als ein überzeugter Anhänger und Förderer der europäischen Integration und einer engen Zusammenarbeit zwischen Frankreich und Deutschland.

Ich bitte Sie, darüber nachzudenken, und ich glaube, wenn Sie das in Ruhe tun, werden auch Sie zu der Überzeugung kommen, daß es – wie die Lage heute ist – richtiger ist, wenn Sie nicht Bundeskanzler werden, sondern Wirtschaftsminister bleiben. Ich bitte Sie aufgrund unserer langjährigen Zusammenarbeit und unseres freundschaftlichen Verhältnisses sehr, alle Schwierigkeiten, die in der Fraktion oder in der Partei entstehen könnten, dadurch aus dem Weg zu schaffen, daß Sie erklären, Sie wollen – wie Sie das schon bei dem Vorschlag, Sie zum Bundespräsidenten zu wählen, gezeigt haben – dem Aufbau der deutschen Wirtschaft treu bleiben.

Mit recht herzlichen Grüßen Ihr
gez. Adenauer

P. S.: Ich bitte Sie nochmals sehr herzlich, bleiben Sie der Sache treu, denken Sie nicht an Ihre Person. Diejenigen, die Ihnen sagen, es sei für Sie beleidigend, wenn Sie nicht Bundeskanzler würden, sagen Ihnen etwas, was unsinnig, falsch, ja für Sie herabsetzend ist. Sie wissen, daß ich mich mit Ihnen tief verbunden fühle und aus diesem inneren Gefühl der Verbundenheit heraus bitte ich Sie, erklären Sie selbst in einer Ihnen geeignet erscheinenden Form, daß Sie Ihrer Aufgabe, den wirtschaftlichen Aufbau der Bundesrepublik durchzuführen, treu bleiben, weil die Vollendung dieses, Ihres Werkes, einer der wesentlichen Grundpfeiler für das Weiterbestehen eines freien Deutschlands ist.

Wenn Sie mich in der Angelegenheit sprechen wollen, stehe ich Ihnen jederzeit zur Verfügung. Ich würde es begrüßen, wenn diese Besprechung möglichst bald stattfinden würde, vielleicht noch heute, damit diese Angelegenheit endlich geklärt wird. Die Klärung ist im deutschen Interesse absolut notwendig.
Ich lege Ihnen noch bei Abschrift eines Briefes an Herrn Dr. Krone von heute."

Noch am gleichen Tage suchte ich Bundespräsident Heuss auf, um ihn über die jüngsten Schritte zu unterrichten.
Am 22. Mai kam es zu einer Aussprache mit Erhard über den Inhalt meines Briefes an ihn. Erhard hielt an seinem Standpunkt, er wolle Bundeskanzler werden, fest. Er wiederholte seine mir gegenüber bereits geäußerte Absicht, falls er nicht Bundeskanzler werde, aus dem Kabinett auszuscheiden.
Am Abend des 22. Mai suchte mich Bundestagspräsident Gerstenmaier auf und beschwor mich, meine Kandidatur für das Amt des Bundespräsidenten nicht aufzugeben. Ich legte ihm meine Beweggründe dar und erklärte ihm, daß mein Gewissen mich zwinge, so zu handeln.
Am Sonntag, dem 24. Mai 1959, gab mir von Brentano in Rhöndorf einen ausführlichen Bericht über die Genfer Verhandlungen. Dieser Bericht bestärkte mich in meiner Haltung.
Am Montag, dem 25. Mai, erhielt ich die Nachricht von dem Tode meines Freundes Dulles. Es hatte sich plötzlich eine starke Verschlechterung seines Gesundheitszustandes ergeben, die ihn bereits am 15. April 1959 veranlaßte, von seinem Amt als Außenminister der Vereinigten Staaten zurückzutreten. Ende März hatte es so ausgesehen, daß er wieder gesunden könnte. Er badete sogar wieder während eines Aufenthaltes in Florida. Ganz plötzlich trat dann ein Rückschlag ein. Es bildete sich ein Tumor an der oberen Wirbelsäule.
Der Tod von John Foster Dulles war ein sehr schwerer Schlag für die ganze westliche Welt, insbesondere aber für uns Deutsche und für mich persönlich. Es hatte sich im Laufe der Jahre eine tiefe Freundschaft zwischen Dulles und mir entwickelt, die ihre Grundlage in der gemeinsamen ethischen Auffassung unserer Aufgaben hatte. Diese Grundlage war gerade für uns Deutsche in dem ganzen Hin und Her zwischen Ost und West unser festester Anker und unser festester Stützpunkt. Sein Tod riß eine nicht zu schließende Lücke auf. Bei aller Würdigung der Persönlichkeit und der Verdienste von Präsident Eisenhower, bei aller Entschiedenheit, mit der er für die Sache der freien Welt eintrat und eintreten würde, war Dulles sowohl in der nicht

zu unterschätzenden Routinearbeit als auch bei der Vertretung der gemeinsamen Interessen des Westens auf allen bevorstehenden Ost-West-Konferenzen nicht zu ersetzen.

Der Ausblick in die Zukunft war düster. Der Vorstoß Chruschtschows vom 27. November 1958 schien mir der Beginn einer weit ausholenden Attacke zu sein, der Auftakt zu einer sich zuspitzenden Auseinandersetzung mit uns, mit Europa und mit den Vereinigten Staaten. Die Entwicklung zeigte, daß die Berlin- und Deutschlandkrise, die von den Russen durch ihr Ultimatum vom 27. November 1958 ausgelöst wurde, offenbar nicht einen plötzlichen Entschluß darstellte, sondern der Beginn einer großen Auseinandersetzung mit dem Westen sein sollte.

Der Bericht von Brentanos über die Genfer Außenministerkonferenz ließ wenig Hoffnung auf einen für uns positiven Ausgang. Wenn die Genfer Außenministerkonferenz ergebnislos auseinanderging, dann würde naturgemäß eine Verschlechterung der ganzen Situation eintreten, oder aber es folgte eine Reihe weiterer Konferenzen, die sich wahrscheinlich über ein Jahr oder auch zwei Jahre hinziehen würden, wahrscheinlich auch Gipfelkonferenzen.

Nach meiner Meinung befanden wir uns nunmehr in einem Stadium, in dem es sich nicht um die Lösung von etwa jetzt akut auftretenden Schwierigkeiten handelte, sondern es galt nunmehr, eine ganze Entwicklungskette, die seit Beendigung des Zweiten Weltkrieges entstanden war, aufzulösen und zu einer hoffentlich guten oder jedenfalls besseren Situation zu kommen. Die Russen hatten den Status von Berlin aufgekündigt, sie schickten sich an, mit der sogenannten DDR einen separaten Friedensvertrag zu schließen, sie wollten den Status quo in Europa zementieren.

In dieser Situation kam es doppelt darauf an, daß erfahrene Staatsmänner die Sache des Westens vertraten. Der Tod von Dulles bedeutete in dieser Situation einen doppelt schweren Verlust. Herter, den Dulles selbst als Nachfolger erbeten hatte, war gewiß ein sehr kluger und fähiger Mann, aber er besaß nicht die unschätzbaren Erfahrungen in den Verhandlungen mit den Russen, über die Dulles verfügte. Er war auch nicht von der zähen Natur und war nicht so gehärtet worden, wie das im Laufe der Jahre auf Grund der Verhandlungen mit den Russen bei John Foster Dulles der Fall gewesen war. Herter hatte ich in bisherigen Zusammenkünften als einen klaren Kopf und einen klugen Mann kennengelernt. Ich vertraute darauf, daß die Zusammenarbeit mit ihm auf der Linie meiner Zusammenarbeit mit Dulles weitergeführt werden würde. In diesem Stadium der Entwicklung zwischen Ost und West kam es aber nach meiner Auffassung weitgehend auf Erfahrungen an, die auch dem denkbar besten Mann und denk-

bar besten amerikanischen Außenminister nicht in den Schoß fallen, sondern die erst selbst gemacht werden mußten.
Weiter war wichtig ein Moment, das sehr häufig unterschätzt wird, wenn man von außenpolitischen Dingen spricht: Die persönliche Kenntnis der politischen Persönlichkeiten, mit denen es zu verhandeln gilt, und das gegenseitige Vertrauen. Wir Deutsche glauben dank unserer in dieser Beziehung glücklichen Gemütsart bei der Beurteilung der Vergangenheit so häufig, Vertrauen für uns in Anspruch nehmen zu können. Gegenseitiges Vertrauen kann aber nur sehr ernst und langsam erworben werden.
Es war für mich eine Selbstverständlichkeit, nach Washington zur Beisetzung von Dulles zu fliegen. Am Tag vor meinem Abflug nach den USA empfing ich den Präsidenten der Deutschen Bundesbank, Blessing, von dem ich wußte, daß er mit Erhard befreundet war. Als einen letzten Versuch, Erhard von meinen Argumenten zu überzeugen, hatte ich Blessing zu mir gebeten. Ich schilderte ihm ausführlich die Situation und bat ihn, mit Erhard über diese ganze Angelegenheit zu sprechen. Blessing erwiderte, er sei mit Erhard seit vielen Jahren befreundet, und er werde meiner Bitte gern nachkommen. Er zeigte Verständnis für meine Überlegungen.
Am Nachmittag des 25. Mai 1959 nahm ich an einer Sitzung des Fraktionsvorstandes teil. Ich legte ausführlich die Gründe dar, die mich zu einer Annahme der Kandidatur für das Amt des Bundespräsidenten bewogen hatten, und betonte, daß eine absolute Voraussetzung für die Annahme dieser Kandidatur die Gewißheit war, daß unsere bisherige Außenpolitik fortgesetzt würde. Ich gab einen ausführlichen Bericht über die außenpolitische Lage und sprach von meinen ernsten Besorgnissen für die Zukunft. Ich gab meinen starken Bedenken Ausdruck, Erhard als Bundeskanzler vorzuschlagen.
Einige Abgeordnete stellten daraufhin fest, daß die Fraktion sich noch keineswegs für einen Bundeskanzlerkandidaten entschieden habe und bisher eine Abstimmung über einen Kandidaten nicht erfolgt sei. Die Schätzung von Krone und Höcherl über die Stimmung der Fraktion sei zumindest „übertrieben".
Ich wurde gefragt, ob ich grundsätzlich weiterhin bereit sei, die Kandidatur für das Amt des Bundespräsidenten aufrechtzuerhalten. Ich bejahte diese Frage, zumal ich dem Vorsitzenden der Fraktion meine Bedingungen mitgeteilt hatte. Eine ausführliche Darstellung meiner Gedanken und Vorstellungen vor diesem großen Kreise hielt ich im Hinblick auf das Ansehen von Erhard nicht für ratsam.
Gerstenmaier gab sich mit meiner Antwort nicht zufrieden. Meine Auskunft sei nicht genügend, sagte er. Der Öffentlichkeit müsse mitgeteilt werden,

daß ich „unter allen Umständen" bereit sei, für das Amt des Bundespräsidenten zu kandidieren. Er fragte mich, ob ich bereit sei, eine solche Erklärung abzugeben. Ich erwiderte: „Keineswegs."

Für den nächsten Tag, mittags, war mein Abflug nach Washington zur Teilnahme an den Trauerfeierlichkeiten für Dulles vorgesehen. Am Vormittag nahm ich noch an einer Sitzung der Fraktion teil und wiederholte dort meine dem Fraktionsvorstand gegebenen Darstellungen zur außen- und innenpolitischen Lage. Ich gab auch meinen Bedenken über die Auseinandersetzungen in der Fraktion über meine Nachfolgeschaft Ausdruck. Ich mußte die Fraktionssitzung vorzeitig verlassen, da ich um 12.00 Uhr vom Palais Schaumburg aus zum Flugplatz Wahn fahren mußte.

Nach der Aussprache in der Fraktion stellte Dr. Krone ohne mein Wissen öffentlich fest, daß ich nach wie vor bereit sei, für das Amt des Bundespräsidenten zu kandidieren.

Wahrscheinlich glaubte Krone an die Möglichkeit, Erhard dazu bewegen zu können, auf seine Bemühungen um das Amt des Bundeskanzlers zu verzichten. Ich selbst hatte, wie bereits berichtet, durch den Präsidenten der Deutschen Bundesbank, Blessing, einen erneuten Versuch, dies zu erreichen, am Montag, dem 25. Mai, unternommen und Krone davon auch Mitteilung gemacht. Blessings Versuch verlief jedoch erfolglos. Am Abend meiner Ankunft in Washington teilte Blessing mir den negativen Verlauf seiner Unterredung mit Erhard telegrafisch mit.

Während meines Aufenthaltes in Washington traf ich mit amerikanischen Freunden in maßgebenden politischen Positionen zusammen. Sie befragten mich über die politische Lage in der Bundesrepublik und die Angelegenheit Erhard. Sie beurteilten ihn nicht günstig. Als Beispiele für seine Art erzählten sie mehrere Vorfälle. So habe er bei Staatssekretär Andersen einen zweistündigen Besuch gemacht und diesem ausschließlich einen Vortrag gehalten, was die USA zu tun hätten, damit ihre Wirtschaft wieder in die Höhe komme. Man habe in Washington über Erhard nur den Kopf geschüttelt.

Die Trauerfeierlichkeiten für Dulles waren sehr eindrucksvoll. Unvergeßlich ist mir der Trauergottesdienst in der Kathedrale in Washington. Im Senat wurde Dulles eine Ehrung zuteil, wie sie kaum einem lebenden Staatsmann widerfährt. Die republikanischen und demokratischen Senatoren gelobten feierlich, seine Politik fortzusetzen. Welch eine Beruhigung hätte eine derartige Erklärung für Dulles noch zu seinen Lebzeiten bedeutet!

Am Samstag, dem 30. Mai 1959, kehrte ich von den Beisetzungsfeierlichkeiten aus den Vereinigten Staaten nach Bonn zurück. Nach meiner Rück-

kehr aus Washington und nach dem mir von Blessing über dessen Unterredung mit Erhard gegebenen ausführlichen Bericht stellte sich mir der Stand der Dinge wie folgt dar:
Ich würde es als Bundespräsident nicht vor meinem Gewissen verantworten können, Erhard dem Bundestag als Bundeskanzler vorzuschlagen. Nach dem Bericht von Krone und Höcherl war aber die Mehrheit der CDU/CSU-Fraktion für eine Kandidatur Erhards. Die Lösung dieses Konfliktes konnte also nur darin bestehen, daß ich auf die Kandidatur für das Amt des Bundespräsidenten verzichtete.
Diese meine Meinung bestärkte sich durch ein Gespräch, das ich am Sonntag, dem 31. Mai 1959, in meinem Haus in Rhöndorf mit dem Präsidenten der Europäischen Wirtschaftsgemeinschaft, Hallstein, führte. In diesem Gespräch teilte Hallstein meine Bedenken gegen eine Kandidatur Erhards für das Amt des Bundeskanzlers.
Es stellte sich mir die Frage: Konnte ich es verantworten, in einer so gefährlichen außenpolitischen Situation aus der ersten Linie herauszutreten? Ich kam zu der Überzeugung, daß es besser sei, jetzt eine gewisse Verlegenheit herbeizuführen, als daß man später sich Vorwürfe machen mußte. Ich will damit nicht sagen, daß ich klüger wäre als andere, sondern nur, daß es nun einmal eine Tatsache war, daß ich seit dem Jahre 1952 – damals fingen die Ost-West-Kontakte an – in dieser Politik Erfahrung und ja auch einen gewissen Einfluß besaß, der mit Sicherheit kaltgestellt würde, wenn ich nicht mehr Bundeskanzler war. Aus diesen Gründen änderte ich meinen Entschluß. Ich habe mich in meinem Gewissen verpflichtet gehalten, so zu handeln.

5. Zurückziehung der Kandidatur
für das Amt des Bundespräsidenten

Am Montag, dem 1. Juni 1959, nahm ich meine Dienstgeschäfte im Palais Schaumburg wieder auf. Mein erster Besucher war Dr. Krone. Das Gespräch mit Dr. Krone bildete den Auftakt zu einer nicht abreißenden Kette von Unterredungen, die alle die Frage Kanzlernachfolge, Bundespräsidentennachfolge zum Gegenstand hatten. Ich empfing an diesem Montag zu getrennten Gesprächen Etzel und Erhard. Erhard kam, um sich von mir zu verabschieden vor einer Reise, die ihn in die Vereinigten Staaten führte. Am Nachmittag dieses 1. Juni 1959 suchte ich Bundespräsident Heuss auf, um ihn über meine Gedanken auf dem laufenden zu halten.
Die Gespräche, die ich am 2. und 3. Juni führte, festigten mich in meinem

Entschluß, meine Bereitschaft zur Kandidatur für das Amt des Bundespräsidenten zurückzuziehen. Ich wollte diesen Entschluß in einer Sitzung mit dem Vorsitzenden der Fraktion und dessen Stellvertretern sowie mit dem Vorsitzenden der CSU und dem Stellvertretenden Vorsitzenden der CDU bekanntgeben und bat um eine Besprechung für Mittwoch, den 3. Juni 1959. Krone ließ mich aber wissen, daß sich diese Besprechung wegen der Inanspruchnahme der in Frage kommenden Persönlichkeiten durch die Haushaltsberatungen – für den 11. und 12. Juni 1959 war eine Haushaltsdebatte im Deutschen Bundestag angesetzt – nicht ermöglichen ließe. Die Zeit bis zu dem vorgesehenen Termin der Wahl des Bundespräsidenten war jedoch derart kurz, daß so schnell wie möglich eine Entscheidung getroffen werden mußte. Ich sah mich daher gezwungen, Dr. Krone als dem Vorsitzenden der CDU/CSU-Fraktion schriftlich mitzuteilen, daß ich meine Erklärung, mich zur Wahl des Bundespräsidenten zur Verfügung zu stellen, zurückziehe. Die Gründe waren Dr. Krone bekannt. Ich führte sie jedoch in dem Schreiben, das ich am 4. Juni 1959 an ihn richtete, noch einmal schriftlich aus. Ich schrieb ihm:

„Sehr geehrter Herr Krone,
es ist schade, daß die Besprechung im kleineren Kreise – mit den Vorsitzenden der Fraktion und den Vorsitzenden der Bundespartei –, um die ich für Mittwoch, den 3. Juni 1959, gebeten hatte, sich wegen der Inanspruchnahme der Fraktion durch die Haushaltsberatungen nach Ihrer Erklärung nicht ermöglichen läßt.
Die Zeit bis zu dem vorgesehenen Termin der Wahl des Bundespräsidenten ist aber so kurz, daß eine Entscheidung getroffen werden muß. Ich bedaure daher, Ihnen schriftlich mitteilen zu müssen, daß ich meine Erklärung, mich zur Wahl des Bundespräsidenten zur Verfügung zu stellen, hiermit zurückziehe. Die Gründe kennen Sie, ich darf sie in folgendem wiederholen. Ich hatte mich aus mehreren Gründen zur Verfügung gestellt. Unter anderem wollte ich die kontinuierliche Fortführung der von mir geführten Politik der Partei und Fraktion sicherstellen. Ich habe mich davon überzeugen müssen, daß dieses Ziel durch meinen Rücktritt vom Amt des Bundeskanzlers infolge meiner Wahl zum Bundespräsidenten sich nicht erreichen läßt. Die Fraktion ist in der Frage, wen sie nach meinem Rücktritt zum Bundeskanzler wählen soll, geteilter Meinung. Der Streit, der über diese Frage in aller Öffentlichkeit geführt wird, schadet unserer Partei und unserer Sache außerordentlich. Nach Ihrer Auffassung ist der größte Teil der Fraktion für Herrn Erhard. Ich halte Herrn Erhard – so ausgezeichnet er als Wirtschaftsminister ist und so groß seine Erfahrungen sind – für

wenig geeignet, Bundeskanzler zu werden. Herr Erhard hat mir erklärt, daß er nicht unter einem anderen Bundeskanzler Kabinettsmitglied sein könne, er werde daher, wenn er nach meinem Rücktritt nicht Bundeskanzler werde, aus dem Kabinett ausscheiden. Bemühungen, ihn zu einer anderen Auffassung zu bewegen, um seine Kraft als Wirtschaftsminister uns und dem deutschen Volk zu erhalten, sind vergeblich geblieben.
In der Vorstandssitzung der Fraktion am 25. Mai 1959 und der Fraktionssitzung am 26. Mai 1959 ist die Angelegenheit besprochen worden. Sie waren anwesend und wissen, wie hart die Gegensätze aufeinander geprallt sind. Versuche, diese Gegensätze im Sinne meiner Auffassung zu beseitigen, sind seitdem meines Wissens nicht gemacht worden.
Die Geschlossenheit der Fraktion und der Partei muß aber unter allen Umständen bei den schwierigen Verhältnissen, denen wir entgegengehen und im Hinblick auf die Bundestagswahl 1961 schnellstens wiederhergestellt werden und gewahrt bleiben. Hinzu kommt die im Ganzen gesehen kritische Entwicklung der außenpolitischen Situation, die sicher noch mehrere Jahre hindurch anhalten wird. Alles das in Verbindung mit den Eindrücken, die ich bei meinen Verhandlungen in den Vereinigten Staaten in der vorigen Woche erhalten habe, nötigt mich zu dem Ihnen eingangs dieses Briefes mitgeteilten Entschluß, mich nicht zur Wahl als Bundespräsident zur Verfügung zu stellen und Bundeskanzler zu bleiben. Ich werde als Vorsitzender des Gremiums zur Vorbereitung der Wahl des Bundespräsidenten dessen Mitglieder unverzüglich auf einen Tag der nächsten Woche einladen, es von den Gründen meines Entschlusses in Kenntnis setzen und ihm auch einen anderen Vorschlag unterbreiten. Voraussichtlich werde ich auf Donnerstag, den 11. Juni, einladen, da Herr von Hassel für diesen Tag die Landesvorsitzenden schon nach Bonn eingeladen hat.
Erlauben Sie mir noch den Zusatz, daß eine übermäßige Betonung wirtschaftlicher Interessen und Gesichtspunkte in dieser Angelegenheit mir mit den Grundsätzen unserer Partei nicht völlig im Einklang zu sein scheint. –
Ich nehme im übrigen Bezug auf unsere mündliche Aussprache.
Ich danke Ihnen für die freundschaftliche Gesinnung, die bei allen unseren Gesprächen zu Tage kommt. Ich rechne auch in Zukunft auf enge Zusammenarbeit.

Mit vielen Grüßen Ihr ergebener
gez. Adenauer"

Ich richtete ein zweites Schreiben an Krone und ein gleichlautendes an Höcherl. Diese Schreiben haben folgenden Wortlaut:

„Bonn, den 4. Juni 1959

An den Vorsitzenden der CDU/CSU-Fraktion des Bundestages
Herrn Dr. Heinrich Krone

und an den Vorsitzenden der CSU-Landesgruppe
Herrn Hermann Höcherl

Bonn

Ihre und Herrn Höcherls Darlegungen, das Anerbieten, in noch verstärktem Maße sich für unsere gemeinsame Politik einzusetzen, die ganzen Bemühungen zu helfen, erkenne ich dankbar an.
Ich bedaure besonders auch wegen der freundschaftlichen Wärme, die aus Ihnen sprach, auch nach nochmaliger Überlegung meinen Standpunkt nicht ändern zu können.
Seit dem 6./7. April 1959, dem Tage, an dem ich mich zur Annahme der Kandidatur bereit erklärte, hat sich die außenpolitische Situation, wie der Verlauf der Konferenz in Genf zeigt, verschlechtert. Falls Genf in etwa einen Erfolg hat, wird sich eine Serie von Gipfel-Konferenzen anschließen, während der größte Vorsicht und Wachsamkeit für uns dringendes Erfordernis ist. Falls in Genf sich kein Ergebnis zeigt, das Präsident Eisenhower veranlaßt, auf eine Gipfel-Konferenz zu gehen – an sich ist er abgeneigt –, ist die ganze außenpolitische Situation noch schwieriger und unangenehmer.
Ich glaube, bei dieser Entwicklung es nicht verantworten zu können, meinen jetzigen Posten zu verlassen. Die außenpolitische Entwicklung der ganzen zehn Jahre seit Bestehen der Bundesrepublik ist unter meiner ständigen Mitarbeit und unter meiner Verantwortung als Bundeskanzler und zeitweise als Bundesaußenminister und Bundeskanzler vor sich gegangen. Daher kann ich in einer so kritischen Phase meinen jetzigen Posten nicht verlassen. Das würde sowohl im Auslande wie im Inlande nicht gut wirken.
Übrigens hat Herr Bundespräsident Heuss schon vor Wochen, als ich ihm von meiner Kandidatur sprach, mir erklärt, solange die gegenwärtige gesteigerte außenpolitische Spannung nicht aus der Welt sei, könne ich s. E. nicht aus meinem Amte als Bundeskanzler scheiden. Er hat recht. Ich glaube, daß es im Interesse des deutschen Volkes und im Interesse der CDU/CSU liegt, wenn ich die Linie, die wir bisher eingeschlagen haben, in einer so kritischen Phase weiterführe.
Ich bitte, diese meine Erklärung mit Verständnis aufzufassen und als endgültig zu betrachten.

Ich muß als Vorsitzender das von der Partei berufene Gremium zur Vorbereitung der Wahl schleunigst einberufen, es von der veränderten Sachlage in Kenntnis setzen und um einen anderen Vorschlag bitten.
Ich bitte Sie nochmals, überzeugt zu sein, daß mein Entschluß auf sehr sorgfältigen und reiflichen Überlegungen beruht und mir als zwingend notwendig für unser Volk und auch für unsere Partei erscheint. Ich rechne nach wie vor auf engste Zusammenarbeit.

Mit freundschaftlichen Grüßen Ihr
gez. Adenauer"

Da Erhard zu diesem Zeitpunkt noch in den Vereinigten Staaten weilte, ließ ich ihm über unsere Botschaft in Washington bitten, mich unverzüglich telefonisch anzurufen. Ich wollte ihm persönlich von meinem nunmehr endgültig gefaßten Beschluß Mitteilung machen. Gleichzeitig diktierte ich einen Brief an Erhard, dem ich eine Abschrift des an Krone und Höcherl gerichteten Schreibens beifügte. Diesen Brief sollte Erhard dann nach seiner Rückkehr aus Washington erhalten. Der Brief hatte folgenden Wortlaut:

„Lieber Herr Erhard!
Heute habe ich den Herren Dr. Krone und Höcherl einen Brief geschickt, anliegend ein Durchschlag. Ich rechne bestimmt darauf, daß Sie mir treu bleiben und daß wir die nächste Wahlschlacht zusammen gewinnen werden.
Ich wünsche Ihnen alles Gute. Überanstrengen Sie sich nicht. Bitte behandeln Sie diese Mitteilung als absolut vertraulich.

Mit vielen Grüßen Ihr
gez. Adenauer"

Am Spätnachmittag des 4. Juni suchten mich die Herren Cillien und Minister Schröder gemeinsam auf. Schröder teilte mir mit, daß im Bundestag bereits Gerüchte über meinen Beschluß im Umlauf seien. Schröder und auch Cillien setzten sich dafür ein, daß ich meinen Brief an Erhard diesem sofort telegrafisch nach Washington übermittle. Sie rieten dringend zu einem Telefongespräch mit ihm. Ich ließ mich erneut mit unserer Botschaft in Washington telefonisch verbinden, konnte jedoch Erhard nicht erreichen. Ich kündigte ein Telegramm mit einem persönlichen Schreiben an Minister Erhard an und veranlaßte, daß mein Schreiben an Erhard unverzüglich über das Auswärtige Amt nach Washington weitergeleitet wurde. Ich ließ Erhard bitten, mich noch während der Nacht anzurufen. Dieser Anruf erfolgte nicht. Statt dessen erhielt ich am 5. Juni folgendes Telegramm:

„aus Washington
an Bonn

5. Juni 1959 0015 Uhr Ortsz.

5. Juni 1959 0608 Uhr

Tel. Nr. 914 vom 5. 6. 1959

citissime
mit Vorrang

nur
1. Herrn Bundeskanzler sofort vorzulegen.
2. gleichlautend an Herrn Abgeordneten Dr. Krone o. V. i. A., Bundeshaus, unverzüglich vor 0830 Uhr mez zuzustellen.
3. gleichlautend an Herrn Abgeordneten Hoecherl o. V. i. A., Bundeshaus, unverzüglich vor 0830 Uhr mez zuzustellen.

Lieber Herr Bundeskanzler!
Ich beschwöre Sie: Halten Sie Ihre Kandidatur aufrecht, denn jede andere Entscheidung wäre für den Staat, seine Bürger und die CDU ein Verhängnis. Sie zerstören sonst Ihr eigenes Werk und den hohen Rang Ihres Namens und Ihres Ansehens in aller Welt. Vertrauen Sie darauf, daß ich Ihnen dann -- wie in den letzten zehn Jahren -- treu verbunden bleibe und Ihre Politik in Ihrem Geiste fortsetzen werde. Glauben Sie mir, es gibt keine andere Lösung, ohne eine schwerste staatspolitische Krise heraufzubeschwören.
Wegen der grundsätzlichen Bedeutung dieser Erklärung habe ich mir erlaubt, Abschrift Herrn Dr. Krone und Herrn Dr. Hoecherl mit dem Anheimstellen, diese Erklärung in Fraktionsvorstand und Fraktion zu verwenden, unmittelbar zuzuleiten.

Ihr allzeit ergebener Ludwig Erhard"

Am Morgen des 5. Juni 1959 richtete ich an alle Bundesminister und an den Chef des Bundespräsidialamtes Schreiben, denen ich Abschriften meines Schreibens an die Herren Krone und Höcherl vom 4. Juni 1959 übersandte. Für 9.00 Uhr hatte ich den Bundesparteivorstand der CDU eingeladen. Ich unterrichtete diesen über meinen Entschluß. Auf 10.00 Uhr war eine Kabinettssitzung anberaumt, und ich teilte auch hier offiziell meinen Entschluß mit. Am Nachmittag nahm ich vor dem Fraktionsvorstand und vor der Fraktion zu meinem Schritt Stellung. Ich begründete meine nach reiflicher Überlegung gefaßte Entscheidung, die mir am 7. April 1959 angetragene Kandidatur für das Amt des Bundespräsidenten nicht anzunehmen

und Bundeskanzler zu bleiben. Dr. Krone verlas den Wortlaut des an ihn und Höcherl am 4. Juni 1959 gerichteten Schreibens.
Es erhob sich eine sehr heftige Debatte, in der sich vor allem die Abgeordneten Barzel, Gerstenmaier, Hoogen, Müller-Hermann und Toussaint gegen meinen Entschluß wandten. Sie brachten den Wunsch zum Ausdruck, ich möge meine Kandidatur für das Amt des Bundespräsidenten aufrechterhalten.
Auf die sehr präzise gestellten Fragen nach dem Grund für die Änderung meines Entschlusses blieb mir nichts anderes übrig, als zu sagen, daß ich Erhard für einen ausgezeichneten Wirtschaftsminister hielte, daß ich aber der Ansicht sei, er habe nicht die Eigenschaften und Kenntnisse, die Richtlinien der Außenpolitik zu bestimmen. Er werde auch von unseren Bündnispartnern nicht als ein Mann angesehen, der unbedingt für die europäische Integration eintrete. Eine Nominierung Erhards zum Bundeskanzler werde eine Rückwirkung auf die Vereinigten Staaten nicht verfehlen, und ich führte die Äußerung Herters an.
Gerstenmaier brachte einen Antrag ein, der das Bedauern der Fraktion über meinen Schritt ausdrücken sollte. Dieser Antrag kam jedoch nicht zur Abstimmung, da der Fraktionsführung bereits ein anderer Antrag vorlag, der nach einer langen, zum Teil sehr heftigen Diskussion, in der viele der Sprecher nachdrücklichst betonten, daß die Fraktion von niemandem befragt worden sei, ob sie Erhard als Bundeskanzler wolle, zu einem einstimmigen Beschluß der Bundestagsfraktion der CDU/CSU erhoben wurde. In diesem Beschluß erklärte die Fraktion, daß sie meine Entscheidung, die ich aus schwerwiegenden außenpolitischen Gründen getroffen hätte, respektiere. Die CDU/CSU-Fraktion sprach mir in diesem Beschluß ihr uneingeschränktes Vertrauen aus sowie ihre Entschlossenheit zur unbedingten Fortsetzung der nunmehr seit zehn Jahren gemeinsam geführten Politik.
Bundesminister Erhard, der zu diesem Zeitpunkt noch in Washington weilte, nahm dort zu meiner Entscheidung öffentlich Stellung und erklärte nach einer Meldung von dpa vom 7. Juni 1959, mein Entschluß, Bundeskanzler zu bleiben, sei sowohl im deutschen Interesse als auch im Interesse „demokratischer Gepflogenheiten" zu bedauern. In dem dpa-Bericht hieß es weiter: „Erhard, der in einem Fernseh-Interview mit der amerikanischen Rundfunkgesellschaft CBS sprach, sagte, er werde im Bundestag nicht gegen die Entscheidung des Bundeskanzlers angehen, es sei jedoch völlig klar, daß die öffentliche Meinung in der Bundesrepublik ihn als Nachfolger Adenauers unterstützt hätte. Auf die Frage, warum Adenauer anscheinend wiederholt versucht habe zu verhindern, daß Erhard Bundeskanzler werde, antwortete der Wirtschaftsminister: ‚Das ist schwer zu sagen.' Zur Erklärung Adenauers, daß er Bundeskanzler bleiben wolle, weil sich die inter-

nationale Lage verschlechtert habe, sagte Erhard auf Befragen: ‚Ich bin nicht der Ansicht, daß dies sein einziger Grund war.' Zur voraussichtlichen künftigen Entwicklung bemerkte Erhard: 1. Er werde bestimmt nicht für den Posten des Bundespräsidenten kandidieren. 2. Er sehe es als seine Pflicht an, in der aktiven Politik zu bleiben. Erhard bestritt, daß er als Kanzler gegenüber den Sowjets nachgiebiger als Adenauer wäre."
Am Nachmittag des 9. Juni 1959 traf Erhard von seiner Reise aus den Vereinigten Staaten auf dem Flugplatz in Düsseldorf ein. Er wurde dort von Reportern bedrängt, sich zu den jüngsten Ereignissen zu äußern. Nach Pressemitteilungen erklärte Bundeswirtschaftsminister Erhard: „Das letzte Wort zu den Ereignissen in Bonn ist noch nicht gesprochen." Erhard deutete die Möglichkeit seines Rücktritts an. Nach einer Meldung der „Welt" vom 10. Juni 1959 hatte Erhard sich in einer kurzen Pressekonferenz gegen die Behauptung gewehrt, daß er einen Anspruch auf das Amt des Bundeskanzlers erhoben habe, solange ich Bundeskanzler sei. Nach dem Pressebericht sagte Erhard wörtlich: „Das ist eine Irreführung. Diese Behauptung möchte ich gleich aus der Diskussion heraushaben. Die Gespräche der nächsten Tage werden sich nicht auf der Ebene bewegen, ob ich Bundeskanzler werden möchte. Es geht um viel mehr. Es geht um die Wahrung einer demokratischen Ordnung in unserem Staat."
Weiter sagte Erhard: „Es ist undenkbar, daß die geschichtliche Lüge im Raum bleibt, ich sei in bezug auf die außenpolitische Konzeption weniger standhaft und weniger klar in meiner Auffassung als der Bundeskanzler. Ich kann auch nicht im Raume stehenlassen, daß ich ein Gegner der Integration Europas bin. Um diese Richtigstellung werde ich kämpfen." Auf die Frage: „Werden Sie Vizekanzler bleiben?" antwortete Erhard: „Nicht unbedingt." Auf die Frage: „Werden Sie sonstige Folgerungen ziehen? Rücktritt?" entgegnete Erhard: „Das kommt darauf an."
Am Abend der Rückkehr Erhards aus den Vereinigten Staaten traf er mit den Herren Krone und Höcherl zusammen. Die Besprechung soll bis in die tiefe Nacht gedauert haben. Krone und Höcherl versuchten, den erzürnten Erhard zu besänftigen.
Am nächsten Tag, dem 10. Juni, suchte mich Krone auf und beschwor mich, Erhard zu einem Gespräch zu bitten. Doch ich dachte nicht daran. Es war Erhard, der sich bei mir von seiner Amerikareise zurückmelden mußte. Ich ließ mich durch Krone nicht beirren. Daraufhin lud Krone Erhard zu einem Gespräch ins Palais Schaumburg ein.
Ich selbst erledigte, als Erhard im Palais Schaumburg eintraf, mit Globke dringende Dienstgeschäfte. Erhard war in Begleitung von Höcherl gekommen. Es war Sache von Krone, mit Höcherl und Erhard zu sprechen.

Nach Beendigung meiner Unterredung mit Globke kam es zu einer Begegnung zwischen Erhard und mir unter Anwesenheit von Krone, Höcherl und Globke. Die Atmosphäre war nicht sehr freundlich. Erhard verlangte, daß ihm öffentlich Genugtuung widerfahren müsse. Meinen Einwand, daß es mir ferngelegen hätte, ihn zu beleidigen, überging er.

An diesem Tag war der Präsident des Europäischen Parlaments, Robert Schuman, zu einem Besuch in Bonn, und Bundespräsident Heuss gab ihm zu Ehren ein Frühstück, bei dem auch ich als Gast geladen war. Mir blieb nicht viel Zeit für ein Gespräch mit dem Herrn Erhard.

Für den 11. und 12. Juni 1959 war die dritte Lesung des Bundeshaushalts im Plenum vorgesehen. Krone als Vorsitzender der CDU/CSU-Bundestagsfraktion sah seine größte Aufgabe darin, einen offenen Bruch zu vermeiden und zu erreichen, daß die CDU/CSU geschlossen in die Haushaltsdebatte ging. Wie mir berichtet wurde, herrschte in der Fraktion eine aufgeregte Stimmung, und man sei nicht ohne Sympathien für Erhard. Für den Nachmittag des 10. Juni war eine Fraktionssitzung anberaumt zur Vorbereitung der Debatte im Plenum, sie sollte um 17 Uhr beginnen. Ich hielt meine Anwesenheit für erforderlich.

Als ich kurz vor 17 Uhr am Bundeshaus vorfuhr, empfing mich Dr. Krone am Eingang und führte mich zunächst in sein Arbeitszimmer, in dem bereits führende Mitglieder des Fraktionsvorstandes und Erhard sich zusammengefunden hatten. Es stand der Text einer Resolution zu der Kontroverse zwischen Erhard und mir zur Debatte, über die man sich zunächst in diesem Kreise einigen wollte, bevor man ihn der Fraktion zur Beschlußfassung vorlegte.

In der Fraktionssitzung selbst ergriff Erhard gleich zu Beginn das Wort und erklärte, er fühle sich beleidigt, vor allem dadurch, daß in den letzten Tagen in der Öffentlichkeit der Eindruck entstanden sei, er sei nicht imstande, die Kontinuität der Politik der Bundesregierung zu gewährleisten. Er müsse darauf bestehen, daß ihm Genugtuung zuteil werde. Er fühle sich durch die gesamten Vorgänge „abgewetzt".

Ich warf ein: „Wenn Herr Erhard meint, er fühle sich abgewetzt durch alles, was in der letzten Zeit über ihn geschrieben wurde, so muß ich sagen, ich müßte am Boden zerstört sein durch das, was über mich in den letzten Tagen geschrieben wurde." In der Tat war die Presse in ihrer Kritik an meiner Person keineswegs zurückhaltend.

Weiter erklärte ich, ich habe Erhard immer hoch eingeschätzt, auch wenn Einzelheiten seiner Wirtschaftspolitik umstritten gewesen seien. Ich habe immer die erfolgreiche Arbeit des Bundeswirtschaftsministers anerkannt. Wenn Erhard gesagt habe, er habe niemals Anspruch auf das Bundes-

von der Fraktion folgende Resolution angenommen:

"Die Fraktion begrüßt die Erklärung des Herrn Bundeskanzlers, daß ihm jede Disqualifikation des Bundeswirtschaftsministers ferngelegen hat. Die Fraktion spricht Professor Erhard ihr besonderes Vertrauen aus. Sie bedauert Äußerungen, die sein Ansehen zu schädigen geeignet sind."

Es waren Gerüchte aufgetaucht, nach denen Eisenhower erklärt haben sollte, er, Eisenhower, und ich "seien die einzigen Wächter des Dulles'schen Erbes". Diese Bemerkung Eisenhowers hätte mich zu meinem Beschluß bewogen, im Amte zu bleiben. Ich nahm zu dieser Bemerkung Stellung und stellte diese Darstellung als falsch hin. Die Gerüchte, nach denen es fast eine Suggestion von Washington gewesen wäre, die mich zu meinem Schritt bewogen hätte, waren falsch. Ich hatte weder Eisenhower, mit dem ich am 27. Mai in Washington ein ausführliches Gespräch führte, noch die französische

Korrekturen von Konrad Adenauer: Schluß des Bandes

kanzleramt erhoben, so sei das richtig bis zu dem Zeitpunkt, da ich die Kandidatur für die Präsidentschaft angenommen hätte. Ich wies in Gegenwart Erhards nochmals auf meine starken Bedenken gegen seine Kanzlerschaft hin und fügte hinzu, ein Wirtschaftsminister sehe eben primär die Dinge unter wirtschaftlichen Gesichtspunkten, wie andererseits ein Außenminister sie unter außenpolitischen Aspekten betrachte. Ein Bundeskanzler aber müsse *alle* Elemente in der Politik berücksichtigen.

Die Abgeordneten Becker und Hoogen meldeten sich zu Worte und sprachen sich in heftigster Weise gegen meine Haltung aus, sie verlangten Genugtuung für Erhard. In der Fraktion setzte sich jedoch die Tendenz durch, den Streit baldmöglichst zu begraben und nach außen hin wieder die Geschlossenheit der Partei zu dokumentieren. Einstimmig wurde von der Fraktion folgende Resolution angenommen:

„Die Fraktion begrüßt die Erklärung des Herrn Bundeskanzlers, daß ihm jede Disqualifizierung des Bundesministers für Wirtschaft ferngelegen hat. Die Fraktion spricht Professor Erhard ihr besonderes Vertrauen aus. Sie bedauert Äußerungen, die sein Ansehen zu schädigen geeignet sind."

Es schien im großen und ganzen so, als ob der Friede wiederhergestellt sei.

Die entscheidende Sitzung des Wahlmännergremiums der CDU/CSU, die endgültig den Kandidaten für das Amt des Bundespräsidenten benannte, fand am 15. Juni 1959 im Palais Schaumburg statt. In der Debatte standen vier Namen zur Diskussion: Abgeordneter Professor Böhm, Bundesfinanzminister Etzel, Bundestagspräsident Gerstenmaier und Bundesernährungsminister Lübke. Das Gremium einigte sich auf Minister Lübke, nachdem auf Wunsch der CSU in das Protokoll über diese Sitzung ein Passus aufgenommen wurde, nach dem konfessionelle Gründe bei der Wahl Lübkes keine Rolle gespielt hätten und auch bei künftigen Besetzungen hoher Staatsstellen keine konfessionellen Gesichtspunkte berücksichtigt werden sollten.

Der Beschluß der CDU/CSU-Fraktion vom 10. Juni 1959 wurde zwar meines Erachtens den Auseinandersetzungen, die vorangegangen waren, nicht gerecht. Man konnte ihn so auslegen, daß ich im Unrecht und Erhard im Recht sei. Ich stimmte der Resolution trotzdem zu, um im gegenwärtigen Stadium für uns sehr wichtiger Ost-West-Verhandlungen in Genf und so kurz vor der Wahl des Bundespräsidenten den Frieden in Fraktion und Partei wiederherzustellen. Die Hauptsache war für mich das sachliche Ergebnis.

BILDQUELLENNACHWEIS

Die angegebenen Seitenzahlen bezeichnen die Buchseite, neben der die betreffende Abbildung zu finden ist.

dpa-Bilderdienst, Frankfurt: 192, 208, 209 oben; *Georg Munker, Bonn:* 193; *NATO-Photo:* 65; *Presse- und Informationsamt der Bundesregierung, Bonn:* 64, 209 unten, 496; *United Press International Photos, Frankfurt:* 80 oben und unten, 336, 337, 352, 353, 481; *Privataufnahme:* Titelbild.